（总第6卷）

林 周 县 人 民 政 府　主办
林周县地方志办公室　编

数字林周 2016

辖区面积：4464.4平方千米

年末常住人口：64507人

地区生产总值：15.49亿元

第一产业：2.57亿元

第二产业：3.58亿元

第三产业：9.34亿元

全社会固定资产总额：8.9亿元

全社会消费品零售总额：1.70亿元

地方公共财政预算收入：1.29亿元

工业增加值：0.78亿元

招商引资到位资金：6.218亿元

农牧民人均可支配收入：10095元

县委书记　次仁顿珠

林周县城全景

县委副书记、人大常委会主任　格旦次仁

县委副书记、县长　高　军

林周县城全景

政协党组书记、主席　格桑次仁

2016年10月7日，西藏自治区党委常委、拉萨市委书记齐扎拉（前排左二）到林周县调研精准扶贫工作

2016年10月14日，西藏自治区党委常委、统战部部长公保扎西（右三）到林周县检查调研寺庙工作

2016年7月12日，西藏自治区副主席多吉次珠（中）到林周县“五保”集中供养服务中心考察

2016年10月27日，最高人民检察院第六巡视组一行到林周县人民检察院调研指导工作，西藏自治区检察院检察长张培中（右三）陪同

2016年6月7日，西藏自治区高级人民法院党组书记、院长索达（右二）到唐古派出法庭考察工作

2016年3月21日，西藏自治区教育厅党组书记普布（中）到林周县边交林乡中心小学检查指导工作

2016年4月27日，西藏自治区农牧厅厅长杜杰（右三）一行到林周县督导调研春季农牧业生产工作

2016年3月15日，拉萨市委副书记、市长、市委政法委书记张延清（中）一行到林周县检查指导维稳安保措施落实情况

2016年11月30日，拉萨市市长果果（右三）、副市长林生（右四）到林周县调研拉萨新机场前期工作

2016年8月2日，西藏自治区民政厅副厅长牛玉枝（前排左二）一行到林周县调研

2016年1月14日，西藏自治区妇联副主席张莉蓉（左三）到林周县考察妇女合作社运转和产品销售等相关具体情况

2016年11月18日，拉萨市委常委、统战部部长阿努次仁（右二）到林周县调研统战民宗工作

2016年3月4日，拉萨市人大常委会副主任欧阳莉萍（右二）到林周县检查指导维稳、精准扶贫工作

2016年7月27日，拉萨市副市长林生（右三）一行到林周县烨鑫矿业有限公司选矿厂尾矿库检查指导工作

2016年11月4日，西藏自治区党委政法委副秘书长王建雷（前排左一）到林周县江热夏乡检查指导平安建设工作

2016年9月25日，国家评估认定组国家督学、厦门市人民政府教育督导室原主任陈江汉（ 前排左二），上海市教育科学研究院智力所支部书记付炜（前排左一）一行到林周县检查义务教育均衡发展推进工作

2016年9月15日，中国国家地理杂志社社长、总编辑李栓科（左一）一行考察团到林周县热振寺调研热振片区保护开发工作

2016年8月10日，西藏自治区安监局执法总队队长张成邦（右三）到林周县烨鑫、夕瑞德尾矿库检查工作

2016年6月14日，江苏省党政代表团一行到林周县鹏博健康产业园考察

2016年7月30日，江苏省苏州市科学技术协会副主席张亿峰（左）代表苏州市科协为林周县科协捐赠12万元活动经费

2016年7月14日，林周县欢送第七批、迎接第八批援藏干部

2016年4月29日，林周县举行对口帮扶旅游产业开发资产交接仪式

2016年3月28日，组织干部、职工在机关大院举行“3・28”升国旗仪式

2016年3月28日，林周县在文体活动中心举行“庆祝西藏百万农奴解放57周年”文艺会演

荣誉榜

全区粮食生产
先进县（区）
中共西藏自治区委员会
西藏自治区人民政府
二○一七年一月

全区乡镇（街道）工会规范化建设
“八有”达标单位
西藏自治区总工会
二○一六年一月

拉萨林周县局：
在2016年上半年全区县局移动过网用户份额提升排名中，
荣获
第二名
奖金6000元/人，以资鼓励。
中国电信西藏分公司
2016年8月9日

拉萨市净土健康产业
先进单位
中共拉萨市委员会
拉萨市人民政府
二○一六年十二月

2016年度“先进双联户”创建活动
先进乡
中共拉萨市委员会
拉萨市人民政府
2016年11月

2016年度“先进双联户”创建活动
先进村
中共拉萨市委员会
拉萨市人民政府
2016年11月

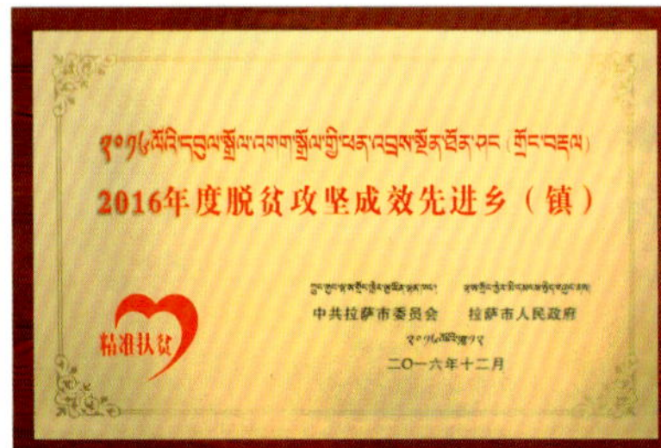
2016年度脱贫攻坚成效先进乡（镇）
精准扶贫
中共拉萨市委员会
拉萨市人民政府
二○一六年十二月

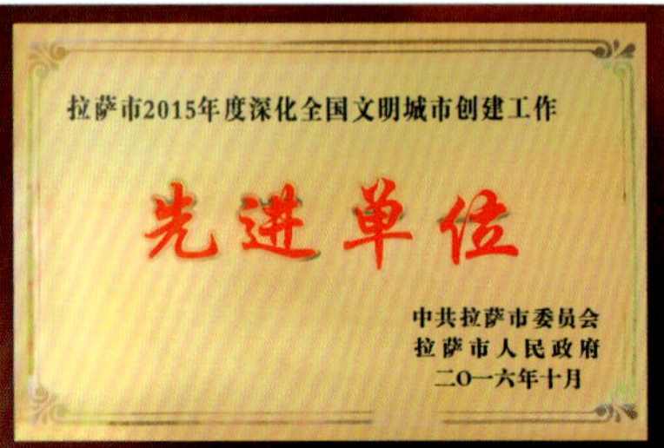
拉萨市2015年度深化全国文明城市创建工作
先进单位
中共拉萨市委员会
拉萨市人民政府
二○一六年十月

拉萨市2016年度民族团结进步
模范集体
中共拉萨市委员会
拉萨市人民政府
2016年9月

第三届拉萨篮球联赛
优秀组织奖
中共拉萨市委员会
拉萨市人民政府
二○一六年十一月

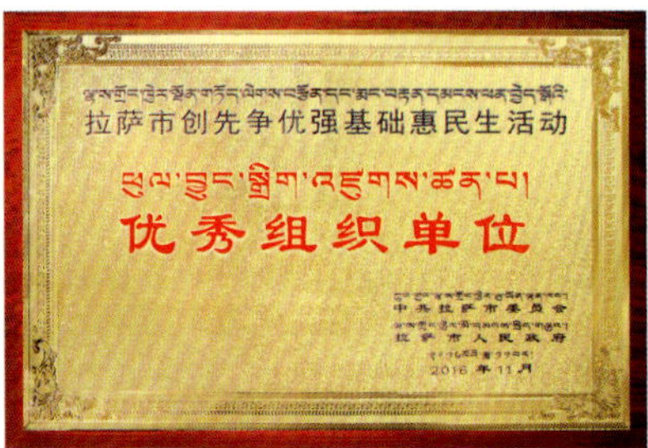
拉萨市创先争优强基础惠民生活动
优秀组织单位
中共拉萨市委员会
拉萨市人民政府
2016年11月

全市先进基层党组织
中共拉萨市委员会
二○一六年七月

2016年度全市安全生产
先进单位
拉萨市人民政府
二〇一七年一月
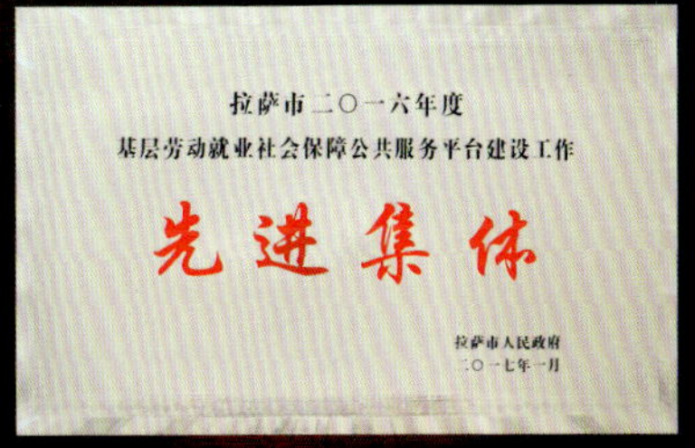
拉萨市二〇一六年度
基层劳动就业社会保障公共服务平台建设工作
先进集体
拉萨市人民政府
二〇一七年一月
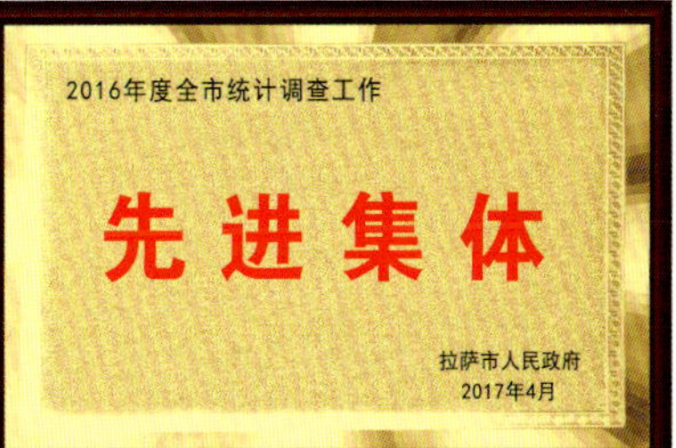
2016年度全市统计调查工作
先进集体
拉萨市人民政府
2017年4月
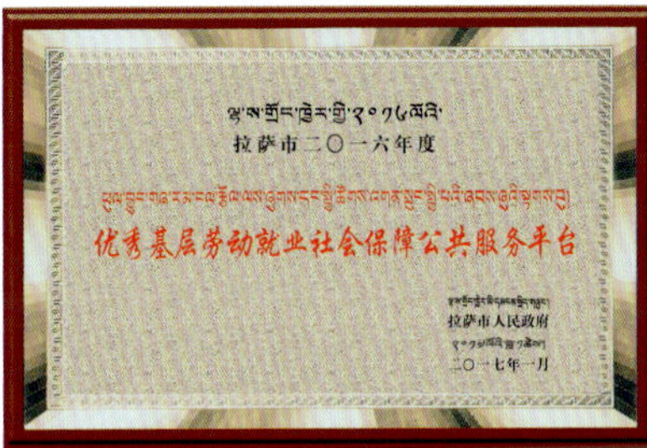
拉萨市二〇一六年度
优秀基层劳动就业社会保障公共服务平台
拉萨市人民政府
二〇一七年一月
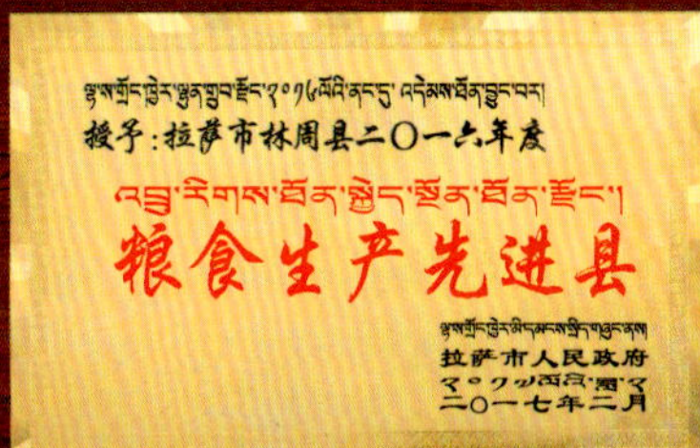
授予：拉萨市林周县二〇一六年度
粮食生产先进县
拉萨市人民政府
二〇一七年二月
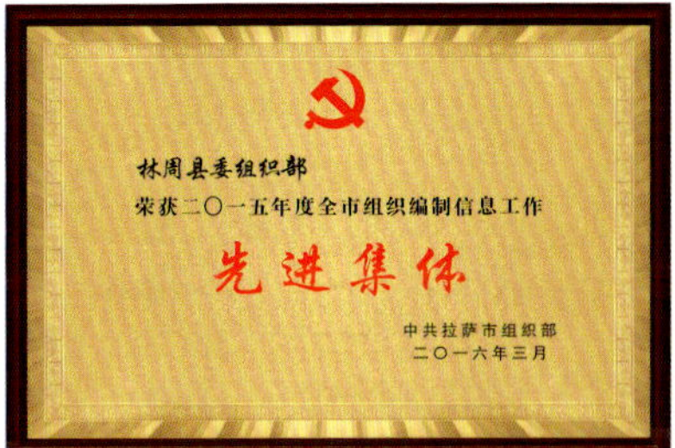
林周县委组织部
荣获二〇一五年度全市组织编制信息工作
先进集体
中共拉萨市组织部
二〇一六年三月
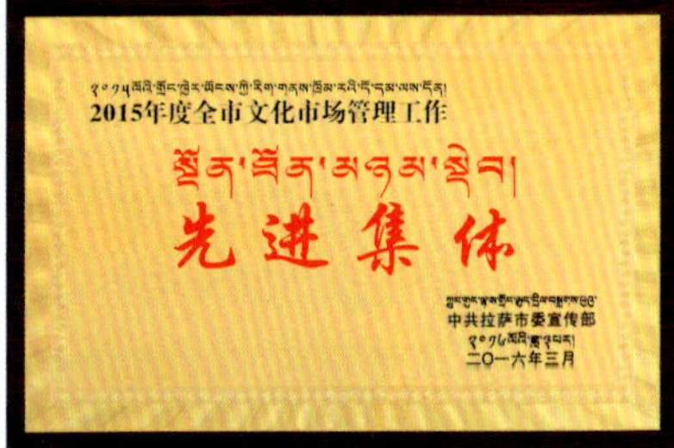
2015年度全市文化市场管理工作
先进集体
中共拉萨市委宣传部
二〇一六年三月

2016年度全市妇女儿童工作目标管理考核
二等奖
拉萨市妇女联合会
拉萨市妇儿工委办

拉萨法院2016年度民族团结进步
先进集体
中共拉萨市中级人民法院党组
二〇一六年九月

2016年度上半年全市法院办案
先进集体
中共拉萨市中级人民法院党组
二零一六年七月

全市公安机关“两学一做”学习教育
全面深化改革、“四项建设”知识竞赛
优秀奖
拉萨市公安局
二〇一六年十一月

2015年度拉萨市
优秀县(区)公安局
拉萨市公安局
二〇一六年三月

林周县
荣获拉萨市振兴教育教学质量三年行动计划
2015年度小学教学质量
二等奖
拉萨市教育局（体育局）
二〇一六年三月

拉萨市“守护生命 平安拉萨”
安全知识竞赛
三等奖
拉萨市安全生产委员会
二〇一六年六月
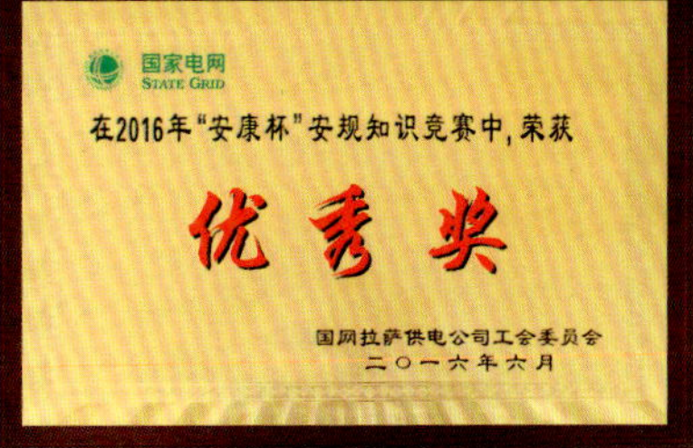
国家电网
STATE GRID
在2016年“安康杯”安规知识竞赛中，荣获
优秀奖
国网拉萨供电公司工会委员会
二〇一六年六月

编辑说明

一、《林周年鉴》2012年开始编纂，每年出版1卷，2017年卷为第6卷。

二、《林周年鉴》以马克思列宁主义、毛泽东思想、邓小平理论、“三个代表”重要思想、科学发展观为指导，深入贯彻落实习近平总书记系列重要讲话精神和治国理政新理念新思想新战略，坚持辩证唯物主义和历史唯物主义的主场、观点、方法，始终坚持“实事求是、质量第一、存史资政、服务大众”的办鉴宗旨，全面、系统、翔实地记述林周县上一年度政治、经济、文化、社会等各项事业的基本情况，为社会各界与国内外人士了解和研究当今林周县提供翔实资料。

三、《林周年鉴》分为正文与彩页两部分。正文采取分类编辑法，以类目、分目、条目为主要框架结构，个别包含多方面资料的条目，则在段落间加插楷体标题提示，方便读者查阅全书。

四、《林周年鉴（2017）》载录林周县2016年经济社会发展的基本资料，设有特载、综述、大事记、政治、武装、法治、经济管理、社会事业、城市建设·环保、邮政·通讯、金融、乡（镇）概况、附录等内容，通过这些内容，可以为人们了解林周县、认识林周县提供一个全新的窗口。

五、《林周年鉴》的编辑宗旨，在于求真务实，力求真实生动地反映林周县在改革开放和现代化建设中取得的崭新成就。

六、《林周年鉴》所提供的内容和数据，分别来自于林周县各有关部门和乡（镇）人民政府，经各级领导审核，但由于口径与统计方法不同，恐有不一致之处，但使用时应以县统计局提供的数据为准。

《林周年鉴》编辑部

2017年8月1日

《林周年鉴》编纂委员会

《林周年鉴》编辑部

图书在版编目（CIP）数据

林周年鉴. 2017 / 林周县地方志办公室编. -- 北京：方志出版社，2017.8

ISBN 978-7-5144-2528-4

Ⅰ. ①林… Ⅱ. ①林… Ⅲ. ①林周县－2017－年鉴 Ⅳ. ①Z527.54

中国版本图书馆CIP数据核字(2017)第232569号

林周年鉴（2017）

编　　者：林周县地方志办公室
责任编辑：刘方圆

出 版 人：冀祥德
出 版 者：方志出版社
地址　北京市朝阳区潘家园东里9号（国家方志馆 4 层）
邮编　100021
网址　http://www.fzph.org
发　　行：方志出版社发行中心
电话（010）67110500
经　　销：各地新华书店
印　　刷：河南匠心印刷有限公司

开　　本：889×1194　　1/16
印　　张：26.5
字　　数：490千字
版　　次：2017年8月第1版　　2017年8月第1次印刷
印　　数：001～500册

ISBN 978-7-5144-2528-4　　定价：350.00元

目 录

特 载

综 述

林周县概况

大事记

政 治

中共林周县委员会

林周县人民代表大会常务委员会

林周县人民政府

中国人民政治协商会议林周县委员会

中共林周县纪律检查委员会（监察局）

中共林周县委办公室

中共林周县委组织部（编办）

中共林周县委宣传部

中共林周县委统战部（民族宗教事务局）

中共林周县委政法委员会

林周县总工会

共青团林周县委员会

林周县妇女联合会

林周县工商业联合会

林周县人民代表大会常务委员会办公室

林周县人民政府办公室

中国人民政治协商会议林周县委员会办公室

林周县信访局

林周县政府编译室

林周县政府法制办公室

林周县创先争优强基础惠民生活动领导小组办公室

武 装

林周县人民武装部

林周县公安消防大队

武警林周县中队

法　　治

林周县公安局

林周县人民检察院

林周县人民法院

林周县司法局

经济管理

林周县发展和改革委员会

林周县统计局

林周县财政局

林周县国土资源规划局

林周县工业和信息化局

林周县安全生产监督管理局

林周县国家税务局

林周县工商行政管理局

社会事业

林周县民政局

林周县人力资源和社会保障局

林周县卫生局

林周县食品药品监督管理局

林周县人民医院

林周县疾病预防控制中心

林周县文化广播电影电视（新闻出版、文物）局

林周县农牧（科技）局

林周县农牧开发建设办公室

城市建设·环保

林周县住房与城乡建设局

林周县环境保护局

邮政·通讯

林周县邮政分公司

林周县电信局

中国移动通信集团西藏有限公司林周县分公司

联通林周县营业部

金　融

中国农业银行股份有限公司林周县支行

乡（镇）概况

甘旦曲果镇

边交林乡

春堆乡

江热夏乡

卡孜乡

阿朗乡

旁多乡

强嘎乡

松盘乡

唐古乡

附　录

彩页目录

特 载

凝心聚力 攻坚克难 厚植优势 赶超争先 为全面建成小康社会而努力奋斗

——在中国共产党林周县第九次代表大会上的报告

中共林周县委书记　次仁顿珠

（2016年9月13日）

此次大会的主要任务是：高举中国特色社会主义伟大旗帜，全面贯彻落实党的十八大，十八届三中、四中、五中全会精神和中央第六次西藏工作座谈会精神，深入贯彻习近平总书记系列重要讲话精神、特别是治国必治边、治边先稳藏的重要战略思想和“加强民族团结、建设美丽西藏”的重要指示，坚持以“四个全面”战略布局为统领，坚持党的治藏方略，坚持依法治藏、富民兴藏、长期建藏、凝聚人心、夯实基础的重要原则，全面贯彻落实区市党委决策部署，总结回顾第八次党代会以来的工作，安排部署今后五年的工作任务，选举产生中国共产党林周县第九届委员会和纪律检查委员会，组织全县广大党员，动员全县各族群众凝心聚力、攻坚克难，厚植优势、赶超争先，为全面建成小康社会而努力奋斗。

一、回首合力突破的铿锵步伐，我们激情满怀

第八次党代会以来的五年，是林周经济快速发展、社会全面进步的五年，是社会局势和谐稳定、民族团结不断巩固的五年，是民生显著改善、各族群众得到实惠最多的五年，是党建科学化水平明显提高，基层组织战斗力、凝聚力和创造力持续增强的五年。五年来，在党中央的亲切关怀下，在区市党委的坚强领导下，在苏州市的大力援助下，县委团结带领各族干部群众，坚持“稳中求进”的工作总基调，着力办好“五件大事”、实施“六大工程”，坚定不移推进经济建设、政治建设、文化建设、社会建设、生态文明建设和党的建设，圆满完成了第八次党代会确定的目标任务，谱写了林周发展史上浓墨重彩的崭新篇章。

——经济实力显著增强。主要经济指标高位增长，2015年地区生产总值、固定资产投资、公共财政预算收入分别达到15.18亿元、19.22亿元、1.09亿元，是2010年的2倍、4.2倍、4.1倍。农村土地承包经营权和宅基地确权登记颁证工作基本完成。边交林乡设施农业园区初具规模，净土健康产业蓬勃发展，工矿业、旅游业发展迈出新步伐，三次产业结构比例调整为15.4∶29.4∶55.2。旁多水利枢纽主体工程建设完成，青藏交直流联网工程林周换流站成功并网，澎波灌区项目进展顺利。

——发展基础更加牢固。“县城东扩”战略稳步实施，农牧民安居工程和人居环境综合整治工程有序推进，城乡基础设施条件明显改善。鹏博健康产业园、城投公司和净土公司组建完成，园区基础设施建设和征地工作步伐加快，土地开发治理和人工种草面积不断扩大，产业集聚吸引力和承载力不断增强。设立县政务服务中心，落实招商引资奖励和优惠政策，优化服务环境，累计8家企业落户、招商引资实际到位资金18.15亿元，经济发展后劲十足。

——受援工作全面深化。把经济援藏作为主攻方向，受援重点由“输血”走向“造血”，投入重点由基础设施建设走向民生改善和产业发展，累计实施受援项目24个、总投资2.7亿元，为林周经济社会发展发挥了不可替代的作用。着力推进教育、卫生事业发展，恢复吴江人民奖学基金，设立“微笑天使”医疗救助基金，受援工作由政府单一行为转变为全社会广泛参与的行动。全面理顺乡镇对口帮扶机制，落实帮扶资金1850万元；民族交往交流交融工程深入开展，两地党政、社会团体交往频繁，投入资金500万元选派400余人次到苏州参观学习、培训挂职，拓宽了受援领域、丰富了受援内涵。

——民生福祉大幅改善。2015年农牧民人均可支配收入9154.62元，是2010年的1.99倍。本级财政累计投入8847.23万元，连续三年每年办好10件民生实事，群众反映强烈的突出问题得到有效解决。“四业工程”全力推进，群众致富渠道更加多样。“两基”迎国检顺利完成，学校布局加快调整，“三包”惠民政策全面落实，义务教育均衡发展通过区市验收，教学质量稳居全市前列。县乡村三级医疗服务网络基本形成，城乡医疗救助“一站式”即时结算平台建立，农牧区免费医疗制度实现全覆盖。全区领先的五保集中供养中心投入使用，各项社会保险参保率95%以上，社会救助水平有力提升。群众文化活动丰富多彩，黑颈鹤民间艺术团和“阿谐”民间艺术表演队多次荣获国家级比赛大奖。“十二五”扶贫目标顺利实现，脱贫攻坚扎实推进。

——社会局势和谐稳定。维稳电子视频信息化管理系统和公安信息化指挥中心建成使用，应急处突能力进一步提高。每年设立疑难复杂信访案件专项资金、收取企业民工工资保证金，成功化解3—20年不同时期信访积案和矛盾纠纷21起，做好新形势下群众工作的能力明显增强。推行网格化管理、“双联户”模式，深化干部驻村驻寺工作，城乡维稳防控体系织密织牢。配合开展西藏自治区成立50周年庆祝活动，全力做好12年一度的“帕邦塘廓”宗教活动和东孜山“猴年转山”民俗活动服务管理工作。安全生产不断强化，安全生产事故起数和死亡人数“双下降”。“六个一”活动常态化开展、“9+5”工程基本完成，利寺惠僧政策全面落实，寺庙信息综合管理系统推广应用，宗教事务管理不断加强。民族团结进步教育和创建活动全面深化，“三个离不开”的思想深入人心。

——党的建设扎实推进。大力培育和弘扬社会主义核心价值观，深入开展各类主题教育，意识形态领域安全有效加强。乡镇领导班子换届、村“两委”换届圆满完成，干部队伍和人才队伍建设稳步推进，创先争优强基惠民活动和“强党、固基、扶村”活动扎实开展，党建联建工程深入实施，党员队伍发展壮大，基层党建保障得到加强。中央“八项规定”、区党委“约法十章”“九项要求”和市委“八项要求”全面落实，党的群众路线教育实践活动、“三严三实”和“忠诚干净担当”专题教育成效明显。全面履行党风廉政建设党委主体责任和纪委监督责任，协助市纪委依法查处张学奎等严重违纪案件，严肃处理扎桑、次仁顿珠等严重违纪问题，惩治了歪风邪气、弘扬了清风正气。

与此同时，全县工会、团委、妇联、机构编制、档案、消防、统计、老干部工作、人民武装和国防动员以及残疾人事业等得到全面加强。

回顾五年来的发展历程，业绩铸就辉煌，成就令人振奋。这是中央和区市党委坚强领导、英明决策的结果，是苏州市和援藏干部真诚关心、无私援助的结果，是全县政法干警、武警官兵积极参与、鼎力支持，军警民携手共建的结果，是各族干部群众顽强拼搏、共同奋斗的结果。在此，我代表县委，向所有为林周改革发展稳定事业做出贡献的同志们、朋友们，表示衷心的感谢，并致以崇高的敬意！

总结过去五年的工作，我们深深地体会到：只有把中央精神和区市党委决策部署与林周实际结合起来，不断探索符合林周特点的发展路子，才能推动经济社会持续健康发展。只有坚持共同团结奋斗、共同繁荣发展，促进各民族交往交流交融，才能筑牢社会和谐稳定的基石。只有把维稳作为首要任务和重中之重，不折不扣贯彻落实区市党委、政府维稳部署要求，才能确保社会局势持续全面长期稳定。只有高度重视和关注民生、切实保障和改善民生，不断增强群众的发展参与感、获得感和幸福感，才能赢得各族群众的衷心拥护和支持。只有坚持求真务实、真抓实干，以优良的作风凝聚党心民心，才能心齐气顺抓落实、团结干事谋发展。只有不断加强和改进党的建设，充分发挥县委总揽全局、协调各方的领导核心作用，才能为做好林周各项工作提供坚强的政治和组织保障。

二、展望未来五年的美好蓝图，我们信心百倍

今后五年，是林周推进经济社会发展和长治久安的关键时期，是全面建成小康社会的决胜阶段。思路决定出路，方向决定成败。我们一定要准确把握林周当前所处的坐标定位，进一步明确未来五年目标和重点，以高度的政治自觉，全面承担起林周改革发展稳定的光荣使命。

当前，和全区其他县区一样，林周面临的主要矛盾依然是人民日益增长的物质文化需求同落后的社会生产力之间的矛盾，特殊矛盾依然是各族人民同以十四世达赖集团为代表的分裂势力之间的矛盾。但林周县情有自身的特殊性，与过去相比全县各方面情况已经并正在发生全面深刻的变化，呈现出一系列新的阶段性特征，集中表现为“五个突出”：一是经济自我发展能力弱特征突出。财政规模不断壮大、稳步迈入亿元时代，但一产大而不强，二、三产起步较晚、效益低迷，经济下行压力很大、综合实力处于全市各县区中下游。二是投资稳定性差和结构不优特征突出。投资规模稳步扩大，基础设施全面改善、城乡旧貌换了新颜，但由于发展滞后的原因，投资长期一边倒向基础建设领域，且严重依赖国家投资，利用社会资金的意识和能力不高。三是反分裂斗争形势严峻性和复杂性特征突出。和谐稳定局面不断巩固，民族团结氛围浓厚，但全区维稳大县的实际和日益严峻复杂的反分裂斗争形势，决定了维稳任务更重、压力更大。四是脱贫攻坚和改善民生任务艰巨性特征突出。成果共享不断深化，群众生产生活水平大幅提高，但是民生历史欠账依然较多，公共服务均等化水平有待提高，群众增收致富意识不强、门路不宽。五是强班子、转作风、抓廉政紧迫性特征突出。党的建设不断加强，基层基础更加夯实，但依然存在个别基层组织软弱涣散、服务管理能力不强，少数党员干部作风不实、不敢担当。这些新的阶段性特征都提醒我们，林周已经到了转变提升的重要关口。今后五年，我们必须想方设法彰显后发优势、实现赶超争先，否则经济社会发展就会徘徊不前，各族群众对美好生活的期盼就难以实现，前进的路子就会越走越窄！

转变提升、赶超争先、全面建成小康社会，我们面临前所未有的机遇和条件。一是政治机遇。中央明确了治国必治边、治边先稳藏的重要战略思想和依法治藏、富民兴藏、长期建藏、凝聚人心、夯实基础的重要原则，为林周发展提供了坚强政治保障和根本遵循。二是政策机遇。中央第六次西藏工作座谈会制定了一系列特殊优惠政策，苏州对口援助力度进一步加大，为林周发展注入了强大动力。区市“十三五”规划提出，

“加快推进拉萨新机场前期工作，力争‘十三五’开工建设，打通拉萨夺底乡至林周隧道”，彻底破除交通瓶颈指日可待，在全市新一轮发展中脱颖而出更具现实可能。三是发展机遇。农牧业资源和土地资源比较优势明显，产业发展平台和载体组建完成，净土健康产业发展潜力将得到进一步挖掘释放。广大党员干部作风明显转变、素质能力得到提高，各族群众思稳定、求团结、盼富裕、谋发展、奔小康的热情空前高涨。“得时无怠，时不再来”。我们一定要倍加珍惜、紧紧抓住、切实用好这些难得机遇，咬定目标不动摇、攻坚克难不懈怠、保持定力不折腾，奋力开启林周经济社会发展和长治久安新征程。

今后五年，我们工作的指导思想是：高举中国特色社会主义伟大旗帜，以邓小平理论、“三个代表”重要思想、科学发展观为指导，全面贯彻党的十八大，十八届三中、四中、五中全会精神和中央第六次西藏工作座谈会精神，深入贯彻习近平总书记系列重要讲话精神、特别是治国必治边、治边先稳藏的重要战略思想和“加强民族团结、建设美丽西藏”的重要指示，全面落实区党委八届七次、八次、九次全委会精神和市委八届七次、八次全委会精神，坚持以“四个全面”战略布局为统领，坚持党的治藏方略，把维护祖国统一、加强民族团结作为工作的着眼点和着力点，把培育战略支柱产业、提高发展质量和效益作为工作的中心和重心，坚持创新发展、协调发展、绿色发展、开放发展、共享发展，树立和谐稳定、协调均衡、共享共建、绿色健康、创新开放的发展理念，深入推进党建统领、环境优化、产业支撑、民生保障、文化提升、依法治县“六大工程”，坚定不移开展反分裂斗争，坚定不移促进经济社会发展，坚定不移保障和改善民生，坚定不移促进民族交往交流交融，确保国家安全和长治久安，确保经济社会持续健康发展，确保生态安全环境良好，确保人民生活水平和质量普遍提高，如期全面建成安居乐业、保障有力、家园秀美、民族团结、文明和谐的小康社会。

与转变提升、赶超争先、全面建成小康社会的目标任务相衔接，与全县“十三五”规划确定的着力打造高原生态功能保护区、高效农牧业示范区、拉萨城市建设拓展区、现代物流集聚区、社会和谐稳定首善区的战略定位相适应，我们的奋斗目标是：

——奋战五年，综合经济实力迈上新台阶。地区生产总值年均保持两位数以上增长，全社会固定资产投资、公共财政预算收入、工业增加值、社会消费品零售总额、农牧民人均可支配收入年均增长15%以上。特色优势产业发展壮大，净土健康产业和旅游文化产业成为经济增长的重要引擎，产业载体和平台引领作用充分彰显。

——奋战五年，构筑竞争优势取得新突破。主体功能区定位基本形成，协调雅江中游国家级黑颈鹤保护区和甘曲湿地范围修订取得实质进展。政务环境廉洁高效，服务环境优化宽松，市场机制趋于完善，投资竞争力和吸引力明显增强。

——奋战五年，群众生活水平实现新提升。“两年脱贫、三年巩固”目标圆满完成，现行标准以下1882户8325名贫困人口全部脱贫。教育质量显著提升，医疗服务基本满足群众健康需求，基本社会保险实现全覆盖，公共文化服务体系基本建成。基础设施条件全面改善，城镇化水平不断提高。

——奋战五年，和谐稳定局面得到新巩固。反分裂斗争深入开展，社会治理、寺庙管理不断完善，持续全面长期稳定的基础更加坚实。民族交往交流交融更加深入，平等团结互助和谐的社会主义民族关系巩固发展。

——奋战五年，基层基础工作得到新加强。全面从严治党不断深化，基层组织服务管理能力显著增强。党风政风进一步转变、党群干群关系进一步融洽，基层党组织的战斗堡垒作用和共产党员的先锋模范作用得到充分发挥。

实现奋战五年的目标，必须坚持和谐稳定理念，把增强维稳保障能力作为关键环节，以加强民族团结为基石，以确保寺庙稳定为重点，以法治建设为根本，确保社会局势由持续全面稳定逐步进入长治久安。必须坚持协调均衡理念，更加注重统筹兼顾，推进南北协同、城乡一体、产城融合、经济发展与生态安全共进，进一步增强发展整体效能，筑牢发展稳定的根基。必须坚持共享共建理念，把改善民生、凝聚人心作为经济社会发展的出发点和落脚点，大力提高基本公共服务能力，显著提高各族群众生活水平和质量，实现富民与强县的有机统一。必须坚持绿色健康理念，坚持在开发中保护、在保护中开发，坚持经济效益、社会效益和生态效益相统一，走生产发展、生活富裕、生态良好的文明发展道路。必须坚持创新开放理念，坚持以创新的手段促进开放，全面深化创新体制机制改革，营造创新环境。同时，适度控制、把握节奏，主动融入全区乃至全国发展大局，拓宽发展空间、打造开放型经济。

实现奋战五年的目标，是林周工作的根本大局。我们一定要拿出敢闯新路、敢于突破的气概，拿出发奋图强、后来居上的志气，不向困难低头、不向挑战示弱，一步一个脚印地把全面建成小康社会的宏伟蓝图变成美好现实。

三、实现全面小康的宏伟目标，我们勇挑重担

今后五年，要聚焦转变提升、赶超争先、全面建成小康社会的目标任务，努力在以下六个方面取得新的重大进展。

（一）以提高质量效益为核心，着力加快经济发展

发展是解决所有问题的基础和关键。主动适应经济发展新常态和供给侧结构性改革的趋势，充分发挥自身优势和潜力，加大统筹谋划力度，既立足当前，保持必要的发展速度，又着眼长远，坚定不移走产业化发展道路，增强县域经济发展内生动力。

创优发展环境。保护生态环境。坚持把生态环境作为底线、红线和高压线，建立产业准入负面清单，提高环境监测能力，切实保护好一草一木、山山水水。严格落实主体功能区规划，抓好雅江中游国家级黑颈鹤保护区、热振国家森林公园、湿地系统及生物多样性保护，大力开展造林绿化工程，加大矿山生态系统修复力度，建设天蓝、地绿、水清的美好家园。改善政务环境。深化政府职能转变，理清权力清单、责任清单，承接上级下放的行政审批事项，加强县政务服务中心和乡镇便民服务站建设，规范审批程序、提高办事效率。完善县级干部联企帮企制度，主动帮助解决企业遇到的困难和问题。规范市场环境。深化“三证合一”“先照后证”登记制度改革，扎实推进“营改增”工作，大力培育市场主体、完善市场体系。深入开展市场环境综合整治，稳妥解决好运输协会问题，依法严厉打击各类破坏经济建设秩序的行为，切实维护市场主体合法权益。

完善基础设施。基础设施是经济社会发展的重要支撑，必须坚持基础设施先行，努力消除发展的瓶颈制约。构建综合交通运输体系。配合做好拉萨新机场、国道561松盘乡至当雄宁中乡段重点项目前期工作，协助开展拉萨夺底乡至林周隧道建设，全面优化区位条件。完善县域交通网络，完成县乡道路改造升级，实现自然村通公路，组建客运营运企业，建立乡际客运班线。改善水利基础设施。建设县城和乡镇段防洪堤工程，构筑防洪减灾圈。完成澎波灌区续建项目和小农水项目建设，新建切玛水库和克布水库，完善灌溉体系。加强饮用水水源地保护，加快建设城镇集中式饮用水水源工程，保障饮用水安全。加强信息基础设施建设，深入推进“互联网+”行动，建立县城空间数据基础设施，推行政务办公自动化，实施乡镇、村光缆工程。大力建设销售物流基础设施，促进商贸物流业发展。

壮大特色产业。产业不强是林周的“软肋”。培育壮大特色优势产业是林周加快发展的必由之路。推动现代农业发展。加大农业综合开发力度，全面落实各项惠农政策，保障以青稞为主的粮食安全，继续领跑全区粮油生产。改造设施农业，以农业资源、田园景观和乡土文化为基础，建设农业生态旅游观光基地。大力发展净土健康产业。推动规模化发展，实施“南北互动”“农牧互补”发展战略，扩大奶牛、澎波半细毛羊养殖、饲草和特色作物种植规模，引进龙头企业生产经营，以规模扩大促效益提升。推动品牌化发展，依托“拉萨净土”区域公用品牌，培育知名本土品牌和地理标识，加快净土健康产品走出去步伐。加快工业转型升级，做大农畜产品精深加工，积极引导矿企兼并重组，鼓励支持绿色建材业、民族手工业发展，重点抓好天然饮用水产业、光伏产业发展，促进工业结构多元化，努力开创工业经济新局面。树立“大旅游”观念，融入拉萨市“全域旅游”整体布局，以建设高原风光旅游目的地为目标，开发当雄—林周旅游环线、热振湖风景区精品线路，完善旅游配套基础设施，塑造“古刹灵山秀水、美丽生态林周”主题精品旅游形象。强化科技创新驱动发展，增强科技创新支撑特色产业发展的能力，提高科技进步对经济的贡献率。

提振园区经济。园区是发展实体经济的主战场，是未来林周经济发展的希望所在。强化经济功能区建设。重点推进“三园一区”（健康产业园、现代农业示范园、清洁能源产业园、草牧业科技示范区）建设，将其打造成产业龙头带动作用突出、特色产业创新引领、集群规模效应凸显、经济贡献稳定提升的经济产业园区。管理运营好载体平台。加快鹏博健康产业园基础设施建设步伐，积极推动产业园机构批准，适时启动后续建设，做大做强园区经济。充分发挥县国资委职能作用，推进城投公司和净土公司现代企业制度改革，扩大投融资渠道和业务范围，确保国有资产保值增值。

（二）以深化改革开放为契机，着力增强发展动力

改革开放是加快发展的根本出路。转变发展观念、创新发展模式，以深化改革激发发展活力，以对内对外开放拓宽发展空间，不断为经济社会发展注入源头活水。

深入解放思想。解放思想是党的思想路线的本质要求，是应对复杂局面、破解发展难题的“金钥匙”。破除消极懈怠思想、强化积极进取意识，树立强烈的事业心和责任感，勇于担当、敢于争先，自我加压、实干奋进，不断把林周各项事业提高到一个新水平。破除狭隘封闭思想，强化开放发展意识，以更加开放的胸襟、更加宽广的视野谋划发展，向开放要项目、要速度、要质量、要效益，努力在激烈的竞争中抢占先机、赢得优势。破除因循守旧思想，强化改革创新意识，敢走前人没走过的路，敢做前人没做过的事，以“不达目的誓不罢休”的决心和韧性闯出一片新天地。

提升开放水平。坚持“引进来”和“走出去”相结合，加强与内陆沿海发达地区联系沟通，学习借鉴“长三角”“珠三角”和京津冀发展先进经验，积极探索新的交流合作机制和方式，开创全方位、多层次、宽领域的开放新格局。主动对接拉萨作为面向南亚开放中心城市、“一带一路”重要节点城市的战略定位，紧紧抓住打造藏中南经济核心区的有利契机，积极参与拉萨经济带产业分工，大力发展仓储物流、休闲娱乐产业，努力成为拉萨主城区产业转移、功能配套目的地。拓展区内合作空间，围绕净土健康产业，与其他县区建立长期供销合作关系，实现优势互补、互利共赢。加强县域南部和北部的互联互通，按照产业分工、差异发展的要求，挖掘各自特色优势，形成各具特色、优势互补的发展功能区，避免出现同质化、低水平竞争。全面落实招商引资奖励和优惠政策，大力开展定点定向精准招商，构筑政策洼地和服务高地，争取更多企业落户。

深化受援工作。深入贯彻落实对口支援西藏工作20周年座谈会精神，配合做好经济援藏、干部人才援藏工作。加强受援项目对接，突出产业发展、民生改善和扶贫开发重点领域，统筹实施好“十三五”受援总投资4.5亿元的四大类13个项目。充分发挥援藏干部的桥梁纽带作用，深化乡镇对口帮扶机制，加强两地各领域交流合作，不断丰富援藏内涵。继续实施民族交往交流交融工程，每年选派优秀干部职工赴苏州学习考察、培训挂职。

推进农村改革。林周是典型的小城市、大农村，改革的重点、难点在农村。坚持集体所有权、稳定农户承包权、放活土地经营权，进一步深化农村土地承包经营权确权登记制度改革，尽

快完成农村宅基地登记发证，启动不动产登记。发展适度规模经营，健全承包经营权流转市场机制，稳慎推进农牧民宅基地用益物权抵押、担保、转让，培育发展家庭农牧场、种养大户等新型经营主体。规范农牧民专业合作组织发展，探索建立合作组织与群众之间更加紧密的利益连接机制。

发展非公经济。坚持政治上放心、思想上放开、政策上放宽、发展上放胆、工作上放手，实施低门槛、零注册、轻赋税、强支撑、少检查、重奖励优惠政策，准确全面落实“亲”“清”新型政商关系，优化非公经济发展环境。用项目化办法、产业化思路引导非公企业投资经营净土健康产业、现代服务业，逐步培育出有一定经济实力和影响力的本地非公企业。鼓励非公企业吸纳群众就业、参与扶贫开发、热心公益慈善，倾情回报社会。

（三）以促进成果共享为使命，着力保障改善民生

为政之道，民生为本。多谋民生之利、多解民生之忧，每年办理一批群众反映集中的普惠性民生实事，着力解决好群众最关心、最直接、最现实的利益问题，不断提高参与度、获得感和幸福指数。

坚决打赢脱贫攻坚战。坚持精准扶贫、精准脱贫，因人因地施策、提高扶贫成效，切实做到扶持对象精准、项目安排精准、资金使用精准、措施到户精准、因村派人精准、脱贫成效精准。科学设定扶贫路径，分类采取扶贫措施，对有劳动能力的以业脱贫，对“一方水土养不起一方人”的以迁脱贫，对生态特别重要的以补脱贫，对缺乏劳动技能和因学致贫的以育脱贫，对丧失劳动能力的以保脱贫，对因病致贫、因病返贫的以助脱贫。实行脱贫工作责任制，巩固完善政府、社会、援藏有机结合、互为支撑的大扶贫格局。

统筹城乡协调发展。推进城镇化建设。加快编制县城控制性规划和乡镇规划，发挥规划对城镇化发展的引领作用。坚持“一心两轴多点”的总体布局，以县城为龙头，沿国道561、省道302打造结构合理、层次有序、功能互补的城镇体系。完善城镇公用设施，加快市政路网建设，全面铺开县城太阳能供暖工程，适时推行小区物业管理，逐步完善城镇社区服务设施。推进美丽乡村建设。继续实施“八到农家”工程，完善教育、医疗、文化等配套基础设施，深入开展乡村人居环境综合治理，打造布局合理、设施配套、功能齐全、环境整洁的社会主义新农村。

加快发展社会事业。教育是民生之基。优先发展教育事业，加快农牧区幼儿园和义务教育学校标准化建设，推进“三通两平台”建设，加快县域教育优质均衡协调发展。落实15年教育“三包”政策，完善家庭困难学生资助体系。加强师德师风和教师队伍素质能力建设，加大乡镇教师配备力度。就业是民生之本。继续推进“四业工程”，加大职业培训和实用技能技术培训力度，促进农牧区剩余劳动力就业创业。加强劳动执法，完善劳动争议调处机制，依法保障劳动者权益。健康是民生之福。深化医药卫生体制改革，大力发展藏医药，巩固基本医疗卫生制度全覆盖。加强县乡村三级医疗卫生服务网络建设，推进县人民医院创建二级甲等医院。实施城乡居民大病保险制度，开展“全民健康促进行动”。加强传染病、地方病防治，建立食品药品安全监管体系，增强突发公共卫生事件处置能力。保障是民生之安。健全五项社会保险制度，推进机关事业单位养老保险制度改革，继续做好新农保、寺庙僧尼社会养老保险和居民养老保险全覆盖。统筹推进城乡最低生活保障制度，管理使用好五保集中供养中心，发展社会福利事业。加大保障性安居工程建设力度。

（四）以筑牢精神高地为重点，着力巩固思想基础

意识形态领域工作，事关各族群众的凝聚力和向心力。高举旗帜、引领方向，牢牢掌握意识形态工作领导权和主导权，坚持党的领导，坚持正确政治方向，唱响主旋律、传播正能量，为林周各项事业提供强大的文化基础和精神动力。

加强宣传引领。深入开展“习近平总书记系

列重要讲话精神进万家”宣传教育，深入开展中国特色社会主义、中华民族伟大复兴中国梦和社会主义核心价值观、“老西藏精神”“两路精神”“三有四不怕精神”教育，引导各族群众不断增强对伟大祖国、中华民族、中华文化、中国共产党、中国特色社会主义的认同。坚持不懈开展马克思主义“四观两论”“团结稳定是福、分裂动乱是祸”“三个离不开”等宣传教育，继续丰富“新旧西藏对比、感党恩、八看一算账一揭批四增强”等主题教育，引导各族群众特别是青少年认清十四世达赖集团的分裂本质，不断夯实反对分裂、维护稳定的思想基础。结合“七五”普法规划，广泛开展法制宣传教育，营造办事依法、遇事找法、解决问题用法、化解矛盾靠法的法治氛围。广泛开展文明创建活动，着力提升社会文明程度。加强主流媒体建设，巩固党报党刊全覆盖工程，发挥县电视台、县政府新闻网、“林周之窗”微信公众号宣传作用，拓展宣传平台，增强党的新闻舆论传播力、引导力、影响力、公信力。统筹协调网上舆情应急管控和舆论引导，全面提升网络宣传能力和管理能力。

繁荣文化事业。完善县乡村三级公共文化服务体系，实施文化惠民工程，深入开展“五下乡”活动，丰富各族群众精神文化生活，倡导健康文明的生活方式。加强文化遗产的保护和利用，推进非物质文化遗产展示场所建设，实施文物保护维修工程，挖掘和开发红色文化资源，推动优秀传统文化传承发展。鼓励文艺创作，以爱党、爱国、爱社会主义、促进民族团结、维护和谐稳定为主题，推出更多思想性艺术性观赏性统一的精品力作，提高林周文化知名度和影响力。加大综合执法力度，净化文化市场。同时，坚持“一县一特”的文化产业发展思路，建设“阿谐”产业园和热振生态文化园，促进文化产业与旅游产业融合发展。

（五）以加强民族团结为基石，着力营造良好环境

民族团结是西藏各族群众的生命线。牢牢把握共同团结奋斗、共同繁荣发展的主题，巩固发展平等团结互助的社会主义民族关系，促进宗教和睦、佛事和顺、寺庙和谐，建立最广泛的爱国统一战线。

强化中华民族共同体意识。全面贯彻党的民族政策，坚持民族区域自治制度，落实《民族区域自治法》和《拉萨市民族团结进步条例》，依法管理民族事务。扎实推进民族团结进步教育“七进”活动，深入开展主题鲜明的民族团结进步创建活动，推动各民族和睦相处、和衷共济、和谐发展。

做好新形势下的宗教工作。全面贯彻党的宗教工作基本方针和国家法律法规，充分尊重和保障各族群众宗教信仰自由，依法保护正常宗教活动，维护宗教活动场所、宗教界人士和信教群众合法权益，引导藏传佛教与社会主义社会相适应。巩固提升寺庙“9+5”“六个一”“一覆盖”“一教育”“一工程”“三保一低”，全面落实各项利寺惠僧政策，凝聚人心、夯实基础。深入开展寺庙法治宣传教育、爱国主义教育和寺规戒律教育，继续开展和谐模范寺庙暨爱国守法先进僧尼创建评选活动，引导广大僧尼争当爱国爱教、遵规守法的模范。完善寺庙管理长效机制，健全寺庙人财物佛事等工作管理制度，建立寺管会管理制度和驻寺干部定期交流轮换机制。加强信教群众思想教育工作，逐步淡化和消除宗教消极影响，大力普及和推广科学精神。

发展壮大爱国统一战线。高举爱国主义、社会主义旗帜，着力凝聚人心、汇聚力量，最大限度团结一切可以团结的力量，培养一支坚持党的领导、坚定不移走社会主义道路、具有代表性和参政议政能力的党外人士队伍，为全县经济社会发展服务。加强非公经济代表人士队伍建设，大力培养爱国爱教宗教界代表人士，落实领导干部联系宗教界代表人士制度，做好境外藏胞回国探访接待管理工作。

（六）以实现长治久安为目标，着力维护社会稳定

安不忘危、治不忘乱。稳定压倒一切，在林周没有和谐稳定的环境，经济社会不可能正常发

展，其他工作都等于零、取得成绩也会失去。认真落实区党委、政府十项维稳措施和市委要求，扎实开展治边稳藏各项工作，确保社会局势持续长期全面稳定。

依法开展反分裂斗争。始终坚持中央对达赖集团的定性和斗争方针，深入揭批十四世达赖集团政治上的反动性、宗教上的虚伪性、手法上的欺骗性，妥善应对“后达赖”向“达赖后”转变的重大挑战，严密防范和依法打击各类分裂破坏活动，彻底粉碎一切危害祖国统一、破坏和谐稳定的图谋。

提升社会治理能力。坚持依法治理、主动治理、综合治理、源头治理，进一步完善党委领导、政府负责、社会协同、公众参与的社会治理格局。加大情报信息搜集研判力度，细化流动人口服务管理措施，做好对重点人员的经常性教育和排查管控帮扶，强化校园安保，落实社会治理工作属地管理责任。推进社会治安综合治理，依法严厉打击各类违法犯罪活动，深入持久地开展打击煽动自焚等暴恐事件和极端行为的斗争。加强基层维稳力量、手段、装备和基础设施建设，锻造一支听党指挥、素质过硬、能征善战的维稳队伍。严格维稳责任、严明维稳纪律，完善维稳分包机制、维稳督查机制、维稳工作责任制和责任追究制。严格落实安全生产责任和管理制度，强化“党政同责、一岗双责、失职追责”。

深化基层基础工作。推进网格化管理、社会化服务，巩固拓展“双联户”工作成果，深化干部驻寺工作，继续开展创先争优强基惠民活动、落实好“5+2”工作任务，充分发挥便民警务站职能，筑牢和谐稳定的“第一道”防线。加大矛盾纠纷排查调处力度。当前，随着经济社会发展，利益格局加速调整，各类矛盾纠纷多发易发，呈现“触点”增多、“燃点”降低、“爆点”易炸的特征。尽量减少“燃点”，健全完善党委和政府主导的利益协调机制、权益保障机制、社会稳定风险评估机制，更加注重从源头上预防矛盾纠纷。及时阻隔“燃点”，加强和改进信访工作，实现网上信访全覆盖，善于运用法治思维和法治方式调处矛盾纠纷，做到“零搁置”。着力清除“爆点”，坚决防止发生群体性事件。

加强民主法制建设。坚持和完善人民代表大会制度，坚持和完善中国共产党领导的多党合作和政治协商制度，支持人大、政协依法履行职能。坚持和完善基层群众自治制度，保障各族群众的知情权、参与权和监督权。加强政法机关和政法队伍、党管武装和国防后备力量建设，深化双拥工作，巩固发展军政军民团结。

四、落实从严治党的时代要求，我们一以贯之

治国必先治党，治党务必从严。林周实现转变提升、赶超争先、全面建成小康社会，关键是加强和改进党的领导。突出全面从严治党这条主线，坚持不忘初心、继续前进，以赤子之心和改革创新精神全面加强党的思想、组织、作风、制度和党风廉政建设，不断提高管党治党科学化水平，夯实党在农牧区的执政基础，为林周经济社会发展和长治久安、全面建成小康社会提供坚强政治保证。

（一）提高管党治党水平，必须武装思想、坚定信念

思想政治建设，是我们党的优良传统和政治优势，是领导班子建设的核心和灵魂。加强学习型党组织建设，以开展“两学一做”学习教育为契机，县委做好表率，带动各级党组织深入学习贯彻中国特色社会主义理论体系，学习贯彻习近平总书记系列重要讲话精神、中央第六次西藏工作座谈会精神和区市党委各项决策部署，切实增强对中国特色社会主义的道路自信、理论自信、制度自信、文化自信。坚持以增强党性为核心，加强理想信念教育和思想道德建设，引导党员干部继承党的优良传统和作风，发扬“老西藏精神”“两路精神”和“三有四不怕精神”，牢固树立正确的世界观、人生观、价值观，模范践行社会主义核心价值体系。坚持实事求是、理论联系实际的优良学风，加强对重大理论和现实问题的调查研究，努力做到学以致用、以用促学，不断提高广大党员干部的素质能力，切实担负起历史赋予的光荣使命。

（二）提高管党治党水平，必须发扬民主、增强活力

党内民主是党的生命，是党的创造活力和团结统一的根基。充分发挥县委总揽全局、协调各方的领导核心作用，强化抓全盘、抓各项工作的主体责任，从制度上保证和加强县委对党的建设、深化改革、经济发展、社会稳定等各项事业的统一领导。认真开展民主集中制教育，全面学习毛泽东同志《党委会的工作方法》，掌握民主集中制基本理论、基本原则和各项规定，进一步熟悉规矩、掌握方法，增强贯彻执行的自觉性和坚定性。严格执行民主集中制，完善常委会、全会议事规则和决策机制，健全集体领导和个人分工负责相结合制度，坚持“三重一大”事项集体研究决定。深入推进党内民主和党务公开，坚持和完善“三会一课”制度，加强党内监督，严肃认真地开展批评和自我批评，增强党内政治生活的原则性和透明度，营造健康向上、风清气正的党内政治生态。

（三）提高管党治党水平，必须选贤任能、树好导向

选人用人导向是最大的政策导向，选什么人、用什么人的问题，始终是干部工作的核心问题。着眼事业发展需要，坚持用公道正派的好作风，选拔为民务实清廉的好干部，着力建设一支高素质的执政骨干队伍。

加强干部队伍建设。认真贯彻执行《党政领导干部选拔任用工作条例》，严把干部选任动议关、推荐关、考察关、决定关、任职关，严格组织人事纪律，进一步提高选人用人的公认度和公信度。坚持德才兼备、以德为先的原则，坚持“明辨大是大非立场特别清醒、维护民族团结行动特别坚定、热爱各族群众感情特别真挚”的民族地区好干部要求，切实把信念坚定、为民服务、勤政务实、敢于担当、清正廉洁的优秀干部选拔到各级领导岗位。特别是注重选拔那些原则性强、对群众感情深、一身正气、敢抓善管和工作中有思路、有激情、有韧性、贡献大的干部，真正让想干事者有机会、能干事者有舞台，不让老实人吃亏，不让投机钻营者得利。加强援藏干部工作，既严格管理又关心爱护，充分发挥他们的优势和作用。加大南部和北部、县直和乡镇、机关和寺管会之间干部交流力度，有计划地选派年轻干部到艰苦地区、反分裂一线和关键岗位锻炼成长，为各类优秀干部脱颖而出搭建平台。真正重视、真心关怀、真情爱护基层干部，完善激励保障机制，全力解决基层干部工作生活实际困难。重视培养选拔女干部、党外干部，带着深厚感情做好老干部工作。严格干部考核评价，进一步完善领导班子和领导干部综合考核评价机制，落实领导干部能上能下若干规定，推动形成能者上、庸者下、劣者汰的用人导向和从政环境。

加强人才队伍建设。人才是推动发展的第一资源，必须把人才建设摆在突出位置，坚持培养和引进相结合。充分发挥县委党校作用，加强党政人才、专业技术人才、农牧区实用人才和社会工作人才队伍建设，充分调动各类人才的积极性。加大紧缺人才引进力度，重点引进会经营、懂管理、有技术的高素质人才，为经济发展提供智力支持。

（四）提高管党治党水平，必须强基固本、筑牢基础

基层党组织是党的全部工作和战斗力的基础，承担着推动党的路线方针政策和区市县党委决策部署落地生根的重要职责，抓基层打基础，任何时候、任何情况下都不能放松。全面落实基层党建工作责任，完善抓基层党建工作述职评议考核制度，努力形成一级抓一级、层层抓落实的党建工作格局。创新党组织设置方式，按照“应建尽建”的原则，采取“单独建、挂靠建、联合建”模式，加大在非公经济组织和社会组织中建立党组织的力度，不断扩大覆盖面。扎实开展“强党、固基、扶村”活动，进一步建强乡镇政权、充实干部队伍，选好配强村“两委”班子，加强村级后备干部队伍建设，着力整顿软弱涣散基层党组织，把基层组织建成服务群众、维护稳定、反对分裂的坚强战斗堡垒。强化机关党建，充分发挥机关党组织作用。按照控制

总量、优化结构、提高质量、发挥作用的要求，加大在致富能手、退伍军人和优秀团员青年中发展党员力度，建立完善疏通党员队伍出口经常性工作机制。加快推进村级组织活动场所、村级集体经济、党员教育培训“三个全覆盖”工作，规范村级组织运转，提高村级组织为群众办实事解难事的能力，更加全面具体地发挥党员的先锋模范作用。建立统筹有序的议事协调机制，实现乡镇、驻村驻寺、下沉干部、村“两委”班子深度融合，凝聚整体工作合力。加大基层组织建设支持保障力度，重点用于村级组织运转、提高村干部待遇、改善下沉干部工作生活条件。健全激励关怀机制，真诚帮扶“三老”人员和生活困难党员。加强党建带团建、带妇建、带工建，推动基层群团组织建设。

（五）提高管党治党水平，必须为民服务、转变作风

党的作风关系党的形象、关系人心向背，是一项长期复杂的系统工程。立足抓常抓细抓长，持续开展作风突出问题整治，推动作风教育常态化、监督检查常态化，进一步转变工作作风、密切联系群众。

强化正风肃纪。继续深入贯彻落实中央“八项规定”、区党委“约法十章”“九项要求”和市委“八项要求”，巩固拓展党的群众路线教育实践活动、“三严三实”和“忠诚干净担当”专题教育成果，紧盯“四风”问题新动向，逐步实现党风政风根本性转变。建立完善作风领域长效机制，把实践证明行之有效的经验做法上升为新的制度，细化完善县委制定出台的20余项制度，全力抓好贯彻执行，彰显制度的约束力和严肃性。

树牢宗旨意识。秉持为民情怀，坚持群众观点、践行群众路线，思想上尊重群众、感情上贴近群众、行动上走进群众，让为民服务的宗旨意识扎根灵魂深处，始终保持同人民群众的血肉联系。深化党员干部联系基层制度，经常走村入户进寺庙，面对面问计于民，了解群众所思所盼、理顺群众情绪，使各项工作更加符合客观实际和规律、更加符合群众利益和愿望。

坚持求真务实。对照“三严三实”要求，坚守岗位、履职尽责、积极作为，把主要精力集中在推动工作上，把满腔热情倾注到为民服务上，把发展业绩建立在真抓实干上。提高工作执行力，对中央精神和区市县党委决策部署坚决贯彻执行，结合实际细化为具体措施、转化为具体行动，说办就办、马上就办，锲而不舍、狠抓落实，确保落地生根、取得实效。

（六）提高管党治党水平，必须履行责任、反腐倡廉

党风廉政建设和反腐败斗争，事关党的生死存亡，是必须切实抓紧抓实抓好的重大政治任务。坚持把党的纪律和规矩挺在前面，用纪律和规矩管住大多数，突出标本兼治、惩防并举，形成廉洁从政的良好环境。

严明党的各项纪律。严守党的政治纪律和政治规矩，牢固树立政治意识、大局意识、核心意识、看齐意识，在思想上政治上行动上同以习近平同志为总书记的党中央保持高度一致，在维护祖国统一、开展反分裂斗争这个重大原则问题上，始终做到旗帜鲜明、立场坚定，认识统一、表里如一，态度坚决、步调一致。严守党的组织纪律、廉洁纪律、群众纪律、工作纪律、生活纪律，扎扎实实干事、堂堂正正做人、清清白白为官，始终做到一身正气、两袖清风。

深化廉洁从政教育。突出抓好《中国共产党廉洁自律准则》《中国共产党纪律处分条例》和《中国共产党问责条例》的学习宣传，深入开展党风党纪、警示教育和岗位廉政教育，大力推动廉政文化建设，充分发挥典型违纪案件的教育警示作用，增强党员干部的党章党规党纪意识、廉洁自律意识和拒腐防变能力。把握运用监督执纪“四种形态”，加大廉政谈话和约谈力度，对党员干部苗头性倾向性问题早发现、早提醒、早纠正。

保持反腐高压态势。坚持有腐必反、有贪必肃、有案必查，以零容忍的态度惩治腐败，重点查处政治问题和腐败问题交织，不收敛不收手，问题线索反映集中、群众反映强烈、现在重要岗位且可能还要提拔使用的领导干部，持续形成强

大震慑。深入推进农牧区党风廉政建设，严肃查处发生在群众身边的不正之风和腐败问题，让群众切实感受到反腐倡廉的实际成效。认真落实查办腐败案件以上级纪委为主和“一案双查”的要求，规范线索处置和案件查办工作。

全面落实“两个责任”。责无旁贷地履行党风廉政建设党委主体责任和纪委监督责任，建立不敢腐、不能腐、不想腐的长效制度，不断把党风廉政建设和反腐败斗争引向深入。深入推进制度规范全覆盖，扎紧扎密制度的“笼子”，切实强化对权力运行的制约监督。大力支持纪检监察机关深化转职能、转方式、转作风，强化监督执纪问责。

同志们，回首过去，我们深感成绩来之不易；展望未来，我们充满必胜信心。站在新的历史起点上，转变提升、赶超争先、全面建成小康社会的壮丽画卷正在展开。让我们更加紧密地团结在以习近平同志为总书记的党中央周围，高举中国特色社会主义伟大旗帜，在区市党委的坚强领导下，团结一心、拼搏进取、扎实作为，为推进林周经济社会发展和长治久安、全面建成小康社会而努力奋斗！

林周县人民代表大会常务委员会工作报告

——在林周县第十二届人民代表大会第一次会议上

林周县人大常委会主任　格旦次仁

（2016年9月20日）

2012年以来的工作回顾

2012年以来，在林周县委的坚强领导下，本届人大常委会全面贯彻落实党的十八大和十八届三中、四中、五中全会和中央第五次、六次西藏工作座谈会精神，以邓小平理论、“三个代表”重要思想、科学发展观为指导，深入贯彻落实习近平总书记系列重要讲话精神，坚持党的领导、人民当家做主和依法治国有机统一，按照“四个全面”战略布局的要求，紧紧围绕全县工作大局依法行使职权、积极开展工作。2012年以来，共召开人民代表大会5次、县人大常委会会议24次、主任会议52次，听取审议“一府两院”专项工作报告33项，开展专题调研25次、工作检查4次、执法检查5次，配合区市人大开展专题调研、执法检查29次。县十一届人大一次会议确定的常委会各项任务已经完成，常委会各方面工作都取得了新进展、新成效。

一、正确行使重大事项决定权，依法任免地方国家机关工作人员

2012年以来，本届人大常委会坚决贯彻落实县委的重大决策部署，及时讨论决定具有全局性、根本性、长远性的重大问题，依法对政府工作报告、计划报告、预算报告、人大常委会工作报告、法院工作报告、检察院工作报告、“十三五”规划纲要等重大事项作出决议31项。

牢牢把握党管干部与人大依法任免相统一的基本原则。完善任免程序，对常委会任职人员颁发任命书、组织任职发言、举行宪法宣誓仪式。本届任期内，依法任免国家机关工作人员195人（次），接受辞职63人（次），依法罢免代表5人，依法撤职3人。

二、依法履行监督职责，促进经济长足发展和社会长治久安

2012年以来，县人大常委会根据县委的重大战略部署、代表提出的意见和建议、群众反映集中的问题，确定监督重点，不断充实监督内容，使人大监督工作更具深度。综合运用听取审议专项报告、执法检查、视察调研、专题询问等监督方式，在充分调查研究、掌握大量第一手资料的基础上，提出中肯的、切实可行的意见和建议，着力推动有关方面改进工作，并加强跟踪督办，努力增强监督实效。

（一）法律监督方面

——推进法律法规的正确实施。2012年以来，常委会就安全生产法、环境保护法、土地管理法、道路交通法、民族团结进步条例在我县的实施情况开展了执法检查。针对检查中发现的安全生产行政执法力量薄弱、农村生活垃圾污染问题突出、干部群众依法用地观念淡薄、民族团结宣传教育形式单一等问题，提出了建议。

——推进依法行政和公正司法。持续听取审议法检“两院”工作报告，认为法检“两院”在公正司法、惩治犯罪、化解矛盾等方面做了大量卓有成效的工作，要求“两院”加强司法队伍建设，提升司法业务能力，切实做到公开透明，促进社会公平正义。开展“法律六进”情况专题检查，听取审议“六五”普法工作专项报告，肯定了林周县“六五”普法期间的法制宣传教育工作成效，要求形成普法合力、创新方式方法、注重法制教育和法治实践相结合。开展寺管会管理、服务和教育寺庙情况的专题调研，督促寺管会加强自身建设的同时，不断完善依法管理寺庙工作机制，加强寺庙僧尼民生保障工作，为我县寺庙和谐稳定、社会长治久安作出积极贡献。开展村务公开情况专题调研，提出加强公开工作组织领导、进一步充实公开内容、从严落实制度的建议。

（二）工作监督方面

——促进经济健康运行。常委会以听取审议计划、预算报告为重点，作出批准财政决算、财政预算及财政预算收支部分变更的决议，听取审议“十二五”规划实施情况的报告，充分肯定我县经济社会发展取得的新成就，督促有关方面主动适应经济发展新常态，着力提升经济发展质量、效益和内生动力，严格预算约束，科学编制“十三五”规划。开展农业综合开发土地治理项目和现代农业示范园区设施农业建设情况、农牧民专业合作组织建设情况的专题调研，听取审议鹏博健康产业园建设进展情况、净土健康产业发展情况的专项报告，多角度、多形式，助力我县培育特色优势产业、提高自我发展能力。开展旁多水利枢纽工程移民搬迁安置进展情况的专题调研，确保国家重大项目顺利推进。

——促进民生持续改善。常委会坚持把改善民生、凝聚。人心作为一切工作的出发点和落脚点，进行重点监督，有力推进了民生工作的落实。持续听取审议、专题调研新农合资金管理使用情况、教育“三包”政策落实情况、“十件民生实事”实施情况，先后开展了公共文化服务体系建设情况、学龄前幼儿教育工作、新型农村社会养老保险资金管理使用情况、城乡低保资金管理使用情况、农业机械购置补贴和农牧民安居工程落实情况的专题调研，持续推进各项惠民政策的有效落实，让老百姓有实实在在的获得感。专题检查水源地生态环境保护情况，开展林业绿化工作专题调研，听取审议草原生态保护补助奖励机制实施情况的专项报告，引导全社会共同保护好林周的蓝天碧水绿地。

三、提高服务水平，充分发挥代表作用

（一）搭建履职新平台

组织人员前往城关区夺底乡实地考察学习，制定创建方案。按照有场所、有牌子、有制度、有公示栏、有计划、有台账“六有”标准，规范创建县乡两级“人大代表之家”。采取以会代训、实地指导、验收挂牌等方式，推进各乡镇创建事宜。截至2016年3月初，投入50余万元，县级和10个乡镇“人大代表之家”均已正式挂牌运行。在县委、县政府的大力支持下，从2016年起全县11个“人大代表之家”每年12万元的运行经费已列入县级财政预算。

（二）提高代表履职能力

落实常委会组成人员联系代表制度。不断扩大人大代表对常委会工作的参与，先后共邀请200多人（次）基层人大代表列席常委会议和参加执法检查、视察调研等活动。采取“请上来”和“走下去”相结合的方式，集中培训代表16次，专题检查乡镇人大代表培训情况4次，特别是对新一届县级人大代表进行了一轮《宪法》《选举法》《代表法》《组织法》的培训，提高了代表履职能力。

（三）提升建议办理实效

按照有关规定，及时组织承办单位召开交办会、督办会，要求承办单位制定办理方案，加强与代表的联系沟通。通过召开座谈会、实地查看、重点督办、听取审议办理情况报告等，督促承办单位提高办理质量。探索办理工作的激励约束机制，召开代表建议办理工作表彰大会，表彰了3家2015年度代表建议先进承办单位，这在代表建议承办工作方面还是第一次。2012年以来，承办单位的办理意识、办理水平不断提升，县十一届人大会议期间，代表提出496件建议，已全部办理并答复代表，其中：已解决126件，占建议总数

的25%。

四、扎实开展换届选举工作，政权建设进一步加强

在县委的统一领导下，县人大常委会依法履行职责，扎实开展工作，圆满完成了县乡两级人大换届选举工作。认真贯彻落实有关换届选举的系列重要指示精神，制定切实可行的工作方案，成立换届选举委员会。围绕县乡两级人大换届选举，先后召开工作会议20余次，培训换届选举工作骨干3次，统一思想，明确要求，部署工作。统一印制选票、选民证和代表证。从严落实换届纪律，确保换届风清气正。人大换届选举工作指导组多次深入各乡镇，精心指导换届选举各个环节的工作，保证了换届选举依法顺利进行。各有关部门通力合作，共同努力，使换届选举工作做到了选举动员广泛深入、划分选区科学合理、选民登记扎实细致、代表名额分配依法依规、推荐代表候选人民主公开、考察审查从严从深、投票选举依法有序。经过近4万名选民直接选举，产生了550名县乡两级人大代表。全县各乡镇已如期召开新一届人民代表大会第一次会议，依法选举产生了48名地方国家机关领导人员，为进一步巩固党在西藏的执政地位、提高党的执政能力打下了坚实基础，为全面建成小康社会、实现第一个百年奋斗目标提供了坚强的组织保证。

五、加强自身建设，履职能力有新提高

（一）扎实开展专题教育。

先后深入开展基层组织建设年活动、党的群众路线教育实践活动、“三严三实”和“忠诚干净担当”专题教育和“两学一做”学习教育。狠抓学习教育。坚持将学习贯穿始终，多措并举，全面学习领会新精神新部署，牢固树立政治意识、大局意识、核心意识、看齐意识。丰富活动载体。积极组织党员干部职工开展“三进四同三一”“结对认亲交朋友”、在职党员进村报到服务等活动，看望慰问结对户、联系村、寺管会，送去了慰问物品和慰问金，密切了党群、干群关系。突出问题导向。围绕“四风”“两问题”“一薄弱”“三不够”和“不严不实”，广泛征求意见，积极查找问题。2次常委会党组民主生活会都辣味十足，实事求是，直言不讳，实现了改进作风的目的。

（二）狠抓廉政建设

主动适应作风建设新常态，严格执行中央“八项规定”、区党委“约法十章”“九项要求”及市委“八项要求”，严守公务用车、公务接待、公务经费管理规定。扎紧制度笼子，狠抓制度执行。深入学习落实新修订的《中国共产党章程》《中国共产党廉洁自律准则》《中国共产党纪律处分条例》，时刻拧紧思想“总开关”。如实填写《领导干部个人有关事项报告表》《廉政档案》，做到忠诚老实。切实落实党风廉政建设主体责任，加强对分管领域干部职工的监督管理，营造浓厚廉政文化。

（三）建强人大队伍

2015年至2016年，10个乡镇陆续配备了正科级人大专职主席，工作力量实现了新飞跃，工作格局实现了新提升。2012年以来，多次选派常委会党组成员参加区市人大常委会组织的业务培训班，举办乡镇人大工作人员业务培训18次，多次深入乡镇实地检查指导乡镇人大业务工作。人大机关狠抓政策法规、专业知识学习，依法履职能力和水平进一步提高。

各位代表！林周县第十一届人大常委会所取得的成绩，是县委正确领导的结果，是市人大常委会关心、帮助、指导的结果，是县十一届人大代表、常委会组成人员和机关全体同志辛勤工作的结果，是县“一府两院”及有关部门和各乡镇人大协同工作的结果，也是社会各界和广大人民群众大力支持的结果。在此，我谨代表县十一届人大常委会，向大家表示衷心的感谢！

回首2012年以来的工作，我们深切体会到：做好新时期的人大工作必须坚持党的领导，全面贯彻党的路线、方针、政策，及时把党委的重大决策和主张通过法定程序变为国家意志和人民群众的自觉行动，人大才能正确行使宪法和法律赋予的权力，各项工作才能取得新的进步；必须坚持服务大局，监督维护大局，决定重大事项服从大局，依法任免地方国家机关工作人员保障大局，人大工作才能大有作为；必须坚持依法履职，集体行使权力，集体决定问题，才能更好推动依法治县进程，人大工作才能在法制化、规范化的轨道上取得新成绩；必须坚持发挥代表作用，集中代表智慧，切实将各项工作置于代表的有力监督之下，人大工作实效才能得到提高；必须坚持与时俱进，解放思想，实事求是，始终保持奋发有为的精神状态，人大工作才能开创新局面。

在总结成绩和经验的同时，我们也清醒地看到，同改革发展稳定的新要求相比，同人大代表和人民群众的新期望相比，我们的工作还存在一些差距和不足。监督工作实效需要着力增强，调查研究深度尚有不足，代表作用发挥有待加强，建议办理工作需要改进，队伍素质能力有待提升。对此，我们将高度重视，采取切实措施认真加以解决。

今后五年的工作安排

今后的五年，是全面建成小康社会的决胜阶段，是“十三五”规划由蓝图变为现实的实施阶段，是脱贫攻坚的冲刺阶段。县人大常委会要围绕县委中心工作，紧扣“五大”发展理念，全力推进“六大工程”，把人民代表大会制度坚持好、完善好，把人大各项工作提高到一个新水平。

一、依法治县，在法律实施上下功夫

深入开展法律宣传教育，扎实开展执法检查，保证宪法和法律法规在我县得到遵守和执行。弘扬宪法精神，组织好县人大及其常委会选举、决定任命的国家机关工作人员宪法宣誓工作。

二、监督工作，在增强实效上下功夫

认真执行监督法和西藏自治区监督法实施办法，把事关全县改革发展稳定大局的重大问题和人民群众普遍关注的热点难点问题，作为监督重点。不断改进监督方式，积极探索询问、质询等监督方式，加大督促落实力度，切实推动有关方面改进工作、解决问题。坚持会前调查研究，会中集思广益，会后对审议意见办理落实情况的督办力度，坚持审议意见办理工作再审议表决制度，不断提高常委会会议质量。

三、代表工作，在加强管理上下功夫

充分发挥“人大代表之家”平台作用，适时汇编代表培训材料，加强代表学习培训。严格落实常委会组成人员直接联系代表制度，继续邀请人大代表列席常委会会议，参加视察调研、执法检查等活动。完善代表联系群众制度，扎实推进代表接待选民活动，全面推进代表向选民述职工作。完善代表建议办理激励约束机制，切实提高办理质量。

四、自身建设，在提升素质上下功夫

根据区党委要求，积极争取县委和县委组织部的支持，着手县人大及其常委会“一室三委”筹建工作，加强县级人大组织建设。坚持常委会学习制度，扎实开展“两学一做”学习教育，提升常委会组成人员履职能力和水平。积极主动联系对接上级业务部门，加强对乡镇人大工作的指导，加大对人大干部的培训力度，着力建设一支能干事、干成事的人大队伍。

各位代表！

回首往昔，精神振奋；展望未来，壮志满怀。让我们更加紧密地团结在以习近平同志为总书记的党中央周围，高举中国特色社会主义伟大旗帜，继往开来，锐意进取，扎实工作，为夺取全面建成小康社会决胜阶段伟大胜利，谱写好中国梦林周篇章而努力奋斗！

政府工作报告

——在林周县第十一届人民代表大会第五次会议上

林周县人民政府县长　高　军

（2016年3月22日）

一、开拓进取，奋力拼搏，“十二五”各项目标任务圆满完成

“十二五”时期，是我县经受各种考验、战胜多重困难、取得巨大成就的五年，是综合实力提升最快、城乡面貌变化最大、人民群众得益最多、安定和谐成效最好的五年。面对复杂多变的经济改革形势和艰巨繁重的发展、稳定任务，在区市党委、政府和县委的坚强领导下，在县人大、县政协的监督支持下，在苏州市的无私援助下，全县上下全面贯彻落实中央第五次、六次西藏工作座谈会精神和习近平总书记系列重要讲话精神，始终坚持“治国必治边，治边先稳藏”的重要战略思想，始终坚持依法治藏、富民兴藏、长期建藏、凝聚人心、夯实基础的重要原则和“稳中求进”的工作总基调，以建设“魅力林周，幸福家园”为奋斗目标，科学谋划，统筹协调，和衷共济，顽强拼搏，全县经济健康发展、民生持续改善、社会和谐稳定、环境优美宜居，全面完成了“十二五”规划确定的目标任务。

——过去的五年，全县经济转型步伐加快、综合实力大幅提升

五年里，我们始终坚持率先发展不动摇，披荆斩棘，追赶超越，全县的综合实力连年跨上大台阶。综合实力显著增强。“十二五”期间，地区生产总值由“十一五”末的7.66亿增至16.84亿元，增长1.2倍，年均增长17.06%。固定资产投资由“十一五”末的4.6亿元增至19.72亿元，增长3.3倍，年均增长33.43%。公共财政收入突破亿元大关，由“十一五”末的2690万元增至1.09亿元，增长3倍，年均增长32.05%。工业增加值由“十一五”末的648万元增至9300万元，增长13.3倍，年均增长70.36%，社会消费品零售总额由“十一五”末的6664万元增至1.52亿元，增长1.3倍，年均增长17.92%。农村居民人均可支配收入由“十一五”末的4605.31元增至9482.25元，增长1.1倍，年均增长15.53%。经济结构愈加合理。“十二五”期间，三次产业结构由19：22：59调整为15：29：56，一产比重明显下降，二产比重显著上升，经济结构更加合理。现代农牧业稳步发展，粮油产量较2010年增加11.29%，2012年被农业部评为“全国粮食生产先进县”；净土健康产业总投资达2亿元以上，奶牛养殖、设施农业和饲草种植初具规模。“十二五”期间，工业经济大幅提升，工业投入、销售产值、工业税收分别年均增长21.96%、17%、30.85%；旅游业快速发展，旅游基础设施逐步完善，游客人数和旅游收入分别年均增长59.66%、69.54%。招商引资成绩突出。“十二五”完成招商项目47个，招商引资实际到位资金达18.44亿元、年均增长29.7%，光伏产业、饮用水开发、农畜产品加工、藏药材开发等领域的招商引资项目成效明显，后续发展动力强劲。受援工作成效明显。争取援藏资金2.7亿元实施24个援藏项目，投入乡镇帮扶资金1850万元，产业发展、教育、卫生、科技等方面培训187

人，实现交流互访127余次，开展爱心援助活动捐款捐物达120余万元，修编了旅游总体规划、城市总体规划、土地利用总体规划，援藏范围、力度、层面不断扩大。产业平台不断完善，共注资1.55亿元组建成立了县城投公司和净土公司，大力实施土地开发治理和人工饲草种植；已投入7029万元建设鹏博健康产业园，建成了4011平方米的中小企业孵化中心、2.7公里的沥青园区道路，承载能力不断增强。

——过去的五年，全县基础设施不断完善、环境变化日新月异

五年里，我们始终坚持加快建设不动摇，抓早谋前，深根固柢，全县的城乡面貌连年展示大变化。项目建设强劲有力。“十二五”期间，全县共实施项目703个，完成投资64.4亿元。全力协调服务好国家重点项目，圆满完成旁多水利枢纽工程征地及移民搬迁任务，青藏交直流联网工程林周换流站成功并网，澎波灌区项目进展顺利。发展空间有效拓展。成功实施县城东扩战略，太湖路和江苏路等城市主干道改造工程、垃圾填埋场项目、县城供水系统、县城亮化绿化工程等项目建成，基础设施不断改善，市政功能不断健全，县域发展空间得到有效拓展，新增县城建设面积0.3平方公里。新农村建设成绩斐然。农村安全饮水覆盖率达96.7%，安居工程覆盖率达99%以上；农村公路通路里程明显增加，实现全县乡镇、行政村通达率100%，乡村畅通率98%；农村广播和电视网络覆盖率达99%以上，村级信息网站覆盖率100%，中国电信、移动、联通拥有客户4.8万个、有线宽带客户0.2万余户。生态建设全面推进。退耕还林、退牧还草、森林生态效益补偿基金工程得到有效实施，建立了草原生态保护补助奖励机制涵盖草原469万亩， 实施森林生态效益补偿基金工程172.43万亩，完成植树造林6.08万亩，退耕还林9328.76亩。持续加大自然保护区建设和管理力度，西藏热振国家森林公园修规编审顺利完成。水土资源保护进一步得到强化，新增耕地2.3万亩，基本农田保护率达94.7%。深入贯彻落实创建国家环保模范城市各项工作，重点开展环保专项行动和加强环境保护治理，“十三五”期间共投入2928.7万元完善环保基础设施建设。

——过去的五年，全县社会事业全面发展、人民群众实惠满满

五年里，我们始终坚持以人为本不动摇，强县富民，协调推进，全县的民生福祉连年获得大改善。“十二五”期间，改善民生累计投入资金18亿余元，实现了共享发展成果。全面深化教育改革。顺利完成“两基”迎国检。5年共争取教育基建资金1.65亿元，完善学校基础设施建设，形成1所县中学、1所职教中心、10所中心小学和12所幼儿园的办学格局。大力执行振兴教育教学质量三年行动计划，均衡城乡教育资源配置，教学质量稳居全市6个县前列。提高医疗服务水平。加强医疗基础设施建设，形成了县乡村三级医疗服务网络；建立了城乡医疗救助“一站式”即时结算服务平台，连续4年开展全民免费健康体检、在编僧尼免费健康体检，体检率分别达到99%、100%，农牧区医疗制度覆盖率、参合率均达100%。完善社会保障体系。全力推进“四业工程”，先后培训1.9万余人、转移就业和劳务输出2.4万人次，实现劳务收入8163万元。工伤、养老、医疗、失业、生育等保险覆盖率均达98%以上，城乡低保政策覆盖1196户城镇居民、5290户农牧民群众，“五保”老人意愿集中供养率达100%。积极促进文化繁荣，深入推进文化惠民工程，建成10个乡镇文化站、45个农家书屋和38座寺庙书屋，党报党刊全覆盖；成立了林周历史上第1家民间艺术团，出版了第1部县志、第1部年鉴。大力实施安居工程，加速推进“八到农家”工程，实施了2825户安居工程和45个行政村人居环境综合整治工程。加大扶贫开发力度，实施扶贫开发项目160个、总投资2.5亿元，3804户18929人实现脱贫。建立民生实事机制，本级财政累计投入3479.3万元，连续两年办理民生实事20件；深入开展强基惠民活动，2011年以来5批910名驻村工作队员扎根基层，投资1.04亿元实施强基惠民项目311个。

——过去的五年，全县社会局势持续稳定、人民群众幸福安康

五年里，我们始终坚持稳定大局不动摇，励精求治，纲纪四方，全县的社会局面连年持续稳定。巩固社会稳定基础，深入开展反分裂斗争，全面落实十项维稳措施，加强维稳基础设施和力量建设，形成了以护城河检查站为龙头，以公安派出所、寺庙派出所、便民警务站和15个党政军警民联防联控卡点为平台，以社会服务管理网格、联户单元为基本依托的社会管理综合治理防控体系，严密防范和打击十四世达赖集团渗透破坏活动。加强创新社会治理。建成了四级网格化管理体系，全县社会服务管理网格达到175个；建立完善“双联户”管理模式，划分联户单位1232个；建成覆盖13座重点寺庙及10个乡镇的电子视频信息化管理系统和公安信息化指挥中心。依法开展“严打整治”行动，完善流动人口服务管理措施，全面完成“六五普法”，全县平安乡镇创建率达到100%，群众安全感满意度达到98.17%。加强矛盾纠纷化解，设立三级矛盾纠纷排查调处中心，每年设立100万元化解疑难信访案件专项资金，收取矿山企业民工工资保证金，推动建立调诉对接中心，完善相关制度建设，五年来累计排查调处矛盾纠纷260余起。加强宗教领域管理。在全县23个寺庙建立了寺管会，8个寺庙派出了特派员，选派了117名优秀干部开展驻寺工作，常态化开展“六个一”活动，加快推进“9+5”工程建设，全面落实利寺惠僧政策。自主开发并在全市率先推广应用寺庙信息综合管理系统，深入推进和谐模范寺庙暨爱国守法先进僧尼创建表彰活动。加强巩固民族团结。全面贯彻落实《拉萨市民族团结进步条例》，深化民族团结进步教育“七进”活动，扎实推进共产党员民族团结先锋活动，党员结对1146个、表彰民族团结模范集体40家和个人（家庭）80人（户），有效促进各民族交往交流交融。

各位代表，过去的五年，我们在严峻形势、艰苦条件下，经历了大事，兴办了实事，办妥了难事。成绩来之不易，这是在市委、市政府和县委正确领导下，在苏州市的大力支援下，团结一致、奋力拼搏的结果。在此，我代表县人民政府，向全县各族人民致以崇高的敬意！向倾力援助林周发展的第六、七批援藏干部和苏州市人民致以诚挚的谢意！向人大代表、政协委员和退休干部职工，向驻军部队、武警官兵、政法干警，向所有关心支持林周各项建设的社会各界人士表示衷心的感谢！

各位代表，刚刚过去的2015年，全县上下牢牢把握经济社会发展主动权，主动适应经济发展新常态，坚持“发展产业强实力、促进和谐聚合力、转变作风增活力”工作思路，坚定信心，迎难而进，真抓实干，各项预期目标全面完成，为“十二五”画上了精彩的句号。

——调整结构强产业，经济发展呈现新亮点。

高度注重结构调整和产业发展的质量效益，促进产业转型升级，打造优质发展平台。净土健康产业深入推进，全年投资达8500万元，其中投资3000万元完成了以江热夏乡斯曲亚玛现代奶牛养殖基地为中心、6个养殖小区为辐射点的高产奶牛现代化牧场建设，投资2000万元新建澎波半细毛羊和牦牛育肥基地，全县高产奶牛、选育牦牛、半细毛羊规模分别达到1312头、20.1万头、5.6万只，生猪养殖项目出栏达2900余头；规模化饲草种植9万余亩，成功试种玛咖2363.8亩，其他经济作物种植2.42万亩，现代农业示范园区蔬菜年产量达 8520吨。现代农业发展稳步向前，落实标准化生产与高产创建面积15.4万亩。粮油又喜获丰收、总产7.05万吨，粮经饲比例64.6：11.6：23.8；全县牲畜存栏24.32万头（只、匹）、出栏8.5万头（只、匹），肉产量0.78万吨、奶产量0.71万吨、禽蛋产量237.1吨。投资280万元新建4个乡镇农牧综合服务站，现代农业发展的基础更加牢固。工业经济提质增效明显，实现工业投入5.2亿元，同比增长22%，工业销售产值2.8亿元，同比增长5.1%，工业税收完成2350万元，同比增长2.5%。总投资1.3亿元的藏电林周县一期10兆瓦分布式并网光伏发电项目正式开工，藏能光伏发电、高争净露饮用水等项目也即将落

地，新型产业格局正在加速形成。第三产业发展有效推进，全年接待游客11.49万人次，同比增长460%，实现旅游收入850万元，同比增长190%。

——攻坚克难促投资，项目建设取得新成效。

始终坚持围绕项目抓发展，切实强化投资意识和项目意识，贯彻执行好《项目建设监督管理办法》《林周县固定资产投资管理考核办法（试行）》，着重加强前期沟通协调，从速从快解决项目建设用地、审核批准、环评等方面的问题，强力推动全县项目建设。着力推进项目建设，全年在建项目达到182个，续建项目28个、新建项目154个，完成固定资产投资19.72亿元，同比增长23.33%，全县项目完工率达91.8%。其中涉及农牧林水项目65个，完成投资6.73亿元，占总投资的34.12%；产业投资项目18个，完成投资5.31亿元，占总投资的26.92%；交通能源项目27个，完成投资2.69亿元，占总投资的13.64%；城镇基础设施及保障性住房项目14个，完成投资1.72亿元，占总投资的8.72%；社会事业和其他项目58个，完成投资3.27亿元，占总投资的16.6%。做好“十三五”规划编制，委托西藏社科院编制了《林周县“十三五”时期国民经济和社会发展规划纲要（草案）》，精心编制完成全县“十三五”规划项目库，申报项目共包含九大类156个大项443个子项目，规划总投资达304.44亿元。

——统筹城乡抓建设，城乡面貌得到新提升。

围绕“魅力林周”的建设蓝图，着力改善城乡面貌，全力保护生态环境。县城建设扩容提质，投资1350万元完成中小企业孵化基地建设，投资5760万元新建的384套周转房，投资528.8万元118户棚户区改造工程和投资5250万元的苏州北路、甘曲路工程顺利推进，县城不断扩容。乡村面貌不断变化，完成了总投资7219万元11条农村公路建设，实施了投资859万元的旁多新集镇道路建设，全县乡镇、行政村公路通达率进一步提高；实施了4个乡（镇）改水改厕示范工程，正式启用了甘曲镇垃圾填埋场，总投资1亿余元的林周县农网改造工程进展明显，城乡基础条件更加完善。生态建设不断加强，总投资813万元实施了湿地功能保护区工程和拉萨河源头生态功能保护区保护规划一期建设项目；严格落实新环保法，全县在建项目环境影响评估登记达到100%。完成造林和封育面积 6000亩，落实公益林管护办法，完成唐古乡生态公益林管护站建设。

——保障有力惠民生，社会事业有了新进步。

始终坚持保障民利、实事惠民，努力办好一批民生实事，使发展成果惠及全县群众。社会保障健全完善，加大劳务输出，实现劳务输出9321人，实现经济收入1730.3万元；完成转移就业3140人，实现经济收入3073万元。城乡居民养老保险参保3.68万人，参保率99.5%，发放养老金1200.68万元。教育事业优先发展，本级财政投入2143.4万元支持全县教育事业发展，义务教育阶段均衡化水平不断提高，助学助教体系不断完善；顺利完成总投资2153万元9个教育基建项目和4个教育采购项目。卫生事业深入发展，投入资金1552.6万余元用于基础设施建设和其他卫生事业发展，巩固农牧区医疗制度全覆盖，实现 “村有卫生室、乡有卫生院”的目标，县乡村三级医疗服务网络初步形成。文化事业繁荣发展，建成40个室内数字化电影放映场所，原生态舞蹈《点亮足迹》入选自治区成立50周年大庆主题晚会，自治区非物质文化遗产“热振曲卓”参演2016年藏历新年晚会。扶贫工作精准发力，精准识别“五个一批”贫困人口1881户8325人，不断加大扶贫开发项目力度，完成贫困户易地搬迁选址工作。县级财政投入2116万元办理10件民生实事，年初承诺全部兑现。

——改革开放破障碍，发展活力释放新红利。

持续推进重点领域改革，进一步扩大对外开放，改革“红利”和市场潜力逐步释放。全面推进农村综合改革，完成了16.07平方公里的农村宅基地确权登记颁证工作，依法开展非法买卖农村集体土地整治专项行动，农村土地确权登记颁证工作基本完成；稳步推进全县小型水利工程管理体制改革，中小型水利项目管理得到加强。积极推进经济体制改革，实现投融资体制创新，健康产业园成功进驻企业13家；落实新预算法，推行公开透明的财政预算制度；落实商事制度改革，全年新增市场主体464户，新增注册资（本）金3.63亿元，同比增长57.71%、91.96%。不断深化社会事业改革，统筹城乡义务教育资源均衡配置，完成了义务教育均衡化迎“国检”核准；落实食药监管改革，组建成立了县食药监局；完成了机关事业编制人员养老金改革的衔接和1%人口抽样调查。开放水平得到提高，援藏力度加大，全年投入援藏资金1.08亿元实施10个项目；招商引资力度加大，实现招商引资实际到位资金5.5亿元，同比增长22.5%。

——坚持底线保稳定，和谐大局得到新开拓。

牢固树立底线思维和风险防控意识，全面落实十项维稳措施，全县社会局势进一步稳固。加大社会治防力度，持续对各类违法犯罪的严打高压态势，进一步完善“双联户”管理模式，“幸福家园”微信平台覆盖率85%；依法依规处理信访问题，排查调处矛盾纠纷70起、化解率94%；“12345”热线处理工单20件、满意度98%；圆满完成“帕邦塘廓”宗教活动和自治区50周年大庆维稳安保工作。加强寺庙综合管理，全面落实利寺惠僧政策，依法加强宗教事务管理，广泛深入开展法制宣传主题教育活动，深入推进和谐模范寺庙暨爱国守法先进僧尼创建表彰，评选表彰县级和谐模范寺庙20座、爱国守法先进僧尼896名；深入开展民族团结进步创建活动，全面推进民族团结工作。健全安全生产责任体系，狠抓重点行业和企业安全生产监管，完成“五级五覆盖”工作，事故起数及死亡人数均控制在区、市下达控制指标之内。抓好强基惠民活动，围绕“5+2”目标任务开展工作，争取资金 909.06万元实施项目45个，投入资金478.31万元为群众办实事好事593件，群众满意度不断提高。

同时，国防动员工作得到加强，监察、编译、档案、法制、地方志、保密、科技、精神文明、工会、青年、妇女、消防、通信、外事、气象和地震等工作也取得了新的进展。

在肯定成绩的同时，我们也清醒地认识到存在的问题和不足：经济总量不大、人均水平不高、区域竞争日益激烈；新型产业刚刚起步，自主发展能力不强，资源、环境等对经济发展的约束越来越明显；反分裂斗争形势依然严峻复杂，安全生产形势没有彻底扭转；乡镇经济比较薄弱，城乡统筹的效果不够明显；财政收支矛盾依然突出，税源经济依然弱小；环境监管、社会保障、社会管理等方面还存在一些薄弱环节，等等。对此，我们将予以高度重视，采取切实有效措施认真加以解决。

二、志存高远，再展鸿图，全面开启“十三五”新征程

今后的五年，是我县深化改革、加快发展的黄金期，是促进和谐、维护稳定的攻坚期，是全面建成小康社会的决胜期。“十三五”时期，随着国家建设“一带一路”和构建沿边地区开发开放“三圈三带”战略的实施，劳动密集型和资源密集型产业加速向西转移，供给侧结构性改革、降低融资成本等稳增长政策落地，随着拉萨打造面向南亚开放的中心城市和藏中南经济发展的龙头，林周与全国、全区一样，总体上仍处于可以大有作为的重要战略机遇期。特别是产业园区加快创建、热振旅游环线立项、一些重大基础设施项目的建设推进，林周的区位优势和竞争力将进一步提升。这些都为我们“十三五”时期发展拓展了空间，增添了动力。我们对未来五年的发展前景充满信心。

县委八届五次全委会通过的关于制定“十三五”规划的《建议》，明确了今后五年林周经济社会发展的总体要求和奋斗目标。县政府根据《建议》精神，在广泛征求意见的基础上，认真谋划，反复研究，制定了《林周县国民经济和社会发展第十三个五年规划纲要（草案）》，请各位代表审议。

“十三五”时期我县国民经济和社会发展指导思想是：高举中国特色社会主义伟大旗帜，全面贯彻党的十八大，十八届三中、四中、五中全会精神，以邓小平理论、“三个代表”重要思想、科学发展观为指导，深入贯彻习近平总书记重要讲话精神、特别是治国必治边、治边先稳藏的重要战略思想和“加强民族团结、建设美丽西藏”的重要指示，全面落实中央第六次西藏工作座谈会及区、市党委八届七次、八次全委会精神，坚持以“四个全面”战略布局为统领，坚持党的治藏方略，坚持依法治藏、富民兴藏、长期建藏、凝聚人心、夯实基础的重要原则，坚持稳中求进的总基调，把维护祖国统一、加强民族团结作为工作的着眼点和着力点，牢固树立和贯彻落实和谐稳定、协调均衡、共享共建、绿色健康、创新开放的发展理念，坚守“三条底线”，深入推进党建提升、环境优化、产业支撑、民生保障、精准扶贫、依法治县“六大工程”，坚定不移开展反分裂斗争，坚定不移促进经济社会发展，坚定不移保障和改善民生，坚定不移促进民族交往交流交融，确保国家安全和长治久安，确保经济社会持续健康发展，确保生态安全环境良好，确保人民生活水平和质量普遍提高，确保如期全面建成小康社会，为实现第二个百年奋斗目标、实现中华民族伟大复兴的中国梦贡献林周力量。

“十三五”时期我县国民经济和社会发展总体目标是：继续保持经济社会长足发展的良好势头，主要指标达到全市平均水平，与全市一道全面建成小康社会；建成拉萨市重点生态功能保护区、高效农牧业示范区、高原特色产业集聚区、生态文化旅游发展区，开启林周现代化建设新征程。

——*综合经济实力显著增强*。到2020年，地区生产总值突破30亿元，保持两位数以上的增长；全社会固定资产投资、公共财政预算收入、工业增加值、社会消费品零售总额等重要经济数据较2015年实现翻番以上。产业体系建设和基础设施建设更加完善。

——*人民生活水平显著提高*。城乡居民人均可支配收入达到全国平均水平，人民群众的幸福感和获得感明显增强。基本公共服务稳步提高，主要指标接近或达到拉萨市平均水平。精准脱贫工作全面完成，实现现行标准下的1881户8325名贫困人口全部脱贫。

——*先进文化大繁荣大发展*。社会主义核心价值观深入人心，文化、体育事业加快发展，人民群众精神文化生活更加丰富，人民生活质量、健康水平和文明素质不断提高。

——*生态文明建设不断加强*。生态文明建设走在拉萨市前列，生态系统及生物多样性得到有效保护，主要污染物和碳排放总量、单位生产总值能源和水资源消耗量控制在国家核定范围内，生态文明建设取得重大进展。

——*社会治理能力全面提升*。深入开展反分裂斗争，和衷共济、和谐发展，平等团结互助和谐的社会主义民族关系进一步巩固和发展，社会主义民主法制更加健全，长期稳定、持续稳定、全面稳定的基础更加坚实。

“十三五”时期我县经济社会发展的基本要求：

一是坚持和谐稳定发展，维护政通人和新气象。紧紧围绕西藏工作的着眼点和着力点，全面推进依法治县，深化十项维稳措施，完善党政军警民联防联控工作机制，严密防范、严厉打击各类分裂破坏活动，坚决维护祖国统一。坚持依法治理、主动治理、综合治理，提升社会治理水平，建立多元化矛盾化解机制，完善各项应急体系，着力强化安全生产，健全公共安全体系，坚决维护社会稳定。强化中华民族共同体意识，依法加强宗教管理，巩固寺庙管理创新成果，完善寺庙公共服务，切实促进民族交往交融，努力创建民族团结模范县，坚决维护宗教和睦、民族团结。到2020年，群众安全感满意率达到98%以上、社会安全指数达到95%以上。

二是坚持协调均衡发展，形成统筹一体新格局。发挥林周作为拉萨“一区三轴多点”中拉林轴上主要节点城镇的作用，统筹推进城乡发展，实施“中心集聚、轴向带动、点状促进”的城乡发展策略，加快推动县城北扩延展，着力推进“三园一区”建设，完善服务设施功能，提升综合承载能力，逐步实现城乡居民收入均衡化、要素配置合理化、产城发展一体化。按照“一心两轴多点”的空间格局，着力推进中心城区、重点乡镇、节点小镇建设，加强市政基础设施和农牧区服务设施建设，不断改善农村人居环境，逐步缩小城乡差距，不断增强城镇辐射带动作用。力

争到2020年，户籍人口城镇化率达到30%以上，综合城镇化水平达到60%以上，全县50%左右的行政村基本达到《美丽乡村建设指南》国家标准。

*三是坚持共享共建发展，顺应人民生活新期待。*牢牢把握经济社会发展的出发点和落脚点，继续加大民生投入，全力实施好全县精准脱贫攻坚规划，圆满完成“三年脱贫、两年巩固”目标；建立健全鼓励创业就业培训体系，不断提高群众收入，确保城镇登记失业率控制在2.3%以内；完善社会保障体系和社会救助体系，基本社会保险覆盖率保持在100%；不断加大教育投入，促进教育均衡发展，提高双语教育覆盖面，提升义务教育教学质量，确保中小学教师学历合格率达到100%、新增劳动力平均接受教育年限13年以上；优化医疗资源配置，加快县乡医疗卫生服务体系一体化建设，健全妇幼保健和基层优生优育服务体系，孕产妇和婴儿死亡率分别降低至80/10万、12‰以下；推进文化繁荣发展，加强公共文化建设，实现文明乡镇创建率位居拉萨前列。

*四是坚持绿色健康发展，建设生态文明新家园。*严格落实环境保护基本国策，加强生态功能区建设，推进造林绿化工程，维护生物多样性，规范森林、水源、湿地等绿色空间管护，落实自然保护区、水源涵养区、生态脆弱保护区等生态补偿机制，筑牢生态安全屏障；深入实施大气、水、土壤污染防治行动计划和工业污染源全面达标排放计划，加大废弃矿区环境修复力度，强化城镇污染控制，推进交通干线、重点流域、村镇周边环境综合治理，建立资源循环利用体系。到2020年，县城区空气质量优良率保持在95%以上，城镇污水集中处理率达到90%，主要河流城区水质达到Ⅲ级以上，重要河流水功能区水质达标率达到95%，工业固体废弃物综合利用率达到90%以上。

*五是坚持创新开放发展，开创合作共赢新局面。*加大供给侧结构性改革，抓好经济、行政、社会、文化、人才、生态等重点领域改革，建立充满活力、富有效率、科学发展的体制机制。主动融入“藏中南2小时经济圈”和南亚“中心城市”建设，提升承接产业转移的吸引力和影响力，加强区域共赢合作，共同培育产业集群。创新招商模式，落实优惠政策，营造良好经济环境；深化全方位援藏工作，促进两地融合发展；创新公共服务平台，推动大众创业、万众创新，强化科技创新驱动，发展壮大民营经济，培育新型市场体系，构建开放型经济体系。到2020年，援藏资金达到4.5亿元，园区经济产值达到10亿元，科技进步对全县经济增长的贡献率达到55%以上。

三、争创一流，提速发展，我们须全力奋战2016

2016年，是“十三五”规划起步之年，是全面建成小康社会决胜阶段的开局之年，是推进结构性改革的攻坚之年，也是全面贯彻落实中央第六西藏工作座谈会、打赢精准脱贫攻坚的第一年。政府各项工作将立足新起点，抢前抓早、运筹划策，努力实现新突破，全面开创和谐稳定、协调均衡、共享共建、绿色健康、创新开放的发展新局面。

2016年工作总体要求是：全面贯彻党的十八大，十八届三中、四中、五中全会精神和中央第六次西藏工作座谈会精神，深入贯彻习近平总书记系列重要讲话精神，认真落实区、市党委八届七次、八次全委会精神决策部署，坚持以新发展理念引领发展，坚持稳中求进工作总基调，主动适应经济发展新常态，按照“宏观政策要稳、产业政策要准、微观政策要活、改革政策要实、社会政策要托底”的总体思路，着力抓好转型升级和结构调整，着力抓好招商引资和园区建设，着力抓好产业基地培育和重大项目推进，着力抓好新型城镇化建设和新农村建设，着力抓好民生改善和社会保障，着力抓好社会治理和民族团结，努力实现全面建成小康社会决胜阶段良好开局。

主要预期目标是：地区生产总值同比增长12%以上；公共财政预算收入同比增长12%以上；全社会固定资产投资同比增长22%以上；农村居民人均可支配收入同比增长15%以上；工业增加值同比增长12%以上；社会消费品零售总额同比增长13%以

上，改革开放、社会事业和民生建设全面提升。

根据上述总体要求和目标任务，我们将着重抓好以下七个方面的工作：

第一，面对新常态、新理念，更加注重产业发展，不断壮大经济实力

全力推进净土健康产业。实施“南北互动”“农牧互补”发展战略，统筹协调7260万元，着力推进健康产业园、现代农业示范园、奶牛养殖基地、半细毛羊养殖基地和草牧业科技示范区建设，加快形成特色产业健康发展的有效载体。加快发展县域龙头产业，大力发展饲草种植和经济作物、药用作物等特色种植，力争人工饲草种植面积达5万亩，扩大玛咖、金银花、玫瑰等种植面积；加快“草畜乳一体化”建设，新增标准化养殖基地4个，高产奶牛存栏达到1600头、半细毛羊存栏达到6万只、选育牦牛规模达到22.23万头；完善林周现代农业示范园设施，开展工厂化育苗，投资200万元建立产品保鲜储藏体系，扩大设施农业产销规模，努力打造集现代育苗、种植、物流和培训示范为一体的自治区级示范园区；优化健康产业园环境，着手启动园区二期征地1300亩；继续大力发展天然饮用水产业，力争高争净露饮用水今年投产，圣央水资源、南天牧业等净土健康企业的销售产值有新突破。

全力壮大经济支柱产业。推进农牧业现代化建设。持续夯实现代农业基础，尽快完成江夏乡加荣村、甘曲镇朗当村1.4万亩的高标准农田，开工建设总投资1661万元的甘曲镇江角村6200亩高标准农田，全力做好总投资3400万元1.7万亩的青稞生产基地建设，高质量完成未来3年小型农田水利重点县项目勘测设计，规划实施总投资近3.8亿元的全区重点水利项目澎波灌区后续工程；强化现代农牧业服务体系建设，推进6个乡镇农牧综合服务站和气象服务站建设；推动育繁推一体化，建设具有区域影响力的牦牛、半细毛羊良种繁育基地；落实好粮食直补、农资补贴等惠农政策，粮油生产要稳定在1.3亿斤以上，确保粮食安全特别是优质青稞推广面积达到12.5万亩。加快工业转型升级。继续推进帮中、财胜等5家矿企改扩建，服务好藏电光伏项目，力争实现工业增加值1亿元、销售产值达 3亿元；重点抓好总投资4.4亿元藏能光伏和高争饮用水项目，确保今年完成建设；利用健康产业园平台，确保落地2–3家企业开工生产，努力开创工业经济发展新局面。大力发展现代服务业。不断完善旅游基础设施，积极推进投资3200万元的热振片区环境优化工程和投资1070万元的边林乡农业示范园旅游基础设施建设项目，积极推进热振国家森林公园和旁多生态景区一体开发，努力实现田园风光与生态农业的耦合开发，大力发展民俗游、乡村游、特色游；加强商贸流通体系建设，力争实施总投资2600万元的农贸市场升级改造、农产品物流及直销网络、农牧区综合市场建设等项目；探索发展“互联网+”模式，拓展服务业发展新空间。

全力扩大项目投资规模。要精准把握国家及区、市政策动向和投资导向，立足产业发展、生态保护、精准扶贫、土地治理和重大基础设施建设等方面，精心包装、全力以赴争取更多项目进入上级投资“盘子”；强化项目论证、设计、评审等前期工作责任，增加项目前期工作经费，注重完备用地、环评、风险评估等项目审批前置条件，保障总投资7.9亿元的续建和基本确定项目尽快开工、尽早完工，确保全社会固定资产投资稳步增长。重点是全力推进投资1.75亿元的11条农村公路、投资1.2亿元的林周县热振旅游环线（一期）工程和投资2.2亿元的7个澎波灌渠子灌渠项目建设等一批基础设施项目；全力推进总投资4600万元的鹏博健康产业园建设和612.5万元的澎波半细毛羊良种繁育建设等一批产业发展项目；全力推进年度投资1.3亿元的帮中、财胜和夕瑞德等一批工业建设项目；全力推进总投资8000万元的10个标准化乡镇卫生院建设和600万元村容村貌环境整治等一批社会事业项目；全力做好总投资8015万元的12个援藏项目。严格执行《林周县政府投资项目管理试行办法》和《林周县固定资产投资考核办法》，建立完善重点项目县领导挂点和责任单位负责制度，强化项目设计和预结算审核审计，确保各项建设成为质量过硬、群众满意、受益长远的工程。

第二，面对新常态、新理念，更加注重民生改善，不断增进人民福祉

多渠道促进富民增收。持续深化“四业工程”，开展针对性就业培训，推动大众创业、万众创新，多渠道开发就业岗位，确保年内农牧民培训达到1490人，转移就业不少于实有劳动力的10%，劳务输出人数占城乡劳动力总人数的30%，实现收入较上年增长18%；多措并举，努力拓展非农增收渠道，赋予农民更多财产权利。坚决打赢精准脱贫首战。按照“六个精准”，着重实施“六脱”方略，编制好精准扶贫规划，逐户“建档”、逐村“监测”、逐乡“挂图”，力争全年减贫3516人。加大扶贫资金整合监管力度，部分往年节余资金投入精准脱贫。深入实施“五个一批”工程，培育壮大优势特色产业，全力推进2.59亿元的38项产业扶贫计划，力争实现产业脱贫3212人；全面开展搬迁扶贫，做好350户贫困户的扶贫搬迁安置；继续组织实施“雨露计划”“两后生”项目，培训贫困户600人；统筹协调农村扶贫和低保标准，对贫困人口中完全或部分丧失劳动能力的，实现社会保障兜底；健全医疗救助机制，确保因病返贫、因病致贫的贫困户得到及时救助；实施好总投入5417.93万元的十件民生实事，特别是全力办好2000万元的精准扶贫实事，促进十件民生实事与精准脱贫精准对接。

均等化发展公共服务。优先发展教育不放松，持续改善教育均衡条件，做好总投资2754万元的3个中心小学、6个中心幼儿园和9个村级幼儿园的基建项目；圆满实现拉萨市振兴教育教学质量三年行动计划收官和义务教育均衡发展通过国家评估验收；深化教学改革，加强学前“双语”教育，推进残疾儿童融入性教育；丰富全民健身活动。提高医疗水平不放松，做好总投资280万元的苏拉远程会诊项目和高原“移动医院”示范工程，实施巡回医疗服务，发展远程医疗；建设好总投资400万元县医院综合服务中心，力争总投资2440万元的县医院急诊楼和妇幼保健院立项，积极筹备“二甲”等级医院创建；实行医疗、医保、医药联动，加强妇幼“双体系”建设，巩固全民健康免费体检，稳步推进“全面二孩”政策，建设完善覆盖城乡的食药卫生监督体系。促进文化繁荣不放松，加强公益性文体阵地建设，完善乡（镇）综合文化站、农家书屋和寺庙书屋功能，健全县乡村三级公共文化服务体系；深化文明县城、文明村镇、文明单位创建工作，巩固“户户通”“舍舍通”工程和农村电影放映工程，促进广播影视向数字化、网络化迈进；强化非物质文化遗产保护，推进物质文化遗产申报；继续做好二轮县志修撰工作，力争今年形成送审稿。

广覆盖完善保障体系。落实好自治区10个方面29项惠民政策提标工作，着力改善基层教师、医务人员、干部、低保户等人员的生活条件。深入实施全民参保登记计划，将灵活就业人员、社会组织从业人员等纳入社会保障体系，稳步推进被征地农民刚性进保，积极推动非公企业、个体户、农民工参加工伤保险，实现城乡居民、企业职工、机关事业单位干部职工养老保险参保率99%，城镇职工、居民医疗保险参保率100%，力争城镇失业保险参保达1321人、工伤保险参保达2123人、生育保险参保达2123人。加强民工工资保证金收缴工作，抓好“两网化”建设，保障劳动者合法权益。积极推进县五保集中供养中心附属工程、2个村级综合服务中心和县老年活动中心建设，建立“一门受理、协同办理”救助体系，深化“一站式”即时结算服务，完善城乡一体大病医疗救助机制，及时落实城乡低保和医疗救助资金，让困难群众求助有门、受助及时。加快住房保障方式转变，逐步转向建设和租赁补贴并举，实现“补砖头”与“补人头”相结合。

第三，面对新常态、新理念，更加注重协调统筹，不断改善城乡面貌

科学谋划成长坐标。实施“中心集聚、轴向带动、点状促进”的城乡空间发展策略，高起点做好县域规划，完成林周县土地利用总体规划、特色村庄保护规划和健康产业园区规划，编制林周县城市控制性详细规划和乡镇土地利用总体规

划，启动环保、地下管网、综合防灾等专项规划，促进“多规合一”。强化市政管理水平。大力整理县容，重点抓好垃圾收集清运，加大对白色垃圾、地面油污、路边泥沙等的清理力度，做好背街小巷、渣土车辆、农贸市场等环卫盲点难点的保洁工作，杜绝垃圾死角；大力整顿秩序，重点查处乱停占道、占道经营、店外经营等无序行为；大力整治违章建筑，完善交通标志，实施户外广告提档升级工程，确保县城道路畅通、秩序井然、空间净化。

全面提升县城品质。以《林周县城市总体规划》为依据，按照“布局集中、用地集约、产业集聚”的原则，推进路网建设、供水供电、供气供热、污水处理，加快项目建设和产业培育，打造经济发展新平台、新兴产业承载区。着力推进健康产业园建设，推动县城北扩延伸，尽快完成总投资2050万元的苏州北路东沿线和甘曲路工程，重点实施好总投资4298万元的北环路、干渠路、西环路等城市道路和投资260万元的县城污水提升站建设；加快棚户区和老旧街区改造步伐，建立县城污水处理系统，承接好拉萨市县城光热供暖工程；规划一批公共停车场所，规范城区停车；建设县体育公园，提高绿化管养标准，让群众享受更健康绿色的生活。

推动最美乡村建设。按照“一心两轴多点”的城镇化发展思路，统筹推进边林、强嘎、旁多、唐古4个小城镇建设，重点做好总投资1419.4万元的旁多乡新集镇市政基础设施和护墙工程，全面推进小康安居工程建设。加快改善农村交通条件，开拓12条农村客运班线，积极组建县级客运公司。扎实推进总投资6930万元的4个防洪堤工程，统筹解决乡村防洪排涝问题。尽快完工总投资2373.6万元的2015年农田水利重点县等水利重点工程，着力改善1.35万亩农田的灌排条件。深入开展农村环境综合整治，实施总投资400万元的6个乡改水改厕示范工程，推进总投资2100万元的旁多乡生活垃圾无害化处理项目，力争完成总投资2400万元的6个乡垃圾转运站建设，提前开工建设农村安全饮水巩固提升工程。

第四，面对新常态、新理念，更加注重生态建设，不断优化生活环境

筑牢生态屏障。积极融入全市生态文明创建工作，认真贯彻执行新环保法，加强生态环境法治建设，逐步建立完善环保绩效考核制度，执行生态保护红线管控政策，强化自然保护区、重要湿地、饮用水源地等重点生态功能区保护和珍惜野生动植物资源保护。继续实行最严格的耕地保护措施，做好永久性基本农田划定工作，合理开发利用国土资源，完成5000亩的土地开垦工作。完成植树造林1.05万亩，巩固扩大退耕还林成果，做好林政资源保护工作，保护好现有生态资源。深入推进农牧区生态文明建设，争创自治区级生态乡镇、生态村，巩固好草原生态补助奖励机制和生态效益补偿机制。

强化生态治理。扎实推进环境执法，严格把控建设项目环评手续，加大“未批先建”环评违法项目查处力度；开展污染项目专项整治，重点开展饮用水源地保护区涉水项目、畜禽养殖业等执法行动和查处直排污水、非法处置固废危废等违法行为。抓好农村生活垃圾专项治理，探索推开以“户分类、村收集、乡转运、县处理”为主的城乡一体化垃圾处理模式。探索建立“路长制”“河长制”，深入实施县城主干道、省道、重点流域环境综合整治。扎实改善生态环境，重点实施好春堆乡5500亩高标准农田整治、1.89万公顷的甘曲镇朗当村帕亚沟水土流失治理和 5000万元的热振河源头保护工程，加快拉萨河源头、周边湿地保护设施建设步伐。

打响生态品牌。积极做好节能减排工作，鼓励企业推广应用新工艺、新技术、新设备，推行清洁生产；新建项目严格执行“三同时”制度，对重点行业、重点企业排放实施重点监控和治理。加快无公害农产品、绿色食品和有机食品生产基地建设，大力发展种植、养殖、加工相结合的生态农业模式，充分利用区域公用品牌及地理标识，打响生态农业品牌。立足设施农业基础和光照资源禀赋，探索发展“光伏+农业”新型产业模式，力促总投资16.05亿元的光农互补项目落

地，构建特色鲜明的生态产业。

第五，面对新常态、新理念，更加注重改革开放，不断激活社会活力

深化重点领域改革。充分认识经济新常态、适应新常态、引领新常态，更加注重供给侧结构性改革，全面完成耕地草场承包经营权确权登记颁证，引导土地有序流转。加快不动产登记，完成剩余5000余户新增农村宅基地确权登记工作，让群众享有更多财产权益。继续深入行政审批制度改革，落实“一条龙”“一站式”服务机制，全面提升审批效率。落实财政及部门预决算公开和“三公”经费公开工作，积极应对“营改增”税收调整，促进财税收入稳步增长。努力探索采用PPP模式建设基础设施项目，着力破解融资难题；健全国企法人治理结构，完善监管运营机制，发展壮大国有企业。争取在教育综合改革、县级公立医院综合改革、生态文明机制创新等工作上取得突破，努力闯出一条林周特色的改革路子。

着重抓好招商引资。围绕净土健康产业优化提升、新兴能源产业培育壮大，精心组织系列专题招商活动，强化专业招商和产业招商，提高招商引资实效。继续集中力量主攻具有强大牵动力、最容易延伸产业链的成长型大项目，力争在过亿项目上有重大突破。重点做好以商招商，注重发挥现有企业、现有客商的吸聚作用，形成“引进一个、带来一批”的联动效应；鼓励现有企业增资扩股，扩大规模，做大企业做强产业。进一步突出考核奖惩，落实招商引资优惠政策，推行县级领导联系项目制度，及时解决项目建设中的困难和问题，努力提高项目履约率和资金到位率，年内确保招商引资实际到位资金达到5.88亿元。

着力提高开放程度。发展壮大非公经济，按照“非禁即入”“非限即准”的原则，用好中央和区市非公经济发展优惠政策，结合实际制定出台促进非公经济发展有效措施，逐步培育一批有一定经济实力和影响力的本地非公企业。全面深化受援工作，深入推进产业援助，强化就业、教育、卫生等方面的交流与合作，全力做好第七、第八批援藏工作交替。全面加强区域合作。积极参与拉萨市经济圈产业分工，大力发展仓储物流、地产开发、休闲娱乐等产业及相关产业，使县城及周边区域成为拉萨主城区产业转移、功能配套的目的地，积极努力实现县内和县外区域分工、融合、互动、共赢的协同效应。

第六，面对新常态、新理念，更加注重社会稳定，不断促进和谐发展

创新社会治理。牢牢掌握反分裂斗争主动权，严格落实自治区十项维稳措施，强化重要领域、重点区域、重大节日的党政军警民联防联控，做好重点人群、特殊人员管理服务和手机、互联网、油气管理，严密防范和严厉打击一切分裂活动和言行，确保社会大局持续稳定、长期稳定、全面稳定。切实推进社会治安综合治理，优化基层警务运作模式，提高见警率，推进“双联户”和网格化管理，建立健全打防管控一体化运作的立体化社会治安防控体系；推进公安“四项建设”纵深发展，不断提高对动态社会的管控能力，全面做好东孜山“猴年转山”民俗宗教活动安保服务工作。增强全社会公共安全意识，加强矿山生产、道路交通、消防等重点领域安全执法力度，增强防抗自然灾害的能力。落实信访“七化”机制和领导“五包”责任制，推进“联合接访”模式，依法及时解决群众合理诉求，努力实现信访案件“零搁置”。

加强民族团结。坚持不懈地开展民族团结进步宣传教育，持续开展民族团结进步创建活动，扎实推进民族团结“七进”活动，使“三个离不开”“五个认同”思想更加深入人心。依法加强宗教事务管理，全面落实一系列利寺惠僧政策，积极引导宗教与社会主义社会相适应；进一步深化和完善寺庙管理长效机制，继续深化“9+5”“六个一”“六建”“一教育”“一工程”“一覆盖”“一服务”等公共服务进寺庙活动，持久开展和谐模范寺庙暨爱国守法先进僧尼创建评选活动，深入落实百名高僧大德培养工程，推动宗教领域持续团结稳定。充分发挥工商联和无党派人士作用，发展壮大爱国统一战线。

加强国防教育和国防动员工作，深入开展“双拥”和军民共建活动，巩固军地、军民团结。

推进依法行政。全面贯彻依法治藏原则，牢固树立依法行政、依法治县的理念，坚持法无授权不可为，建立行政权力清单制度；坚持法定职责必须为，推行政府责任清单制度；切实保护市场主体合法权益，严格执行市场准入负面清单制度。深入扎实开展“七五”普法、“法律七进”等活动，推进“法治县城”“法治乡镇”“法治村居”等创建活动，加强对农牧民维护合法权益的法律援助。做好换届工作，总投入2400余万元支持村级组织活动场所、村级集体经济和党员干部教育“三覆盖”。严格执行重大事项报告、通报制度，高度重视人大代表、政协委员的建议和提案办理工作。执行重大行政决策程序规定，建立重大行政决策听证制度，完善重大行政决策专家咨询论证和风险评估机制，确保决策科学化、民主化、法治化。

第七、面对新常态、新理念，更加注重自身建设，不断提升服务水平

找准方向正确干。切实强化核心意识和看齐意识，真正做到向党中央看齐，同党中央保持高度一致，始终做到严守政治纪律、政治规矩；带头坚决贯彻区市党委、政府和县委的各项决策部署和指示要求，主动接受人大和政协的监督，做到政令畅通、执行有力，确保全县中心工作和重点工作始终沿着正确的方向前进。坚持以服务群众为根本、以群众满意为评判标准，持续巩固拓展“三严三实”专题教育成果，深入开展“两学一做”学习教育，着力解决一批群众关注的热点难点问题，以实实在在的工作业绩赢得群众真心点赞。

躬身求索务实干。要强化实干意识，功成不必在我但功成定必有我，求真务实、狠抓落实，不计名利、不图虚功，多谋打基础、添后劲、利长远的实举，多办顺民意、惠民生、得民心的实事，多出经得起实践、人民、历史检验的实绩。坚决摒弃一切背离群众利益、违背实际科学的“作秀”之举，时时想着经济发展，刻刻念着群众期盼，脚踏实地地把小事办好、好事办实、实事办妥。

与时俱进创新干。要始终保持竞进有为、争先创优、决战决胜的姿态和与时俱进、锐意改革、开拓创新的风貌，切实补齐“知识缺失、能力不足、本领恐慌”的短板，勤于学、敏于思、精于业，向群众讨方法、向先进学经验，向实践找答案，获取“活知识”，学到“真功夫”，掌握“硬本领”，在学、思、践、悟中不断提升驾驭市场经济能力、应对复杂局面能力、依法行政能力、统筹协调能力。

清正廉洁放心干。认真落实党风廉政建设责任制，把制度的笼子扎得更紧一些。严格规范项目管理、政府采购等环节，强化财政资金绩效管理，从严控制公务经费使用，落实公务用车制度改革。健全行政监察和审计监督机制，坚持严肃教育、严明纪律、严格监督，强化政府投资项目、土地出让、惠民资金使用等重点领域和关键环节的审计监督和行政监察，锻造清廉从政、事业有为的公务员队伍。

各位代表，实现宏伟蓝图，成就兴县富民，惟赖躬身实干，切需齐力同心。让我们更加紧密地团结在以习近平同志为总书记的党中央的周围，在区、市党委政府和县委的坚强领导下，乘风破浪，加油奋发，克难猛进，共同开创林周县“十三五”的崭新局面！

名词解释

1. 两基：是基本实施九年义务教育和基本扫除青壮年文盲的简称。是国家教育部提出的，为贯彻《国务院关于进一步加强农村教育工作的决定》（国发〔2003〕19号），进一步推进西部大开发，实现西部地区基本普及九年义务教育、基本扫除青壮年文盲目标，特制订《国家西部地区“两基”攻坚计划（2004—2007年）》。

2. 城乡医疗救助“一站式”即时结算服务：对医疗救助对象采取在定点医疗机构进行即时结算的方式进行救助。救助对象凭相关证件或证明材料，到定点医疗机构就医所发生的医疗费用，救助对象只需支付自付部分，医疗救助部分由定

点医疗机构即时结算、先垫付，定期与民政部门结算，彻底解决过去城乡困难群众患病后无钱住院和往返奔波的实际问题。

3. 四业工程：以业育人、以业管人、以业富人、以业安人。

4. 八到农家工程：水、电、路、讯、邮政、农家书屋、广播电视、优美环境到农家工程。

5. 十件民生实事：县委、县政府历来高度重视民生事业发展，2014年以来，本级财政投入3479.3万元，相继办好了20件民生实事。2016年，考虑全县实际情况，继续投入5417.93万元着力解决群众出行、医疗、教育、基层建设、干部职工待遇和水利桥梁基础设施等方面最迫切、最关心的问题。

6. “双联户”管理模式：以加强基层社会治理和服务体系建设为目标，全面实施“联户平安、联户增收”工作模式。

7. 五级五覆盖：五级即区级、市级、县级、乡级、行政村级；五覆盖即“党政同责”全覆盖、“一岗双责”全覆盖、“三个必须”（管行业必须管安全、管业务必须管安全、管生产经营必须管安全）全覆盖、政府主要负责人担任安委会主任全覆盖、各级安监部门向同级组织部门通报安全生产情况全覆盖。

8. “七进”活动：进机关、进农村、进社区、进学校、进企业、进寺庙、进部队。

9. 五个一批：习近平总书记在中央扶贫开发工作会议上强调，要按照贫困地区和贫困人口的具体情况，实施“五个一批”工程，推进脱贫攻坚。即：发展生产脱贫一批，易地搬迁脱贫一批，生态补偿脱贫一批，发展教育脱贫一批，社会保障兜底一批。

10. 一带一路：“新丝绸之路经济带”和“21世纪海上丝绸之路”的简称，是2014年博鳌亚洲论坛年会开幕大会上，中国全面阐述了亚洲合作政策，并特别强调要推进“一带一路”的建设。

11. 三圈三带：以北京为核心的环渤海会展经济圈，以上海为核心的长江三角洲会展经济圈，以广州为核心的珠江三角洲会展经济圈；以沈阳、大连、哈尔滨为核心的东北亚会展经济带，以武汉、郑州、西安为核心的中西部会展经济带，以成都、重庆、昆明为核心的西南部会展经济带。

12. 四个全面：全面建成小康社会、全面深化改革、全面依法治国、全面从严治党。

13. 三条底线：和谐稳定底线、生态保护底线、安全生产底线。

14. 一区三轴多点：由《中共拉萨市委员会关于制定“十三五”时期国民经济和社会发展规划的建议》提出，“一区”指中心集聚，构建拉萨城镇集聚发展；“三轴”指轴线带动，培育川藏、青藏、拉（萨）林（周）城镇发展走廊；“多点”指点状促进，建设衔接城乡的特色农村集聚点。

15. 三园一区：由《中共林周县委员会关于制定“十三五”时期国民经济和社会发展规划的建议》提出，即健康产业园、现代农业示范园、清洁能源产业园、草牧业科技示范区。

16. 一心两轴多点：由《中共林周县委员会关于制定“十三五”时期国民经济和社会发展规划的建议》提出，一心：以甘曲镇为中心城区，是县域的政治、经济、文化中心；两轴：沿国道561的发展轴，国道561为林周县域及中心城区对外交通的主要通道，沿省道302的发展轴，省道302主要覆盖唐古、旁多和阿朗等北部乡镇；多点：除中心城区外，在县域范围内优先选择特色乡镇和一般乡镇，形成人口较为集聚、服务功能完善的辐射周边的各级职能中心。

17. 草畜乳一体化：以发展大规模优质高效人工饲草为切入点，并以此作为运作平台，建立规模化牦牛、半细毛羊、生猪育肥及肉制品深加工基地、奶牛饲养及乳制品深加工基地，实现产业间的相互促进、交替拉动、轮换升级，努力降低项目经营风险，提高市场竞争力。

18. 互联网+：充分发挥互联网在生产要素配置中的优化和集成作用，将互联网的创新成果深度融合于经济社会各领域之中，提升实体经济的创新力和生产力，形成更广泛的以互联网为基础设施和实现工具的经济发展新形态。

19. 六个精准：2015年6月18日，习近平总书记在贵州召开部分省区市党委主要负责同志座谈会上提出的，其内容包括扶贫对象精准、措施到户精准、项目安排精准、资金使用精准、因村派人精准、脱贫成效精准。

20. 六脱：由《中共拉萨市委员会、拉萨市人民政府关于深入推进精准扶贫精准脱贫工作的决定》提出，指以业脱贫、以迁脱贫、以育脱贫、以补脱贫、以保脱贫、以助脱贫。

21. 雨露计划：为进一步提高贫困人口素质，增加贫困人口收入，加快扶贫开发和贫困地区社会主义新农村建设、构建和谐社会的步伐，国务院扶贫开发领导小组办公室决定在贫困地区实施以政府为主导、社会参与为特色，以提高素质、增强就业和创业能力为宗旨，以中职（中技）学历职业教育、劳动力转移培训、创业培训、农业实用技术培训、政策业务培训为手段，以促成转移就业、自主创业为途径，帮助贫困地区青壮年农牧民解决在就业、创业中遇到的实际困难，最终达到发展生产、增加收入，最终促进贫困地区经济发展。

22. 两后生：初高中毕业生未能继续升学的贫困家庭中的富余劳动力。

23. 县志：按一定体例全面记载某一时期某一地域的自然、社会、政治、经济、文化等方面情况的资料性文献。

24. 两网化：劳动保障监察工作实现网格化、网络化管理的新体制。

25. 路长制、河长制：在全县范围内，根据道路和河道等级，建立和完善“共创共建共享”的路（河）道环境卫生管理机制，努力实现路（河）沿线环境干净整洁、绿化管护有效、沿途无垃圾（含建筑垃圾和生活垃圾等）及杂物堆积的目标。

26. “三同时”制度：建设项目中防治污染的设施，应当与主体工程同时设计、同时施工、同时投产使用。

27. 光伏+农业：将太阳能发电广泛应用到现代农业种植、养殖、灌溉、病虫害防治以及农业机械动力提供等领域的一种新型产业模式。

28. 供给侧结构性改革：2016年1月26日，习近平总书记主持召开中央财经领导小组第十二次会议上强调，供给侧结构性改革的根本目的是提高社会生产力水平，从提高供给质量出发，用改革的办法推进结构调整，矫正要素配置扭曲，扩大有效供给，提高供给结构对需求变化的适应性和灵活性，提高全要素生产率，更好满足广大人民群众的需要，促进经济社会持续健康发展。

29. “三公”经费：因公出国（境）经费、公务车购置及运行费、公务招待费。

30. PPP模式：即Public Private Partnership的字母缩写，通常译为“公共私营合作制”。是指政府与私人组织之间，为了合作建设城市基础设施项目，或是为了提供某种公共物品和服务，以特许权协议为基础，彼此之间形成一种伙伴式的合作关系，并通过签署合同来明确双方的权利和义务，以确保合作的顺利完成，最终使合作各方达到比预期单独行动更为有利的结果。

31. 四项建设：加强基础信息化建设，加强警务实战化建设，推进执法规范化建设，加强队伍正规划建设。

32. “七化”机制：预防源头化、排查常态化、渠道畅通化、化解实效化、处置法制化、责任倒查化、队伍规范化。

33. 三个离不开：汉族离不开少数民族，少数民族离不开汉族，各少数民族之间也互相离不开。

34. 五个认同：对伟大祖国、中华民族、中华文化、中国共产党、中国特色社会主义的认同。

35. 三严三实：严以修身、严以用权、严以律己，谋事要实、创业要实、做人要实。

36. 两学一做：学党章党规、学系列讲话，做合格党员。

37. 审计监督：由独立（不同情况下是相对的）的审计机构及审计人员，接受第三方（不同情况下也是相对的）的委托，对审计指向的审计对象（被审计单位）的与财政财务收支有关的经济活动进行查证、鉴证、评价等一系列行为。

政协第一届林周县委员会常务委员会工作报告（草案）

——在政协第二届林周县委员会第一次会议上

政协党组书记、主席　格桑次仁

（2016年9月19日）

一、工作回顾

自2012年4月，林周县政协一次会议以来，政协常委会走过了很不平凡的历程。共庆新中国成立65周年，人民政协成立65周年，西藏自治区成立50周年，西藏和平解放65周年，全面推进林周经济健康发展、社会和谐稳定。在林周县委的坚强领导下，全县人民万众一心、攻坚克难、砥砺前行，综合实力得以稳步提高，经济结构得以不断优化，社会事业得以加快推进，人民生活得以明显改善，林周在全面建成小康社会的道路上阔步前行、稳步前进。

2012年以来，县政协常委会坚持以邓小平理论、“三个代表”重要思想和科学发展观为指导，深入贯彻落实党的十八大和十八届三中、四中、五中全会精神，深入贯彻落实习近平总书记系列重要讲话精神，特别是“治国必治边、治边先稳藏”的重要战略思想，紧紧围绕县委、县政府中心工作，突出团结和民主两大主题，坚决维护祖国统一，旗帜鲜明反对分裂，认真履行政治协商、民主监督、参政议政职能，齐心协力谋发展，尽心竭力惠民生，凝心聚力促和谐，为林周经济社会又好又快发展作出了新贡献，谱写了人民政协事业林周发展新篇章。

（一）围绕中心、聚焦发展，当好参谋当好助手

政协常委会充分发挥人民政协智力密集的优势，紧紧抓住事关林周发展全局的重大问题，广泛开展各种形式的专题协商、视察调研活动，为推进县委、政府科学决策、民主决策发挥了重要作用。

一是献策林周长远发展。围绕全面完成“十二五”规划目标、政府工作报告和其它重要决策部署进行广泛深入协商，组织召开“共建和谐林周”“新农村建设”“县城东扩”“基层政权建设”等10余次专题座谈会，就人民群众普遍关心的经济社会问题，邀请县委、政府领导与政协委员共商大计。围绕编制实施“十三五”规划，组织政协委员对林周发展目标、城乡统筹、文化发展、生态建设、民生事业等重大问题集中议政建言，提出的许多意见建议得到县委、县政府的充分肯定。

二是共谋经济转型升级。组织政协委员深入基层一线，围绕高标准农田建设、矿产资源开发、现代农业示范园区、澎波健康产业园区建设、旅游文化资源开发、加快推进帮中矿区建设、净土健康产业发展、三园一区建设等开展专题调研，并形成6篇高质量调研报告，为县委、县政府及有关部门科学决策，提供了一手素材，提供了有力借鉴。

三是推动文化保护传承。组织委员开展调研视察、研讨论证，就林周民间工艺保护发展情况开展专题调研，为抢救非物质文化遗产出力；就林周县寺庙人文信息开展专题调研，为开发林周丰富的寺庙文化献策。如积极参与《魅力林周》

《林周寺庙人文志》《林周年鉴》《政协年鉴》《天堂的高度》等史料的编辑，产生良好反响。

（二）关注民生、促进和谐，为民服务持续用力

政协常委会不断强化人民政协为人民的理念，增进关注民生的真感情，搭起服务民生的大舞台，织起反映民意的信息网，协助县委和县政府推进民生问题的解决，让发展成果更好地惠及全县人民。

*一是促进人居环境优化改善。*对林周水生态环境保护进行跟踪式监督、持续用力、久久为功。如协助自治区政协调研视察组，对林周县彭波河流域治理工程情况、矿区环境保护和植被恢复情况进行专题调研；围绕乡（镇）环境综合治理，组织政协委员深入各乡（镇）调研，形成完善乡（镇）生活垃圾收集设施的建议案，得到县委、政府的重视和采纳。

*二是畅通反映社情民意渠道。*发挥反映社情民意工作在政协服务民生中的重要作用，力求通达民情，引导社会热点，疏导公众情绪。制定《关于进一步加强反映社情民意工作的意见》，建立健全信息工作目标考核机制，进一步调整充实了信息员队伍，把各乡（镇）党建副书记全部纳为政协委员，为政协了解和反映社情民意工作实现新突破、注入新动力。2012年以来，共收到反映社情民意信息100余条，整理报送县委、县政府社情民意信息80余条；报送市政协社情民意信息50余条，有不少信息被市政协采纳。

*三是竭诚为民办实事做好事。*深入联系点察民情送温暖，帮助出点子、筹资金、解难题，发挥政协组织在加强和创新社会管理中的独特优势，有效减少不和谐因素。2014年起成立专项督查组，对“民生十件实事”开展全程督查，监督成效得到县委、政府和社会各界的一致肯定。在我们的持续跟踪监督下“民生十件实事”件件掷地有声、桩桩群众满意。积极开展扶贫济困、捐资助学等惠民活动，主动解民忧、排民困。2012年以来，共组织各类献爱心活动10余批次。政协常委会成员主动参与救援赈灾活动，积极投身林周2013年“7·27”特大洪灾抢险一线，并动员政协委员为受灾群众、2015年尼泊尔地震西藏受灾区捐款，前后累计捐款达10万余元；勇于承担旁多移民搬迁、村“两委”换届、唐古帕帮唐廓宗教活动、全市旅游客车整治、自治区成立50周年大庆、乡（镇）领导班子换届等区、市、县“急、难、险、重”工作，并出色完成任务。

（三）增进共识、凝聚力量，团结民主氛围日益浓厚

政协常委会坚持大团结、大联合方针，把加强与社会各界人士的合作共事摆在重要位置，凝聚各方的智慧和力量，不断促进林周爱国统一战线的巩固和发展。

*一是不断巩固拓展合作新局面。*精心组织庆祝人民政协成立65周年等系列活动，夯实社会各界人士团结奋斗的共同思想政治基础，为林周创新发展、协调发展、绿色发展、开放发展、共享发展凝聚力量。以政协协商为平台、调研视察为载体、界别活动为纽带，加强与各界别人士的团结合作，努力营造民主和谐的履职环境。坚持每年定期组织委员，征求意见建议，主动开展联谊，共同研究政协工作中的重要事项。定期召开人民团体负责人座谈会，加强与工会、共青团、妇联等人民团体的联系沟通，广泛团结新的社会阶层，共同致力于林周发展各项事业。

*二是积极拓宽交往联谊渠道。*进一步加强政协民族宗教工作，安排一名班子成员，每年专题调研视察全县宗教场所建设与管理等问题，促进民族和谐与宗教和睦。安排一名班子成员，积极投身全县宗教事务，不遗余力地为构建和谐寺庙建言献策、贡献力量。全力参与每年县委、政府举办的新年茶话会，激发政协委员、离退休老干部等回报林周的热情。扩大政协对外交往，加强与区内外政协的联络联谊，大力宣传林周，为林周发展营造良好外部环境。如班子成员积极参加林周党政代表团赴苏州回访、组织政协委员赴苏州考察学习、对接林芝市米林县政协林周之行，等等。

*三是稳步提升委员政治参与。*全力办好季度

专题协商，使其成为党政干部、政协委员协商互动的有效平台，委员自由表达观点、反映问题的重要窗口，党委政府科学决策的民意渠道。2012年以来，开展季度协商座谈会10余场次，参与协商的县级以上党政领导干部嘉宾50余人次，政协委员300余人次。举办5次政协提案交办会，并邀请群众旁听，向社会公开征集提案和社情民意线索，鼓励委员开通微信、微博等，拓宽民主渠道，畅通政情民意，厚植民主氛围。

（四）立足特色、着眼创新，履行职能水平不断提升

政协常委会立足政协工作特色，积极探索履行职能的新形式、新领域、新途径，以创新求发展，以创新求实效，推动履职水平的整体提升。

一是拓展协商议政领域。在协商内容上，注重结合林周发展实际，抓住切口适中、带动性强、关联度大、意义深远的重要课题，运用专题协商、调研视察等相结合的方法，多形式、多角度地开展协商建言活动，进一步拓宽协商领域，深化协商效果。在协商形式上，注重搭建全会协商、领导班子协商、主席会议协商、专题会议协商等平台，构筑多层次协商议政格局。2012年以来，共举行主席会议协商47次、常委会协商10次、专题协商10次。

二是完善民主监督方式。根据县委部署，与有关方面就“六大工程”“民生十件实事”等“督办联查”，努力促成大督查格局。组织委员参与争先进位目标绩效考核与监督，有效促进相关部门完成年度工作目标。完善委员民主评议，始终坚持准确性、客观性、公正性和可行性的原则，努力做到不造声势真评议、不走过场求实效、与人为善建真言。

三是创新提案工作机制。向党政部门征集提案知情材料和参考选题，为委员撰写高质量提案创造条件。修订完善《政协提案工作条例》《重点提案产生办法和办理规定》等有关提案工作的规章制度，规范提案办理。完善提案答复和反馈工作机制，将重点提案分期报送县督查办，促进重要提案的办理落实，更好地发挥提案在林周全局工作中的重要作用。2012年以来，共立案并交办提案112件，现已全部办复，提案反映的大部分问题得到较好解决，许多建议已在林周有关政策措施和部门工作中得到体现。

四是改进政协宣传工作。制定《关于加强和改进政协新闻宣传工作的意见》，营造政协新闻宣传的良好氛围。开通政协林周县委员会微信公众号，组建林周县政协委员工作交流微信群等发挥宣传引导作用。密切与林周县委宣传部、林周本地媒体的联系合作，促进各类媒体对政协工作的宣传报道。

（五）健全机制、夯实基础，强化自身建设弛而不息

政协常委会着眼于人民政协事业的长远发展，按照“学习型、创新型、服务型、效能型、廉洁型”的工作要求，全面加强自身建设，有力提升了政协工作的科学化水平。

一是着力搭建学习研究平台。以理论学习中心组、委员培训班、专题辅导报告等多种形式，组织政协干部深入学习贯彻中国特色社会主义理论体系，坚持用马克思主义中国化最新理论成果武装头脑、指导实践、推动工作。认真学习贯彻《中共中央关于加强人民政协工作的意见》和习近平总书记在庆祝人民政协成立65周年大会上的重要讲话精神，切实增强履行职能的使命感和责任感。深入开展创先争优强基础惠民生、基层组织建设年、党的群众路线教育实践活动、“三严三实”和“忠诚干净担当专题教育”等活动，进一步提高政协常委会的履职能力和工作水平。

二是着力发挥界别独特优势。设立6个界别活动组，明确界别活动的组织领导、内容形式、责任分工等。制定《关于重视和发挥政协委员界别作用的意见》等制度，支持和鼓励在政协全会、专题协商会等会议中以界别名义发表意见，提出建议。发挥界别在提案、调研视察、反映社情民意信息中的作用。2012年以来，各界别活动组共开展各类活动达30余次，密切了与各界群众的联系。

三是着力强化委员主体作用。制定《林周县政协委员管理考核办法（试行）》等文件，开创

"135"工作法，为发挥委员主体作用提供制度和机制保障。开创"四联系工作法"，构建起了解委员具体情况、帮助群众解决实际困难的"网格"。认真组织委员学习和培训，调动委员参政议政的自觉性和积极性。认真抓好委员接待日活动，打通委员反映社情民意信息的绿色通道。2012年以来，累计投入10余万元，组织各类学习培训、调研视察活动20批次，参加委员200余人次；开展委员接待日活动20次，接待委员70余人次。

四是着力激发政协办活力。重视发挥政协办在政协工作中的基础性作用，明确工作职责，完善工作制度，配好工作力量，优化人员结构，增强工作活力，细化责任分工。2012年以来，政协办围绕政协常委会工作部署，认真开展各项活动，成为政协重点课题调研、专题民主监督、专题协商民主、为民办实事的重要力量。

五是着力提升机关建设水平。制定《政协常委会工作规则》《政协常委会自身建设的意见》《政协班子成员与政府工作部门对口联系制度》，不断强化常委会自身建设，不断加强政协机关党组织建设、干部队伍建设、机关制度建设和工作作风建设，加大机关干部培养、选拔、使用和交流力度，激励机关干部勤于学习、诚于团结、勇于担当、善于创新、乐于奉献。

2012年以来，成绩来之不易，是广大政协委员勠力同心、顽强奋斗得来的；是上级政协组织大力支持、精心指导得来的；是县委领导班子坚持听取县政协党组工作汇报，及时研究解决政协工作有关问题得来的；是县委不断加强对政协工作领导，不断推进政协履职制度化、规范化、程序化建设得来的。

回顾过去，政协常委会的工作，与党和人民的要求相比，与人民政协肩负的使命相比，与广大政协委员的期望相比，还有一定的差距。主要是，延伸政协履职触角还需进一步探讨，搭建委员履职平台还需进一步创新，委员履职意识和能力还需进一步提升，委员界别活动还需进一步增强。这些，政协常委会都将在今后工作中认真对待，采取有效措施努力加以改进。

二、主要体会

在探索与奋进的工作实践中，积累了宝贵的经验。这些经验凝聚着政协委员的智慧，蕴藏着政协事业进步的哲理，饱含着刻骨铭心的感悟。

（一）坚持党的领导，始终在县委领导和各方支持下积极主动地开展工作

坚持党对政协工作的领导，坚定中国特色社会主义道路自信、理论自信、制度自信、文化自信，是人民政协事业沿着正确方向前进的根本保证。2012年以来，我们自觉与以习近平为总书记的党中央保持高度一致，以有助于加强和改善党的领导、巩固和扩大党的执政基础作为履行职能的重要原则，主动把政协工作融入县委全局工作，全面完成县委交办的各项任务，真正做到与县委同心同德、同心同向、同心同步、同频共振。充分发挥政协常委会在政协组织中的领导核心作用，积极协助县委推进各项决策部署，使党的主张成为社会各界人士的广泛共识。县委真正把政协工作纳入重要议事日程，统一研究、统一部署，统筹解决政协工作中的重大问题，在全县上下形成了"党委重视、政府支持、政协主动、各方配合、社会关注"的良好工作格局。正是县委的高度重视、各方的大力支持，林周政协事业的发展环境才得以不断优化，社会影响才得以不断扩大。

（二）坚持工作定位，始终以正确的工作理念引领实践推动工作

人民政协作为我国政治架构中的重要组成部分，从性质、构成和职能来看，都必须坚持以人为本，把实现人民的意志、维护人民的利益、反映人民的心声放在首位，真正体现人民政协的人民性；必须把亲民为民作为价值追求和工作主线，贯穿于履行职能全过程，体现在工作实践各方面；必须牢记俞正声主席关于西藏政协"一个平台、两个共同、三个更好"的指示要求，在工作理念上更加突出群众意识，在工作思路上更加关注民生议题，在工作安排上更加倾斜服务基层，尽职尽责为民生献计献策，真心实意为百姓排忧解难，使政协工作更能重心下移、贴近民心，更加充满生气、富有成效。实践证明，只有找准工作定位，坚持亲民爱民作风，才能与广大人民群众保持紧密联系，才能为履行职能提供源源不断的智慧源泉和前进动力。

（三）坚持服务大局，始终把推动科学发展作为政协工作第一要务

坚持服务大局是政协工作必须遵循的基本原则，推动科学发展是时代赋予人民政协的崇高使命。2012年以来，政协常委会坚持围绕发展的大目标，立足发展的大格局，把推动科学发展作为政协履行职能的第一要务，努力把政协委员的积极性、主动性和创造性引导到科学发展和加快转变经济发展方式上来，紧盯县委战略部署，紧扣全县中心任务，努力做到参政参在点子上、议政议在关键点、协商协在节点处、监督监在要害穴，为党委、政府全面推进中心工作的落实起到了重要作用。

（四）坚持发挥优势，始终把团结和民主两大主题贯穿政协工作全过程

团结是凝聚人心的强大力量，民主是社会主义的内在生命。牢牢把握团结和民主两大主题，是做好政协工作的重要基础。2012年以来，我们始终坚持把增进团结和发扬民主贯穿于政协工作的各个方面，努力适应社会阶层结构的变化，着力扩大团结联合范围，不断壮大林周最广泛的爱国统一战线，始终不渝地坚持求同存异、兼容并蓄，努力形成知无不言、言无不尽、融洽和谐、生动活泼的良好氛围。

三、今后五年的工作建议

今后五年，是实施“十三五”规划、“精准扶贫、精准脱贫”，全面建成小康社会的决胜阶段，也是贯彻落实林周县第九次党代会精神的重要阶段，面对新形势、新任务、新挑战、新机遇，县委、县政府提出了具有鲜明时代特征的奋斗目标和战略任务，这对林周政协工作提出了更高要求。站在新的历史起点上，县政协常委会将继续高举中国特色社会主义伟大旗帜，以邓小平理论、“三个代表”重要思想和科学发展观为指导，牢牢把握团结和民主两大主题，深入贯彻落实习近平总书记系列重要讲话精神，按照政协工作“四条重要原则”和“五项基本要求”，坚持以人民为中心的发展思想，优化政协履职环境，完善政协组织功能，发挥委员主体作用，突出“七个新”，不断提高政协工作科学化、制度化、规范化、程序化水平，为林周的长足发展和长治久安作出新的贡献。

（一）深入学习研究，在开创工作局面上有新作为

深入贯彻落实习近平总书记系列重要讲话精神，认真组织学习全国“两会”精神，不断深化对新时期人民政协使命和责任的认识，切实把广大政协委员和群众的思想行动、智慧力量统一和凝聚起来，努力协助党委、政府做好各项工作。不断丰富学习形式，创新学习方法，健全学习制度，特别要认真组织好委员培训等活动，使学习成果转化为指导实践和推动工作的强大动力。立足林周政协工作的生动实践，积极探索履行职能的新思路、新举措，深化对新时期人民政协工作特点和规律的认识，不断增强政协工作的预见性、主动性和有效性。

（二）紧扣中心工作，在推动长足发展上有新突破

深刻把握林周“十三五”时期发展的主题和主线，把切实推进“四个全面”和“五大发展理念”，作为政协履行职能的第一要务，共同为转变发展方式、破解发展难题献计出力。聚焦党委、政府中心工作，找准着力方位，发挥自身优势，使协商活动更加符合林周经济社会发展需要。围绕全县“六大工程”“三园一区”“供给侧结构性改革”等重大问题，开展专题调研和协商讨论，多建睿智之言，多献务实之策，多谋创新之举，坚持在参与中支持、在支持中服务、在服务中监督。

（三）高度关注民生，在促进社会和谐上有新贡献

不断深化对人民政协人民性的本质属性认识，切实把为民履职的工作理念落实到政协工作实践中，使政治协商成为民意进入党政决策的重要渠道，使民主监督成为保障公众权益的有效方式，使参政议政成为促进群众利益实现的重要过程。重点关注民生保障、脱贫攻坚等问题，通过提案、信息、视察等方式，充分反映民意，致力为民谋利。建立健全为群众办实事、做好事、解难事长效机制，继续组织各界别委员和专家，参与科技兴农、精准扶贫等活动，做好对口联系点的结对帮扶，努力做好新形势下的群众工作。

（四）努力协调关系，在实现广泛团结上有新成果

坚持把发扬民主、增进团结、协调关系、化解矛盾作为履行职能的重要着力点，努力协助党委、政府做好凝心聚力工作，为促进民族关系、宗教关系、党群关系、干群关系的和谐发挥积极作用。充分发挥民族、宗教界代表人士的作用，做好政协民族宗教工作，促进民族团结、宗教和睦、社会稳定。充分调动人民团体的履职积极性，关注不同阶层的利益诉求，反映所联系群众的愿望呼声，协调各阶层人士的利益关系。多渠道、多形式、多领域地加强与区内外政协的沟通联系，调动各方力量共同致力于林周建设。深入研究探索“请群众走进政协”“让政协深入群众”的方法途径，不断推进政协工作向农牧区基层延伸、向“互联网+”延伸、向新社会阶层延伸。

（五）发挥主体作用，在联系服务群众上有新提升

加强委员队伍建设，保障委员民主权利，提升委员履职质量，强化委员履职管理，充分发挥委员在本职工作中的带头作用、政协工作中的主体作用、界别群众中的代表作用。教育引导委员增强群众观念和服务意识，以大局为重，以民生关切为念，深入界别群众和基层群众之中，多做雪中送炭、扶贫济困的工作，多做春风化雨、解疑释惑的工作，自觉做党的政策宣传者、群众利益维护者、社会和谐促进者，让广大人民群众感到政协委员就在身边、人民政协离自己很近。政协委员中的共产党员要增强政治意识、大局意识、核心意识、看齐意识，带头弘扬党的统一战线和老一辈革命家的优良传统，善交朋友、广交朋友、深交朋友，以自己的模范行为，更好团结广大委员和各界人士共同致力于林周建设新征程。

（六）突出问题导向，在调查研究视察上有新成效

以问题为导向，精心选题，实事求是，突出全面建成小康社会的重点难点特别是短板问题，突出新发展理念落实中的重要问题，突出全县人民群众关心的生产生活实际问题，察实情、讲实话、谋实策。做到整合资源，以委员为主体、吸收有关部门参与，形成专业结构优化、研究能力互补的调研队伍、视察队伍。深入一线、沉到基层，认真分析和研究问题，如实反映情况，坦诚提出建议。选好样本“解剖麻雀”，抓住关键环节，深度调研、集中攻关，用事实说话，用数据说话，把问题找准、把原因理清、把建议提实。

（七）坚持务实创新，在加强自身建设上有新进展

积极适应人民政协事业发展的新形势新要求，进一步加强基层政协创新能力建设，不断提高基层政协工作科学化水平。进一步创新政治协商的工作机制，不断丰富协商内容、完善协商形式、规范协商程序，使政治协商真正成为党政决策的重要环节。加强政协领导班子自身建设，提高新形势下领导班子领导政协工作的能力。积极探索界别活动的新方法新途径，强化界别的民意通道功能，提高界别履职的组织化程度。加强政协机关思想、组织、作风和信息化建设，深化各类主题活动，不断增强机关干部爱岗敬业、忠诚服务的使命感和责任感，促使政协工作务实、有序、高效。

各位委员，政协工作大有可为，我们正站在携手创造林周更加幸福美好未来的历史起点上。人民在期待着我们，历史在期待着我们，林周在期待着我们，让我们更加紧密地团结在以习近平同志为总书记的党中央周围，高举中国特色社会主义伟大旗帜，以邓小平理论、“三个代表”重要思想和科学发展观为指导，深入学习贯彻习近平总书记系列重要讲话精神，在县委的坚强领导下，拧成一股绳，以必胜的信心、昂扬的斗志、扎实的努力投身新的历史进程，以更加强烈的责任意识建言献策，以更加亲民的工作作风为民服务，以更加严谨的履职态度攻坚克难，为全面建成小康社会而努力奋斗！

不忘初心　忠诚担当　干净履职
奋力推动全面从严治党向纵深发展

——在中国共产党林周县第九届纪律检查委员会第二次全体会议上的工作报告

（2017年2月23日）

这次会议的主要任务是：深入学习贯彻十八届中央纪委七次全会特别是习近平总书记重要讲话和王岐山书记的工作报告，深入学习贯彻落实区、市纪委九届二次全会精神，研究部署2017年工作任务。刚才，县委书记次仁顿珠同志作了重要讲话，为我县全面从严治党工作指明了方向，为开好本次全会，深入推进全县党风廉政建设和反腐败工作提供了遵循，大家一定要认真学习领会，坚决贯彻落实。

一、2016年工作回顾

一年来，全县各级党组织和纪检监察机关认真贯彻落实中央和区市党委关于加强党风廉政建设和反腐败工作各项重大决策部署，切实担负起管党治党政治责任，坚定不移推进全面从严治党，党的纪律建设显著加强，中央八项规定精神得到坚决落实，惩治腐败力度不断加大，党风廉政建设和反腐败工作取得新成效。

（一）严明党的纪律、强化党内监督，坚决维护党中央权威

*严肃党的政治纪律。*始终将党的政治纪律和政治规矩摆在首位，牢固树立西藏海拔高，但坚定理想信念的标准更高，西藏氧气少气压低，但执行党的纪律规矩标准不能低的思想，切实增强“四个意识”特别是核心意识和看齐意识，做到主动在思想上拥戴核心、在政治上信赖核心、在组织上忠诚核心、在行动上捍卫核心，在大是大非面前站稳政治立场，坚决维护中央和区市县党委权威。严肃查处党员干部违反政治纪律、维稳工作纪律和反分裂斗争纪律的问题，加大对党员干部信仰宗教、参与宗教活动等行为的监督检查，确保广大党员干部立场坚定、旗帜鲜明。把中央和区市县重大决策部署贯彻落实情况，作为监督检查和党风廉政建设考核重要内容，确保令行禁止、政令畅通。

*加强换届风气监督。*严肃换届工作纪律，成立专项督查组对执行换届工作流程、候选人产生程序、遵守换届工作纪律等进行全方位全过程监督；严把人选廉洁关，对227名县级党代表、129名县级人大代表、110名县政协委员、855名乡级党代表及379名乡级人大代表进行廉政审查，出示廉政意见回复函，确保换届工作依规依纪、规范有序、风清气正，候选人廉洁可靠。

（二）强化组织协调，压紧压实管党治党责任

*主动担当作为。*县委以高度的政治自觉和坚定的政治决心切实担负起管党治党政治责任，将党风廉政建设和反腐败工作同全县改革发展稳定各项工作同部署、同推进、同考核、同落实，坚持每季度听取党风廉政建设和反腐败工作汇报，

适时调整充实县委落实党风廉政建设责任制领导小组，先后2次召开专题会议研究讨论约谈、述责述廉及党风廉政建设“两个责任”考核体系等重大工作事项。县委书记次仁顿珠同志带头履行“第一责任人”职责，坚持重要工作亲自部署、重大问题亲自过问、重点环节亲自协调、重要案件亲自督办。县委反腐败工作协调领导小组2次召开专题会议，就加强反腐败协作进行研究，落实不同部门责任，强化协作配合，形成齐抓共管的工作格局。

推动责任层层落实。完善“一把手”述责述廉制度，严把述责述廉报告审核关，在县委落实党风廉政建设责任制领导小组组织开展述责述廉的基础上，又指定5家单位在县纪委八届六次全会上进行述责述廉，接受现场质询评议和民主测评，将领导干部置于更广泛的监督之下，切实增强主体责任意识。制定《林周县各级党委（党组）落实党风廉政建设主体责任清单（试行）》和《林周县各级纪委落实党风廉政建设监督责任清单（试行）》，梳理出主体责任3个方面和监督责任6个方面的具体内容，进一步实化细化具体任务，明确职责定位，传导责任压力，使各级党委（党组）、纪委落实“两个责任”更有抓手。

配合做好巡视巡察工作。强化政治意识，加强沟通协调，服务于区党委巡视和市委巡察工作。针对巡视巡察反馈问题，督促相关党组织正视问题、迅速回应、整改落实。对巡视反馈的纪检监察工作存在的具体问题，列出问题清单，细化整改任务，明确整改时限，纠建并举，目前各项整改措施已基本落实到位。

（三）加强宣传教育，筑牢从严治党思想基础

学做结合强化党的意识。把贯彻落实十八届六中全会精神同开展“两学一做”学习教育结合起来，深入学习习近平总书记系列重要讲话精神，学党章党规、学党情国情，领导走上 “讲台”，干部坐进 “课堂”，在领会精神实质、入脑入心、学用结合上下功夫，县委通过“两学一做”学习教育和理论中心组集体学习，加强党员干部思想政治教育。全年共开展专题学习20场次，县委书记次仁顿珠同志带头为全县党员干部讲党课，作好示范。同时，县委将民主生活会作为促进县级党员领导干部自我净化、自我完善、自我革新、自我提高重要手段，从严从实开好县委常委班子民主生活会，认真开展批评与自我批评，严肃规范了党内政治生活，促进了党内团结统一，强化了党的意识和党员意识。各级纪检监察机关认真贯彻学习教育要求，坚持深入学、带头做，树立了良好的导向，全年开展集中学习教育368场次。

深化廉政警示教育。把约谈、集体廉政谈话作为党员干部廉政教育规定动作，提前打好“预防针”。精心制定方案，县委主要领导带头对乡镇、部门主要负责人进行常规约谈，并结合实际将寺管会主要负责人纳入约谈范围，实现约谈全覆盖，单独约谈率达75%以上。县纪委对新提拔使用、岗位交流干部分4批次进行任前廉政谈话，夯实廉洁从政思想基础。坚持正确舆论导向，充分发挥新媒体作用，开通“林周纪检监察”微信公众号，建立“教育基地”链接，分设“两学一做”“党纪制度”“廉政教育”“忏悔与剖析”“专题教育”五个专栏，每日推送工作动态、廉政教育、廉政新闻等内容，教育警示作用明显。为全县副科级以上党员领导干部编发《林周县党员领导干部廉政教育手册》“口袋书”500册，使党员干部随时随地受教育。组织全县各乡镇各单位观看学习《永远在路上》专题教育片50余场次，形成了作风建设常抓不懈的共识，全县党员干部自觉自律意识显著增强。

（四）践行“四种形态”，综合整治基层腐败和不正之风

关口前移抓预防。坚持挺纪在前，严守纪律底线，正确运用谈心谈话、个别约谈等方式，对干部出现的苗头性问题及时提醒，隐患性问题及早解决，让徘徊在纪律底线边缘的同志及时警醒、及时止步，主动纠正错误；对非原则性的小问题，及时指出，督促抓好整改，防止小毛病变成大问题。一年来，县委主要领导及相关人员共谈话提醒15人次，督促整改组织、财政等部门发现的一般性问题8个。

抓早抓小动辄则咎。正确处理“树木”与“森林”的关系，以眼里不揉沙子的态度，紧握戒尺，维护纪律权威，对触犯纪律底线，践踏红线的行为及时“亮剑”，绝不养痈贻患，不开“天窗”，不留“暗门”，坚决查处十八大以后不收敛不收手、群众反映强烈、顶风违纪的党员领导干部，释放越往后执纪越严的强烈信号。同时，将“四种形态”的运用贯穿到问题线索的分类处置和纪律审查过程中，严格按照五类标准进行处置，宽严相济、防微杜渐。全年受理问题线索22件（重复件1件）、暂存2件、现已办结10件，其中给予党纪轻处分和组织调整6人、诫勉谈话和函询4人，党纪重处分1人。

整治基层“微腐败”。联合财政、发改、农行等部门开展十八大以来扶贫领域、灾后重建资金发放和使用情况的监督检查，对发现的问题责令相关部门限期整改。协调财政部门对10个乡镇和部分县直单位进行财务审计监督，及时发现问题，督促整改，防患于未然。以集体“三资”和支农惠农资金、扶贫领域资金等为切入口，重点查处优亲厚友、吃拿卡要、贪污挪用、虚报冒领、截留私分等突出问题。特别是查处了卡孜乡懂村原党支部书记兼村委会主任次仁顿珠严重违纪案件，给予其本人开除党籍处分，并对卡孜乡党委、纪委进行约谈，形成有效震慑。

（五）持之以恒纠“四风”，推动党风政风向善向好

常打招呼常提醒。在坚持中深化，在深化中坚持，盯紧重要领域和关键节点，坚持教育在先、预防在前，节前下发文件、会议强调，重申纪律要求。狠抓工程建设领域防治，对涉及项目建设的17家单位进行集体谈话，敲响廉洁警钟，杜绝在项目建设和验收过程中收送红包等违纪问题发生，破除项目工程“潜规则”。结合《林周县工程项目建设“十不准”》，与我县范围内企业（公司、个人）签订《企业助廉守法承诺书》83份，推行“黑名单”制度。针对七八月子女升学违规宴请问题易发多发实际，专门下发通知明确纪律要求，并结合实际对县教育系统30余名教职工开展集体谈话，遏制了大操大办、借机敛财等不正之风，推动党风政风和社会风气持续向好。

强化作风监督检查。坚持把落实中央八项规定精神和区党委“约法十章”“九项要求”及市委“八项要求”作为作风建设基础性经常性工作，对“四风”问题寸步不让，将日常督查和节点督查有机结合，紧盯常改常犯、隐形变异等顽固性作风问题，坚持经常抓、抓经常，既看住节点又不放过平时，确保中央八项规定精神在林周落实生根。全年对各乡镇、村、县直单位等开展监督检查138次，检查公车停放点105次，县城周边及拉萨市娱乐场所492家次，查处违反中央“八项规定”精神问题2起2人，发现问题35个并当场要求整改，全县通报批评8家单位。

严肃整治突出问题。要求相关单位加强车辆统计，摸清底数，完善公车信息台账，实行派车单制度，节假日统一停放，在此基础上，率先对全县公用车辆统一喷涂醒目标识，贴上“林周标签”，对外公布举报电话，主动接受社会监督。严查公车私用、私驾公车等问题，对顶风违纪公车私用、擅自涂改公车标识等行为绝不手软，全县点名道姓通报批评5家单位，严肃处理相关人员。要求住建部门开展干部职工住房清查，整治违规占用住房问题。

（六）狠抓自身建设，建强纪检监察干部队伍

加强纪检机关建设。在县委大力支持下，以县乡换届工作为契机，结合纪律检查体制改革和“三转”要求，落实纪委书记、副书记提名考察办法，选优配强县乡纪委班子，推动落实符合条件的乡镇纪委副书记副科级待遇，优化县纪委内部科室设置，配齐20名工作人员；按照市委“强党固基扶村”工作要求，全县45个行政村配备纪检监督员，将监督触角延伸到基层。落实乡镇纪委办公经费和设备保障，严格执行《林周县乡镇纪委书记向县纪委报告工作制度》和《林周县纪检监察干部管理办法》，加强对乡镇纪委的领导，推进纪委双重领导具体化、制度化。

深化职能方式转变。在2014年、2015年基础上再次分析研究，清理县纪委牵头或参与的议事协调机构，退出不该参与机构4个，由16个减少至12个，精简25%。制定出台《林周县纪委监察局信访实名举报奖励办法（试行）》《林周县纪委落实纪律审查安全责任制工作措施（试行）》《林周县纪委谈话函询办法（试行）》等制度，不断转变思路、创新方式，探索破解新形势下监督执纪工作难题的有效方法，进一步加强和规范县乡纪检监察工作。

大力提升队伍素质。以“两学一做”学习教育为载体，健全完善机关学习制度，坚持每周集体学习，加强干部思想教育，着力提升政治素养，立标杆、树形象；组织选派143人次以跟案培训、跟岗培训、短期业务培训等方式参加区市纪委培训。举办全县纪检监察干部业务培训班，为40余名乡镇纪检干部答疑解惑共同提高。加强与苏州纪检机关的交往交流，初步建立苏林两地纪检监察干部交流帮扶机制，每年分批选派纪检干部到苏州市纪检系统进行为期3个月的跟岗培训，拓宽纪检干部眼界。

始终坚持严字当头。坚持严管就是厚爱，对纪检干部提出更高标准和更严要求，按照“六要”“六带头”“六严禁”要求，严格规范纪检干部言行，签订《林周县纪检监察干部行为规范承诺书》。组织全县纪检监察干部观看《打铁还需自身硬》，围绕“执纪者如何接受监督” 进行专题交流座谈，增强纪检干部受监督意识。对纪检监察干部出现的问题不遮掩、不回避，刀刃向内、严肃处理，2016年，对1名纪检干部进行诫勉谈话并全县通报批评，对1名纪检干部进行岗位调整。

通过一年来的工作实践，我们深切认识到，推动全面从严治党向纵深发展，加强党风廉政建设和反腐败工作，必须各级党委切实担负起管党治党政治责任，强化党的纪律建设，严肃党内政治生活，推进党内政治生活正常化规范化；必须坚持纪严于法，把纪律和规矩挺在前面，惩前毖后、治病救人，抓早抓小、动辄则咎；必须将农牧区基层党风廉政建设和反腐败工作作为重要任务，着力解决侵害群众利益的不正之风和腐败问题，让群众在全面从严治党中增强获得感；必须坚持信任不能代替监督，做到严字当头，强化纪检干部教育管理，加强自我监督和内部监督，严防“灯下黑”，保持纪检监察队伍纯洁性。

在肯定成绩的同时，我们也清醒地认识到，虽然反腐败斗争压倒性态势已经形成，不敢腐的目标初步实现，不能腐的制度日益完善，不想腐的堤坝正在构筑，但形势依然严峻复杂，仍然存在许多薄弱环节和不容忽视的问题。主要表现在：少数党组织仍然存在管党治党宽松软的问题；落实党风廉政建设主体责任停留在口头上，“一把手”当“甩手掌柜”的问题一定程度存在；党的组织生活制度落实不到位，党内政治生活不规范、不严肃；党员干部日常教育管理不到位，警示预防、抓早抓小做得不够；少数党员领导干部虚、假、浮、怕、庸、懒、散、奢等表现较为突出，不作为、慢作为的问题没有得到彻底根治。少数乡镇纪检监察机关对新形势下党风廉政建设和反腐败任务目标认识不清、措施不实，在如何运用新的监督执纪方法上转变角色慢；面对“四风”问题日趋隐蔽的现象重视不够、分析不深，监督方式单一、措施不强、办法不多。

二、2017年工作任务

2017年，全县党风廉政建设和反腐败工作要以迎接和服务党的十九大为主线，总体要求是：全面贯彻党的十八大和十八届三中、四中、五中和六中全会精神，深入贯彻落实习近平总书记系列重要讲话精神，贯彻落实十八届中央纪委历次全会精神，贯彻落实区市第九次党代会精神，贯彻落实区市纪委九届二次全会精神，深入落实县第九次党代会和县委九届二次全会精神，坚决维护以习近平同志为核心的党中央权威，严明党的政治纪律和政治规矩，严肃党内政治生活，加强党内监督，科学运用监督执纪“四种形态”，把纪律和规矩挺在前面，持之以恒推动中央八项规定精神落地生根，着力解决发生在群众身边的不正之风和腐败问题，深化“三转”，巩固县乡纪律检查体制改革成果，建设忠诚干净担当的纪检监察队伍，不断推动党风廉政建设和反腐败斗争向纵深发展，为林周全面建成小康社会做出新的更大贡献。

（一）深入贯彻十八届六中全会精神，严肃党内政治生活，强化党内监督

*严明党的政治纪律和政治规矩。*牢固树立“四个意识”特别是核心意识和看齐意识，自觉在思想上政治上行动上同以习近平同志为核心的党中央保持高度一致，坚决维护党中央权威。将《关于新形势下党内政治生活的若干准则》和《中国共产党党内监督条例》作为从严管党和依规治党的行动指南，严肃查处搞自由主义、宗派主义及分散主义等问题，严肃查处在党内培植个人势力、阳奉阴违、拉帮结派等问题，严肃查处党员信仰宗教、参与邪教等问题，严肃查处纵容和支持宗教极端势力、民族分裂势力及其活动，以及从事分裂破坏活动等问题，坚决维护党的团结统一。各级党组织要深化党员干部纪律教育，深入开展“两学一做”学习教育，引导党员领导干部切实增强政治警觉性和政治鉴别力，自觉遵守反分裂斗争纪律和维稳工作纪律，旗帜鲜明反对分裂、维护稳定。

*用好《准则》《条例》标尺。*各级纪检监察机关要切实履行党内监督专责机关职责，抓好十八届六中全会精神贯彻落实。以《准则》《条例》作为监督执纪的尺子，加强对各级党组织落实管党治党政治责任、执行组织生活制度、严肃规范党内政治生活情况的监督检查。重点加强对区市县重大决策部署落实情况的监督检查，特别是《市委关于认真贯彻落实党的十八届六中全会精神的决定》和《县委关于贯彻落实〈市委关于认真贯彻落实党的十八届六中全会精神的决定〉的意见》执行情况的监督检查，有效解决政策落实中的“肠梗阻”问题，切实维护党的权威。

*严肃村“两委”换届纪律。*配合县委做好村“两委”换届工作，加强换届工作各个环节监督，督促相关部门不折不扣贯彻执行相关工作规定和换届纪律，始终保持惩治换届不正之风高压态势，坚持“快查快办”，优先办理违反换届纪律问题举报及线索，营造风清气正换届环境，确保换届选举健康有序进行。

（二）抓铁有痕、踏石留印，持续深化作风建设

*常抓常管“四风”。*坚持力度不减、尺度不松狠抓作风建设，一个节点一个节点坚守，一个难点一个难点攻克，紧盯无视中央八项规定精神，特别是公车私用、违规发放津贴补贴、变相公款旅游等老问题，切实整治以形式主义、官僚主义方式对待党中央决策部署等突出问题，把纠正“四风”问题往深里做、实里做。对在执纪审查中发现的“四风”问题线索，单独列出、深挖细查，先于其他问题查处和通报。

*创新监督方式。*增强各级党组织抓“四风”主责意识，督促领导干部加强党员干部日常管理监督。更新完善副科级以上党员领导干部廉政档案，健全廉政电子档案数据库，配合组织部门加大对党员领导干部个人有关事项报告的核查力度，强化领导干部作风监督。完善《林周县纪检监察机关监督检查工作办法》，发挥职能部门作用，整合力量成立专项督查组，强化日常检查，突出节点督查，推动作风建设常态化。畅通“四风”举报渠道，创新工作方式方法，激发群众监督正能量，形成群众参与纠“四风”的氛围。

*树立崇廉尚洁新风。*坚持高标准和守底线相结合，教育引导党员干部自觉向着理想信念高标准努力，始终坚守共产党人精神追求，大力弘扬中华民族优秀传统文化，传承“长征精神”“老西藏精神”和“两路”精神，将涵养新时代廉洁家风摆在重要位置，增强文化自信。深入开展廉政文化教育，丰富廉政宣传载体，使党员干部知敬畏、存戒惧、守底线，以优良党风政风带动社风民风。

（三）坚持从严问责，推动全面从严治党政治责任有效落实

*压实落细管党治党主体责任。*各级党组织要切实担负起全面从严治党政治责任，定期向上级党委和纪委书面汇报主体责任落实情况。完善

深化约谈和“双述”工作机制，向基层逐级推进，将管党治党责任层层压实到乡镇党委和村党支部。各级纪检监察机关要把检查主体责任落实情况作为监督执纪重点，督促各级党组织解决本单位本部门党内政治生活中存在的突出问题。要建立健全监督检查和考核评价工作机制，坚持党委、纪委领导班子成员带队调研督导制度，督促各级党员领导干部不折不扣贯彻落实中央和区市县决策部署。

以强有力问责倒逼责任落实。用好问责利器，严格执行《西藏自治区贯彻〈中国共产党问责条例〉实施办法》，坚持失责必问、问责必严，坚持“一案双查”，既追究当事人责任，又倒查追究相关领导责任。对党的领导作用没有发挥、贯彻党的路线方针政策走样、管党治党不严不实、选人用人失察、“四风”问题突出、发生严重腐败问题、巡视巡察整改不力的单位部门都要严肃问责。各级党委、纪委要定期报告问责情况，通报典型问题。对该问责而没有问责的，也要严肃追责。

（四）运用好监督执纪“四种形态”，惩前毖后、治病救人

突出日常管理教育。本着对党的事业和干部高度负责的态度，正确处理“树木”与“森林”的关系，用好监督执纪“四种形态”特别是第一、二种形态，让红脸出汗成为常态。对苗头性倾向性问题或轻违纪问题，及时与本人见面，认真开展约谈函询、谈话提醒、批评教育和诫勉谈话，把问题向组织说清楚。注重谈话结果运用，对反应不实的及时澄清，消除不良影响；对如实说明问题且属于一般性问题的，及时了结；对不如实说明、欺骗组织的，从严从重处理；对重要或普遍性问题，在民主（组织）生活会上有针对性地作出说明，做到见物见人见细节。

惩教结合维护纪律权威。强化警示教育，加大违纪案件通报曝光力度，深入开展案例剖析，查找问题根源，用身边事警示身边人。以纪律为戒尺衡量和处置党员干部行为，将党纪处分和组织调整结合起来，对轻微违纪的给予党纪轻处分或者职务调整，使其及时悬崖勒马、幡然醒悟；对严重违纪的给予党纪重处分或者重大职务调整，使其接受教训、改正错误；对出现严重违纪违法行为的，坚决移交司法机关，使其付出代价，达到严惩极少数，警示大多数的政治效果和社会效果。

（五）力度不减、节奏不变，坚持遏制腐败蔓延势头

始终保持惩治腐败高压态势。要深刻认识到当前依然严峻复杂的反腐败斗争形势，以坚定的决心和强有力的措施，持续惩腐肃贪。畅通信访举报渠道，加大《林周县纪委监察局信访实名举报奖励办法（试行）》宣传力度，动员社会力量，激发群众参与监督积极性。严肃查处十八后不收敛、不收手，问题线索反映集中、群众反映强烈，现在重要岗位且可能还要提拔使用的党员领导干部，三种情况同时具备的更是重中之重。强化专项监督，重点查处和纠正扶贫领域截留挪用、套取骗取、虚报冒领等违纪行为，以严明的纪律为打赢脱贫攻坚战提供坚强的纪律保障。

加大群众身边不正之风和腐败问题查处力度。督促各级党组织履行管党治党主体责任，充分发挥基层党支部战斗堡垒作用，认真倾听群众呼声，及时了解民情民意，将群众诉求当作第一信号。严肃查处基层干部顶风违纪吃拿卡要、优亲厚友、克扣私分等突出问题，严肃查处基层干部敷衍塞责、推诿扯皮、简单粗暴等损害党群干群关系的突出问题，切实维护群众切身利益，厚植党的执政基础。

（六）推进惩防体系建设，扎紧制度的笼子

加强《林周县惩治和预防腐败体系建设2013—2017工作措施》落实情况监督检查，继续深入开展廉政风险隐患排查工作，完善防控措施，巩固廉政风险防控体系建设成果。制定出台《林周县纪委加强对县委常委会及成员监督工作办法》，充分发挥党内监督职责，强化对同级党委议事决策流程的监督。做好制度的废改立工作，扎紧织密制度的笼子，健全完善拒腐防变教育长效机制、廉政风险防控机制，权力运行监督制约机制，不断探索建立教育、制度、监督并重的惩防体系。

（七）深化纪律检查体制改革，建设忠诚干净担当执纪队伍

持续深化“三转”。优化内设机构，整合内部资源，科学合理配置人员，使执纪监督、执纪审查相互协调、相互制约。加强对乡镇纪委“三转”的督促和指导，帮助乡镇纪委找准职责定位，聚焦主业主责。积极配合区市做好建立县级巡察制度的前期准备工作，推进监察体制改革；探索纪委委员对口联系、履行职责工作方式，充分发挥纪委委员作用。

提升素质能力。结合“两学一做”学习教育，大力深化理想信念教育、思想道德教育。加大培训力度，选派优秀干部参加区市纪委培训，完善跟班学习、以案代训制度，办好纪检监察干部培训班，建立完善纪检干部培训档案，使纪检干部培训教育规范化，不断提升思想政治素养和执纪监督水平。加强与苏州纪检机关交流沟通，掌握在外培训干部动态。各级纪委书记要坚持严字当头，既要带好班子又要带好队伍，树立严格自律标杆。

践行忠诚干净担当。严格执行《中国共产党纪律检查机关监督执纪工作规则（试行）》，针对线索排查、执纪审查、涉案款物管理等权力运行环节，找准风险点，健全内控机制。加强和规范涉案款物管理，认真落实线索处置、“一案双报告”制度，对瞒案不报、压案不查的严肃追究责任。各级纪检监察机关要主动接受党委的日常监督和巡视巡察监督，把自我监督、民主监督、群众监督和舆论监督有机结合，置身纪律红线之内。严格执行拉萨市纪检干部行为规范，完善《林周县纪检监察干部工作责任追究办法》，对不担当、不作为的批评教育直至调整岗位，对不忠诚、不干净的严肃查处，对执纪违纪、失职失责的既要追究当事人责任也要追究纪委书记责任，不护短、不手软，坚决防止“灯下黑”，建设立场坚定、忠诚可靠、担当作为的纪检队伍。

同志们，让我们紧密团结在以习近平同志为核心的党中央周围，在县委和市纪委的坚强领导下，不忘初心、继续前行，全面推动我县党风廉政建设和反腐败工作向纵深发展，不断取得全面从严治党新成效，为圆满完成县第九次党代会提出的奋斗目标，为实现林周县经济社会长足发展，夺取全面建成小康社会新胜利做出应有的贡献，以优异成绩迎接党的十九大胜利召开！

林周县人民法院工作报告

在林周县第十二届人民代表大会第二次会议上

林周县人民法院院长 赵红玉

（2017年3月31日）

2016年工作回顾

2016年，在县委坚强领导下，在人大及其常委会有力监督下，在上级法院正确指导下，在政府、政协、社会各界关心支持下，县法院深入学习贯彻落实党的十八大、十八届三中、四中、五中、六中全会和中央第六次西藏工作座谈会精神，全面贯彻落实区、市、县第九次党代会和各级党委政法工作会议精神，以习近平总书记系列重要讲话精神和治国理政新理念新思路新战略为指引，紧紧围绕“努力让人民群众在每一个司法案件中感受到公平正义”的工作目标，大力加强审判执行工作，全面推进司法体制改革，着力打造过硬法院队伍，各项工作取得新进展。全年共受理各类案件176件，审执结率100%，同比分别上升112%、120%，息诉服判率高达90%。

一、全力维护社会稳定，深入推进平安林周建设

——积极参与综治维稳工作。始终把维护社会稳定、促进长治久安作为首要政治任务，认真落实区市县党委、政府和各级维稳指挥部工作部署，克服案多人少的现实困难，全年累计投入警力千余人次，出动车辆80余台次，投入维稳资金近10万元。在做好院内安保工作的同时，积极参与县维稳指挥部带班值班工作，有效打响了东孜山“猴年转山”民俗宗教活动维稳攻坚战，圆满完成了“8·11”维稳安保任务，确保了我县社会局势持续稳定、长期稳定、全面稳定。

——惩治犯罪维护社会平安。充分发挥刑事审判在平安建设方面的主力军作用，坚持打击与保护并举、实体公正和程序公正并重，全年共受理刑事案件7件12人，全部审结。坚持“严打”方针，对主观恶性大、社会危害较大的案件依法从严从重从快惩处，对一起5人多次流窜盗窃文物恶性案件依法严惩，有力震慑了犯罪，增强了群众安全感。充分发挥刑事审判在惩治腐败、建设廉洁政治中的职能作用，依法审理了建院以来由区高法指定管辖的首例职务犯罪案件，有效打击渎职犯罪。坚持宽严相济刑事政策，做到宽严有据、罚当其罪，依法对犯罪情节轻微、社会危害不大的被告人适用缓刑。特别是针对未成年人犯罪案件，坚持“教育、感化、挽救”方针，探索社会矫正刑罚的适用，最大限度挽救失足未成年人，使其能够重返社会。

——化解涉诉信访构建和谐。按照“一个问题、一名领导、一套班子、一个方案、一抓到底”的工作机制，加强涉诉信访工作，确保案件彻底解决，全年涉法涉诉案件2件，已化解1件。在县委、县政府的统一安排下，我院与县委政法委、县公安局、县信访局等部门有效配合，提前介入到甘曲镇征地纠纷、夕瑞德矿业纠纷等重大、群体性上访事件的协调化解之中，为构建我县政治经济和谐稳定作出了法院应有的贡献。

——不断强化法制宣传教育。从人民群众关

心、关注的热点、难点着手，开展普法宣传教育16场次，发放藏汉双语宣传资料三千余份，受教育群众近两千人次，引导各族群众以法治思维、法治方式解决纠纷。组织全县群众、干部职工500余人次旁听庭审，起到了“审理一案、教育一片”的良好效果。同时，发挥司法建议的补漏作用，向党政机关单位企业提出司法建议10条。

二、忠实履行审判职责，切实维护社会公平正义

——民事审判力促定纷止争。坚持依法平等保护市场主体合法权益的原则，主动适应林周快速发展新常态，全年受理民商事案件137件，全部审结，收结案率同比分别上升164%、2%。对追索劳动报酬、婚姻家庭等各类民生案件开辟“绿色通道”快审快结，全年审结民生案件61件。加大对合同纠纷、借贷纠纷等案件的审理力度，打造良好有序的市场经济发展环境。针对我县辖区矿山企业较多的现状，加大对涉企合同纠纷处理力度，全年审、调结涉企合同纠纷19件，构建了良好的企业发展环境。本着做好庭前调解、做细庭上调解、做实庭后调解的原则，不断增强调解力度，加强与各乡镇、县司法局、信访局、人社局等部门的联动，构建起了大调解的社会格局，定纷止争取得了积极效果，全年调撤案件117件，调撤率高达85%，同比上升21%。

——执行工作保持高压态势。紧紧围绕“用两到三年时间基本解决执行难”的目标，加大和改进执行工作，全年受理执行案件32件，执结率100%，同比分别上升33%、46%，执结标的额239.09万元，到位率36%。严格规范执行行为，建立执行人员责任清单，完善执行案件管理系统，办案环节网上运行，实现全程留痕。不断健全执行措施，充分利用执行查控系统，对查询到的财产线索立即进行控制，组织财产处理，保证不让查询到的财产流失或转移。强化执行威慑作用，积极推进社会信用惩戒体系建设，依法公布失信被执行人1名，同时针对不同的被执行人制定针对性地执行对策，依法用足用活法律赋予的查封、扣押、冻结、拍卖、拘留、罚款等强制措施。大力开展“清理积案”活动，指定专人分类清理，采取“定案、定人、定时间”的清理包干责任制，共清理积案2件，特别针对民工工资、伤害赔偿等案件加大清积力度，到位执行款86万元。

三、深化司法体制改革，着力提升司法能力

——推进司法公开。依托网络信息化建设，着力构建开放、动态、透明、便民的阳光司法机制。利用科技法庭审理案件31件，把案件审判过程纳入信息化管理。深入推进审判流程、裁判文书、执行信息三大公开平台建设，上网公布裁判文书59份、其中藏文裁判文书7份，网上庭审直播案件30起，倒逼法官提高司法能力和办案效率。

——推进陪审工作。充分发挥人民陪审员参与案件审理、监督审判活动、联系人民群众的重要作用，全年共邀请人民陪审员参加10起案件的审理。选派一名人民陪审员参加上级法院组织的双语培训，并邀请国家法官学院老师莅临我县对全体人民陪审员就民事审判中人民陪审员的职责与权利、参审活动和程序要求、陪审职业道德等内容进行为期两天的专题培训。

——推进职务套改。我院按照中央深化司法体制改革精神，积极推进法官责任制、人员分类管理制度的贯彻落实，严格执行套改规定，完成了员额制法官10人、司法警察3人的套改工作，为司法体制改革向纵深发展奠定了基础。

四、践行司法为民宗旨，满足群众多元司法需求

——规范司法行为。认真落实县人大常委会关于规范司法行为工作的审议意见，从健全司法行为规范、改进司法管理、推进司法公开、加强司法队伍建设等方面入手，从全面完善院内规章制度，并整理上墙；实现文件电子化、信息化分类归档管理；干警着制服规范化上岗等方面着手，深入持续开展规范司法行为年活动，切实推动了我院审判执行工作质量与效率的稳步提升。

——增强立案工作。严格落实立案登记制，对依法应该受理的案件，做到有案必立、有诉必理，当场登记立案率100%，一次性告知当事人补正材料15次。开通12368诉讼服务热线，全年为近万人次提供法律咨询查询服务。加大司法救助力度，共减免缓诉讼费5.63万元，让人民群众切实感受到司法的温暖。强化诉前调解工作，积极探索“便民、高效、成本低”的矛盾纠纷解决机制，全年诉前调解案件31件，有效减轻了当事人的诉讼负累。

——*发挥法庭便捷作用*。唐古人民法庭深入贯彻“以当事人为本”的工作理念，在全县九乡一镇设立了45个巡回审判点和10个流动收案点，构建起“多层次”的诉讼服务网络，深入田间地头、农家小院、牧民帐篷开展“一站式”巡回审判诉讼服务，积极探索“诉调对接”“小额诉讼速裁”“人民调解司法确认”等多元化纠纷解决机制，全年接受当事人35次预约，审结60起民商事案件，均以速结形式当场办结，充分发挥了人民法庭在便民利民诉讼服务中的高效作用。

五、聚焦全面从严治党，厚植司法事业发展根基

——*扎实开展“两学一做”学习教育*。深入开展“两学一做”学习教育，以党组学习带动、部门学习深化、个人自学提高等方式灵活安排学习形式，以讲廉政党课、观看警示教育片、专题研讨会等方式丰富学习载体，深入学习贯彻党章党规和习近平总书记系列重要讲话精神，切实提高了党员干部党性修养。全年共组织集体学习46次，开展专题研讨会4次，观看教育题材影片4部，抄写学习笔记500余篇，撰写心得体会80余篇。

——*坚定不移推进党风廉政建设*。进一步落实党风廉政建设责任制，认真学习贯彻《中国共产党章程》《中国共产党廉洁自律准则》《中国共产党纪律处分条例》《中国共产党问责条例》和《中国共产党党内监督条例》等党规党纪，严格执行最高人民法院“五个严禁”和“十个不准”，强化反腐倡廉教育，强化惩防体系建设，强化执纪问责，确保法院队伍的清正廉洁，全年未出现干警违法违纪案件。

——*着力增强法院队伍素养*。按照年初干警培训工作计划和上级法院的要求，采取多种措施、创造多种途径、克服各种困难，共选派了15名干警参加各类培训，其中4名干警前往内地法院学习培训、跟案锻炼，3名干警通过全国统一法律职业资格考试西藏线，有效提高了队伍职业素养。

——*认真开展联络监督工作*。畅通监督渠道，邀请人大代表、政协委员共5人视察法院工作3次、旁听庭审3件，并认真听取意见建议，不断改进各项工作。充分发挥2名廉政监督员的作用，每月至少邀请1次廉政监督员对我院审判执行、党建、党风廉政建设等各项工作进行监督检查。

——*深入开展精准扶贫工作*。先后组织52人次前往松盘乡、江热夏乡开展“千名干部帮千户”扶贫工作，深入调查摸底，详细了解帮扶对象家庭人口、收入借贷、致贫原因等情况，建档立卡，针对性地制定脱贫计划，投入资金近10万元进行走访慰问，加深了干警与人民群众之间的血肉联系。

——*持续稳步推进驻村工作*。积极协调落实水罐供水“短平快”项目，投入资金近8万元，进一步缓解了驻在村群众用水难问题。积极争取新建砖瓦厂“短平快”项目，申请资金为20万元；投入资金23万元为村集体购买三台拖拉机，用于发展壮大村集体经济，惠及群众1500余人。

六、完善基础设施建设，提升司法后勤保障水平

——*改善办公生活环境*。高效利用县政府投入的71万元及50万元援藏资金，为审判执行业务庭室购买了6台快速扫描仪；新宿舍楼及经过全面维修的老宿舍楼已实现全部入住，并为每户安装了太阳能热水器；院内给排水管道全部更换；审判综合楼完成吊顶及线路改造装饰装修工作，每个办公室安装了红外线取暖器，为全院干警营造了良好的办公办案环境。

——*加强信息技术应用*。一是在区高院的积极帮助下完成院内监控设施的全部安装调试工作，现已在正常使用；二是积极落实电子签章、网上办公办案工作，所有卷宗均在加盖实体章前盖电子章，所有办公文件均实现网上审批分发传阅。

各位代表，回顾一年来的法院工作，我们深深地体会到：坚持党的领导是做好法院工作的根本保证。县委主要领导多次听取法院工作汇报，并作出了多次重要指示要求，为做好法院工作指明了方向。自觉接受监督是做好法院工作的强大动力。主动邀请人大代表、政协委员旁听案件审理，代表委员围绕法院工作建言献策，有力助推法院发展。上级法院的关怀指导是做好法院工作的坚强后盾。区、市两级法院在政策、资金、项目、人才培养等方面的支持，为我们做好法院工作提供了有力保障。在此，我代表我院全体干警，对长期以来关心支持我院工作的各级党委、人大、政府、政协表示衷心的感谢！向理解支持法院工作的人大代表、政协委员和社会各界致以崇高的敬意！

在看到成绩的同时，我们也清醒地认识到，我院工作还存在许多问题和不足，离党和人民的期待还有较大差距，一些长期存在的司法难题还没有得到根本解决，同时随着社会经济形势的发展又出现了一些新情况新问题。一是案多人少矛盾仍较为突出，受理案件数量增长快，新类型案件层出不穷，办案压力和难度越来越大，一些法官长期超负荷工作，有的法官审判能力不能完全适应形势需要。二是人才流失问题严重，队伍管理面临新情况。三是“执行难”顽疾还未根治，等等。对这些问题，我们将坚持不回避、不遮掩，紧紧依靠党的领导，紧紧依靠人民群众，积极采取有效措施，切实加以解决。

2017年工作安排

2017年，是实施“十三五”规划的重要一年，是供给侧结构性改革的深化之年，县法院将以党的十八届六中全会、区市县第九次党代会精神为统领，坚持“五位一体”总体布局和“四个全面”战略布局，深刻把握“六个一”工作原则，认真落实中央政法工作会议和中央、区、市法院院长会议部署安排，切实遵循司法规律，充分发挥审判职能作用，努力为林周县经济社会发展提供更加优质的司法服务。

一是坚持党的领导，忠诚革命信念。坚持党的领导，进一步牢固树立“四个意识”，按照党要管党、从严治党的要求，严肃党内政治生活，强化党内监督，引导广大干警真正做到以党的旗帜为旗帜、以党的意志为意志、以党的使命为使命，更加紧密地团结在以习近平同志为核心的党中央周围，更加坚定地维护以习近平同志为核心的党中央权威，树立共产党人坚定的信仰信念，努力建设一支具有铁一般信仰、铁一般信念、铁一般纪律、铁一般担当的法院队伍，切实担负起党中央、区、市、县党委决策部署的坚定执行者、模范实践者、忠诚捍卫者的重大职责。

二是坚持服务大局，充分发挥职能。自觉把法院工作置于林周改革发展稳定大局中去思考和谋划，准确把握当前林周经济社会发展新常态，切实履行好职责使命。一要准确把握反分裂斗争的新特点、新规律，以“三无”“三不出”为目标，以清醒的认识和高度负责的使命感，坚决执行各级党委、政法委就维护社会稳定工作所作出的一系列重要决策部署，坚持做到人、财、物主动向维护社会稳定工作倾斜。二要严厉打击严重刑事犯罪，依法保障人权，提升法院工作防控社会稳定风险的前瞻性、针对性，维护社会安全稳定，保障平安林周建设。三要围绕推进供给侧结构性改革主线，加强经济发展新常态下民商事审判的司法应对，运用司法手段妥善化解稳增长、调结构、促发展等过程中出现的各类矛盾纠纷，为经济平稳健康发展营造高效的服务环境、公正的竞争环境、公平的法治环境。四要以保障人民安居乐业为重点，认真妥善处理涉诉信访问题，着力破解群众反映强烈的诉讼不便、执行难等困难，深入推进多元化纠纷解决机制、诉讼服务中心、车载流动法庭建设，积极开展法制宣传、创新法律服务，为林周经济社会发展提供坚实司法保障。

三是坚持深化改革，推动跨越发展。按照总体部署，因地制宜、求同存异、主动探索，以“钉钉子”精神扎实推进各项改革任务落实。一要主动向县委、县政府汇报法院司法体制改革的整体思路、具体措施以及存在的困难和问题，充分发挥党委统揽全局的优势作用，推动改革中关键问题的解决和重要措施的落实，确保各项工作在党的领导下，稳步推进，取得实效。二要始终高度关注改革工作进展，主动学习政策文件，领会精神要义，注重把上级工作安排部署与自身实际相结合，在确保改革既定动作完成的同时，创新工作方式方法，并在实践中沉淀固化，形成长效机制。

四是坚持阳光司法，守护公平正义。把“努力让人民群众在每一个司法案件中感受到公平正义”的重要指示要求作为司法审判工作的最高追求和最终归属，努力让公平正义以人民群众看得见、感受得到的方式得以实现。一要完善公正司法的内部监督制约机制，坚持依法公正独立审判，把宪法法律作为履职的基本遵循，严把案件事实关、证据关、程序关、法律适用关，着力提高办案质量效率，努力把每一起案件都办成经得起法律和历史检验的铁案。二要围绕“全业务网络办理、全流程依法公开、全方位职能服务”的目标，积极运用信息网络新兴技术服务人民群众、服务审判执行、服务司法管理，不断提升审判体系、审判能力和法院管理能力现代化，不断扩展司法公开覆盖面。

五是坚持从严管理，强化自身建设。准确把握队伍建设面临的新形势新任务新要求，把队伍建设摆在更加突出位置，营造风清气正的良好政治生态，打造高规格法院队伍。一要继续深入开展“两学一做”学习教育，引导广大党员干警严格对照党章党规规范言行举止，争做“四讲四有”的合格党员、合格法官。二要驰而不息抓好作风建设，严肃党纪国法，以零容忍态度坚决惩治司法腐败，坚决清除队伍中的害群之马。三要提升法官素质建设，特别要注重对双语法官的培养力度，在人员数量和专业素养上实现双重提高，更好地服务于维稳、审判工作需要，进一步拉近人民法院与基层人民群众的距离。四要按照财经纪律，用好各项经费，不断改善干警办公办案硬件软件设备，关心关爱干警生活困难，营造拴心留人的良好环境。

各位代表，新的形势催人奋进，新的征程任重道远。新的一年，我院将更加紧密地团结在以习近平同志为核心的党中央周围，认真落实本次大会决议，不忘初心、继续前进，奋力开创法院工作新局面，以优异成绩向党的十九大献礼！

名词解释

1. 用两到三年时间基本解决执行难：一段时期以来，执行难问题凸显，导致当事人的胜诉权益无法及时实现，社会各界高度关注，人民群众反映强烈，执行难成为影响人民群众司法获得感的最大障碍。党中央高度重视解决执行难问题，党的十八届四中全会提出，切实解决执行难，加快建立失信被执行人信用监督、威慑和惩戒法律制度，依法保障胜诉当事人及时实现权益；中央全面深化改革领导小组第25次会议审议通过了《关于加快推进失信被执行人信用监督、警示和惩戒机制建设的意见》。最高人民法院周强院长在2016年全国“两会”上提出，“坚持以人民呼声为第一信号，向执行难全面宣战，用两到三年时间，基本解决执行难问题，破除实现公平正义的最后一道藩篱”，最高人民法院下发《关于落实“用两到三年时间基本解决执行难问题”的工作纲要》，并先后两次召开会议，对用两到三年时间基本解决执行难作出系统部署。人民法院所要解决的执行难主要是指有财产可供执行而不能得到及时全部执行的情况，对于被执行人丧失履行能力、无财产可供执行的案件，是双方当事人商业风险、交易风险的一种延续，无论采取什么执行措施都不可能执行到位，这在任何国家、任何时期都是一样的，需要依靠全社会力量从源头上进行综合治理。

2. 立案登记制：指案件受理制度。根据《最高人民法院关于全面深化人民法院改革的意见》提出的要求，改革案件受理制度，自2015年5月4日起变立案审查制为立案登记制，对人民法院依法应该受理的案件，做到有案必立、有诉必理，保障当事人诉权。

3. 诉调对接：指矛盾纠纷调处中的诉讼方式

与非诉讼方式相衔接。主要目的是充分发挥人民法院、行政机关、社会组织、企事业单位以及其他各方面的力量，促进各种纠纷解决方式相互配合、相互协调和全面发展，为人民群众提供更多可供选择的纠纷解决方式，维护社会和谐稳定，促进经济社会更好更快地发展。

4. 小额诉讼速裁：民事诉讼简易程序的一种特殊形式。通过设定专门的审理流程，最大限度地简化民事诉讼程序，为案件法律关系单一、事实清楚，争议标的金额不足1万元的部分民事案件能及时、便捷解决而开创的绿色司法通道。

5. 人民调解司法确认：指对于涉及的民事权利义务的纠纷，经行政机关、人民调解组织、商事调解组织、行业调解组织或者其他具有调解职能的组织调解达成的具有民事合同性质的协议，经调解组织和调解员签字盖章后，或双方当事人签署协议之后，如果双方认为有必要，共同到人民法院申请确认其法律效力。

6. 五个严禁：指最高人民法院为确保司法廉洁发布的五条禁令，即：严禁接受案件当事人及相关人员的请客送礼；严禁违反规定与律师进行不正当交往；严禁插手过问他人办理的案件；严禁在委托评估、拍卖等活动中徇私舞弊；严禁泄露审判工作秘密。

7. 十个不准：指为落实中央八项规定精神，最高人民法院发布的行为禁令，包括：不准以过节名义滥发实物、现金及支付凭证；不准用公款购买、印制、邮寄、赠送贺年卡、明信片、年历等物品；不准用公款购买烟花爆竹、烟酒、月饼等年货礼节，或者以过节名义用公款搞相互走访、送礼、宴请等活动；不准用公款大吃大喝、游山玩水或者用公款豪华铺张举办庆典、晚会等活动；不准收受可能影响公正执行公务的礼品、礼金、支付凭证等财务；不准参加可能影响公正执行公务的宴请、旅游、健身、娱乐等活动；不准违规使用公车或者将公车外借他人使用；不准向案件当事人及其委托人借车用于探亲访友或外出游玩等活动；不准跑官要官、买官卖官；不准从事与法院工作人员身份不相符的活动，或者涉足与法院工作人员身份不相符的场所。

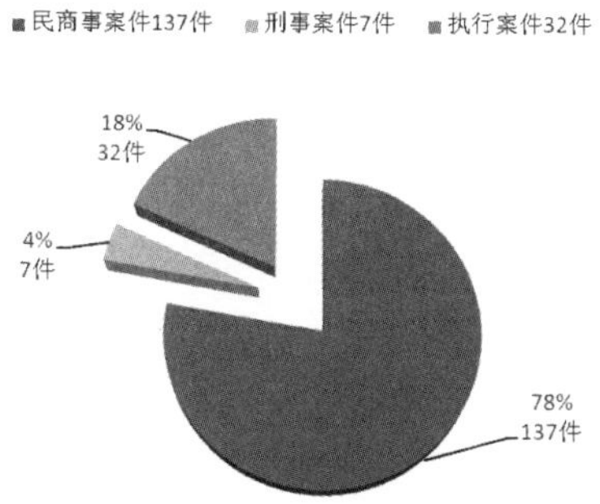

民商事案件137件 刑事案件7件 执行案件32件

18% 32件

4% 7件

78% 137件

图1 2016年受理各类案件构成图

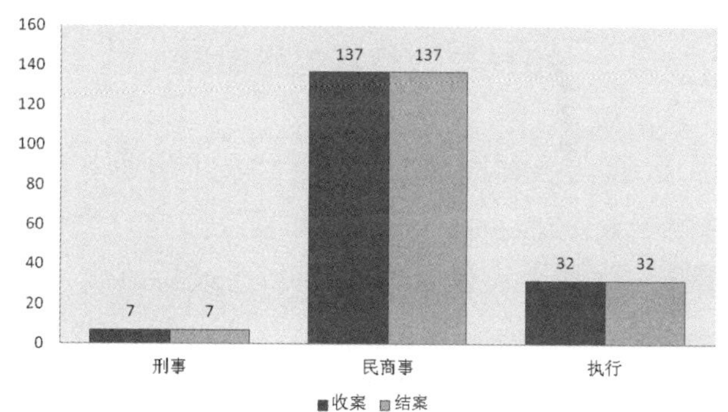

图2 2016年受理、审结各类案件情况图

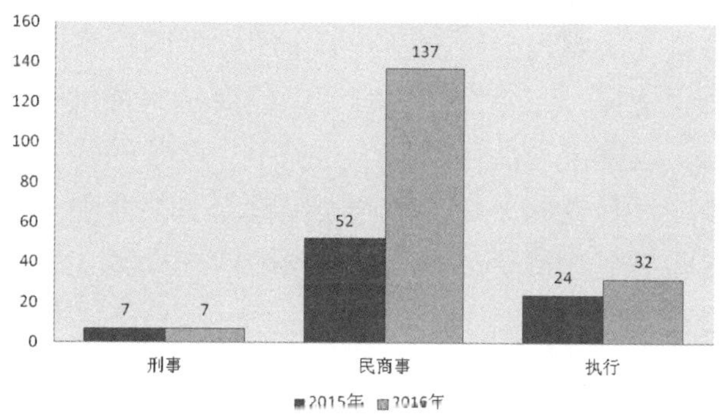

图3 2015年、2016年案件数量对比图

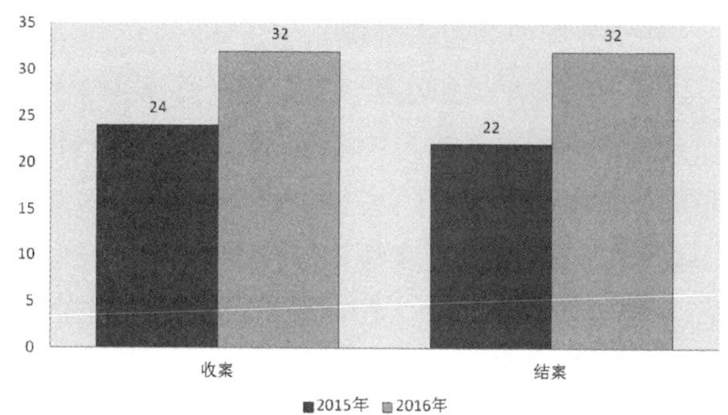

图4 2015、2016年执行案件收结案变化情况图

林周县人民检察院工作报告

在林周县第十二届人民代表大会第二次会议上

林周县人民检察院检察长 刘玉梅

（2017年3月31日）

2016年的检察工作回顾

2016年，林周县人民检察院在上级业务部门的领导下，在县委、县政府和县政法委的关心指导下，在县人大及其常委会、县政协监督支持下，深入贯彻落实党的十八大，十八届三中、四中、五中、六中全会和中央第六次西藏工作座谈会精神，贯彻落实习近平总书记系列讲话精神特别是治边稳藏重要战略思想，贯彻落实区、市、县第九次党代会精神以及第十四次全国检察工作会议精神，充分发挥首府城市检察机关首位度作用。以推进司法体制改革为抓手，紧紧围绕全县经济社会发展大局，顺应人民群众对公共安全、反腐倡廉、司法公正、权益保障的新期待，忠实履行宪法法律赋予的职责，强化法律监督，规范司法行为，深化司法改革，加强队伍建设，服务发展、维护稳定、保障民生，检察工作取得了新成效。现将全年工作总结如下：

一、开展业务工作情况

（一）依法打击刑事犯罪，提升公众安全感

坚持以执法办案为中心，牢固树立宽严相济刑事司法理念，认真落实检察环节社会治安综合治理工作，让人民群众切实感受到公平正义就在身边。依法履行批捕、起诉等职能，密切关注社会治安和公共安全领域出现的新情况、新问题，依法打击严重影响人民群众安全感的犯罪，在严格适用法律的同时，做到快捕快诉。今年共受理公安机关移送审查逮捕案件3件5人，其中批逮捕2件3人，不批捕1件2人。受理移送审查起诉案件8件14人，经审查，提起公诉4件8人，1件2人作出不起诉决定，3件4人正在审查起诉中。

（二）办理职务犯罪案件

今年以来，我院加大反腐败工作力度，坚决查处贪污、受贿案件，共立案查处自侦案件3件3人，其中，查办林周县原副县长李继明受贿案中行贿案件2件2人；查办上级交办日喀则市萨嘎县石油公司赖更祚挪用公款1件1人，现已提起公诉。所办案件涉案金额达 300余万元，有力净化了政治生态环境同时，筑牢了拒腐防变的高压线。

（三）开展刑事诉讼活动立案监督工作

加强延伸、拓宽诉讼监督的触角和领域，努力在破解法律监督难题、加大法律监督力度、增强法律监督实效上取得新进步。今年以来，我院先后两次前往县公安机关及九乡一镇派出所开展“立案监督”专项检查，对案件登记不规范、证据意识差、主动办案意识不强进行指导，对公安机关送达《检察建议书》1份，提出口头纠正建议3次。加强审判活动监督，充分利用对各类刑事案件依法出庭支持公诉之机，对法庭的审判活动、判决生效后执行情况进行严格的监督，确保审判活动的公正性、合法性。同时加强刑事执行活动监督，坚持每周定期对监管场所进行检查，节假日期间不定期检查共计20余次，详细掌握羁押人员情况，确保在押人员合法权益，实现了超期羁押“零基数”的目标。

（四）民事行政检察工作

我院对法院一年来的民事、行政案件裁判文书20余份进行了监督检查并登记在册。并组织干警对法院受理的具有影响力的民事案件进行旁听，认真开展对法院民事行政审判活动的违法调查，开通“两微一端”广泛宣传民行监督职能，做到监督工作阳光化、透明化。

二、维稳工作开展情况

（一）加大对食品、药品的监管力度

今年，我院协同县有关部门对强嘎乡、东孜山沿线和县城内的食品、药品安全进行联合执法检查，对不合格食品、药品及商铺进行督促整改，为广大群众营造“买得放心、吃得安心、用得舒心”的市场环境。

（二）为精准扶贫工作提供法律保障

今年，我院先后选派6名干警参加县里的征地工作，积极为老百姓宣传相关法律知识，及时化解矛盾纠纷，营造良好的法治氛围。通过严格履行检察职能，依法严厉打击危害人民群众生命财产安全犯罪，彰显法律的严肃性，维护法律的权威。

（三）全力化解社会矛盾、维护社会和谐稳定

在推进检察长接待日工作的基础上，进一步完善领导下乡巡防制机，定期带队下基层巡防，了解群众诉求，摸排矛盾苗头，形成早发现、早处理、早化解的工作机制，全年共调处化解群众纠纷10余起。建立社会矛盾调处机制，开通检察监督举报电话（6122309）专线，同时加强与县纪委、县政法委、县司法局等相关单位的工作联系，形成相互联动、主动介入、积极调节的工作主动权，完善社会矛盾调处联动机制。

（四）积极做好带班、值班制度

根据县维稳工作大局需要，我院全面落实好24小时在岗在位值班制度，全年共安排值班人员450余人次，确保了院落及周边环境的安全。

（五）开展为期一年的“东孜山”转山维稳工作

全力做好维护稳定各项工作，一年来共派出警力200余人次，警车50余辆次，以最大的人力、物力服务于“东孜山”转山民俗活动。

（六）加强社会管理创新、深化法制宣传实效

今年，我院积极开展以“西藏百万农奴解放57周年宣传纪念活动”“党委领导、政府负责、社会协调、公众参与、社会保障”“加强举报人保护、惩治群众身边腐败”“甘曲镇觉布村‘法制宣传周’”为主题的各类法制宣传活动。在县城、乡镇和村组，通过悬挂法制教育图片、设立法律咨询台、发放法律常识小手册及法律宣传单等多种形式，在全县范围内展开普法宣传活动10余次，发放宣传资料1000余份，提供法律咨询达到200余人次，受教育人员达2000余人次，有效提升了社会公众的守法维权意识。

三、职务犯罪预防工作取得显著成绩

（一）做好扶贫领域预防职务犯罪工作

今年以来，我院认真贯彻高检院和区市党委安排部署，认真开展集中整治和加强预防扶贫开发领域职务犯罪专项工作。围绕移民搬迁、国家粮油专项资金补贴、农村客运燃油补贴、农险保费补贴等领域，紧盯惠农资金发放、项目资金落实等环节，加大查办患农领域职务犯罪案件力度。继续开展集中查办涉农惠民领域职务犯罪专项工作，严肃查办发生在群众身边、损害群众利益的贪污贿赂、渎职犯罪案件。

同时，制定《林周县人民检察院、林周县农牧开发建设办公室集中整治和加强预防扶贫领域职务犯罪专项工作实施方案》，开展为期5年的集中整治和加强预防扶贫领域职务犯罪专项工作。针对群众反映强烈的为官不为、为官乱为问题，加大查办渎职侵权犯罪力度，通过查办涉农惠民领域贪污贿赂、渎职案件服务于民、取信于民，遏制重点领域职务犯罪易发多发的势头，保障人民群众合法权益，促进农村和谐稳定，为林周县精准扶贫工作提供法治保障。

（二）开展预防职务犯罪协同机制

按照最高检、区检院和市检院的统一部署和要求，结合我院工作实际，认真撰写《林周县检察院2016年预防职务犯罪工作报告》。并与林周县公安局会签《林周县检察院与林周县公安局预

防职务犯罪联席会议制度》，重点围绕民警贪污受贿、玩忽职守、滥用职权、徇私枉法和滥用强制措施等违法行为开展预防职务犯罪工作。今年以来，为提高我院干警办理自侦案件能力，先后派出4名干警到市检察院、市纪委和城关区检察院参加办案，随案学习查办职务案件程序、调查取证方法、审讯能力等。通过办案提高了干警办案能力和信心，工作积极性得到很大提升，办案效率得到加强。

（三）职务犯罪查办和预防工作创新举措

一是加大预防职务犯罪教育。本院大力加强普法教育，结合职务犯罪案件典型案例，印制了《职务犯罪预防宣传读本》，采用直观、丰富、图文并茂的形式，向有关部门、县、乡镇和扶贫开发领域大力加强预防职务犯罪教育工作，发放宣传册、宣传资料，做到了预防职务犯罪教育“全面、透彻、易懂”。二是开通行业职务犯罪预防信息。每月定期向市检院领导及全县范围内的领导干部发送1次图文并茂的预防职务犯罪的相关知识的短信，做到早预防、早提醒。三是充分利用党章学习、结贫思廉和廉政文化建设等主题教育活动，提高思想认识，增强拒腐防变能力。

四、司法体制改革取得成果

根据最高人民检察院计财局《关于开展“十三五”时期检务保障工作发展规划专题调研的通知》，我院完成了《林周县检察院关于检务保障工作调研材料》，为检察机关实行财务统一管理改革试点做好前期调研工作。按照司法体制改革试点工作要求，实行检察人员分类管理，圆满完成我院检察官职务套改工作。并顺利完成《林周县检察院检委会工作调研报告》《林周县检察院案管中心工作调研报告》。同时，根据区政协指示安排，顺利完成了以“改善司法执法环境，推进法制西藏建设”为主题的专题报告。目前，司法体制改革在我院已取得突破性进展并初见成效。除院领导外，我院有四名符合条件的干警参加了检察官遴选考试，考核工作也圆满结束。

五、全面提高受援工作水平

2016年9月，苏州市检察院党组成员、纪检组长商惠荣一行8人在市院领导的陪同下莅临我院检查指导工作，并与我院干警座谈。此次活动加强了两地检察院的学习和交流，积极推进优势互补，在援助中促交流、谋发展，充分发挥“组团式援藏”优势，积极促进形成“六位一体”援藏工作格局。

六、队伍建设方面

（一）积极开展“两学一做”，强化思想教育

按照学习党章党规、学习系列讲话、做合格党员的要求，结合我院实际，制定“两学一做”主题活动实施方案，成立活动领导小组，坚持每周二下午组织全体干警，开展“两学一做”专题学习会议，通过宣读有关文件精神、撰写学习笔记，利用办公楼大厅制作“两学一做”教育宣传专栏等，对活动信息进行宣传报道，营造浓厚的学习教育氛围。截至目前，共开展集中学习25次，撰写简报44期、心得体会43篇、发言材料20篇，要求每名干警每年至少撰写学习笔记10000字以上，由办公室定期检查。通过开展活动进一步增强了党支部的凝聚力和战斗力，提高了党员的党性修养，激发了党员干部干事创业的热情，进一步增强政治意识、大局意识、核心意识、看齐意识，坚定正确政治方向。

（二）加强教育培训力度，提升业务素质

我院坚持每周四定期召开业务学习，组织干警参加检察机关举办的检察官考试，夯实干警法律专业知识，深化队伍专业化。积极参与上级院在各地举办的各期培训班学习和电视网络全员培训，定期组织科室干警学习刑法、刑事诉讼法、组织心得交流研讨活动。不断提高检察机关规范司法的能力和水平，努力让人民群众在每一个司法案件中感受到公平正义。今年以来，先后选派7人次参加区市院组织各类业务培训，培训干警共撰写心得体会4篇，并在业务学习大会上做交流发言，促进干警业务素能全面提升。选派2名干警参加司法考试培训，今年参加司法考试干警共5人，两人通过了司法考试，干警的学习热情普遍提高。

（三）狠抓监督检查，强化作风建设

根据上级院要求，有计划、有步骤地组织全

院干警开展学习和教育活动，班子成员为干警上理论辅导课，进一步严肃廉洁从检纪律，严格执行廉洁自律规定，加深干警对开展反腐败斗争重要性、必要性认识，确保干警清正廉洁。同时，逐级签订《党风廉政建设责任书》，把责任细化分解到各科室，“一层抓一层，层层抓落实”，让每一位领导干部和党员各司其职、各负其责。一是院党组成员认真践行“敬业、诚信、包容、责己、担当”的要求，率先垂范、真抓实干，全面严格落实“一岗双责”。二是强化约束，健全规章制度。我院细化考勤奖惩办法，做到工作日上下班签到，外出人员经检察长批准，每月公示干警出勤、外出和请假情况，考勤情况直接与年终考核挂钩，保证干警出勤率。三是检务督察常态化。成立由院纪检监察部门牵头，带班领导、办公室参与的检务督察组，每周不定期对干警工作纪律、会风会纪、执法办案、廉政建设、值班情况等进行督察，并及时通报督察情况。

七、开展驻村工作情况

（一）统一思想行动，实抓驻村帮扶

今年，我院选派2名干警前往林周县春堆乡洛巴堆村开展驻村工作，1名干警任春堆乡卡东村第一主任。截至目前，驻村工作队为民办实事9件、投入经费11.3万余元、化解基层矛盾纠纷10起。6月底和11月，我院集中开展了“精准扶贫千名干部帮千户”慰问活动，详细了解洛巴堆村结对帮扶32户家庭的生活情况、身体状况以及生活中存在的实际困难，并为结对帮扶对象家庭送出了慰问金共计13760余元。

（二）自觉接受监督，提升工作职能

一是高度重视与人大代表、政协委员的沟通和联络，积极主动接受人大的法律监督和政协的社会监督，坚持向人大、政协定期通报各项检察工作开展情况。二是把全面推行人民监督员制度作为促进检察工作的重要举措，摆在党组重要议事日程。三是牢固树立“监督者更要接受监督”的理念，通过主动邀请人大代表、政协委员、人民监督员视察工作、参与执法检查、召开座谈会、举办检察开放日等活动，听取社会各界对检察工作的意见建议，自觉接受社会监督，有效促进了检察工作的科学健康发展。

（三）秉持宽严相济，开展未成年人保护工作

我院积极探索办案模式，创新工作方式，针对在校学生法律意识淡薄等现象，开展未成年人保护工作，选派干警前往林周县中学对在校生的法律常识开展调研活动，详细掌握学生了解法律的情况，主动把法律宣传工作、内容向未成年人倾斜，有效保障了未成年人的合法权益，受到了师生的好评。并积极与县司法局沟通协调，确定4名干警为林周县中学及春堆乡小学的法制副校长和法制辅导员。

（四）创新工作思路，检察工作取得新成效

一是深入推进“阳光检察”，开通林周县人民检察院“两微一端”平台，在第一时间内推送本院重大工作动态、各部门工作职责、相关法律知识，积极构建开放、动态、透明、便民的阳光检察机制。二是扎实开展档案管理工作。邀请县档案馆馆长来我院讲授档案管理基础知识、方法技巧。通过现场指导，我院完成了历年来的行政档案和近五年案件卷宗完整、规范归档工作。目前，已完成归档工作50余卷。三是选派6名干警参加我县“3・28”篮球赛、足球赛活动，并获得足球赛“优秀组织奖”。与此同时，我院今年还获得了“先进基层党组织”和“林周县2016年度民族团结进步模范集体”的荣誉称号。

各位代表，一年来，检察工作成绩的取得，离不开党委的领导、人大、政协的监督、政府及社会各界的关心和支持。在此，我谨代表县检察院向各位领导、各位代表以及长期关心支持检察事业发展的各界人士，表示诚挚的敬意和衷心的感谢!

我们清醒地认识到，全县检察工作仍存在一些问题和不足，主要是：检察机关服务经济社会发展、服务人民群众的能力有待进一步提高；法律监督实效与人民群众对司法公正的需求还有一定差距；查办和预防职务犯罪工作力度仍需不断加大；检察队伍整体素质与新形势新任务的要求还有不相适应的方面等。对于这些问题，我们将以务实的态度和扎实的措施认真加以解决。

2017年工作任务

2017年我院将紧紧围绕县委工作大局和上级检察机关新要求，坚持以维护社会公平正义为主题，以提高法律监督能力为核心，以深化司法体制改革为方向，大力加强和推进检察工作新格局。全县检察机关将深入贯彻落实党的十八大，十八届三中、四中、五中、六中全会和中央第六次西藏工作座谈会精神，深入贯彻落实习近平总书记系列重要讲话精神，按照中央政法工作会议、全区全市检察长会议的部署，以维护宪法和法律权威、维护人民利益、维护社会公平正义为出发点和落脚点，深化检察改革、强化法律监督、促进公正司法、建设过硬队伍，为谱写好中国梦林周篇章提供有力的司法保障。重点抓好以下工作：

一是强化维稳意识，全力推进林周长治久安建设。深刻领会习近平总书记关于总体国家安全观和提高维护国家安全、社会稳定能力水平的重要论述，高度重视影响社会稳定的各种风险挑战。牢固树立稳定压倒一切的思想，充分发挥维稳检察特色，以反分裂斗争为首责，坚决贯彻落实中央反分裂斗争方针和自治区十项维稳措施，依法严惩各类严重刑事犯罪，切实增强指控犯罪的能力。加大对采沙采石、涉法涉诉、征地拆迁等重点领域矛盾纠纷排查调处的力度，更加有力的打击犯罪、保护人民、维护稳定。

二是打造过硬检察队伍，提升队伍整体素质。牢牢把握“五个过硬”要求，始终把检察队伍建设作为事关检察工作长远发展的战略任务，继续深入开展“两学一做”专题教育活动，着力在坚定政治方向、加强党性修养、提升职业素能、树立良好形象上下功夫，坚持为民务实清廉，切实巩固规范执法行为的各项成果，端正执法理念，改进执法作风，规范自身司法行为，增强检察干警秉公执法的定力，全面提升队伍的专业化、职业化水平。持之以恒加强自身反腐倡廉建设，创新教育监督管理模式，落实廉政风险防控机制，努力建设一支信念坚定、执法为民、敢于担当、清正廉洁的检察队伍。

三是加大打击职务犯罪和预防犯罪工作力度。重点查办发生在扶贫开发领域和关键环节中的贪污、贿赂等职务犯罪案件，在“精准扶贫”中实施“精准监督”，确保扶贫政策和资金落实到位，为打赢脱贫攻坚战提供强有力的司法保障。加大对行贿犯罪打击力度，建立行贿犯罪黑名单常态化机制，严肃查处围猎干部、恶意行贿的犯罪分子，营造健康、干净、廉洁的政治生态。严肃查处发生在基层政权组织和重点岗位的贪污、贿赂和滥用职权、玩忽职守案件。不断深化预防职务犯罪工作，积极探索侦防一体化机制建设，促进侦查工作和预防工作紧密衔接，进一步扩大执法办案效果。

四是更加充分发挥诉讼监督职能，促进公正廉洁执法。把人民群众反映的司法人员和行政执法人员违法犯罪行为作为监督的重点，强化刑事诉讼监督力度，充分发挥检察建议的作用，加大检察监督工作的力度。把促进社会公平正义作为检察工作的核心价值追求，抓住人民群众反映强烈的不作为、乱作为、执法不严、司法不公，特别是司法腐败问题，强化法律监督，促进公正司法，维护宪法和法律权威。重视透过有案不立、有罪不究、以罚代刑等执法不严、司法不公现象，严肃查处司法工作人员贪赃枉法、徇私舞弊、索贿受贿等职务犯罪，不断提高法律监督水平，做法律正确实施的维护者，切实维护司法公正。

五是围绕司法体制改革，强化在维护司法公正中的作用。认真贯彻实施修改后刑事诉讼法和民事诉讼法，顺应群众对公共安全、司法公正、权益保障的新期待，依法公正处理群众诉求，不断提高群众对检察工作的认同感和满意度。以深化司法体制改革为契机，严格执行检察官权力清单，着力强化员额检察官的责任和担当意识，健全检察权运行制约和监督机制，实现案件信息公开，推进检察权运行公开化、规范化，不断提高执法公信力，努力让人民群众在每一起司法案件中都感受到公平正义。结合办案加强法制宣传教育，弘扬社会主义法治精神，引导全社会形成学法、遵法、守法、用法的良好氛围。

六是坚持党的领导，主动服务经济社会发展。始终坚持党对检察工作的领导不动摇，自觉把党的领导体现和落实到各项检察工作中，准确认识检察机关的职责使命，增强大局意识、服务意识。围绕全县改革发展的主旋律，按照县委经济工作会议决策部署，找准检察工作的切入点和着力点，运用法治思维和法治方式，坚持主动作为、精准发力，以新理念引领新发展、以新作为服务新常态，增强责任意识、忧患意识，服务深化供给侧结构性改革，依法打击各类破坏市场经济犯罪，依法平等保护各类市场主体合法权益，充分发挥打击、预防、监督、教育、保护职能作用，更加有效地服务和保障经济发展转型升级，做依法治县的推动者，为纵深推进林周县经济社会发展做出新的贡献。

各位代表，新的一年，置身林周改革发展新征程，面对人民群众新期待，我们将在县委和上级检察院的领导下，更加自觉地接受人大的法律监督、政协的民主监督及社会各界的监督，认真贯彻执行本次会议决议，牢记使命，忠诚履职，为建设平安林周、美丽林周、和谐林周作出新的贡献！

名词解释

1. 法律监督：按照我国宪法和法律规定，法律监督是指运用国家权力，依照法定程序，检查、督促、和纠正法律实施过程中严重违法的情况，以维护国家法制的统一和法律正确实施的一项专门工作，是检察机关的专门职责。法律监督的内容，主要是国家机关及其公职人员的公务活动的合法性；其范围包括，对国家机关制定的规范性法律文件的合法性的监督、对行政执法和司法活动的合法性的监督。

2. 审查起诉：指人民检察院对侦查机关侦查终结移送起诉的案件和自行侦查终结的案件进行审查，依法决定是否对犯罪嫌疑人提起公诉、不起诉或者撤销案件的诉讼活动。

3. 宽严相济刑事政策：是党中央在构建社会主义和谐社会新形势下提出的一项重要政策，是我国的基本刑事政策。它对于最大限度预防和减少犯罪、化解社会矛盾、维护社会和谐稳定，具有特别重要的意义。

4. 五个过硬：即紧紧围绕“政治过硬、业务过硬、责任过硬、纪律过硬、作风过硬”的总要求，切实加强高素质检察队伍建设。

5. 行贿犯罪档案查询：是检察机关为预防贿赂犯罪，促进社会信用体系建设，录入并建立的行贿犯罪信息查询系统，目前已实现全国联网。

6. 案件信息公开：人民检察院应当及时向社会发布下列重要案件信息：（一）有较大社会影响的职务犯罪案件的立案侦查、决定逮捕、提起公诉等情况；（二）社会广泛关注的刑事案件的批准逮捕、提起公诉等情况；（三）已经办结的典型案例；（四）重大、专项业务工作的进展和结果信息；（五）其他重要案件信息。人民检察院对正在办理的案件，不得向社会发布有关案件事实和证据认定的信息。

7. 检察监督：2016年7月20日，最高人民检察院曹建明检察长在第十四次全国检察工作会议上首次提出并系统阐述了检察监督体系，强调检察监督体系是检察机关法律监督各领域的法律规范、体制机制和工作制度的系统集成，是中国特色社会主义法治体系的重要组成部分，充分体现了中国司法制度乃至中国政治制度的重要特色，充分体现了中国特色社会主义检察制度与时俱进、自我完善的能力与品质。

主要检察业务图表

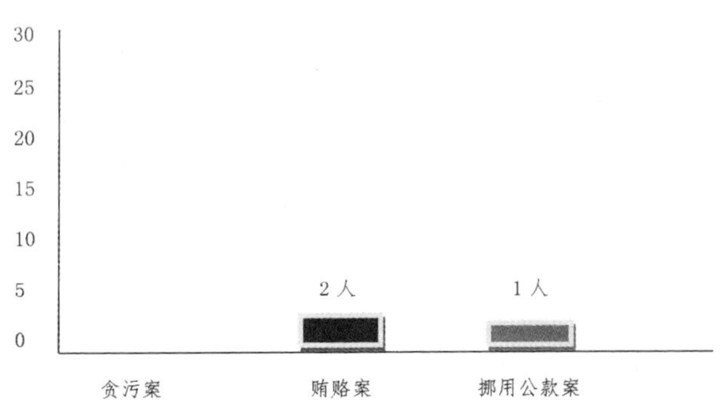

图1 2016年查办贪污贿赂类案件人员分类情况

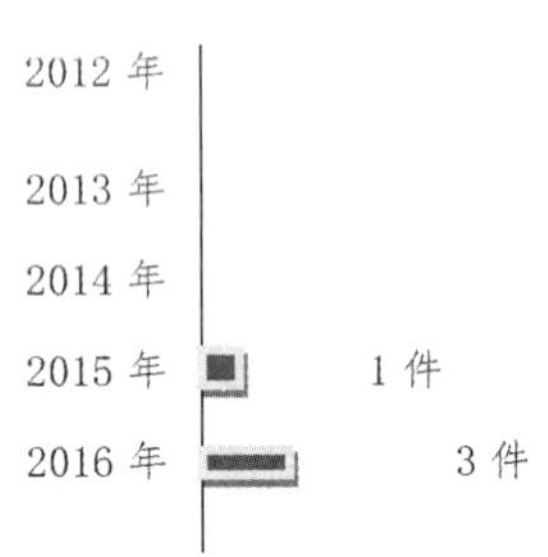

图2 2012年以来查办职务犯罪案件情况

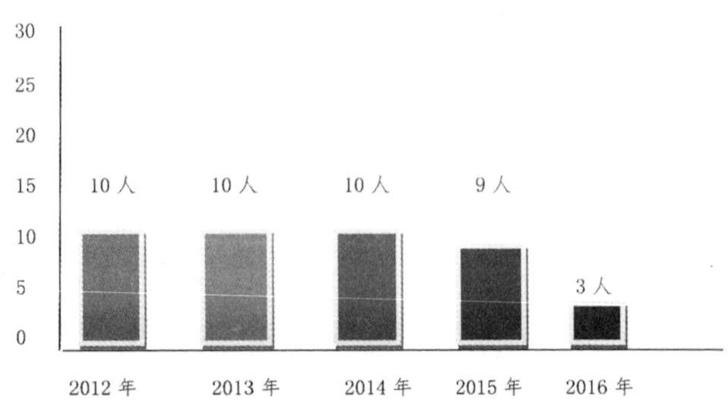

图3 2012年以来批准逮捕刑事犯罪嫌疑人对比情况

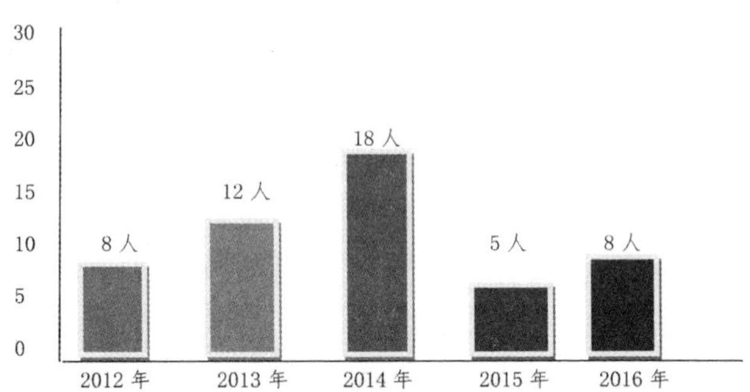

图4 2012年以来提起公诉刑事犯罪被告人对比情况

林周县2016年国民经济和社会发展计划执行情况与2017年国民经济和社会发展计划草案的报告

在林周县第十二届人民代表大会第二次会议上

林周县发展和改革委员会

（2017年3月30日）

一、2016年国民经济和社会发展计划执行情况

2016年，在县委、县政府的正确领导和县人大、县政协的认真监督下，在江苏省倾情无私援助下，全县上下认真贯彻落实党的十八大、十八届三中、四中、五中、六中全会和中央第六次西藏座谈会精神，党中央、国务院和区、市党委、政府关于改革、发展、稳定的一系列会议精神和决策部署，牢牢把握稳中求进、好中求快的总基调，推动各项工作“上档进位”，经济运行总体平稳。

2016年全县预计完成地区生产总值15.49亿元，同比增长1.6%；一般公共预算收入1.29亿元，同比增长18.23%；全社会固定资产投资8.9亿元；社会消费品零售总额1.7亿元，同比增长12.3%；农牧民人均可支配收入达到10095元，同比增长10.3%；规模以上工业增加值0.6亿元；招商引资实际到位资金6.218亿元，同比增长12.8%。

经济结构得到进一步优化，经济发展综合水平、经济增长质量和效益稳步发展。城乡居民生活水平进一步提高，基础设施日益完善，社会事业全面发展，生态环境持续好转，节能减排实现预期目标，发展保障和可持续发展能力明显增强。主要体现在以下几个方面：

（一）全面优化产业结构，效益质量持续向好

以打造“三园一区”为切入点，调整优化产业结构。大力发展现代农业，着力提高农产品质量。在稳定粮油产量的基础上，稳步推进优质饲草、良种牲畜等特色农业发展。2016年生产优质饲草54371.3万吨，牲畜存栏23.61万（头只匹），牲畜出栏8.58万（头只匹），牲畜出栏率达到35.2%。

重点培育净土健康产业。充分利用我县特有的生态环境和自然条件优势，积极引导推动林周县净土健康产业与农牧业、文化旅游业等一体化发展，加快品牌化、规模化、产业化的发展步伐。初步完成边林乡水果玉米种植项目的引进工作，制定了唐古乡黑青稞产业种植计划。

积极发展太阳能光伏产业等新型能源产业。加快第三产业发展，增添经济增长新活力，编制完成《拉萨市林周县旅游总体策划》，旅游业快速发展，全面启动了热振景区旅游环线项目的前期工作。

（二）城乡共建统筹推进，城镇功能不断完善

城乡统筹取得更实成效。2016年我县严格按照《林周县“十三五”时期国民经济和社会发展规划纲要》《林周县县城总体规划》《林周县农村电力发展“十三五”规划》等重点规划纲要，

积极开展关于“十三五”期间经济社会发展、产业布局和土地利用工作，有序推进土地承包经营权确权登记颁证、宅基地登记发证等工作。以基础设施建设为重点推进城乡建设，加快推进城乡一体化。随着甘曲路、苏州北路东延线建成通车，北环路、西环路、干渠路工程有序推进，城镇基础设施得到改善，棚户区改造、精准扶贫易地搬迁安置房建设、村级组织活动场所等项目稳步进行。2016年新建68套公租房、建设扶贫搬迁安置房300套。45个行政村村级组织活动场所已陆续进入开工建设阶段，行政村人居环境和农村环境面貌显著改善，村容村貌焕然一新。

（三）加强保障改善民生，社会事业全面发展

我县始终坚持以人为本，民生优先，着力保障和改善民生。全面推进各项社会事业发展，社会保障体系进一步完善，健全公共服务体系，创新社会管理模式，促进社会公平正义，努力构建社会主义和谐社会。进一步加大县级财政对民生、三农、教育等方面的投入，努力使发展成果惠及全县人民。

推进教育事业发展。2016年着力推进教育均衡化建设，努力实现教育资源配置优化。全年教育基础设施建设共计完成23个项目，总投资5118.46万元。通过扎实推进教育基础设施建设项目工作，我县教学质量得到了不断提升，均衡教育顺利通过验收，教育事业再创佳绩。

完善社会保障体系。进一步健全覆盖城乡的社会保障体系，继续扩大社会保险覆盖面，不断覆盖应保对象。认真实施各项医保制度，不断完善城镇职工医疗保险、城镇居民医疗保险、新型农村合作医疗为主体的基本医疗保险制度体系，2016年全县职工基本医疗保险参保人2757人，参保率达100%，城镇居民基本医疗保险参保人2269人，参保率达99.9%，城乡居民养老保险参保率达99%，加大项目和资金投入力度，不断完善社会养老服务设施，不断健全社会养老服务体系。完善公共就业服务体系，创新就业服务方式，全年全县约实现农牧民劳动力转移就业2万人次。注重百姓获得感，使广大农牧民群众得到更多实惠，2016年县级财政投资1.7814亿元用于交通、水利、教育、精准扶贫、环境优化等多个民生领域。

健全住房保障体系。严格执行保障性住房准入标准，加大公租房、廉租房、棚户区改造项目建设力度，加快干部职工周转房住房建设工作，建成384套干部职工周转房，入住率100%。2016年启动建设总投资1.75亿元300套精准扶贫易地搬迁安置房建设项目、完成总投531万元的118户的棚户区改造项目等。

提高医疗卫生水平。优化提升医疗卫生资源配置，扎实推进医药卫生体制改革，县、乡、村三级卫生基础设施持续改善。高原移动医院、苏拉远程会诊等项目的实施，极大地提高了我县医疗卫生服务水平。2016年农牧区合作医疗个人缴费由20元提高到了30元，新农合筹资176.3万元，筹资率达100%，全年参合农牧民共发生医疗总费用3081.6万元，报销医疗费用2342.24万元，享受人数2965人，门诊核销319.25万，人数34696人。2016年县政府共计投入860万元用于缓解大病统筹资金超支情况。全民体检60715人次，体检率99.9%。努力发展藏医药。全县医疗卫生水平不断得到提高，计划生育持续良好水平。

加快文化事业发展。文化事业作为改善人民生活、丰富发展内涵、全面建成小康社会的重要抓手，2016年林周县着力增投入、强设施、优机制，推动文化事业快速健康发展。全年投入268万元，完成了5个乡镇文化站附属工程、部分寺庙线路改造工程、中央藏语广播节目调频覆盖采购安装等项目，极大地丰富了我县群众的文化生活。

（四）认真全面深化改革，推进部门职能转变

围绕“简政、放权，提速、增效”的目标，进一步深化投资体制改革和行政审批制度改革，切实转变政府投资管理职能，县级投资主管部门重新梳理项目审批流程，吃透权限下放有关文件精神，逐项研究权限下放的实施细则，确保做好审批权限下放承接工作，项目审批流程进一步简化。深化医疗卫生体制改革，县级公立医院全面实施国家基本药物制度。落实生态环境保护责任，不断完善生态环境保护各项制度。

（五）精准扶贫综合施策，纵深实施扶贫攻坚

全建档立卡贫困户1882户、8325人。2016年已脱贫1781户、7953人，脱贫率达到95.5%，超额完成了拉萨市年初脱贫目标2909人。产业项目完成投资306.144万元。3个集中易地搬迁点182户802人已完成搬迁入住，城关区搬迁户214户，856人已全部搬迁入住，全县2016年投资700万元，购置514套搬迁点家具及家电。以补岗位5937人，按照人均3000元每年的标准，全年共计发放1781.1万元。全年参加技能培训479人，67人实现就业。拟定了《林周县非义务教育阶段大学生资助政策（暂行）》，计划对全县在校大学生学费、交通费、住宿费进行补助，将缓解贫困户大学生经济压力。建档立卡的贫困户大病保险报销比例由75%提高到80%，最大力度解决因病致贫的贫困户。建档立卡贫困户健康体检人数共计8325人，诊断核查过程中46名因病致贫的贫困户已脱贫，帮助69名建档立卡贫困户彻底解决“因病致贫、因病返贫”的问题。对完全丧失劳力的低保户744人实施社保兜底，对低保户对象严格落实应报尽保、应退尽退管理制度。2016年，我县五保户脱贫14户15人，老年人孤残儿童集中供养和五保户老人意愿集中供养率达到100%。1360名领导干部（含市级领导）职工对全县建档立卡贫困户1882户8325人进行了入户、走访、慰问工作，以改善贫困群众生产生活条件为重点，以增加贫困群众收入为核心，以帮助贫困群众脱贫致富为目标，进一步全县干部职工增强责任感和紧迫感，凝聚干部力量。

（六）深入推进受援工作，增强经济发展活力

2016年我县在建援藏项目12项，总投资2.089亿元，全年共完成投资6390万元。其中，林周县南部六个乡镇改水改厕项目，苏州北路东延线、林周县甘曲路市政工程项目、林周县县医院综合服务中心项目、林周县污水提泵站建设项目、林周县五保户集中供养服务中心建设项目等共计6个项目，现都已全部通过竣工验收并交付使用；林周县北环路工程、林周县干渠路工程、林周县西环线工程、热振片区环境优化项目、苏拉远程会诊项目均已启动，计划2017年建成并投入使用。援藏项目涉及民生保障、基础设施建设、环境保护等多个领域，为我县经济社会发展起到了至关重要的作用。

各位代表，2016年是全面实施“十三五”规划的开局之年，是我县加快发展、转型升级的关键一年。在苏州市大力援助下，县委、县政府的正确领导下，在县人大、政协的支持和监督下，全县各族人民统一思想认识，明确目标要求，凝聚工作合力，在宏观经济降速转型的新常态下，奋力开创了经济社会发展的新局面。为“十三五”发展开好了局、铺好了路。

在总结肯定成绩的同时，我们也应清醒地认识到存在的困难和问题：一是全县经济总量不大，财政增长乏力，民生投入有待进一步加大；二是农牧业基础设施比较薄弱，农牧产品综合市场竞争力较弱，特色产业尚未形成规模，农牧民增收途径单一、增幅缓慢，贫困面广，集体经济弱小，持续发展能力弱，精准扶贫任务重。三是土地、资金、环境等刚性制约因素愈加突出，固定资产投资持续增长难度大。四是产业结构不够合理，招商引资难度大，缺乏实体经济、大项目支撑。五是相当一部分企业生产经营困难，工业经济增速面临一定困难。对于这些存在的困难和问题，我们要高度重视，在今后的工作中将认真研究，采取有效有力措施，努力加以解决。

二、经济社会发展的总体要求和发展目标

2017年经济社会发展的总体要求是：以邓小平理论、“三个代表”重要思想、科学发展观为指导，全面贯彻党的十八大和十八届三中、四中、五中、六中全会、中央扶贫工作会议精神，贯彻落实中央第六次西藏工作座谈会精神，深入贯彻落实习近平总书记系列讲话精神，按照中央，区市经济工作会议的决策部署，主动适应经济新常态，以化解经济下行压力、保持经济稳中有进为主要任务，突出提质转型，注重改善民生，瞄准长足发展和长治久安总目标，坚定信心、开拓进取、攻坚克难、真

抓实干、为坚决打赢脱贫攻坚战，夺取全面建成小康社会新胜利而努力奋斗。

2017年经济社会发展主要预期目标是：地区生产总值增长14%；全社会固定资产投资达到20亿元，社会消费品零售总额达到2亿元，增长14.7%；公共财政预算收入达到1.5亿元，增长16%；农村居民人均可支配收入达到12656元，增长16%；工业增加值达到1亿元，增长28%。

三、2017年经济社会发展主要任务和措施

2017年为实现年度经济社会发展目标，全县上下将继续按照县委、县政府的工作部署，重点抓好以下几个方面的工作：

（一）紧抓项目谋划实施，不断扩大有效投资

要抓好项目前期工作，按“十三五”期间的总体目标任务，着力谋划一批、开工一批、完成一批重点项目，保持投资第一拉动力的作用。加强立项争资，做好争政策，争投资两篇文章，瞄准和掌握国、区、市投资取向，加大项目包装和做实前期工作，确保立项争资的成功率。坚持不懈密切跟踪拉萨至林周隧道、G561松盘乡至宁中乡路段改造、拉萨新机场、热振湖旅游环线、澎波灌区等重大项目前期工作。

要做好受援工作，抓住援藏机遇，充分利用各种资源，主动出击，勤跑，紧盯，发扬不达目的誓不罢休的精神劲。

要加快项目建设，切实加强计划投资项目的组织实施力度，全面消除存量项目和存量资金，确保当年计划当年开工，力争年内完成绝大部分计划项目投资。优化项目建设施工、政务服务、社会环境，强化重点项目调度，形成矛盾化解、问题整改跟踪督查模式。

要加强项目建设的监管，多进行实地督查，确保大项目不能出问题，小项目也绝不能乱套。坚持进度、质量和效益的统一，既要确保完成投资计划，也要确保项目建设的质量；要加强项目工作的组织领导力量，特别是重大项目，一把手要亲自抓、亲自跑，做好汇报衔接，亲自参与洽谈引进与跟踪落实，亲自协调解决项目实施遇到的困难和问题；继续强化各项目主管部门的综合协调职能，确保层层有人抓、有人管、有人负责。

（二）加快产业转型升级，培育壮大主导产业

进一步优化产业结构，增加二、三产业比重，增强产业质效，提升产业核心竞争力。

大力发展现代农业。进一步巩固粮油蔬菜生产，确保粮食安全，推进农业基础设施和高标准农田建设。不断发展现代畜牧养殖业，逐步发展生态旅游、休闲观光农业，不断提高农牧业综合生产效率，大幅提升农牧业综合生产能力和农畜产品市场竞争力；以设施农业、农业综合开发、牦牛良种选育、饲草加工基地、农牧产品深加工等为重点，重点打造斯曲亚玛奶牛养殖基地，逐步建成高效农牧业示范区。

培育壮大园区经济。重点推进“三园一区”（健康产业园、现代农业示范园、清洁能源产业园、草牧业科技示范区）建设，不断完善基础设施，切实提升园区承载能力，进而带动招商引资工作，分阶段打造产业龙头企业，初步显现园区经济贡献能力，逐步建成高原特色产业集聚区。

大力发展旅游产业。依托林周县独有的自然风光、民族文化资源、高原特色民俗文化和区位优势，全力打造热振湖自然风景区、净土健康旅游示范区、农家田园风光体验区等综合一体的精品线路。重点加强旅游基础设施建设力度，逐步完善交通、住宿、娱乐、购物等旅游设施建设，提升景区开发水平，以建设高原风光旅游目的地目标，打造“古刹灵山秀水、美丽生态林周”的主题精品旅游形象。

（三）推进精准扶贫工作，着力保障改善民生

“精准脱贫”是我县“十三五”时期的重要任务，扎实落实精准扶贫各项政策措施，切实做到“六个精准”，做好“五个一批”，瞄准“三年脱贫、两年巩固”的奋斗目标，全县上下要迅速、全面、深入地行动起来，确保2017年全县精准扶贫工作各项工作全面完成。积极推进“双创”工作，加强就业创业培训，多渠道统筹做好农村转移劳动力、就业困难人员、失业人员、退

役军人就业。加强保险制度“扩面”工作，覆盖更多困难群众，发挥社会保障“安全网”的作用。五保、城乡低保应保尽保，提高供养水平，扩大城乡医疗救助覆盖面。

（四）着力发展循环经济，强化生态文明建设

将发展循环经济作为我县经济发展转方式的重要切入点，推进农牧业、矿产业、加工业等产业的循环化改造。以拉萨市重点生态功能保护区定位加大生态保护与建设，划定生态红线，制定严格的管控和保护措施。加强节能减排，建设两型社会，完成市定节能减排任务。稳步开展农村环境综合整治，重点实施饮用水水源地保护、生活垃圾和污水处理等工程。

（五）强化统筹城乡发展，着力改善人居环境

强化规划引领，加快乡镇总规和控规以及村镇布局规划编制，构建县域城镇规划体系。完善城镇功能，加快城镇基础设施建设，全面布局和启动县城市政道路建设，加快县城污水管网配套及保障性小区外配套基础设施，统筹城乡垃圾处理，建成县城污水处理厂，推进乡镇垃圾压缩中转站建设项目。推进村容村貌整治工程，完善村级服务平台，建设社会主义新农村。

（六）继续深化改革开放，全面激发发展活力

深入推进各领域改革。全面实施政府机构改革，理顺职责关系，确定“三定”方案。积极承接下放权限。扩大开放，促进合作，进一步加大招商引资力度，以园区为平台，着力引进投资者开发农业、净土健康产业、能源、旅游、新兴材料等产业，激发县域经济社会发展新活力。

各位代表，让我们在县委、县政府的正确领导下，开拓创新，锐意进取，坚持稳中求进，主动适应新常态，积极挖掘新潜力，努力创造新亮点。为促进我县经济社会平稳健康发展，全面完成会议确定的目标任务、加快推进美丽幸福新林周建设而努力奋斗！

关于林周县2016年财政预算执行和2017年财政收支预算（草案）的报告

在林周县第十二届人民代表大会第二次会议上

林周县财政局

（2017年3月30日）

一、2016年财政预算执行情况及财政主要工作

2016年，财政工作在县委、县政府的坚强领导下，在县人大、县政协的依法监督指导下，在各级各部门的大力支持下，认真贯彻落实党的十八大，十八届三中、四中、五中、六中全会精神，习近平总书记重要讲话精神、中央第六次西藏工作座谈会和区、市、县经济工作会议精神，努力应对经济下行、政策性减收和财政支出压力的严峻形势，按照“稳增长、调结构、惠民生、促改革、保稳定、防风险”的总体要求，牢牢把握稳中求进的总基调，着力深化预算管理制度改革，优化财政支出结构，主动作为，扎实工作，顺利完成了全年各项任务目标，财政预算执行情况良好，有力促进了全县经济社会持续健康发展。

（一）一般公共预算执行情况

1. 一般公共预算收入完成情况

县人大十一届五次会议上审议通过的全县一般公共预算总财力为71760.06万元，其中：转移性收入58560.06万元，返还性收入为700万元，一般公共预算收入为12500万元。

在年度预算执行过程中，根据财力的变化，经县十一届人大常委会批准，一般公共预算总财力调整为91079.82万元，其中：转移性收入调增19819.76万元，调整为77879.82万元；返还性收入700万元和一般公共预算收入12500万元，不作调整。

2016年终，根据初步决算数据，2016年度一般公共预算总财力最终调增28766万元，调整为100526万元，比上年增收6970万元，增长7.45%。其中：转移性收入最终调增27849万元，调整为86409万元，比上年增收4253万元，增长5.18%；返还性收入最终调增486万元，调整为1186万元，比上年增收586万元，增长97.67%；一般公共预算收入最终调增431万元，调整为12931万元，比上年增收1994万元，增长18.23%。

2. 一般公共预算支出情况

2016年初经县人大十一届五次会议审议通过的全县一般公共预算总支出为71760.06万元，根据初步决算数据，2016年度公共财政预算支出调增28334.94万元，调整为100095万元，同比增长6.99%。

具体调整和执行情况为：

（1）一般公共服务支出24469万元，完成年初预算的127.91%，比上年增加4117万元，同口径比（下同）增长20.23%。

（2）国防支出49万元，完成年初预算的100%，比上年增加5万元，增长11.36%。

（3）公共安全支出6497万元，完成年初预算的125.42%，比上年减少216万元，降低3.22%。

（4）教育事业费支出18483万元，完成年

初预算的106.45%，比上年增加755万元，增长4.26%。

（5）科学技术支出74万元，完成年初预算的107.25%，比上年增加10万元，增长15.63%。

（6）文化体育与传媒支出852万元，完成年初预算的307.58%，比上年增加301万元，增长54.63%。

（7）社会保障和就业支出10079万元，完成年初预算的327.98%，比上年增加417万元，增长4.32%。

（8）医疗卫生支出10118万元，完成年初预算的114.14%，比上年增加2305万元，增长29.51%。

（9）节能环保支出952万元，完成年初预算的327.69%，比上年增加710万元，增长293.39%。

（10）城乡社区事务支出750万元，完成年初预算的296.57%，比上年减少4432万元，降低85.53%。

（11）农林水事务支出24080万元，完成年初预算的224.52%，比上年增加7183万元，增长42.51%。

（12）资源勘探信息支出198万元，完成年初预算的111.86%，比上年减少8万元，降低3.88%。

（13）商品服务业等支出9万元，完成年初预算的900%，比上年减少51万元，降低85%。

（14）国土资源气象支出243万元，完成年初预算的169.93%，比上年增加126万元，增长107.69%。

（15）住房保障支出2899万元，完成年初预算的69.69%，比上年减少293万元，降低9.18%。

（16）其他支出343万元，完成年初预算的25.75%，比上年减少4343万元，降低92.68%。

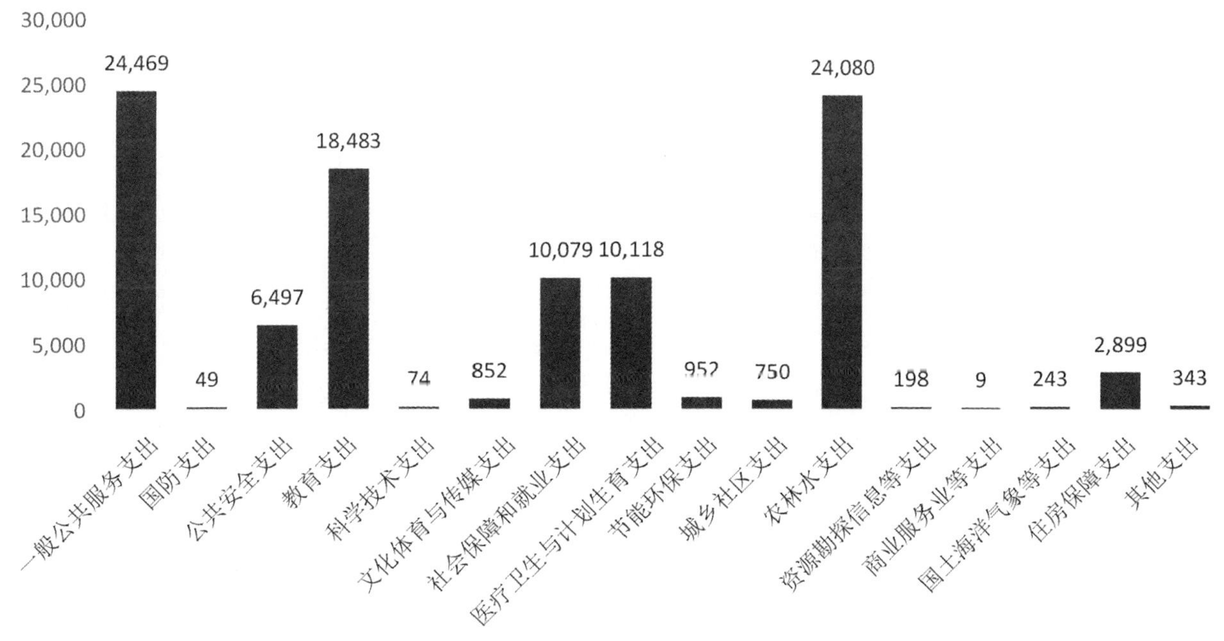

2016年一般公共预算支出情况

2016年全县一般公共预算收支相抵后，累积滚存结余603万元，全部为预算稳定调节基金。年内实现收支平衡，略有结余。

（二）政府性基金执行情况

2016年，经人大会议审议通过全县政府性基金收入为150万元，经初步决算数据，2016年度，政府性基金收入调增100万元，调整为250万元，基金支出也由年初预算的150万元，调整为250万元，实现了收支平衡。

以上全县财政收支决算预计执行数与全县财政收支最终决算数将会有一定出入，待全县财政收支决算经拉萨市财政局审核批复后，将专题向县人大常委会报告。

（三）2016年财政主要工作

1. 狠抓收入，切实增强财政保障能力。一是收入质量稳步提升。面对经济增长放缓、结构性减税等困难，全县上下积极作为、沉着应对，强化收入征管、严格依法征收，确保应收尽收，一般公共预算收入、县级财政收入分别增长18.23%、7.25%，税收收入占公共财政收入比重逐年增高，经济运行质量稳步提升。二是财税监管规范有序。以强化监管为切入点，大力推进依法理财、管财，不断规范理财行为和工作程序。加强地方政府性债务管理，确保政府性债务安全可控。不断规范项目评审流程，严把投资评审关口，全年项目送审金额11477.03万元，审减金额115.36万元。建立预算编制、执行、监督相互分离和相互制衡的机制，强化预算支出约束和预算执行监督，提高预算规范性和透明度，政府性收入全部纳入预算管理，增强预算完整性。扎实开展厉行节约、压缩行政开支工作，全县车辆运行及购置经费、公务接待经费、因公出国（境）经费均呈现零增长和递减趋势。

2. 深化改革，稳步提升财政管理水平。以财政改革为着眼点，着力推进财政科学化、精细化管理，进一步完善并制定出与全县经济结构相适应的财政运行机制。一是推行“乡财县管乡用”和“村账乡代理”制度。考虑到乡镇财务人员业务水平不精，专业不符的现状，经县委、县政府决定，由乡镇委派乡财务会计，在县财政局集中办公，以“一带一”跟班培训模式加强业务水平，目前乡镇会计人员业务素质有了极大的提高，乡镇、村组账务处理达到良好的效果。推行“乡财县管乡用”和“村账乡代理”制度进一步加强了上级财政对下级财政的监督指导作用。二是国库集中支付制度改革稳步推进。为进一步提高资金使用效率，加强预算执行力度，减少沉淀资金量，积极与上级财政部门协调，先期完成零余额账户开户工作，为完成国库集中支付制度前期准备工作奠定基础。三是健全固定资产管理机制。为进一步落实国有资产管理统计工作，完善县国有资产管理制度，根据全县实际情况，并结合相关固定资产管理制度，制定《林周县固定资产管理制度（暂行）》。同时，按照实际工作流程，制定固定资产入账、报废流程图及申请表，县固定资产管理初步完成规范化建设。四是完善政府采购管理制度。林周县采购办于2015年7月成立。根据一年多的实际工作的经验，结合政府采购相关规定，进一步完善了《林周县政府采购管理办法》。同时，为更好的加强对政府采购活动的监督管理，制作了政府采购流程图、政府采购询价表、政府采购合同及政府采购验收单等，并不定期查阅历史采购档案，做到“及时审核，及时整改”。2016年，政府采购项目共完成75件，涉及资金1949.82万元，节约资金165.60万元，节约率8.49%。

3. 强化资金保障，确保重点工作持续推进。结合全县重点工作目标任务，加大重点项目投入力度，有效解决群众现实困难和长远生计问题，并为做好全县扶贫攻坚工作提供资金保障。一是继续推进十件民生实事。为认真贯彻落实十件民生项目，我局根据各牵头单位十件民生实事项目方案，将十件民生实事所需资金5617.93万元全部纳入了2016年财政支出计划，多方筹措资金，为推进十件民生实事提供了财力保障。我局将按照相关部门工作进展情况，分期分段予以资金落实，对未及时拨付的资金予以督促，确保民生资金落实到位。二是强力推进精准扶贫。积极构建“多个渠道引水、一个龙头放水”的资金管理新格局，集中财力推进贫困村、贫困人口精准扶贫、精准脱贫。切实加强财政扶贫专项资金管理，对扶贫资金的资金用途、组织管理、项目管理、资金拨付和监督检查等方面作出规定，确保扶贫资金用准、用好、用到点子上。2016年统筹整合财政涉农资金17255.1万元，用于精准扶贫、精准脱贫。三是健全社会保障政策体系。投入10079万元，用于提高城低、农低标准、兑现生活补助、提高孤儿生活补助、五保户供养标准、实现城乡居民社会保险制度一体化、提高“三老”人员生活补助、提高贫困残疾人生活补贴和重度残疾人护理补贴。投入10118万元，用于全民体检、公职人员医疗补助、提高农牧区医疗制度补助标准、基本公共卫生服务项目补助标准、新型农村合作医疗核销标准。四是打造优质精品教育。全县教育投入预计18483万元，进一步提高“三包”经费保障标准，达到年生均3240元；加快学前教育发展、加快农村义务教育薄弱学校改造，实现义务教育农牧民子女营养改善计划全覆盖；提高教师待遇，乡村教师生活补助标准南部乡镇提高到500元/月，北部乡镇提高到1000元/月。五是支持创新社会管理。投入6497万元，进一步提高政法机关装备配备水平和办案、处突能力；全力保障维护稳定、各项创新社会管理和寺庙管理；及时落实“先进双联户”创建表彰、驻寺民警岗位补贴等资金

4. 加强监督，财政资金监管成效显著。一是加强财务审计工作。2016年，积极配合自治区审计组对赵涛同志及次仁顿珠同志在职期间的经济决策、重大资金支出等经济方面审计。在接受外部审计同时，加强内部审计工作，聘请第三方中介对全县财务进行审核，并对公安财务进行资金运行分析。二是配合做好巡视工作。积极配合自治区巡视组和拉萨市巡查组开展相关工作。三是是加强财政工作透明化。2016年，除涉密部门、涉密事项外，对县财政和42个一级预算单位部门预决算、“三公”经费通过拉萨市人民政府门户网站及时进行了公开，支出功能分类细化到项级科目，建立健全财政专项资金管理清单，进一步提高了预算的精细化、科学化水平；制作财政信息化大平台，及时更新国家新发布的财政制度，财政工作信息和相关工作流程图。四是开展车辆清查工作。对全县公务车辆进行全面摸底清查情况，做到公务车辆问题“自我发现、自我整改”，通过翻阅历史资料，调取车管所车辆信息等方式逐步充实了本县公务车辆档案信息。

5. 固本强基，财政软实力有效增强。以提高财政干部队伍的整体素质为目标，切实强化干部队伍和机关自身建设，努力把财政部门建设成为部门认可、乡镇满意、群众称赞的服务型机关。一是落实党风廉政建设。按照各级要求抓好党风廉政建设和反腐败工作，财政工作有序推进、平稳发展，实现两手抓、双促进，确保资金、干部双安全。二是抓好干部队伍建设。扎实开展“两学一做”学习教育，更新财政干部职工思想观念，树立财政干部挑重担、当大任、强素质、显作用的工作理念。积极深入开展“两学一做”专题教育，引导财政干部深刻认识“两学一做”的重大意义，加强全县财政干部自身修养，提高党性认识。三是不断提高财政干部自身素质能力。随着财政改革的不断深化，对财政干部业务能力也随之提高，2016年县财政通过采取“一带一”跟班学习、轮流授课等丰富的学习形式，切实提高财政干部业务水平。

2016年全县财政运行基本平稳，预算执行情况总体良好，各项财政工作取得了新的进展。但我们也清醒地认识到，财政工作与全县人民的期待还有不少差距，财政改革发展还面临一些突出的问题和挑战：财政收入增长乏力，刚性支出不断加大；存量资金固化僵化的问题存在，支出结构调整的任务还很重；基础性工作不够扎实，财政体制改革的任务还相当繁重。对于这些问题，我们将认真研究，采取有力措施，切实加以解决。

二、2017年预算草案

根据《预算法》《国务院关于编制2017年中央预算和地方预算的通知》规定和要求，结合我县实际，认真编制完成了2017年财政预算草案。

（一）预算编制指导思想

以邓小平理论、“三个代表”重要思想、科学发展观为指导，深入贯彻落实习近平总书记系列重要讲话精神，贯彻落实党的十八大和十八届

三中、四中、五中、六中全会，中央第六次西藏工作座谈会、区、市八届八次全委会、县委八届六次全委会和经济工作会议精神，主动适应经济发展新常态，坚持稳中求进，继续实施积极的财政政策并加力增效，确保实现稳增长、调结构、促改革、惠民生、保稳定、防风险的各项任务目标。坚持依法依规理财，严格预算约束，规范财政资金审批权限，加大财政资金统筹力度，盘活存量资金，进一步提高资金使用效益，从严控制一般性支出，健全预算绩效管理机制，积极构建全面规范、公开透明的预算制度，为党的十九大胜利召开献礼。

（二）预算编制基本原则

1. 预算安排总体坚持量入为出，收支平衡。预算支出安排充分考虑财力可能，按照轻重缓急的顺序，优先考虑刚性及重点支出要求，确保年初预算编制收支平衡，不编赤字预算。

2. 收入预算安排坚持实事求是，积极稳妥。收入预算安排充分考虑政策调整因素，结合预算执行情况，既保证一定增幅，又确保与全县经济社会实际相适应。

3. 支出预算安排坚持勤俭节约、统筹兼顾。支出预算安排坚持有保有压、重点突出。一方面牢固树立过紧日子的思想，严格控制各部门、各单位的机关运行经费和楼堂馆所等基本建设支出，继续压缩“三公”经费支出。另一方面。将财力更多地向“三农”、教育、社会保障和就业、医疗卫生、文化、科技、节能环保、公共安全、创新寺庙管理等重点领域倾斜，全力做好强基惠民、维护稳定、促进就业、精准扶贫等重点工作的资金保障。

（三）2017年预算安排总体情况

1. 一般公共预算收支安排情况

2017年，全县一般公共预算总财力为75153.38万元，按可比口径（下同），比上年增加3393.32万元，增长4.73%。其中：一般性转移支付收入54394.72万元；专项转移支付为4555.66万元；返还性收入1100万元；一般公共预算本级收入14500万元；预算稳定调节基金603万元。

拟安排2017年一般公共预算支出75153.38万元，比上年预算数增加3393.32万元，增长4.73%，一般预算支出项目安排情况如下：

（1）一般公共服务支出安排22577万元，比上年预算增加3446.94万元，增长18.02%。

（2）国防支出安排 30万元，比上年预算减少19万元，降低38.77%。

（3）公共安全支出安排7449万元，比上年预算增加2269万元，增长43.8%。

（4）教育事业费支出安排19585万元，比上年预算增加2222万元，增长12.8%。

（5）科学技术支出安排102万元，比上年预算增加33万元，增长47.83%。

（6）文化体育与传媒支出安排779万元，比上年预算增加502万元，增长181.23%。

（7）社会保障和就业支出安排3320万元，比上年预算增加246万元，增长8.0%。

（8）医疗卫生支出安排8157万元，比上年预算减少710万元，降低8.01%。

（9）节能环保支出安排753万元，比上年预算增加493万元，增长189.61%。

（10）城乡社区事务支出安排344万元，比上年预算增加90万元，增长35.43%。

（11）农林水事务支出安排6141万元，比上年预算减少4584万元，降低42.74%。

（12）资源勘探电力信息支出安排233万元，比上年预算增加56万元，增长31.64%。

（13）商品服务业等支出安排50万元，比上年预算增加50万元。

（14）国土资源气象等事务支出安排127万元，比上年预算减少16万元，降低11.19%。

（15）住房保障支出安排1865万元，比上年预算减少2295万元，降低55.17%。

（16）预备费安排752万元，比上年预算增加52万元，增长7.43%。

（17）其他支出安排2，889万元，比上年预算增加1557万元，增长116.89%。

2. 政府性基金预算收支安排情况

2017年，全县政府性基金预算财力为150万

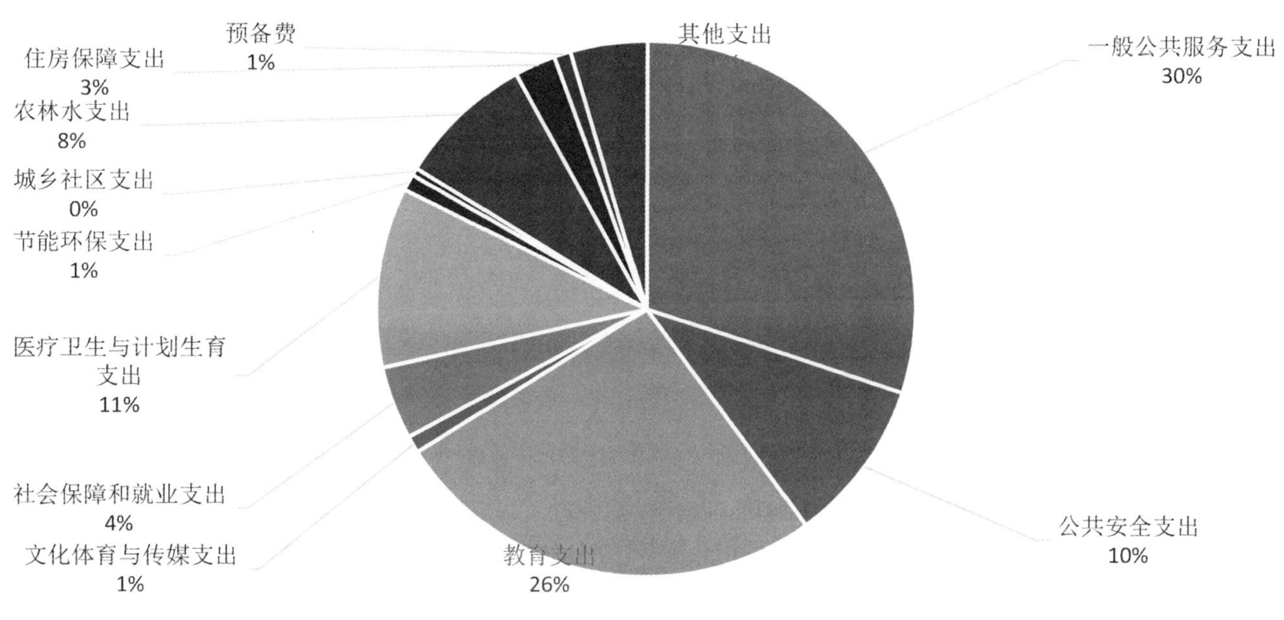

2017年一般公共预算支出安排

元，为地方政府性基金预算收入。政府性基金预算支出安排150万元。

（四）2017年预算安排重点及其他工作

在预算安排的75153.38万元支出中，除优先保运转外，重点支持民生领域建设，同时加大对精准扶贫、教育事业、社会稳定等领域的投入，推动全县经济社会协调可持续发展。

1. 整合财政涉农资金，助力精准脱贫工作。县财政局将继续按照区、市两级财政工作安排，整合财政涉农资金；加大结余结转资金清理力度，经县委、县政府同意后，统筹用于我县各项精准扶贫工作；配合六个脱贫专项小组工作，确保完成2017年各项扶贫工作任务目标；借助上级部门财力，配合县精准扶贫专项小组，大力推动各项精准扶贫项目顺利实施；定期组织人员对精准扶贫项目进行财务检查，提高财政绩效。

2. 加大社会保障投入，共享改革发展成果。调整优化支出结构，财力分配继续向民生领域倾斜，切实保障民生和持续改善民生。2017年拟安排社会保障和就业支出3320万元。支持做好就业和社会保障工作；做好城乡医疗救助财力投入工作，逐步改善低收入群体就医条件；按时足额兑现居民最低生活补助。

3. 加大公共事业投入，推动社会事业发展。一是大力支持教育优先发展。按照对教育的投入不低于上一年度财政收入的20%的要求保障财力投入，2017年拟安排全县教育支出18385万元。进一步提高“三包”经费保障标准，实施义务教育农牧民子女营养改善计划全覆盖。着力加强学前教育学校基础设施建设，支持职业技术教育，投入1200万元，专项用于全县建档立卡贫困户和农牧民家庭在校学生学费及生活费。二是大力支持公共卫生事业发展。2017年拟安排全县医疗卫生与计划生育支出8157万元。继续执行城乡居民和寺庙僧尼免费体检政策，加大基本公共卫生支持力度。强化先天性心脏病儿童筛查治疗、疾病预防控制、妇幼卫生保健、食品安全监管等工作。三是强化基层文化建设。2017年拟安排全县公共文化支出779万元。支持民族手工业创新研发产品，鼓励文化创作。加大对非物质文化遗产传承开发和重点文物、寺庙的保护投入。加大对群众文化活动中心投入力度，加快县级有线电视数字化推广进程，增强基本公共文化服务保障水平。

4. 加大维稳投入，推进依法治县工作。按照“治国必治边、治边先稳藏”，“依法治藏、长期建藏”指示精神，积极筹措资金，全力维护稳定。2017年拟安排公共安全支出7479万元（包含国防支出）。专项用于社会治安综合治理、维护稳定、平安建设、群防群治、突发应急处置、消防安全、矛盾纠纷化解等经费。进一步加强和创新寺庙管理和社会治理工作，坚决维护社会正常秩序和社会局势的长期稳定。

5. 完善预算管理制度，提高预算编制水平。继续完善预算编制与预算执行、结转和结余资金管理、资产管理及政府采购管理办法。建立涵盖预算单位基础信息及财政管理业务基本信息的动态数据库，全面推进综合预算编制，提高预算编制的完整性。同时，认真履行财政财务监管职能，通过按时拨款、按季度提醒项目资金拨付情况及各预算单位经费使用情况等方式，狠抓预算编制、预算执行、资金拨付和决算审查等关键环节，逐步构建与公共财政相匹配的财政监管机制。

6. 支持县域经济转型，培育壮大税源税种。发挥财政资金的杠杆作用和乘数效应，加大对新兴农业经济、特色本土产业和具有发展潜力村级集体经济的支持力度，增强经济增长内生动力，力促经济快速转型升级，提高财政对转变经济发展方式的贡献份额。依托鹏博工业园区，加大招商引资力度，增加入驻企业数，积极培植含税财源；借助净土产业平台，大力发展具有林周特色的绿色农牧业产品，走农业绿色强县道路，确保做到“服务林周、合作林周、诚信林周”。

7. 加强资金监管力度，确保资金运行高效。按照公共财政的理念，建立新增财力重点投向民生的管理及监管制度，定期委托会计事务所对全县账务进行审查，确保财政对民生的投入落到实处，2017年对全县财政资金进行内部审查1次（包含二级财务）。同时，配合县相关部门逐步加大社会保障机制覆盖面。

8. 推行国库集中支付，提高资金使用效益。为有效进行财政管理，增加资金利用率，减少沉淀资金量，我局将按照上级财政部门的工作要求，在全县范围内推行国库集中支付制度。进而加强财政在资金支出方面的监督作用，提升会计信息质量，强化治理和预防腐败，并最大限度的集中财务核算职能和会计责任。

各位代表，2017年是实施“十三五规划”的重要一年，也是供给侧结构性改革的深化之年。我们将在县委、县政府的正确领导下，按照林周县经济工作会议的要求，牢固树立创新、开放、协调、共享的发展理念，适应经济发展新常态，增收节支，优化结构，提高绩效，提高发展的质量和效益，增强持续增长动力，为全面建成小康社会做出新的更大贡献，以优异的成绩迎接党的十九大胜利召开。

综 述

林周县概况

【概况】 林周，藏语含义为天然形成的沃土，位于拉萨市东北，距离市区65公里。全县辖9乡1镇，45个行政村，15199户63800人；国土面积4464.4平方公里，耕地23万亩，天然草场505万亩，人工草场8万亩，水域5.4万亩，是拉萨市6县2区中的第一产粮大县、第二牧业大县。全县南北狭长，跨度达180公里。念青唐古拉山支脉—恰拉山横贯全境，将林周县分割为南北两大部分。北部地区属拉萨河上游及其源流区域，平均海拔4200米，气候干燥，年平均气温2.9摄氏度，以牧业生产为主。南部地区属拉萨河支流澎波河流域，平均海拔3860米，谷地开阔，气候温和，雨水充沛，年平均气温5.8摄氏度，主产小麦、青稞、油菜、土豆等，是拉萨市的主要粮食生产基地。

林周县风光秀美、山川壮丽、人杰地灵，人文历史底蕴深厚，是拉萨的“后花园”。全县分布有一个国家级自然保护区（雅江中游黑颈鹤国家保护区），一个国家森林公园（热振国家森林公园）两个自治区级自然保护区以及白唇鹿保护区。全县有寺庙38座，著名的藏传佛教寺庙热振寺，距今已有千年历史，周围有风景秀丽的热振国家级森林公园。

【经济和社会发展】 2016年，完成地区生产总值15.49亿元，同比增长1.6%；完成固定资产投资8.9亿元，同比下降53.7%；完成本级财政收入12931万元，同比增长18.2%；农村居民人均可支配收入完成10095元，同比增长10.3%；社会消费品零售总额完成1.74亿元，同比增长10.3%；工业增加值完成0.78亿元，同比下降12.3%。

【农牧业发展】 2016年，农作物种植面积18万亩，比2015年增加0.87万亩。落实良种繁育、推广、测土配方和高产创建面积32.4万亩。粮油总产6961.9万公斤，粮食总产6800.08万公斤。试种小麦、油菜、青稞等不同种类36个新品种。牲畜存栏23.35万头（只、匹），出栏8.6万余头（只、匹）；肉、奶、蛋产量分别0.78万吨、0.73万吨、235.1吨。重大动物疫病疫情防治工作扎实推进，免疫注射各类动物26.9万头（只、匹）。农业机械化普及率不断提高，截至年底，兑现农机购置补贴资金661万元，购买发放农机具2501台。圆满完成农牧科技现场会，稳步推进净土健康产业发展，饲草种植面积3.16万亩，万头生猪养殖场、半细毛羊养殖场、奶牛养殖基地小区已初具规模。

【工业经济发展】 鹏博健康产业园区配套设施不断完善，完成工业大道，园区排水沟、路灯等附属工程，投入4000万元新建完成甘曲路市政工程、西环路工程和污水提升泵站。截至10月底，已有43家企业落户园区，产生税收525万余元。

【旅游业发展】 旅游业发展有效推进，申报旅游建设项目6个，总投资约1677万元，配合完成热振景区配套旅游服务设施前期工作。2016年接待游客137870人，同比增长19%；实现旅游收入1458.8万元，同比增长18.3%。

【改革开放】 2016年，着力提升国企活力，持续做好“能人”培养，放大“能人”效应，结合全县工作发展实际，完成净土公司管理层调整，城投公司组建物业管理、建筑两家子公司，引进先进理念思路，进一步完善公司管理，增强发展活力。积极落实“营改增”政策，广泛宣传，扎实推进，开通“营改增”税收绿色通道，对264户试点纳税人开展税费种认定更改、身份界定等工作，确保试点纳税人开票申报顺利进行。全面落实小微企业税收优惠政策，优化“事前、事中、事后”服务，提升小微企业发展后劲，享受小微企业减免税455户、受益面达100%，减免税款123.44万元。商事制度改革深入推进，积极落实“三证合一”“一照一码”“五证合一”，辖区内98%的企业和农民专业合作社完成“三证合一”“一照一码”换照工作，新增市场主体421户，新增注册资金14.93亿元。

【受援工作】 2016年，总投资6630万元实施12个援藏项目，涉及全县城镇基础设施建设、村容村貌整治、精准扶贫、旅游开发等6个方面，逐步实现“输血”向“造血”转变。

【招商引资】 2016年，正式签约招商引资项目7个，年终完成招商引资实际到位资金6.2亿元，同比增长12.4%。不动产登记和拉萨新机场建设前期工作有序有效推进。

【城乡建设】 2016年，大力实施棚户区改造，完成总投资747.36万元的棚户区改造及附属工程。市政基础设施建设有序，完成旁多乡新集镇市政基础设施和整体搬迁护墙工程，投资1410.83万元，新建旁多乡市政道路840.994米、护墙1066米；县城市政基础建设稳步有序实施。小康安居试点工程涉及37户群众，前期系列工作正在有序推进。

扎实开展环境整治专项行动，组成联合工作组对辖区内94家非法采石采砂和预制场依法进行取缔，对矿企遗留危险化学品进行了妥善处置。投入资金291万元集中采购环卫设备，县城及周边环境卫生问题切实得到缓解，同时加强对环境保护大考核中反馈问题的整改，采取有力措施，统筹全力推进，整改工作已初步完成，待上级验收。“禁白”工作和环保宣传全方位开展，全年辖区内大气、集中式饮用水、断面水质等各项监测指标均达到或优于环境评价标准。

林业绿化不断加强，完成拉萨周边造林539.4亩，防沙治沙和封山育林工作有序开展。

保障性住房建设有序实施，完成投资6757.5万元，建设乡镇干部职工周转房384套、公共租赁住房68套，并对各小区住房及设施进行了维护完善。

【教育事业】 2016年，县本级财政全年投入资金2187.4万元，大力推进全县义务教育均衡发展，并以92.3分的成绩顺利通过国家级评估验收。严格落实“三包”政策，共落实“三包”及营养改善经费经费1621.64万元。适龄儿童入学率达99%以上，中小学巩固率达100%。中小考成绩居全市县区前列。

【卫生事业】 2016年，卫生医疗服务能力得到加强，农牧区医疗保障覆盖面和筹资率均达到100%，累计报销医疗费用2342.24万元，扎实做好组团式医疗援藏承接工作，积极筹备创建“二级甲等”综合性公立医院，医药卫生体制改革工作稳步实施，疾病预防工作不断加强，全县医疗卫生服务水平得到长足发展。

【社会保障】 2016年，全县“五项保险”参保人数达45795人，覆盖率达99%以上，征缴各类保险3636.5万元。保障民生积极稳妥，全年发放城乡低保资金1213.53万元。五保户集中供养全面有效，已入住农村五保老人128人，集中供养率83%，意愿集中供养率达100%。入户低保核查全部完成，共核查清退296户1115人。防灾减灾、优抚救助、地名普查等工作扎实开展，成效明显。

【“四业工程”】 2016年，就业工作扎实进行，多项就业指标任务提前超额完成，农牧区劳动力转移就业1.75万人，实现收入0.9亿元，就业培训、职业指导、职业推荐等工作深入扎实有效。

【脱贫攻坚】 2016年，县域内脱贫攻坚工作顺利实施。强化“以迁脱贫”，总投资1.7亿元的3个集中搬迁点建设全部完工，安置300户建档立卡贫困户入住。另有214户搬迁至城关区集中安置。县政府出资700万元为集中安置的514户贫困户配备家具家电。

强化“以业脱贫”，吸纳项目区332户1513人参与完成县内1.2万亩饲草种植项目，人均增收650元，藏鸡、藏猪及奶牛养殖项目安排62人就业，人均年增收3000元。

强化“以补脱贫”，按照人均3000元/年的标准，对全县5937名贫困群众实施以补脱贫，精准分配，带证上岗。已下达资金1514万元，陆续发放到位。强化“以教脱贫”，完成贫困家庭大学生的统计、清退工作，11月底前完成年度建档立卡贫困户大学生系列教育费用、补贴发放工作。

强化“以助脱贫”，对建档立卡贫困户实施全额医疗救助，彻底解决69名建档立卡贫困户“因病致贫、因病返贫”问题。截至年底，贫困户医疗报销409人，报销金额40余万元。强化“以保脱贫”，不断健全完善社会保障制度体系，对完全丧失劳力的低保户744人实施社保兜底，实现低保户应保尽保、应退尽退。强化结对帮扶，1360名干部结对帮扶1882户贫困户。强化技能培训，组织技能培训479人，解决贫困群众就业164人。

【和谐构建】 2016年，维稳常态机制建立健全，狠抓社会综合治理，不断完善社会治理体系，严格落实敏感期和重大节庆安全保卫管控措施，妥善做好12年一度的东孜山“猴年转山”民俗宗教活动安保服务管理工作，有力地拱卫了全市和谐稳定。“双联户”和县乡村三级矛盾纠纷体系发挥作用明显，共排查调解矛盾纠纷270件，帮扶困难家庭1283户。狠抓寺庙管理，不断促进各民族相互交流交往交融，全面落实利寺惠僧政策，寺庙各项设施得到极大改善，切实加强宗教事务管理，广泛深入开展法制宣传主题教育活动，深入推进和谐模范寺庙暨爱国守法先进僧尼创建表彰，评选表彰和谐模范寺庙20座、爱国守法先进僧尼988名。强基惠民活动继续推进。182名驻村工作队员扎根基层围绕“5+2”目标任务开展工作，申请争取自筹项目140个，总投资1037.27万元，投入资金349.59万元慰问群众、解决问题困难455件，惠及全县5万余名群众。加强安全生产，强化安全生产“红线”意识，严格开展安全生产整治监察等工作，截至10月，全县安全事故与2015年同期相比持平，死亡人数下降300%，受伤人数下降300%。

【作风建设】 不断强化纪律意识，严格上下班制度，杜绝迟到、早退、有事不请假的现象；严格落实维稳值班和周末值班制度，恪守了维稳职责和应急要求；加强团结，增强集体荣誉感，培养良好的团队精神，进一步增强办公室内部凝聚力、战斗力。不断强化服务意识，增强干部职工的党性修养，杜绝“门难进、话难听、事难办、脸难看”的衙门作风。加强与基层组织和群众的联系，经常走村入户，做好与结对帮扶群众的交流、看望、谋划，增强血肉联系。密切注重自身形象，以“慎独、慎微”自警自省，从一言一行做起，从一点一滴着手，树形象、做表率，以实际优异的工作成绩和务实的工作作风在领导和群众中树立了政府办公室的良好形象。

（索朗措姆）

大事记

1月

4日　中国共产党林周县第八届委员会第五次全体会议隆重召开。会议书面学习了区党委八届七次、八次全会精神和市委八届七次全委会精神，书面印发了《中共林周县委关于制定“十三五”时期国民经济和社会发展规划的建议（讨论稿）》，书面印发了《中共林周县委常委会2015年度干部选拔任用工作情况报告》和开展民主评议工作，并分组学习讨论了《中共林周县委关于制定“十三五”时期国民经济和社会发展规划的建议（讨论稿）》。全会充分肯定了“十二五”时期全县各项工作，一致认为“十二五”时期是林周县经济实力增长最快的时期，是基础设施建设投入最多、城乡面貌变化最大的时期，是优势特色产业孕育成长、产业结构不断优化的时期，是社会事业全面进步、各族群众得实惠最多的时期。全会号召，全县各级党组织和党员干部一定要更加紧密团结在以习近平同志为总书记的党中央周围，团结带领全县各族干部群众，解放思想、奋发进取、敢于担当、真抓实干，为圆满完成“十三五”各项任务、实现全面建成小康社会的宏伟目标而努力奋斗！

8日　林周县岗巴村妇女党员编织合作社现有妇女党员16人，月销售额1.5万元，带动4户贫困妇女家庭增收致富，喜获市妇联扶持资金10万元，以便扩大就业，带动更多的贫困妇女就业增收。

9日　林周县第五批驻村工作队员暨村干部文化素质提升工程培训圆满结束。

10日　林周县积极开展“110宣传日”宣传活动，其间共出动警力15名，警车5台，接受群众咨询126人次，悬挂110社会服务联动宣传标语（含警务站、派出所LED）8余条，摆放110宣传展板8块，分发110社会服务联动宣传单1000余份，受教育群众900余人次，受到了广大群众的一致好评。

11日　林周县藏医药防治大骨节病项目对全县大骨节患者进行免费检查治疗，向194名大骨节病患者发放价值6万余元藏医药品及大米。

12日　林周县举行2015年“金秋助学”资金发放仪式，共为24名品学兼优的困难职工子女大学生争取到了资金8.2万元，帮助他们顺利就读理想的大学。

18日　林周县2016年“五下乡”宣传服务活动在边交林乡色康村拉开帷幕，通过送文艺下乡、送科技下乡、送医药下乡等形式，深化文化、科技、法律、卫生、爱国爱教的宣传工作。

19日　自治区人大常委会农环工委主任洛桑旦达一行到林周县开展农林科技创新情况和农村土地承包法修改意见专题调研。

21日　林周县农牧民妇女手工艺品编织培训圆满结业，此次手工艺品编织培训于2015年12月开始，分为藏毛毯编织培训和藏式卡包、背包缝纫培训，培训地点分别位于嘉热仓妇女民族手工艺农民专业合作社和甘曲镇朱加村半细羊毛加工合作社。参训学员包括贫困母亲、残疾妇女、贫困妇女党员等共计36人，其中藏毛毯编织培训为期30天，参训学员18名；藏式卡包、背包培训为期30天，参训人员18名。

23日 林周县开展“两节”期间学校安全督查工作，共计检查了全县学校15所，校舍102余间、食堂12间、实验室3间，排查各类校园安全隐患10余处。

29日 林周县开展春节、藏历新年节前慰问活动，向428户贫困群众送去县党委、政府的问候，并送去了价值18.96万元的砖茶、酥油、大米、面粉等生活必需品，向贫困干部职工及遗孀遗孤赠送慰问金2.18万元，向各驻村工作队、村委会、下沉干部及135名“三老”人员赠送慰问金33.75万元，向23个寺管会及4名驻寺特派员赠送慰问金9.1万元，并激励他们在工作中再创佳绩。

1月 林周县积极参加全国志愿服务“四个100”先进典型网上投票活动，参与投票人数达200余人次，投票数达2000余票。

同月 林周县2015年财政预算总体执行情况良好，一般公共预算本级收入为10937万元，同比增长2.05%。其中税收收入4142万元：增值税为184.6万元、营业税2557.7万元、企业所得税241.4万元、个人所得税441.9万元、城市维护建设税225.3万元、耕地占用税382.9万元等；非税收入6795万元：固有资源（资产）有偿使用收入6029.0万元、其他收入346.8万元等。2015年，全县公共财政总财力为93728万元，公共财政决算总支出为93556万元，比2015年增加22561万元，增长31.7%，基本实现了收支平衡、略有节余。

同月 林周县被列为全区2016年新增（第八批）小型农田水利重点县建设项目名单，建设周期为2016—2018年，年度国家投资2500万元。按照竞争性谈判工程质量最优、工程勘察（测）和初步设计单价最低且不超过50万元的原则，一致同意西藏兴辉水电工程设计有限公司为林周县2016年小型农田水利“重点县”勘察（测）设计单位，中标价为工程勘察（测）费44万元、初步设计费46万元，总计90万元，占年度国家投资的3.6%。

同月 林周县严格落实临时救助制度，根据家庭生活困难程度给予了500元至2000元不等资金救助，共救助2015年困难家庭340户（人），发放救助金61.91万元。

同月 拉萨市委常委、副市长周普国到林周县就建档立卡数据核实工作进行调研。

同月 “十二五”时期，林周县农村居民人均可支配收入从2010年的4605.31元增长至2015年的9482.25元，增长4876.94元，年均增长19.8%。人民群众生活水平不断提高，幸福指数不断攀升。

同月 林周县2015年农牧区医疗补偿情况，全县参合农牧民共发生医疗费用3516.75万元，实际住院总报销2545.32万元，住院总人数4369人。门诊核销64531人次，门诊核销总金额406.3万元。

2 月

4日 西藏自治区诗词楹联学会组织6名艺术家到林周县开展“藏汉双语春联进藏家”活动，组织艺术家将精心准备的对联、书法作品送给基层群众，活动当天为林周县干部群众现场义写春联100多幅。

10日 林周县旁多水利枢纽工程灌溉输水洞项目全长16.83公里，已完成施工进度约9公里，武警水电第三总队第八支队承建灌溉输水洞项目第Ⅱ标段工程，主要采用钻爆法和TBM法进行施工。

13日 林周县脊髓灰质炎疫苗强化免疫技术培训圆满结束。

21日 林周县召开县委八届六次全会 县委书记次仁顿珠主持会议并作题为《引领新常态谋求新发展为实现全面建成小康社会而不断努力奋斗》的工作报告，向全委会通报了2015年工作情况，并对2016年的各项工作进行安排部署。会议以书面传达学习了市委八届八次全委会精神传达提纲和《拉萨市信访工作联席会议关于实行信访工作约谈制度的规定》《拉萨市信访工作责任追究实施细则》，会议分组讨论了县委常委会工作报告，并审议通过了《中共林周县第八届委员会第六次全体会议决议》。

同日 林周县召开经济工作会议，县委书记次仁顿珠主持会议并作重要讲话，县委副书记、县长高军对2016年全年经济社会发展任务进行了安排，会议以书面传达学习了区市经济工作会议精神和《齐扎拉在全市国资国企改革发展座谈会上的讲话》，并对2015年度全县目标绩效争先进位考核先进单位进行了表彰。

26日 林周县在卡孜乡白朗村举办以“青春自护平安双节”为主题的林周县2016年青少年寒假安全自护教育活动，邀请县消防大队进行现场消防演练，向青少年学生及家长介绍如何进行消防灭火，县交警大队、禁毒大队、司法局、法院等单位，以图片展览、现场互动、发放宣传资料等形式，向参加的学生及家长进行自护知识讲解和宣传，发放涉及假期防火、防触电、溺水以及交通安全和远离毒品等方面宣传资料600余份。

2月 林周县现代农业示范园区共承租土地1121.71亩，租赁价格800元/亩，共计897368元。其中，A区承租36户、192.4亩、153920元；B区承租58户、427.87亩、342296元；C区承租35户、501.44亩、401152元。

同月 林周县2015年国家计生“两项”扶助资金全部兑现完毕 2015年12月底，2015年林周县国家农牧区“一孩双女”户困难家庭以及“独生子女伤残死亡”家庭两项扶助资金共计95.328万元下拨至县农行兑现。

同月 林周县兑现聘用乡、村医务人员年底一次性奖励16.54万元，涉及114人。其中：2015年聘用村医年底一次性奖励南部1500元/人（36人），北部1800元/人（37人），共计73人，奖励经费12.06万元；2015年聘用乡医年底一次性奖励南部1000元/人（22人），北部1200元/人（19人），共计41人，奖励经费4.48万元。

同月 2015年，林周县法律援助中心共接待来访法律援助156人，受理非诉讼法律援助16件、代写法律文书35件、解答法律咨询105余件，取得了良好的社会效益。同时结合“12・4”法治宣传日、“三下乡”、综治宣传月、平安宣传周等活动，在中小学和农牧区进行法律知识宣讲，提高了人民群众依法维权的法律意识，开展法律援助知识宣讲12场，悬挂横幅16条，发放法律援助资料5600余份，解答群众法律咨询620余人，受教育群众达12300余人次。

同月 林周县认真做好就业和培训工作，形成蔬菜大棚种植、手工编织、建筑施工3个劳务品牌，2015年实现农牧民转移就业3万余人次、劳务收入7000万元，城镇就业困难人员68人全部就业，2户零就业家庭安置公益性岗位实现动态消零，282名高校毕业生基本实现就业，城镇登记失业率严格控制在2.2%以内。开展7期农牧民职业技能培训、参训群众1474人、投入24.3万元，就业率达85%以上。开展就业再就业培训190人、农牧民转移就业培训370人，职业介绍530人。

同月 卡孜乡向辖区38名成绩优异小学生和6名成绩优异大学生，发放狮山助学金，向每名小学生发放500元、共1.9万元，向每名大学生发放5000元共3万元，合计发放4.9万元助学金。狮山街道助学金是2015年卡孜乡向对口帮扶乡镇苏州市狮山街道办事处争取的奖励成绩优异学生助学项目。

同月 阿朗乡兑现野生动物肇事补贴，对辖区913户发放野生动物肇事补贴共52万余元。在补偿金兑现现场，工作人员还向农牧民群众宣传保护野生动物的相关法律法规，遇到野生动物糟蹋庄稼、伤害牲畜时，要及时报告，努力实现野生动物保护和维护群众利益的双赢效果。

3月

4日 林周县完成不动产登记职责整合和机构设置，县国土资源规划局加挂不动产登记局牌子，设立林周县不动产登记中心，负责不动产登记工作和收集整理林权、房产、土地等相关不动产资料，配合上级部门做好林周县不动产登记信息管理平台建设工作。

6日 林周县针对全县主要路段、561国道、事故多发路段及县城乱停乱放现象开展一系列道路交通秩序专项整治行动。各派出所、卡点、便民警务站多警联动、巡防结合，以宣传、教育和整治并济的方式，在全县主要街道、561国道、事故多发路段进行布控、巡防、检查等，同时集中力量对无证驾驶、乱停乱放、超速、超载、酒后驾车等交通违法违规行为进行依法整治。共出动警力50人、警车15台，检查车辆1136辆次，检查人员2341人次，7坐以上车辆247辆次，发放限速单1127张，查处无证驾驶1起、超员1起、摩托车违法载货1起。

3月 林周县提前谋划2016年度碘盐配送工作，2016年全县碘盐配送受益农牧民群众人数为59384名，计划配送碘盐326612公斤，总价值16.33万元，比2015年碘盐实际配送同比增加823公斤。

同月 林周县2月份一般公共预算本级收入为1765万元，同比下降6.07%，降幅原因主要为非税收入未能及时上缴，其中实现税收收入1738万元、非税收入27万元。公共财政支出为10282万元，占2016年总财力的14.3%，同比增长22.17%。

同月 林周县2015年民生保障改善工作实现新进展，本级财政投入2143.4万元支持教育事业发展，助学助教体系不断完善；投入1552.58万元用于农牧区合作医疗大病统筹和其他卫生事业发展，全县卫生条件得到进一步改善；农村居民人均可支配收入达到9482.25元，同比增长15.7%，人民生活水平不断提高；精准扶贫工作深入开展，精准识别并建档立卡贫困户1881户8325人。

4月

1日 林周县全面完成春季重大动物防疫动员部署会议。

同日 中国共产主义青年团林周县第七次代表大会召开，来自全县各条战线的50多名代表出席大会。

1—5日 林周县举办2016年度学生硬笔书法比赛，全县各校共报送216份藏、汉书法作品参赛，从各年级组评出一等奖3名，二等奖5名，三等奖8名，优秀奖10名。

7日 林周县疾控中心、县人民医院以“应对糖尿病”为主题，开展了预防保健知识及相关政策宣传活动。

同日 林周县组织开展“世界卫生日”宣传活动，活动以“应对糖尿病”为主题，设置宣传品15种，发放宣传单1500余份、宣传画45份，制挂横幅1条，展出展板4块，免费发放药品26种、价值3500元，2600余人从中受益。

8日 林周县江角村吾金堆组奶牛养殖小区举办甘曲镇新型职业农民培训（奶牛产业）第一期培训班，共计40余名江角村奶牛养殖户参加培训。

8—9日 林周县松盘乡卫生院医疗队携带医疗设备到松盘村为全体村民开展健康检查，并及时为广大农牧民建立健康档案。

9日 林周县江角村委会举行“林周县甘曲镇田间学校”授牌仪式，授牌仪式过后，拉萨市蓝翔技能培训学校、林周县畜牧站的老师，深入林周县江角村奶牛养殖小区，给奶牛养殖户现场授课。

12日 西藏自治区红十字会免费义诊活动在旁多乡加格村拉开帷幕。

13日 林周县足额发放第一季度养老金，共计发放290.25万元，人均基础养老金140元。全县6621名符合条件人员全部领取到城乡居民基本养老保险金。

同日 林周县召开2016年卫生计生暨全民体检启动会议，系统总结了2015年及“十二五”期间全县卫生计生工作进展和成就，安排部署了2016年卫生改革发展任务。表彰了2015年卫生计生工作中的先进集体和先进个人进行了表彰。并与相关责任人签订了2016年度工作责任书。

14日 林周县2016年度教育工作会暨义务教育均衡发展迎检工作部署会议在县人大一楼会议室隆重召开。

15—17日 县教育局教研室组织开展“林周县2016年第一期小学教师技能培训”，全县共73名教师参加，培训总时长为18课时。

18—19日 由市教育局师资科才旺科长带

队，拉萨市北京实验中学校长张大力、第二高级中学校长洛桑旺堆、第三中学校长王浩波、拉鲁小学校长杨建滨等一行5人，在林周县阿朗乡中心小学、旁多乡中心小学、苏州小学等五所学校开展“名优校长送教”活动。

21日 林周县各换届有关单位及各乡镇主要负责人，在县人大一楼视频会议室，参加了全区换届工作培训会。

22日 林周县召开“学党章党规、学系列讲话，做合格党员”学习教育工作座谈会。

25日 林周县召开了平安林周建设暨2016年度社会治安综合治理工作会议，表彰了2015年度社会治安综合治理工作先进集体和先进个人，并对2016年度综治工作进行了安排和部署。

27日 团县委、县人民法院、县中学联合组织开展“青春与法同行——青春法律大讲堂”普法宣传教育活动。

28日 林周县举办2016年第一期新闻通讯员培训班，来自全县各单位、各乡镇（村）、驻村工作队的近100名基层通讯员参加培训。

29日 林周县组织召开村党支部第一书记总结交流大会。

同日 林周县2015年土地开发项目通过验收。

4月 林周县圆满完成2016年计生两项奖励扶助对象资格确认及目标人数申报工作，经核查符合“一孩双女”户困难家庭的新增人数64人，退出（死亡）人数35人；“独生子女伤残死亡”新增人数21人，退出（死亡）人数10人。

同月 林周县第一季度一般公共预算本级收入完成3305万元，同比增长60.9%。其中税收收入完成2038万元、非税收入完成1267万元；完成地区生产总值3.04亿元，同比增长8.4%；固定资产投资完成5300万元，同比增长194.0%；农牧民人均可支配收入完成1192.8元，同比增长3.6%；社会消费品零售总额完成3429万元，同比增长7.1%。

同月 林周县第一季度一般公共预算支出完成18105万元，完成年初预算的25.23%。其中：公共服务支出4782万元，公共安全支出1307万元，教育支出4420万元，科技支出54万元，文化体育与传媒支出75万元，社会保障与就业支出780万元，卫生医疗与计划生育支出2225万元，节能环保支出70万元，城乡社区支出65万元，农林水支出2685万元，资源勘探信息等支出52万元，国土海洋气象等支出42万元，住房保障支出1040万元，其他支出508万元。

同月 林周县兑现完成3月住院医疗费报销职工10人次、居民12人次，生育报销16人次。职工住院费用182153.27元，其中统筹报销132179.63元、公务员报销4728.95元、申请补充医疗保险1名；居民住院总费用238194.51元，其中统筹报销103163.58元、申请居民补充医疗保险1名；生育总费用151474.1元，审核报销131294.4元。

同月 林周县2016年农牧区医疗家庭账户基金分配完成，农牧民2016年个人筹资30元，其中10元直接划入家庭账户，其余20元按28%比例划入家庭账户、72%比例划入大病统筹基金。2016年，林周县58765名农牧民参加农牧区大病医疗统筹，筹资总额1762950元，家庭账户下拨金额7912138元。

同月 林周县积极开展广播电视“户户通”数字智能卡机顶盒整村推进项目，完成包括边交林乡3个村委会在内的1293户“户户通”更换卡机工作。

同月 林周县非物质文化遗产文化展品亮相第九届江苏省园艺博览会，此次博览会由江苏省政府主办，省住建厅、省农委和苏州市政府共同承办的第九届江苏省园艺博览会于2016年4月18日至5月18日在苏州太湖园博园隆重开幕，为期一个月。

5月

3日 林周县完成春堆乡、强嘎乡、松盘乡、边林乡、旁多乡、唐古乡、阿朗乡7个乡镇司法所办公楼的立项申请、选址规划、实地勘测、设计、环评、维稳风评等前期筹备工作。

4日 林周县召开县乡换届风气监督工作专题培训会。

6日　林周县人大举办2016年县乡人大换届选举工作培训会。

8日　林周县举行江夏乡扶贫旅游服务中心产权交接仪式，江夏乡杰冲扶贫旅游接待中心建设项目总投资1473万元，社会扶贫（西藏宏发有限公司）投资1273万元，国家扶贫资金投入200万元，总建筑面积7533.37平方米。今后，该中心由村委会进行管理，直接受益群众共335户1481人，人均年收入增加500元以上。

9日　林周县人力资源和社会保障局召开各乡镇基层劳动就业专职人员工作会议。

10日　林周县妇联举行“恒爱行动”爱心毛衣发放仪式。

同日　林周县召开2016年人力资源专场招聘会，共有24家用工企业参加了招聘，涵盖了保洁、驾驶员、厨师、养殖业技术员等462个就业岗位。现场约2300多余人参加了应聘，654人达成了就业意向。招聘会现场还设立了就业创业、劳动监察、养老保险、工会法、待业青年维权等5个政策法律法规宣传咨询台，发放各类宣传资料2257册，接受了1500余名农牧民群众的咨询。

12—13日　林周县民政局利用两天的时间开展以“减少灾害风险 建设安全城市” 为主题的防灾减灾宣传活动。

17日　吴江区人民政府向林周县各乡镇卫生院捐赠的9辆救护车全部到位。

18日　拉萨市首届五一劳动奖状、奖章和工人先锋号表彰大会在拉萨市总工会隆重举行，林周县荣获1个五一劳动奖状获奖单位，1名五一劳动奖章获奖个人和1个工人先锋号获奖班组（车间）进行了表彰。获奖单位分别是林周县公安局、五一劳动奖章获奖个人索朗多吉和格桑欧珠、工人先锋号获奖单位林周县人民医院外科。

24日　林周县2015年退役士兵驾驶技能培训开班仪式在林周县交安驾校举行。

27日　林周县依法顺利召开县乡两级人大代表选举大会，102个县级选区、161个乡级选区，同步直接选举产生129名县级人大代表、421名乡级人大代表。

23—26日　林周县10个乡镇相继召开第一次党员代表大会，顺利选举产生了新一届乡镇党委领导班子。

29—31日　林周县10个乡镇第十三届人民代表大会第一次会议圆满召开。

30日　林周县团委、妇联联合开展“庆六一关爱贫困儿童圆梦活动”。

30日　甘旦曲果镇召开了第一次党员代表大会。

5月　林周县民政局发放2016年度优抚对象补贴资金及提标补助资金，发放全县7名机关伤残人员、5名“三属”人员和11名农村籍60岁以上退役士兵生活补贴以及提标补差资金共计244442.5元。

同月　林周县“十三五”规划项目建设情况良好，上报入库项目含9个大类别156个大项443个项目，规划预估总投资304.44亿元。按项目行业申报类别划分为农牧业类28个项目，基础设施类39个大项298个项目，能源类5个项目，社会事业类20个大项23个项目，特色优势产业类9个项目，生态环保类20个项目，政法政权建设类20个大项24个项目，保障性住房建设类11个大项32个项目，其他类4个项目。

同月　林周县通过制作宣传标语、广告牌、宣传资料等方式扎实开展了义务教育均衡发展宣传工作，在近四周的时间里，宣传小组共制作了20种宣传标语，40余个户外宣传广告牌，发放宣传资料3000余份，接受群众咨询300余人次，取得了良好效果，在全县范围内营造出了“人人知晓均衡发展，人人关注均衡发展，人人支持均衡发展”的浓厚氛围。

同月　林周县民政局按照A类每人每月173元、B类每人每月133元、C类每人每月90元的标准，发放第一季度城乡低保资金，其中农村低保1113户、4175人，发放低保金144.972万元；城镇低保1028户、1074人，发放低保金154.617万元。

同月　林周县“四业工程”工作推进有力，实现城乡劳动力转移就业1292人，劳务输出3367人，实现经济收入596.55万元，投入各类机械设备82台次。

同月　拉萨市妇联召开2016年拉萨市“最美

家庭”表彰大会，林周县边交林乡的洛桑次仁家庭和松盘乡白定村的次仁罗布家庭荣获拉萨市“最美家庭”称号。

同月 林周县耕地保护和基本农田保护全部达标，实有耕地面积251997.21亩，基本农田面积228102亩，耕地保有量和基本农田保护面积全部达标并超出目标任务。“十二五”期间，林周县自行补充耕地30088.28亩，用于拉萨市、林周县和旁多水利枢纽工程耕地占补平衡指标。

同月 苏州市援藏工作组筹措社会各界爱心捐赠款200万元设立林周县“微笑天使”医疗救助基金，专项用于资助林周县农牧民家庭先天性唇腭裂、先天性髋关节脱位、先天性脊柱侧凸畸形三类疾病的治疗救助。

6月

1日 甘旦曲果镇人大召开了十三届第一次人大代表大会。

2日 林周县食药监局开展“三大考试”期间食品安全监督检查。

同日 林周县人大、政协、督查办联合召开2016年“十件民生实事”督办会。

5日 林周县开展“改善环境质量 推动绿色发展”主题宣传活动，共悬挂横幅18条（街道、宣传点），参与人数300余人次，发放《禁白污染及环保科普宣传》等各类宣传单、宣传书籍1800余份，发放环保袋1200余个，接受群众咨询150余人次。

7日 林周团县委组织创业青年参观全区第五届“成才杯”大学生创业大赛。

12—13日 林周县顺利完成2016年内地西藏初中班招生考试，本次考试设置14个考场，共346名学生参加考试。

14日 由江苏省人大常委会副主任、党组副书记、对口援藏工作领导协调小组副组长史和平率领的江苏省党政代表团共27人到林周县，就林周县鹏博健康产业园、五保户集中供养中心和卡孜乡卡孜村综合服务中心的发展情况进行了考察。

16日 林周县开展安全生产集中宣传活动。

18日 由苏州市人大常委会主任陈振一率领的苏州市党政代表团一行6人到林周县进行考察，向林周县捐赠了50万元扶贫帮困资金。

6月 林周县1—5月税收收入4431.88万元，比2015年同期增加927.9万元，同比增长26.5%.其中：增值税446.68万元，比2015年同期增加109.62万元，同比增长33%；营业税1209.43万元，比2015年同期减少157.66万元，同比下降12%。

7月

1日 开展书记讲党课，全年认真安排部署“两学一做”学习教育活动。

同日 林周县举办“两学一做”主题演讲比赛，此次比赛严格按照公开、公平、公正和精神奖励为主、物质奖励为辅的原则，评出一等奖1名、二等奖2名、三等奖3名。

4日 甘旦曲果镇江角村开展田间除草奖励大会，副县长郭果参与会议。

6日 林周县召开2016年全区农牧科技创新现场会专题推进会。

14日 林周县隆重召开迎送苏州市援藏干部大会。在家县级领导，苏州市第七批、第八批援藏干部，各乡（镇）、县（中）直各单位主要负责人，县医院和供电公司援藏人才以及部分县直单位副科级以上干部共计130人参加会议。最后，林周县相关领导与第七批援藏干部共事的林周县原班子成员和苏州市援藏干部在县政府机关楼前合影留念。

22日 林周县农牧科技创新现场会胜利召开，区市有关农牧科技领导及负责人共30余人参加会议。与会人员先后深入江热夏乡江夏村青稞新品种“喜拉22号”高产创新推广示范基地、江热夏乡斯曲亚玛人工饲草基地、甘曲镇朗当村麦类作物高产创建和绿色增产模式示范基地、甘曲镇江角村奶牛养殖小区等地，通过实地观摩，详细了解林周县农牧业科技创新发展所取得的成果，相互学习交流发展经验，进一步推进农业科技创新和示范推广。

27日 林周县直属机关党代表会议胜利召开，县委常委、县委办主任侯飞主持会议，县直属机关党委、各总支、支部及代表候选人预备人选共130人参加会议。县委书记次仁顿珠以普通党员代表身份参加了投票选举。在广泛酝酿讨论的基础上，通过等额选举，无记名投票的方式，共选举产生119名党员代表出席县第九次党代会。

28日 林周县发放2015年度34名高校特困生一次性教育资助金9.1万元，其中考入区外重点高校3名，每人5000元，区外普通高校15名，每人发放资金4000元，考入区内高校16名，每人1000元。

30日 苏州市科学技术协会副主席张亿峰率苏州市科协考察交流团一行7人到林周县考察交流，县委常务副书记潘志嘉、县政府副县长郭果等陪同考察。

7月 林周县合作医疗上半年参合农牧民共发生医疗总费用969.04万元，报销医疗费用524.6万元，享受人数694人。其中，普通病：在乡镇卫生院住院治疗11人，实际报销1.9万元；在县级医院住院治疗10人，实际报销3.65万元；在市级以上定点医院住院治疗615人，实际报销480.75万元；孕产妇：产妇住院治疗46人次，实际报销金额33.2万元；特殊门诊人数12人，实际报销金额5.1万元。2015年1—6月上半年全县门诊核销总人数34696人，门诊核销总金额319.25万元，其中：县级以上的医疗机构人数7351人，实际核销157万元；乡级医疗机构人数24967人，实际核销127.13万元；村级医院机构人数2378人，实际核销35.12万元。

同月 林周县上第一、二季度发放农村低保资金308.93万元，其中第一季度农村低保1113户4175人（其中A类1193人、B类197人、C类2785人）农村低保资金144.972万元；第二季度农村低保1113户4177人（其中A类1194人、B类198人、C类2785人）农村低保资金154.51万元，提标补差资金9.45万元。

同月 林周县举行庆祝建党95周年“七一”表彰大会，表彰了14个先进基层党组织、17名优秀共产党员和15名优秀党务工作者。

同月 林周县非公经济发展平稳，前5个月新增各类市场主体130余户（含个体工商者），注册资本金达2000余万元，现全县非公经济市场主体（含个体工商者）总数达3470余户。

同月 林周县2016年上半年市场消费平稳增长，全县消费品零售总额完成7636.8万元，完成全年目标任务的44.4%，同比增长13.4%，增速比第一季度提高1.3个百分点。按销售地区分：城镇3959.8万元，占51.9%；乡村3677万元，占48.1%。按销形态分：批发零售6555.6万元，占85.8%；住宿餐饮1081.2万元，占14.2%。

同月 林周县通过县农行代发全县1113户4177人第二季度农村低保资金共计163.96万元。提标后重点保障对象的年人均补差标准由2015年的2070元提高到2270元，年均增加200元；特殊保障对象的年人均补差标准由2015年的1590元提高到1730元，年均增加140元；一般保障对象的年人均补差标准由2015年的1077元提高到1123元，年均增加46元。

同月 林周县广播电视重大项目之清流机设备置换项目顺利通过初验，涉及全县10个乡镇、10024户农牧民群众。

同月 林周县6月总投资约1.186亿元的11个项目已完成招投标，其中2015年援藏项目2个、总投资0.3889亿元；2016年援藏项目7个、总投资约0.66亿元，交通项目2个、总投资约0.1371亿元。

同月 林周县强嘎乡曲嘎强村奶牛规模化养殖基地建设正式启动，该项目总投资55万元，其中国家投资45万元、群众义务投劳10万元，项目使用面积430平方米。

同月 拉萨市副市长林生一行到林周县检查指导部分企业（项目）环境整改工作。

8月

8月开始 镇党委书记郑杰和镇长次仁桑珠到甘旦曲果镇下辖6个行政村开展调研工作。

1日 林周县开展“八一”建军节慰问活动，县委书记次仁顿珠一行先后到县人武部、县消防大队、县武警中队进行节日慰问，热烈庆祝中国人民解放军建军89周年，并送上节日的祝福及慰问金。

2日 自治区民政厅副厅长牛玉枝率队到林周县调研特困人员救助供养工作。

3日 林周县圆满完成小升初整班移交工作，全县共有685名小学毕业班学生升读初中，在移交工作中，各职能部门团结协作，确保了整个小升初整班移交工作安全、顺利、圆满完成。

4日 2016届大学生志愿服务西部计划西藏专项志愿者到岗开展志愿服务活动。

9日 林周县精准扶贫精准脱贫工作推进大会隆重召开，县委书记次仁顿珠出席会议并作重要讲话，“六脱”专项工作组组、四个督导组组长、县直单位负责人、各乡（镇）主要负责人、各村“第一书记”共计150余人参加会议。

17日 林周县全民健康体检工作圆满结束，应体检60727人，实际体检60715人，体检率99.9%。体检共筛查发现疑似白内障120人；0—18岁儿童应检查14356人，实际检查14356人，发现疑似先心病23人、儿童唇腭裂4人、先天性髋关节脱位4人；应筛查妇女两癌15294人，实际检查15294人，发现疑似两癌患者7人；应筛查僧尼774人，实际检查774人。

19日 拉萨市特殊教育学校深入林周县开展2016年秋季新生招录工作，共有2名学生被特校职教班录取，1名学生被特校小学部录取，4名有自理能力的肢体残疾学生建议其在普通学校随班就读，1名脑瘫儿童特校将采取送教上门形式指导帮助其学习，让他们接受全面、系统的教育。

27日 苏州市姑苏区委书记、苏州国家历史文化名城保护区党工委书记王庆华率苏州市姑苏区党政代表团一行到林周县交流对口支援工作。

8月 总投资42万元的热振国家森林公园林相改造项目二期工程选址开工。二期工程主要建设内容为在2015年完成柏树填充50棵、支架100余棵的基础上进行树木清理储藏仓库。二期工程开工建设，将进一步加强对热振国家森林公园的保护力度。

同月 国家开发银行团委书记陈雷、国家开发银行成都审计分局副局长温永明等一行到林周县开展脱贫攻坚“垄上行”调研活动。拉萨市人大常委会副主任欧阳莉萍，市政府秘书长洛桑曲珍，林周县委常委、副县长方文伟，副县长郭果陪同。

同月 林周县1—7月金融机构存款余额171585万元，同比增长36.8%。其中，对公存款144743万元，同比增长39.1%；居民存款26842万元，同比增长25.9%。金融机构贷款余额75087万元，同比增长11.8%。其中，短期贷款4232万元，同比增长16.8%；中长期贷款70855万元，同比增长11.6%。

同月 林周县开展全县农村饮水现状调查，经调查10个乡镇需要新建和进一步巩固提升的农村饮水安全工程共涉及80处，22805人。其中，需新建农村饮水安全工程33处，涉及7835人；需巩固提升农村饮水安全工程47处，涉及14970人。

同月 林周县1—7月接待中外游客87896人次，同比增长501%；实现旅游总收入1057.60万元，同比增长427%。

同月 林周县1—7月社会消费品零售总额完成9302.40万元，同比增长12%。其中，城镇完成4857.20万元，同比增长5.4%；乡村完成4445.20万元，同比增长20.2%。

同月 林周县土地流转初具规模，共有流转土地16028.88亩（强嘎乡、江热夏乡、边交林乡、甘曲镇），参与户数1106户。流转土地主要用于饲草种植、温室建设，均以签订合同方式（一年或三年）进行租用流转，流转租用价格为200—1100元不等。

同月 林周县农牧业种植管理工作参观评比交流现场会召开，此次现场会涉及7个乡镇14个点，参观评比内容为农业品种种植、良种推广种植、区域试验种植、田间管理以及饲草种植等方面。在参观评比过程中，评比点负责人对农牧生产基本情况、工作方法、群众参与度、田间管理措施等进行详细介绍。经评比，2016年农牧业种植管理工作前3名分别为：强嘎乡、边交林乡、松盘乡。

9 月

2日 林周县10名建档立卡重点本科院校女大学生获拉萨市妇联资助，每人获助学金5000元，共计50000元。

5日 中国人寿保险公司西藏分公司面向林周县招聘35人，报名参加面试223人，其中高校毕业生137人，精准扶贫户高校毕业生20人。据悉，此次中国人寿保险公司西藏分公司提供就业岗位35个，主要招收初中以上文化程度的农牧民群众，面试通过92人。

同日 林周县首届创新创业大赛正式启动。

7日 林周县换发首张新式食品经营许可证。新发布的食品经营许可证与食品流通许可证、餐饮服务许可证相比，新式食品经营许可证信息更加详细、更具体，新增了二维码、日常监管机构、监管人和投诉举报电话等内容，新式食品经营许可证有效期由3年延长至5年。

8日 江苏省发改委援藏援疆工作组一行到林周县实地考察2016年援藏项目建设情况。

9日 林周县隆重举行第32个教师节表彰大会，表彰了3个教育管理先进乡镇，2名乡镇教育管理先进个人，4所教育教学质量提升先进学校，7所目标管理、争先进位获奖学校，3个升学奖，10名师德先进个人，28名优秀教师，22名优秀班主任，12名优秀教育工作者，22名优秀后勤工作人员，8名优秀保育员以及20名优秀园丁，共有17个集体、124名个人受到表彰，共计发放奖金95.37万元。

13日 中国共产党林周县第九次代表大会隆重开幕，来自全县各条战线的215名代表、30名列席人员和各单位听会人员参加大会。

14日 林周县集中开展平安西藏宣传日和民族团结宣传日活动，县综治办、统战部、公安局、检察院、法院等23家县（中）直单位，在县太湖路集中开展了“9·16”平安西藏宣传日和民族团结宣传日活动。全县共悬挂宣传横幅30余条，发放各类宣传单、法律书籍共80余种、14000余张（本），展出宣传图板20余块，解答群众咨询30余人次，机关干部职工、农牧民群众不同程度受到了教育，达到了预期效果。

9月 林周县消防大队组织官兵在辖区重点场所开展夜间灭火实战演练，进一步树立了官兵的忧患意识和大局意识，提高了指挥员和参战官兵的综合素质，为提高部队综合战斗力奠定了坚实基础。

同月 林周县农业机械化水平不断提高，发放小四轮168台、储量罐600套，大型拖拉机、收割机36台以及相关农机配套的犁、铧、耙等配套机具，群众享受国家补贴621.69万元。

同月 林周县招商引资工作成效明显，共办理招商引资企业35户，注册资金6800万元，其中5户企业缴纳税收276万元。

同月 林周县1—8月完成金融机构完成存款余额175182万元，同比增长38.8%。其中，对公存款完成145789万元，同比增长38.5%；居民存款完成29393万元，同比增长40.2%。

同月 林周县权责清单梳理工作稳步推进，现共计行政职权1340项，其中行政许可116项、行政处罚957项、行政强制76项、行政征收7项、行政给付9项、行政检查66项、行政确认17项、行政奖励11项、行政裁决6项、其他类75项。在市审改办统一安排指导下，全县各县直部门与上级部门主动沟通协调，逐一清理，制定了“行政权力清单和责任清单”，绘制了“权力流程图”和“服务指南”，经多次修收、完善，现已上报市审改办。

10月

8日 林周县妇联在松盘乡组织开展了以“情满国庆，关爱留守儿童，为留守儿童送温暖”为主题的活动，活动共为松盘乡30名留守儿童发放价值6780元的羽绒服、书包、文具盒等物品。

9日 林周县顺利完成幼儿园保育员招聘工作，共42人报考，经笔试、体检、面试合格后，

19人被聘为保育员并签订了用工合同。

10日 林周县为全县5名贫困女大学生发放了“蓝天春蕾生”爱心资助金，共计发放资助金7000元。

12日 林周县2016年汽车驾驶培训班开班典礼在林周县交安驾校举行，报名参加此次培训的建档立卡贫困户共52人，培训为期45天。此次培训旨在帮助建档立卡贫户转移就业，增收脱贫，此次培训是在充分调研的基础，充分征求建档立卡转移就业贫困户意见而开设汽车驾驶培训班。

13日 解放军成都军区总医院援藏专家为林周县先心病疑似患儿检查确诊，经检查3名患儿确诊为先天性心脏病、有手术指征的患儿2名，符合条件的2名患儿将由解放军成都军区总医院免费进行手术治疗。

17日 林周县认真做好贫困残疾人无障碍改造及补贴资金发放工作，为7户每户残疾人家庭发放改造资金3500元，共2.45万元。此次无障碍家庭改造，优先考虑对重度困难残疾人家庭、老残一体家庭、孤残一体家庭和一户多残家庭进行改造。内容包括楼梯和楼道出入口的无障碍扶手改造、卫生淋浴间安装抓杆和扶手、厨房橱柜改造、适配座便椅等。

18日 为期45天的装挖机技能培训圆满结业，拉萨市技能鉴定中心对培训结业的70名学员进行了职业技能鉴定，合格率达100%。

20日 林周县2016年村级后备干部专题培训班正式开班，全县45名后备干部参加培训，培训特别邀请区、市、县党委党校老师开展专题讲座，并采取现场互动、实地考察等多种学习形式。

25日 林周县2016年城乡养老保险征缴工作圆满完成，城乡居民养老保险续保共计29490人，重度残疾低保等困难人员续保2516人，村“两委”等特殊人员续保278人，申请县财政补贴146731.5元，养老保险征缴金额2975200元，合计征缴养老保险3121931.5元。

10月 林周县为全县6753名符合领取养老金条件的城乡居民足额发放2016年第三季度养老金，共计315.26万余元，人均基础养老金150元。

同月 林周县前三季度金融市场运行平稳，县金融机构各项存款余额164403.52万元，比年初增长24.6%。其中：居民个人储蓄存款27618.52万元，占存款余额的16.8%，比年初增长30%；对公存款136785万元（包含机关、企业、事业单位），占存款余额的83.2%，比年初增长23.6%。金融机构各项贷款余额73898万元，比年初增长7.4%。其中：短期贷款3726万元，占贷款余额的5%，比年初增长11.5%；中长期贷款70172万元，占贷款余额的95%，比年初增长8.9%。

同月 林周县发放2015年度退役士兵家属优待金及一次性就业补助资金县民政工作人员为17名士兵家属发放优待金及一次性就业补助金128.8万元。另对6名待安置的士兵发放2016年1月至9月待安置期间生活补贴资金2.915万元。

同月 林周县开展安全隐患排查及矿山企业整改验收工作。

同月 林周县为全县815名80岁以上高龄老人发放2016年高龄补贴共计46.08万元。其中：80—89周岁的老人759人，发放补贴金34.155万元，补贴标准为每人每年450元；90—99周岁的老人151人，发放补贴金11.325万元，补贴标准为每人每年750元；100岁以上5人，发放补贴0.6万元，每人每年1200元。

同月 西藏宏发建筑工程有限公司到林周县江热夏乡慰问贫困户和老人。

同月 林周县前三季度农牧民人均支配收入实现5973.7元，同比增长15.5%，增速同比下降0.8个百分点，完成全年目标任务的56.7%。

同月 林周县前三季度城乡消费市场稳中有升，社会消费品零售总额完成1.31亿元，同比增长12.9%，环比增速提高0.3个百分点，完成全年目标任务的76.6%。

同月 林周县2015年扶贫项目全部完成，包括唐古乡恰扎村旅游度假项目70万元、甘曲镇久荣村藏猪养殖基地建设项目55万元、甘曲镇甘曲村手工编织厂100万元，卡孜乡白朗村农牧民施工队建设项目50万元。

11月

1日 林周县对城镇低保对象967户、1022人，发放第三季度低保金166.76余万元。

3日 林周县2016年秋季重大疫病防控工作顺利开展，共对230217头各类牲畜进行免疫注射，其中口蹄疫牛0.I.A型169232头，羊56166只，猪4819头，家禽6565羽。

4日 林周县再添消防利器，上级部门新配发的价值130余万元的多功能城市主战消防车已到达林周县。新消防车的配备，为林周县消防增添了力量，有效提升了林周县消防装备建设水平，切实增强了辖区抗御火灾的综合能力，为“灭大火、救大灾”提供了强有力的保障。

15日 由甘旦曲果镇党委副书记、镇长次仁桑珠牵头带领甘旦曲果镇干部代表到苏州市吴中区高新区管委会及苏州市吴中区木渎镇进行交流学习经验，并争取到援藏资金35万元。

23日 甘旦曲果镇党布村进行村党支部书记的换届改选大会。

29日 自治区林业项目交叉验收组一行四人到林周县对林周县2013年重点区域造林工程项目检查验收，检查组分别对项目资金使用情况、档案资料、造林面积和成活情况进行了检查验收。

29日—12月5日 林周县在全县范围内开展“五下乡”活动。此次活动为全县农牧民群众发放了价值1000元的医药品，同时发放各类宣传资料15000余份，现场接待咨询500余人次。

11月 林周县鹏博健康产业园积极稳步发展，截至10月底有43家企业落户林周县鹏博健康产业园，产生税收525万余元，较2015年13家企业，新增30家，同比增长2.3倍。

同月 林周县粮油播种面积168952.45亩，单产412.065公斤，总产6961.9万公斤。粮食播种面积160016.7亩，单产424.96公斤，总产6800.08万公斤，比市下达指标增产0.08万公斤。

同月 林周县畜牧业稳步发展，全县牲畜存栏达23.35万头（只、匹），牲畜出栏85765头（只、匹），出栏率35.2%；肉产量0.78 万吨，奶产量0.73万吨，禽蛋产量235.1吨，牲畜良种覆盖率41.2%。

12月

5日 正值第31个国际志愿者日之际，林周县组织志愿者在县易地搬迁安置点开展以“携手环保，关爱搬迁户”为题的志愿服务活动。参加此次活动的志愿者们充分发挥“不怕苦、不怕累”的精神，全面清理了搬迁点周边的白色垃圾，并引导广大搬迁群众养成良好的文明习惯。

5—6日 林周县工商联在拉萨社会主义学院举办了非公企业培训班，全县15家非公企业相关负责人参加培训。

12日 林周县召开2017年度全社会固定资产投资工作推进会，会议通报了2016年全县1—11月全社会固定资产投资完成情况，对固定资产投资形势进行了分析。会议要求，县直项目单位及乡镇在12月16日之前与上级部门对接2017年已列入国家投资的项目计划，并报送至县发改委汇总。同时强调要尽快梳理出2017年全年投资总盘子，加快推进项目前置审批工作，努力实现2017年28.87亿元的固定资产投资目标任务。

12月 林周县工商局注册大厅核发了全县首张个体工商户“两证整合”营业执照，标志着个体工商户营业执照、税务登记证“两证整合”登记制度在林周县开始施行。

同月 林周县组织召开2016年退休教职工座谈会，全县退休教师代表12人参会。会议指出，近年来全县教育事业取得了较好的发展，广大教职工长期以来兢兢业业，为林周教育事业做出了不可磨灭的贡献，同时希望已退休的教职工继续关心和支持林周教育事业，积极建言献策。

政 治

中共林周县委员会

【概况】 2016年，林周县委团结带领各族干部群众，深入贯彻落实中央第五次、六次西藏工作座谈会精神和习近平总书记系列重要讲话精神，深入实施“六大工程”，全县呈现出经济快速发展、社会和谐稳定、民生持续改善、民族团结巩固、群众安居乐业的良好局面，实现了“十三五”规划良好开局。2016年，林周县实现地区生产总值15.49亿元，同比增长1.6%，三次产业比例持续优化为16.6：23.17：60.3；财政收入1.29亿元，同比增长18.2%；全社会固定资产投资8.9亿元，同比下降53.7%；农村居民人均可支配收入10095元，同比增长10.3%；工业增加值0.78亿元，同比下降0.2%；社会消费品零售总额1.70亿元，同比增长12.3%。

【农业生产】 年内，林周县牲畜存栏达23.61万头（只、匹），牲畜良种覆盖率达到41.2%；饲草种植面积6.17万亩，生猪、半细毛羊、奶牛养殖已初具规模，一产增加值达2.51亿元、同比增长6.9%。农牧业基建项目投资达6577万元，水利项目总投资达8260.38万元；完成低产田改造1.7万亩，落实良种繁育、推广、测土配方和高产创建面积累计达33.7万亩，粮油产量再创新高，达0.705亿公斤。

【项目建设】 年内，林周县加大项目前期经费投入力度，多方筹措资金，争取市、县两级共计2000万元，用于项目前期工作开展经费，确保项目“入得了库，落得了地”。强化项目高端谋划，积极推进林周县经济发展，年内，共储备236个项目，项目计划总投资约为37亿元，在建项目135个，完成投资8.9亿元，其中：续建项目44个，完成投资2.91亿元；新建项目91个，年内，共实施了12个援藏项目，已拨付资金6630万元，项目涉及城镇基础设施、村容村貌整治、医疗卫生、旅游开发、精准扶贫、民族交流交往交融6个方面。年内，计划实施20条农村公路工程项目，批复4个项目，总投资1584万元，其中3个项目完成交竣工验收。

【民生事业】 年内，林周县民生保障类支出达5.89亿元、同比增长28.88%，农牧民人均可支配收入达10095元、同比增长10.3%。“四业工程”深入实施，多项就业指标任务提前超额完成，农牧区劳动力转移就业1.75万人，实现收入9000万元。教育质量不断提高，落实“三包”政策及助学金2322.78万元、营养改善经费502.4万元，投入5118.46万元实施教育基建项目23个。健康水平明显提高，医疗保障覆盖面和筹资率均达到100%，累计报销医疗费用2342.24万元。全县“五项保险”参保覆盖率达99%以上，2016年发放城乡低保资金1213.53万元、各类救助资金2690.48万元。“五保户”集中供养率达83%、意愿供养率达100%。县财政投入5617.93万元完成了10件民生实事。

【精准扶贫】 年内，林周县把精准扶贫精准脱贫工作作为重大政治任务、发展任务、民生任务，迅速行动、精心部署、强化措施，扎实有序推进脱贫攻坚各项工作，取得了阶段性成效。实施以业脱贫，上级已下达第一批产业扶贫项目资金3770万元，本级财政安排1400万元人工种草1.25万亩，温室大棚、藏鸡藏猪养殖项目正在加紧实施。实施以迁脱贫，县域内300户集中搬迁安置点已建成房屋主体、正在完善附属设施，投入700万元为搬迁群众配备家具，完成2017年易地搬迁点建设选址和设计方案。实施以补脱贫，统筹安排有劳动能力的6061名贫困人口就地转成生态保护人员（护林员、草监员、旅游厕所保洁员、水利协管员、环境监督员、地质灾害防护员、交通管护员），下达补助资金1514万元，人均年收入3000元以上。实施转移就业千人增收工程，各相关单位正在联系安排就业岗位，力争更多贫困群众就业增收。

【基层党组织建设】 年内，林周县深入开展“强党、固基、扶村”工作，制定下发《林周县“强党、固基、扶村”下沉干部管理办法（试行）》，促进下沉干部管理工作规范化。制定村级活动场所建设发展规划，研究确定新建36个、改扩建8个、改造1个村级组织活动场所。建立县级领导联系指导乡镇换届工作制度，成立换届风气巡回督查组，顺利完成县乡领导班子换届。成立林周县委党校，开展7期393余人次的培训。严格落实“三会一课”等组织生活制度，建立科学的量化考核体系，推动党建工作由“软”变“硬”、由“虚”变“实”。逐步完善人才培训开发、引进以及激励保障，2016年，组织赴内地参加学习培训、观摩考察、挂职锻炼56人次。

【党风廉政建设】 年内，林周县认真落实党风廉洁建设主体责任，督促支持县纪委落实党风廉洁建设监督责任。2016年，林周县委先后6次召开常委会，专题研究党风廉洁建设和重要案件调查情况，修订完善了《县委常委会工作规则》和《县委常委会议事规则》。支持县纪检监察机关“三转”工作，为县纪委增设了党风政风监督室等4个科室，配备工作人员达20人，将参与的67个议事协调机构精减为12个，对全县40余名纪检监察干部进行了业务培训。严格执行约谈工作制度，县委主要领导先后对10个乡镇、33个县直部门、1个国有企业负责人进行了约谈，其中单独约谈35家、集体约谈9家，主要负责人约谈率达到100%。年内，区党委巡视一组向林周县委反馈了的3个方面16条问题13项建议，本着即知即改、立行立改的原则，经过2个月的专项整改，已全部整改到位，并形成了专项整改台账，该长期坚持执行将长期坚持，形成制度机制。

【宣传思想文化】 制定下发了《林周县委理论学习中心组2016年度理论学习安排意见》，年内，共开展县委中心组学习20次，参会人数达约1200余人次，领导干部带头开展交流发言达50余人次，共征订《人民日报》153份、《光明日报》61份、《经济日报》62份、《西藏日报》（汉）230份、《西藏日报》（藏）109份、《拉萨晚报》117份、《拉萨晚报》（藏）71份等。强化主流媒体宣传，年内，《拉萨晚报》全年刊登报道林周300余篇，《西藏日报》刊登15篇；通过“林周之窗”微信平台发布信息800余条；林周政务网发布信息2000余条；先后协助各级媒体14批次、90余名记者到林周县采访。不断巩固文明县城创建成果，及时将《2016年全国城市文明程度指数测评体系》《未成年人思想道德建设工作测评体系》的各项指标任务细化分解至各责任单位，落实到具体责任人。扎实开展志愿服务活动，积极开展集中宣传服务、义务植树、帮困扶弱、关爱未成年人、关爱空巢老人等志愿服务活动，其中拉萨市林周县爱心中转站、爱心中转站·志愿服务项目入选全国“四个100”活动先进典型候选名单。扶持完善乡镇文化站硬件设施建设工作，配发宣传思想文化工作所需的办公电脑25台、打印机12台、专业音响46对和专业功放、无线话筒、DVD播放机、航空机柜各46（套、个），新配发“户户通”加密二代机9235个，法律法规、文化教育等书籍6000余册。抓好舆论引导，着力维护意识形态安全，年内，舆情监测阅读量达4万余次，通过新浪微博等平台发帖评论各类信息500余条，转载400余条。抓好执法检查，着力推进文化市场健康繁荣发展，年内，开展日常巡查44次，专项检查3次，共检查经营单位200余家次，出动检查人员600余人次，查处违规经营案件3起。抓好干部培育，着力加强人才队伍建设，年内，先后选派3名干部赴苏州交流学习，举办全县通讯员培训班2期，对100余名通讯员进行了新闻稿件写作、简报信息写作的业务培训。

【“两学一做”学习教育】 年内，制定出台《关于在全县党员中开展“学党章党规、学系列讲话，做合格党员”学习教育实施方案》和《林周县委常委会2016年“两学一做”学习教育方案》，重点围绕《中国共产党章程》《中国共产党廉洁自律准则》《中国共产党纪律处分条例》党内法规及中央精神和区市党委决策部署开展学习，林周县委共集中学习25次，参与1000余人次，组织发言65人次；县级领导干部开展讲党课活动3次，参学400余人次；组织观看警示教育片2次，观看人数达300余人次；县处级领导自学人均70余学时，撰写心得体会人均2篇以上；全县各级党组织开展民主生活会23次，开展专题组织生活会161次；邀请区市宣讲团成员到林周县开展“两学一做”学习教育专题讲座3次，党的十八届六中全会和自治区第九次党代会精神专题讲座1次。

【社会治理】 年内，林周县社会治安防控更加完善，建立了责任落实机制，本着“谁主管谁负责、谁用工谁负责、谁招租谁负责”的原则，签订了《出租房屋管理责任书》《流动人口管理责任书》等，层层压实责任。健全基层综治组织，截至年底，全县10个乡镇已配备了1名综治办主任和2名综治专干，设置了办公场所，与14个基层派出所，45个驻村工作队，23个寺管会协同联动。特殊人群管控更加精细，形成了“县、乡、村、组、联户、家长”六级管理模式，确保无脱管、漏管现象发生。严格落实寺庙属地管理责任，不断巩固寺庙“六建”“六个一”工作，基本完成“9+5”工程，各项利寺惠僧政策全面落实。开展和谐模范寺庙暨爱国守法先进僧尼表彰活动，表彰县级和谐模范寺庙10座，爱国守法先进僧尼494名，先进寺管会3个，优秀驻寺干部10名，发放表彰资金51.3万元。安全隐患排查更加及时，2016年共开展检查48次，检查相关企业、商户23家，出动人员80余人次，检查出隐患22处，已整改22处，整改率达100%。深化“先进双联户”创建工作，成立“先进双联户”创建评选活动县、乡、村三级考核领导小组，制定了《2016年林周县“双联户”工作考评办法》，严格按照规定完成创建评选活动。

【东孜山“猴年转山”民俗宗教活动】 年内，林周县全面做好东孜山“猴年转山”民俗宗教活动期间的服务管理工作，先后组织召开东孜山“猴年转山”民俗宗教活动专题研究部署会议12次，研究制定了《林周县东孜山“猴年转山”民俗宗教活动总体方案》，成立了林周县东孜山“猴年转山”民俗宗教活动维稳工作领导小组，投入专项资金共计116.72万元。强化维稳安保同时，林周县突出“便民、利民”的宗旨，在转经沿线设置了8个便民服务点，修建了12个简易公厕，投放了57个垃圾桶，设置了3个医疗服务点，配置了专门的医护人员和救护车辆，为群众提供便利，其间共服务管理转山群众25.53万人次，整体实现了“三无”“三不出”“三稳定”目标。

【受援工作】 年内，苏州市第八批援藏干部接过苏州市第七批援藏干部的接力棒，在促进林周建设发展、改善群众生活、维护林周社会稳定等方面取得了明显成效。深入基层调研，全面掌握县情。工作组走遍县直单位、9个乡1个镇和学校医院，了解南农业、北牧业、援藏项目审批实施等第一手资料，充分掌握基层干部和农牧民群众的所思、所想、所盼、所忧，为下一步针对性的开展工作奠定了坚实基础。注重节点协调，加快项目推进。工作组对年内计划项目进行了全面梳理，对工程进度情况进行具体分析，逐个解扣，督促责任部门抓好落实。全年苏州援藏项目涉及城镇基础设施、村容村貌整治、医疗卫生、旅游开发、精准扶贫等各类共计12个，计划总投资6630万元，开工11个，开工率91.7%，年内，可完成投资工作量4150万元。其中，甘曲路市政工程建设项目、污水提升泵房建设工程、松盘乡岗巴村至白定村村容村貌整治工程和6个乡镇改水改厕工程等5个项目已通过竣工验收，并交付使用。聚焦中心工作，谋划长远发展。年内，启动林周县热振片区环境优化项目，并委托中青旅、中国国家地理杂志进行旅游策划方案编制，同步委托江苏省规划院编制热振旅游度假区规划设计和核心区控规；启动林周新县城规划战略研究工作，研究编制新县城总体规划。开展精准扶贫项目，实施鲜食玉米有机种植及保鲜加工产业化项目，以农民增收为基础，发展西藏鲜食玉米种植、加工，促进传统农业改造升级。加强两地互动，促进交流交融。年内，不断拓展两地交流交往领域，通过牵线搭桥，已先后有常熟市党政代表团、姑苏区党政代表团等15家代表团到访林周，开展结对签约，达成合作共识。加强干部人才培训工作，林周县先后组织20批队伍到苏考察、培训、交流，达130余人次。实现苏州县区乡镇街道级结对全覆盖，落地援助资金398万元，建立苏州林周纪检监察系统对口帮扶机制，每年以挂职锻炼和跟岗培训的方式，为林周培养3批6—9名纪检监察干部。

（刘文化）

【领导名录】

书　记　赵　　涛（藏族，2月免）
　　　　次仁顿珠（藏族，2月任）
副书记、人大常委会主任
　　　　格旦次仁（藏族）
副书记、县长
　　　　次仁顿珠（藏族，2月免）
　　　　高　　军（2月任）
常务副书记
　　　　赵文生（藏族，6月免）
　　　　王益冰（苏州援藏，7月免）
　　　　潘志嘉（苏州援藏，7月任）
副书记、常务副县长
　　　　王卫国（苏州援藏，7月免）
　　　　田嘉勇（苏州援藏，7月任）
副书记、组织部部长
　　　　何　　震（6月任）

林周县人民代表大会常务委员会

【概况】 2016年，共召开人民代表大会2次、县人大常委会会议10次、主任会议14次，听取审议“一府两院”专项工作报告13项，开展专题调研5次、执法检查3次，配合区市人大开展专题调研4次、执法检查2次，依法任免国家机关工作人员124人（次），接受辞职45人（次），代表培训1次，为推进林周长足发展和长治久安做出了应有贡献。

【维护党的权威】 年内，林周县人大常委会牢牢把握正确政治方向，始终严守政治纪律和政治规矩，在维护祖国统一、加强民族团结、开展反分裂斗争这个重大原则问题上，始终做到旗帜鲜明、立场坚定、态度坚决、步调一致。始终把坚持党的领导作为做好人大工作的根本保证。在县委的坚强领导下，坚持常委会党组发挥领导核心作用与依法履行职责相统一，始终把习近平总书记关于人大制度、人大工作和法治建设方面的系列重要讲话精神作为做好新形势下人大工作的基本遵循和科学指南，与贯彻执行区市县党委关于人大工作的部署要求有机结合，扎实推动人大工作与时俱进、完善发展。及时主动向县委请示汇报重大事项，切实把人大各项工作自觉置于党的领导之下，确保人大各项工作都有利于加强党的领导，有利于巩固党的执政地位，有利于保证党领导人民建设社会主义新林周。

【决定重大事项】 正确处理党委决策权、人大决定权与政府执行权之间的关系，依法对政府工作报告、2015年国民经济和社会发展计划执行情况与2016年国民经济和社会发展计划、2015年预算执行情况和2016年财政预算等重大事项做出决定8项，把党的主张转化为人民的意志，真正与县委保持政治上同向、思想上同心、行动上同步。

【人事任免】 常委会坚持党管干部原则与人大依法任免的有机统一，充分发扬民主，严格依法办事。完善任免程序，对常委会任职人员颁发任命书、组织任职发言、举行宪法宣誓仪式，进一步增强被任命人员的人大意识、公仆意识和主动接受人大监督的自觉性。依法任免国家机关工作人员124人（次）。依法罢免涉及违纪案件的人大代表1名，接受辞职常委会组成人员5名，补选常委会组成人员7名。

【服务全局】 县人大常委会牢固树立大局意识，积极投身于全县改革发展稳定工作之中。根据县委统一安排，党组成员分管、参与了十件民生事实、城区征地、精准扶贫等全县重点工作，推动了各项工作顺利有序发展。2名县级干部六月份以前全面主持甘曲镇、春堆乡党委工作，确保2个乡镇经济健康发展、社会和谐稳定。在重大节日、敏感节点、重要活动期间，4名县级干部分别到唐古、旁多、阿朗、松盘、甘曲、春堆等联系点开展维稳督导工作，并长期轮流在县维稳一线指挥部带班，为全县局势稳定发挥了积极作用。

【加大执法监督力度】 2016年，常委会就《中华人民共和国道路交通安全法》《西藏自治区实施〈中华人民共和国道路交通安全法〉办法》《拉萨市地名管理条例》贯彻落实情况开展执法检查在林周县的实施情况开展了执法检查。在执法检查中，注重把群众关注的热点和法律法规实施难点作为检查重点。针对检查中发现的干部群众依法遵守交通观念淡薄、政策不明确等问题，提出了意见建议，形成执法检查报告，并反馈给县政府和相关部门。配合市人大常委会对《中华人民共和国执业医师法》实施情况开展执法检查。通过执法检查，全面推进依法行政、公正司法和全民守法，为建设法治林周、法治政府起到了积极的推动作用。作为法律法规实施情况的检查监督部门，县人大常委会坚持先学一步、多学一些、学深一层，提高法律素养，为有效开展执法检查工作奠定扎实的理论基础。

【强化司法工作监督】 司法公正对社会公正具有重要的引领作用。常委会听取审议了2016年上半年法检两院工作报告，认为法检两院在公正司法、惩治犯罪、化解矛盾等方面做了大量卓有成效的工作，要求“两院”加强司法队伍建设，提升司法业务能力，切实做到公开透明，让人民群众在司法案件中真正感受到公平正义。

【强化经济运行监督】 常委会聚焦发展第一要务，积极推动全县经济持续快速增长。听取审议了2016年上半年国民经济和社会发展计划执行情况、2016年上半年财政预算执行情况、2016年财政预算调整情况。充分肯定林周县经济社会发展取得的新成就，督促有关方面主动适应经济发展新常态，着力提升经济发展质量、效益和内生动力，严格预算约束等建议。听取审议了净土健康产业发展情况报告，认为林周县净土健康产业培育力度大、发展后劲强，提出完善体制机制、加强人才培训、建立特色优势产业的建议，加快发展净土健康产业，使之真正成为林周县经济社会发展的新坐标。

【重视民生领域监督】 年内，常委会坚持把改善民生、凝聚人心作为一切工作的出发点和落脚点，进行重点监督，有力推进了民生工作的落实。听取审议、专题调研新农合资金管理使用情况，积极评价林周县执行新农合制度工作成效，提出加大政策宣传力度、提升基层医疗机构服务能力、优化住院报销和医疗救助程序、提高县外就医住院报销比例、加大新农合经办机构建设力度的建议。开展教育“三包”政策落实情况专题调研，对采购“三包”物资、确保食品安全等方面形成的长效机制给予高度评价，提出加强学校后勤管理队伍建设、提升学校财务人员专业能力、尽快编制“三包”政策宣传册的建议。县委、县政府连续2年实施“十件民生实事”，有力解决了群众身边的“最后一公里”难题，让老百姓有了实实在在的获得感。2016年，县人大、政协联合，继续选好选准实施项目，明确责任单位，时时跟踪督促，就落实情况开展专题调研，提出统筹协调形成合力、强化责任有诺必践、提前谋划精心安排的建议。截至年底，投资5617.93万元，2016年“十件民生实事”已基本完工。

【着力提高监督实效】 年内，综合运用听取审议专项报告、执法检查、专题调研等法定监督形式，在监督村级卫生医疗队伍建设情况、新农合资金运行情况过程中，开展专题询问，丰富了人大监督方法，推动了政府及其有关部门改进工作，体现了人大与“一府两院”之间既监督又支持、寓支持于监督中的关系。加强跟踪督办。对监督工作中发现的问题，常委会形成审议意见14份、调研报告4份、执法检查报告6份，及时提交县委、送达“一府两院”及相关单位。特别是，采取专题调研、听取汇报、电话督促等方式，持续跟进，有力推动了“十件民生实事”的工作步伐。

【创建“人大代表之家”】 截至2016年3月初，县级和10个乡镇“人大代表之家”均已正式挂牌运行。为了提高代表履职能力，全年人大常委会组织代表活动6次，主要以实地察看、走访、文件传达的形式开展活动。

【密切与人大代表联系】 完善代表联系群众制度，拓宽和丰富代表联系群众的渠道和内容，广泛听取人民群众的意见建议。为了不断扩大人大代表对常委会工作的参与，全年邀请200余人次人大代表列席常委会议和参加执法检查、视察调研等活动。积极组织林周县20名人大代表参加市人大常委会组织的视察调研活动2次。组织林周县10名县级人大代表到江苏省苏州市考察学习活动1次。

【提高建议办理质量】 把认真办理代表议案建议作为支持代表依法履职、充分发挥代表作用的关键环节，及时组织14家承办单位召开交办会、督办会，要求承办单位制定办理方案，加强与代表的联系和沟通。通过召开座谈会、实地查看、重点督办等，督促承办单位提高办理质量，认真答复代表。探索代表建议办理工作的激励约束机制，研究制定了《林周县人大常委会关于人大代表建议办理工作考核暂行办法》，以代表满不满意作为办理效果的衡量标准。林周县十一届人大五次会议和县十二届人大一次会议期间，代表分别提出的76件建议和101件建议，均按时限已全部办理完毕。

【开展“两学一做”专题教育】 年内，坚持将学习贯穿始终，坚持以知促行，采取集中学习、观看影片、专题研讨、撰写心得等方式，全面学习、深刻领会十八届三中、四中、五中、六中全会精神，习近平总书记系列重要讲话精神，《关于党内政治生活的若干准则》《中国共产党党内监督条例》和中央第六次西藏工作座谈会精神等新精神新部署。丰富活动载体。积极组织党员干部职工开展“结对认亲交朋友”、在职党员进村报到服务等活动，走村入户，看望慰问结对户、联系村、寺管会，送去了慰问物品和慰问金，进一步密切了同基层、同人民群众的血肉联系。突出问题导向。通过发放征求意见表、召开座谈会、班子之间交心谈心等形式，查找问题、交流思想、解决矛盾，共征求意见126条，经归纳梳理查摆突出问题人大党组9条、3名班子成员21条。民主生活会辣味十足，实事求是，直言不讳，3名班子成员互相批评共6条，实现了改进作风的目的，清扫了思想之弊、行为之垢，树立了严和实的要求。

【党风廉政建设】 年内，严格执行中央“八项规定”、区党委“约法十章”“九项要求”及市委“八项要求”，严守公务用车、公务接待、公务经费管理规定。多次组织学习《中国共产党廉政自律准则》《中国共产党纪律处分条例》，教育引导常委会组成人员和人大机关恪守道德高线、严守纪律底线，时刻拧紧思想“总开关”，用思想自觉引领行动自觉。认真填写《领导干部个人有关事项报告表》《廉政档案》，做到对党、对组织、对人民忠诚老实，自觉接受组织监督和群众监督。切实落实党风廉政建设主体责任，加强对分管领域干部职工的监督管理，营造浓厚廉政文化，筑牢拒腐防变的思想防线。

【建强干部队伍】 探索工作机制。以计划为工作导向，县人大常委会于年初制定了《林周县人大常委会2016年工作要点》和《林周县人大常委会2016年工作安排》。并以时不我待、只争朝夕的紧迫感、责任感，严格按照计划推动工作，确保各项工作圆满完成。提高业务能力。先后2次组织乡镇人大工作人员开展业务培训，多次深入乡镇实地检查指导乡镇换届工作。人大机关坚持，狠抓政策法规、专业知识学习。壮大工作队伍。10个乡镇配备了正科级人大专职主席，乡镇人大人员配置实现了大跨步，为推动乡镇人大工作注入了强大力量。

（张　楠）

【领导名录】

县委副书记、主任

格旦次仁（藏族）

副主任　边巴次仁（藏族）

洛桑元旦（藏族）

普布旺堆（藏族）

林周县人民政府

【概况】 2016年是“十三五”规划和全面建成小康社会决胜阶段的开局之年，是推进结构性改革的攻坚之年，同时也是协调推进“四个全面”战略布局、贯彻落实五大发展理念的关键一年。2016年，林周县人民政府在区市党委政府和县委的正确领导下，在全县各族干部群众的鼎力支持下，深入学习贯彻落实中共十八大，十八届三中、四中、五中全会和中央第六次西藏工作座谈会精神，以“五大发展理念”为引领，坚决贯彻落实“六大战略”，以建设“魅力林周，幸福家园”为奋斗目标，团结带领全县各族人民群众，埋头苦干、奋发进取，全县经济社会发展不断取得进步。

【经济实力显著增强】 完成地区生产总值15.49亿元，同比增长1.6%；完成固定资产投资8.9亿元，同比下降53.7%；完成本级财政收入12931万元，同比增长18.2%；农村居民人均可支配收入完成10095元，同比增长10.3%；社会消费品零售总额完成1.74亿元，同比增长10.3%；工业增加值完成0.78亿元，同比下降12.3%。

【农业建设健康发展】 2016年，农作物种植面积18万亩，比2015年增加0.87万亩。落实良种繁育、推广、测土配方和高产创建面积32.4万亩。粮油总产6961.9万公斤，粮食总产6800.08万公斤。试种小麦、油菜、青稞等不同种类36个新品种。牲畜存栏23.61万头（只、匹），出栏8.58万余头（只、匹）；肉、奶、蛋产量分别0.78万吨、0.73万吨、235.1吨。重大动物疫病疫情防治工作扎实推进，免疫注射各类动物26.9万头（只、匹）。农业机械化普及率不断提高，截至年底，兑现农机购置补贴资金661万元，购买发放农机具2501台。圆满完成农牧科技现场会，稳步推进净土健康产业发展，饲草种植面积6.17万亩，万头生猪养殖场、半细毛羊养殖场、奶牛养殖基地小区已初具规模。

【城乡建设稳步实施】 2016年，大力实施棚户区改造，完成总投资747.36万元的棚户区改造及附属工程。完成旁多乡新集镇市政基础设施和整体搬迁护墙工程，投资1410.83万元，新建旁多乡市政道路840.994米、护墙1066米。小康安居试点工程涉及37户群众。扎实开展环境整治专项行动，组成联合工作组对辖区内94家非法采石采砂和预制场依法进行取缔，对矿企遗留危险化学品进行了妥善处置。投入资金291万元集中采购环卫设备，县城及周边环境卫生问题切实得到缓解。完成拉萨周边造林539.4亩，防沙治沙和封山育林工作有序开展。

【项目建设稳妥有效】 2016年，全县在建项目135个，完成投资8.9亿元，其中续建项目44个，完成投资2.91亿元；新建项目91个，后续计划开工项目23个，总投资5.7亿元。强化项目稽查管理，严格执行基本建设项目程序，认真贯彻落实“五制”（法人责任制、招投标制、工程监理制、合同管理制、工程质量监督制），加强项目全程管理，严格控制项目建设规模，加快项目建设进度，确保项目建设质量。

【社会保障成效明显】 2016年，教育事业全面深入，县级财政全年投入资金2187.4万元，大力推进全县义务教育均衡发展，并以92.3分的成绩顺利通过国家级评估验收。严格落实“三包”政策，共落实“三包”及营养改善经费1621.64万元。适龄儿童入学率达99%以上，中小学巩固率达100%。中小考成绩居全市县区前列。卫生医疗服务能力得到加强，农牧区医疗保障覆盖面和筹资率均达到100%，累计报销医疗费用2342.24万元，扎实做好组团式医疗援藏承接工作，积极筹备创建“二级甲等”综合性公立医院，医药卫生体制改革工作稳步实施，疾病预防工作不断加强，全县医疗卫生服务水平得到长足发展。保障能力不断增强，全县“五项保险”参保人数达45795人，覆盖率达99%以上，征缴各类保险3636.5万元。就业工作扎实进行，多项就业指标任务提前超额完成，农牧区劳动力转移就业1.75万人，实现收入0.9亿元，就业培训、职业指导、职业推荐等工作深入扎实有效。保障民生积极稳妥，全年发放农村低保资金554.93万元、城镇低保资金654.66元。五保户集中供养全面有效，已入住农村“五保”老人116人，集中供养率83%，意愿供养率达100%。入户低保核查全部完成，共核查清退296户1115人。防灾减灾、优抚救助、地名普查等工作扎实开展，成效明显。保障性住房建设有序实施，完成投资6757.5万元，建设乡镇干部职工周转房384套、公共租赁住房68套，并对各小区住房及设施进行了维护完善。文化、影视、文物等工作全面开展。

【脱贫攻坚全面推进】 2016年，强化“以迁脱贫”，总投资1.7亿元的3个集中搬迁点建设全部完工，安置300户建档立卡贫困户入住，另有214户搬迁至城关区集中安置。县政府出资700万元为集中安置的514户贫困户配备家具家电。强化“以业脱贫”，吸纳项目区332户1513人参与完成县内1.2万亩饲草种植项目，人均增收650元，藏鸡、藏猪及奶牛养殖项目可安排62人就业，人均年增收3000元。强化“以补脱贫”，按照人均3000元/年的标准，对全县5937名贫困群众实施以补脱贫，精准分配，带证上岗。截至年底，已下达资金1513.9万元，正在陆续发放中。强化“以教脱贫”，完成贫困家庭大学生的统计、清退工作，完成年度建档立卡贫困户大学生系列教育费用、补贴发放工作。强化“以助脱贫”，对建档立卡贫困户实施全额医疗救助，彻底解决69名建档立卡贫困户“因病致贫、因病返贫”问题。贫困户医疗报销409人，报销金额40余万元。强化“以保脱贫”，不断健全完善社会保障制度体系，对完全丧失劳力的低保户744人实施社保兜底，实现低保户应保尽保、应退尽退。强化结对帮扶，1360名干部结对帮扶1882户贫困户。强化技能培训，组织技能培训479人，解决贫困群众就业164人。

【社会局势持续稳定】 2016年，维稳常态机制建立健全，狠抓社会综合治理，不断完善社会治理体系，严格落实敏感期和重大节庆安全保卫管控措施，妥善做好12年一度的东孜山“猴年转山”民俗宗教活动安保服务管理工作，有力地拱卫了全市和谐稳定。“双联户”和县乡村三级矛盾纠纷体系发挥作用明显，共排查调解矛盾纠纷1176件，帮扶困难家庭1283户。狠抓寺庙管理，不断促进各民族相互交流交往交融，全面落实利寺惠僧政策，寺庙各项设施得到极大改善，切实加强宗教事务管理，广泛深入开展法制宣传主题教育活动，深入推进和谐模范寺庙暨爱国守法先进僧尼创建表彰，评选表彰和谐模范寺庙20座、爱国守法先进僧尼772名。强基惠民活动继续推进。182名驻村工作队员扎根基层围绕“5+2”目标任务开展工作，申请争取自筹项目140个，总投资1037.27万元，投入资金349.59万元慰问群众、解决问题困难455件，惠及全县5万余名群众。加强安全生产，强化安全生产“红线”意识，严格开展安全生产整治监察等工作，截至10月，全县安全事故与上年同期相比持平，死亡人数下降300%，受伤人数下降300%。

面对新新常态、新理念和新任务，林周县政府将在市委、市政府和县委的正确领导下，更加紧密地团结全县各族人民群众，坚定稳中求进、稳中有为、稳中提质的工作总基调，蹄疾步稳，不懈奋斗，共同书写伟大中国梦的林周新篇章。

林周县政府在市委、市政府和县委的正确领导下，牢牢把握经济社会发展主动权，主动适应经济发展新常态，坚持“发展产业强实力、促进和谐聚合力、转变作风增活力”工作思路，坚定信心，迎难而进，为实现伟大中国梦的宏伟蓝图努力奋斗。

（索朗措姆）

【领导名录】

县委副书记、县长

次仁顿珠（藏族，2月免）

高　　军（2月任）

县委副书记、常务副县长

王卫国（江苏援藏，8月免）

田嘉勇（江苏援藏，8月任）

县委常委、副县长

卢智杰（8月任）

方文伟（8月任）

副县长　陈　　实（江苏援藏，8月任）

米　　玛（藏族）

李　　辉（2月任）

郭　　果（藏族，2月任）

边　　巴（女，藏族，6月任）

洛桑德吉（女，藏族，6月任）

张　　凯（10月任，挂职）

中国人民政治协商会议林周县委员会

【概况】 2016年3月22日至3月24日，中国人民政治协商会议第一届林周县委员会第五次会议在林周召开。会议应到委员59人，实到49人，符合政协章程。会议听取审议了《政协第一届林周县委员会常务委员会工作报告》和《政协第一届林周县委员会关于政协一届四次会议以来提案工作情况报告》；列席县十一届人大五次会议、听取并讨论《政府工作报告》《林周县“十三五”规划纲要》“两院”工作报告及其他报告；听取并通过一届五次会议以来提案审查情况的报告；审议通过政协第一届林周县委员会第五次会议政治决议》《常委会工作报告决议》和《提案工作情况报告》决议。

2016年9月19日至9月21日，中国人民政治协商会议第二届林周县委员会第一次会议在林周召开。会议应到委员109人，实到92人，符合政协章程。会议听取审议了《政协第一届林周县委员会常务委员会工作报告》；和政协第一届林周县委员会《关于提案工作情况报告》；列席县十二届人大一次会议，听取并讨论《政府工作报告》、“两院”工作报告及其他报告；选举政协第二届林周县委员会主席、副主席、办公室主任、常务委员；听取并通过《政协第二届林周县委员会提案委员会关于政治决议》《常委会工作报告决议》和《提案工作情况报告决议》。

【常务委员会】 第11次会议2016年3月21日，政协第一届林周县委员会常务委员会第11次会议在林周政协常委会议室召开，副主席次仁占堆主持会议。会议听取了政协第一届林周县委员会第五次会议筹备工作情况报告。审议通过了政协第一届林周县委员会第五次会议日程、议程（草案），常委会工作报告（草案）及报告人、提案工作报告（草案）及报告人，邀请出席政协一届五次会议在主席台就座领导人员名单、列席会议人员名单等重要事项。

第12次会议。2016年3月23日，政协第一届林周县委员会常务委员会第12次会议在林周政协常委会议室召开，副主席张林保主持会议。会议听取了两个讨论组召集人对各组讨论情况的汇报，审议通过《提案审查情况报告（草案）》，审议通过《政协第一届林周县委员会常务委员会工作报告决议（草案）》《政协第一届林周县委员会常务委员会关于一届四次会议以来提案工作情况报告的决议（草案）》和审议通过《政协第一届林周县委员会第五次会议政治决议（草案）》3个决议。

第13次会议。2016年9月11日，政协第一届林周县委员会常务委员会第13次会议在林周政协常委会议室召开，主席格桑次仁主持会议。会议审议通过了政协第二届林周县委员会委员名单、大会主席团和秘书长建议名单、大会常务主席建议名单、提案审查委员会组成人员建议名单、大会副秘书长建议名单、大会执行主席及主持人建议名单、分组划分及召集人建议名单、列席人员建议名单等8份建议名单。审议通过了第一届政协常委会工作报告（草案）、第一届政协提案工作情况报告（草案）两个报告。

二届第1次会议，2016年9月21日，政协第2届林周县委员会常务委员会第1次会议在林周政协常委会议室召开，主席格桑次仁主持会议。政协副主席张林保宣读了新一届政协工作计划安排，对政协新一届专委会设置情况进行了说明。通过举手表决，一致通过副主席张林保兼任提案委员会主任和综合委员会主任的任命决定。

【主席团会议】 第2次会议2016年9月19日，政协第二届林周县委员会第一次会议主席团第2次会议在林周政协常委会议室召开，副主席张林保主持会议。会议讨论协商了《选举办法（草案）》，政协主席、副主席、办公室主任和常务委员候选人建议名单，总监票人、监票人建议名单，《政治决议（草案）》《常委会工作报告决议（草案）》和《提案工作情况报告决议（草案）》。

第3次会议。2016年9月21日，政协第二届林周县委员会第一次会议主席团第3次会议在林周政协常委会议室召开，副主席张林保主持会议。会议听取了各组召集人汇报分组讨论情况和委员对《政治决议（草案）》《常委会工作报告决议（草案）》和《提案工作情况报告决议（草案）》提出的修改意见。审议通过了《政协第二届林周县委员会主席、副主席、办公室主任候选人名单》和《政协第二届林周县委员会常务委员候选人名单》。研究确定了《政协第二届林周县委员会第一次全体会议总监票人、监票人建议名单》。审议通过了《政协第二届林周县委员会第一次会议提案审查委员会关于提案审查情况的报告（草案）》。

【提案委员会】 林周县政协一届五次会议期间，共收到委员提案17件，经审查，立案17件，立案率为100%。会议结束后，于2016年4月14日召开了林周县“两会”代表议案建议和委员提案交办会，全部移交到承办单位办理。截至2016年8月14日，全部提案办复完毕，提案办复17件，办复率100%。其中，已经解决或基本解决的A类提案6件，占提案回复总数的35.3%；正在解决或列入规划逐步解决的B类提案10件，占提案回复总数的58.9%；尚待条件成熟后解决或留作参考资料的C类提案1件，承办单位也向提案者做了说明。

林周县政协二届一次会议期间，共收到委员书面提案40件、口头提案2件经审查，立案42件，立案率为100%。会议结束后，于2016年10月9日召开了林周县“两会”代表议案建议和委员提案交办会，全部移交到承办单位办理。截至年底，全部提案办复完毕，提案办复42件，办复率100%。其中已经解决或基本解决的A类提案2件，占提案回复总数的4.8%；正在解决或列入规划逐步解决的B类提案35件，占提案回复总数的83.3%；尚待条件成熟后解决或留作参考资料的C类提案5件，承办单位也向提案者做了说明。

【综合委员会】 政协二届林周县委员会第一次会议成立了政协林周县委员会综合委员会。副主席张林保任综合委员会主任。综合委员会构成：主任委员1名，副主任委员1名，委员2名。

【召开“三严三实”专题民主生活情况通报会】 1月20日，林周县政协党组召开“三严三实”专题民主生活会情况通报会。县政协党组书记、政协主席格桑次仁主持会议，并作情况通报。县政协党组成员、副主席张林保，县政协党组成员、副主席、统战部副部长、民宗局局长次仁占堆，部分县政协委员，政协党员领导干部所联系乡（镇）主要负责同志，部分县直部门主要负责同志，人大、政协群众联合支部相关同志，县“三严三实”专题教育办公室相关同志出席会议。

【召开第一季度专题协商座谈会】 3月11日，县政协组织召开“政协第一季度专题协商座谈会”，围绕“完善林周县‘十三五’规划”建言献策。县政协主席格桑次仁主持会议并讲话。县政协副主席、统战部副部长、民宗局局长次仁占堆，县教育、财政、卫生、国土等部门相关同志出席会议。

【召开庆祝西藏和平解放65周年座谈会】 5月20日，县政协召开西藏和平解放65周年座谈会，副主席张林保主持会议。座谈会全面回顾西藏和平解放65年来林周翻天覆地的变化，畅谈西藏和平解放65年来波澜壮阔的光辉历程和取得举世瞩目的辉煌成就，为林周长足发展和长治久安建言献策。县政协副主席、统战部副部长、民宗局局长次仁占堆以及县直部门负责人、部分离退休老同志代表、老党员代表、群众代表等，参加了座谈。县委副书记、县人大常委会主任格旦次仁应邀出席并作讲话。

【委员培训学习会】 9月18日，根据拉萨市政协“在召开全体大会前要组织政协委员集中培训”的相关要求，林周县政协组织召开新一届委员培训会，政协副主席张林保围绕“懂政协、会协商、善议政”的主题，给委员们上了一堂生动的履职“入门课”。

【召开精准扶贫精准脱贫务虚会】 8月17日，林周县政协在县政协三楼常委会议室召开精准扶贫精准脱贫务虚会，县政协副主席、县精准扶贫精准脱贫指挥部办公室常务副主任张林保主持会议。委员们及与会人员就2016年精准扶贫精准脱贫工作谈感受、摆问题、议对策、谈思路，畅所欲言，就存在的问题和下一步工作提出了新思路、新看法、新观念。

【专题调研活动】 10月28日，政协委员、人大代表以及部分十件民生实事承办单位负责人等共30余人组成视察调研组，对民生十件实事的工作进度和落实情况开展实地调研，县委副书记、人大常委会主任格旦次仁参加此次调研工作，并担任视察组组长。视察活动先后对卡孜乡幼儿园设施、卡孜乡文化站设施；春堆乡巴杂2座中型桥梁、春堆乡文化站设施；强嘎乡完小饮水工程、强嘎乡文化站设施；松盘乡比龙寺线路改造工程等进行了实地走访视察。

【调研慰问活动】 12月1日，西藏自治区政协副主席阿旺一行到林周县边交林乡当杰村看望慰问结对认亲户，并就林周县贯彻落实中共十八届六中全会和区党委九次党代会精神情况开展调研。随后，阿旺副主席一行参观了林周县中小企业孵化基地，深入江热夏乡异地搬迁安置点群众家中，了解生活、生产等相关情况。区政协科教文卫体委员会副主任喜乐，拉萨市政协副主席、市民宗局党组书记拉巴顿珠，拉萨市政协副秘书长格桑罗布一同调研慰问。

【开展“两学一做”学习教育】 12月2日，林周县委举行“两学一做”学习教育“书记讲党课”活动。县政协党组书记、政协主席格桑次仁以“落实全面从严治党责任 不断提升党的建设科学化水平”为题，给参会党员干部上了一堂生动的党课。县委常委、纪委书记宋平发主持会议并做总结讲话。县委书记次仁顿珠，县委副书记、人大常委会主任格旦次仁，县委副书记、县长高军，县委副书记、组织部部长何震及其他在家县级领导，各乡（镇）党委书记、纪委书记，县直各单位负责人及部分党员干部共计120余人参加会议。

【二届一次会议常委会工作报告】 2012年以来，在中共林周县委的坚强领导下，县政协常委会以邓小平理论、“三个代表”重要思想和科学发展观为指导，深入贯彻落实中共十八大和十八届三中、四中、五中全会精神，深入贯彻落实习近平总书记系列重要讲话精神，特别是“治国必治边、治边先稳藏”的重要战略思想，紧紧围绕县委、县政府中心工作，突出团结和民主两大主题，坚决维护祖国统一，旗帜鲜明反对分裂，认真履行政治协商、民主监督、参政议政职能，齐心协力谋发展，尽心竭力惠民生，凝心聚力促和谐，为林周经济社会又好又快发展做出了新贡献，谱写了人民政协事业林周发展新篇章。围绕中心、聚焦发展，当好参谋当好助手；关注民生、促进和谐，为民服务持续用力；增进共识、凝聚力量，团结民主氛围日益浓厚；立足特色、着眼创新，履行职能水平不断提升；健全机制、夯实基础，强化自身建设弛而不息。

回顾过去，政协常委会的工作，与党和人民的要求相比，与人民政协肩负的使命相比，与广大政协委员的期望相比，还有一定的差距。主要是，延伸政协履职触角还需进一步探讨，搭建委员履职平台还需进一步创新，委员履职意识和能力还需进一步提升，委员界别活动还需进一步增强。这些，政协常委会都将在今后工作中认真对待，采取有效措施努力加以改进。

今后五年是实施“十三五”规划、“精准扶贫、精准脱贫”，全面建成小康社会的决胜阶段，也是贯彻落实林周县第九次党代会精神的重要阶段，面对新形势、新任务、新挑战、新机遇，县委、县政府提出了具有鲜明时代特征的奋斗目标和战略任务，这对林周政协工作提出了更高要求。站在新的历史起点上，县政协常委会将继续高举中国特色社会主义伟大旗帜，以邓小平理论、“三个代表”重要思想和科学发展观为指导，牢牢把握团结和民主两大主题，深入贯彻落实习近平总书记系列重要讲话精神，按照政协工作“四条重要原则”和“五项基本要求”，坚持以人民为中心的发展思想，优化政协履职环境，完善政协组织功能，发挥委员主体作用，突出“七个新”，不断提高政协工作科学化、制度化、规范化、程序化水平，为林周的长足发展和长治久安做出新的贡献。

深入学习研究，在开创工作局面上有新作为。深入贯彻落实习近平总书记系列重要讲话精神，认真组织学习全国“两会”精神，不断深化对新时期人民政协使命和责任的认识，切实把广大政协委员和群众的思想行动、智慧力量统一和凝聚起来，努力协助党委、政府做好各项工作。不断丰富学习形式，创新学习方法，健全学习制度。立足林周政协工作的生动实践，积极探索履行职能的新思路、新举措。

紧扣中心工作，在推动长足发展上有新突破。深刻把握林周“十三五”时期发展的主题和主线，把切实推进“四个全面”和“五大发展理念”，作为政协履行职能的第一要务，共同为转变发展方式、破解发展难题献计出力。聚焦党委、政府中心工作，找准着力方位，发挥自身优势，使协商活动更加符合林周经济社会发展需要。围绕全县“六大工程”“三园一区”“供给侧结构性改革”等重大问题，开展专题调研和协商讨论，多建睿智之言，多献务实之策，多谋创新之举，坚持在参与中支持、在支持中服务、在服务中监督。

高度关注民生，在促进社会和谐上有新贡献。不断深化对人民政协人民性的本质属性认识，切实把为民履职的工作理念落实到政协工作实践中，使政治协商成为民意进入党政决策的重要渠道，使民主监督成为保障公众权益的有效方式，使参政议政成为促进群众利益实现的重要过程。重点关注民生保障、脱贫攻坚等问题，通过提案、信息、视察等方式，充分反映民意，致力为民谋利。建立健全为群众办实事、做好事、解难事长效机制，继续组织各界别委员和专家，参与科技兴农、精准扶贫等活动，做好对口联系点的结对帮扶，努力做好新形势下的群众工作。

努力协调关系，在实现广泛团结上有新成果。坚持把发扬民主、增进团结、协调关系、化解矛盾作为履行职能的重要着力点，努力协助党委、政府做好凝心聚力工作，为促进民族关系、宗教关系、党群关系、干群关系的和谐发挥积极作用。充分发挥民族、宗教界代表人士的作用，做好政协民族宗教工作，促进民族团结、宗教和睦、社会稳定。充分调动人民团体的履职积极性，关注不同阶层的利益诉求，反映所联系群众的愿望呼声，协调各阶层人士的利益关系。多渠道、多形式、多领域地加强与区内外政协的沟通联系，调动各方力量共同致力于林周建设。深入研究探索“请群众走进政协”“让政协深入群众”的方法途径，不断推进政协工作向农牧区基层延伸、向“互联网+”延伸、向新社会阶层延伸。

发挥主体作用，在联系服务群众上有新提升。加强委员队伍建设，保障委员民主权利，提升委员履职质量，强化委员履职管理，充分发挥委员在本职工作中的带头作用、政协工作中的主体作用、界别群众中的代表作用。教育引导委员增强群众观念和服务意识，以大局为重，以民生关切为念，深入界别群众和基层群众之中，多做雪中送炭、扶贫济困的工作，多做春风化雨、解疑释惑的工作，自觉做党的政策宣传者、群众利益维护者、社会和谐促进者，让广大人民群众感到政协委员就在身边、人民政协离自己很近。政协委员中的共产党员要增强政治意识、大局意识、核心意识、看齐意识，带头弘扬党的统一战线和老一辈革命家的优良传统，善交朋友、广交朋友、深交朋友，以自己的模范行为，更好团结广大委员和各界人士共同致力于林周建设新征程。

突出问题导向，在调查研究视察上有新成效。以问题为导向，精心选题，实事求是，突出全面建成小康社会的重点难点特别是短板问题，突出新发展理念落实中的重要问题，突出全县人民群众关心的生产生活实际问题，察实情、讲实话、谋实策。做到整合资源，以委员为主体、吸收有关部门参与，形成专业结构优化、研究能力互补的调研队伍、视察队伍。深入一线、沉到基层，认真分析和研究问题，如实反映情况，坦诚提出建议。选好样本“解剖麻雀”，抓住关键环节，深度调研、集中攻关，用事实说话，用数据说话，把问题找准、把原因理清、把建议提实。

坚持务实创新，在加强自身建设上有新进展。积极适应人民政协事业发展的新形势新要求，进一步加强基层政协创新能力建设，不断提高基层政协工作科学化水平。进一步创新政治协商的工作机制，不断丰富协商内容、完善协商形式、规范协商程序，使政治协商真正成为党政决策的重要环节。加强政协领导班子自身建设，提高新形势下领导班子领导政协工作的能力。积极探索界别活动的新方法新途径，强化界别的民意通道功能，提高界别履职的组织化程度。加强政协机关思想、组织、作风和信息化建设，深化各类主题活动，不断增强机关干部爱岗敬业、忠诚服务的使命感和责任感，促使政协工作务实、有序、高效。

【二届一次会议提案工作情况报告】 一届政协期间，在市政协的精心指导和区、市、县党委的坚强领导下，政协委员、政协各参加单位和政协提案委员会，紧紧围绕县委、县政府中心工作和人民群众普遍关注的热点、难点问题，积极运用提案形式建言谋策。2012年以来，共提出提案112件，经审查，立案112件，立案率100%，提案范围覆盖全县城乡建设、国土资源、生态环境等19类内容。截至2016年6月20日，提案已办复112件，办复率为100%，其中所提问题已经解决或基本解决的A类提案43件、正在解决或列入规划逐步解决的B

类提案57件、因条件限制暂时难以解决或需要以后解决的C类提案12件，三类提案比例分别占38%、51%、11%。通过反馈意见，委员对提案办理结果的满意率逐年上升，使政协提案在推动科学发展、促进林周社会和谐中发挥了重要作用。围绕经济发展、城乡建设管理与环境保护等方面建言献策；围绕教育文化卫生等方面建言献策；围绕交通建设、运输和管理方面建言献策；围绕民主法制、社会治安和劳动人事福利等方面建言献策。

2012年以来，提案工作取得了一定成绩。但是，在如何发挥好政协界别和专委会优势、进一步提高提案质量，加强对提案督办工作的组织领导、切实增强办理实效，扩大提案工作的社会参与度和公开度等方面，还需要着力加强和改进。

2016年是全面建成小康社会决胜阶段的开局之年。提案是履行人民政协职能的重要方式，是坚持政治协商制度的重要载体，是发扬中国特色社会主义民主的重要形式，是协助党和国家机关实现决策科学化、民主化的重要渠道。做好提案工作，对于坚持和完善政治协商制度、深入推进社会主义民主政治建设、凝聚各方面智慧和力量，都具有十分重要的意义。要高度重视提案工作，围绕中心、服务大局，按照市委“六大战略”、县委“六大工程”的部署要求，贯彻落实创新、协调、绿色、开放、共享的发展理念，肩负起新时期提案工作的重任，为推动林周经济社会持续、健康、绿色发展发挥积极作用。

坚持围绕发展大局开展提案工作。以《林周县“十三五”纲要规划》实施为主线，适应经济发展新常态，加强供给侧结构性改革，组织委员紧扣转变经济发展方式、优化升级产业结构、发展壮大优势产业、完善县乡（镇）基础设施、大力发展旅游经济、推进生态文明建设等事关林周发展的重大问题和民生问题，深入实际，深入群众，深入研究，提出具有前瞻性、针对性、可行性的提案，为实现林周“十三五”规划发展的良好开局献计出力。

坚持加强组织领导形成提案机制。继续主动争取党委重视，政府支持，承办单位的积极配合，调动各族各界委员撰写提案的主动性，将提案撰写情况作为委员履职情况的重要考核内容，健全和完善政协提案全局性工作机制和提案奖励办法。要贯彻落实《中共中央办公厅 国务院办公厅〈关于进一步加强人民政协提案办理工作意见〉》和自治区实施意见精神，将提案工作上升到制度层面，推动提案工作制度化、规范化、程序化和信息化建设。

坚持发挥独特作用提高办理质量。将民主协商贯穿于提案工作全过程，不断扩大协商参与面，邀请各界代表人士广泛参与提案办理协商，变“文来文往”为“人来人往”，在解决问题、制定措施上想办法，以增进共识、凝聚力量。要坚持“认真负责，积极主动，实事求是，注重实效”的提案办理原则，坚持立案标准，积极推进提案内容与办理结果同步公开，力促提案办理质量有新提高。

坚持搭建交流平台改进服务水平。提案委员会和县政协机关要不断加强自身建设，牢固树立为提案者和承办单位服务的理念，为提、办双方主动做好组织、联系、沟通、协调、落实等服务工作，为委员知情明政、参与提案办理、及时了解提案工作进展提供优质服务，使提案工作在促进林周县经济社会发展中发挥更大作用。

坚持善用舆论宣传扩大提案影响。通过利用电视媒体、信息平台、政府网络等形式，对重点提案内容、办理过程以及办理结果进行跟踪报道。宣传政协运用提案履行职能的有效做法，宣传政协委员运用提案民主监督、参政议政的典型事例，宣传撰写提案积极分子和先进承办单位，努力营造全社会广泛关注、大力支持政协提案工作的良好氛围，不断扩大政协提案及提案工作的影响。

【组织概况】 政协第二届林周县委员会连任主席名单（2016年9月21日政协第二届林周县委员会第一次会议第二次大会选举通过）：格桑次仁（藏族）。

（格桑拉姆）

【领导名录】

主　　席　格桑次仁（藏族）

副 主 席 次仁占堆（藏族，7月免）
张 林 保
曲仲·阿旺强久旦增加措（藏族）
热振·洛追嘉措赤列伦珠白桑布（藏族，9月任）

常务委员 央　　宗（女，藏族）
张 秀 英（女，藏族）
格桑达瓦（藏族）
其美夺吉（藏族）
顿珠卓嘎（藏族）
边　　巴（藏族）
白玛央金（藏族）
杨　　文
拉巴次仁（藏族）
雷 伟 国
吕 坤 秋
伦　　珠（藏族）

中共林周县纪律检查委员会（监察局）

【概况】 中共林周县纪委与监察局合署办公，实行一套工作机构，两个机关名称的体制，受县委、县政府和拉萨市纪委、监察局双重领导下工作。中共林周县纪律检查委员会（监察局）机关核定编制8人，其中行政编制5名，机关事业编制3名。现在编人员10名，均为行政编制，其中纪委书记1名，纪委副书记、监察局局长1名，纪委副书记1名，监察局副局长2名。

【工作范围】 主管全县党的纪律检查工作。贯彻落实党中央、区党委、市委和县委关于党内监督和纪律检查工作的决定，维护党的章程和其他党内法规、检查路线、方针、政策和决议的执行情况；主管行政监察工作。贯彻落实国务院、自治区人民政府、拉萨市人民政府和县政府关于行政监察工作的决定，监督检查政府各部门及其他国家公务员执行国家政策和国家法规、国民经济和社会发展计划及县政府颁发的决议和命令等情况；负责调查县直各部门党支部、各乡镇党委及其党员领导干部违反党的章程及其他党内法规的行为，决定对这些党组织和党员的组织处理和党纪处分；受理党组织和党员不服组织处理和党纪处分的申诉；受理个人和单位对党组织和党员违反党纪行为的检举、控告；负责调查人民政府各部门及其他国家公务员和县人民政府及其领导人员违反行政纪律行为，决定对上述监察对象的组织处理和行政处分（对涉及依法选举产生的领导干部按法定程序处理）；受理监察对象不服组织处理和行政处分的申诉；受理个人或单位对监察对象行政违纪行为的检举、控告；负责解除受到开除公职之外行政处分的已改正错误的国家公务员的行政处分；负责做出关于维护党纪政纪的决定，制定全县党风、政风政纪教育规划、开展有关宣传教育工作；协助县委抓好党风廉政建设、组织、协调反腐败工作，监督检查各乡镇、县直各单位贯彻落实党风廉政建设责任制的情况；组织协调纠正行业不正之风工作并监督检查；对纪检监察工作理论和有关问题进行调查研究，拟定或参与制定相关法规和规章；调查研究县各部门各乡镇制定有关政策、法规的情况、提出修改、补充建议；会同县直各部门做好干部管理工作，考察干部人选，提出任职人选和免职意见。承办县委、县政府和市纪委、监察局交办的其他事项。

【党风廉政建设】 年初，县纪委（监察局）组织召开县纪委八届六次全会，回顾2015年工作、部署2016年全县党风廉政建设和反腐败工作。2016年，县纪委认真贯彻落实中央、区、市党委关于加强党风廉政建设和反腐败工作各项重大决策部署，切实担负起管党治党政治责任，探索践行“四种形态”，坚决落实中央“八项规定”精神，加大惩治腐败力度，不断推动从严治党纵深发展。始终将党的政治纪律和政治规矩摆在首位，增强“四个意识”特别是核心意识和看齐意识，强化党员干部遵守政治纪律、党员信教情况的监督检查力度，坚决维护党的权威。成立换届风气督查组指导县乡换届各个环节，审核1700名各级代表、县政协委员并出具廉政意见，确保换届工作依规依纪、风清气正。

【宣传教育工作】 坚持舆论导向，开通“林周纪检监察”微信公众号，推送廉政教育、廉政新闻等内容，不断创新党风廉政宣传教育方式，同时，推送县、乡纪委工作动态，及时接受广大党员干部、群众监督，舆论监督、积极督促引导党员干部观看《永远在路上》警示教育专题片，对照案例典型查找岗位风险并引以为戒，全县100余名干部主动撰写观看心得作表态。督促纪检监察干部观看《打铁还需自身硬》专题片并撰写心得，组织全县纪检监察干部集中交流讨论观看心得，巩固宣传教育成果。

【反腐倡廉建设】 牢固树立西藏在党风廉政建设和反腐败斗争上没有特殊性的思想，强化惩治预防腐败力度，强烈释放越往后执纪越严的信号。定期查看举报箱，主动收集问题线索，组织整合精准力量，对扶贫资金、灾后重建资金开展专项监督检查，着力发现问题并得到整改，严格落实《林周县工程项目建设“十不准”》，组织全县83个企业（公司、个人）签订《企业助廉守法承诺书》，破除项目工程“潜规则”，确保防患于未然。坚持“零容忍”查处基层微腐败，发挥党纪的威慑作用，特别是查处了卡孜乡懂村原党支部书记兼村委会主任次仁顿珠严重违纪案件，农牧民群众对党反腐倡廉的信心得到空前提升。同时，研究分析典型案件，找准定位基层腐败风险点，及时发现存在隐患。教育引导违纪干部撰写《忏悔录》，摆正认错、纠错态度，深刻剖析违纪过程，经验教训身边党员干部。

【自身建设】 作为党内监督专责机关，管党治党、从严治党的重要力量，县纪委坚持以铸就一支忠诚干净担当的纪检监察干部队伍为目标，狠抓《林周县纪检监察干部管理办法》贯彻落实，组织全县纪检监察干部签订《林周县纪检监察干部行为规范承诺书》，持之以恒规范纪检监察干部行为。同时，以日常教育、集中学习相结合的方式，抓常抓细抓长干部教育，坚定其理想信念。2016年，集中学习教育26次，理想信念专题教育1次，专题座谈1次。委派纪检监察干部前往中纪委“一院两中心”、区市纪委参加业务培训，以会代训、召开座谈会以及集中培训的方式强化自主业务培训，确保干部业务素质与岗位能力需求相匹配。2016年，县纪检监察干部参加业务培训140余人次。建立健全培训台账，不断探索培训结果运用工作机制，确保为纪检监察干部队伍进出提供有力依据。坚持刀刃内向，加强纪检监察系统内部监督，坚持“零容忍”态度严肃处理纪检监察干部违纪问题。2016年纪检监察系统内提醒谈话2人次，全县范围内通报1人次，诫勉谈话1人次，调离纪检岗位1人次。

（次仁拉姆）

【领导名录】

书 记 宋平发

副书记、监察局局长

桑 杰（藏族，5月免）

仓 拉（女，藏族，5月任）

副书记 王正楼（5月任）

监察局副局长

拉 珍（女，藏族，5月任）

王春燕（女）

中共林周县委办公室

【概况】 2016年，县委办公室紧紧围绕全县发展稳定中心任务，深入贯彻落实中央、区市县党委、政府各项决策部署，牢固树立争先进位意识，转变工作作风、提高工作效能，有力协调推动了全县各项工作开展，为林周经济社会发展做出了积极贡献。单位负责人切实履行管理职责，高度重视干部队伍建设，在办公室全体干部职工中深入开展理想信念教育、宗旨意识教育、党纪法规教育等，单位内部始终保持浓厚的团结协作氛围，全体成员立足岗位发挥职能，灵活机动、紧密协作地高效开展工作。充分利用党支部组织生活会、办公室工作例会等形式，组织干部职工分享成绩和经验、交流心得体会，并本着对同志负责的态度，面对面提建议，共同提高工作能力和效率。

【执行各项维稳工作部署】 及时传达落实区市和县委、县政府关于维护社会稳定工作的各项安排部署，积极抽调人员配合相关部门开展维稳督查工作，督导各乡镇、各部门把维稳工作措施落到实处。认真落实节假日、敏感日期间值班制度，坚持24小时值班带班，工作人员保持24小时通信畅通，全年值班期间未发生1件脱岗、漏岗等任何维稳失职行为。深入开展反分裂斗争教育、民族团结教育，坚决反对一切形式的分裂意识和行为，不断增强干部职工维护祖国统一和民族团结的思想和行动自觉。严格单位内部管理，加强公务用车运行管理，实行公务车辆定点维修，加油卡定量加油，限制了公务车活动范围，有效杜绝了公车私用行为；加强对干部职工的安全教育，增强安全意识；定期开展安全设施检查排查，及时更换老化的线路和电器设备，干部职工下班自觉关闭办公设备，严防安全事故。

【办公室党组织建设】 成立县委办公室党建工作领导小组，制定2016年党建工作计划、工作要点，理清党建工作责任清单，制定具体措施，明确责任任务。推动学习型党组织建设，深入开展“两学一做”学习活动，安排专人负责组织集体学习，固定时间、固定地点、提前准备，学习理论和业务知识，在学习中交流思想感悟，促进党员干部共同提高政策水平和理论素质。清查，根据上级组织部门要求，县委办对党员组织关系、党代表和党员违纪情况、党费收缴、党组织换届、党员干部学习教育、抓党建促脱贫攻坚等7项重点任务进行清查。按照组织部门安排，支部已于11月28日开展了改选工作；7月14日、12月14日和15日，集中开展结对帮扶走访慰问，慰问物品达1.5万余元；同时结合“两学一做”专题教育，制定学习方案，组织全体党员每周四定期开展理论学习。年内，按照年初党员发展计划，发展党员1名，引导3名团员积极向党组织靠拢。

【党风廉政建设】 调整充实县委办落实党风廉政建设责任制领导小组，制定2016年党风廉政建设工作计划、理清权责清单。同时，按照县委主要领导要求，有针对性地研究制定完善了《县委常委会工作规则》和《县委常委会议事规则》，出台了《林周县2016年党风廉政建设和反腐败工作任务分工》等文件，积极协助县委先后6次召开常委会，专题研究党风廉政建设和重要案件调查情况。

【做好秘书工作】 年内，坚持高标准、严要求做好文件印制、收发，从细印制文件，仔细校对公文每一处格式、每一个细节，确保文件中不出现格式错误、标点误用、错别字；从严收发文件，严格执行文件收发规定，收发过程中签字确认，对下发的秘密、机密类文件打码标明文件序号，认真登记文件序号和收件人，及时整理、归档各类文件，严防泄密事件发生。熟练掌握行文规则，确保对上、对下行文规范，保证行文的严肃性。年内，编印文件221件，其中以林委名义行文129件，以林党、林党办名义行文6件，以林委办名义行文32件，所有文件均做到了格式规范、内容准确无误。加强沟通协调。充分发挥办公室沟通协调职能作用，上传各乡镇、县直各单位工作开展情况、对县委工作的意见建议等，下达县委决策部署、主要领导指示精神，促进全县各项工作协调有序开展。积极与上级业务部门加强沟通，争取对林周工作的更大支持与指导。加强与各乡镇、县直各部门沟通交流，协调各方推进县委重大决策和重要工作部署落实，并为其他单位工作提供力所能及的帮助和意见建议，促进共同提高。扎实做好会务工作。在接到各类会议通知后，第一时间按照会议要求确定参会人员，迅速通知参会人员会议时间、地点、提前准备会议材料以及通知注意事项等。会前，精心布置会场，严密确定参会人员座次排列正确与否、会场条幅悬挂妥当与否、会场整洁与否等。会中，全力做好服务工作。会后，及时整理归档会议资料，并查找会务工作中存在的问题，及时形成会议简报、会议纪要。

【加强和改进信息工作】 年内，坚持做好信息编写上报工作，在各单位上报的动态性信息、综合性信息中，筛选有价值、有特色、能准确反映林周各方面工作开展情况的信息，及时上报市委办公厅综合信息科，为林周县各项工作开展争取了更多关注理解和支持。及时汇总采编的信息，形成《林周动态》，报送县级领导、各乡镇、县直各部门，以便县级领导和各单位及时了解各领域工作动态，统筹协调推进全县工作，截至年底，已上报《林周信息》1200余期，被《拉萨信息》采纳150余条，编发《林周动态》8期。

【做好突发事件应对处置】 在突发事件处理中，县委办迅速行动、快速出击，全面细致地做好事件发生原因、过程、应对情况的收集整理、核实上报工作，确保了各级领导在第一时间掌握最翔实、准确的资料，从而科学应对、妥善处置。

【做好政研工作】 在各类重大会议事项确定后，立即组织政研人员召开专题会议，按照领导对讲话稿等会议材料内容做出的指示，进行充分讨论酝酿，及时确定提纲，指定专人或分工协作起草稿件。初稿完成后认真进行修改，稿件相对成熟后执行领导讲话稿会商制，报领导审阅，最终综合领导审阅意见修改完善形成定稿，确保了领导讲话稿等材料符合政策、务实管用。年内，县委办共起草各类领导讲话稿、会议材料、总结报告等300余份。紧紧围绕全县发展稳定中心任务扎实开展调查研究，总结成绩、查找问题、提出对策，形成调研报告，为市县领导决策提供参考。年内，围绕经济社会发展、基层党建、党风廉政建设等方面的重大部署和工作开展了深入的思考调研，形成有内容、有观点、有深度的调研报告4篇。

【全面深化改革工作】 紧紧围绕破除制约林周经济社会发展的体制机制问题，坚定信心、凝聚力量，统筹谋划、协同推进，有重点、有步骤、有持续地抓好经济体制改革、生态文明体制改革、民主法治领域改革、文化体制改革、社会体制改革、党的建设制度改革、纪律检查体制改革等方面的改革。年内制定出台政策、制度28项。印发《林周改革动态》28期，报送改革月报10期，改革案例6期。积极推进教育领域改革。全面落实教育资助相关政策，以“以教扶贫”为抓手，资助学生208名，发放助学金67.2万元；明确责任、细化分工，投入100余万元为全县中小学购置音体美设备；投入969万元实施了校安二期、三期工程，实现了全县中小学校园监控全覆盖；投入48.4万元为县中学安装太阳能路灯；投入65万元对全县各校宽带进行升级，建设城域网点13个；投入约20万元为各校增添安保设备，通过努力林周县以92.3分（满分100分）的成绩顺利通过义务教育均衡发展国家级评估验收。

【做好督查工作】 年内，林周县督查办公室紧紧围绕区市县党委、政府中心工作，认真履行督查督办工作职责，带头遵守各项规章制度，发挥“勤奋、扎实、团结、高效”的工作作风，积极主动地开展督查督办工作，较好地完成了县委、县政府交办的各项督查工作任务。年内，共下发《督查通知》12期；《领导批示》55期；《督查专报》48期，其中市委25件、市政府7件，市纪委3件，网民留言1件；《督查通报》11期；协调开展维稳督查、环境督查等实地督查督办131人次。跟踪督办区市党委、政府交办事项16项，下发《督查通知》9期，办理领导交批办件55件，办结率达到100%。

【机要密码工作】 年内，县委、县政府主要领导高度重视和关心支持密码工作，严格保障密码工作经费，为开展密码工作提供了有力保障。全体机要员扎实开展日常工作，细致办文，严格落实机要24小时值班制度和保密制度。定期检查机要密码设备，保证通信畅通，充分发挥机要密码通信主渠道作用。继续抓好机要工作人员队伍建设，积极参加培训、岗位练兵等活动，注重加强日常业务知识学习，增强业务能力。

【保密工作】 年内，严格涉密载体管理，做好涉密文件资料保密工作，坚决杜绝文件泄密现象。涉密文件资料发放履行登记、签收、定期检查手续，整理完毕的涉密文件资料及时归档、入柜，加强对移动存储介质管理。认真开展保密工作督查，进行保密法律法规宣传教育，切实提高各单位干部职工保密意识。按照区市上级要求，积极配合开展全县涉密计算机多功能设备配置工作，加强涉密计算机管理。

【管理使用党政信息网】 积极推进县乡党政信息网建设使用，切实推进政务电子化，提高工作效率。加强党政信息网的管理与维护，积极为使用单位提供技术支持和维护，并要求使用单位严禁在县乡党政信息网上传输涉密内容，切实做好保密工作。截至年底，全县党政信息网正常使用的单位达94%，利用率持续在拉萨市县区中排名第一，为提高工作效率发挥了明显作用，大大降低了行政成本。

【档案收集整理归档工作】 年内，抓好档案收集整理归档工作，编写卷内目录检索工具，做好档案利用服务。严格按照程序做好文件材料的鉴定、销毁、归档，加强硬件、消防设施配备，确保档案安全。林周县档案馆共分为三大全宗，县委、人大、政府各类文书档案及资料。按历史档案（含政权档案、党群系统档案、政府部门档案）和永久、长期、短期档案等期限分类，根据进馆时间对档案进行编号并编制卡片、案卷目录、档案借阅登记表等以便查阅。截至年底，林周县档案馆保存的文书档案达7467卷，其中永久1100卷、长期1378卷、短期4689卷，科技档案105卷，各类资料813册，事务档案106个，录音、录像、影片档案9盘，照片档案921张。为进一步加强档案管理的规范化，保持年久档案的完整性，逐步完善文件资料电子版与纸质版统收制度，减少纸张档案磨损。为铭记林周各个阶段的历史，建立了爱国主义教育陈列室，内容包括澎波农场与林周农场红色历史遗迹、苏州对口援藏、林周人文和自然、辉煌林周、档案事业发展历程五个部分。

（李　浩）

【领导名录】

县委常委、县委办公室主任

侯　飞（7月任）

副主任、主任科员

米玛次仁（藏族，6月免）

副主任、县委政研室副主任

刘智仁

中共林周县委组织部（编办）

【概况】 根据《中共拉萨市委员会办公厅关于对林周县党委系统机构调整的批复》（拉委厅发〔2010〕26号）精神，中共林周县委组织部与林周县机构编制委员会办公室合署办公，设立中共林周县委老干部局（副科级），由中共林周县委组织部（编办）管理。根据拉萨市机构编制委员会《关于县（区）党校机构编制事宜的通知》（拉机编发〔2015〕22号）精神，于2015年5月，设立中共林周县委员会党校。

中共林周县委组织部是县委主管全县组织工作和干部工作的职能部门。林周县机构编制委员会办公室是林周县机构编制委员会常设办事机构，既是县委部门，也是县人民政府工作部门，列县委工作部门序列，负责全县行政管理体制改革、机构改革和机构编制管理工作；老干部局负责管理老干部相关工作。

中共林周县委组织部（林周县机构编制委员会办公室）、中共林周县委老干部局，核定行政编制7名，事业编制9名，其中，科级领导职数4名。中共林周县委员会党校，为林周县县委直属事业单位，由县委组织部代管，正科级建制，核定事业编制10名，其中，科级领导职数2名。截至年底，林周县共有党组织183个，其中党委15个，党总支10个，党支部158个。全县共有党员5444人，其中农牧民党员3897人，占全县农牧民总数的6.2%。

【落实全面从严治党责任】 强化党建责任意识。县委书记认真履行党建工作第一责任人职责，及时与各乡镇党委书记签订了《林周县乡（镇）党委2016年基层党建工作责任书》，县委班子成员就全县基层党建工作进行了责任分工，形成了良好的党建工作机制。同时，及时下发《林周县2016年党建工作要点》，做到党建工作与中心工作同安排、同部署、同落实、同考核。建立了乡镇党员代表大会例会制、基层党建工作分级述职制度、乡党建副书记担任政协委员制度等，以有力的抓手，把基层党建工作落实情况纳入各乡镇、各单位的年度目标考核中，真正实现党建工作一级抓一级、层层抓落实，推进管党治党新常态；不断完善责任体系。县委领导班子成员结合自身分工，以包乡的方式与各乡镇党委建立了基层党建工作联系点。按照包乡联系要求，县“四大班子”党员领导干部多次带着课题深入基层一线调研，并着力指导基层党建工作，帮助基层党组织解决难题。研究制定县乡党政机关联席会议、情况通报、综合评估机制，严格按照书记抓、抓书记的要求，加强落实党建工作责任体系建设，完善乡村党组织书记述职评议考核机制，进一步建立逐级述职、逐级考评、逐级负责的长效机制。建立基层党组织书记抓党建工作责任清单，综合运用督促指导、专项检查等方式，加强对落实党建责任经常性检查，形成重党建、抓基层、强基础的鲜明导向。注重对各级党组织和领导干部落实党建工作的平时考核，加大党建工作在年底考核中所占的比重，对落实党建工作成绩突出的领导干部，优先予以提拔重用。

【提升党组织覆盖面】 通过党组织领办、创办、发展专业合作组织、专业协会、龙头企业、社会服务组织等，在经济合作服务领域扩大党的工作覆盖面，把党的组织建到了农村最基层，把党的工作触角延伸到了千家万户。注重在集体外出、务工地点且相对固定、具备条件的地方建立党的基层组织，指派专人加强对外出务工农牧民党员的管理，组织他们开展党的工作。成立中共林周县非公有制经济组织工作委员会，指导非公有制经济组织党建工作。在深入调查的基础上，下发了《关于非公有制经济组织党建指导员选派管理办法》等文件，促进了新经济组织党建工作的发展。成立“两新组织”党组织覆盖工作组，对非公企业和社会组织党组织建设情况进行全面盘点，共确定实际运作的企业10户，无50人以上的企业；按照“五个清”的要求，分类建立了工作台账。按照“一企一策”“一社一策”的要求，采取片区联建、同业共建、挂靠组建、派驻帮建等方式，加大党组织的组建力度。“两个覆盖”工作开展以来，共建立单独党支部10个、挂靠党支部2个，党组织实际覆盖率为100%。按照“谁主管谁负责”“谁组建谁主抓”的原则，明确每一个社会组织党建工作责任主体，严格落实党建责任。同时，选派10名党建指导员到未建立党组织的非公企业和社会组织中担任党建指导员，实现党的工作全覆盖。

【整顿软弱涣散基层党组织】 把软弱涣散村级组织整顿工作作为加强基层组织建设的重中之重，采取“四式”措施，对被确定为软弱涣散的16个党支部分类施治，对症整改。“台账式”管理找准症结。县委组织部于3月下旬深入各基层党组织开展摸底排查，认真记录走访调查情况，筛选有价值的整改意见和建议，建立排查工作台账，采取“县委建库、乡（镇）党委建档、支部建卡”的台账式管理办法，进一步明确工作任务、提升目标、责任领导和整改时限；“针对式”整顿分类施治。结合“两学一做”学习教育和“强党、固基、扶村”活动的深入开展，针对存在的村务管理混乱、产业发展滞后、矛盾纠纷凸显等不同问题，分别制定相应的整顿工作方案，一村一策、对症施治，确保整顿工作取得实际成效；

"包帮式"结对摘牌销号。采取"三包三帮一带动"措施，对软弱涣散村级组织实行包帮式整顿，即县级干部分片包乡（镇），帮助规范村级事务管理、优化发展环境；乡（镇）领导班子成员包村，帮助建强班子、发展产业；乡（镇）下沉干部包整改任务落实，帮助理清思路、制定发展规划；县直部门和"先进"村结对带动软弱涣散村，实现整体提升；"跟踪式"督查防止反弹。对整顿后的软弱涣散村级组织实行跟踪管理，建立"一周一分析""一旬一通报""一月一督查"的工作机制，坚持思想上重视、工作上关心、项目上帮扶的持续关注态势，做到精力不松、力度不减、目标不降，使其平稳度过反弹的高发期。

【发挥好党组织政治功能】 坚持以党的政治功能为引领，运用县委党校、农村党员远程教育站点和微信公众号等平台，以开展各类主题教育活动为契机，强化党的思想和政治认同教育，坚定干部、党员和群众理想信念。以加强"理论武装"为重点，强化宗旨意识教育。把加强理论武装作为重中之重，深入学习党的路线方针政策和习近平总书记系列重要讲话精神，强化党的理想信念教育和宗旨意识教育，先后开展专题学习会100多场次；以坚定"政治立场"为要点，强化反对分裂教育。把站稳立场作为根本要求，采取揭批驳斥、政策宣讲、现身说法等形式，突出抓好反分裂斗争教育，先后开展"八看、一算账、一揭批、四增强"等感党恩主题教育活动850场次，引导各族干部党员群众在重大政治原则问题上旗帜鲜明、立场坚定、认识统一、表里如一、步调一致。以增强"共同繁荣"为主题，强化民族团结教育。把民族团结作为重要生命线，把握民族共同团结奋斗、共同繁荣发展主题，组织党员干部群众学习《拉萨市民族团结进步条例》，深入开展共产党员民族团结先锋活动和民族团结进步创建活动，有效推进了各族干部、群众和睦相处、和衷共济、和谐发展。以坚持"从严从实"为核心，抓好党内活动开展。认真落实党内组织生活制度，扎实开展党内政治生活。各村党组织均制定完善了党内组织生活登记台账，坚持每月开展一次党内活动，每季度抽查一次党内活动开展情况。严格落实"四议两公开"工作法，实行村干部轮流坐班制度，完善党务、村务公开制度115条。

【"两学一做"学习教育活动】 年内，认真贯彻落实陈全国书记关于"两学一做"学习教育的重要指示和区市"两学一做"学习教育工作座谈会精神，结合本县实际制定实施方案，及时安排起草本县学习教育方案，并组织召开学习教育工作座谈会，对全县183个党组织5444名党员学习教育进行安排部署。增强针对性。坚持区分层次、分类指导，针对不同行业、不同层次、不同年龄党员的实际，积极开展讲一堂党课、举办一批文体活动、召开一次组织生活会、开展一次民主评议"四个一"活动。截至年底，各党支部已开展讲党课180余次。认真履行主体责任。紧紧抓住责任主体这个"牛鼻子"，严格落实各级责任，确保学习教育有人抓、有人管、有人做。特别是23名县级党员领导干部和各级党支部书记示范带头，积极参加集中学习研讨活动和讲党课活动。截至年底，县委开展集中学习研讨会6次，参加学习950余人次，交流发言29人次，集中学习研讨参学率达86%以上，开展进村入户宣讲300余次。

【完成乡（镇）领导班子换届】 认真贯彻区市党委部署要求，把乡（镇）领导班子换届工作作为全县政治生活的一件大事，强化组织领导，把握总体要求，抓住重点环节，严明换届纪律，于2016年3月启动换届工作，5月31日全部完成，其中乡（镇）党委换届选举于5月23日至26日进行，乡镇人大换届选举于5月27日至5月31日进行。全县10个乡镇均圆满完成了党员代表大会、人民代表大会各项议程，大会选举流程规范，代表资格符合要求，候选人均高票当选，乡镇领导班子换届工作绘出了好蓝图、选出了好干部、配出了好班子、换出了好面貌，圆满实现了县委既定目标。依法选举产生新一届乡镇领导班子，选举产生乡镇党委领导班子成员74名、政府领导班子成员38名、人大领导班子成员10名、纪委领导班子成员48名，候选人得票率均不小于99%。依法选举产生乡镇党员代表和人大代表。选举产生乡镇党员代表827名，其中新当选421名。依法选举产生出席县党代会和人代会代表。选举产生出席中国共产党林周县第九次代表大会代表109名，新当选的出席林周县十二届人民代表大会代表124名。

【完成县级领导班子换届工作】 按照中央和区市换届工作安排部署，准确把握换届工作总体要求，历经3个多月精心筹备，于2016年9月12日至21日，分别举行了中国共产党林周县第九次代表大会、林周县第十二届人民代表大会、中国人民政治协商会议林周第二届委员会，新一届县委、人大、政府、政协、纪委领导班子顺利完成换届选举，圆满完成了县级领导班子换届各项任务。换届工作中，认真学习和贯彻换届工作政策，多措并举全面推进县级领导班子换届工作，把坚持党的领导、充分发扬民主、正确用人导向、依法按章办事、严肃换届纪律贯穿换届工作始终，绘出了好蓝图，选出了好干部，配出了好班子，换出了好面貌，为林周县经济社会跨越式发展和长治久安注入了强劲动力。依法选举和推荐提名产生县级“两代表一委员”，依法选举产生县级党代表227名，依法选举产生县级人大代表129名，依法推荐提名县级政协委员109名。选举产生新一届县级领导班子。选举产生中国共产党林周县第九届委员会和常务委员会、中国共产党林周县纪律检查委员会和常务委员会，其中第九届县委组成人员30名，第九届县委常委会组成人员14名，新一届纪委组成人员11名，纪委常委会组成人员5名；选举产生林周县第十二届人民代表大会常务委员会组成人员23名，选举产生中国人民在政治协商会议第二届委员会常务委员会，组成人员16名。依法选举产生市级党代表和人大代表。选举产生出席中国共产党拉萨市第九次代表大会代表22名，选举产生出席拉萨市十一届人民代表大会代表34名。

【推进“三个全覆盖”工作】 大力加强干部教育培训，依托2016年民族交流交往交融工程及县委党校，顺利实施到苏集中培训项目及县级自主培训8批300余人次。依托区、市培训资源，参加上级各类培训360余人次。各乡（镇）、县直单位、村党组织开展自主培训120余次，教育培训各级各类党员干部3400余人次。推进村级组织标准化建设。加大投入，在“建”上下功夫。将村级组织活动场所建设纳入党建工作重要内容，作为乡村重点项目建设予以推进。根据村级活动场所现状和工作需要，按照布局合理、设施配套、功能齐全、简朴实用的原则，制定村级活动场所建设发展规划，研究确定了新建36个、改扩建8个、装改造1个村级组织活动场所，抓好阵地建设。细化责任，在“管”上下功夫。健全活动场所设备管理、使用、维护制度，建立台账，明确专人负责，定期盘点数量、检查性能、维护保养。开展以“四治理一提升”为主要内容的环境综合整治工程，即治理院内场地、破损设施、公开栏、标牌，提升整体效果。同时，建立健全村民议事制度、党员学习教育制度、村级事务公开等各项制度，全部规范上墙，用制度管人管事管财。优化机制，在“用”上下功夫。围绕面向党员群众、服务党员群众的原则，优化工作机制。扎实开展以“三会一课”为主要内容的党内组织生活，通过观看远程教育片、上党课、民主评议党员等活动，为广大农民群众收看电教片、接受科技文化培训、咨询生产生活信息、参加文化娱乐活动创造了条件，真正做到“一室多用”，不断强化服务体系；发展壮大村集体经济，结合各村实际制定发展壮大方案，研究确定投入500万元村集体专项扶持资金，并按照市县专项扶持资金管理暂行办法，开展扶持资金申报、审批工作，截至年底，已有32个村申报了35个资金扶持项目。45个行政村中有集体经济的45个，其中，村集体收入10万元以下的26个，10万—50万元的18个，100万元以上的1个。

【落实基层党建重点任务】 党员党组织关系集

中排查情况。在各级党组织中，分别成立了党员组织关系集中排查工作机构，县委组织部先后召开了专题培训会和安排部署会。经全县183个党组织排查，共排查出失联党员42名，流动党员316名，口袋党员5名。通过查阅失联党员档案、询问其朋友同事等方式，全县42名失联党员已全部取得联系。各党组织采取“四步法”管理教育失联党员。与各失联党员现党组织积极沟通，协调各单位出具其失联期间的政治、综治、参加组织生活、交纳党费等情况说明。在批评教育的同时，要求失联党员书面说明失联原因，明确是否退党，并报所属党支部审核；失联党员上报情况说明，支部专题研究对失联党员处理或管理意见，形成会议记录，并做出对失联党员处理决定。支部形成决定后，将应纳入管理的失联党员纳入组织管理。截至年底，42名已取得联系失联党员中41名已纳入党组织管理，1名失联党员提出退党要求；党代会代表和党员违纪违法未给予相应处理排查情况。采取自查和专项清查相结合的方式进行，由党代表、人大代表、政协委员所在选举单位和党员所在党组织开展人员身份甄别工作，并向县纪委、人大、政协及县人民法院、检察院、公安局、司法局等单位对“两代表一委员”及党员有无违纪违法进行函询，对清查出的违纪违法人员进行梳理汇总，并按照党纪国法进行认定处理。经统计，违法违纪的2名党代表、5名人大代表，均已被取消、终止、罢免相应代表资格，16名受到过责任追究和刑事处罚的党员，均给予了相应党纪、政纪处分或组织处理；基层党组织按期换届专项检查情况。共排查出未按期换届党组织19个，主要集中于各级机关中，其中党总支1个，党支部18个。届满后，一年内没有换届未经上级党组织批准的党组织1个，任期届满后，延期超过一年以上没有换届的党组织18个。制定工作方案，明确责任人，由各单位行政主要负责人为党支部选举工作的第一责任人，要求党支部确定1名具体联系人，负责选举工作的日常联系。及时召开支部委员会会议，就换届选举工作具体要求进行再部署、再强调，并强化培训加强业务指导，把《中国共产党基层组织选举工作暂行条例》列入学习内容，要求广大党员学习；根据上级举办的知识培训班讲授的关于换届选举工作知识，结合上级下发的文件精神，对党支部换届的所有工作程序及相关要求进行整理，形成书面材料印发，逐条对照解释。截至年底，全县19个未按期换届基层党组织按照《中国共产党章程》《中国共产党基层组织选举工作暂行条例》等相关规定已全部换届完成；党费收缴工作专项检查情况。为开展好党费收缴专项工作，县委组织部举办了全县党建业务骨干培训，就党费收缴专项检查工作相关要求、党员党费收缴标准、党费收缴的方式等进行了专题培训。以中组部《关于中国共产党党费收缴、管理和使用的规定》和《党费收缴管理问答》作为政策依据，以党支部为基本单位，以自查自改为主要形式，对正式组织关系在本支部的党员2008年4月以来交纳党费情况进行检查，对没主动交纳党费的要求支部给予提醒，教育党员该补交的主动补交。各基层党委视各支部党费交纳情况，督促指导、协调帮助所属党支部搞好自查自改，同时查找和解决自身党费收缴工作中存在的问题。采取先易后难，分类实施的方式，注重排查流动党员、失联党员党费收缴情况，在找准人头、确保覆盖上下功夫。各党支部注重排查口袋党员、离退休党员、失联党员、积极性不强党员党费交纳情况，在摸清情况、查遗补漏上下功夫；县直机关委员会注重排查在职在岗党员历年来党费交纳标准和离退休党员交纳情况，在严格执行标准、足额交纳上下功夫。各非公经济组织和社会组织注重排查在职在岗党员党费交纳情况和历年来收缴党费基本信息，在全面覆盖和精准收缴上下功夫。截至年底，1000余名党员补交了党费5.6万余元。抓党建促脱贫攻坚情况。抓住县乡领导班子换届契机，紧扣脱贫攻坚任务，注重选拔熟悉现代农业、脱贫攻坚、村镇规划、环境治理等方面人才，进一步优化班子功能结构。换届后，20名政治素质过硬、能够驾驭全局、善于抓班子带队伍的同志新当选为乡镇党政正职，10名熟悉党务工作的同志新当选为专职副书记，10名履行党风廉政建设主体责任、监督表现责任突出的同志新当选为纪委书记，60名熟悉经济、社会、法治、扶贫开发等专业的干部进入领导班子，28名干部实现县机关、乡镇班子双向交流任职，8名干部实现高低海拔南北交流任职。合理整合下沉干部、驻村工作队、村“两委”班子力量，形成心往一处想、劲往一处使的良好工作氛围，不断强化分工合作、团结协作的工作导向。建立完善党员干部联系贫困户制度。大力实施“千名干部帮千户”行动，制定《林周县千名干部帮千户方案》，全面落实县级领导干部每人结对帮扶3户贫困户、科级干部每人2户，其他干部每人1户的结对方式，以思想引导帮助为主，动员干部积极参与到扶贫工作中。

【建强基层党组织领导班子】 年内，在村“两委”班子人选配备上，通过“两推一选”、机关下派等方式，在致富带头人、复员退伍军人、返乡大中专毕业生中寻找人才、使用人才，把45名政治强、事业心强、能力强的好党员选拔到党支部书记岗位上，精选支部的“带头人”。截至年底，林周县村“两委”班子成员中共有致富带头人17名、复原退伍军人4名、技术能手6名、返乡大中专毕业生2名、选派干部11名，使村党支部真正成为带领群众脱贫致富奔小康的主心骨、领路人。建立党委成员联系支部、支委成员联系党小组制度，帮助指导支部解决“三会一课”、民主评议党员等制度落实中存在的主要问题，并有针对性地提出指导意见，确保各级党组织始终成为坚强的战斗堡垒。切实做好从优秀村党支部书记和村委会主任中推荐乡镇公务员工作，联合县纪委、各乡镇负责人组织召开专题会议，对各乡镇推荐的13名候选人预备人选进行深入讨论，拟定了林周县从优秀村党支部书记中选拔公务员的4名候选人。

【建强基层党务工作者队伍】 年内，着力加强基层党务工作者队伍建设，为10个乡镇设置了专职的党建副书记及组织委员，并配备了至少3名专职做党建工作的干部。全力做好村党支部第一书记期满考核工作，结合乡镇领导班子换届工作，选拔18名优秀第一书记进入领导班子，着力营造了关心基层、重视基层的导向。顺利完成14个拉萨市派驻的村党支部第一书记交接轮换，确保第一书记工作持续深入推进。进一步修订了大学生村干部培养计划和大学生村干部管理办法，从工作三年以上的乡镇公务员中选派了7名优秀年轻干部、后备干部担任大学生村干部，有力促进了农牧区社会和谐稳定。乡镇党委和县直各党组织按隶属关系，坚持经常性对基层党务干部进行党务知识培训，并通过结对培养、以老带新的方式，有重点地培养党务人才后备力量，确保各级党组织均有一支业务素质高、作风优良的党务干部。

【抓好村干部学历提升工程】 制定实施全县村党组织带头人教育培训计划，重点举办了村干部学历提升培训班，对176名未达到初中学历的村干部进行学历提升培训。共选派59名村干部参加拉萨市举办的村（居）“两委”班子成员学历提升培训班学习，基本实现了村干部学历提升培训的全覆盖。选派15名乡镇党委书记、乡镇长参加市委组织部举办的党政正职培训班学习。专门邀请区党委党校副教授平措、市委党校讲师格次，举办林周县“党建促脱贫攻坚专题培训班”，对全县45名村党支部书记、副书记和村委会主任、副主任进行了培训，进一步提高了参训党员干部的综合素质能力。充分发挥县委党校大熔炉、主阵地作用，2名党校老师分别对60余名村干部、50余名致富能手和妇女党员，进行了“村干部文化素质提升工程”专题培训和“致富能手、妇女党员”党课培训。

【把好发展党员第一关口】 注重从农牧民群众中发展党员。全力做好农牧民党员发展工作，把思想觉悟高、政治立场坚定、带富致富能力强的农牧民群众吸纳到党员队伍中，不断优化林周县农牧民党员队伍结构，增加农牧民党员数量，提高农牧民党员队伍整体素质，严格按照“控制总量、优化结构、提高质量、发挥作用”的总要求，2016年，共发展农牧民党员201名。注重从非公企业和机关事业单位人员中发展党员。按照“两个覆盖”的工作要求，注重从企业生产经营一线青年员工、经营管理层人员和专业技术骨干中发展党员，不断壮大非公有制经济组织党员队伍。注重把政策理论水平高、工作能力强、业务精通、积极要求进步的机关事业单位中的优秀青年干部职工发展为党员，确保发展党员质量高要求严。2016年以来，共从非公企业中发展党员2名，从机关事业单位中发展党员54名，优化了党员队伍结构；注重发展党员程序规范。认真对照《中国共产党发展党员工作细则》，严格执行申请入党阶段、发展对象阶段、支部大会阶段、预备党员阶段、预备转正阶段等五个阶段程序，认真落实递交入党申请书半年以上的入党申请人可以确定为入党积极分子、入党积极分子经过一年以上培养教育可以确定为发展对象、预备党员经过一年考察期可以转为正式党员的要求，坚持入党自愿、个别吸收、有领导有计划原则，从严从实抓好党员发展工作。

【党员干部教育培训】 严格按照《西藏自治区2014—2018年党员教育培训工作规划》实施要求，结合林周实际，制定《林周县2015—2018年基层党员干部培训规划》，对全县各领域党员教育培训做出安排。抓好领导干部这个关键群体的教育培训。县处级领导干部带头学，始终坚持每月一至两次的理论中心组学习制度，认真学习中国特色社会主义理论、“三个代表”重要思想、科学发展观和党的十八大以来习近平总书记系列重要讲话精神等。县委领导不仅自己带头学，还结合自己学习体会，开展“领导讲党课”“专题辅导”等活动，带动更多的领导干部。同时，积极采取上级调训、“每月一课”、在线学习等方式，对全县领导干部进行培训，提高新形势下的领导能力和领导艺术。截至年底，县委理论学习中心组组织集中学习20次，选送县级领导干部参加上级部门举办的各种培训班共10余人次，参加“每月一课”的县级领导干部达120余人次。抓好县乡干部这个重要群体的教育培训。重点抓好县乡科级干部，特别是年轻干部的培训教育工作，着力打造一支高素质的干部人才队伍。在强化理论学习和业务培训的同时，继续实施民族交往交流交融工程，选派20名优秀县乡专技人员到苏州挂职锻炼，学习苏州先进理念和管理方式。2016年，依托援藏平台，拓宽干部培训渠道，分9个批次选派131名党政干部、教师、医务工作者、村致富带头人、青少年学生、下沉干部等赴苏州开展学习培训。同时，采取集中培训与自学相结合，在抓好干部集中培训的同时，注重引导干部坚持在职自学理论业务知识，在全县形成浓厚的学习氛围，各县直单位、乡镇还充分利用网络平台和教育基地，组织广大干部学习、观摩和探讨，确保取得良好的学习效果，共印发各种政治理论、习近平总书记讲话和专业文化知识等学习资料千余册，开展各类专题研讨会200余场次，有效提升了广大干部职工的政策理论水平和业务文化知识，确保各类知识入脑入心，易于接受。将藏汉“双语”学习培训工作纳入《2015—2018年党员干部教育培训规划》，突出把乡镇、农村、服务窗口等紧密联系群众部门干部轮训一遍。切实强化表彰奖励和通报批评，营造干部学习藏汉“双语”比学赶超的良好氛围。抓好农村党员这个广泛群体的教育培训。发挥县委党校的主阵地和主渠道作用，探索工作实践与自我教育相结合的教育培训模式，定期组织乡村党员学习和入党积极分子培训。积极组织村“两委”班子成员、乡村干部、农牧民党员、致富能手等235人参加“党建促脱贫攻坚专题培训班”“村居干部文化素质提升工程”等班次学习，提高党员干部综合素质和业务能力。坚持和完善基层党组织“三会一课”制度，定期组织农村党员开展集中学习、专题研讨。结合村级组织活动场所标准化建设，加大党员教育培训阵地建设力度，切实解决党员无教育培训活动场所的问题，充分发挥党员活动室“一室多用”功能，为党员学习培训的正常开展创造了良好的条件，成为广大农村党员干部群众学政策理论、学农业科技、学技能业务的有效场所。依托农村党员干部现代远程教育站点的建设，积极组织农村党员、广大农民群众收看电教片、接受科技文化培训。

【从严抓好党员教育管理】 年内，深入开展党员承诺践诺、无职党员设岗定责、党员结对帮扶等活动。狠抓无职党员设岗定责工作，确定农牧民无职党员的岗位和职责，让无职党员有责可担。狠抓基层党建激励表彰工作，2016年“七一”，县委表彰了17名优秀共产党员和15名优秀党务工作者，树立了关心重视党员的良好导向。各乡镇结合实际，开展了“七一”表彰活动。

【着力夯实基层基础保障】 把有效的力量配置到基层。连续三年推行“领导干部联系基层工作制度”，先后组织县、乡两级机关和党员干部联村包户，全县38个机关事业单位、20多名县处级干部与农村、寺庙、农牧民建立了结对关系。从县、乡机关选派30多名“第一书记”到村任职。选派217名干部下沉到村工作，投入经费159.75万元配齐配全了生活办公用品。扎实开展创先争优强基础惠民生活动，区、市、县、乡派出了900多名工作队员，进驻10个乡（镇）的45个村，知党情、听民声、谋发展、促和谐；把更多的财力投放基层。认真践行了《中共林周县委组织部关于落实村党支部活动经费的意见》，为每个村党支部每年落实5000元党支部活动经费，县财政和乡镇各承担所需经费的50%。同时，研究制定了2万元的村级组织文化活动专项经费和每名村党支部第一书记1万元的活动经费，并通过规范经费用途及使用要求、严格经费落实及管理等举措，切实使活动经费有了保障。把更优的待遇送到基层。每年县委、县政府都要研究制定促进农牧区经济社会发展、民生事业改善、服务型基层党组织建设等政策，推动各类资源、资金投向农村。全面落实“一定三有”政策和离任干部待遇，持续加大村“两委”班子成员误工补贴投入力度，力争在2016年实现村“两委”正职4.1万元、副职3.3万元、委员2.5万元的补贴标准。各项政策最大限度向农牧区基层一线倾斜，每年从优秀村党支部书记中公开招录乡镇公务员。严格按照区市标准对离任村干部补贴进行了调整，并规定符合生活困难补贴发放条件的离任村干部去世当年，除发放当年补贴外，增发一次性补贴作为抚恤金。

（旦增罗布）

【领导名录】

县委副书记、组织部部长
何　震
副部长、编办主任
边巴次仁（藏族）
部务委员、老干部局局长、主任科员
骆鹏鲜

中共林周县委宣传部

【概况】 2016年，林周县委宣传部高举中国特色社会主义伟大旗帜，深入贯彻落实中共十八大，十八届三中、四中、五中、六中全会精神和习近平总书记系列重要讲话精神，瞄准文化大发展大繁荣的总体目标，努力加强和创新宣传思想文化工作，着力用当代中国马克思主义凝聚思想共识，着力提升对外宣传工作水平，着力深化社会主义核心价值观建设，着力维护意识形态安全，着力推进文化市场健康繁荣发展，着力培育文化产业事业，着力加强人才队伍建设，着力营造全面建成小康社会的舆论氛围，坚持团结稳定鼓劲、正面宣传为主，有效完成了年初制定的各项目标，为林周长足发展和长治久安提供了强大的思想保证、精神动力、道德滋养和舆论支持。

【精心组织理论学习】 年内，林周县委宣传部高度重视理论学习，制定下发《林周县委理论学习中心组2016年度理论学习安排意见》，突出学习中共十八届五中和六中全会精神、中央第六次西藏工作座谈会精神、习近平总书记系列重要讲话精神、中央经济工作会议精神、全国宗教工作会议精神、区市第九次党代会精神、社会主义核心价值观、党风廉政建设以及“老西藏”精神，积极开展“两学一做”学习教育。年内，县委理论中心组集中学习20次，参会人数达1200余人次，领导干部带头交流发言达50余人次，切实提高了全县领导干部的政策理论水平，党性修养得到了进一步的锤炼，充分发挥了县委中心组的示范带头作用。

【认真谋划理论宣讲】 年内，县委宣传部负责起草了《林周县学习贯彻党的十八届六中全会精神和自治区第九次党代会精神的实施方案》《关于纪念红军长征胜利80周年活动方案》《关于学习〈胡锦涛文选〉的实施方案》。积极邀请区市党委讲师团到林周县开展“两学一做”学习教育专题讲座3次，中共十八届六中全会和自治区第九次党代会精神专题讲座1次。同时，邀请县委党校老师深入各乡（镇）、行政村、寺管会开展关于党的十八届六中全会精神和自治区第九次党代会精神宣讲活动10场次，大大提高了党员干部的理论水平和农牧民群众的思想觉悟。

【推进精神文明创建工作】 按照早谋划、早安排、早部署、勤督促的工作要求，及时将《2016年全国城市文明程度指数测评体系》《未成年人思想道德建设工作测评体系》的各项指标任务细化分解至各责任单位，落实到具体责任人。各责任单位紧紧围绕两个测评体系的内容，整改薄弱环节，完善工作机制，加大工作力度，确保各项任务落到实处、取得实效。积极推动社会诚信建设，主动抓好公民道德建设，不断强化未成年人思想道德建设，组织开展“我们的节日”系列活动，充分利用重要纪念日、节庆日等节点开展集中性教育活动，切实抓好社会主义核心价值观宣传工作，大力弘扬民族传统文化和时代精神，逐步养成讲文明、树新风、献爱心的良好社会氛围。积极开展“文明家庭”“文明乡村”等先进典型评选活动，树立了家庭和睦、崇尚科学、乡风文明的新风尚。

【核心价值体系建设】 年内，通过各种形式，在全县干部群众中积极开展培育和践行社会主义核心价值观教育活动，切实加强社会主义核心价值体系建设，不断推动社会主义价值观进机关、进学校、进军营、进企业、进农牧区、进寺庙。扎实开展中国特色社会主义、“中国梦”、新旧西藏对比教育、形势政策教育、“八看、一算账、一揭批、四增强”感党恩主题教育、民族团结教育等主题教育活动。在“3·28”西藏百万农奴解放纪念日，隆重举行升国旗仪式，组织广大干部和学生开展纪念西藏百万农奴解放57周年宣讲报告会，进一步增强大家的爱国意识。

【强化主流宣传】 年内，紧紧围绕县委、县政府中心工作，充分利用西藏日报、拉萨晚报、拉萨市电视台、拉萨发布、林周县电视台等多家媒体和平台，报道林周县在贯彻落实中共十八届五中和六中全会精神、中央第六次西藏工作座谈会精神和实施精准扶贫、精准脱贫的具体做法和取得的重大成效，扎实做好培育和践行社会主义核心价值观、“老西藏”精神“两路”精神、民族团结、党风廉政建设、典型人物等系列宣传，确保主要媒体宣传报道林周的稿件数量有所突破。2016年，《拉萨晚报》全年刊登报道林周300余篇，《西藏日报》刊登15篇；通过“林周之窗”微信平台发布信息1000余条；林周政务网发布信息1771条。积极配合做好媒体采访报道工作，2016年，先后协助各级媒体14批次、90余名记者到林周县采访。

【加强对外宣传】 重点协助开展了中央电视台外语频道赴藏采访、精准扶贫专题采访、《西藏天空》电视剧拍摄及《冬行西藏》《吉祥拉萨》纪录片拍摄等资料收集和有关协调工作，为圆满完成各级媒体在林周县的采访拍摄工作提供了有力支持。同时，积极做好外宣品《林周之窗》季刊的制作和发行工作，2016年已完成4期制作和发行，努力扩大林周的知名度。

【抓好文化执法检查】 年内，认真开展权力清单和责任清单梳理工作，县文化市场综合执法大队逐条逐项对照文化市场领域各项法律法规，制定了“行政权力清单和责任清单”209项，并分别绘制了“权力运行流程图”和服务指南，为创建平安法制文化市场提供了有力保障。扎实开展文化市场综合执法检查活动，将日常巡查与联合检查、专项检查相结合，全年对林周县文化市场开展日常巡查44次，专项检查3次，共检查经营单位200余家次，出动检查人员600余人次，查处违规经营案件3起，有力地整顿了林周县文化市场经营秩序，为推动文化市场的健康发展起到了积极作用。

【跟踪研判舆情动态】 年内，安排专职人员负责对涉及林周县以及拉萨市范围内的相关舆情进行全时段监控，在重要节日期间，进行24小时监控，县网信办还组织县级网评员先后对春节、藏历新年、全国“两会”等敏感节点进行网上宣传。截至年底，共跟帖、评论市县开展的各项纪念活动70条，全国“两会”55条，春节、藏历新年90条，中国共产党成立95周年40余条，中华人民共和国成立67周年80余条。利用“林周政务网”“林周之窗”等平台及时转载了习近平总书记系列重要讲话和区市主要领导的重要讲话精神，为网络舆情的引导发挥了积极的作用。

【培育文化产业事业】 为进一步传承推广传统民族文化，丰富农牧民精神文化生活，各乡（镇）、村充分利用藏历新年、雪顿节、旺果节等节点，大力开展文艺演出、赛马等民俗文体活动。同时，大力扶持特色文化产业，全年共申报自治区级文化产业扶持项目2个，拉萨市级文化产业扶持项目3个，其中，林周县热振曲卓民俗文化旅游体验馆建设项目（自治区级）、林周县鲁木杰特色民俗文化园扩建项目（拉萨市级）已通过市委宣传部、市财政局的审核。

【组织“五下乡”活动】 聚焦精准扶贫、精准脱贫，宣传部联合文广局、卫生局、司法局、科技局等部门深入开展“五下乡”活动，通过组织文艺演出、理论宣讲、法律咨询、治病防病等系列活动，向广大农牧民群众送去了文化、科技、卫生、法律、惠民政策等知识，使广大农牧民群众进一步坚定了打赢扶贫攻坚战的决心，为林周县全面建成小康社会营造了良好的舆论氛围。

【加强人才队伍建设】 2016年，林周县委宣传部从内强素质外强业务入手，在全县宣传文广系统干部职工中开展“学讲话、找差距、转作风、抓落实”活动，先后选派3名干部赴苏州交流学习，1名干部参加全区第三期宣传干部业务骨干培训，11名兼职网评员参加区、市网络评论员培训，4名干部参加新闻发言人培训，3名干部参加文化市场综合执法培训，通过学习培训，宣传干部的理论素养和业务水平得到了大幅提高。同时，宣传部还先后举办全县通讯员培训班2期，对100余名通讯员进行了新闻稿件写作、简报信息写作的业务培训，切实提高了林周县新闻写作和信息报送的工作水平。

（常莉莉　刘　兵）

【领导名录】

部　长　倪　蓉（女，6月免）
　　　　朱宝忠（6月任）
副部长、网信办主任
　　　　刘　进

中共林周县委统战部（民族宗教事务局）

【概况】 林周县委统战部、县民宗局、县宗教办合署办公。统战部主要职责：贯彻执行中央、区、市统一战线的方针、政策，开展调查研究，向县委反映情况，提出开展统战工作的意见、建议；研究贯彻党领导的多党合作和政治协商制度以及对民主党派的方针、政策；负责党外人士的政治安排，联系县内外的工商界社团和代表人士；贯彻执行党的民族宗教政策，依法管理宗教事业，加强民主团结，维护社会稳定，引导宗教与社会主义相适应。民宗局主要职责为：贯彻执行党中央、国务院关于民族、宗教工作方针、政策和法律、法规有关民族、宗教工作的部署，依法管理民族、宗教事务；指导和开展民族、宗教政策和有关法律、法规的宣传和教育工作；指导、监督民族区域自治制度建设和民族区域自治法的贯彻实施，依法维护少数民族的合法权益；维护社会政治稳定；依法保护公民的宗教信仰自由，保护宗教团体和宗教活动场所的合法权益，保护宗教在职人员履行正常的教务活动和信教群众正常的宗教活动；依法处置宗教领域的违规违法行为，维护社会政治稳定，积极引导宗教与社会主义社会相适应；推动宗教界人士进行爱国主义、社会主义、拥护祖国统一的自我教育，巩固和发展同宗教界的爱国统一战线。团结和动员广大信教群众为经济建设和社会发展服务；协同有关部门处理宗教方面的突发性事件和影响社会稳定的问题。

【组织领导】 根据《中共林周县委员会关于调整林周县四套班子主要领导及县委常委分工的通知》，明确了统战民族宗教工作的分管县委常委；下发了《林周县县级领导联系指导乡（镇）基层工作安排表》，明确了联系各寺庙的县级领导；成立了“宗教工作领导小组”“统一战线工作领导小组”“民族团结进步创建活动领导小组”和“藏传佛教活佛转世领导小组”。

【会议部署】 2016年，共召集全体寺管会、专职特派员召开全县宗教工作会议3次，重点安排部署了三月份重要节点、党代会期间等维稳防控工作，及时将相关维稳会议精神和文件精神传达至各驻寺干部，做到思想统一、步调一致，细化了工作措施、明确了工作责任，共同应对各重要时期的维稳工作，切实掌握反分裂斗争和维护稳定工作的主动权。

【落实责任】 切实落实好部门一把手亲自抓维稳的主体责任。抽调部门干部采取点面结合、日常检查和突击检查等方式对各寺管会及专职特派员机构进行维稳督查，2016年共计开展督查90余次，对查处的脱岗漏岗给予通报处分处理；切实落实各寺管会目标责任。与各寺管会、专职特派员及各乡镇签订目标责任书，明确责任期限、责任内容、责任主体等。制定全年、各季度、各重要时期的维稳防控方案和应急预案。

【完善机制】 利寺惠僧政策进一步落实；“有效开展“六个一”活动；“一覆盖”政策全面落实；努力开展寺庙灾后维修，年内共计投入维修资金51万元；“一创建”活动深入推进，全年共计表彰县级和谐模范寺庙20座，爱国守法先进僧尼772人次，先进寺管会6个，优秀驻寺干部20名，涉及表彰资金181.4万元；扎实开展寺庙消防安全工作，各寺管会、专职特派员认真开展消防大检查，统战部门联合县消防大队组织驻寺干部和僧尼开展消防安全培训一次，争取寺庙线路改造经费50万元。

【加强教育】 年内，深入开展以弘扬历代高僧大德“爱国爱教、遵纪守法、弃恶扬善、崇尚和谐、祈求和平”为主题的法制宣传教育，深入推进高僧大德培养工程，积极传达学习中央和区市县重要会议、文件精神，保证教育僧尼覆盖率达到100%；利用节庆日，以看望慰问、举办座谈会和联谊会、发放宣传册、组织观看爱国电影的形式开展主题教育活动；加强对高僧大德的教育培养，开创性地组织了全县各寺庙8名高僧大德赴苏州参观学习一次，使僧尼开拓了眼界、提高了认识；组织爱国爱教法制宣传教育暨消防培训，进一步宣讲了党的宗教政策和法律法规。

【佛事活动】 为保障全县各项佛事活动的顺利举办，严格按照各类佛事活动的权限进行报批，严密组织佛事活动的开展，全年共计组织开展了东孜山“猴年转山”民俗宗教活动、“赤龙次曲”“128”的接待等活动，保证了活动开展有方案、预案，做好了宗教活动的监管和安全防范工作，确保了活动开展中拥挤、踩踏、火灾、交通等公共安全事故的“零”发生。

【驻寺干部队伍建设】 针对林周县各寺管会普遍缺干部的情况，统战部门领导积极与县委主要领导和县委组织部沟通协调，将林周县新调入公务员全部安排到人手紧缺的各寺管会、专职特派员机构任职，全年新调入寺管会干部19名。同时，对工作、生活在高海拔、条件艰苦的基层一线驻寺干部给予争取解决级别待遇2人。进一步稳定了驻寺干部队伍建设。

【民族团结进步事业】 年内，通过电视新闻、广播、广告牌、悬挂横幅等传统宣传形式与互联网、微信、短信、LED等新兴媒体结合进行宣传，集中宣传党的民族政策、有关领导关于民族团结的重要讲话、中央民族工作会议精神、民族团结先进事迹及林周县近年来民族团结工作取得的成效等，营造了民族团结大格局氛围。表彰2016年在全县民族团结进步创建活动中涌现出来集体、个人和家庭，全年共计表彰区、市、县民族团结进步模范集体16家、模范个人18人和模范家庭4个，表彰经费18.3万元。切实维护各民族利益。通过大力支持农牧业、民族手工业、旅游业等产业发展，进一步带动民族特色文化产业发展。通过大力支持本县民族经济事业的发展，奋力推进精准扶贫工作。通过积极争取项目资金，带动经济发展，2016年共争取“少数民族发展资金”项目2个，总投资100万元，相比2015年度总投资金额增长15万元。

【爱国统一战线】 切实加强活佛管理工作和活佛转世工作。进一步强化了对社会流动从事宗教活动人员的管理工作。进一步加强党外人士的管理和推荐工作。指定专人具体负责党外知识分子工作，进一步完善党外干部、党外代表人士的信息。积极做好党外人士的推荐考察工作。全年共计推荐县人大党外代表20名，占人大代表总数的15.5%，县政协党外委员的67名，占委员总数的60.9%。市人大党外代表的有2名，市政协党外委员的有3名。进一步加强归国藏胞统战工作及滞留藏胞的管理工作。截至年底，全县县共有国外藏胞168人，定居藏胞1人。进一步强化非公有制经济领域的统战工作。林周县现有非公有制企业78家，在非公领域建立党组织10个，现有党员68名，截至年底，已发展会员企业28家。2016年，非公经济统战工作再上新台阶。

【统战民宗机关干部队伍建设】 年内，深入开展“两学一做”专题学习教育活动。2016年共统战民宗系统共计组织学习43次，部门领导讲党课2次，参与全县理论中心组学习20次，参与“两学一做”研讨会3次。进一步深化部门党建工作。全面落实了领导班子的集体责任、党组书记的第一责任、班子成员的“一岗双责”，坚持领导带头、以上率下，锲而不舍落实“八项规定”“九项要求”和“约法十章”，加强了对部门公务用车、“三公经费”的管理，大力推进党风廉政建设和反腐败斗争，加强对党员干部的监督管理，进一步解决党员干部在思想、组织、作风、纪律等方面存在的问题，引导广大党员干部进一步增强党性意识、规矩意识、看齐意识。注重提高业务工作水平。组织涉宗和统战干部参与拉萨市统战系统干部专题培训5人；参与学习中央有关政策、文件、会议精神培训班2人，并赴湖北参观考察了7天；参与全区党外干部培训1人；参与全区优秀中青年干部培训班1人；参与全区第三期宗教办主任培训班1人；赴北京中央民族大学培训党的民族政策1人。注重立足岗位做贡献。统战民宗党支部全体党员利用中共成立95周年之际，自行组织捐款看望慰问杰堆寺残疾僧人，同时结合2016年的脱贫攻坚工作，每位干部职工积极主动地与结对贫困户联系，对贫困户进行看望慰问。

（杨 峰）

【领导名录】

部 长 土旦格桑（藏族，6月免）
　　　 次仁占堆（藏族，6月任）

县政协副主席、副部长、民宗局局长

次仁占堆（藏族，6月免）

民宗局副局长

拉巴次仁（藏族）

宗教工作领导小组办公室主任

旦真次仁（藏族，5月免）

中共林周县委政法委员会

【概况】 中共林周县委政法委员会是县委领导、管理政法工作的职能部门，负责指导、协调、部署、督促全县各个阶段的维稳、综治、政法工作，协助县委及组织部门管理政法系统领导干部。中共林周县委政法委员会和林周县社会治安综合治理委员会办公室合署办公，同时县维护社会稳定工作领导小组办公室设在县委政法委，共有行政编制13人，实有工作人员8人。2016年，县委政法委牢固树立稳定压倒一切的思想，不断创新社会治理机制，完善社会治理体系，夯实社会治理根基，提高社会治理能力，确保了全县社会局势持续和谐稳定。

【维稳工作】 年初，及时充实调整县维稳工作领导小组成员，加强林周县维稳指挥部建设，健全了工作机制，形成了县委书记负总责，政法委书记具体具体抓，所有县级领导、全体干部职工、群防群治队伍、网格工作人员、“双联户”力量共同参与的大维稳格局。按照“谁主管，谁负责”和属地管理的原则，建立了县、乡、村、组、网格、联户六位一体的维稳工作体系，确立了综治、维稳例会制度，定期召开维稳工作会议，形成了24小时全天候、无缝隙、无盲点的维稳机制。严格执行《林周县重大决策社会稳定风险评估机制》，做好重大项目、决策社会稳定风险评估工作，2016年共审核各类项目72个，出具批复72份。进一步深化《林周县矛盾纠纷预警排查调处工作机制》，严格落实矛盾纠纷联席会议制度、林周县干部下访工作制度、重大信访问题领导包案制度、矛盾纠纷月报制度，建立健全矛盾纠纷化解体系。进一步落实《林周县情报信息搜集奖惩机制》，成立了情报信息搜集研判中心，拨付10万元专项经费，采取“上报有奖，有价值重奖”的原则，不断延伸情报信息的触角，扩大情报信息来源范围。进一步完善《林周县维护社会稳定工作实施细则》，做好严打整治工作，结合社会治安综合整治行动，组织各职能部门始终保持对各类违法犯罪活动的高压威慑态势，不断净化社会面环境；做好宗教领域和教育系统维稳工作，加强应急处突演练，做好正面宣传教育，强化源头治理工作；做好特殊人群管控工作，突出易肇事肇祸精神病人的服务管理，建立“一人一档、一人一策”，开展教育转化工作；做好社会面防控工作，加强值班带班和维稳督导检查落实，确保各维稳要素部署到位。突出重点工作，圆满完成了12年一度的东孜山“猴年转山”民俗宗教活动维稳安保任务，做到了组织领导有力、任务分工明确、资金人力充足、情报信息及时、现场安保到位、便民服务深化、活动秩序井然，为信教群众营造了良好的转山环境。2016年，在全县各级各部门的共同努力下，实现了“三无”“三不出”“三稳定”的目标，确保了林周长期稳定、持续稳定、全面稳定。

【综治工作】 年初与各乡镇、县（中）直各单位签订《2016年度社会治安综合治理工作目标责任书》，制定《林周县综治和双联户工作考评办法》，进一步调整充实综治工作专班，多次召开专题会议研究解决工作中的难点、热点问题，明确了各乡镇、各部门党政一把手为综治第一责任人的要求，形成了县级领导率先垂范、科级干部以身作则、工作人员积极落实的良好局面。制定《林周县2016年社会治安综合治理工作日程表》，使各乡镇把握综治工作重点，分阶段扎实有序开展好工作，完善了综治例会制度，建立了季度考核机制，每季度考核1次，每半年召开1次综治委专项组联席会议，对综治工作常抓不懈、部署到位。建立健全领导干部绩效档案，严格执行选拔任用干部征求综治委意见程序，年内共有61名干部提任前征求综治工作方面意见，进一步强化了综治维稳各项工作的落实。坚持共同治理，强化综治基层基础工作，为各乡镇配备了专职综治办主任和2名综治专干，确保10个综治工作中心、45个综治工作站点均有工作场所、工作制度、工作人员，形成了综治工作联抓、矛盾纠纷联调、情报信息联享的工作格局，综治基层基础建设有了明显加强。突出综治信息化建设，为全县9个乡1个镇和45个行政村接入了社会治安综合治理信息网，建立综治信息“每日一报”制度，提高了行政效率。强化群防群治力量，全县共有“四护队”72个654人，治保组织55个，群众治安联防队员821人，在常态化、节假日、重要节点期间，通过定时和不定时巡防等方式，建立了全方位、动静结合的基层基础防控网络，切实提高了基层预防、发现、控制违法犯罪和维护社会稳定的能力。积极组织开展平安单位的创建申报评选工作，以创建“平安寺庙”“平安家庭”为重点，及时制定下发《关于创建申报第七批县级“平安单位”的通知》，及时申报自治区级平安县区、平安学校等平安单位称号，不断健全和完善各类机制，有效确保各类工作措施落到实处。截至年底，全县市级平安乡镇覆盖面100%，县级平安乡镇、平安学校创建率均达100%。为进一步巩固平安创建活动成果，对已授牌的平安单位进行动态跟踪管理，严格执行《拉萨市平安创建活动动态管理办法》《林周县平安创建工作动态管理实施办法》的要求，对出现问题的平安单位，按照相关规定实行通报批评、限期整改、黄牌警告以及摘牌的处埋。抓好流动人口服务管理工作，各部门协调联动，及时为流动人口提供社保、医疗、入学、就业、迁移等方面的服务与帮助。积极开展“3月综治宣传月”“6月综治宣传周”和“9·16”平安西藏宣传日等宣传活动，采取设立宣传点、摆放宣传画板、播放LED宣传标语等形式开展法制宣传教育，各类宣传活动参与单位100余家次，悬挂横幅120余条，发放宣传资料100余种2万余份，解答群众咨询300余人次，农牧民群众9000余人次不同程度受到了教育，达到了预期效果。

【“双联户”工作】 2016年，林周县继续高度重视联户平安、联户增收工作，成立了以党政主要领导为组长、副组长的“双联户”工作领导小组，投入100万元专项经费，共划分联户单位1276个，其中城镇34个，农牧区1013个，机关单位、商住小区、出租房屋229个；共选举联户代表1276名，所有联户代表全部接受了系统培训。根据“双联户”工作职责，年内各联户单位共开展矛盾纠纷排查1176次、调解矛盾纠纷164起，排查各类安全隐患1144次、整治安全隐患555次，开展治安巡逻2293次，登记流动人口2849人，搜集情报信息331条，帮扶困难家庭1283户、投入帮扶资金（含物资）261451元，卫生整治2027处，进一步夯实了基层维稳根基。同时，通过小额信贷联保联担、集体组织联创联营、增收渠道联创联享等手段，结合净土健康产业项目和精准扶贫工作，鼓励群众创办联户集体经营组织，努力致富增收，共创办各类经济实体61个，带动致富537人，实现增收241800元。进一步创新工作思路，利用双联户“幸福家园”微信平台，督促辖区联户代表每日按时报平安和报事件，全面掌握辖区社情动态，截至年底，全县“幸福家园”微信平台共认证联户代表1174名，报平安242116条，报事件34189条，报送率60%以上。不断深化“先进双联户”创建评选活动，按照《林周县星级“先进双联户”创建评选活动实施意见》的要求，认真开展授星摘星工作，每月定期对联户代表进行星级评定，激发广大联户代表创先争优意识。按时完成了各级“先进双联户”创建评选，共选出村级先进双联户225个，奖励先进联户家庭2626户；共选出乡级先进双联户57个，奖励先进联户家庭657户，乡级先进村15个；共选出县级先进双联户15个，奖励先进联户家庭179户，县级先进村5个，先进乡4个，层层召开了表彰大会，完成了各项任务目标。

【政法工作】 年内，结合“两学一做”专题教育活动，组织政法干警大力开展核心价值观教育实践活动和岗位大练兵活动，积极协调政法各部门加强理论学习，开展理想信念教育，开展反分裂斗争形势教育，开展宗旨教育，开展民族团结教育，开展纪律作风教育，开展正反两方面教育，进行岗位大练兵成果展示，极大提高了政法干警的业务素质和能力；通过组织建立政法干警个人档案，与每个政法干警签订保密责任书，大力发展优秀同志成为新党员，开展一对一党员结对帮扶工作，解群众之忧、排群众之难工作，加强了自身管理与党建工作；积极组织政法系统领导干部学习中共十八大精神，学习党章、党规、系列讲话，以收听收看电视广播、阅读图书报刊、听取专题讲座、撰写心得体会的形式，认真领会会议精神；结合执法规范化建设、干部下基层等活动，组织政法干警、综治干部深入各乡镇、各行政村、学校、寺庙，开展业务工作检查与指导及义务服务活动，为群众办实事、做好事、解难事，做人民群众的贴心人。密切配合公、检、法、司，做好本职工作。加大对案件督察督办、执法办案有关协调工作力度，不断提高执法公信力，积极开展政法队伍纪律作风整顿活动，组织全县政法干警集中学习，重点解决部分干警思想认识上模糊、偏差甚至错误问题，克服厌倦、消极、慵懒情绪，落实好拉萨“法治稳市”战略建设要求，开展好公正执法活动，坚决查处以言代法、以权压法、徇私枉法行为，健全司法救助体系，做到司法公正、公开，做好涉法涉诉信访工作，努力实现维护司法权威与维护群众合法权益的统一，落实好依法治国理念。

（赵宏勋）

【领导名录】

书　记　强巴扎西（藏族，7月免）
　　　　塔　清（藏族，7月任）
副书记、综治办主任
　　　　晋美多吉（藏族，5月免）
　　　　谢彦芳（女，5月任）
综治办副主任
　　　　益西加措（藏族）

林周县总工会

【概况】 林周县总工会行政编制2人（1名主席，1名副主席）。现实有专职工作人员4名，其中主席1名、副主席1名、工作人员2名、下设女职工委员会、经审委员会。全县共有工会组织87个（含非公企业14个），工会小组66个（含寺管会工会小组28个），工会会员3904名（农民工会员2753名）。

【政治理论学习】 年内，林周县总工会把每周四下午定为本部门学习时间，通过集体学习和自学的学习方式，主要学习了习近平总书记系列重要讲话精神，特别学习习近平总书记在建党95周年上的讲话和庆祝长征胜利80周年上的讲话精神及自治区第九次党代会精神和党的群团工作会议上的讲话精神；学习十八届六中全会精神；同时深入贯彻中华全国总工会第十六届四次执委会主要精神；区市党的群团工作会议精神以及自治区总工会九届六次全文扩大会议精神等。县总工会深入开展“两学一做”专题实践活动，把“学党章党规，学系列讲话，作合格党员”建设深入到工会建设中去，加强基层工会组织建设，切实加强作风效能建设，进一步制定和完善了学习制度、工作制度、请销假制度和财务管理制度，促进了部门作风的良好转变。

【党风廉政建设】 年内，林周县总工会结合本单位实际，以集中学习为主，自学为辅的学习方式，深入学习中央“八项规定”，区党委“约法十章”“九项要求”，市委“八项要求”等。全体干部职工学习习近平总书记关于“治国先治边、治边先稳藏”重要论述和习近平在中央第六次西藏工作座谈会上强调在依法治藏富民兴藏长期建藏加快西藏全面建成小康社会步伐等重要会议讲话精神和区、市维稳工作电视电话会议精神以及县委综治维稳工作会议精神。坚决执行民主集中制，凡是县总工会重大事项要经领导班子召开办公会议讨论决定，通过集体决策，正确行使手中的权力，带头遵纪守法，遵守各项规章制度和办事程序，决不越权，更不滥用职权、玩忽职守，进一步贯彻中央关于改进工作作风、密切联系群众的“八项规定”，廉洁奉公，遵守“廉政准则”等廉洁自律各项规定。

【开展“两学一做”专题学习】 年内，总工会干部认真践行“两学一做”，积极为困难职工排忧解难，年内，先后四次到工会结对困难农牧民工2户家进行走访慰问，拉近党群干群关系，共发放10000余元的慰问金及慰问品。并与县民政局沟通联系，争取一名因病致贫的困难职工纳入到了城镇低保户，同时还为一名困难农牧民工争取到了2000元临时求助金，使他们感受到了党和工会组织的关怀温暖。对农民工进行生活、医疗上的救助。充分体现了工会在党群路线活动中的实际工作。

【宣传法律法规】 林周县总工会继续抓好签订集体合同的各项工作，加大民主管理、民主参与、民主监督、民主决策力度。加强总工会干部和职工的教育培训工作，制定培训计划，完善各项措施。围绕县委的中心工作，积极参与维护稳定、促进发展和扶贫对口等各项工作。狠抓理论学习和业务知识学习，提高工作能力和水平。创新工作思路，改进工作方式，强化工作手段，明确工作职责，全面推进林周县总工会工作迈上新台阶。同时，利用“法制宣传日”“平安宣传月”和“五下乡”活动在县城街道、农牧区向广大干部职工、农牧民进行了《中华人民共和国工会法》《西藏自治区实施〈中华人民共和国工会法〉办法》《中华人民共和国劳动法》《中华人民共和国劳动合同法》等法律法规的宣传。同时，不断加强宣传力度。发放了法律法规宣传资料8000余册，为工会工作的深入开展提供了法律保证。

【开展“送温暖”】 年内，根据县委、县政府的要求和年初的工作安排，林周县总工会举行了“送温暖”集中慰问大会，为147名困难职工和农民工发放了1000元、500元不等的帮扶金。春节前夕，经摸底调查，对10名生活困难和有特殊情况的职工进行了走访慰问，并为他们送去新春的祝福和10000元的慰问金。

工会慰问林周县劳模4人，发放慰问金8万元。逐步将劳模选树、管理和服务工作常态化、制度化，在全区不断营造学习劳模、争当劳模、关爱劳模的良好氛围。

【帮助农民工解决实际困难】 林周县总工会充分发挥工会的“桥梁纽带”作用，对自来水厂丹巴索朗等2人发放大病救助金8000元，把党和政府的关心、工会组织的关爱送到职工的心坎上。

【桥梁纽带作用】 2016年，林周县总工会经过多方努力，从拉萨市总工会争取到了计算机等培训名额，为困难职工争取职工会员技能培训，为他们多添一门谋生技能，提高生活质量，增加家庭经济收入，帮助早日脱贫走上致富道路。

【壮大职工队伍】 截至年底，林周县总工会组建工会和发展会员工作有了新的突破。为做到“哪里有职工，哪里就要组建工会”的原则，林周县总工会对全县企业普遍进行了排查摸底，重新登记，建立档案，对符合建会条件还没有建会的企业认真进行了有关组建工会的法律法规宣传。督促指导他们建立工会组织。努力提高做好新形势下职工群众工作的能力。把“双走访、促三保”主题行动，作为总工会干部的常态性工作，进一步改进总工会的工作。构建社会和谐劳动关系，大力推进工会组织建设，不断扩大工会工作覆盖面，最大限度地把职工群众组织到工会中来。积极探索和把握新时期总工会工作的特点和规律，用发展的思路、创新的举措破解工作难点问题，把总工会建设成为学习型、服务型、创新型的群众组织。在建会的同时，总工会根据本县的实际，主要采取先组建后规范的工作措施，注重对已建立工会组织的非公企业进行查漏补缺、规范完善。总工会深入各非公企业进行了排查摸底，并在新增的非公企业及增新的组织机构建立了工会委员会（小组）。总工会按照市总下达的目标任务，并依据《中华人民共和国工会法》有关规定，大力推进基层工会组织建设，把工会建立在每个工矿厂房企业，2016年林周县建立了1个非公企业工会委员会（小组）唐古乡索巴砖成有限公司，共发展农民工会员30个。2016年，共发展农民工会员479个，发展职工新会员95个。

【“金秋助学”活动】 根据拉工发〔2015〕87号文件精神，总工会对符合条件的困难职工子女和困难农民工子女进行认真严格把关，摸底、合计，发挥工会的“桥梁”和“纽带”作用，帮助他们排忧解难，认真完成了等24名困难职工子女的“金秋助学”工作，24名贫困家庭的学生已通过了市总的验收，从区、市总工会拿到了88000元的助学金。

【逐级上报苏州市总工会对口援藏项目】 林周县总工会为贯彻落实《苏州市总工会与林周县总工会交流合作协议》精神，进一步加强苏州市总工会与林周县工会间的友好来，促进两地工会的健康和谐发展。特别是使用好苏州市总工会投入的技能培训项目资金，使其发挥最大最好的效益。林周县总工会认真调研，从调研中，发现广大农民工及各建筑类经济组织职工对装载机、挖掘机及汽车驾驶技术的需求较大，很受欢迎。随着自治区改革开放的持续拓展和逐步深入，各地的工程建设日新月异，有力地拉动了装载机、挖掘机等行业的迅速发展，这些机械的操作行业有着十分广阔的市场，有效地解决就业问题。为了能有效地执行此次援藏项目，依托苏州市总工会的援藏资金，积极落实上级部门技能培训的有关要求，切实把企业内部面向企业职工开展的技能培训，面向社会大众开展的“职业技能培训、再就业培训、创业培训和农村劳动力转移培训”等技能培训牢牢抓在手中。年初，围绕县委、县政府工作大局，结合深入基层群众中调研了解到的情况，积极与拉萨新兴劳动技能培训有限公司合作，举办了“林周县驾驶员技能培训班”。林周县55名建农民工，正在接受培训，此次培训活动共投入189000元的援藏资金。12月20日，在林周县交安驾校培训点举办林周县农民工精准扶贫家政服务、机车驾驶、挖掘机技能培训开班，此次农牧民工精准扶贫家政服务、机车驾驶、挖掘机技能培训人数达41人。共投入175350元的援藏资金和部分市总拨付的资金。

【工会财务管理】 按照经费管理的规定，狠抓了工会财务管理，达到了“统筹兼顾、保证重点、量入为出、收支平衡”的原则，使经费管理工作走上了正规化，规范化轨道。截至年底，已超额完成上级下达的任务。

【“职工之家”建设】 2016年，林周县总工会在抓好“职工之家”建设的基础上，新建了“职工书屋”为广大职工提供各种学习和专业知识读本，不断丰富职工精神文化生活。截至年底，总工会建立了两个“职工书屋”，即林周县总工会“职工书屋”、林周县粮食公司“职工书屋”。

【总工会自身建设】 林周县总工会要强化中国特色社会主义工会意识，这是工会文化的基础和发展方向；要强化服务意识，培育一支讲奉献、讲成就感、高素质、高技能、学习型、创新型工会干部队伍，使之能创造性地运用党政赋予的资源和手段，把党政所需、职工所需、工会所能的事办好办实，发挥工会文化作用的保障；要强化工会影响力，团结组织广大职工，充分发挥职工在文化建设中的主体作用，大力彰显工会文化在企业发展、在加强和创新社会管理中的助推作用，着力推进工会作为党委、政府的桥梁纽带作用，把工作重心放在职工，把领导精力放在职工，把经费物资投向职工，想职工所想、急职工所急、解职工所难，围绕“春送岗位、夏送清凉、秋送助学、冬送温暖”的要求，创新服务方式、拓宽服务领域、强化服务功能，诚心诚意为职工办实事、尽心竭力解难事、坚持不懈做好事。从以往经验模式的局限中解放出来，更新观念，转变思路，探索新方法、新途径、新载体、使工会工作充满活力，为推进林周经济跨越式发展和长治久安发挥应有的作用。

（多　次）

【领导名录】

主　席　吴金措姆（女，藏族，6月免）
　　　　阿　旦（藏族，6月任）
副主席　多　次（藏族）

共青团林周县委员会

【概况】 共青团的思想基本职能是组织青年、引导青年、服务青年、维护青少年合法权益。2016年，共青团林周县委员会现有核定行政编制人数2人（科级领导职数2人），实有专职人员3人。截至年底，全县各级共青团组织数58个分别是团县委、县中学团委和10个乡镇团委，组建团支部46个，分别为45个村组团支部、公安团支部。全县共青团员人数1952人，共有专兼职团干部69人。全县少先队共4555人，其中中学722人，苏州小学971人，各中心小学2862人，少先队辅导员共41人。

【政治理论学习】 始终坚持讲政治、顾大局、守纪律，把全面贯彻落实中共十八大和十八届三中、四中、五中、六中全会精神，中央、区、市党的群团工作会议精神、自治区第九次党代会精神和习近平总书记系列重要讲话精神作为重要政治任务，深入开展“两学一做”专题教育活动，团县委集中学习20次，全县各级团组织通过座谈会、专题讨论、主题团日、社会实践等形式，利用各种载体组织开展学习9次，受教育400余人次，发放各类宣传资料2000余份，切实把全县团员青年思想统一到习近平总书记重要讲话精神上来，把力量凝聚到实现林周跨越式发展和长治久安上来，激励和引导团员青年在林周县“十三五”规划的伟大实践中建功立业。

【落实党风廉政建设责任制】 年内，按照县委、县纪委关于落实党风廉政建设“两个责任”的工作部署，深化正风肃纪，从严加强作风建设和干部队伍管理，履行“一把手”抓班子带队伍的岗位职责，强化担当推动责任落实，坚持“一手抓党风，一手抓业务”，先后10次召开了团县委全体干部职工会议，查找了单位及个人在党风作风建设、业务活动开展中存在的问题，强调了干部学习、考勤、请销假、财务管理、车辆使用管理等方面的组织纪律要求，以文件形式明确了每名干部职工的责任分工，修改完善并建立了《干部管理制度》《请示汇报制度》《车辆使用管理制度》，同时先后6次与办公室干部职工、西部计划志愿者交心谈心，对苗头性、倾向性问题早发现、早提醒、早纠正。

【主题教育深入人心】 年内，深入推进“反对分裂、维护稳定、促进和谐”主题教育实践活动，广泛开展青少年中爱国主义教育、民族团结教育、反分裂斗争教育30场次，覆盖农牧区、中小学生青少年群体4000余人次；组织中小学生和西部计划志愿者前往西藏博物馆、清政府驻藏大臣衙门旧址和根堆群培纪念馆参观进行现场教育；组织林周县西部计划志愿者开展了以“为林周县精准扶贫代言 助力贫困儿童健康成长”为主题的教育活动。

【加强区内外文化交流互动】 按照2015年与苏州市吴江团区委签订的未来两年对口支援林周协议书，其中援助10万元在县中学建设的“七色花”广播站已经投入使用，于4月6日在县中学举行揭牌仪式。苏州团市委出资3万元在林周县中学建立的“苏苏州州”书屋于5月完成并投入使用，以上对口项目进一步促进了民族团结进步、增进了两地青少年之间的友谊，增强了林周县共青团组织影响力和号召力，推进吴江、林周两地共同繁荣、和谐发展。按照拉萨团市委要求，积极组织林周县1所中学和10所小学与江苏省苏州市部分学校深入开展“书信手拉手”结对子活动。

【特色活动引导青少年】 围绕3月学雷锋月、民族团结月、“10·13”少先队建队日等重要事件和节点，组织全县中小学生、西部计划志愿者和青年广泛开展了“青春自护、平安假期”“引导全民阅读，建设书香西藏”“青春与法同行—青春法律大讲堂”、助贫助困助学、“青春帮扶”弱势青少年、助残“阳光行动”“志愿精神我来传”文明网络活动和“平安林周你我他”维稳巡逻等一系列品牌志愿服务活动20余次，覆盖青少年1500余人。

【共青团服务经济建设】 开展青年创业就业走访调研，建立林周县青年就业、创业见习基地1个，召开创业致富分享交流会。结合驻村工作，积极联系驻村工作队在田间地头、农牧民家中与结对户、贫困户进行了面对面、心贴心的交流，详细了解当前贫困户脱贫致富上所面临的主要困难和问题，耐心细致地听取村干部和群众的意见和建议，认真开展好“千名干部帮千户”活动和按照“321”标准对建档立卡贫困户进行结对帮扶活动。针对贫困家庭上学负担重的问题，按照上级团组织下发文件精神，积极做好“国酒茅台”“芙蓉学子”、苏州圆梦助学行动的摸底调查、信息统计等工作，按照公开公正公平的原则，确保“有困难的不遗漏、无困难的不享受”，使家庭真正困难的学生享受优惠，得到帮助。

【共青团服务社会发展】 围绕“依法治县”，组织西部计划志愿者和广大团员青年，积极于猴年东孜山“转山”期间开展治安巡逻、法制宣传、交通秩序维护、不文明行为劝导等维稳志愿服务；规范西部计划愿者管理服务工作，加强思想引导、生活关怀，深化林周县爱心中转站建设，整合社会资源开展助困、助学、助残等爱心公益活动45次，开展“阳光行动”、文明交通劝导、综治宣传等志愿服务活动。深入推进青年文明号“青字号”品牌工程，开展“红领巾向党团青心连心点亮微心愿”活动，为30名留守儿童实现了微愿望。

【共青团服务生态建设】 年内，组织青年文明号、中小学生、团员青年、志愿者300余名开展“禁白”、保护母亲河之“学雷锋 青春绿色”等系列活动6次，补栽新疆杨120余株。联合各乡镇团委、县检察院开展东孜山开展“争当先锋做表率，保护碧水蓝天”生态环境保护活动4次，清理垃圾10余吨。组织林周县志愿者在林周县搬迁安置点开展“携手环保，关爱搬迁户”的主题环保活动。

【开展青年就业创业服务】 年内，组织各乡镇团委书记、团干、创业青年等共计17人到拉萨市自治区图书馆参观西藏共青团首届青年创新创业创优成果展。深入松盘乡、春堆乡、甘曲镇等乡镇，组织部分市县两级人大代表、政协委员与创业青年代表、返乡毕业大学生代表、村第一书记共54人，召开了以“促进青年创业”为主题的2016年“共青团与人大代表、政协委员面对面”座谈会。由林周县人社局牵头，联合县四业办、县总工会举办了以“搭建供需平台 促进转移就业”为主题的“春风行动”专场招聘会，现场约2300多余人参加了应聘，654人达成了就业意向，发放各类宣传资料2257册，接受了1500多余人各类法律法规政策咨询。组织乡镇农牧民创业青年至西藏自治区青少年活动中心参观全区第五届“成才杯”大学生创业大赛项目展示。按照“大众创业、万众创新”的要求，举办了林周县首届农牧民青年创新创业大赛，优选出的12名选手入围了创业大赛的总决赛，大赛最终选出一等奖1名，二等奖12名，三等奖3名，优胜奖6名，提供创业奖金5.1万元，为林周县广大青年创新创业搭建了广阔舞台，发展、培育、选树了一批青年创新创业人才。

【夯实基础，增强团的凝聚力】 始终坚持党建带团建，不断完善组织架构，持续推进组织格局创新和实体化大团委建设。截至年底，全县现有14至28周岁青年14011人，团员1952名，团青比例为14%，共有各级团组织60个（团委12个、团支部48个），团干部69人，其中专职团干部5名，兼职团干部64名。4月1日，中国共产主义青年团林周县第七次代表大会在林周县召开，来自全县各条战线的50多名代表出席大会。会议选举产生了由15名委员、8名候补委员组成的共青团林周县第七届委员会，并通过十七届委员会选举产生9名常委委员组成的常务委员会，选举共青团林周县第七届委员会书记、副书记。大会还表彰了6个林周县优秀基层团组织，10名优秀共青团干部，25名优秀共青团员；积极配合县总工会做好五四“群团杯”体育比赛活动，安排团委工作人员计分、维持现场秩序。

【转变作风，提升团的战斗力】 年内，选派基层团干参加团区委、团市委专项培训达31人次。组织乡镇团干、中学、公安团支部开展“两学一做”专题教育学习活动，以每半月轮流授课的方式，将基层团干部的思想统一到“两学一做”的具体行动中来，内化于心，外化于形。团区委一行到林周县进行“走进青年、转变作风、改进工作”大宣传大调研，对团干部深入基层联系青年工作、青年创新创业工作以及县区团组织在“四化”方面存在的突出问题提出了许多可行性建议，对团委进一步开展联系青年、服务青年工作打开了思路。组织团干部、中学团委书记、少先队辅导员参加拉萨市青年马克思主义者培养工程第十二期团干部暨第六期少先队辅导员培训班。

【多措并举，扩大团的影响力】 不断拓宽团建工作新领域，建立微信公众平台“青春林周”，组建网络文明志愿者队伍，通过微博、微信公众平台等新媒体扩大团组织的影响力和基层团组织覆盖面。团县委拟于2017年3月初组织农牧民青年至苏州相关对接企业参加见习培训，在此之前对选派的创业青年，进行县级层面的岗前培训，从基层做起，提升就业技能，进一步解决就业。林周共青团工作在上级指导、交流学习中取长补短，工作能力不断提升，对外影响力不断扩大。

【推进志愿服务及公益活动】 团县委始终坚持服务、引领青年，将帮扶困难群众作为凝聚青年、推进精准扶贫工作的有力抓手，2014年成立的“拉萨市林周县爱心中转站”得到了全国各地爱心团体和人士的大力支持，大家纷纷通过电话咨询、网络媒体平台了解林周县各族青少年的生活学习状况，为林周县2000余户家庭7000余人捐助衣物4万余件，在卡孜乡中心小学、甘曲镇朗当村、旁多乡中学小学挂牌爱心中转站书屋，捐赠图书2600余册，资助单亲、孤儿和弃儿、贫困家庭子女32人，资助资金达15万余元。献爱心中转站在逐步完善机制，明确了责任分工，注册建立了“拉萨市林周县爱心中转站”微信公众平台、新浪微博号，与内地10家公益组织建立了长期合作关系，与100多位爱心人士长期保持联系并在不断扩大影响面。

【组织青年致富带头人到苏州考察学习】 2016年5月，团县委组织林周县籍返乡创业大学生、创业青年共计10人，到苏州市开展林周县青年创业就业异地培训，此次交流学习主要以参观、座谈等方式进行，取得了良好的效果。五天的交流学习中，返乡创业大学生、创业青年们参观太湖西山返乡大学生创办的农家乐、独墅湖创客汇、金鸡湖创业长廊、镇湖苏绣、吴建东雕刻、同里古镇等，并与苏州市的优秀创业青年、大学毕业创业者进行座谈交流，学习创业经验，为林周的创业青年们答疑解惑，提出了宝贵的意见建议。

（顿珠卓嘎　李惠惠）

【领导名录】

书　记　宋宜青（女，5月免）
　　　　顿珠卓嘎（女，藏族，5月任）
副书记　顿珠卓嘎（女，藏族，5月免）

林周县妇女联合会

【概况】 林周县妇女联合会于1961年3月正式成立，简称林周县妇联，下设林周县妇联办公室、林周县人民政府妇女儿童工作委员会（简称林周县妇儿工委），核定编制2人（科级领导），行政编制2名，实有工作人员5人，其中科级领导2名，科员1名，编外人员1名，司机1名。设有88个妇委会，其中45个村级妇委会，10个乡镇级妇委会，县直机关妇委会12个，尼姑寺妇委会12个，“两新”组织妇委会9个。设有“妇女之家”71个，其中45个村级“妇女之家”，10个乡镇级“妇女之家”，12个尼姑寺“妇女之家”，3个“两新组织”妇女之家，1个县级“妇女之家”。截至年底，全县户籍人口64453人，其中妇女人数31664人，占全县总人口的49.1%。全县共有12座尼姑寺，尼姑334人，占妇女总数的1.05%。妇女党员1504名，占妇女总人数的4.75%。妇女干部849人，妇女党员干部442人，占妇女干部人数的52.06%。2016年，林周县共发展妇女党员79名，预备党员转正式党员56名。全县共有残疾妇女759人，残疾儿童136名，孤儿26名。

【经费保障】 2016年，投入各项经费共计47.38万元，其中妇女人均2元专项活动经费6.4万元，妇儿工委专项经费6万元，“两规”经费3万元，培训经费16.98万元，“姑苏杯”巾帼民族手工艺品制作活动经费10万元，“大地之爱·母亲水窖”项目前期经费5万元。着力解决了各级妇联“无钱办事、经费不足”的实际困难。

【妇女主任学历提升】 组织全县10名基层妇代会主任及妇女致富带头人赴苏进行为期一周的考察学习培训。此次培训主要围绕农村经济发展、创新创业、新农村建设等方面进行交流，学习结束后撰写心得体会10篇。组织全县45名村妇代会主任参加岗位示范培训，旨在加强基层妇女干部知识储备，提高理论素养，激发做好妇儿工作的积极性和创造力。选派4名优秀基层妇女干部赴兄弟省市学习培训，提升工作能力。

【妇女技能培训】 为全面提高农牧民妇女民族手工艺品编制技能，2016年先后举办为期30天的各类培训4期，分别为郎当村18人的藏毛毯编织培训，朱加村18人的缝纫培训，阿布村25人的卡垫和藏毛毯编织培训，白朗村16人的建档立卡贫困妇女卡垫、藏毛毯编织培训。开展引导性培训1次，惠及居荣村农牧民群众167人。

【巾帼志愿服务】 树立“管理与服务”并重的理念，不断加强巾帼志愿者队伍建设，用实际行动传承弘扬志愿服务精神。截至年底，全县共有巾帼志愿者94人，其中乡镇村组55人、县直机关39人，均为中共党员，全年共开展志愿服务20余场次，累计服务群众达1000余人次。

【学习型妇联建设】 制定《林周县妇联深入开展“两学一做”专题教育活动实施方案》，并围绕习近平总书记系列重要讲话精神和《中国共产党廉洁自律准则》《中国共产党纪律处分条例》等方面的内容扎实开展专题学习活动。全年组织专题学习36次，撰写学习笔记45篇、心得体会6篇和《林周县妇联执纪调研报告》《关于完善林周县妇儿工委工作机制的调研报告》《林周县妇联工作调研报告》《林周县妇联深化改革专项调研报告》。

【服务型妇联建设】 年内，为寻找妇联工作中的薄弱环节，进一步增强县妇联服务基层群众的工作能力，组织召开妇女儿童工作提案、议案征求意见座谈会；组织24个妇儿工委成员单位、各乡镇妇联主席召开政府妇儿工委会议。

【廉政型妇联建设】 年内，认真落实党风廉政建设责任制，及时成立林周县妇联党风廉政建设领导小组，明确第一责任人责任。为进一步拓宽全县廉政文化的宣传范围，丰富廉政建设的载体，先后开展廉政风险隐患排查和自查自纠工作，采取“廉政文化进家庭、发放廉政倡议书”等形式，充分发挥妇女在单位、家庭中的特殊作用。全年共组织廉政专题学习活动6次，撰写心得体会2篇，发放廉政倡议书2000余份。

【创新型妇联建设】 不断将乡镇妇联工作纳入全

县争先进位目标绩效考核体系中，提高乡镇妇联工作积极性。设立“微笑天使”医疗救助专项基金，为贫困患病儿童送去希望。争取“姑苏杯”巾帼民族手工艺品编制大赛经费，为妇女“双学双比”活动的开展提供了经费保障。

【绿色型妇联建设】 年内，发动、组织妇女干部职工、妇女党员、群众代表、巾帼志愿者等100余人于3月在甘曲镇亚荣村开展义务植树活动，共栽种新疆杨1000株，面积约20亩。

【构建群防群治体系】 建立由林周县妇联主席任组长、各乡镇妇联主席任副组长，各村妇代会主任为成员的维稳综治工作领导小组，不断强化对妇女系统维稳工作的组织领导，并制定《林周县妇联2016年社会治安综合治理工作计划》等涉及“群众来访、风险评估、矛盾纠纷排查调处、应急处突”的4项工作制度，积极配合综治、消防、公安工作，发挥妇女、妇女组织在维护稳定中的重要作用。

【宣传引导教育】 利用三月综治宣传月、“三八”妇女维权周、民族团结宣传月等节点，积极宣传《中华人民共和国反家庭暴力法》《中华人民共和国妇女权益保障法》《中华人民共和国婚姻法》《中华人民共和国未成年人保护法》等法律法规和妇女小额担保财政贴息贷款优惠政策等，切实消除宣传“死角”。全年累计发放宣传资料3000余份。

【“平安家庭”创建】 发动全县98名妇联户代表信访代理员，深入开展系统性、连片性、区域性矛盾纠纷大排查大整治工作。乡镇妇联共接访妇女来信来访事件24起，其中家暴4起，均已化解在基层。全县评选出12户“平安家庭”。

【联动协调】 联合县人社局开展“春风行动”，为农牧民妇女增收致富提供就业平台；联合县司法局、交警大队以鲜活的事例、真实的影像，在中小学生中开展未成年人保护法、交通法规等知识的宣传活动。

【妇女儿童维权】 年内，积极开展“反家暴”宣传活动。在4个便民警务站成立“妇女儿童维权服务岗”。开展以“建设法治林周·巾帼在行动”为主题的“三八”妇女维权法治宣传活动，引导农牧民妇女群众学法、懂法、守法、用法。

【社会力量统筹】 年内，为5名贫困女大学生发放“蓝天春蕾”资助金1400元/人，共计7000元。为10名建档立卡重本女大学生争取市妇联助学金5000元/人，共计5万元。

【民族团结巾帼添彩活动】 年内，依托“妇女之家”组织召开以“感党恩、听党话、跟党走”为主题的专题讲座10次。组织30名贫困儿童参观了爱国主义教育基地——布达拉宫雪城监狱旧址，观看新西藏成就展，增强孩子们的感恩意识。赴加日寺、边旦孜寺开展以“送医送法送温暖，民族团结一家亲”为主题的民族团结巾帼添彩活动，并为41名尼姑及驻寺干部发放了价值6000余元的各类生活用品。

【“妇字号”基地建设】 年内，采取“加大扶持、争取支持、转型升级”等方式，不断加大对基层妇女合作社的扶持力度。为岗巴村妇女党员编织合作社争取市妇联扶持资金10万元；为白旦民族手工艺品制作合作社送去价值8000元的编织机器用品；为阿朗乡阿布村编织合作社送去价值6000元的编织机器用品；区妇联张莉蓉副主席一行到林周县实地考察妇女合作社运转和产品销售等相关具体情况，并为她们送去1.4万元工作经费。

【精准扶贫精准脱贫】 组织建档立卡集中搬迁对象妇女家长代表124人到江夏乡、卡孜乡安置点和白朗村、郎当村“妇字号”基地进行实地参观。对卡孜乡建档立卡集中搬迁户妇女16人进行为期30天的卡垫、藏毛毯编织培训，帮助她们掌握一技之长，拓宽就业渠道。深入开展“千名干部帮千户”活动，积极与6户贫困家庭结成对子，不定时赴结对家庭走访，了解掌握实际情况，帮助其解决实际困难。继续加大推进妇女小额担保财政贴息贷款工作力度，扶持更多农村妇女创业就业。2016年，推荐申请农牧民妇女小额财政贴息贷款42人，正在审核中。

【关爱妇女儿童送温暖】 2016年，累计走访慰问贫困孤残妇女儿童167名，发放物品慰问金5.6万元；为15个即将临产和已经分娩的贫困孕产妇发放总价值2400元的婴儿关爱包；设立200万元的“微笑天使”医疗救助基金，为贫困患病儿童送去希望；通过开展阅读、畅游游乐园等系列活动帮助30名贫困儿童圆梦“六一”；举行“慈善100”爱心物资捐赠活动，为林周县江夏乡小学、唐古乡小学和阿朗乡小学捐赠羽绒服约600件、鞋353双、书包约330个、文具盒360个、字典280个、彩笔360桶、铅笔400盒以及篮球、足球、羽毛球拍、乒乓球拍等物资，折合现金约15万元；组织15294名农牧民妇女进行“两癌”免费筛查工作；为4名贫困患病母亲送去“两癌”救助专项基金共计4万元；卡孜乡妇联为已孕妇女免费发放叶酸52盒；总投资51万元的“大地之爱·母亲水窖”项目落户在林周县旁多乡日布村，建成后，将解决日布村1039人（其中妇女514人）和11485头牲畜的饮水困难问题；开展“恒爱行动”，为贫困孤残儿童编织爱心毛衣10件，传递爱心，增添温暖。

【“家长学校大讲堂”活动】 年内，在加大社会、家庭和学校协作上下功夫，大力打造“三位一体”的教育氛围，为青少年全面健康成长营造更加良好的环境。在2所家长学校开展“家长学校大讲堂”活动2场次，农牧民家长、学生参与人数200余人，并发放各种宣传资料500余份。

【表彰评比工作】 2016年，推选出各级“最美家庭”50户，其中2户荣获市级“最美家庭”荣誉称号，3户荣获西藏自治区“最美家庭”荣誉称号；县级五好文明家庭4户，其中1户荣获自治区级“五好文明家庭”荣誉称号，1户荣获全国“五好文明家庭”荣誉称号。全县评选出致富女能手3名、女科技致富带头人3名、三八红旗手2名、最美家庭2个、最美格桑花3名。

【主题活动建设】 积极举行第三届“群团杯”体育大赛，设有足球、篮球、拔河三大比赛项目，共有来自全县各单位、各乡（镇）、驻村工作队、企（事）业单位等41支男女队伍577名运动员参赛；争取5年的“姑苏杯”巾帼民族手工艺品制作大赛活动资金10万元。

（蒲亚娇）

【领导名录】

主　席　边巴仓决（女，藏族）

副主席　白玛拉珍（女，藏族）

林周县工商业联合会

【概况】 林周县工商业联合会简称林周县工商联，主要职责：参与县委、县政府大政方针及政治、经济、社会生活中重要问题的政治协商，发挥民主监督作用，积极参政议政；加强和改进非公有制经济人士思想政治工作，引导会员共建社会主义核心价值体系，积极承担社会责任，当好中国特色社会主义事业建设者；引导企业会员不断推进技术创新、管理创新、文化创新，提高核心竞争力和可持续发展能力走科学发展道路；密切与会员的联系，反映会员的意见、要求和建议，代表并维护会员的合法权益支持企业会员开展党建工作和工会建设，积极参与劳动关系协调工作，构建和谐劳动关系；为会员提供培训、融资、科技、法律、信息咨询等服务，帮助解决生产经营中遇到的实际问题；引导会员弘扬中华民族传统美德，先富帮后富，走共同富裕道路，热心社会公益事业；按照“统战性、经济性、民间性”相统一的原则，加强自身建设，体现特色，提高履行职责和发挥作用的能力；承办县委、县政府交办的有关工作。

【企业基本情况】 截至年底，林周县共注册登记非公民营企业78家，从业人员3000余人，注册资金400363万元。从发展行业看，采矿业21家，占27%；农牧业11家，占14%；建筑业8家，占10%；运输业2家，占3%；饮用水行业3家（两家正在组建），占4%；服务业及其他企业33家，占42%。从发展地域来看，以乡镇为主，共计48家，占62%。

【非公党组织建设】 截至年底，林周县非公企业党组织共计10个，现有党员68人、入党积极分子2人、预备党员4人。党组织覆盖非公企业数为13%，党组织覆盖率为75%。基本实现3名党员以上的均建立了非公党支部。

【会员发展】 年内，县工商联在会员发展中按照不求数量、注重质量、成熟一个发展一个的原则，重点发展一批经济实力较强、思想觉悟高、热爱工商联工作、热心社会公益事业的非公有制经济组织入会，从而提高了会员整体素质，有力地促进了工商联乃至社会各项事业的发展。截至年底，已发展会员企业28家。

【企业生产经营情况】 年内，为进一步了解企业生产经营相关情况，县工商联利用5天时间，抽样调研了31家企业。从调研的数据来看，企业收入总体呈增加趋势。有9家企业销售收入增加，占29%；5家企业销售收入持平，占16%；17家企业销售减少，占55%。收入持续增加的企业，但利润与往年相比，呈下降趋势。

【非公企业对促进农村经济发展作用】 较好地解决了农村剩余劳动力的就业问题。从2016年全年的数据来看，78家非公企业解决就业贫困户430户，吸收农村闲散劳动力3000余人，人均年收入1万余元，为农牧民家庭年共计增收约2000余万元。激发了农牧民群众创业热情。园区建设，种养加销，市场繁荣，呈现出良好的发展态势，大大激发全民的创业热情。增加了县财政税收，非公企业是乡镇区域经济的重要组成部分，对县财政税收有着重要的贡献，为培植更大规模型企业奠定了重要基础。

【企业培训】 依托区市培训与自主培训相结合的方式，将非公有制企业管理人员和专业技术人员培训纳入全县人才培训总体规划，年内，先后推荐、选拔了40余人（次）参加各类业务培训，6名非公党支部书记、副书记参加全区非公党建培训班，22名综合素质较高的非公企业人员参加全区入党积极分子培训班，将18名政治素质较高、表现突出的非公企业人员纳入入党积极分子储备库，作为重点培养对象，县工商联自主培训2次110余人。

【服务企业】 寻找销售渠道。为扩大会员企业的影响力，提高企业产品的知名度，帮助会员企业做好产品的推广，让会员企业的民生产品打开市场的销路。县工商联与苏州、北京、成都以及拉萨市相关单位进行沟通协商，将林周县的特色产品，如农产品深加工系列，手工制作系列，矿泉水系列等产品在苏州、北京、成都等城市各大型超市上展销，进一步提高了企业产品的知名度，为打造林周县企业品牌提供了坚实的基础。搭建服务平台。为进一步提高企业产品的知名度，林周县工商联创建了林周县非公有制企业微信群、林周县工商联微信公众号和林周县工商联网站，为企业的产品宣传、经验交流、政策咨询等搭建平台。全年共计发放各种信息300余次，解决各种问题100余件。为帮助企业在销售过程中降低成本，县工商联积极协调自治区有关部门将林周县8家企业加入自治区电子商务与商贸物流协会，为企业产品打入全国市场提供较好的入市渠道。

【参政议政】 年内，根据区、市、县人大、政协换届的通知要求，林周县工商联以高度的政治责任感和使命担当做好非公经济人士政协委员、人大代表的推荐工作，严把素质关、优化结构，同时对非公经济候选人进行细致、严格的考察，推荐了一批德才兼备的非公经济人士入选区市县人大、政协系统。截至年底，林周县非公经济人士入选县政协委员的有8名，入选市人大代表的有1名，入选市政协党外委员的有2名。

【“百企帮百村”】 就业安置方面：参与精准扶贫的民营企业有18家，共计安置建档立卡贫困群众312人，涉及7个乡（镇）216户家庭。“企帮村”行动方面：为10家民营企业建立“一对一”帮扶贫困对象10户，涉及4个乡10个村（组），共计捐助款物达108000元，每户达10000余元，同时种植技术培训12户12人，养殖技术培训5户5人。“光彩行动”方面：为2家企业明确贫困大学生帮扶计划，除捐助大学学费外，并每月为贫困大学生资助生活费1200元；为3家企业制定了长期患病的建档立卡贫困群众帮扶计划，组织企业看望了长期患病贫困家庭，并捐款帮助支付医疗51000元；组织企业慰问建档立卡贫困户46户，按照每户500元的标准进行了慰问，共计慰问金额达23000元；根据企业座谈会精神，组建了林周县光彩事业基金，并注入了第一批光彩事业基金24元，会议研究从光彩事业基金中提取2万元对10户因学致贫和因病致贫家庭进行了慰问。这些工作的有效开展，很好地推进了林周县的脱贫攻坚工作进程。

（杨　峰）

【领导名录】

主　席　达娃旦增（藏族）

林周县人民代表大会常务委员会办公室

【概况】 2016年，林周县人大常委会办公室紧紧围绕常委会年初确定的工作目标，认真履行服务、参谋和协调的职能作用，把严和实的要求落到实处，开拓进取，真抓实干，较好地完成了全年各项工作任务。为确保林周县十一届五次会议开好开出成效，县人大办提前谋划、明确分工、统筹协调、严密组织，抓早抓细抓实材料起草、人员落实、后勤保障、会场布置等会前筹备、会中服务和会后总结各项工作。严格遵循中央“八项规定”，节俭高效办会。坚决贯彻县委决策，认真履行人大法定职权，依法作出决议6项，顺利完成选举任务，收集整理代表建议76件。组织精干力量，做实做细市十一届人大一次会议林周代表团的服务工作，保障本代表团依法履职，圆满完成各项任务。做好了2次市人代会期间林周代表团、2次人民代表大会的服务保障工作。

【做好常委会会议服务保障工作】 严格执行组织法、监督法和县人大常委会议事规则，积极向区市人大学习，不断规范会议程序，细化会议方案，努力提高会议实效。2016年，召开常委会会议10次，听取和审议“一府两院”专项工作报告13项，依法任免国家机关工作人员124人（次）。

【做好主任会议服务保障工作】 根据常委会安排，做好会议材料收集、人员落实、会议记录等具体工作。2016年，召开主任会议14次，研究部署县十一届人大五次会议会前筹备、执法检查及视察调研等事宜，确保以统一思想、有力举措推动常委会各项工作有序开展。

【监督“一府两院”】 在深入分析研究基础上，提出《林周县人大常委会2016年工作要点》和《林周县人大常委会2016年工作安排》。同时，积极配合县人大常委会扎实开展监督工作，做好行程安排、协调相关部门等具体事宜。2016年，就全县公共文化服务体系建设情况、教育“三包”政策落实情况等开展专题调研4次，就《中华人民共和国道路交通安全法》《西藏自治区实施〈中华人民共和国道路交通安全法〉办法》《拉萨市地名管理条例》开展执法检查。对监督活动中发现的问题提出意见建议，以书面形式向县委呈报、向县政府及有关部门反馈，监督和支持

“一府两院”依法行政、公正司法，切实增强监督针对性、实效性。

【创建“人大代表之家”】 截至2016年3月初，县级和10个乡镇“人大代表之家”已正式挂牌运行，县乡两级都组织开展了形式多样、内容丰富的活动，切实用好“家”。在县委、县政府的大力支持下，全县11个“人大代表之家”每年12万元的运行经费已列入财政预算。

【落实“十件民生实事”】 年内，多次组织召开协调会议，明确牵头单位，划定责任分工，确保事事有人抓、件件有落实。监督检查。采取实地检查、视察调研、电话督促、报告进度等方式，做到全方位、全过程、全环节监督检查，促使2016年“十件民生实事”保质保量按时完成。

【建强队伍，做到拿实招】 年内，在每次开展执法检查、视察调研之前，组织人员认真学习相关法律法规、政策规定等，提高了法律素养，树立了用法治思维和法治方式解决问题意识。实地指导。多次深入乡镇检查指导工作，进一步提高了乡镇人大工作人员业务能力。配强人员。林周县10个乡镇配备了人大专职主席，乡镇人大人员配置实现了大跨步，为推动乡镇人大工作注入了强大力量。

【凝聚代表，做到务实效】 密切与人大代表联系。建立县人大常委会组成人员联系基层人大代表工作机制，起草印发《关于林周县人大常委会组成人员联系基层人大代表的通知》，安排每位常委会组成人员联系3名基层人大代表。不断扩大人大代表对常委会工作的参与，全年邀请170余人次人大代表列席会议和参加执法检查、视察调研等活动。提高建议办理质量。把认真办理代表议案建议作为支持代表依法履职、充分发挥代表作用的关键环节，及时组织共26家承办单位召开交办会、督办会，要求承办单位制定办理方案，加强与代表的联系和沟通。通过召开座谈会、实地查看、重点督办等，督促承办单位提高办理质量，认真答复代表。探索代表建议办理工作的激励约束机制，研究制定了《林周县人大常委会关于人大代表建议办理工作考核暂行办法》，以代表满不满意作为办理效果的衡量标准。林周县十一届人大五次会议和县十二届人大一次会议期间，代表提出的96件和101件建议，已全部办理并答复代表。增强代表履职能力。学习内容紧扣时代脉搏，做到与时俱进。10月，专门组织县直机关人大代表到江苏考察学习。另外，全年轮流邀请农牧民人大代表参加人大常委会各项活动，进而增强了其履职意识和能力。

【人大换届选举】 成立由县委书记任组长的换届选举工作领导小组，成立县乡两级人大换届选举委员会。制定切实可行的工作方案，并提请县委研究批准。先后召开工作会议20余次，统一思想，明确要求，部署工作，形成一级抓一级。先后举办3期换届骨干培训班，着重讲解了选民登记方法、《人大换届选举工作方案》和《新一届乡镇人民代表工作第一次会议的原则及主要程序》。专门成立人大换届选举工作指导组，人大常委会党组成员深入乡镇40余次，分片实地督导换届选举各个环节的工作，经过近4万名选民直接选举，产生了550名县乡两级人大代表。

【配合区市，做到出实力】 积极组织人员参加区市人大常委会各类会议。全面协助区市人大对林周县的监督工作，认真组织林周县10名人大代表参加市人大常委会开展的培训及视察调研活动。在全力配合区市两级人大工作过程中，县人大办学习了先进经验、增强了工作本领。

【开展专题教育】 年内，召开专题教育动员大会。积极参加县委理论中心组、人大常委会、专教办及党支部组织的学习活动，组织办公室人员进行集中学习20次，撰写学习心得20篇，制作专题宣传栏，从而使全体党员干部职工，对党绝对忠诚，时刻绷紧严于律己这根弦，以“老西藏精神”和“两路精神”凝聚起干事创业的强大力量，不断营造风清气正的从文政环境。查摆问题。面向全县干部职工就县人大办及其班子，在对照《关于党内政治生活的若干准则》和《中国共产党党内监督条例》方面存在的问题征求意见，排查出21项问题。狠抓党建。结合县委“两学一做”专题教育，全面从严治党，充分发挥在联合党支部中的积极作用，认真参加联合党支部各项活动，发挥主观能动性，不断提升联合党支部凝聚力。

【党风廉政建设】 年内，严格落实党风廉政建设责任制，始终将党风廉政建设工作纳入重要议事日程，研究部署县人大办党风廉政建设工作；建立党风廉政建设销号台账，年初有计划，年终有总结。领导班子能够自觉遵守廉洁准则，身体力行，率先垂范，如实报告个人有关事项，主动接受组织监督。增强定力。制定廉政学习计划，扎实开展党性党风党纪教育，切实筑牢了党员干部职工拒腐防变的思想防线。将中央“八项规定”、区党委“约法十章”“九项要求”、市委“八项要求”和6个党风廉政建设宣传标语贴上墙，营造了浓厚廉政文化氛围。制约权力。为加强对权力运行的制约，逐项厘清廉政风险点，制定单位内部监督表，建立健全了党风廉政建设和作风效能建设方面19项制度。坚持民主集中制原则，但凡重大事情首先向常委会主要领导请示汇报，再经办公室班子集体研究决定。严控“三公”经费，严守财经纪律，认真开展公务用车专项治理活动，没有公车私用、公款吃喝等问题。

【联系群众】 牢固树立群众观念，在县人大常委会的率领下，认真开展结对帮扶工作，在“三大”节日、“七一”建党节之际，先后2次看望慰问结对户、联系村、寺管会，送去了慰问物品和慰问金。日常工作中，以每一名党员干部都是一面旗帜的自觉，热情接待群众来访，认真解决群众诉求。

【组织纪律】 靠制度管人，立足县人大办实际制定并上报了《林周县人大办目标管理绩效考核实施细则》，严格执行上下班考勤、请销假制度，积极出早操，以严明的组织纪律振奋精神。认真开展正风肃纪专项整治工作，2016年整治纪律涣散、无所作为、落实不力等方面问题共15次，工作效率有了新提高，工作作风有了新改进。对县委、县政府重要决策部署，自觉做到令行禁止、坚决执行。

【维稳要求】 年内，做好重要节点维稳部署工作，有计划、有总结，确保各项工作有序推进。立足教育。全面传达学习中央和区市县关于维稳的系列方针政策，确保“稳定压倒一切”思想入脑入心。实现平安。建立健全安全管理制度，做到人走灯灭、人离门关，严守保密守则，全年无重大盗窃、火灾、泄密等事故发生。倡导干部职工从自身做起，在具体行动中，在言语交谈中，巩固平等团结互助和谐的社会主义民主关系。“守土尽责”。严格执行维稳值班制度，先后派1名干部职工在1个村开展驻村工作。推进法治。作为牵头单位，积极发挥作用，推动开展民主法治领域改革工作。

【文秘工作】 年内，通过学习宪法、组织法、监督法等法律法规，订阅学习《中国人大》《拉萨人大》等人大刊物，深入研究中央和区市县重要会议和文件精神，了解熟知党史国史，全力增强干部职工业务知识、理论素养，提高“以文辅政”能力，切实发挥人大常委会参谋助手作用。规范档案。将常委会和办公室各项工作的文字、图片资料整理成册，确保档案资料归档及时完整、保管规范有序、调阅快捷方便。加大宣传。借助区市人大报刊、县电视台、林周之窗等媒介，全方位宣传人大工作，县人大工作信息多次被市人大半月刊《拉萨人大》采用，简报量比2014年同比增长53%。

（张　楠）

【领导名录】

主　任　顿　　珠（藏族，11月免）

副主任　次仁曲珍（女，藏族）

林周县人民政府办公室

【概况】 2016年，政府办公室充分发挥参谋助手、督促检查、组织协调等职能，团结一致，扎实工作，在参与政务、办事事务、搞好服务等方面都取得了新成绩，促进了政府工作的高效运转。年内，以县政府和县政府办名义共发文件225份，政务信息487期，政务动态20期，布置协调各类会议132场次，办公室接听来电450余次，传阅中央、区、市、县文件900余次，撰写各类政府材料800余份。积极办理人大代表建议、意见96件；开展地方志工作、编撰《林周年鉴》；翻译商店、餐饮等社会用字藏语文93余次，翻译各类横幅105余条，翻译政府部门大型藏语文文字材料22余份，翻译意见建议答复96余份，深入全县各部门、各单位、街道检查藏语文社会用字4次。

【完善工作制度】 制定完善学习制度，认真开展“三严三实”专题教育活动，每周五组织办公室党员干部学习十八大、十八届三中和四中全会精神、中央第五次西藏工作座谈会、区、市、县各项会议精神。建立健全“三会一课”制度，通过投票选举支部委员、接受新党员和预备党员转正，通过讨论决定各项任务执行方式，扩大基层党内民主。制定党员定期思想汇报制度，通过召开办公室每月例会，总结经验，畅通党支部与党员之间信息沟通渠道，加强对党员的教育管理。制定党员信息管理制度，及时更新党员信息，全面、准确地反应党员的基本信息。积极抓好信息化建设工作，充分利用“12345有事找政府”热线、政务外网等电子政务内外网络平台，其中，“12345”热线共受理56件事宜。

【加强督导检查】 年内，建立健全督查工作机制，加大督办检查落实力度，创新方式方法，促进各项决策和目标任务推进落实。对县委、县政府的重大决策和确定的重点工作，进行重点督查，抓好跟踪调度，使领导在第一时间准确、直观、形象地掌握进展情况；对县长办公会、专题会议确定的事项，及时分解落实到相关领导和职能部门，及时督办汇总，限期落到实处；对领导批示文件，积极做好分办、转办、催办工作，下达督办通知，做好结果反馈，确保事事有回音、项项有交代、件件有着落。

【全力维护稳定】 年内，严格贯彻落实全县十项维稳措施，扎实做好社会治理工作。除县委统一部署的值班制度外，内部再制定周末值班制度，特别是在敏感日期间做到全员坚守岗位。定期与不定期举行党支部等会议，通过悉心交流、以身说法、宣讲精神等形式多样的宣传方式，加强干部职工思想教育。特别是在“三月敏感期”、热振寺“帕邦塘廓”宗教活动和自治区成立50周年的特殊时期，坚持从严要求，加强人员管理，严格公务用车使用，确保敏感时期安全稳定，并积极协调争取后勤保障经费24.5万元，保障热振寺“帕邦塘廓”宗教活动顺利开展。

【党风廉政建设】 年内，认真履行党风廉政责任，认真系统地学习了《中共共产党领导干部廉洁从政若干准则》《中国共产党纪律处分条例》等关于党风廉政建设的法律法规和文件，自觉遵守党风党纪和廉洁自律的有关规定，开展批评与自我批评，剖析存在的问题，提出整改措施，做到恪尽职守、廉洁奉公。坚持民主集中制原则，大兴调查研究之风，在充分调查研究和论证的基础上，做到集思广益，科学决策，努力提高决策和执政水平。在第二批党的群众路线教育实践活动的基础上，继续深入抓好“三严三实”和“忠诚干净担当”专题教育，积极采取有力措施，不断夯实作风建设基础，加强党性锻炼，筑牢宗旨意识，不断推动党的作风建设形成新常态。

【后勤保障】 年内，政府办严格后勤服务管理，建立健全《林周县后勤服务中心车辆暂行管理制度》和《林周县后勤服务中心驾驶员管理制度》；召集后勤服务中心驾驶员召开4次安全驾驶专题会议，并与驾驶员签订了《林周县人民政府办公室后勤服务中心机动车驾驶员安全行车责任书》，加强了驾驶员安全驾驶的问责。认真做好接待食宿宿等安排工作。制定《林周县公务接待管理办法》，严格采购程序，规范接待工作，做到职责分明，事务清晰。年内，后勤中心共接待2288人次，干部职工就餐2.2万人次。

（索朗措姆）

【领导名录】

主 任 崔开明

副主任 拉巴次仁（藏族）

中国人民政治协商会议林周县委员会办公室

【概况】 2016年，林周县政协办公室在政协党组和各位主席的领导下，主动履行职责，努力提高服务水平，紧紧围绕县政协各项中心工作，内强素质，外塑形象，充分发挥办公室枢纽和保障作用，圆满地完成了年度各项工作任务。年内，林周县政协办充分发挥办公室的参谋助手作用，严格按照《中国共产党机关公文处理条例》和《国家行政机关公文处理办法》的规定，对公文处理工作作了改进和完善，坚持严把“三关”，确保办文质量。全年，办公室圆满完成了2次全委会、4次常委会议、14次党组会议、2次主席会议、20余次机关工作人员会议及3次各种专题座谈会议的组织筹备和服务工作。

【自身建设】 年内，政协办不断加强自身建设，工作作风转变明显。加强机关内部管理。以强化制度建设为突破口，对机关内部管理制度进行了修订和完善。以“两学一做”专题学习教育和上级要求为契机，对机关学习制度进一步规范。进一步严格财务管理审批工作，按照要求标准，严格控制接待、车辆、通讯等费用开支，严把审签关，节支效果十分明显。以全县正风肃纪为契机，进一步加强机关考勤和工作作风的改进。以创建卫生县城为抓手，不断强化机关卫生管理。严格按照机关卫生管理制度执行，并定期对卫生区域进行检查，使机关始终保持整洁美观。加强机关干部队伍建设。在干部队伍建设上，本着政治坚定、作风过硬、业务精通、纪律严明的要求，进一步强化了服务意识、团结意识、岗位意识、组织纪律意识。强化综合协调。办公室注重加强与各单位的工作协调与协作，在机关全面推行首问负责制，确保各项工作件件有着落、事事有结果，确保了政协工作的圆满完成。切实抓好工作的督办落实。无论是县委、县政府以及上级政协所交办的工作，还是本会全委会、常委会或主席会安排的工作都能做到尽心尽力、尽职尽责抓好督办落实，确保了政令畅通，杜绝了拖延或敷衍塞责等不良现象的发生。

【信息工作】 年内，政协办不断坚持拓展社情民意收集渠道。全年，办公室为市政协和县委、县政府和相关部门报送信息10余条。

【学习教育】 构建“学习型机关”是政协的一项重要工作，也是推进规范化、制度化、程序化建设的重要手段。年内，政协办按照“两学一做”专题学习要求，扎实开展各项活动。围绕活动的开展，政协办党支部围绕中央、区、市、县党委要求学习的《中国共产党问责条例》“四个全面”等内容积极开展“两学一做”专题学习教育活动，观看警示教育片等，参加学习人次达30余次。

【安全工作】 年内，办公室结合政协工作实际，先后制定了《林周县政协办公室安全管理工作制度》，不断提升办公效率。与此同时，将驾驶人员安全教育与公务用车的管理也纳入工作制度的范围，进一步加强了对司机的教育和对公务用车的维护保养，有效地保障了政协领导和机关的正常用车。

【工作效能】 年内，政协办统筹协调各方，围绕县委中心工作开展调研、视察及委员活动，确保政协履职有序进行、取得实效。在开展调研视察活动中，办公室积极配合各专委会细化方案、协调人员、安排后勤；积极参与实地调研视察和报告撰写，加强报告的规范性审核；主动加强与县委、县政府及相关部门的沟通衔接，确保报告报送及时，领导批示反馈及时，意见建议落实及时。2016年，政协办公室先后参与组织开展了对《关于进一步加强和改进人民政协提案办理工作的意见》、推进政协工作全面深化改革、精准扶贫、民生十件实事推进情况等课题的专题视察的活动组织筹备、实地调研视察及报告撰写、审核、报送等工作，形成了一批高质量、有价值的调研视察成果，得到县委、县政府高度重视和采纳实施。

（格桑拉姆）

【领导名录】

主　任　央　宗（女，藏族）

副主任　周　益（4月任）

林周县信访局

【概况】 林周县信访局前身是林周县人民政府信访办公室，于2010年成立林周县信访局，2016年在岗人员共有4人，其中行政编制3人，公益性岗位1人，党员3人。2016年，共接待群众来信、来访、来电27件（群众来电1次、无群众来信），接待来访群众134人次。其中，集体访7件95人，个体访20件39人。协调解决各类拖欠资金434.84万元，调处化解率达96.3%，比2015年同期下降22%。实现“零”进京上访、无个人极端事件、无群体性越级上访事件的工作目标，为全县社会和谐稳定做出了积极贡献。

2016年，县信访局把做好特殊时期及敏感时段信访稳定工作放在更加突出的位置。相继做好全国“两会”“萨嘎达瓦”、雪顿节、藏博会、“G20峰会”等重大特殊时期的信访维稳工作。始终坚持“一岗双责、党政同责、守土有责、共同负责”的要求，切实维护群众合法权益，解决群众合理诉求，围绕“确保信访渠道畅通、确保信访工作规范有序，确保不发生大规模群体性事件，确保不发生个人极端行为”的“四个确保”工作目标，以高度的政治责任感、强烈的任务紧迫感，完成好上级交办的各项任务。

【法制宣传】 为深入宣传信访普法，提高全民法律素质，进一步规范信访工作行为，营造“阳光信访、责任信访、法治信访”氛围，信访局认真研究部署，精心组织实施，科学搭建宣传平台，多层次开展有广度、有影响的宣传活动，信访局会同公、检、法、司等相关部门充分利用法制宣传日、驻村工作队宣讲、粘贴海报、宣传标语等载体，广泛开展各类宣传活动，形成宣传集群效应，正面引导社会舆论。2016年，林周县共发放宣传资料500余册。同时，精心准备咨询活动，积极营造社会氛围，在街头开展咨询解答并发放信访宣传资料等，目的是提高群众依法信访知识普及率，使全社会理解、支持信访工作，提高群众，特别是信访老户的依法信访意识，主动矫正违法违规行为。

【业务培训】 年内，重视信访业务培训、实行乡（镇）信访干部轮岗培训。信访工作是一项事关社会稳定和经济发展的重要工作，信访制度改革、政策的不断更新、日益复杂的基层大局，对信访干部的自身素质要求很高，只有干部加强学习，主动适应新形势新要求，才能提高信访工作的能力和水平。2016年，在上级信访部门及县委、县政府的大力支持下，林周县基层信访工作人员两次赴国家信访局学习，同时实行乡（镇）信访干部轮岗培训制度，为更好地开展林周县信访工作奠定坚实的基础。

【形成上下联动工作机制】 整体联动，形成齐抓共管的工作机制。当前，全县工作涉及面广，政策性强，热点、难点问题多，信访工作面临的矛盾较为集中，困难也很大，仅靠一个部门难以解决。为此，充分发挥各乡（镇）和各单位作用，共同做好信访工作。重点建立工作联动机制。首先，在全县范围内建立了信访首问负责制，对首问负责接待的工作人员，如涉及本单位范围的信访问题，热情接待，全程处理；如不涉及本单位范围的信访问题，则将其转到负责办理的部门处理。其次，建立联席会议制度，对跨部门及多个部门的信访案件，由县级主要领导召开会议，以主要负责单位为主，其他单位协助，共同负责办理。

【建筑领域】 在全县范围内开展“双拖欠”专项整治工作。年底，各施工单位陆续停工、民工返乡心切，民工工资拖欠事宜愈发严重，自10月份以来，林周县信访局每两周组织一次“双拖欠”专项整治工作，对全县范围内矛盾纠纷工作进行风险评估，特别是建筑领域、私房建设等领域“双拖欠”问题进行全面排查梳理。

【党建工作】 2016年年底，单独成立信访局党支部，党支部不断健全党建工作责任制，认真分解党组下达的支部工作目标，支委成员各负其责，既分工又合作地抓好支部工作，及时了解党员及干部职工的思想状况，认真分析新形势下党的建设遇到的新问题和党员关心的难点、热点问题，虚心听取干部职工的意见，帮助干部职工排忧解难。进一步贯彻民主集中制的原则，坚持集体领导。凡是重大事项都召开支委会集体研究决定，保证了支部工作决策的民主性和科学性；按期召开民主生活会和组织生活会。支部成员都严以律己、襟怀坦白、联系自己的思想，工作实际和廉洁自律情况，积极开展批评和自我批评，一切从集体利益出发，支部成员之间谈心、交换意见、沟通思想，增强了团结。支部4人，在工作中都能起模范带头作用，积极完成所承担的工作任务，既分工又协作，发挥了党组织的核心作用。认真落实党建工作责任制，制定和完善党建工作各项管理制度和工作制度。

（德吉央珍）

【领导名录】

局　长　次仁桑珠（藏族，5月免）

次仁罗布（藏族，5月任）

林周县政府编译室

【概况】 2016年，林周县编译室负责全县日常藏语言翻译工作及藏语问社会用字检查。林周县没有独立的藏语文工作机构，现有的编译室挂靠在政府办下，为股级单位，有2名专业藏语文翻译工作人员。

【主要职责】 宣传贯彻执行党和国家对少数民族语言文字工作的政策、法规，研究和制定全县藏语问编译工作规划并组织实施；负责全县学习、使用藏语文变异工作的指导、督促及藏语文社会用字的规范化管理；承担上级有关政策性、法规性、政令性文件、县级“四大班子”大型会议文件及单位门牌、公章、文件头等的藏文翻译工作。同时，无偿承接县域内个体商户门派、招牌翻译；承办上级交办的其他事项。

2016年，翻译商店、餐饮等社会用字藏语文93余次，翻译各类横幅 105余条，翻译政府部门大型藏语文文字材料22余份，翻译意见建议答复96余份，深入全县各部门、各单位、街道检查藏语文社会用字4次。

【规范好编译工作制度】 林周县各乡经济、社会、文化、政治等方面建设均取得了良好的成绩，为更好地完成各项工作目标任务，编译室在做好本职工作的同时，将继续推进以下工作；进一步加强翻译室职能提升，做好稿件收集、整理、翻译、校对、报送，确保编译工作的实时实效；利用有限资源，加强藏语文的学习、普及推广工作，积极组织干部职工开展藏语文学习活动，努力将藏语文学习好，推广好；不断提高编译工作人员藏汉互译水平，确保文字互译工作准确无误，以优质的工作效率服务好全县社会经济发展；加强对新形势、新格局的适应能力，以分工明确、责任到人、奖惩分明的工作原则，进一步规范好编译工作制度。

（索朗措姆）

【领导名录】

主任科员　扎西罗宗（女，藏族）

林周县政府法制办公室

【概况】 2016年，林周县政府法制办公室认真贯彻执行党和国家及自治区、市、县的方针政策、法律法规、规章，协助县政府领导处置日常工作及全县经济发展和社会管理的有关事务；根据有关法律、法规和政策，协助县政府领导抓好政策指导，组织协调充分发挥政府法制系统在保障行政运行安全方面的作用，较好地完成了各项工作任务。年内，组织法制培训2次，订阅《法制日报》《法治参考》《政法舆情》共54本。

【推进依法行政进程】 年内，贯彻执行党和国家及自治区、市、县的方针政策、法律法规、规章，协助县政府领导处置日常工作及全县经济发展和社会管理的有关事务；根据有关法律、法规和政策，协助县政府领导抓好政策指导，组织协调；根据县政府领导的指示，对乡（镇）人民政府和县政府各部门之间出现的争议问题提出处理意见，报县政府领导决定；负责全县依法行政工作的宣传、指导、培训、监督、检查工作，加强政府法制建设。

【加大行政执法监督力度】 处理各乡（镇）人民政府和县政府各工作部门报县政府的文电；组织起草或审核以县政府、县政府办公室名义制发的公文；指导全县政府系统的公文处理工作；负责县政府会议的会务工作，协助县政府领导组织实施会议议定事项；负责县政府重大活动的组织安排；为县政府各项重大决策提供法律服务，当好领导法制建设的参谋和助手，做好备案工作。

【做好行政法律事务协调和其他工作】 负责全县经济社会发展与改革工作的调查研究，咨询建议、方案论证和跟踪反馈，为县政府决策提供依据，协助县政府领导协调有关经济社会发展和改革中的衔接工作；负责对乡（镇）人民政府和县政府各部门实施法律、刑、行政法规、地方性法规和政府规章进行监督，依法纠正违法或者不当的行政行为；承办县政府领导交办的其他事项。

（索朗措姆）

林周县创先争优强基础惠民生活动领导小组办公室

【概况】 自治区创先争优强基惠民活动第五批驻村工作开展以来，林周县认真贯彻落实区、市党委安排部署，围绕县委、县政府的中心工作，紧扣“七项重点任务”，强基础、保稳定、谋发展、促和谐、办实事，有力促进基层经济持续健康发展，维护了基层社会和谐稳定，全县创先争优强基惠民活动第五批驻村工作成效显著。

【健全组织机制】 年内，始终把基层组织建设作为驻村工作首要任务，大力推进市委八届八次全委会做出的“三个全覆盖”工程，全力实施村“两委”班子素质提升工程和“三个培养”，着力健全驻点基层组织体系，优化基层党组织设置，积极帮助村级组织开展整改落实和建章立制工作，健全党组织生活、村规民约、村级民主管理、党务村务财务公开、联系服务群众等制度。2016年，帮助驻在村完善村规民约195条，建立完善规章制度184条；累计培养农牧民入党积极分子272人，发展党员201人；把48名致富能手培养成党员，把38名党员致富能手培养成村组干部。

【宣传引导先行】 年内，采取集中宣讲、入户讲解、制作专题宣传栏、组织文体活动、召开座谈会等方式，广泛宣传党的各项强农惠民政策。邀请老党员、老干部开展“忆苦思甜、展望未来”活动，集中观看新旧西藏对比展板，参观爱国主义教育基地等方式，深入开展爱国主义教育和社会主义核心价值体系教育，增强广大群众知恩、感恩、报恩意识。截至年底，组织专题宣讲264场次，入户宣讲5065次，涉及群众43971人次，开辟专题宣传栏45期。深入开展“算富账、感党恩、要稳定、求发展”主题教育活动174场次，发放藏汉双语宣传材料7174份，开展新旧西藏对比教育活动72场次，组织参观爱国主义基地6次。举办各类文体活动57场次，参与群众1332人次，领袖像和国旗入户率达100%。

【落实维稳措施】 牢固树立责任意识和危机意识，着力在驻村工作中加强和创新社会管理，扎实开展网格化管理、“双联户”工作，严格落实区市维稳工作措施要求，加大矛盾纠纷安全隐患排查化解力度，深入推进“平安村组”建设，强化民兵、治保和“红袖标”队伍，建立村组联动、村民联防工作机制，确保了基层持续和谐稳定。截至年底，指导驻在村制定应急处突预案194份、维稳制度243条，组织维稳演练169次，组建联防队244支，排查安全隐患450次，化解矛盾纠纷153件。

【为民排忧解难】 年内，不断深化“党员干部进村入户、结对认亲交朋友”“三进四同三一”、在职党员到村服务活动和“访民情、送温暖”等系列活动，力所能及地帮助群众解决困难。截至年底，慰问“五保户”“三老”人员、贫困户、孤寡老人等困难群众1.62万次，发放慰问金152.52万元，开展送科技、送技术、送卫生、送信息、送服务活动62多次，投入资金10.86万元；解决民生方面的突出问题72件，为群众办实事好事321件，投入资金186.21万元。

【精准扶贫】 年内，坚持把驻村工作与精准扶贫结合起来，不断健全驻村扶贫开发工作机制，协助县乡村开展好扶贫政策宣传，逐户建档立卡，分析致贫原因，针对性制定脱贫计划、帮扶措施，建立扶贫脱困帮扶责任制，落实“五个一批”“六个精准”，主动与“四业工程”有效衔接，组织开展技能培训，充分发挥各方资源，改善基础设施、培育致富产业、发展集体经济。截至年底，开展扶贫开发政策宣讲大会213场次，发放宣传资料2264份；核查贫困户3789户，16652人，建档立卡1882户，8325人，精准识别率达100%；建立健全联系制度306项，结成帮扶对子1950对，帮扶任务完成率达90%以上。

【理思路拓渠道】 驻村工作队坚持把推动基层科学发展和转变经济发展方式贯穿驻村工作始终，积极帮助村“两委”，理清基层发展思路，找准制约基层发展的瓶颈。截至年底，理清发展思路78条，找准发展路子76个，制定、完善、实施经济发展规划56项。帮助村群众劳务输出2646人，增加现金收入578.6万元。申请“短、平、快”项目6个，争取计划外项目32个，工作队自筹资金落实项目102个，投资1037.27万元。

【落实惠民政策】 通过学习宣传党的强农惠农政策，指导帮助驻在村落实好各类强农惠民政策，确保各项补贴奖励政策落到实处。截至年底，开展强农惠民政策宣讲大会180场次，发放藏汉“双语”优惠政策资料12980份，发放“明白卡”12980张，开辟宣传栏117期。落实农村最低生活保障资金93.9万元，各项补偿（补贴）资金227.9万元。

【“两降一升”】 按照区党委提出的“两降一升”目标任务，积极帮助农牧民群众改善医疗条件。截至年底，宣传孕产妇住院分娩补助奖励政策和孕产期保健等知识135场次，登记孕产妇83名，帮助454名产妇到医院待产分娩，接生新生婴儿453名。

【概况】 2016年，在区市党委的精心指导和市委第四督导组有力督导下，林周县“学党章党规、学系列讲话，做合格党员”学习教育扎实开展，取得了显著成效。

【安排部署】 年内，林周县委高度重视，制定出台《关于在全县党员中开展“学党章党规、学系列讲话，做合格党员”学习教育实施方案》和《林周县委常委会2016年“两学一做”学习教育方案》，成立了以县委副书记、组织部部长何震为组长的林周县“两学一做”学习教育协调小组，全过程指导调研。

【学习教育】 全县党员干部重点学习了党章和《中国共产党廉洁自律准则》《中国共产党纪律处分条例》等党内法规；深入学习了习近平总书记系列重要讲话；学习了党的历史，学习革命先辈和先进典型。进一步增强了全县党员干部政治意识、大局意识、核心意识、看齐意识，坚定正确政治方向；进一步树立了清风正气，严守政治纪律政治规矩；进一步强化了宗旨观念，勇于担当作为，提升了全县党员干部在生产、工作、学习和社会生活中践行党员先锋模范作用的主动性。2016年，县委理论学习中心组（“两学一做”学习教育）开展集中学习20场次，“四大班子”县级领导带头参加学习，参学1100余人次，发言65人次。

【征求意见】 坚持发扬民主、敞开大门，县委书记次仁顿珠亲自带头，先后组织召开征求意见座谈会3场次，广泛征求乡镇、分管部门、离退休干部、“三老人员”“两代表一委员”、驻村工作队、第一书记、党员群众和服务对象等代表120余人次，发放征求意见表180余份，收集归纳各类意见建议51条，开展谈心谈话10余次。

【召开民主生活会】 1月6日，县委常委班子召开了2016年度县委常委班子民主生活会。市纪委、市委组织部和市委第四督导组相关负责人参加会议。会议以学习贯彻中共十八届六中全会、区市县第九次党代会精神为主题，围绕“两学一做”学习教育要求，重点对照《关于新形势下党内政治生活的若干准则》和《中国共产党党内监督条例》，紧密联系思想和工作实际，深入查摆问题，深刻剖析根源，严肃认真开展批评和自我批评，立规执纪、抓好整改，切实加强班子自身建设。会上，县委书记次仁顿珠代表县委常委班子作对照检查，并带头开展自我批评。林周县13名县委常委，逐一做了自我批评，并接受了其他班子成员的批评。会议达到了团结—批评—团结的目的。全县四套班子、10个乡镇召开了民主生活会，161个党支部召开了组织生活会。

【督导工作】 年内，在学习教育开展中，市委第四督导组全程认真指导把关，及时做出重要指示，有力推动了林周县“两学一做”学习教育扎实深入开展。县委成立的巡回督导组严格按照上级的部署要求抓督导，进一步加强了自身学习，进一步深刻领会中央和区市党委关于“两学一做”学习教育的决策部署和一系列指示要求，督促全县各单位全面落实学习教育的总体部署和各环节工作，确保学习教育不虚、不空、不偏。

（贡秋卓玛）

【领导名录】

组　　长　次仁顿珠（藏族）
第一副组长　格旦次仁（藏族）
常务副组长　高　军
潘志嘉
田嘉勇
何　震
格桑次仁（藏族）
主　　任　何　震

武 装

林周县人民武装部

【概况】 2016年，林周县人武部在警备区党委领导和上级机关的大力帮助指导下，认真学习贯彻中共十八届三中、四中、五中和六中全会精神，认真开展改革强军主题教育和“两学一做”学习教育活动，深入贯彻学习习近平总书记关于军队和国防建设的系列重要论述，紧紧围绕军区党委工作指导和警备区党委（扩大）会议工作部署，着眼提高遂行多样化军事任务和维稳处突能力，狠抓以军事斗争为龙头的各项工作，维护了社会稳定，党委全面建设再起新起色。

【“两学一做”教育活动】 年内，深入学习贯彻习近平系列重要讲话精神，坚持贯彻政治建军原则，紧紧围绕举旗铸魂、强基固本、看齐追随，切实把“两学一做”学习教育活动和改革强军主题教育活动开展好，学深悟透，用习近平主席系列讲话精神武装头脑、指导实践、推动工作。部党委通过开展“两项重大教育”学习活动，进一步提高了官兵的思想政治觉悟，广大党员对怎样做一名合格党员有了更加清醒的认识，活动取得了较好效果。6月6—14日，召开了党委专题民主生活会，此次专题民主生活会在警备区领导及工作组的有力指导和悉心帮带下，部党委委员深入学习贯彻习近平主席系列重要讲话精神，聚焦“三严三实”教育主题，贯彻从严治党、从严治军要求，贯彻整风整改总基调，全面分析党委班子建设情况，深入查找剖析问题根源，认真思考加强党委班子自身建设的一些问题，达到了统一思想、明确方向、增进团结、改进作风的目的。深入推进单位党风廉政建设，引领官兵自觉校正价值观取向，激发了正效应、凝聚了正能量，夯实了信仰和信念根基。

【民兵组织建设】 县人武部把民兵组织调整作为本单位年度一项重要工作任务主抓，结合林周县民兵组织的现状，以相关文件精神为依据，坚决按照平战结合、军地兼容、实事求是和因地制宜的建队原则，对民兵组织、人员进行了调整。为确保民兵队伍纯洁和可靠，县人武部以基干民兵组织和民兵骨干建设为重点，圆满完成了2016年度民兵组织调整任务。

【维稳执勤】 2016年、按照县委、县政府和政法委有关要求，县人武部，每天派员参加一线维稳指挥部值班，组织民兵在各个重要节点和节假日，采取以工代训的方式，进行不间断的巡逻和警戒；2016年是林周县东孜山“猴年转山”活动年，经县委、县政府安排，县人武部组织附近乡民兵从1月至9月在现场配合公安、武警进行了巡逻、设卡和维护秩序等维稳任务。8月10—15日，组织民兵赴墨竹工卡县直孔梯寺参加“颇瓦大法会”宗教活动维稳安保任务，同时根据县委、县政府统一安排完成了林周县年度各项维稳执勤任务。

【征兵工作】 年内，为确保年度征兵工作顺利圆满，在成立征兵办公室领导小组的同时，进一步完善了征兵组织建设，成立林周县廉洁征兵领导小组，全程监督征兵工作开展情况和征兵经费使用情况，确保下发名额不截留、不滥用，确保不发生收受应征青年及家人财务等问题。通过全体征兵办公室成员的不懈努力，圆满完成了2016年度兵员征集任务。

（旦 增）

【领导名录】

部 长 次仁多吉（藏族）

政 委 张朝仪（3月免）

副部长 田春雷

林周县公安消防大队

【概况】 2016年，林周县公安消防大队坚持以中共十八大精神为指导，“听党指挥、能打胜仗、作风优良”为宗旨，紧紧围绕消防部队防火灭火和社会救助为中心工作，在社会火灾防控和部队正规化建设取得了显著成效。大队始终坚持“忠于职守铸警魂、赴汤蹈火为人民”的建队理念，把铸牢官兵的思想防线放在第一位，把政治合格作为对官兵的首要要求，把理想信念培养作为政治教育的第一步。在日常生活中，大队坚持每周党课、党章学习的同时，狠抓两个经常性工作，动态分析全体官兵思想状况，加强一对一的教育管理，及时消除官兵队伍中可能出现各种不稳定因素，切实带动官兵保持强执勤、严备战的积极状态。

【部队管理】 年内，大队以正规化建设为落脚点，始终坚持从严治警、从优建警，以“争建先进警种、争创先进警队、争当优秀官兵”的标准，在强化安全管理、狠抓各项规章制度落实及全面做好部队安全防事故工作上下功夫，通过定期召开队伍管理教育和安全工作形势分析会，组织官兵学习《中国人民解放军军官军衔条例》《中国人民解放军军官职务任免条例》《中国人民解放军内务条例》《中国人民解放军纪律条例》《中国人民解放军队列条例》《公安消防部队安全管理规定》《公安消防部队事故防范细则》等规章，并严格落实经常性思想教育工作制度，切实把事故隐患消除在萌芽状态，杜绝事故发生。

【火灾防控】 年内，大队始终坚持以建设平安林周为工作重心，全面保持高压强力的火灾排查整治态势。大队联合安监、民宗、治安、教育等行业部门成立专项整治小组，坚持以文物古建筑、易燃易爆场所、人员密集场所及公共娱乐场所为重点，坚持定期开展监督检查的同时，针对各行业特点开展错时间差，并定期开展复查、回访工作；在重大节点期间，大队通过消防监督人员错时工作制，形成日间、夜间两批检查队伍，把消防监督警力部署到火灾高发时段和高发部位，着力提高对重点部位、重点时段公共消防安全的火灾防控力度，确保辖区火灾防控工作万无一失。2016年，大队共计执法检查单位1358家、发现火灾隐患和违法行为1234处、下发责令改正通知书468份、督促整个火灾隐患1201处。

在县委、县政府及县公安局的大力支持下，3月16日正式成立了九乡一镇派出所、便民服务站及重点寺庙微型消防站，标志着林周县多种形式消防队伍建设迈上了新台阶，为全县火灾防控工作奠定了基础。

【灭火救援】 年内，大队始终坚持“拉得出、战得胜、打得赢”为目标，紧密结合林周县的灾害事故类型、特点和分布规律，深入研究高原地质和气候条件下各类灾害的处置措施，科学应对“五大风险”。狠抓攻坚班组建设，广泛开展各类灾害处置演练，不断深化打造消防铁军，建立官兵训练情况登记和考核成绩档案，采取阶段性考核、综合考评等手段，不断激发官兵练兵热情，并积极做好水源调查和防护排烟装备实际测试工作，普查县区消火栓89个，建立健全辖区水源档案，同时，易燃易爆、文物古建筑、敬老院、医院等重点单位建立健全灭火预案并定期开展灭火演练，为实战工作奠定基础。2016年，全年大队共计参加安保执勤15次、处置火灾4起、抢险救援1次。

【宣传教育】 年内，大队始终以打造“全民消防”为目标，积极发动社会消防宣传力量，动员消防志愿群体，组织中学生成立了“格桑花志愿消防服务队”，切实扩大宣传教育的覆盖面和影响力，并联合宣传部门，组织各乡镇及时开展消防安全宣传工作，发动各类宣传人员深入农村发放宣传资料，主要针对村民用火、用电、用气、用油安全教育及基本的灭火常识、火灾逃生方法进行全面普及，大队共计组织消防教育活动20次，开展寺庙宣传5次，开展寺庙管委会及僧尼代表专项培训会1次，发放宣传单13000余份，形成了全民消防的宣传声势，营造了浓厚的宣传氛围。

【为民助民】 2016年，大队共计慰问贫困捐家庭17次，深入养老院开展为老人洗衣、洗头、打扫卫生活动4次，赢得了人民群众的高度赞誉。

（洛桑旦培）

【领导名录】

支部书记、教导员

　　单增念扎（藏族，6月任）

支部副书记、大队长

　　邓钦文

武警林周县中队

【概况】 2016年，林周县武警中队坚持以中共十八大和十八届三中、四中、五中、六中全会精神为指导，深入学习贯彻习近平主席系列重要讲话精神，紧紧围绕实现党在新形势下的强军目标，在支队党委、县委政府的正确领导下，认真贯彻三级党委扩大会议精神，以提高素质能力为重点，加强党支部能力建设，“一线指挥部”作用发挥明显；以“一个班子、两支队伍”为核心，狠抓中队全面建设，整体建设水平有较大提升；以执勤和“处突”为中心，强化基础性军事训练，各项勤务完成圆满；深化治理“五个重点问题”，部队正规化建设水平不断提高；以严格落实制度为基础，加强后勤规范化管理，部队综合保障能力不断提高；坚持依法从严治警，落实“三个经常”，有效维护“两个稳定”，更加牢靠、更有质量地实现了“两个确保”。

【政治工作】 2016年，中队官兵践行政治工作时代主题，培养有灵魂、有血性、有道德、有品德的新一代革命“四有军人”。认真学习贯彻习主席系列重要讲话精神，落实“能打仗、打胜仗”的重要指示，不断打牢官兵听党指挥、能打胜仗、作风优良的思想政治基础。严格落实政治教育计划和各项教育活动内容要求，深入开展各项政治思想教育：严密组织党员开展好了党课教育，加强了党性修养，充分调动了党员的工作积极性和先锋模范带头作用；中队全年开展“两学一做”学习教育活动，以“学党章党规、学系列讲话，做合格党员”通过学习讨论授课和党员撰写承诺书，使中队全体党员能在学习教育中取得实效，中队活动领导小组有效解决了党员队伍中存在的倾向性问题，对自身存在的不足有了更多的认识；开展好日常经常性教育，有效提升了官兵文化素质和各项工作能力；积极推进“六共”活动的工作，密切警政警民关系，积极开展了对甘曲居委会贫困户及学生的帮扶活动和与县看守所共建单位的共建活动；开展好“坚定理想信念，投身改革强军”主题教育活动，严格落实好习主席政治建军、改革强军、依法治军的要求。

【军事工作】 2016年中队以能力建设为重点，强化训战一体、寓教于训、以训进德、以训强能、以训肃纪，通过大抓中队军事训练提升能力，以过硬的能力来高标准实现两个确保。开展的主要工作：按纲施训，抓好技能、智能、体能、心理素质和作风纪律等基础训练；大力开展实战化训练；科学组训，突出抓好军官和士官训练，强化法规训练，正规训练秩序，降低训练安全隐患；严密组织中队人员对其新《大纲》内容进行了学习，按新《大纲》要求，重新编写和修订了各类军事教案，合理制定了全年《军事训练教练员分工配套表》；严格落实好了训练“八落实”及各项规章制度要求，坚持干部跟班作业制度，确保了训练秩序正规；加强对教练员能力素质培养和指导，确保训练组织程序正规，有效提高了官兵军事素质能力。

【战备执勤工作】 2016年，中队按照“执勤确保安全、处突确有把握、反恐确能制胜、维稳确保平安、救灾确保有效”的要求，科学统筹任务，精心组织维稳行动，严格落实战备执勤制度，加大执勤隐患治理，严密组织各项勤务，提高勤务正规化建设水平，深化反恐准备，加强对“七种”情况战法的研究和演练，保证固定勤务安全高效，各类临时勤务完成圆满。开展的主要工作：搞好执勤教育，认真落实《战备工作规定》。进一步规范战备值班系统运行、应急响应程序和快速反应机制。提高常态化战备水平。把战备教育、战备演练等关键环节突出出来，扎实抓好春节、藏历新年、“3·14”、林周“3·15”、东孜山转山活动、雪顿节、萨嘎达瓦等重要节点执勤，提高忧患意识。完成三化改造，针对看守所硬件设施不达标的实际情况，中队已协调用兵单位予以改建。突出情况处置应急训练，把“三员一兵一组”和哨兵先期处置的训练，始终贯穿于日常执勤工作当中去，不断提高勤务值班员、勤务领班员、哨兵、应急小组对各种情况的反应和处置能力。及时修订完善执勤方案。与用兵单位搞好协同配合，做到互通情况，并按期召开联系联防会议，密切配合，协商解决执勤中发现的各种问题。

【后勤工作】 2016年，中队后勤工作开展有效，后勤人员服务意识较好，有效地保障了官兵生活需求，主要体现以下几个方面：严格落实伙食标准制度，加强炊事人员的业务技能的指导和培训，尊重官兵意见建议，有效提升伙食质量标准；加强后勤督导和检查力度，确保各类经费开支合理，账目明了。在总队和支队的领导和帮助下，中队对其温室进行重建，现已基本完工，现已投入使用。县政府投入资金90余万元，对中队三化建设及部分硬件设施进行改造：对中队训练场进行了硬化和改建，扩大了训练场面积；购买了各项办公用品及生活用品，有效保证了官兵生活需求，提升了中队日常办公能力；购买一台执勤运兵车，提升了中队应急处突能力，同时为中队建了停车棚；对中队值班室“三化”建设进行了改建，现已投入使用，效果良好。

（何瑞超）

【领导名录】

中 队 长 宋新龙
政治指导员 何瑞超
副中队长 何 龙

法 治

林周县公安局

【概况】 林周县公安局于1973年10月1日成立，前身名为林周县人保组，1989年由彭波农场公安分局、林周农场公安局、林周县公安局合并组建，核定编制数133人。截至年底，全局共有369人，其中：民警213人（副县级1人、正科级13人、副科级32人）、辅警116人、公益性岗位36人、临时工3人、工人1人。党员共有159人，其中党员民警133人、党员辅警22人、党员临时工党员1人、党员公益性岗位2人、党员工人1人。

【忠诚履职保稳定】 2016年，林周县公安局在县委、县政府和县维稳一线指挥部的坚强领导下，在市公安局业务部门的有力指导下，认真贯彻落实区市党委、政府关于做好公安工作的一系列会议精神，特别是2016年全区公安处（局）长会议精神和全市县（区）公安局长会议精神，紧紧围绕县委中心工作，着力服务经济社会大局，大力构建公平正义的法制环境。以深化公安改革和“四项建设”为契机，提高思想站位，创新完善机制，着力补齐短板，统筹推进各项工作。全局党员民（辅）警在局党总支和各党支部的带领下，忠诚履职保稳定、锐意进取促发展、强化责任抓落实，圆满完成了“三大节日”、三月份敏感期、“萨嘎达瓦”“雪顿节”“藏博会”“赤龙次曲”等重大活动和重要敏感节点及东孜山“猴年转山”阶段性维稳安保工作，实现了公安工作和队伍建设的长足发展。

【紧抓维稳方针不动摇】 年内，始终将维稳防控作为公安工作的重中之重，摆在突出位置来谋划、来部署。在重要敏感节点和重大节日活动前夕，及时召开专题会议，传达贯彻安排部署，切实达到统一思想认识、明确组织领导、细化工作措施的目的，从组织、机制上保障维稳措施的高效落实，确保上下步调一致、同频共振、高效运转的同时，突出情报信息主导作用，提高情报导控、导防、导管能力。年内，全县未发生一起涉稳事（案）件。

【开展反分裂斗争】 强化全县成品油管理，在严格落实实名制加油登记卡的基础上，继续严格执行“一车一卡、凭卡加油”的实名登记制度，从源头上消除“输入型”“潜入型”维稳隐患。同时，强化应急处突演练，针对防自焚、防暴恐、聚集滋事、个人极端等事件，进一步健全完善应急指挥处置机制，修订工作预案、细化充实处置措施，加强日常演练，扎实做好了各项应急处突准备工作。12月28日，林周县结合维稳实际，组织特警大队、派出所、便民警务站和检查站开展了应急处突演练，旨在提高整体联动和合成作战能力。全年，林周公安局组织各派出所、便民警务站、特警大队开展以“防自焚、反自焚、防暴恐”合成演练12次，各部门开展警棍盾牌、擒敌拳和处置突发情况等技战术训练近400余次。

【打击刑事犯罪】 年内，以社会治安综合整治暨严打行动为契机，组织多部门、多警种协同作战，有序开展了打击“干扰经济建设发展的违法犯罪活动专项行动”和打击“盗抢骗”“打黑除恶”等专项行动。全年，共立刑事案件18起，破现案12起，带破隐案11起，抓获犯罪嫌疑人19人，追回被盗现金6万余元，摩托车9辆，电动车2台，自行车2辆，金银戒指各1对，台式电脑1台，苹果6S手机1部；协助山南地区公安机关抓获犯罪嫌疑人1名。通过全国公安机关跨区域协作平台协助江苏省淮安市公安局办理一起涉嫌伪造、买卖国家机关证件案，制作询问笔录2份；协助日喀则地区公安机关调取前科资料1份；协助黑龙江省公安机关调取线索核查1份；协助四川省资阳县公安机关抓获犯罪嫌疑人1名；抓获涉嫌非法猎捕、杀害珍贵、濒危野生动物案犯罪嫌疑人1名。

【道路交通安全管理】 年内，紧紧围绕“压事故、保畅通”的目标，扎实开展了“春运期间道路交通整治”“夜间酒驾专项整治”“农用车摩托车违法载人专项整治”“降速行动”“乱停乱放交通违法行为专项治理”等系列交通违法整治行动。特别做好了春节藏历新年、三月敏感期、东孜转山“猴年转山”民俗宗教活动和“萨嘎达瓦”“赤龙次曲”“雪顿节”“藏博会”等重大节日、活动期间的道路交通安全管理工作。按照“白天见警车、晚上见警灯”的要求，合理调整警力、落实管理责任，加强了对561国道及县乡道路的巡逻管控，严格查纠路面交通违法行为。并根据县安委会下发的“大检查、大排查、大整治”工作方案要求，动员各责任单位，开展“地毯式”隐患排查治理。全年，共排查隐患297处，制定了相应的治理措施和解决方案32个，依法查处各类道路交通违法行为1589起，行政拘留3人，移送司法机关1人，共计处罚金额344980元。

【提升行政管理服务水平】 组织各派出所分管户籍工作所领导和户籍民警进行业务知识培训和窗口文明服务培训，有力提高了服务质量和水平；深化便民利民措施，从缩短二代身份证办证周期和方便群众办证入手，将办户、办证须知及收费公示栏及时上墙公示，对孤寡老人、残疾人员等困难不便群众采取预约上门办理。采取“一次性告知”的方式，让办事群众少跑冤枉路，不断提升服务水平。2016年，共上门办理身份证40人次，上门送证25人次。大力推进车管所建设，10月17日，林周县公安局车管所正式成立，受理摩托车登记注册和发放牌照等业务。截至年底，共办理摩托车新车上牌20辆。大力推进户籍制度改革前期工作，向各乡镇派出所征求了户籍制度改革的意见建议，并整理归纳上报市局相关部门；扎实开展户口登记管理专项清理整顿“回头看”“及时改”“一口清”。

【营造和谐稳定公共安全环境】 年内，林周县公安局多次组织开展涉爆单位和从业人员清理整顿工作，对全县涉爆单位和从业人员集中开展了8次全面清理整顿工作。对辖区3家涉爆单位和涉爆从业人员，逐单位、逐人围绕是否符合从业资格，涉爆单位、企业是否存在自然灾害隐患、矛盾纠纷隐患，从业人员有无违法犯罪前科，现实表现等方面入手，开展重点检查和摸底工作。同时，治安大队和辖区派出所民警切实从爆炸物品的购买、运输、储存、使用中的出入库等各个环节入手，定期不定期检查，认真查漏整患，层层落实责任，与涉爆单位签订安全管理责任书3份，发安全隐患整改通知书2份，消除各类安全隐患6处。加强矿区民用爆炸物品储存库安全防范及日常管理工作，以“查制度、查违规、查隐患”为重点，彻底消除民爆物品储存库存在的安全隐患。1月21日，公安局联合相关部门对旁多武警水电部队5吨过期民爆物品进行安全销毁，共销毁219袋粉状乳化炸药，共5475千克。

【创建“平安校园”】 通过开展法制课堂和警示

教育，提高青少年法纪意识，加强校园周边社会治安综合治理，协调工商局、文广局、卫生局和城管大队等部门联合整治校园周边网吧、茶馆和流动摊贩等，共同创建“平安校园”，优化育人环境。全年，重点对全县12所学校及周边治安环境进行了重点整治。清理出租屋、网吧、娱乐场所等场所15家，下达整改通知2份。共开展法制进校园活动6次，开设法制讲堂3次。

【持续开展火灾隐患排查整治】 围绕冬春火灾防控和夏季消防安全检查工作要求，以文物古建筑、人员密集场所、建筑施工工地、“九小”场所、化危品场所等为重点，积极协调有关部门深入全县重点场所开展隐患大排查，对各类火灾隐患和消防违法行为实行“零容忍”。2016年，共检查单位1059家次，重点单位检查率100%，发现火灾隐患或违法行为959处，督促整改火灾隐患或违法行为945处，下发责令改正通知书361份，下发临时查封决定书1份，下发行政处罚决定书1份。积极推进微型消防站建设，截至年底，已建成微型消防站22家，人员和装备已基本配齐，实现所有派出所、便民警务站、寺庙重点消防安全单位“微型消防站”全覆盖。

【牢牢把控治安形势主动权】 深入推进“亮警灯、保平安”工程，建立以“110”指挥中心为龙头，以特警为主体，以派出所、便民警务站为基础，交警、武警、民兵、“双联户”和“红袖标”等群防力量配合的军警地联勤联防机制。通过有效整合警力资源，优化警力配置，将2/3的警力下沉到社会面一线，主动出击，加强对党政机关、主要街道、城郊接合部、民生目标和治安复杂场所的巡逻盘查力度和密度，以车巡与步巡、定时巡逻与随机巡逻、公开巡逻与蹲点守候相结合的方式，实现了地域上无缝接全覆盖，时空上24小时无死角全天候，提高见警率、管事率，增强群众安全感。全年，共清剿排查420余次，巡逻6100余次（其中车辆巡逻4900余次、徒步巡逻1200余次），共出动警力15600余人次、出动车辆5200余车次。核查出租房屋1380余间次、流入人员4200余人次；发现、整改安全隐患21处；收缴管制刀具55把，香蕉水20升。

【强化“护城河”查控工作】 从源头上消除“输入型”“潜入型”维稳隐患。“护城河”检查站按照“人过留证、车过留牌、物过留影”的要求，以“五逢必查”为工作原则加大检查、盘查力度，并对三证不全的人员进行耐心的解释和劝返、遣送工作，切实履行“护城河”职责。全年，选矿厂检查站共检查车辆31万余台次、人员70万余人次、劝返“三无”人员126人，收缴散装油品238公升，管制刀具31把，抓获在逃人员2人。

【行业场所管理】 林周县公安局结合黄赌“断链”行动、“护校安园”“打四黑除四害”等专项行动，定期不定期对企事业单位、学校、医院、金融系统、油气站、特种行业、娱乐场所等开展安全大检查，宣传相关法律知识，督促整改治安隐患，对不符合规范要求的立即进行整改，防止治安灾害事故发生，并指导各行业场所开展治安防范工作，有效预防“黄、赌、毒”等社会丑恶现象的滋生，一经发现坚决打击，不断净化社会环境。全年共清查娱乐场所310家次，清查旅馆业720家次，清查废旧物品收购站点等特种行业54家次。

【矛盾纠纷排查化解】 年内，林周县公安局始终坚持“及早动手、防范为主”紧紧围绕缓解社会矛盾、化解群众积怨、促进社会和谐，不断完善排查化解工作机制，深入开展矛盾纠纷隐患排查化解工作，及时发现可能引发群体性事件的各种苗头性、倾向性问题，全力确保全县社会治安秩序持续稳定，全年共排查化解矛盾纠纷14起。

【统筹推进“四项建设”再上新台阶】 年内，林周县公安局紧紧围绕维护社会稳定和长治久安的总目标，一手抓维稳防控，一手抓“四项建设”，找准切入点和契合点，有机结合、统筹推进，加大基础信息采集更新力度，自行研发了具有林周公安工作特点的《林周县人口综合管理系统》，突出全警采录、全面共享、定期更新，按照“一村一档”“一户一档”“一人一档”的方式将辖区“人、地、物、事、情、组织”等基础信息全部录入到该信息系统当中，实现了信息平台联网共享，节约了警力资源。截至年底，单位、商铺、村组、寺庙、“双联户”的信息录入率达95%以上。

【开展实战技能训练】 年内，林周县公安局组织各部门警务实战小教员以“岗位大练兵”模式，对民（辅）警进行培训，重点加强武器警械的法律适用、武器警械使用、执法执勤规范和处置突发事件等技能培训。公安局特警大队紧密结合维稳和任务实际，制定了年度《训练计划》和《考核标准》，重点突出了体能强化训练、武器警械训练、应急处突训练、人员车辆盘查、一招制敌、实弹射击等科目的实战化训练。并定期组织考核，以考促训。

【推进执法规范化建设】 以解决执法突出问题为突破口，健全完善执法制度，进一步提高执法操作精细化水平，通过实施审核把关、网上办案考核、集体通案研究、外部多层监督、强化执法安全和执法培训保障等措施，全面推动全县公安机关执法能力、执法公信力、依法履职能力和群众满意度的有效提升。同时，为进一步提高一线民警现场勘查能力，林周县公安局组织派出所和便民警务站等部门业务骨干开展了现场勘查基本操作知识培训，并统一配发了现场勘查箱。另外，为强化案卷卷宗的规范化管理，成立“案卷管理中心”，将全局案卷实行集中化、统一化、规范化管理。

【加强理论学习】 年内，以深入开展“两学一做”学习教育为主线，以加强全局党员党性修养和作风改进为重点，用活“忠诚教育月”学习教育和“一树两抓三比四提高”等载体，努力提高党员的党章意识、党纪意识。公安局党总支和各党支部“雷打不动”地落实每周二和周四的理论学习制度，党总支委员和全局各部门负责人带头参加学习，采取集中学习、个人自学、交流发言、知识竞赛、研讨会、座谈会和观看警示教育片等方式，系统学习党章党纪和习近平总书记系列讲话精神，学习上级部门下发的各类通报，以案说法、警钟长鸣。联系个人在思想、组织、作风和纪律等方面存在的问题，谈认识、找不足，查原因、定措施，身先士卒、身体力行的在理论学习中带好头，起好模范作用。全局民辅警克服工学矛盾，合理地安排工作和学习，严格按照拟定的学习计划，采取集中学习与个人自学相结合的方式开展学习。全年，林周县公安局党总支以理论学习（扩大）会和座谈会的形式共召开学习会19场。

【党建工作】 年内，林周县公安局积极组织各党支部深入开展党建七项重点任务排查。以学习党章，开展“主题党日+”活动为载体，严格督导五个支部落实“三会一课”制度。严格按照《基层公安机关党组织活动室建设标准》，规范党组织活动室。结合正风肃纪等活动载体，组织局党总支和各支部召开组织生活会，积极开展批评与自我批评，强化整改落实，全年，局党总支和五个党支部共召开组织生活会6次，撰写剖析材料83篇。以局党总支所辖的五个支部书记为核心，狠抓民主集中制和党内监督等制度的落实，全年以来，共召开局党总支委员会议26次，对“三重一大”事项全部集体研究通过。按照“成熟一个、发展一个”的原则和“坚持标准、保证质量、调整结构、慎重发展”的方针，做好党员发展工作。

【加强党风廉政作风建设】 以正风肃纪、纪律作风整顿活动为载体，通过抓教育、抓制度、抓管理、抓监督、抓典型和抓查处提高公安队伍约束力；认真履行“一岗双责”，建立健全领导班子成员及副科级民警个人廉政档案，签订党风廉政建设责任书，年终对科级以上干部的廉洁从政情况进行了考核；通过学习上级下发的各类通报、观看教育警示片和撰写心得体会等方式，做到警钟长鸣。林周县公安局还在办公楼走廊、楼道内等分别设置了廉政宣传牌，精心打造了“廉政文化走廊”，使民辅警时时耳濡目染，筑牢思想道德防线；在窗口部门中积极推行政务公开工作，对各项行政审批手续、审批程序、办理结果等做到了最大限度地公开，促进各部门依法行政；开展“三公经费”专项整治，严肃查处公安队伍中各种违法违纪行为。制定了公务接待制度和经费管理制度，在各派出所、窗口单位设立纪律作风举报平台25处，自觉接受群众监督。

【深入推进强基惠民驻村工作】 2016年，林周县公安局驻强嘎乡强嘎村工作组认真完成“5+2”任务，并围绕精准扶贫这一中心任务，积极开展建档立卡，实现对所有贫困人口实行建档立卡信息化、动态化管理。年内，共组织村“两委”班子、联户代表、党员代表、村民代表成员召开“短平快”项目讨论大会3次，探讨村级集体经济发展项目，为村经济发展理清了思路，找准发展路子。已解决3项农牧民增收项目（化肥20吨，农药28箱，1台炒青稞设备及铁皮房，4套一体化粉碎机）。还协调解决了藏猪养殖基地的饲料问题。同时，为拓宽群众的增收渠道，积极帮助120余名农牧民联系短期打工点。积极为辖区群众办实事、解难事，使群众真正感受到了党和政府的关心和温暖。

【推进“精准扶贫千名干部帮千户”活动】 年内，大力深入开展“精准扶贫千名干部帮千户”摸排走访工作，扎实稳步推进精准扶贫工作。自此项工作开展以来，林周县公安局党总支高度重视、精心组织，迅速将此项工作下达到局各部门，强调各部门帮扶民警立即深入扶贫对象家中走访入户精准识别核实工作。逐一对贫困户摸底调查，巩固完善贫困户相关信息，切实做到精准化识别、针对性扶持，为精准扶贫工作确立目标。此外，林周县公安局全局民警分别深入到结对帮扶家中，帮助困难家庭找穷根、找出路、宣法规、讲政策，竭尽全力地帮助解决困难和问题。2016年，共组织看望敬老院孤寡老人9次、慰问帮扶对象65次，走访精准扶贫对象106户。

【确保东孜山“猴年转山”安防工作】 2016年，恰逢林周县12年一次的东孜山“猴年转山”民俗宗教活动，时间持续一年、活动战线长、影响范围广、参与群众管控难度大。一方面，林周县公安局在充分总结借鉴“帕邦塘阔”宗教活动成功经验的基础上，制定了“寓管理于服务”的工作思路，另一方面，坚持人防与物防、技防相结合，全力做好东孜山“猴年转山”民俗宗教活动期间各项安全防范工作。在做好服务管理工作的同时，积极落实便民利民措施，自东孜山“猴年转山”民俗宗教活动开展以来，林周县公安局执勤民警共及时送医救治扭伤、摔伤的老年群众51名，共捡拾身份证和驾驶证等各类证件26张，佛珠1串，均被妥善安置或物归原主，受到了广大群众的一致赞扬。

【力保“赤龙次曲”安全顺利】 7月13—20日，林周县旁多乡赤龙寺举行12年一次的“赤龙次曲”传统宗教活动。为坚决实现区市县党委、政府的坚定决心，确保宗教活动安全、顺利、和谐。林周县公安局始终强化安防目标，强化服务管理措施和底线要求，通过精细化服务和集约化管理的方式，主动作为、严密防范，以严格的要求、务实的态度和便民的举措，顶风冒雨、风餐露宿，以强烈的担当意识和吃苦耐劳的奉献精神，圆满完成了赤龙寺“赤龙次曲”传统宗教活动期间安防工作，确保了林周县政治大局、社会大局和经济大局的持续和谐稳定。

（次仁罗布）

【领导名录】

局　长　强巴扎西（藏族，7月免）
　　　　塔　　清（藏族，7月任）
政　委　南 鲜 路
副局长　次旦罗布（藏族，5月免）
　　　　尼　　玛（藏族）

林周县人民检察院

【概况】 2016年，林周县人民检察院坚持“立检为公、执法为民”的思想，深入开展“两学一做”学习教育实践活动，认真学习习近平总书记重要系列讲话和中共十八大和十八届三中、四中、五中、六中全会精神，紧紧围绕“强化法律监督，维护公平正义”检察工作主题，贯彻落实区、市检察长工作会议精神，依法履行法律监督职责，充分发挥检察职能作用，创新工作管理机制，全院干警上下一心，开拓进取，奋力拼搏，各项检察工作取得了显著成效，呈现出良好的发展态势，为服务林周经济发展和社会稳定做出了应有的贡献。

【维稳工作】 2016年，林周县人民检察院坚持把维稳作为头等重要政治任务来抓，强化组织领导，完善工作措施，落实工作责任。林周县人民检察院协同县相关部门对强嘎乡、东孜山沿线和县城内的食品、药品安全进行联合执法检查，对不合格食品、药品及商铺进行督促整改，为广大群众营造“买得放心、吃的安心、用得舒心”的市场环境；先后选派6名干警参加县里的征地工作，积极为老百姓宣传相关法律知识，及时化解矛盾纠纷，营造良好的法治氛围；在推进检察长接待日工作的基础上，进一步完善领导下乡巡防机制，定期带队下基层巡防，了解群众诉求，摸排矛盾苗头，形成早发现、早处理、早化解的工作机制，全年共调处化解群众纠纷10余起；建立社会矛盾调处机制，开通检察监督举报电话（6122309）专线，同时加强与县纪委、县政法委、县司法局等相关单位的工作联系，形成相互联动、主动介入、积极调节的工作主动权，完善社会矛盾调处联动机制；根据县维稳工作大局需要，全面落实好24小时在岗在位值班制度，全年共安排值班人员450余人次，确保了院落及周边环境的安全；全力做好维护稳定各项工作，2016年，共派出警力200余人次，警车50余辆次，以最大的人力、物力服务于“东孜山”转山民俗活动稳定有序开展。

【刑事犯罪】 年内，坚持以执法办案为中心，牢固树立宽严相济刑事司法理念，认真落实检察环节社会治安综合治理工作，让人民群众切实感受到公平正义就在身边。依法履行批捕、起诉等职能，密切关注社会治安和公共安全领域出现的新情况、新问题，依法打击严重影响人民群众安全感的犯罪，在严格适用法律的同时，做到快捕快诉。2016年，共受理公安机关移送审查逮捕案件3件5人，其中批逮捕2件3人，不批捕1件2人。受理移送审查起诉案件8件14人，经审查，提起公诉4件8人，1件2人做出不起诉决定，3件4人正在审查起诉中。

【查办和预防职务犯罪】 2016年，林周县人民检察院加大反腐败工作力度，坚决查处贪污、受贿案件，共立案查处自侦案件3件3人，其中查办林周县原副县长李继明受贿案中行贿案件2件2人；查办上级交办日喀则市萨嘎县石油公司赖更祚挪用公款1件1人，现已提起公诉。所办案件涉案金额达300余万元，有力净化了政治生态环境的同时，筑牢了拒腐防变的高压线；与林周县公安局会签《林周县检察院与林周县公安局预防职务犯罪联席会议制度》，重点围绕民警贪污受贿、玩忽职守、滥用职权、徇私枉法和滥用强制措施等违法行为开展预防职务犯罪工作；为提高林周县人民检察院干警办理自侦案件能力，先后派出4名干警到市检察院、市纪委和城关区检察院参加办案，随案学习查办职务案件程序、调查取证方法、审讯方式等；大量印制《职务犯罪预防宣传读本》，采用直观、丰富、图文并茂的形式，向有关部门、乡镇和扶贫开发领域大力加强预防职务犯罪教育工作，发放宣传册、宣传资料，做到了预防职务犯罪教育“全面、透彻、易懂”；开通行业职务犯罪预防信息，每月定期向市检院领导及全县范围内的领导干部发送1次图文并茂的预防职务犯罪短信，做到早预防、早提醒。

【控告申诉】 对各类举报线索，坚持做到依法办理，及时分流，加强督办，严格按照首办责任制的要求处理和答复，服务经济社会发展，严厉打击妨害企业合法权益和市场经济秩序、社会秩序的犯罪，创优发展环境。积极落实刑事和解政策，促进社会关系修复。

【法制宣传】 2016年，林周县人民检察院积极开展以“西藏百万农奴解放57周年宣传纪念活动”“党委领导、政府负责、社会协调、公众参与、社会保障”“加强举报人保护、惩治群众身边腐败”“甘曲镇党布村‘法制宣传周’”等为主题的各类法制宣传活动。在县城、乡镇和村组，通过悬挂法制教育图片、设立法律咨询台、发放法律常识小手册及法律宣传单等多种形式，在全县范围内开展普法宣传活动10余次，发放宣传资料1000余份，提供法律咨询200余人次，受教育人数达2000余人次，有效提升了社会公众的守法维权意识。

【刑事诉讼活动立案监督】 拓宽诉讼监督的触角和领域，努力在破解法律监督难题、加大法律监督力度、增强法律监督实效上取得新成效。2016年，林周县人民检察院先后两次前往县公安机关及九乡一镇派出所开展“立案监督”专项检查，对案件登记不规范、证据意识差、主动办案意识不强进行指导，对公安机关送达《检察建议书》1份，提出口头纠正建议3次。加强审判活动监督，充分利用对各类刑事案件依法出庭支持公诉之机，对法庭的审判活动、判决生效后执行情况进行严格的监督，确保审判活动的公正性、合法性。同时，加强刑事执行活动监督，坚持每周定期对监管场所进行检查，节假日期间不定期检查共计20余次，详细掌握羁押人员情况，确保在押人员合法权益，实现了超期羁押“零基数”的目标。

【民事行政检察】 林周县人民检察院对县法院2016年民事、行政案件裁判文书20余份进行了监督检查并登记在册。组织干警对法院受理的具有影响力的民事案件进行旁听，认真开展对法院民事行政审判活动的违法调查。开通“两微一端”广泛宣传民行监督职能，做到监督工作阳光化、透明化。

【“两学一做”学习教育实践活动】 按照“学党章党规、学系列讲话、做合格党员”的要求，结合林周县人民检察院工作实际，制定“两学一做”教育活动实施方案，成立领导小组，坚持每周二、四下午组织全体干警，开展“两学一做”专题学习会议，通过宣读有关文件精神、撰写学习笔记、利用办公楼大厅制作“两学一做”教育宣传专栏等，对活动信息进行宣传报道，营造浓厚的学习教育氛围。截至年底，共开展集中学习25次、撰写简报44期、心得体会43篇、发言材料20篇，并要求每名干警每年至少撰写学习笔记10000字以上，由办公室定期检查。通过开展活动进一步增强了党支部的凝聚力和战斗力，提高了党员的党性修养，激发了党员干部干事创业的热情，进一步增强政治意识、大局意识、核心意识、看齐意识，坚定政治方向。

【司法体制改革取得成果】 根据最高人民检察院计财局《关于开展“十三五”时期检务保障工作发展规划专题调研的通知》，林周县人民检察院完成了《林周县检察院关于检务保障工作调研材料》，为检察机关实行财务统一管理改革试点做好前期调研工作。按照司法体制改革试点工作要求，实行检察人员分类管理，圆满完成林周县人民检察院检察官职务套改工作，顺利完成《林周县检察院检委会工作调研报告》《林周县检察院案管中心工作调研报告》。同时，根据区政协指示安排，顺利完成了以“改善司法执法环境，推进法制西藏建设”为主题的专题报告。截至年底，司法体制改革在林周县人民检察院已取得突破性进展并初见成效。除院领导外，林周县人民检察院有4名符合条件的干警参加了检察官遴选考试，考核工作也圆满结束。

【专业素质建设】 年内，林周县人民检察院坚持每周四定期开展业务学习，组织干警参加检察机关举办的检察官考试，夯实干警法律专业知识。积极参与上级院在各地举办的各期培训班学习和电视网络全员培训会议，定期组织业务科室干警学习刑法、刑事诉讼法，开展心得交流研讨活动。不断提高检察机关规范司法的能力和水平，努力让人民群众在每一个司法案件中感受到公平正义。2016年，先后选派7人次参加区市院组织的各类业务培训，培训干警共撰写心得体会6篇，并在业务学习大会上做交流发言，促进干警业务素能全面提升。选派2名干警参加司法考试培训，2016年参加司法考试干警共5人，两人通过了司法考试，干警的学习热情普遍提高。

【强基惠民工作】 扎实开展强基惠民活动，2016年，林周县人民检察院选派2名干警到林周县春堆乡洛巴堆村开展驻村工作，1名干警任春堆乡卡东村第一主任。截至年底，驻村工作队为民办实事9件、投入经费11.3万余元、化解基层矛盾纠纷10起。6月底和11月，林周县人民检察院集中开展了“精准扶贫千名干部帮千户”慰问活动，详细了解洛巴堆村结对帮扶32户家庭的生活情况、身体状况以及生活中存在的实际困难，并为结对帮扶对象家庭送出慰问金共计13760余元。

（刘玉梅）

【领导名录】

党组书记、检察长

解 树 立（3月免）

刘 玉 梅（女，3月任）

副检察长

尼玛旺姆（女，藏族）

珠　　扎（藏族）

林周县人民法院

【概况】 2016年，林周县人民法院深入贯彻落实党的十八大和十八届三中、四中、五中、六中全会及中央第六次西藏工作座谈会精神，以习近平总书记系列重要讲话精神和治国理政新理念新思路新战略为指引，紧紧围绕“努力让人民群众在每一个司法案件中感受到公平正义”的工作目标，大力加强审判执行工作，全面推进司法体制改革，着力打造过硬法院队伍，各项工作取得新进展。2016年，共受理各类案件176件，审执结率100%，同比分别上升112%、120%，息诉服判率高达90%。

【参与综治维稳工作】 始终把维护社会稳定、促进长治久安作为首要政治任务，认真落实区市县党委、政府和各级维稳指挥部维稳工作决策部署，从维护全县和谐稳定大局出发，克服案多人少的现实困难，2016年累计投入警力千余人次，出动车辆80余台次，投入维稳资金近10万元。在加强院内安保工作的同时，积极参与县维稳指挥部带班值班工作，有效打响了东孜山“猴年转山”民俗宗教活动维稳攻坚战，圆满完成了“8·11”维稳安保任务，确保了林周县社会局势持续稳定、长期稳定、全面稳定。

【惩治犯罪维护社会平安】 充分发挥刑事审判在平安建设方面的主力军作用，坚持打击与保护并举、实体公正和程序公正并重，2016年共受理刑事案件7件12人，全部审结。坚持“严打”方针，对主观恶性大、社会危害较大的案件依法从严从重从快惩处，对一起5人多次流窜盗窃文物恶性案件依法严惩，有力地震慑了犯罪，增强了群众安全感。充分发挥刑事审判在惩治腐败、建设廉洁政治中的职能作用，依法审理了建院以来由高法指定管辖的首例职务犯罪案件，有效打击渎职犯罪。坚持宽严相济刑事政策，做到宽严有据、罚当其罪，依法对犯罪情节轻微、社会危害不大的被告适用缓刑。特别是针对未成年人犯罪案件，坚持“教育、感化、挽救”方针，探索社会矫正刑罚的适用，最大限度挽救失足未成年人，使其能够重返社会。

【化解涉诉信访构建和谐】 按照“一个问题、一名领导、一套班子、一个方案、一抓到底”的工作机制，加强涉诉信访工作，注重细节把握、讲究方式方法、研究制定策略，确保案件彻底解决，2016年涉法涉诉案件2件，已化解1件。充分发挥法院在法治领域的优势，在县委、县政府的统一安排下，与县委政法委、县公安局、县信访局等部门有效配合，主动作为，提前介入到甘曲镇征地纠纷、夕瑞德矿业纠纷等重大、群体性上访事件的协调化解之中，为构建林周县政治经济和谐稳定做出了应有的贡献。

【强化法制宣传教育】 结合林周县人民法院审判执行案件特点、各节日节点特色及中心工作需要，采取法制讲座、以案释法、青少年维权岗等形式，从人民群众关心、关注的热点、难点着手，开展普法宣传教育16场次，发放藏汉双语宣传资料三千余份，受教育群众近两千人次，引导各族群众以法治思维、法治方式解决纠纷。组织林周县群众、干部职工500余人次旁听庭审，起到了“审理一案、教育一片”的良好效果。同时，发挥司法建议的补漏作用，向党政机关单位企业提出司法建议10条。

【民事审判力促定纷止争】 坚持依法平等保护市场主体合法权益的原则，主动适应林周快速发展新常态，2016年受理民商事案件137件，全部审结，同比分别上升164%、2%。充分发挥民事审判保障和改善民生的职能作用，对追索劳动报酬、婚姻家庭等各类民生案件开辟“绿色通道”快审快结，全年审结民生案件61件。加大对合同纠纷、借贷纠纷等案件的审理力度，打造良好有序的市场经济发展环境。针对林周县辖区矿山企业较多的现状，加大对涉企合同纠纷处理力度，2016年审、调结涉企合同纠纷19件，构建了良好的企业发展环境。本着做好庭前调解、做细庭上调解、做实庭后调解的原则，不断增强调解力度，加强与各乡镇、县司法、信访局、人社局等部门的联动，构建起了大调解的社会格局，定纷止争取得了积极效果，2016年调撤案件117件，调撤率85%，同比上升21%。

【执行工作保持高压态势】 紧紧围绕“用两到三年时间基本解决执行难”的目标，加大和改进执行工作，全年受理执行案件32件，执结率100%，同比分别上升33%、46%，执结标的额239.09万元，到位率36%。严格规范执行行为，建立执行人员责任清单，完善执行案件管理系统，办案环节网上运行，执法记录仪记录执法过程，实现全程留痕。不断健全执行措施，充分利用执行查控系统，对查询到的财产线索立即采取措施进行控制，组织财产处理，保证不让查询到的财产流失或转移。强化执行威慑作用，积极推进社会信用惩戒体系建设，依法公布失信被执行人1名，同时针对不同的被执行人制定针对性地执行对策，依法用足用活法律赋予的查封、扣押、冻结、拍卖、拘留、罚款等强制措施。大力开展“清理积案”活动，指定专人分类清理，采取“定案、定人、定时间”的清理包干责任制，共清理积案2件，特别针对民工工资、伤害赔偿等案件加大清积力度。

【推进司法公开】 依托网络信息化建设，着力构建开放、动态、透明、便民的阳光司法机制，让正义以看得见的方式运行。利用科技法庭审理案件31件，把案件审判过程纳入信息化管理。深入推进审判流程、裁判文书、执行信息三大公开平台建设，上网公布裁判文书59份，其中藏文裁判文书7份，网上庭审直播案件30起，倒逼法官提高司法能力和办案效率。

【推进陪审工作】 充分发挥人民陪审员参与案件审理、监督审判活动、联系人民群众的重要作用，邀请人民陪审员参与案件的调解、庭审、合议等过程，2016年共邀请人民陪审员参加10起案件的审理。选派一名人民陪审员参加上级法院组织的双语培训，并邀请国家法官学院老师到林周县对全体人民陪审员就民事审判中人民陪审员的职责与权利、参审活动和程序要求、陪审职业道德等内容进行为期两天的专题培训。

【推进职务套改】 林周县人民法院按照中央深化司法体制改革精神，积极推进法官责任制、人员分类管理制度的贯彻落实，严格执行套改规定完成了员额制法官10人、司法警察3人的套改工作，为司法体制改革向纵深发展奠定了基础。

【规范司法行为】 认真落实林周县人大常委会关于规范司法行为工作的审议意见，从健全司法行为规范、改进司法管理、推进司法公开、加强司法队伍建设等方面入手，全面完善院内规章制度，并整理上墙；实现文件电子化、信息化分类归档管理；从干警着制服规范化上岗等方面着手，深入持续开展规范司法行为年活动，切实提高林周县人民法院整体业务能力，推动了审判执行工作质量与效率的稳步提升。

【增强立案工作】 严格落实立案登记制，做到有案必立、有诉必理，当场登记立案率100%，最大限度地维护了当事人诉权。按照“一站式服务到位、一次性告知周全、一次性办理妥当”的工作要求做好立案工作，一次性告知当事人补正材料15次。开通“12368”诉讼服务热线，2016年为近万人次提供法律咨询查询服务。加大司法救助力度，为当事人减免缓诉讼费5.63万元，让人民群众切实感受到司法的温暖。强化诉前调解工作，积极探索“便民、高效、成本低”的矛盾纠纷解决机制，2016年诉前调解案件31件，有效减轻了当事人的诉讼负累。

【发挥法庭作用】 唐古人民法庭深入贯彻“以当事人为本”的工作理念，从便民利民、减轻群众诉累出发，在全县九乡一镇设立了45个巡回审判点和10个流动收案点，构建起“多层次”的诉讼服务网络，深入田间地头、农家小院、牧民帐篷开展“一站式”巡回审判诉讼服务，并积极探索“诉调对接”“小额诉讼速裁”“人民调解司法确认”等多元化纠纷解决机制，2016年接受当事人35次预约，审结60起民商事案件，均以速结形式当场办结，有效化解和调处农村矛盾纠纷，充分发挥了人民法庭在便民利民诉讼服务中的高效作用。

【推进驻村工作】 不断改进、加强驻村工作，积极争取多方援助，帮助困难群众解决实际困难。积极协调落实水罐供水“短平快”项目，投入资金近8万元，进一步缓解了驻在村群众用水难问题。积极争取新建砖瓦厂“短平快”项目，申请资金为20万元；投入资金23万元为村集体购买三台拖拉机，用于发展壮大村集体经济，惠及群众1500余人。

【开展“两学一做”学习教育】 年内，深入开展“两学一做”学习教育，以党组学习带动、部门学习深化、个人自学提高等方式灵活安排学习形式，以讲廉政党课、观看警示教育片、开展专题研讨会等方式丰富学习载体，认真学习党章党规、学习习近平总书记系列重要讲话精神，坚定理想信念，强化宗旨意识，切实提高了党员干部党性修养。2016年，共组织集体学习46次，开展专题研讨会4次，观看教育题材影片4部，抄写学习笔记500余篇，撰写心得体会80余篇。

【推进党风廉政建设】 进一步落实党风廉政建设责任制，认真学习、严格落实《中国共产党章程》《中国共产党廉洁自律准则》《中国共产党纪律处分条例》《中国共产党问责条例》《关于新形势下党内政治生活的若干准则》和《中国共产党党内监督条例》，严守党的政治纪律和政治规则，严格执行中央政法委“四个一律”、最高院“五个严禁”和“十个不准”，强化反腐倡廉教育，强化惩防体系建设，强化执纪问责，确保法院队伍的清正廉洁，全年未出现干警违法违纪案件。

【增强法院队伍素养】 按照年初干警培训工作计划和上级法院的要求，采取多种措施、创造多种途径、克服各种困难，共选派了15名干警参加各类培训，其中4名干警前往内地法院学习培训、跟案锻炼，3名干警通过全国统一法律职业资格考试西藏线，有效提高了队伍职业素养。

【开展联络监督工作】 牢固树立“监督就是支

持、监督就是爱护”的意识，畅通监督渠道，邀请人大代表、政协委员共5人视察法院工作3次、旁听庭审3件，并认真听取意见建议，不断改进各项工作。充分发挥2名廉政监督员的作用，每月至少邀请1次廉政监督员对县法院审判执行、党建、党风廉政建设等各项工作进行严格监督检查。

【推动精准扶贫工作】 年内，按照县委、县政府部署，先后组织52人次前往松盘乡、江热夏乡开展“千名干部帮千户”扶贫工作，深入调查摸底，详细了解帮扶对象家庭人口、收入借贷、致贫原因等情况，建档立卡，针对性地制定脱贫计划，投入资金近10万元进行走访慰问，加深了干警与人民群众之间的血肉联系。

【改善办公生活环境】 为切实落实从优待警要求，林周县人民法院高效利用县政府投入的71万元及50万元援藏资金大力改进改善干警办公办案和生活环境，为审判执行业务庭室购买了6台快速扫描仪；新宿舍楼及经过全面维修的老宿舍楼已实现全部入住，并为每户安装了太阳能热水器；院内给排水管道全部更换；审判综合楼完成吊顶及线路改造装饰装修工作，每个办公室安装了红外线取暖器，为全院干警营造了良好的办公办案环境。

【加强信息技术应用】 在区高院、市中院的统筹安排下，“天平工程”一标段各类设备圆满完工，与上级法院实现了在网络信息上的互联互通；在区高院的积极帮助下完成院内监控设施的全部安装调试工作，现已正常使用；积极落实电子签章、网上办公办案工作，所有卷宗均在加盖实体章前盖电子章，所有办公文件均实现网上审批分发传阅。

（胡 姝）

【领导名录】

党组书记、院 长

格桑多吉（藏族，3月免）

军 国（3月任，6月免）

赵 红 玉（女，6月任）

党组成员、副院长

马 永 龙（回族）

杨 志 艳（女）

林周县司法局

【概况】 林周县司法局2016年核定政法编制14个（含乡镇司法助理员编制7个）。截至年底，局机关实有在职人员7人（4男3女），其中司法干警6人（驻村1人），工人1人；正科级1人，副科级2人，一般干警3人；平均年龄36岁。截至年底，全县有共有调委会56个，共334人；普法领导小组11个，135人；安置帮教领导小组30个，200人；社区矫正领导小组13个，120人。

【人民调解工作】 2016年，县司法局在县委、县政府的正确领导下，在上级业务部门和相关部门的大力支持下，积极建立和完善以人民调解为基础，人民调解与行政调解、司法调解有机衔接的“大调解”体系。进一步加强人民调解组织的规范化建设。按照《中华人民共和国人民调解法》的有关要求，进一步规范乡镇人民调解组织10个，村级人民调解组织45个、县级人民调解组织1个，共计59个，配备334人，并建立了规范有序的排查调解体系与详细的县、乡镇、村、寺庙、企业人民调解员花名册，分批进行了专业培训，县、乡、村、组四级人民调解体系初步形成。2016年，全县调解组织在全县范围内共进行集中排查253次、出动人员568人次，共受理各类纠纷69件，其中，婚姻家庭纠纷23件，房屋宅基地纠纷2件，合同纠纷1件，邻里纠纷14件，生产经营纠纷8件，劳动争议纠纷8件，消费纠纷1件，村务管理纠纷2件，山林土地纠纷1件，其他纠纷9件，调解率100%，调解成功率100%。无重大矛盾纠纷案件，维护了社会大局稳定，在司法行政会议上为表鼓励发放2015年度各乡镇人民调解案件补助共计5750元（每调解成功并有完整调解文书格式的案件补助50—120元）；发放2015年度法律援助案件办案补贴共计2400元。

【安置帮教工作】 县司法局按照“帮教社会化、就业市场化、管理信息化、工作职责化”的要求，切实加强刑释解矫人员的安置帮教工作。深入九乡一镇，对刑释解矫人员进行了全面详细的摸底、排查、核实，及时的登记造册、分类归档、更新补充，登记刑释解教人员的详细住址、家庭情况及表现情况。并查找“三无”“三假”人员。进一步落实了对刑释解矫人员的责任帮教制度，重点做好刑释解矫人员回归后的管控工作，预防和减少犯罪。新增刑满释放人员4人；解除帮教人员5人；纳入精准扶贫人员共17人。进一步落实了对刑释解矫人员的责任帮教制度，重点做好刑释解矫人员回归后的服务与管控工作。做好刑释解矫人员的衔接工作，落实县、乡、村、组四级衔接工作机制，防止脱管、漏管现象的发生。进一步完善乡镇司法所西藏自治区刑满释放解除矫正人员安置帮教档案。对刑满释放人员实行首次谈话制度，加强思想教育工作，适时开展慰问矿帮扶“送温暖”活动。帮助他们重新树立人生奋斗目标，鼓励他们重新融入社会。

【社区矫正工作】 切实加强社区矫正工作工作，及时成立县、乡社区矫正工作领导小组及办公室，制定和完善了《2016年社区矫正工作计划》《社区矫正工作流程图》《社区矫正工作示意图》，规范社区矫正对象的矫正档案，做到一人一档，资料真实、详细、有效。完善社区矫正工作制度，制定“五对一”的工作管理格局，明确相应的工作职责。对社区矫正对象的学习教育史提高思想认识、改变思想观念、矫正其不良行为、提升道德品行的良好手段。县、乡两级分别制定了贴合自身实际的教育方案，并实施了形式多样的集中教育和其他公益劳动教育活动，有效的帮助矫正对象克服自卑、消极的生活态度，使其转变不良的生活习惯，充实其精神生活，时刻提醒他们要吸取从前的深刻教训，转变思想认识，端正生活态度，更好、更快地融入社会生活。对社区矫正对象进行每周一见面、每周一汇报制度，进行GPS定位管理，有效掌握社区矫正人员的行踪动态。截至年底，全县开展社会调查120例、累计接收社区矫正人员9人、解除1人、在册矫正人员8人。

【普法依法治理工作】 回顾总结“六五”普法，更好地迎接“七五”普法。回顾总结了在全县范围“六五”普法工作。领导干部、公职人员、青少年、农牧民、寺庙僧尼、企业经营管理人员和外来务工人员等普法重点对象的学法用法制度，并在实践中不断加以总结。对普法载体建设，巩固原有的“民治法治示范村”创建活动，都取得了一定的成果。在此基础上，进一步为丰富“七五”普法载体和形式，扩大法制宣传教育的效果和影响力，继续巩固板报、宣传栏、法律图书角等传统的宣传阵地奠定基础。

【开展法制宣传活动】 2016年，普法办积极开展“12·4”“学雷锋、树新风”、3月份“社会治安综合治理宣传月”“3·28”“六五”世界环境日、“安全生产宣传咨询日”、6月“平安林周”宣传周等宣传活动。通过设立宣传点、悬挂横幅、发放宣传资料及宣传图册、接受现场咨询等多种形式，重点宣传了中共十八大精神及区、市党委关于维护西藏稳定的一系列方针政策；广泛宣传刑法、民法、物权法、未成年人保护法、婚姻法、妇女权益保护法和《农牧民日常法律知识》《法律援助条例学习材料》及相关法律法规知识。截至年底，全县共悬挂横幅135余条，展板86余块，图片96余幅，发放各类藏汉文宣传单、法律书籍、“六五”普法知识读本共1.58万余张（本），法律咨询132余人，受教育人数达3万余人。

【开展法律“五下乡”活动】 从1月中旬起，结合全县文艺下乡会演开展为期10天的《文化科技卫生法律和爱国爱教》“五下乡”活动。成立

"法律下乡"团队，奔赴各乡（镇）、村（居）宣传法律知识，共向农牧民群众发放涉及劳资纠纷、房屋拆迁、土地征用的法律书籍2100余份、宣传资料2500余份、法制宣传漫画2000余份，解答法律咨询300余人。

【开展"法律六进"活动】 开展"法律进机关、进单位"宣传活动。突出加强以领导干部和公务员为重点的公职人员学法用法，并组织参加考试，着力提高领导干部和公职人员的法律素质。在每天上班前、下班后的20分钟，利用广播播放一些法律知识；开展"法律进农牧区"宣传活动。充分利用传统节日望果节、赛马节和县人社局组织的招工招聘会等参与群众较多的时机，适时开展法制宣传活动开展以婚姻法、刑法为主，选取典型案例进行以案释法的法制宣传教育活动，同时在现场开设咨询点，为农牧民群众答疑解惑。共发放各类法律书籍、宣传资料1000余份，解答法律咨询20余人，受教育群众达200余人。开展"法律进学校"宣传活动。联合县团委、县公安局法制办、县交警大队、县缉毒大队组成宣教组，先后到甘曲镇、卡孜乡、松盘乡开展"青春自护·暑期安全"宣传活动，受教育师生达3500余人次，发放宣传资料3000余份。开展"法律进企业"宣传活动。以法制讲座、图片展览、法律咨询等多种形式开展企业务工人员及流动人口的法制宣传教育，受教育群众近1000人次。开展"法律进寺庙"宣传活动。借助全县38座寺庙寺管会、特派员的优势，以"平安寺庙"的创建活动为载体，在寺庙中广泛开展爱国主义教育和法制宣传教育活动。

【法律援助】 2016年，县法律援助中心共接待来访法律援助156人，受理非诉讼法律援助19件、代写法律文书185件、解答法律咨询120余件。案件主要有婚姻家庭纠纷、经济补偿纠纷、物权纠纷，群体纠纷案件主要是草场纠纷和劳动报酬纠纷，经调解均得到的解决。同时，结合"12·4"宣传日、"三下乡"、综治宣传月、平安宣传周等活动，组织县法律援助工作人员到各中小学和农牧区进行法律知识轮回宣讲，发放法律援助资料2000余份，解答群众法律咨询450余人，受教育群众达10000余人次。

【维护稳定工作常抓不懈】 为全面做好全县各时段的各类宗教活动和重要节点单位内部安全防范工作，县司法局严格落实"维护稳定是硬任务，是第一责任"的领导责任制，树立长期作战思想，坚决克服麻痹松懈和厌战情绪，既要做好各敏感时段的安全防范工作，又要做好平时的日常维稳工作，实现维护稳定工作的常态化。司法局为切实做好"东孜转山""萨嘎达瓦"期间维稳值班和备勤工作，继续坚持领导带班值班制度，严格落实24小时值班制度，司法干警保证24小时通讯畅通。同时，县局还承担着林周县维稳一线指挥部的值班备勤任务，值班人员严格按照指挥部的值班要求，全面完成了指挥部的各项值班备勤工作，司法局2016年出勤150余次。

【司法基层基础建设】 县司法局办公楼扩建项目顺利动工。在区、市司法部门的大力支持和努力协调下，投资124万元的林周县业务办公扩大项目于2016年10月初开工建设，并与2016年12月份投入使用。西藏发改委《关于乡镇司法所建设方案的批复》（藏发改投资〔2015〕393号）已批准边林、旁多、强嘎、春堆、阿朗、唐古、松盘乡7个乡镇建设司法所，各投资159万元，截至年底，前期设计、环评、风评已完成。

【开展"两学一做"专题教育活动】 按照上级机关统一安排部署，认真谋划，精心组织，周密部署，扎实推进。强化理论武装，把学习教育贯穿整个活动的始终。组织机关干部学习中共十八大和十八届三中、四中、五中、六中全会精神，2016年开展"两学一做"学习教育，认真贯彻执行党章和《关于新形势下党内政治生活的若干准则》《中国共产党党内监督条例》等党内规章制度，深入学习贯彻中共十八大和十八届四中、五中、六中全会精神、‘习近平总书记系列重要讲话精神’和区市、县第九次党代会和九届二次全委会精神，特别是深刻领会关于扎实开展“两学一做”学习教育活动的具体安排部署，积极开展党委理论中心组学习讨论22次，专题研讨会1次，发放学习笔记7本，发放学习材料60份，撰写心得体会18篇。通过系统学习教育，无论从理论上、思想上都有了新的认识和提高，更加坚定了理想信念、提升了党性修养。为贯彻落实《关于开展正风肃绩专项政治工作方案》的文件精神，及县委相关安排部署，从抓纪律作风建设入手，进一步优化发展环境，不断提高服务效能。为了把正风肃纪专项行动各项工作落实到位，制定了《林周县司法局正风肃纪专项整治工作方案》。针对司法局领导班子及干部职工在不亲民、不作为、不务实、不守纪等方面存在的问题，开展自查自纠。把整改建制作为整个整治活动的重点，坚持边学边改、边查边改、集中整改，针对查出来的问题进行认真梳理，及时召开班子会、党员会、机关干部会，认真加以纠正和解决，并从工作、学习、生活等方面结合各自实际建立健全相关的制度。

【党风廉政建设】 积极召开政法司法党支部党建工作会议，认真落实党风廉政建设责任制，积极开展党风廉政教育，强化学习，提升素质，打牢党风廉政建设思想基础，创新思路，打造阵地，努力营造廉政建设氛围，强化措施，狠抓落实，扎实推进效能风暴行动，突出重点，完善制度，加强廉政风险防控体系建设。严格执行廉政风险防控制度，坚决把“权利”关进制度的笼子里。

【完善驻村工作，协助攻坚治贫】 县局第五批工作队入驻强嘎乡切玛村以来，工作队认真落实“5+3重点任务”，权利协助村“两委”加强基层组织建设，取得一定的成绩。深入走访，精准识别。春节藏历新年来临之际，为全村的贫困户、农村低保户、“五保户”“三老”人员80户共计1.6万元的慰问费用，“六一”儿童节为切玛村幼儿园31名小朋友送去了价值500元学习用品；为42个贫困户家庭代表发放冬季的爱心棉衣；筹集资金1.2万元帮助切玛村切玛组34户群众扩建蓄水池、维修地下自来水管道，解决群众吃水难的问题；做好建档立卡对象需转移就业的统计工作，借助四业办举办的招聘会，及时的转移就业劳动力。按照市委的安排部署，协助县、乡、村搞好精准扶贫工作，在村委会的协助下认真开展精准扶贫工作专项调查，全面掌握贫困人口的数量、分布、贫困程度、致贫原因，对确定的44户、207人贫困人口逐一进行建档立卡。结合“六脱”对上述贫困户进行分类施策，协助当地党委、政府和扶贫部门落实好“六个精准”，努力做到“六个到位”，分类分批进行脱贫，同全市一道确保所有贫困人口全部脱贫。

【提高日常工作水平】 建立和完善岗位责任制、AB角制度，积极开展“两学一做”专题教育活动，不断提高司法干警的工作作风和业务素质。同时，进一步加强文字信息工作的报送。

（次仁卓嘎）

【领导名录】

局　长　赵跃民

副局长　索朗次仁（藏族）

　　　　贺姗姗（女）

经济管理

林周县发展和改革委员会

【概况】 林周县发展和改革委员会（简称县发改委），下设办公室、项目科。委属单位：交通局、粮食局、物价局、变电站。人员编制为：行政编制5人，事业编制20人，其中：工程股6人，供电所14人，现有干部职工22人，党员14名（粮食局聘用工2人），副科级2人。

【办公室】 负责文电、会务、机要、档案等机关日常运转工作；承担信息、安全保密、信访、政务公开工作；承担机关电子政务、财务、资产管理、内部审计等工作

【工程股（项目科）】 拟订并组织实施全县国民经济和社会发展战略、中长期规划和年度计划。统筹协调经济社会发展，研究提出发展总量平衡、结构调整、发展速度等目标和政策建议。受县政府委托向县人大提交国民经济和社会发展计划的报告，负责监测经济和社会发展态势，承担预测预警和信息引导的责任。研究经济运行中的重大问题并及时提出宏观政策建议。负责协调解决经济运行中的重大问题。承担指导推进和综合协调全县经济体制改革、城乡综合配套改革试验的责任。研究经济体制改革中的重大问题。组织拟订全县经济体制改革的中长期规划、实施方案和工作部署。协调有关专项经济体制改革方案，会同有关部门搞好重要专项经济体制改革之间的衔接。承担全县全社会投资综合平衡工作。负责拟订全社会固定资产投资总规模和投资结构的调控目标、政策及措施。编制年度投资计划，策划和储备重大项目。按规定权限实行项目审批、备案、核准。负责监管政府投资项目。指导协调和综合监督全县招标投标工作。组织开展重大建设项目稽查和后评估工作。负责推进全县经济结构战略性调整的协调工作，搞好生产力布局和资源开发、节约与综合利用工作，引导和促进全县经济实现可持续发展。组织拟订综合性产业政策，负责协调第一、二、三产业发展的重大问题并衔接平衡相关发展规划和重大政策，做好与国民经济和社会发展规划、计划的衔接平衡。负责社会发展与国民经济发展的政策衔接。组织拟订社会发展战略、总体规划和年度计划，参与拟订人口和计划生育、科学技术、教育、文化、卫生、民政等发展政策。综合协调社会事业发展和改革中的重大问题；承办县政府交办的其他事项。

【交通局】 负责国家、省、市、县有关法律、法规的组织实施和监督检查。起草制定全县的公路交通行业发展规划和政策，经上级主管部门和县政府批准后，负责贯彻监督执行。根据市、县总体布局，组织编制全县公路交通行业发展规划，

制定固定资产投资、运输生产，交通工业发展中长期规划和年度计划，并监督实施。会同有关部门负责全县公路及其设施的规划建设，负责公路养护、路政管理和公路标线的设置管理，负责乡道公路工程的立项、报批，负责公路施工的组织和技术指导，并对工程进度和质量实施监督。按照国家规定和市交通局下达的计划。负责制定全县联运发展规划和长期计划，对其实行行业管理。指导全县交通行业的体制改革和管理工作，指导全县交通系统财务工作，加强审计监督。

负责全县交通方面的涉外工作，负责利用外资工作。指导全县交通系统精神文明建设和职工队伍建设，负责全县交通科技、教育的发展与管理，负责职工教育、培训、安全生产管理。

【粮食局】 加强对全县粮食流通的管理，监督指导国有粮食企业执行国家粮油购销政策和有关法律法规；加强地方储备粮管理，增强市政府对全县粮食流通的宏观调控能力；加强粮食市场的价格、质量管理监督，维护正常的粮食流通秩序。研究拟定全县粮食行业、粮食流通、粮食储备的发展战略、中长期规划；负责制订本地区粮食安全保障线计划；研究提出地方储备粮的收储计划和动用建议。组织实施全县粮食宏观调控、总量平衡的地区平衡。监测、分析全县粮食供求运行态势。指导地区平衡。根据省、市政府确定的粮食购销市场化，监督全县各粮油购销企业按国家标准敞开收购农民余粮，掌握粮源；配合有关部门做好粮食行业的执法检查工作。负责检查监督国家粮油质量标准、计量标准、粮油检测标准、制度和办法的执行情况。组织实施对社会粮食流通的宏观管理，对国家粮食购销政策执行情况进行监督检查，配合有关部门做好粮食行业的执法检查工作。负责拟定市级储备粮规模、总体布局以及收购轮换和销售计划，并督促实施。负责全县储备粮的库存、质量和安全。负责贯彻国家军粮供应政策，制定具体落实办法，负责对全县军粮供应站的管理和监督。确保本地区部队、武警的粮油供应工作，指导本地区的粮油销售，做好救助和特需粮油供应工作。负责编制全县粮食流通及仓储、加工设施的建设规划，指导协调粮食仓储体系建设并监督管理。配合有关部门落实国家仓储、流通设施建设资金。指导全县粮油储存的安全管理，监督、指导国家粮油标准、粮油检测政策、制度和办法的执行。制定全县粮食储存、运输的技术规范并监督执行；负责陈化粮处理的有关工作。组织指导全县粮食市场供应，指导全县粮食市场的建设与管理；贯彻落实国家粮食价格政策，适时平抑市场价格，维护正常的粮食流通秩序。指导全县粮食财务审计管理工作，协同有关部门监督管理粮食风险基金的使用；对地方储备粮的财务、会计工作进行监督检查，负责地方储备粮的利息和费用补贴的管理及拨付，负责市场储备粮管理的审计和监督；负责本系统国有资产的监督管理工作。指导行业的技术改造和新技术推广，组织制定并实施全县粮办工业和科研发展规划，推广应用新技术、新工艺、新设备。汇总全县粮办工业、粮食商业、综合经营和外向型经济统计资料。负责系统内基层党组织建设和离退休干部的管理工作；做好全县粮食系统干部职工的思想政治工作。指导全县粮食系统纪检、监察、审计工作，搞好行风建设和精神文明建设。完成县委、县政府交办的其他事项。

【物价局】 贯彻执行党和国家物价方针政策，以及国家、省市物价局下达的各项调定价方案，结合本地实际，建立和完善市场经济条件下的价格形成机制。按照上级提出控制价格总水平的目标、措施及相应的控制对策，综合运用经济手段、法律手段和必要的行政手段调控物价，保持区域内价格总水平的基本稳定。依据《中华人民共和国价格法》及规范性文件和规章制度，协调解决价格矛盾和纠纷。按照价格管理权限，协助上级主管部门管好区域内国家、省市管理的商品价格。在权力范围内对拟调整的商品价格进行审核、审批。负责行政、事业性收费价格管理，发放、审验收费许可证和收费员证，坚持对收费项目、收费标准、收费资格实行年审制度，对各种乱收费、价外附加、价外基金进行清理整顿。规范放开的商品价格行为，对放开价格进行指导和监测，完善价格监审制度，实行提价申报、备案和差率控制建立副食品批发市场价格鉴证制度和副食品报价中心制度，规范价格行为。平抑物价。建立价格监测体系，按照市局布置监测市场价格动态，分析预报价格走势，并提出相应的对策和建议发布价格公告及价格信息，广泛为企业提供市场价格和供求信息，建立信息发布制度。依据价格法和其他有关法规，开展经常性的商品和收费价格监督检查，查处价格违法行为，审理价格违法案件；指导职工义务物价监督检查工作；监督商品和服务明码标价制度的执行；组织开展物价信行过单位竞赛活动。

【经济总量】 2016年，全县完成地区生产总值15.49亿元，同比增长1.6%；一般公共预算收入1.29亿元，同比增长18.23%；全社会固定资产投资8.9亿元，同比下降53.7%；社会消费品零售总额1.70亿元，同比增长12.3%；农牧民人均可支配收入达到10095元，同比增长10.3%；工业增加值0.78亿元，同比下降0.2%；招商引资实际到位资金6.218亿元，同比增长12.8%。

【投资规模】 2016年，林周县实施项目135个，完成全社会固定资产投资8.9亿元。其中续建项目44项（农牧林水类14项，社会事业6项、城镇基础设施建设2项、交通能源类13项、保障性住房类2项、政法及政权类2项、受援3项、工业类1项、其他1项），完成投资2.9亿元。新建项目91项（农牧林水类26项，社会事业3项、城镇基础设施建设4项、政法及政权类11项、受援11项、交通能源类7项、保障性住房类3项、工业类4项、生态环境保护1项、其他21项）。

2016年，林周县在建援藏项目12项，其中续建1项，新建11项，总投资1.9313亿元，全年共完成投资6630万元。其中，林周县改水改厕项目，苏州北路东延线、林周县甘曲路市政工程项目、林周县医院综合服务中心项目、林周县污水提升站建设项目、林周县6个乡镇改水改厕项目、林周县五保户集中供养服务中心附属工程建设项目等共计7个项目。

【经济运行】 年内，县发改委做好经济运行分析工作，为领导和上级决策提供参考和依据。关注国家宏观调控的新形势，针对全县经济社会发展出现的新情况、新问题，坚持定期分析与即时分析相结合，深入调查研究，掌握经济发展动态，提出可操作性强的对策建议，提高经济分析的前瞻性和指导性。

【物价监管】 按照市物价局相关文件精神，县物价局以保持价格总水平基本稳定为目标，进一步完善价格调控，加强价格监管，深化价格改革，搞好价格服务，加强队伍建设，各方面工作都取得新进展。继续实行政府领导下的价格调控目标责任制；继续加强市场价格监测工作。根据价格调控的需要和市场变化的新情况，提高了价格监测水平，做到见事早、反映快、数据全、分析准，取得很好的效果。

【粮食局工作】 认真落实各项政策，做好2016年度粮食收购工作。林周县是拉萨市粮食主产区之一，收购任务相对较重。粮食收购工作又关系到国家、集体和农牧民群众的利益。它不仅是一项政策性、敏感性很强的工作，同时关系到农牧民增收，农业产业结构调整，农村发展和社会局势稳定等重大问题，对此林周县粮食局认真贯彻执行党和国家的一系列收购和价格政策，保证资金到位，提高服务质量和工作效率，做好库房、库存粮的安全保护工作派专人看守仓库，认真做好防火、防盗、防水工作，定期不定期检查是否有鼠害腐烂等情况。保证库房及其库存粮的安全，做到万无一失。切实解决粮食储备的问题。

【交通工作】 2016年，交通基础设施建设投资强劲。根据区交通厅、市交通局的安排部署，林周县交通局从2016年7月至2016年10月对辖区内的公路进行了路网普查工作。林周县农村公路总里程1027.069公里。2016年，新增140名交通管护员及时纳入了农村公路养护队伍，制定分片包段目标责任长效机制，由各乡（镇）交通管护员具体负责本辖区内的农村公路养护工作，实行了县、乡、村"逐级分管，逐级负责"的科学养护管理工作机制。2016年，实施3个农村公路工程项目，总投资2269.036万元，其中林周县阿朗乡拉康新桥至拉康村公路工程总投资1498.3万元，林周县甘曲镇朱加村至江热夏乡连巴村公路工程总投资765.736万元，达龙寺128公路保通工程总投资5万元，3个项目均已完成交竣工验收工作。

【供电公司】 2016年，林周县供电公司认真贯彻落实中共十八届五中全会精神，在区、市公司及林周县委、县政府的正确领导下，在国网苏州供电公司帮扶人员的协助下，带领全体干部职工紧紧围绕全面加强代管县公司专业化管理提升工作，大力夯实公司基础管理，强化公司安全管理，提升公司营销管理，确保电网安全经济运行，不断提高企业经营管理水平，实现企业各项工作上新的台阶。

2016年，公司资产总额达5839.89万元。2016年，公司完成供电量3432.28万千瓦时，同比减少10.71%；完成售电量2278.37万千瓦时，同比减少11.24%；综合线损为33.62%，同比减少7.01%；应收电费1196.70万元，同比减少19.83%；实收电费1165.23万元，同比减少13.88%；电费回收率为97.37%，同比增长6.58%。在矿山企业全部停产的情况下，综合线损、电费回收率均大幅提升，能取得这样的成绩尤为不易，为实施林周县农村电力发展"十三五"规划奠定有力的基础。

（次仁旺姆）

【领导名录】

主　任　李　辉（2月任，4月免）

　　　　王正勇（4月任，6月免）

副主任　苗诗琪（女）

林周县统计局

【概况】 林周县统计局于2015年6月由原林周县发展和改革委员会管理的统计局（副科级）调整为县政府工作部门（正科级，简称县统计局）并加挂社会经济调查队牌子。共有编制5人，行政编制2人，其中科级领导职数2人；事业编制3人，其中科级领导职数2人。现有干部职工4人，正科级1人，党员3人。

【基本职能】 贯彻执行统计法律、法规、规章、基本统计制度和统计标准，组织协调全县统计工作，确保统计数据真实、准确、及时。拟订统计现代化建设规划并组织实施；指导全县统计工作；建立健全全县国民经济核算体系和统计指标体系；建立和完善全县经济、社会、科技统计调查制度；监督管理各乡镇、各部门统计和国民经济核算工作。组织实施全县人口普查、经济普查、农业普查等国情国力普查和大型专项调查，汇总、整理和提供有关统计数据。组织实施农林牧渔业、工业、建筑业、批发和零售业、住宿和餐饮业、房地产业、租赁和商务服务业、居民服务和其他服务业、能源、投资、科技、人口、劳动力、环境基本状况、文化体育和娱乐业以及装卸搬运和其他运输服务业、仓储业、计算机服务业、软件业、科技交流和文化推广服务业、社会福利业等统计调查，收集、汇总、整理和提供有关调查的统计数据，综合整理和提供旅游、交通运输、资源、房屋、邮政、教育、卫生、社会保障、公用事业等全县性基本统计数据。组织各乡镇、各部门进行经济、社会、科技和资源环境统计调查；统一核定、管理、公布全县性基本统计资料，定期发布全县国民经济和社会发展情况的统计信息；组织实施区域经济和社会发展情况的统计监测评价考核。对国民经济、社会发展、科技进步和资源环境等情况进行统计分析、统计预测和统计监督；建立并不断完善宏观经济监测系统；向县委、县政府及有关部门提供统计信息和咨询建议。建立并管理全县统计信息自动化系统和统计数据库系统，拟定各乡镇、各部门统计数据库和网络的基本标准和运行规则，指导各乡镇、各部门统计信息化系统建设。

【第三次全国农业普查】 年内，林周县统计局贯彻落实西藏自治区、拉萨市和全县经济工作会议精神，围绕县委、县政府的中心工作，加强内部管理，强化统计基础工作，优化统计服务，大胆改革创新，抓好基层数据统计。统计人员认真贯彻落实全区、市统计工作会议提出的各项工作任务，努力克服各方面的困难，充分认识做好统计报表的重要性，继续严把报表数据的审核关、整理关、汇总上报关、较好地完成了各项统计年报和定期统计报表任务（包括农牧业、工业、交通运输业、批发零售贸易、餐饮业、固定资产投资等），2016年第三次全国农业普查工作按进度顺利开展，为全力做好第三次全国农业普查工作，严格按照市农普办的有关工作要求，做好普查的入户调查登记工作，保证按时按质完成普查任务，按照上级规定及时开发和发布农业普查资料数据。为政府宏观经济管理和决策提供了第一手资料，为制定国民经济和社会发展规划提供科学准确的统计信息支持。

【经济总量】 年内，林周县完成地区生产总值15.49亿元（其中：第一产业2.57亿元；第二产业3.58亿元；第三产业9.34亿元），同比增长1.6%；完成公共财政预算收入1.29亿元，同比增长18.2%；完成全社会固定资产投资8.9亿元，同比下降53.7%；完成社会消费品零售总额1.70亿元，同比增长12.3%；农牧民人均可支配收入达到10095元，同比增长10.3%；完成工业增加值0.78亿元，同比下降0.2%。全县金融机构各项存款余额173476万元，同比增长31.5%，其中：居民个人储蓄存款29319万元，同比增长38%，对公存款144157万元，同比增长30.3%；金融机构各项贷款余额75595万元，同比增长9.9%，其中：中长期贷款71897万元，同比增长9.8%。经济结构进一步优化，经济发展综合水平、增长质量和效益稳步提升，城乡基础设施日益完善，社会事业全面发展，人民群众生活水平得到了进一步提高，发展保障和可持续发展能力明显增强。

【常规统计和专项调查】 年内，以提高统计数据质量为中心，加强统计工作，强化审核评估，准确、及时地完成了农林牧渔业、工业和建筑业、固定资产投资、批发零售贸易、住宿餐饮业、服务业、人口和劳动工资、居民收入等8个大类22个月度、季度、年度定期报表的工作，数据质量得到明显提高。积极开展各项专项调查和统计监测。有序开展了服务业企业、规模以下工业、限额以下贸易业、规模以下建筑业调查、劳动力抽样调查、群众安全感满意度调查、全国性社会心态调查等7项专项调查，积极开展妇女儿童统计监测和劳动力抽样框调查等工作，较好地完成了各类各项专项调查。

【依法统计建设】 深入贯彻落实中共十八届五中、六中全会精神，根据区、市统计工作会议精神，突出重点抓推进，攻坚克难抓成效，切实为全县完成发展目标做出应有的贡献。进一步强化依法统计，认真执行《中华人民共和国统计法》，加强统计政风行风建设，加快建设法治统计。确保了林周县统计数据真实、可信，为党委、政府宏观决策提供了准确的数据支撑。同时，进一步加强统计法律法规的宣传教育，使统计用户、调查对象和统计人员牢固树立统计法治思维、法治理念，为建设法治统计营造良好的社会氛围。

【全面提升服务水平】 2016年，统计局加大了数据发布和统计资料编辑工作，不断增强经济运行分析的时效性，及时向社会各界提供有参考价值的统计数据资料。坚持和完善了统计月报编写工作。每月收集和整理各部门主要经济数据形成月报，针对存在问题大的指标查找原因并认真编写分析报告，累计编写统计分析报告7篇，其中2篇到了县委书记次仁顿珠的批示和表扬。及时准确的反应林周县经济社会发展的基本情况，为党委和政府提供决策依据。编写完成了《林周县2015年国民经济和社会发展统计公报》和《林周县2016年统计年鉴》。对全县“十二五”规划以来的主要经济数据进行了编辑汇总，集中全面地反映了全县的经济发展状况，为林周县的经济发展和规划提供数据参考。

（操　萍）

【领导名录】

局　长　侯俊芬（女）

林周县财政局

【概况】 2016年是“十三五”规划开局之年，也是全面深化改革的关键之年、全面推进依法治藏的开局之年。2016年，面对复杂严峻的宏观经济形势，以开展“两学一做”教育实践活动为契机，认真学习贯彻落实中共十八大和区市财政工作会议精神，紧紧围绕保民生、保重点、保运转、保关键的思路，推行“乡财县管”制度，开展国库集中支付制度，完善固定资产管理制度，健全政府采购管理制度，进行车辆清查工作，坚持稳中求进的工作总基调，积极发挥财政职能作用，全面落实稳增长、调结构、促改革、惠民生、保稳定等系列政策措施，全力推动林周县经济社会平稳较快发展，顺利完成了全年各项目标。2016年，财政预算执行情况良好，全县经济社会持续健康发展。

【财政收支情况】 2016年，县人大审议通过的年度全县公共财政预算财力2016年林周县一般公共预算本级收入为12931万元，同比增加1994万元，同比增长18.23%。具体收入结构如下：税收收入完成4670万元，同比增加528万元，同比增长12.75%；非税收入完成8261万元，同比增加1466万元，同比增长21.57%。2016年，一般公共预算支出完成100095万元，同比增加6539万元，同比增长69.89%。

【各项重点工作逆势而上】 2016年，面对严峻的收入形势和突出的收支矛盾，时刻关注财政运行情况，坚持依法征收，提升收入质量，切实增强财政保障能力。财政工作始终把抓收入、重调度放在第一位。密切加强与国税部门的协调联系，切实加强非税收入收缴管理，相关部门之间建立起信息相互沟通、情况相互通报的工作机制，有序组织非税收入入库，促进财政增收。加强存量资金清理，盘活存量资金。严格预算约束，加强执行管理，建立财政存量资金定期清理制度，对部门结转结余资金清理，收回财政，上缴国库，统筹安排，于2016年开展大规模的盘活存量资金工作，盘活存量资金总金额大约2亿元，有效缓解县财政资金支出压力。

【财政预算收入调整情况】 一般公共预算收入调整情况：一般公共预算收入仍按年初预算的12500万元执行，不作调整；转移性收入调整情况拟将林周县十一届人大四次会议审议通过的2016年上级转移性收入由年初预算的59260.06万元调整为79376.82万元，调增19819.76万元。具体为返还性收入600万元，不作调整；一般性转移支付收入调增2888万元，调整后的一般转移性收入由年初预算的48598.91万元调整为51486.91万元；专项转移支付收入调增16931.76万元，调整后专项转移支付收入由年初预算的10061.15万元调整为26992.91万元。经调整，2016年财政预算收入调增19819.76万元，调整后全县财政预算收入由年初预算的71760.06万元调整为91579.82万元。

【财政预算支出调整情况】 根据上述收入变动及全县经济运行情况，按照收支平衡的原则，全县财政总支出拟相应安排91579.82万元，调增19819.76万元。按照区分轻重缓急，优先保障干部职工工资，重点保障单位运转，着力解决民生问题，尽力支持重点项目建设在兼顾一般支出的同时，优先保证重点支出和应急支出，促进预算分配公平合理，保障社会和谐稳定的原则，安排支出。

【具体支出调整情况】 一般公共服务支出由年初预算安排的19130.06万元，调增3234.69万元，调整后为22364.75万元；公共安全支出由年初预算安排的5180万元，调增869.95万元，调整后为6049.95万元；教育支出由年初预算安排的17363万元，调增662.13万元，调整后为18025.13万元；文化体育与传媒支出由年初预算安排的277万元，调增213.17万元，调整后为490.17万元；社会保障和就业支出由年初预算安排的3074万元，调增1326.98万元，调整后为4400.97万元；医疗卫生与计划生育支出由年初预算安排的8867万元，调增526.47万元，调整后为9393.47万元；节能环保支出由年初预算安排的260万元，调增127.09万元，调整后为487.09万元；城乡社区支出由年初预算安排的254万元，调增175万元，调整后为429万元；农林水支出由年初预算安排的10725万元，调增12140.82万元，调整后为22865.82万元；其他支出由年初预算安排的1332万元，调增543.46万元，调整后为1875.46万元。

【推行“乡财县管”制度】 深化改革，稳步提升财政管理水平。以财政改革为着眼点，着力推进财政科学化、精细化管理，进一步完善并制定出与全县经济结构相适应的财政运行机制。考虑到乡镇财务人员业务水平较低，专业不符的现状，经向县委、县政府请示，由乡镇委派乡财务会计，集中在县财政局集中办公，由财政局会计一带一跟班培训模式加强业务水平，达到良好的效果，乡镇会计人员业务素质有了极大的提高。推行“乡财县管”制度进一步加强了县级财政对下级财政的监督指导作用。

【开展国库集中支付制度】 为进一步提高资金使用效率，加强预算执行力度，减少沉淀资金量，财政局积极与上级部门协调，先期完成本局零余额账户开户工作。随后，与9家二级财务部门联系，督促与指导二级财务零余额账户开设工作，并在年底完成国库集中支付制度前期准备工作。

【完善固定资产管理制度】 为进一步落实国有资产管理统计工作，完善县国有资产管理制度，财政局根据县实际情况，制定出台了《林周县固定资产管理制度（暂行）》。同时，为方便各部门统计本单位固定资产，按照实际工作流程，制定固定资产入账、报废流程图及申请表，方便各部门及时更新本单位固定资产情况。

【健全政府采购管理制度】 林周县采购办于2015年7月成立。根据一年多的实际工作经验，结合政府采购相关规定，进一步完善了《林周县政府管理办法》。同时，为更好地服务于各单位，加强对政府采购活动的监督管理，采购办制作了政府采购流程图、政府采购询价表、政府采购合同及政府采购验收单，并不定期查阅历史采购档案，做到“及时审核，及时整改”。2016年，政府采购项目共完成70多个，涉及资金1949.8202万元，节约资金165.6043万元。

【开展车辆清查工作】 为进一步了解统计全县公务车辆情况，做到公务车辆问题“自我发现、自我整改”，财政局于2016年3月请示县委、县政府后，联合县政府办成立公务车辆清查小组，对全县公务车辆进行现场实地清查，通过翻阅历史资料，调取车管所车辆信息等方式逐步充实了本县公务车辆档案信息。

【继续推进十件民生实事】 强化保障，确保重点工作持续推进。结合全县重点工作目标任务，加大重点项目投入力度，有效解决群众现实困难和长远生计问题，并为做好全县扶贫共建工作提供资金保障。为认真贯彻落实十件民生项目，财政局根据各牵头单位十件民生实事项目方案，将十件民生实事所需资金5617.93万元全部纳入了2016年财政支出计划，多方筹措资金，为推进十件民生实事提供了财力保障。财政局将按照相关部门工作进展情况，分期分段予以资金落实，对未及时拨付的资金予以督促，确保民生资金落实到位。

【支持推进精准扶贫】 以财政资金为引导，健全金融扶贫机制，充分发挥财政金融资金的杠杆作用，扎实推进脱贫攻坚工作。2016年财政投入2000万元作为精准扶贫工作资金，并为精准扶贫办公室配套50万元的办公资金，以确保精准扶贫工作的顺利开展。同时，申请贷款2亿余元配合开展异地搬迁工作。

【加强财政资金监管】 2016年，财政局配合自治区审计组对书记赵涛及次仁顿珠在职期间的经济决策、重大资金支出等方面进行了审查，正进行整改工作。同时，积极配合自治区巡视组和巡查组开展相关工作，对巡视组和巡查组点出的问题进行了认真梳理整改。在接受外部审计同时，加强内部审计工作，对机关财务进行了全年会计审计，并将相关单位整改内容以红头文件形式下发分类至各单位，督促相关单位进行整改，并对公安财务进行资金运行分析，加强财政资金的安全有效性，加强财政财务工作透明公开。2016年，根据上级要求，及时公开各单位部门预决算，做到人民的钱，人民监督；制作财政信息化大平台，及时更新国家新发布的财政制度，财政工作信息和相关工作流程图。

【财政干部队伍建设】 固本强基，财政软实力有效增强。以提高财政干部队伍的整体素质为目标，切实强化干部队伍和机关自身建设，努力把叉子恒部门建设成为领导核心，部门认可、乡镇满意、群众称赞的服务型机关。落实党风廉政建设。按照各级要求抓好党风廉政建设和反腐败工作，财政公众有序推进、平稳发展，实现两手抓双促进，确保资金干部双安全。抓好干部队伍建设。扎实开展“两学一做”学习教育，更新财政干部职工思想观念，树立叉子恒干部挑重担、当大任、强素质、显作用的工作理念。财政局全年多次深入开展“两学一做”专题教育，引导单位干部职工深刻认识“两学一做”重大意义、丰富内涵，加强财政局全体干部职工自身修养，提高全体干部职工党性认识。加强业务水平的提高。随着财政的不断深化，对干部的要求也随之提高，2016年财政局通过采取“一带一”跟班学习、轮流讲课等丰富的学习形式，切实提高财政干部业务水平，2016年4人取得会计从业资格证，有效充实了财政干部队伍。

（邢艳艳）

【领导名录】
局　长　旦巴罗布（藏族）
副局长　达娃卓玛（女，藏族）

林周县国土资源规划局

【概况】 2016年，林周县国土资源规划局现有工作人员5人，其中正科级2人、副科级1人、科员2人（含借调1人）。按照县机构编制委员会下发《关于设立林周县不动产登记机构的通知》（林机编发〔2015〕15号）和《关于整合不动产登记职责的通知》（林机编发〔2016〕9号）文件，在县国土资源局加挂不动产登记局牌子，增核副科级领导职数1名。设立林周县不动产登记中心，核定事业编制4名。不动产登记中心工作人员实际到位2人、未到位2人。县国土局主要负责林周县土地管理、矿产资源管理和城乡规划工作。单位职责：加强国土资源和城乡规划管理职责，落实最严格的土地管理制度，合理开发利用矿产资源，提升国土资源在经济社会发展中的保障能力。严格执行城市总体规划，坚决维护城乡规划的严肃性，充分发挥城乡规划在经济社会发展中的指导作用。

【严格落实耕地保护责任制】 截至2016年底，全县耕地保有量244062.15亩，基本农田224234亩，保护率为94.7%，均完成了市政府下达的目标任务，达到了“耕地总量不减少，质量有提高”的目标要求。主要做法是：县委、县政府高度重视，成立由分管副县长为组长的耕地保护领导小组，建立《林周县基本农田目标管理责任制度》和《林周县基本农田保护考核奖惩制度》；加大宣传耕地保护力度，努力提高全民耕地保护意识，利用“4·22”世界地球日“6·25”全国土地日“12·4”法制宣传日，通过多种形式宣传耕地保护的重要性和必要性；落实责任，严格检查执法，林周县人民政府每年都与各乡镇人民政府、各乡镇人民政府与各村民委员会层层签订《耕地保护责任书》，做到面积、制度、责任、标志“四落实”。林周县国土资源规划局负责对全县耕地保护工作进行执法检查，通过12336举报电话和动态巡查机制，实现了全年无违法占用耕地案件。

【做好土地开发治理】 边交林乡、江热夏乡1万亩高标准基本农田整治项目，建设规模10901.28亩，总投资1103.19万元，已完工，待上级部门验收；春堆乡高标准基本农田整治项目，总投资898万元，正在实施中。

【编制完成土地利用总体规划】 《林周县土地利用总体规划（2006—2020）》已由江苏省土地勘测规划院编制完成，并于2015年8月28日经自治区政府批准。规划的完成，对林周县落实土地宏观调控和土地用途管制，合理利用土地资源，规划城乡建设提供了法律依据。

【做好用地报批工作】 出具了35个项目的选址意见，完成了42个项目的用地预审（初审），确保了项目开工落地；积极组件报件，及时上报批次和单独选址建设项目用地报批材料，完善用地手续。做好土地证办理工作。完成13本国有土地使用证的过户更名办理手续工作。保障民生，优先用地。优先做好精准扶贫精准脱贫项目用地供应，做到应保尽保；为保障失地群众生活水平不下降，专门在县城规划区内划拨20亩土地，作为失地群众留地安置。同时为保障失地群众权益，制定了《林周县县城规划区内失地农民政府补助资金管理办法（试行）》，并充分征求甘曲镇政府、信访、人社、民政等部门意见建议。截至年底，该办法正在进一步完善中。

【矿产资源管理】 建设和谐矿区工作顺利推进。林周县国土资源规划局在林周县建设和谐矿区领导小组的领导下，积极协调领导小组相关单位，从有效开展监管矿山企业合法经营、安全生产、保护环境、保持和谐的角度，积极开展矿区生态恢复、资源开发补偿、项目环境影响评价、安全生产等工作。

不断加大矿山巡查力度，加强与安监、环保、消防等相关部门的联系协调，强化联合执法力度，加强安全生产检查工作，严厉打击非法开采行为。全年对矿山企业共进行了60多次的安全隐患大排查和执法检查。填写现场检查记录80余份，共排查地质灾害安全隐患32余次。针对存在安全隐患的矿企及时下整改通知书23次，跟踪调查，要求停产进行限期整改，整改符合要求后方可恢复生产。同时坚持做好矿企的探矿证、采矿证延续及年检工作。

【城乡规划】 《林周县县城控制性详细规划》编制已完成。2016年12月30日，通过专家评审，正在修改完善中。完成江热夏乡吉龙村特色村庄规划，该规划已通过拉萨市城乡规划建筑风貌专业委员会评审，进一步修改完善后提交拉萨市城乡规划委员会会议研究。办理建设项目选址意见书30本、建设用地规划许可证16本、建设工程规划许可证17本及乡村建设规划许可证15本。

【农村土地改革】 按照区、市政府关于农村宅基地确权登记发证工作要求，林周县农村宅基地确权登记发证工作于2011年5月开始启动，安徽省地质测绘技术院承担项目的外业测量和内业数据录入工作。2012年7月6日，该项目通过了区、市检查验收组的检查验收，并被评为优秀等次。林周县共完成测量面积16.07平方公里，调查宗地9928宗，其中农村宅基地9636宗，集体建设用地217宗，国有土地75宗。各乡（镇）工作人员负责本乡（镇）宅基地确权登记发证工作的公示、核实等相关工作。在打证工程中将人员共分为2组，每组两人，一人负责打证，一人负责核对信息和粘贴宗地图，既提高打证速度又确保了打印过程中信息准确性。截至年底，已基本完成9636宗农村宅基地确权登记颁证工作。针对发证中因户主去世、年老、分户等原因需过户的情况，在手续齐全基础上，按照群众意愿受理了全县共42户的过户手续，并已做好存档发证工作。

【土地定级与基准地价工作】 配合编制单位完成县城规划区基准地价编制工作。该成果符合林周县实际，具有可行性和操作性，现已原则通过市级评审，待修改完善后上报市国土资源局。

【不动产登记】 年内，完成了部门职责整合和统一登记的机构的设置建设、人员配备等工作。同时，将不动产登记管理机构设置及职责整合经费纳入2016年度部门财政预算。完成了不动产登记机构办公设备的采购。在县新的政务服务大厅新增了3个不动产登记窗口，稳步推进不动产统一登记工作，截至年底，已发放不动产证书6本。

【拉萨新机场前期工作】 根据2016年7月28日县委常委会议要求，成立林周县拉萨新机场前期工作领导小组，并下设两个专项工作办公室。实物登记工作领导小组办公室设在县国土局，分别从县林业局、水利局、农牧局和甘曲镇、江热夏乡各抽调一名工作人员开展工作。2016年8月4日，按照上级部门要求，在甘曲镇召开了动员部署会，明确了此次工作的任务、目的、范围和时间节点，并要求镇村干部积极配合测量队伍开展实物测量登记工作。2016年8月5日，三支专业测量队伍开始进点开展测量登记工作。2016年8月19日，自治区机场办移交给林周县机场红线范围坐标。实物调查结果如下：

新机场红线范围内总占地面积4.6708平方公里（7006亩）。截至年底，已完成机场红线图范围内测量：房屋294户，其中占地面积185806.95平方米（278.709亩），建筑面积87626.99平方米；草地769094.99平方米（1153.6367亩）；耕地2231577.14平方米（3347.3489亩）；林地151611.51平方米（227.4161亩）；沙、砖厂：其中占地面积147798.0612平方米（221.695 9亩），建筑面积737.891平方米；单位占地面积458533.33平方米（687.8亩），建筑面积31154.16平方米；建制镇12823.4平方米（19.235亩，指村庄内空地）。河道：总长5853米，宽52米，0.3043平方公里；道路：沥青道路1：长4595米，宽5米，0.0229平方公里；沥青道路2：长2492.98，米，宽5.5米，0.0136平方公里；土路：长947.05米，宽3.5米，0.0033平方公里；砂石道路1：长1479米，宽3米，0.0044平方公里；砂石道路2：长11455米，宽2.7米，0.309平方公里；水泥道路： 长2013.9米，宽4.5米，0.009平方公里；沟渠：水泥沟渠1：长789.77米，宽0.6米，0.000473862平方公里；水泥沟渠2：长931.32米，宽1米，0.0009平方公里；水泥沟渠3：长18939米，宽2米，0.0378平方公里；土水沟渠1：长1387米，宽3.7米，0.0051平方公里；土水沟渠2：长712.13米，宽4米，0.0028平方公里；林木共统计2266685棵；与三家测量公司签订合同，合同费用共计3710275.97元，部分测绘成果已移交国土局。

【土地矿产卫片执法】 对全县2016年度土地变更调查图斑进行梳理核查，对梳理出的疑似违法用地图斑进行前期调查处理。学习上级部门关于开展2016年土地矿产卫片执法监督检查工作的通知，正确掌握当前卫片执法的新政策和新要求，切实履职尽责，保护好国土资源，维护好群众权益，促进国土资源依法依规、节约集约利用。2016年度新增变化图斑43个，国土局实地认真核查，扎实开展整改工作，为2017年卫片执法监督检查工作打好基础。

【地质灾害防治】 为切实做好林周县2016年地质灾害防治工作，保障人民群众生命财产安全，维护社会稳定，促进县域经济社会发展，按照拉萨市国土资源规划局上级业务部门文件精神，根据《地质灾害防治条例》《西藏自治区地质灾害防治管理暂行办法》《西藏自治区地质环境管理条例》《拉萨市地质灾害防治规划》，结合林周县地质灾害实际情况和2016年降水趋势预报，特制定了《林周县2016年地质灾害防治方案》。

统一思想，提高认识，坚决克服麻痹松懈思想，切实抓好防灾减灾工作，确保人民群众的生命财产安全和工矿企业的正常运转。明确责任，加强地质隐患点的监测。对全县的35个地质灾害隐患点进行专人监测，并实行日报告制度，一旦发现地质灾害隐患点有异常情况，便立即向上级部门报告。积极开展应急防范宣传。县国土局拟在全县的35个地质灾害隐患点设立警示标志，并已经对两个乡（松盘乡、卡孜乡），24户群众下发了地质灾害明白卡，着力抓好宣传发动工作，不断提高群众应急防范意识。健全报告制度，加强排查监测。为认真落实各项防灾减灾预案和措施，做到早发现、早避险、早处置，县国土局联合各乡镇、各工矿企业，加大了对辖区内地质灾害隐患点的检测频率，确保每个隐患点都有人亲自管、有人亲自抓，同时实行24小时监测并坚持“日报告”和“零报告”制度。

【精准扶贫】 年内，按照县委、县政府的要求和安排，国土局连同县扶贫办、各乡（镇）等相关部门积极做好精准扶贫项目移民搬迁选址工作。截至年底，已完成2016年度305户贫困户移民搬迁安置的选址工作，确定唐古乡唐古村、卡孜乡白郎村、江热夏乡江热夏村为2016年集中搬迁点，确保了精准扶贫项目移民搬迁选址用地保障。同时积极做好局全体干部结对帮扶工作。

【权力清单工作】 年内，本着“公开、公平、公正”的办事原则，做好审批工作和权力清单工作国土局行政审批的服务内容、办事程序、申办条件、收费标准、监督电话进行公开，从而增强了审批事项的透明度，便于群众监督。与上级部门积极沟通联系，结合业务实际，制定完善局行政权力和责任清单项目事项147项，其中：行政许可17项，行政处罚84项，行政强制3项，行政征收5项，行政给付1项，行政检查12项，行政奖励3项，行政确认9项，其他类13项。

【开展“两学一做”专题活动】 年内，按照县委、县政府安排，组织党员干部学习中共十八大和十八届三中、四中、五中、六中全会精神，深入贯彻中央第六次西藏工作座谈会精神，贯彻落实习近平总书记系列重要讲话精神特别是“治国必治边、治边先稳藏”的重要战略思想和“努力实现西藏持续稳定、长期稳定、全面稳定”的重要指示，贯彻落实俞正声主席“依法治藏、长期建藏、争取人心、夯实基础”的重要原则。认真开展“两学一做”专题活动，同时把专教活动与业务学习教育相结合，采取个人自学、集中学习等形式开展业务学习，努力建立学习型机关。

【党建工作】 年内，扎实推进党建工作，制定党建年度计划，由局长亲自抓党建工作。加强服务队伍建设，积极组织局在职党员到村报道活动，做好党员志愿者服务工作。学习中国共产党发展党员工作细则等；班子建设得以加强。把提高班子的核心领导作用、科学决策水平、总揽全局能力作为领导班子建设的总要求，不断加强领导干部理论学习，强化民主集中制建设，切实改进思想作风和工作作风，领导班子成员自觉以发展为己任，从发展、稳定的大局出发，在工作中互相信任、互相理解、互相支持，班子凝聚力、战斗力和创造力进一步增强。

【党风廉政建设】 年内，始终坚持一手抓资源管理，一手抓党风廉政建设。把党风廉政建设工作作为全年工作重要内容，列入议事日程，与业务工作一起部署、一起落实。加强了对土地整理项目招投标、经营性土地出让转让等重点项目、重点领域、重点环节和关键岗位的监督。强化宣传教育，多层次、多形式地深入开展反腐倡廉教育和预防犯罪等活动，不断提高领导干部思想政治素质和拒腐防变能力。

【维稳工作】 年内，全面落实区市县党委、政府关于维护稳定的各项举措，认真做好春节、藏历新年、3月敏感期等重要节点值班工作，严格执行领导带班和24小时值班制度，切实做好本单位及机关大院的安保工作，完成了“三不出”的目标任务。

【矛盾纠纷排查化解】 年内，为切实维护人民群众的合法权益，认真解决信访突出问题，妥善处置群体性事件，有效的维护社会稳定。对各类信访案件按照“属地管理、分级负责，归口办理”的原则及时加以处理，对出现的信访问题及时给予信访当事人书面答复和解决，做到来访有记录、问题有答复、处理有反馈。同时，认真排查存在的各类矛盾隐患，积极做好上访当事人的思想工作，稳定来访人的思想情绪，力求从源头上制止群访、重复访的事件发生。对基层群众反映强烈，影响面广的矛盾纠纷案件，国土局及时组织力量，调研，查处，决不拖延。

（赵　帅）

【领导名录】

局　长　琼　达（藏族）

副局长　张百锁

林周县工业和信息化局

【概况】 林周县工业和信息化局（简称县工信局），与商务局、招商局、旅游局、国有资产监督管理委员会，共四局一委合署办公。人员编制：共有行政编制3名，其中科级领导职数2名。四局一委共有干部职工4人，党员4人。其中，正科级1人；副科级1人，科员2人。公益性岗位驾驶员1人。

【工信工作】 年内，林周县实现工业销售产值25946万元，完成目标任务的80.3%，同比降低7.6%；实现工业增加值8716万元，完成目标任务的81%，同比降低6.2%；实现工业投入57933万元（固定资产），完成目标任务97.8%，同比增长12.4%；完成工业税收2130万元，完成年度目标任务的80.3%，同比降低9.3%。

【农村综合信息服务站】 组织农村综合信息服务站验收。3月初按照拉萨市工信局《关于农村综合服务站建设工程（四期）的验收通知》要求，工信局根据县域广、站点多等实际情况，委托各乡政府组织验收，各村信息员及村委会协助验收，通过验收发现部分村存在网络不通（不稳定）现象，针对该现象工信局积极协调网络运营商要求予以解决，截至年底，林周县农村综合信息服务站已实现“村村通”。

【打造小微企业创业创新基地】 积极做好拉萨市小微企业创业创新基地示范城市工作。林周县作为拉萨市重要的组成部分之一，县域优势资源较为突出，在2016年的拉萨市小微企业创业创新基地城市申报中，工信局积极配合市政府做好了申报工作的资料收集整理等工作。同时，在申报成功后工信局作为林周县“两创示范”办公室积极协调和安排县直各成员单位按照拉萨市“两创示范”方案开展工作，完成了方案制定、成立了领导小组并确定了各单位的“双创示范”专职工作人员。

【领导重视，督促项目落实】 约谈企业负责人，促项目实施。为推动项目的尽早开工建设，分管副县长和局领导分别对各个矿企的负责人进行约谈，通过约谈企业负责人将县委、县政府的要求，积极传达，并要求各企业做好复工前的各项准备工作，力争早日开工建设。

【开展实务培训】 根据《自治区工业和信息化厅关于开展工业企业质量品牌暨知识产权实务培训专项活动的通知》要求，工信局积极组织鹏博健康产业园、净土公司、西藏戊申水资源开发股份有限公司、西藏圣央水资源开发有限公司等8家单位的工作人员及企业的负责人参加培训，通过此次培训，参训人员相关知识得到了进一步加强，培训也取得了预期的效果。

【招商引资】 2016年，拉萨市政府下达的林周县招商引资实际到位资金目标任务6亿元。林周县按照“三个一批”招商思路，即开工建设一批项目、签约落地一批项目、洽谈储备一批项目对招商引资和项目引进展开集中攻坚行动，在新能源项目、特色经济作物种植项目、健康饮品项目上实现了招商引资大突破。2016年，林周县招商引资项目7个，其中续建3个，新建4个，全年招商引资实际到位资金6.218亿元，完成年度目标任务的103.6%，同比增长12.8%。

【强化组织领导，抓好队伍建设】 为强化林周县招商引资工作，进一步提升干部招商甄别能力，4月成立以县长为组长，常务副县长（分管经济）、招商分管领导主抓，各部门配合的招商引资工作领导小组，完善了招商领导机制；全面实施“人才强商”战略，提高干部职工招商引资工作思想认识，充分发挥江苏苏州对口援藏优势，5月3—15日由县委组织部组织近30名优秀青年干部赴苏州农村干部学院开展干部集中培训，通过现场教学及参观考察方式，加强与苏州先进地区的交流学习，掌握、借鉴当地经济发展新理念及招商工作新政策、新趋势，新模式，提升了招商人员业务水平，培养和造就了一批专职招商人才队伍，实现了招商引资工作的专业化、组织化、高效化。2016年7月，工信局工作人员还参加了自治区组织的商务人才培训，对商务工作进行了专业系统的培训，加强了商务工作的系统性和规范性。

【创新工作机制，落实招商目标】 实行党政一把手亲自负责，分管领导主抓招商的工作机制。年初由县政府招商分管领导召集招商局、城投公司、净土公司将《拉萨市招商引资目标管理考核奖惩办法实施细则》的各项工作任务进行了分工，将责任落实到人，确保完成全年招商任务。实行企业约谈制，3月起由县政府招商分管领导对7个重点招商项目进行逐个约谈，全面了解企业投资生产计划，并将招商目标任务分解至各项目单位，及时协调帮助企业处理运营过程中存在的问题和困难，充分发挥政府主导力作用，与企业主体力、市场配置力“三力合一”共同推动经济发展。

【强化亲商理念，营造招商氛围】 年内，工信局加强了对重大招商项目的跟踪服务力度，年初建立了《林周县招商引资接洽企业随时登记制度》，安排工作人员定期负责项目跟踪，积极主动对企业进行交流，全程跟进企业落地建设进度，全面收录招商项目推进情况及对接企业接洽情况，并将相关情况按月向主管领导汇报。全县推行招商引资“一岗双责”，党政齐抓共管，部门各负其责的招商工作机制，会同县相关项目部门，进行集中项目审批，简化办事程序，减少办事环节，制定出台了《林周县招商引资项目前期手续限时办结制》，切实为客商提供零距离、零关系、零障碍服务，千方百计为投资者创造良好的招商软环境，营造不但重商招商，更要护商养商的浓厚氛围，尽早促成项目落地。

【强化项目储备，激活产业活力】 加强项目信息储备，梳理各类具备带动性、前瞻性的储备项目。年初全面响应拉萨市净土健康产业、旅游文化产业发展号召，充分发挥林周农业大县农产品资源优势、万亩土地资源优势，日照3000小时以上光照资源优势，突出重点领域，进一步对现有涵盖的土地治理、光伏项目、饮用水开发、农副产品加工、农业观光旅游、景区建设、酒店租赁、藏药开发、工艺品加工9个类别的11个招商引资项目库及8个招商引资对外推介项目进行了完善，建立了项目储备动态机制，及时做好项目“吐故纳新”工作，确保尽快培育和催生一批新的经济增长点。

【强化“走出去”战略】 按照全市招商引资活动“从严从实”原则及“走出去 请进来”招商引资

活动要求，市政府组团于6月—18日到昆明参加第4届南博会暨第24届昆交会。林周县为推进净土健康产业发展，宣传林周投资环境，由县政府招商分管副县长与招商局局长参加此次活动。会上主要对牛羊肉深加工项目、青稞系列产品深加工项目、藏药加工项目进行对外推介，并就以上项目分别与沾益县滇香食品有限责任公司、云南澜沧江酒业集团、云南雄腾生物科技有限公司进行项目对接（涉及项目总投资1.3亿元），相互之间坦诚交流经验，并邀请企业进藏实地考察，商谈投资事宜。

【商务工作】 年内，完成社会消费品零售总额1.746亿元，同比增长15.6%，完成目标任务的102%。

【商业网点布点情况】 2016年，林周县“万村千乡市场”工程项目72家，覆盖县乡村三级，其中配送中心2个，分别位于林周县城、旁多乡政府附近，商贸中心2个位于强嘎乡、春堆乡，物流配送中心1个，位于甘曲镇。大部分农家店运营情况良好，72家农家店存活57家，倒闭15家，存活率占79.2%，部分农家店主要因农家店主经营不善，致使货物积压滞销或农家店主经济实力过于薄弱等原因倒闭。“万村千乡市场”工程项目惠及农牧民近5万人左右，有效解决了农民买难卖难等问题，且农村日用消费品、农资商品销售网点基本形成网络，彰显了林周县商务工作的新亮点。

【电子商务工作】 根据拉萨市商务局下发的《关于做好2016年电子商务进农村综合示范申报工作的通知》要求，为切实落实该项工作，工信局与几家电子商务有限公司进行对接，并于5月18日与阿云电商就林周县电子商务进农村综合示范申报工作达成合作意向。积极联合阿云电商企业，加快推进电子商务进农村综合示范县申报材料于9月份已上报给市商务局。

【家电家具下乡补贴】 为进一步提高农牧民和城镇低保对象生活质量，充分发挥扩大消费、改善民生的政策效应，充分拉动地方经济发展，根据区市商务、财政部门下发的《关于2015年购买家电家具补贴政策的指导意见》文件精神，2016年上半年工信局及时开展政策宣传，加强了对农牧民购置家电家具兑付相应补贴资金的宣传教育活动，做到了政策宣传到村，家喻户晓，同时加强了对家电家具补贴兑付工作的审核，严防冒领、骗取补贴资金等违法违纪行为的发生。截至2016年11月，工信局联合县财政局完成家电家具补贴户3797户，家电电家具补贴资金5328940.4元，完成目标任务4626400元的115%，林周县家电家具补贴资金超额完成。

【成品油市场运营情况】 2016年，工信局（商务局）联合县安监局、消防大队组成检查组，对县域2家加油站开展全面检查工作3次。检查组严格按照《西藏自治区人民政府令》（第117号）、《西藏自治区零散成品油销售管理办法》等文件精神，要求各加油站对所有购油的机动车辆一律实行实名登记制度，严禁私自倒卖散装油气和非法销售成品油气的行为，并要求各企业加强安全防范工作，确保林周县成品油销售市场安全。经检查，2家油站证件齐全，消防设备齐全，站内均有安排工作人员入住进行值班、管理，工作人员每天实行24小时轮流值班制度和领导干部带班制度，有2名应急值守人员，成品油销售市场运营良好。

【食品安全生产检查】 工信局（商务局）会同县工商局、卫生局、食药局、公安局、消防大队等部门，在重要节点、节假日期间，依法对县域食品、餐饮店进行了安全卫生、安全通道及消防设施检查9次，重点查处消费食品、餐饮是否达到卫生许可，餐饮业“三证”情况、内部设施情况、有无防蝇措施和冷藏设施以及环境条件等；超市“三证”情况、不合格产品与过期产品是否上架、从业人员有无健康证等情况。经抽查，部分乡镇商店存在少量“三无”产品，县域超市存在少量过期产品，联合检查组对存在问题的企业负责人当面进行了严肃批评，并当场没收不合格产品，严令商户进行整改，进一步规范了食品销售市场，保障了消费者人身安全。

【旅游工作】 年内，林周县共接待旅游者134840人，同比增长19.1%，实现旅游收入1671.3万元，同比增加20%。乡村旅游接待46380人，同比增长30.3%，实现旅游收入706万元，同比增加32.4%。

【科学制定2016年林周旅游工作计划】 按照《中共拉萨市委员会拉萨市人民政府关于加快旅游业发展的决定》任务分分解表（2016年—2020年）工信局结合林周县旅游发展实际情况，制定出《林周县关于拉萨市加快旅游业发展的决定任务分解2016年工作计划》，工作计划涵盖科学编制旅游规划、构建旅游发展新格局、全力打造旅游精品、推进产业融合发展、加快基础设施建设5个类别8个具体工作内容。

【旅游项目申报】 为深入贯彻落实《中共拉萨市委员会 拉萨市人民政府关于加快旅游业发展的决定》（拉委发〔2015〕156号）文件精神，林周县以政府红头向市旅游局递交《林周县2016年旅游发展项目申报统计表》涉及建设项目5个（13个子项目）总投资额约7167万元。现已申报旅游建设子项目6个，总投资额约1677万元。其中，旅游基础设施类建设项目（林周县边林乡农业旅游示范点基础设施建设项目）1个，总投资额约1300万元。旅游公厕项目（卡孜乡旅游公厕项目、江夏乡旅游公厕项目、松盘乡旅游公厕项目、杰堆寺旅游公厕项目、夏寺旅游公厕项目及其附属工程）5个，总投资额约377万元。上述项目的前置手续（如，选址意见书、乡村建设规划许可证的函、涉林复核意见、可研报告、初步设计）均已完成，项目申报材料已于5月中旬上报市旅游局规划科，现等待市局批复。

【打造拉萨环线重点旅游景点】 为做好拉萨环线重点旅游景点景区基础设施建设项目，工信局积极配合市旅游局完成《自治区旅发委“十三五”重点项目建设规划》拉萨环线重点旅游景点景区基础设施建设项目，热振景区游客咨询中心、停车场以及旁多水库停车场、厕所的初步勘察、选址工作。

【组织实施旅游项目】 组织并实施了强嘎乡旅游基础设施项目的建设（旅游公厕项目），年初按照项目建设相关要求，工信局统筹谋划，积极组织实施了强嘎乡旅游基础设施建设项目。

【重点旅游项目】 为切实贯彻和落实齐扎拉书记在调研林周强嘎农场时的讲话精神，县委、县政府高度重视，县长高军于10月9日组织县直各相关部门负责人再次到强嘎农场旧址进行调研部署，在提出积极打造强嘎农场旧址项目的同时提出开发强嘎切玛温泉度假村项目，两项目已委托设计公司进行设计，计划2017年开工建设。

【推介林周旅游资源】 4月中旬，利用拉萨市旅游局组织的拉萨市首届旅游推介会的契机，工信局指定专人负责此项工作，收集整理了林周县现有的旅游资源及景区景点的文字图片资料，制作了林周县旅游展板，向各大新闻媒体以及旅行社推介了林周旅游。

【旅游产业脱贫】 2016年，林周县贫困人口8325人，1882户。按照从事旅游的相关要求符合旅游产业脱贫（年龄要求20—30岁）的有31人，涉及31个贫困户家庭，172人。涵盖旁多、唐古、阿朗、江热夏、卡孜、松盘6个乡。

【旅游项目脱贫】 针对前段时间市旅游向各县区提供旅游厕所保洁人员岗位的契机，在县域范围内利用已修建好的旅游厕所11个，待修厕所51个，完善124名保洁人员建党立卡信息统计将以及新建旅游厕所51座，改扩建旅游厕所3座的核实登记造册工作。今后，将利用边林乡现代农业旅游示范点项目带动边林乡15个贫困户家庭脱贫。截至年底，项目进展比较顺利，前置手续已经报到市旅游局规划科，项目待批复。同时，通过申报4户农牧民家庭（2个单户、2个位合作社）成为“拉萨人家”农（牧）家乐成员，带动约6个贫困户家庭，26名贫困人口脱贫。

【县域旅游规范化建设】 按照市委、市政府《关于加快旅游业发展的决定》，结合市局相关工作要求，林周县在县域旅游规范化建设方面取得了阶段性的成效。在旅游市场秩序方面：按照《2016年度旅游市场秩序整治行动方案》着重突出对食品安全、餐饮卫生方面以及旅游环境净化方面的检查与整治，由工信局牵头协同消防、食药、卫生、工商等部门对县域旅游综合环境整治检查2次；在旅游服务标准化建设方面：制定《林周县旅游服务标准化建设年活动实施方案》，成立了以分管副县长为组长，县委宣传部、县发改委、县公安局、食药局、文广局、工商局负责人以及各乡（镇）长为组员的领导小组；在2016年拉萨市旅游产业“十件实事”方面：为扎实推进林周县旅游产业大发展，由县政府办牵头，县旅游局、县发改委、县财政局、县住建局、县国土局等部门配合，参与制定了《林周县关于做好2016年拉萨市旅游产业“十件实事”实施方案》。方案参照2016年拉萨市旅游产业“十件实事”落实计划表，细化了林周县在旅游产业“十件实事”中的五个方面8项具体工作内容，同时明确了牵头单位、协办单位和完成时限，涉及林周县的8项具体工作正在扎实稳步地推进。

（德庆曲珍）

【领导名录】

局　长　洛桑罗布（藏族）

林周县安全生产监督管理局

【概况】 2016年，林周县安全生产监督管理局共有编制4人，实有4人，党员3名，其中正科级干部1名，副科级干部1名，科员2名，内设3个办公室，分别为局长办公室、副局长办公室、安委会办公室（安监局办公室）。年内，林周县辖区共发生道路交通事故3起，伤亡1人，受伤4人。工矿商贸、火灾领域无事故发生。与2015年相比（发生事故2起，死亡3人，受伤3人），事故起数上升，死亡人数下降66.6%，受伤人数上升33.3%。

【落实“党政同责、一岗双责”责任制】 根据《拉萨市党政同责暂行办法》的要求，县委、县政府、各乡镇、各部门都制定完善了“党政同责、一岗双责”工作方案，定期研究、分析安全生产形势，部署安全生产工作。2016年年初，县政府与各乡镇、县安委会成员单位签订了22份《安全生产责任书》，修改完善了安全生产工作考核细则，明确细化了各乡（镇）人民政府、县安委会成员单位的监管职责，各行业领域主管部门严格履行职责，主要领导亲自带队检查、带动落实，切实担负起安全生产“第一责任人”的责任。

【完善“五级五覆盖”工作】 根据市安委会下发的《关于尽快成立乡（镇）、村（居）安全生产委员会的通知》文件精神，各乡（镇）、村（居）认真落实文件具体要求，全县10个乡（镇）、45个行政村已于2015年5月1日前成立完毕，安监局于2016年年初到各乡（镇）开展“五级五覆盖”检查工作，要求各乡镇安委会应由书记或乡（镇）长为安委会主任、分管副乡（镇）长、派出所所长、卫生院院长为安委会副主任，各行政村安委会由村支部书记担任安委会主任、村主任担任安委会副主任，同时配备专门的联络员，各乡（镇）、行政村安委会均已按照要求成立了领导班子，配备了若干名联络员，进一步落实了安全生产监管责任。

【强化落实企业主体责任】 按照国家安监总局《企业安全生产责任体系“五落实”“五到位”规定》要求，县督促、服务企业依法依规建立健全安全生产责任体系，要求企业将规定张贴悬挂在醒目位置，做好规定内容的宣传解释工作。同时，结合日常安全生产监督检查工作，督促、指导企业按五到位要求建立安全生产责任体系，按“五落实”要求做好安全生产工作，预防生产安全事故的发生。

【实行失职追责约谈机制】 为进一步督促落实单位、企业严格履行主体责任，林周县对发现问题较多的单位、企业实行约谈机制。

【开展安全生产大检查、大排查】 2016年，全县各安委会成员单位在县委、县政府的正确领导下，结合“大检查、大排查、大整治”行动，深入开展全县各领域隐患排查整治工作，截至年底，安监局共检查46次，检查相关企业、商户23家，出动人员80余人次，检查出隐患22处，已整改19处，整改率达86.4%。

【加大审查审批烟花爆竹领域安全监管】 县安监局负责开展烟花爆竹经营（零售）许可审批工作，春节藏历年期间，受理65家烟花爆竹零售商户申请，以公开抽签的方式对符合条件的10家商户办理了烟花爆竹经营（零售）许可证。同时，提前选址、设立集中烟花爆竹销售点，并加大对烟花爆竹销售市场的监管和检查力度，拉萨市烟花爆竹监管联合检查组来林周县检查1次，县出动联合检查组2次，局单独检查5次，总出动人次达30余人次，下发《责令改正指令书》1份，责令现场整改2处，有效规范了城区内烟花爆竹经营秩序，未发生烟花爆竹销售生产安全事故。

【加大对非煤矿山领域安全监管】 年内，持续深入开展非煤矿山领域安全生产大检查、大排查、大整治工作。局制定并印发了《关于2016年全县安全生产大检查、大排查、大整治工作方案》，明确了工作措施及相关要求，因2016年县矿山企业均未开工生产，以非煤矿山企业的职工住宿区、尾矿坝、现场管理、消防设施、安全生产台账、企业资质、各类制度为重点开展安全生产检查，保持安全生产严管的高压态势，以联合检查、专项检查、随机抽查等形式持续深入地开展了安全生产大检查、大排查、大整治工作。2016年，检查非煤矿山及尾矿库24次（其中，区、市安监局检查6次，县安监局检查14次，联合检查2次），下发《责令改正指令书》3份，排查隐患11处，已整改11处，整改率100%。

【强化汛期安全生产工作】 加大县汛期安全生产工作落实，确保安全度汛，做到防汛工作早布置、早准备、早落实，对《区安监局关于进一步加强主汛期非煤矿山安全生产工作的紧急通知》（藏安监管〔2016〕55号）文件，第一时间进行了转发，提出了工作要求，结合林周县实际制定并印发了《关于林周县2016年主汛期安全生产工作方案》（林安委办〔2016〕30号）文件，成立了相应的工作领导小组，制定应急预案，确保应急工作到位。同时，为切实加强汛期辖区内矿山、尾矿库的监管力度，安监局深入非煤矿山领域开展拉网式的汛期安全隐患巡查工作，特别是针对夕瑞德、烨鑫尾矿库由区、市安监局协专家组提出的各项整改要求的整改情况进行督促检查。并对在检查中发现的问题和隐患进行集中整治，在安监局的督促指导下，夕瑞德、烨鑫尾矿库按期完成了相关整改，切实做好了非煤矿山汛期，特别是主汛期的安全生产工作，确保安全度汛。

【危化领域安全监管】 加强加油站监督检查。2016年，按照市、县领导关于安全生产工作的批示指示精神和“三查三改”工作方案，以企业自查为基础，开展行业检查和专家排查，共检查30次，隐患8条，已整改7条，整改率达87.5%。加强安全监管员监管。为规范油料监管工作，2016年6月份，第四批安全监管员已调整充实。同时，安监局充分发挥加油站安全监管员领导小组办公室职能，从2016年6月开始进一步加大对监管员的管理力度，采取定期不定期的检查方式，对监管员在岗情况进行检查，明确工作奖惩制度，签订安全生产责任书，认真落实补助发放政策，进一步加强了加油站安全监管工作。

【开展东孜转山安全隐患排查】 年内，制定《林周县安监局关于东孜山“猴年转山”传统宗教活动期间安全工作方案》，明确以安监局局长为组长，以安监局副局长为副组长的领导小组，切实开展东孜山隐患排查工作。共开展检查2次，排查隐患6条，下发相关《督办通知》6份，有效避免了因人员密集而发生的踩踏、滑坡摔倒、火灾、交通等安全生产事故。

【开展精准扶贫工作】 充分发挥中华民族助人为乐、扶贫济困的优良传统，积极组织开展走基层、送温暖活动。局工作人员对结对帮扶户行了走访慰问，局长洛桑德吉和土局长登欧珠副给予扶贫对口户家庭1000元的经济救助及慰问物资，工作人员向帮扶户送去了价值500元的慰问资金及慰问物品。及时帮助解决他们当前家庭生活上面临的暂时困难。帮助他们重树致富的信心，让他们真切感受到党的关怀和温暖。多措并举，一方面联系内地社会公益人士募捐衣服，鞋子等物资；另一方面与县团委强化合作，加强物资筹集工作，至今局已于阿朗乡拉康村发放鞋服物资2次。深入帮扶户进行实地走访调查。通过谈心谈话询问他们在生产、生活方面的困难，详细了解并理清帮扶思路。在深入调研、统筹协调的基础上，制定了帮扶方案。坚持既扶贫，又扶志，积极做好政策宣传与群众思想工作。深入结对户中，采取面对面交流等方式，一方面切实宣传好党的一系列新政策；另一方面积极引导他们树立勤劳致富、创业致富，自强自立的意识，增强他们对改革发展的信心。

【宣传教育】 年内，在县太湖路、甘曲路、苏州路等人员较多的场所悬挂了“管行业必须管安全、管业务必须管安全、管生产经营必须管安全”等活动宣传条幅3条。安委会各成员单位及其所属企事业单位按照职责分工开展了宣传教育活动；通过企信通向各非煤矿山企业负责人、县安委会成员单位等发送安全生产宣传短信，提高企业负责人及监管部门的安全生产主体意识；通过林周县宣传部，在林周县电视台播放安全生产公益广告，同时在“林周之窗”微信公众号上刊登安全生产相关文章；以“青少年寒假安全自护教育活动”“民族团结宣传月”等相关活动为契机，深入各村持续开展安全生产宣传，其间下村宣传2次，发放宣传资料1000余份，受教育群众达300余人次；按照市里要求，6月16日，在县太湖路两旁由县安委办位举办了“2016年安全生产咨询日”活动。咨询活动现场，县宣传部、安监、卫生、国土、教育、消防、交警、人社等32家单位设立了咨询台、摆放安全警示展板，悬挂了宣传标语、横幅等形式进行了内容丰富、形式多样的安全生产法律法规和安全技能知识宣传。工作人员向群众发放了各类宣传资料，并介绍了家庭防火、日常用电、地质灾害等安全常识及自救互救办法，就群众在日常生活中遇到的安全问题提供咨询服务，活动吸引了众多行人驻足观看。活动共出动工作人员60多人次，展出宣传板10块，受理群众咨询100多人次，发放宣传资料800余份，发送安全生产宣传短信60余条，对普及安全知识，提升人民群众安全意识，促进安全发展的社会氛围起到积极的推动作用。

（涂　勇）

【领导名录】

局　长　拉　　穷（藏族，6月免）
　　　　洛桑德吉（女，藏族，7月任，12月免）
　　　　土登欧珠（藏族，12月任）
副局长　土登欧珠（藏族，12月免）

林周县国家税务局

【概况】 林周县国家税务局，负责林周县行政辖区内纳税人的税务征管工作。全局现有干部6人，共承担着1144户纳税人的纳税征管工作，其中，企业有441户，个体工商户有703户。增值税一般纳税人有30户，个体工商户中达到起征点的有2

户。截至年底，共组织收入7757万元，与2015年同期6173万元增加了1584万元，增长25.67%。其中，中央级2496万元，自治区级250万元，地市级259万元，县级4207万元。

表1

征收税种	2015年1—12月（元）	2016年1—12月（元）	增减额（元）	增减比例（%）
总收入	61725013.35	77567152.35	15842139	25.67
增值税	6605114.57	28715885.82	22110771.25	334.75
营业税	25577225.53	11653379.70	–13923845.83	–54.44
企业所得税	7063843.35	17893401.96	10829558.61	153.31
个人所得税	11047849.99	440475.28	–10607374.71	–96.01
印花税	499782.43	967156.98	467374.55	93.52
资源税	1064852.29	184073.80	–880778.49	–82.71
城建税	2252750.07	2826623.30	573873.23	25.47
车购税	482153.05	60445.30	–421707.75	–87.46
教育费附加	482153.05	1198402.42	716249.37	148.55
地方教育附加	643640.77	798935.07	155294.3	24.13
罚没收入	850.00	18250.00	14700	2047.06
城镇土地使用税	52048.06	149622.72	97574.66	187.47
耕地占用税	5469441.28	12660500.00	7191058.72	131.48

分级次增减情况比对表

表2

	2015年1—12月（元）	2016年1—12月（元）	增减额（元）	增减比例（%）
总收入	61725013.35	777152.3556	15842139	25.67
其中：中央级	16519108.95	24960640.04	8441531.09	51.10
自治区级	1725376.55	2501267.19	775890.64	44.97
地（市）级	1413343.95	2587322.14	1173978.19	83.06
县级	42067185.04	47517922.98	5450737.94	12.96

【税收收入分行业特点分析】 林周县涉及税收收入的行业依然以建筑业、房地产业、批发零售业为主，其中建筑业税收收入为3197.34万元，占全部税收收入的41.22%。房地产业税收收入为1571.26万元，占全部税收收入的20.26%。批发和零售业税收收入为1098.61万元，占全部税收收入的14.16%。这三大行业总计完成税收收入5867.21万元，占总税收收入的76.03%。

【采矿业】 2016年，采矿业共计缴纳税款49.60万元，与2015年同期相比减收426.71万元，下降89.59%。主要原因是林周县六家大的矿业公司均为一般纳税人，由于环境整改和寻找新的采矿点2016年大部分并没有开工，导致采矿业税收收入下降。

【房地产业】 2016年，林周县房地产业共缴纳各项税款1571.26万元，比2015年增收1570.7万元。其中大部分为拉萨市林周城镇化建设投资发展有限公司所缴纳。其中，企业所得税及其滞纳金共计1356.5万元。企业所得税为企业自行补正2014年年度的企业所得税税款。营业税共计缴纳187.63万元。因此，造成2016年林周县房地产业收入大幅增长。

【建筑安装行业】 2016年，国税局建筑安装行业共申报缴纳各项税款2199.74万元，同比2015年减收925.51万元，同比下降29.61%。由于林周县建筑安装业所产生的税款近九成均为跨县从事临时性建筑安装的企业代开所产生，因此变动性较大。

【商业服务业】 2016年，林周县商业服务业行业共申报缴纳各项税款27.43万元，同2015年1176.18万元相比减收1148.75万元，同比下降97.67%。2015年商业服务业所产生的税款近九成为县委、县政府招商引资的三家投资咨询公司所缴纳。其中，其他利息、股息、红利所得共计1055万元，企业所得税共计92万元，两项共计1147万元，占全部商业服务业所缴纳税款的98.98%。由于三家投资咨询公司于2015年12月份已经注销，因此导致2016年前三季度商业服务业税款大幅下降。

【批发和零售业】 2016年，国税局批发和零售行业共缴纳各项税款1098.61万元，同比2015年增收789.39万元，同比增长255.28%。其中，县委、县政府招商引资进来的企业和西藏林芝地区医药有限公司在国税局临时性代开占批发零售业全部收入的大部分。

【全面推开营改增工作】 自“营改增”试点工作推行以来，国税局高度重视，将“营改增”试点推行工作摆在全局工作的首要位置，积极成立了“营改增”工作领导小组，以专题会议方式研究部署营改增相关工作，制定并下发了《营改增工作实施方案》《应急预案》《工作任务分解表》等一系列制度和计划，在全面推开营改增后，林周县国家税务局认真落实二手房交易税收政策，通过集中培训，个性化辅导等形式，对辖区涉及营改增二手房交易企业进行政策宣传辅导，引导企业健全财务核算，实现企业税负的不增长目标；针对营改增工作面临的新业务、新情况，导致原有的一些制度规定、办税流程等出现“老办法不适应新变化”的问题，结合国税局工作实际和各项规范要求，并询问拉萨市国税局各科室后，对报送资料、办税流程等方面进行全面梳理，进一步健全各项制度，做到各项工作有规可依、有章可循；对“营改增”后增值税新系统风险应对工作，国税局高度重视，严格按照《关于加强增值税发票升级版数据应用有关问题的通知》藏国税货便函〔2016〕4号文件要求进行落实，林周县涉及使用增值税发票系统升级版的户数为47户，其中一般纳税人15户，小规模纳税人32户。经核查除有一些企业因操作失误出现锁盘、退票等问题外未出现其他相关税收风险。国税局必将深植防患于未然的意识，认真学习4号文件精神，充分发挥升级版发票数据及时传送的优势，认真分析，对异常发票信息及时录入抵扣凭证审核检查系统，把“以票控税”的思路贯穿于发票管理、纳税申报、纳税评估、税务检查等各个税收管理环节，形成“始于票，终于税”的完整管理链条和工作机制，实现科学防范税收风险，提升税收管理质效的目标。

【小微企业税收优惠政策】 小微企业税收优惠政策落实方面，林周县优惠政策国家税务局覆盖率达到百分之百。2016年林周县国家税务局小微企业享受增值税优惠政策户数405户，免税额88.34万元。

【网报推广情况】 截至年底，林周县国家税务局推行网报142户。超额完成了任务。林周县国家税务局虑到部分会计对网报不熟悉的实际情况。邀请已成功实现网报的林周县江夏乡财胜矿业有限公司的魏会计对后面推行的40多家企业会计进行了培训，及时解答了企业在网上申报过程中遇到的问题，同时网报企业已组建微信群，以便随时对遇到的困难进行沟通。通过模拟申报，现大部分企业会计对网上申报系统操作已熟练运用。

【推行“两证整合”】 林周县国家税务局组织全体干部深入学习，全面吃透相关文件要求，与工商局密切合作，积极推行个体工商户“两证整合”，现已有1户个体工商户享受到了两证整合的便利。

【成立国税局党支部、党组】 全面推进党风廉政建设是当前基层国税系统的工作重点，是反腐倡廉工作的一项治本之策。因此国税局树立“围绕科学发展抓党建、抓好党建促进科学发展”的理念。推动了全县税务工作的圆满完成，充分发挥国税局党支部的战斗堡垒作用和党员的先锋模范作用。在县委组织部指导下，在本年成立了林周县国家税务局党支部。

【干部队伍建设】 参与县委组织部“两学一做”专题教育活动，积极完成各项活动内容。加强干部队伍建设，不定期开展干部交心谈心活动，时刻关注年轻干部所思所盼。严格贯彻《拉萨市国家税务局办公室关于严格执行领导干部外出报批报备制度的通知》《拉萨市国税系统干部职工请（销）假管理办法》等内部规章制度，促使干部职工遵规守纪。强化党风廉政建设，积极落实全市税务系统党风廉政建设工作会议、专职纪检监察员座谈会和目标绩效争先进位工作专题会议精神，层层签订《党风廉政目标责任书》，每位干部公开做出廉政承诺，进一步强化“两权”监督。切实抓好干部“每周一题”“每月一课”“每季一测”“每年一考”各项学习活动的落实，严肃各项教育培训纪律，不断提升干部队伍整体素质。

【重点税源矿业企业监控】 联合政府有关部门加强重点税源矿业企业的监控和增值税发票的管理工作。强化“以票控税”，有效依托税控收款机用户卡和移动介质数据采集，实行票表比对，通过对税控数据异常的核定征收户现场补税，对税控数据异常的查账征收户开展税务约谈等途径，进一步了规范税收管理。

（党永良）

【领导名录】

局　　长　多布丹（藏族，1月免）
　　　　　拉巴次仁（藏族，2月任，6月免）
　　　　　穷　达（藏族，9月任）
专职纪检员　张　杰
副 局 长　西洛边巴（藏族）

林周县工商行政管理局

【概况】 林周县工商局现有4名干部，全部为党员，大学本科生3人，平均年龄34岁。2016年，全局干部团结一心、克服困难，全面履行基层工商局的各项职能，以服务当地经济发展为目标，以深化商事登记改革和后续监管、加强行政执法、抓好消费维权工作等方面为抓手，以队伍教育整顿和服务地方经济建设为中心，按照2016年工作部署要求不断推进各项改革工作开展，较好地完成了2016年全年各项工作，为林周县创造公平竞争的市场环境和安全健康的消费环境，做出了积极的贡献，取得了较好的成绩。

【队伍建设】 2016年，林周县工商局努力加强自身队伍建设，着力营造干事创业的浓厚氛围，扎实开展了“两学一做”专题教育活动，进一步坚定了理想信念，强化了党性原则，明确了干事创业的行为准则。抓好法治工商建设，加强法制和业务培训，每月组织干部专题学习，进一步提升了干部队伍的政治素质、法律素养和政策水平。认真贯彻中央八项规定和区党委约法十章精神，开展多种形式的廉政纪律学习和警示教育活动，努力提高干部职工廉洁从政意识。加强工商队伍建设，大力弘扬新风正气，增强队伍凝聚力、向心力，促进了工商事业持续健康发展。

【深化登记制度改革】 2016年，林周县工商局认真学习贯彻李克强总理视察国家工商总局重要讲话精神，落实区市工商局工作部署，召开小微企业发展座谈会议，为深化改革进一步明确了方向、凝聚了合力、增强了动力。积极落实“三证合一、一照一码”“五证合一、一照一码、两证合一”大力推动工商登记注册便利化。坚持“简政放权、放管结合、优化服务”三管齐下，继续深入落实已出台的商事制度改革各项政策措施，改革红利得到持续释放。坚持管理与服务并重，不断提升窗口人员素质和业务水平，推行“登记注册窗口规范管理制度”，进一步简化登记手续，促进工商登记便利化，着力优化营商环境。截至年底，共登记市场主体1755户，注册资金27.8615亿元，同比分别增长380.92%、771.44%。其中，个体工商户有1354户、企业207户、农专194户，注册资金分别为7462.885万元、24.8012亿元、2.3140亿元，同比户分别增长31.3%、228.57%、121.5%，同比注册资金分别增长0.2%、559.07%、212.17%。2016年上半年，新增市场主体共421户，新增注册资金14.9346亿元。

【加强企业、个体、农社年报工作力度】 年内，林周县工商局深入落实“一条例、五规章”，高效率地完成了年报工作任务。通过主动提早介入年报工作，通知企业在网上申报，为年报公示工作提前打下基础；针对个别企业、个体户及农社不懂汉语或电脑的情况，工作人员分时、分段上门通知到工商局申报年报；针对无法取得联系的商户，工作人员联系当地乡政府或村委会通知商户完成年报；为克服天气恶劣、路程远等不利因素，工商局干部走村入户对林周县的9个乡1个镇进行纸质年报工作，事后工商局工作人员加班加点，将纸质年报录入系统。工商局在克服人员少、任务重的情况下，较好地完成了年报公示工作。林周县企业、个体、农社年报公示率均达到98%，得到市局领导的肯定。同时，工商局加大了落实“三证合一、一照一码”“五证合一、两证合一”登记制度改革工作，辖区内98%的企业以及农民专业合作社完成了“三证合一、一照一码”的换照工作，企业档案扫描率达到100%。

【加大法制宣传】 2016年，林周县工商局开展了各种形式的宣传，共举办5次商标法、消法、食品安全法、广告法、公司法、打击传销规范直销条例和反不争当竞争法等法制宣传活动来增强农牧民的法制意识，发放宣传材料620份，制作宣传横幅15幅，张贴宣传展板12份，下乡走村入户等方式开展15次“12315”消费者权益保护宣传工作，发放宣传材料480份，制作宣传横幅12幅。

【提高市场监管水平】 林周县工商局扎实推进市场监管方式改革，打造法治工商。把好市场准入、市场交易、市场退出三大环节，督促形成“市场自律、工商监管、群众监督”三位一体的市场监管模式。2016年工商局工作计划中着重强调整顿市场秩序的重要性，进一步加大市场监管力度，把好市场主体准入关，进一步完善进销台账制度以及索证索票制度；加大专项执法检查力度，林周县工商局联合有关部门开展了文化市场专项整治、节日市场专项整治、流通领域食品安全专项整治、烟花爆竹市场专项整治、重点领域专项整治、农资市场专项整治等一系列专项整治活动，共出动执法人员180人次，没收过期变质商品、食品26个品种，共价值1.5万元左右；工商局2016年共查处各类案件17起，案值5万元，罚没2.22万元，其中，无照经营案13起，销售过期变质食品案2起，新型（违反商标法）案件1件，查处销售仿冒名牌手机案1起，没收仿冒手机17部，价值4870元，罚款5000元，虚假广告案件一起，罚款5000元，案件公示率达到100%。有力打击了违法经营行为，在本辖区内营造了公平有序的市场环境及公证权威的执法环境。

【招商引资以及商标注册】 为更好地为当地经济发展服务，林周县工商局积极贯彻各级领导的指示文件，积极为当地经济发展服务，林周县工商局加大对招商引资企业的扶持力度，开通绿色通道，全年为35户招商引资企业的注册登记提供了全程服务，为当地政府直接增加税收2500万元。加大对商标注册的扶持力度，特别是市局领导高度重视林周县热振寺、达龙寺的地理商标注册，由副局长吴巍亲自带队到林周县指导考察商标注册工作，为林周县下一步商标注册工作思路给予了充分肯定。2016年，工商局上半年共培育8件注册商标，向西藏自治区工商局申报1件全区著名商标。2016年，工商局首次提交拉萨市第一家互联网商标注册，互联网注册商标能够更加的节约商标注册时间与流程，给广大商家提供了便利。如林周县畜牧局注册的地理商标半细羊毛和热振牦牛，通过网络商标注册，试行网络销售，为进一步推进林周县互联网商标注册和电商发展奠定了基础。

【基层“12315”消费者维权联络站建设】 为充分发挥“一会两站”的作用，提升消费维权网络整体效能，不断深化和拓宽“一会两站”建设的内涵和外延，继续推进“12315”的“五进”规范化建设工作，为巩固和完善林周县工商局作为拉萨市的“12315”维权联络示范点，2016年共投入0.9万元，对林周县九乡一镇两所学校制作了基层“12315”的规章上墙制度，消费者投诉举报登记簿。积极向林周县政府呈送了关于进一步加强“12315”申诉举报联络网点建设工作的请示，得到了县委、县政府的高度重视，不仅把“12315”消费维权工作纳入林周县全年综治重点考核项目，而且由县政府下发了红头文件要求各乡镇积极配合工商局工作，把“12315”消费维权工作列入全年工作计划中，因工作岗位需要变动维权联络员的及时向工商局报备，确保了此项工作的可持续性，如于2016年8月唐古乡联络站接到举报称有不法人员利用林周县唐古乡热振寺的名义在拉萨大昭寺非法销售佛珠，工商局及时进行案件处理维护了热振寺的名义，保障了消费者的合法权益，维护消费者合法权益正体现着“权为民所用，利为民所谋”。通过此次维权案件，促使广大农牧民群众加强了自身维权保护观念，并且为林周县维稳工作做出了贡献。深入推进“12315”“四个平台”建设，以市局“12315”指挥中心为主线，以县、乡（镇）消费维权联络站为支点，拓展消费维权网络覆盖面，延伸维权触角。2016年，工商局在9个乡个1镇以及县中小学设立了“12315”消费维权联络点。截至年底，共受理3起消费投诉案件，为消费者挽回经济损失2000元。召开维权联络员培训会议，进一步加强维权联络员的维权技能。通过一系列工作，林周县工商局真正实现了就地就近化解消费纠纷，营造了良好的市场环境和消费环境，促进了林周县社会和谐稳定；为积极有效地开展基层“12315”联络站工作，工商局按照市局有关要求制定了相应的奖惩措施，做到责任“一对一，哪里出事找哪里”确保联络员24小时通讯畅通，及时上报相关数据。消费者投诉处理完毕后，认真填写《“12315联络站”受理和处理消费者投诉登记簿》，及时归档，妥善保管，同时将情况汇总表按照季度报送县工商局。2016年，在林周之窗公众号全年发布消费警示10条，通过网络宣传的形式让广大消费者明确消费准则，切实保障消费者合法权益。

【加大消费维权力度】 2016年，按照国家工商总局“十三五”时期市场监管工作总体要求，为增强机遇意识、创新意识、法治意识，树立消费者至上的理念，顺应消费规模扩大、消费结构升级和消费模式变化的新趋势，把改善消费环境、维护消费者权益作为重要着力点，工商局积极按照市局文件要求，通过开办消费教育大讲堂，对消费者、生产经营者进行消费教育引导，提高消费者、经营者的消费维权法律意识。通过深入乡镇，中小学传授科学消费知识、辨假知识和法律法规知识，帮助学生、农村消费者树立绿色、文明、理性、节约资源和保护环境的消费理念。

【开展非公有制经济组织党建指导工作】 2016年，为更好地开展非公党建工作，工商局共投入2000余元开展了“七一”重温入党誓词，慰问老党员干部，优秀党员等各类非公党建活动，进一步增强了各非公党支部的凝聚力。积极深入各非公党支部指导非公党建工作，全年共6次深入企业指导党建工作。

【助力地方经济发展】 林周县工商局围绕林周县“精准扶贫”和“十三五”规划开局，展望林周县未来经济发展壮大的趋势，进一步配合林周县政府部门工作部署，履行林周县工商部门的责任与义务，助力林周精准扶贫。工商局每年进行两次小微企业发展数据分析，分析小微企业存在的问题，并提出相关的对策建议，为政府决策提供素材；工商局通过实地调研发现农民专业合作社存在众多的问题，如管理不当、发展模式单一等现象，工商局向县委、县政府提交了相应的建议与意见，得到了县委、县政府领导的高度重视与肯定；通过冒充林周县唐古乡热振寺的名义在拉萨销售佛珠的事件，工商局研究认为注册地理标志的重要性，并将地理商标注册的意义、注册的程序、如何保护当地名胜古迹等对县政府进行了详细的讲述，县委领导一致认同并给出了高度的评价。

（洛松旺修）

【领导名录】

局　长　尼玛次仁（藏族）

社会事业

林周县民政局

【概况】 林周县民政局属于正科级单位，核定行政编制4人，领导职数2人。2016年，有干部职工12人，其中正科级干部1人，副科级干部2人，科员1人，事业人员3人，工人3人，公益性岗位2人，五保供养中心28人。县民政局负责全县城乡低保、城乡医疗救助、五保户、老龄和孤儿管理工作、双拥优抚安置、残疾人事业、救灾救济、婚姻登记社会团体管理、基层政权建设、勘界、区域地名管理等工作。

林周县居民家庭经济状况核对，为县民政局所属的事业单位，副科级建制，事业编制3名。主要负责县人民政府授权范围内机关、事业、企业（国有）单位申请救助居民家庭状况的收集、比对、核查等工作，同时对全县申请救助的低收入家庭经济状况进行核查认定，加强与有关部门的沟通与协调，建立信息比对联合机制，落实低收入家庭的各项决策部署。

【开展“两学一做”专题教育】 2016年，林周县民政局在县委、县政府坚强领导下，在区市民政部门的关心指导下，坚持以邓小平理论和“三个代表”重要思想、科学发展观为指导。坚持按照上级关于抓基层党建工作长效机制的有关要求，不断加强和改进党的建设。抓好学习，订完善《党支部学习制度》，推进中心组学习制度化、经常化，用“三个代表”重要思想、科学发展观统一党组一班人的思想，领导班子的凝聚力，战斗力进一步增强。同时，认真落实基层党组织“三会一课”制度，认真开展好“两学一做”教育活动，提高了广大党员的政策理论水平和思想觉悟，党支部的战斗堡垒和党员的先锋模范作用得到较好的发挥。深入开展“两学一做”专题教育，以党的群众路线教育实践活动为载体，认真贯彻落实全国、全区、全市民政工作会议精神，坚持“以民为本、为民解困、为民服务”为宗旨，紧紧围绕全市中心任务和“六大战略”目标，以提高“三个群体”（困难群体、优抚群体、孤老孤残儿等特殊群体）生活保障水平、加速民政公共服务设施建设、发挥民政在构建平安西藏、幸福拉萨，以改善民生为重点，开拓创新，扎实抓好民政工作，各项民政工作健康发展，加大民政政策的宣传力度，维护了民政服务对象的基本权益，促进了林周县的经济发展和社会稳定。

【精准扶贫】 民政局制定了《林周县民政精准扶贫工作实施方案》，积极与县扶贫办沟通协调，开展扶贫对象调查摸底、精准识别、基础数据统计等工作，努力做到民政兜底扶贫对象进准识别、精准保障、精准认定。做好民政744人兜底对象核查认定工作。近期民政局将深入各乡镇村组进行对兜底对象进行核查，依照“精准识别、精准认定”确保兜底对象认定精准，建立兜底扶贫对象一户一档，做到精准施救。按照能脱贫、无望脱贫的低保对象等电子台账、资料数据库，确保不漏一户低保家庭、不漏一名低保对象，根据实际情况进行动态管理，最大程度地发挥相关部门精准扶贫资源的作用，确保精准扶贫工作稳步实施。

【五保供养中心管理】 新建林周县五保集中供养服务中心（社会福利院）项目，于2014年9月开工建设，2015年12月建成投入使用。截至年底，林周县有农村五保对象156人，已集中入住农村五保老人116人，意愿供养率达到100%。为切实做好五保供养机构建设和管理服务等工作，林周县严格按照《西藏自治区人民政府办公厅关于切实做好五保集中供养和孤儿集中收养有关工作的通知》（藏政办发〔2015〕96号）和拉萨市“双集中”工作会议精神，县民政局积极行动，县人社局通力协作，按照公开、平等、竞争、择优的原则，圆满完成了县五保集中供养中心管理、财务、护理等人员招聘工作，共计招聘人员15人，并与新录用的人员签订用工合同，在民政局的积极协调下，配齐配强院内管理人员，3个管理人员全部到位。

完善院内各项规章制度。对林周县五保集中供养中心各类规章制度进行统一制作，并及时上墙，各类制度齐全。营造舒适的居住环境。在每个老人门口统一制作了老人健康信息卡片，在楼道内装设了走廊文化，楼道内放置了各类绿色植物。做到科学营养搭配就餐。按照老年人的特点，科学合理安排膳食，让供养老人倍感家庭般的温暖。为五保老人每天交替发放不同的水果，使老人享受到党的好政策、感受到社会大家庭的温暖。与县级医院签订医疗服务协议，设立医务室，为老人们定期体检，建立健康档案，实行24小时全天候诊疗服务。组织县老年文艺队定期和老人一起娱乐活动，给五保老人排练文艺节目，开展形式多样、自娱自乐的文艺活动，丰富了老人们的文化生活，在重阳节当天，县委领导在林周县五保集中供养服务中心与老人共度节日开展活动，并为他们每人发放秋季服装一套。县政府不断加大对县五保集中供养中心的资金投入，确保管理正常运行。2016年，林周县财政预算配套资金116.22万元，作为县五保集中供养中心管理运行及生活保障资金，进一步提高集中供养五保老人的生活标准。

【城乡低保工作】 城乡低保按照“本人申请，村组评议，乡镇审核，县局审批”的程序严格审批，严格执行“三榜公示”低保对象审核审批程序，做到公平、公正、公开，不错保、不漏保、不重保、人情保，实现城乡低保动态管理下的应保尽保，按标施保。城乡低保做到及时、足额、按标准社会化发放。根据民政部和自治区民政厅社会救助处要求，以社会救助专项整治为契机，对全县的低保进行了清理核查，完善资料，确保了信息的真实、准确、完整，并利用一个月时间对全县城乡低保人员进行了系统录入，实现城乡低保工作系统管理。城镇低保坚持每月发放一次，农村低保每季度发放一次，农村低保资金按照季度足额发放，2016年第一、二季度共计发放农村低保1113户、4177人资金308.93万元。按照市局要求，结合林周县精准扶贫工作，及时协调沟通争取资金，发放第三、四季度农村低保资金及“两线合一线”补助资金共830.13万元，惠及林周县856户、3213人。发放2016年城镇低保资金674.484万元。全县共核查农村低保对象1113户，4177人，核查清退296户1115人，清退人数达到27%，新增38户、152人，与核查之前相比减少257户、961人，截至年底，共有农村低保857户、3213人；城镇低保总共有城镇低保988户、1033人。

【做好贫困群众慰问工作】 2016年“三大节日”期间，林周县组织3个慰问组，县委、人大、政府、政协主要领导率领县委办、政府办、人大办组织部、民政局、总工会等单位深入全县10个乡镇开展2016年“三大节日”节前“送温暖、献爱心”慰问活动。在慰问活动中，全县共发放慰问金及物资共计24.07万元。其中，慰问驻地部队共计4.9万元，使他们感受到党和政府的关怀，确保他们过上安全祥和的节日。

【医疗救助】 年内，城乡医疗救助“一站式”即时结算工作正规有序开展，对符合救助的城乡低保对象实行“一站式”救助，生病住院不需花一分钱就可在签订协议的6家医院（市人民医院、武警总队医院、西藏阜康医院、西藏第二人民医院、县人民医院）进行治疗，方便了困难群众。2016年共对233人农村困难群体进行医疗救助，共计兑现资金228万元。对41人次城镇困难群体医疗救助，兑现资金10万元。

【做好临时救助工作】 2016年，林周县民政局对全县符合临时救助条件困难家庭，根据个人申请、入户调查，村、乡镇公示的程序对需要救助的困难群众及时进行了临时救助。对因火灾、交通事故、子女上学困难等家庭成员以及突发重大疾病等原因，导致生活暂时出现严重困难的家庭，或者因生活困难必要支出突然增加超出家庭承受能力，导致基本生活暂时出现严重困难的最低生活保障家庭给予了临时救助，主要以现金救助为主。2016年，县民政局严格按照临时制度进行落实，根据家庭生活困难程度给予500—2000元不等的资金救助。共计救助林周县困难家庭178户（人），共计发放资金31.27万元。

【加强预防和处置自然灾害能力建设】 建立健全了由“政府统一领导、部门分工负责、灾害分级管理”制度，以党政一把手负总责、分管负责人直接抓的县、乡、村三级自然灾害应急救助体系。建立了较为完善的科学决策、上下联动和部门协调的抗灾机制，切实做到赶赴灾区现场快、救灾物资调运快、资金下拨速度快，有效保障了受灾群众的基本生活。在“5·12”当天，积极开展防灾减灾宣传活动，通过发放防灾救灾宣传册、广播宣传和减灾现场宣传讲解，使广大农牧民群众及时了解防灾减灾自救相关知识，从而提高防灾减灾意识。

严格执行灾害发生后2小时初报和24小时零报告制度，及时、迅速、准确地做好灾情的统计、核查和报告工作，真实客观地反映灾害损失工作开展情况，及时、准确地传递信息。做好自然灾害应急救灾宣传工作，及时调拨救灾物资，做好乡一级的救灾物资储备工作，各类储备物资充裕，加强了各乡镇救灾物资的管理工作。在7月初组织各乡镇民政工作人员进行应急救灾帐篷搭建演练，使工作人员熟练掌握帐篷搭建技能，做到关键时刻能用得上。

【加强救灾仓库物资管理】 加强救灾储备物资的管理工作，建立健全和严格遵守救灾物资管理使用制度，严格执行救灾储备物资出入库登记制度，做到账目清楚、账目相符，做好了县级救灾物资库的物资储备管理力度，加强乡级物资管理储备工作。

【老龄、孤儿工作】 认真宣传贯彻《中华人民共和国老年人权益保障法》，组建老年文艺队，为老年人提供娱乐场所，以老年人“老有所养、老有所为、老有所乐、生活幸福”为工作目标，保障老年人权益，做好甘曲退休支部的管理和服务。经民政局统计，享受城乡低保家庭中60—70岁的失能老年人247人；享受城乡低保家庭中70周岁以上的284人。建立55周岁以上老人统计台账。认真开展全县55周岁以上老人统计工作，建立健全55岁老人人口统计台账，2016年年初林周县55岁以上老人7759人。对新增的2名及时送至市儿童福利院并办理孤儿证。

【双拥优抚安置】 按照上级有关文件规定，认真落实各项优抚政策，按时发放优待金、抚恤金和补助金，解决优抚对象的看病难和生活难问题，对生活困难的优抚对象进行生活救助和医疗救助。部队经常走访县敬老院为老人看病、理发、洗衣、做饭等。充分体现了“军爱民，民拥军，军民团结一家亲。加强双拥宣传教育工作，切实做好创建双拥模范县工作。与驻地4个部队签订双拥共建协议，积极开展双拥共建工作。

2016年，对6名符合安置的退役士兵进行安置，1名在拉萨安置，5人在县直单位安置。县级财政每年预算10万元作为林周县的双拥工作经费，主要用于新老兵慰问、部队立功受奖人员奖励和“八一”活动等费用。在新兵入伍前做好家属慰问鼓励工作，并对新入伍的青年发放1.05万元，对20名2016年度退役士兵发放慰问金1.4万元，每人700元。在节日期间，对驻地部队进行慰问，4个驻地发放慰问金2.7万元，并与驻地官兵做好“八一”双拥工作座谈会，促进军地军民关系，巩固军爱民民拥军的氛围。

【社会事务管理】 做好社会团体的登记管理工作，积极培育对经济社会发展作用显著和公益性服务性的各类社会组织，推进社会组织快速发展；开展社会组织年度检查工作，进一步规范行政执法水平，组织开展公益性活动。2016年，完成农牧民与公务员婚姻档案资料分类，此项工作已完成，1988—2015年共计结婚7299对，其中干部结婚901对。2016年，共计办理结婚登记868对，离婚登记69对。林周县登记的社会组织34个，主要是互帮互助的用水户协会。

【基层组织政权建设】 为推进村民民主理财，监督村务公开等制度的落实，扎实做好林周县村务监督工作，2015年9月29日，县民政局组织九乡一镇的145名村务监督委员会成员到县文化活动中心进行培训。从村务监督委员会成员自身定位、成员的任职条件、成员的主要职责、成员的权利与义务、村务监督委员会运行规侧等方面进行培训，让全县的村务监督委员会成员了解自身定位、主要职责、权利与义务，让他们明白如何开展工作。发放村务监督委员会的误工补贴37.74万元。同时，民政局同县委组织部共同开展全县45个行政村开展村务公开工作开展情况进行了调研，完成村民民主示范管理申报工作，对7个村进行民主管理示范申报。

【勘界、地名工作】 根据《西藏自治区人民政府办公厅关于开展第四轮县级行政区域界线联合检查工作的通知》的通知要求，完成了由林周县牵头的林周—当雄，林周—嘉黎边界联检工作，资料整理已上报到市局民政科。9月底，民政部专家对林周县全国第二次地名普查工作进行抽查验收，对林周县地名普查工作肯定。区市两级对林周县第二次全国地名普查工作给予了充分的肯定，并获得全市地名工作管理先进单位。对新增或者损坏的地名标志及门牌安排专人进行统计，根据统计结果向市局上报制作方案，并进行安装。

【加强民政项目建设】 2016，完成林周县五保集中供养中心二期工程施工工作。二期五保中心附属工程，主要新建特殊用房建筑面积124.64平方米、公共卫生间面积为65.60平方米、阳光棚面积239.33平方米、天棚更换吊顶面积3867.78平方米、藏式彩绘面积414.50平方米、绿化面积5696.37平方米、混凝土道路面积3085.60平方米。由苏州市民政局援建投资376万元，建筑面积1200平方米的林周县老年人活动中心项目已经完工，以上两个项目已通过竣工验收。

【残疾人事业】 林周县残疾人1417人，其中肢体残疾725人，视力残疾172人，听力残疾171人，言语残疾25人，精神残疾50人，智力残疾64人，多重残疾210人。重度残疾人266人，其中一级143人，二级123人。0—16岁残疾人129人。2016年，329个残疾人享受农村低保政策，96个残疾人享受“阳光家园”政策，25个残疾人享受燃油补贴政策，680个残疾人享受政府特殊生活补助政策，7户残疾人家庭享受危房改造政策，11户残疾人享受无障碍改造项目。拉萨市首届残疾人运动会日前在拉萨顺利落下帷幕，林周县残运会代表团载誉而归。2016年，在拉萨市首届残运会上，林周县残疾人运动会共获得9金5银9

铜、团体三等奖优秀成绩。

（郭晓笛）

【领导名录】

局　长　扎西普拉（藏族，3月任，6月免）
　　　　吴金措姆（女，藏族，6月任）
副局长　张 天 平（主持工作，3月免）
　　　　次仁卓玛（女，藏族）

林周县人力资源和社会保障局

【概况】 2016年，林周县人力资源和社会保障局有行政编制6名，事业编制2名，其中科级领导职数3人。2016年，全局干部职工共13人，其中正科级1人，主任科员1人，副主任科员3人，科员2人，专技人员1人，工人2人，公益性岗位3人，有共产党员10人。2016年，县林周县人力资源和社会保障局的各项工作在林周县委、县政府的坚强领导下以及拉萨市人力资源和社会保障局的精心指导下，各项工作协调健康发展。

【就业工作开展情况】 逐乡成立劳动就业社会保障公共保障服务平台，截至年底，全县九乡一镇社保协理人员招录工作已经完毕，并进行岗前培训，已全部按时上岗。

【人事管理深入推进】 认真开展职称评聘工作。高效完成机关事业单位419人岗位设置工作；完成了52人评聘初级职称，55人初级资格确认工作，14人中级资格确认工作；完成10名合同制工人退休审核上报工作（其中8名已批准退休、2名正常退休已上报待批）；做好工资的调整及退休审批工作。完成全县机关事业单位79人2015年的工资各类变动；完成2016年全县机关事业工作人员正常晋升工资审批工作工资统计预算；完成全县正常退休工资清算工作；完成全县从事有毒有害工作人员工资兑现及机关事业单位工作人员住房补贴增资兑现工作；完成全县728名退休干部及工人个人信息采集工作。

【就业创业全面推进】 优化服务，落实就业援助，保障重点群体就业。夯实基层基础，优化服务体系，提升服务水平，通过开展就业援助月、“春风行动”“返乡农民工就业创业宣传专项活动”“招聘会”等公共就业活动，搭建供需平台。逐乡成立劳动就业社会保障服务所，且每个乡镇配备2名基层平台工作人员，45个行政村成立了劳动就业社会保障服务站，并配备1名协理员。截至年底，全县九乡一镇社保协理人员20名招录工作已经完毕，进行岗前培训3期，发放基层劳动就业社会保障公共服务平台工作手册20本，岗位信息指南40本。及时兑现基层平台办公经费20万元，基层平台工作人员工资54.12万元。全县在岗公益性岗位人员233人，兑现工资351.44万元

【建档立卡贫困户转移就业】 林周县建档立卡贫困户转移就业涉及1398户1542人。建档立卡贫困户转移就业需通过技能培训的人数为589人，其中2016年培训人数为294人（220人为就业技能培训、59人为技能提升培训、15人为创业培训），2017年培训人数为295人。截至年底，林周县开发就业岗位7142（其中生态补偿开发就业岗位6108个）。实现建档立卡贫困户转移就业100%。

【目标任务完成】 2016年，就业再就业培训人数391人，合格率90%，就业率80%以上；职业指导1485人，完成全年目标任务212.1%；职业介绍654人，完成全年目标的126%；职业介绍成功394人，完成全年目标的151.5%；开发就业再就业岗位1051个，完成全年目标的233%；实现就业困难人员就业103人，完成全年目标的103%，实现新增就业2129人，完成全年目标的163%；城镇登记失业人员225人，城镇登记失业人员控制在2.2%以内；职业技能鉴定684人，鉴定合格70人，合格率100%；农牧区劳动力转移就业1.75万人，完成全年目标的100%，实现收入0.9亿元；创业培训70人，培训合格率90%以上，创业带动就业30人以上，完成全年目标任务的120%；高校毕业生创业培训10人，完成目标任务的100%；高校毕业生实

名制统计379人，完成目标任务的87%；组织高校毕业生见习15人，完成目标任务的100%；帮助困难高校毕业生实现全部就业；开发公益性就业岗位101个。

【技能培训】 截至年底，全县共开设12个班，涉及培训人数565个，其中，精准扶贫户529人，投入资金110.58万元。其中人社局开设5个班，装挖机培训、中式烹饪培训、C照升B照培训、创业培训（SYB）、C级装载机操作，涉及培训人数172个，其中精准扶贫户136人，投入资金55.2万元；四业办开设7个班，实用技术、烹饪培训、保安培训、村医技能提升培训、创业培训、C级装载机操作、妇女手工编织，涉及培训人数293个，其中精准扶贫户393人，投入资金55.38万元。

【就业服务工作】 充分依托基层服务平台，夯实基层基础，优化服务体系，提升服务水平，通过开展“就业援助月”“春风行动”“返乡农民工就业创业宣传专项活动”“招聘会”等公共就业活动，搭建供需平台。截至年底，发布改善就业环境用工信息需求2次，举办1次大型招聘会，共有24家企业参加，提供就业岗位462个，约2300余农牧民参加，达成就业意向654人，发放各类宣传资料2257册，接受1500多人的政策咨询。

【社会保障日益完善】 严格贯彻落实国家社保惠民政策，全方位组织宣传，社会保险扩面征缴持续巩固，以广大适龄城乡居民、私营企业为扩面重点，加强政策宣传讲解和社保稽核工作，持续巩固社会保险扩面工作。基金管理进一步加强。完善缴费稽核机制，加强内控制度建设，规范办理流程，确保业务经办规范有序，社保基金安全运行；社保关系转移接续工作快捷高效。印发转移接续办理指南，加强宣传引导；科学规划经办流程，提升工作效率；严格经办管理模式，实现经办“零投诉”“零差错”。

【城乡居民养老保险】 2016年，16—59岁参保人数29837人，征缴基金共计328.7万元。60岁以上参保人数6773人，参保率为100%，截至年底，共计发放养老金1261.14万元。

【企业职工养老保险】 参保人数378人（含退休），征缴基金334.52万元，死亡3人，发放丧葬抚恤金15.79万元。

【医疗保险】 2016年，林周县城镇居民医疗保险参保人数2190人，征缴基金96.3万元；2016年城镇居民住院报销56起，统筹报销417095.04元。2016年城镇职工参保人数2596人，其中在职2055人，退休541人，征缴基金18471684.2元，其中单位缴费14777347.36元，个人缴费3694336.84元。2016年职工住院报销85起，统筹报销863565.34元，公务员报销47556.61元。申报大病保险4人次；完成清户22人，清户总资金8.74万元；下发医保卡370个；接待柜台咨询860人次；电话咨询530人次；特殊门诊审批88人次，转移医保关系100人余次。

【生育保险】 参保人数2055人，征缴基金1293017.89元，其中单位缴费1293017.89元，个人缴费无。完成职工生育报销81人次，审核支付67.43万元。

【失业保险】 年内，参保人数1276人，征缴基金180.43万元，超额完成全年目标任务。

【工伤保险】 参保2745人，征缴基金72.49万元。其中机关事业单位人员共计2510人（公务员812人、事业编制人员436人、公益性岗位207人、临时工286人；教育系统事业编制人员603人、临时工166人），征缴基金55.88万元；12家企业民工参保235人，征缴基金16.61万元，完成全年目标的90%（由于林周县矿山企业整顿期间未开工，导致工伤保险征收大头全部未缴纳基金）。

【夯实基础、严格执法】 矛盾防控机制不断完善。充分发挥县劳动监察、10个乡（镇）、各行政村组成的三级劳动监察网格，对乡（镇）和村级网格对辖区内的企业用工、工资支付、劳动合同签订、违法使用童工、参加社会保障情况进行调查，汇总相关情况并建立档案。深入推进劳动保障法律法规宣传，组织集中宣传活动6次，累计发放宣传资料3000余份，接受政策咨询900余人次；调解仲裁能力持续提升。建立完善劳动争议案件快立、快办、快结工作机制，对集体劳动争议案件做到优先立案、优先审理、快速结案，有效维护劳动关系主体双方权益。截至年底，受理劳动争议案件17起，成功调解15起，涉及劳动者675人，涉及金额达862.67万元，调解成功率95%。正在协调2起，接待各类劳动者来信来访90余人次。劳动监察执法更加有力。开展整顿人力资源市场专项检查活动4次，日常检查9次，累计对44家用工企业劳动合同签订、工资保证金缴纳、工伤保险缴纳、劳动维权用工牌的设置、用工备案进行了监察，涉及民工2300余人。建立和完善工资保证金制度。截至年底，共有44家用工企业缴纳了民工工资保证金，涉及资金1945.7万元。

【党风廉政建设】 年内，认真贯彻全面从严治党决定，严格落实党风廉政建设“主体责任”和领导干部“一岗双责”。开展“两学一做”学习教育活动，加强党员干部教育培训和监督管理，提升干部职工综合素质和业务能力，持续抓好人社系统政风行风建设，深化部门政风肃纪工作。进一步加强廉政风险防控机制建设，完善内部规章管理制度，扎实推进“积极预防、系统治理”工作。落实纪检监督责任，狠抓党风党纪的执行，依法严肃查处各类违纪案件，强化责任追究。

【“五措并举”抓好精准扶贫】 按照林周县实施“精准扶贫、精准脱贫”政策的总体安排部署，为全面推进林周县人力资源和社会保障事业有计划、有步骤地持续、快速、健康发展，保持社会稳定，高度关注贫困村群众需求，充分聚焦劳动力技能提升，开阔思维、创新举措，认真实施精准扶贫劳动力培训支持计划，切实加强贫困群众“治穷病、拔穷根”自助能力，“五措并举”抓好精准扶贫工作。“五措并举”，即以组织领导为保障，靠实工作责任；以就业补贴为前提，落实惠民政策；以群众需求为导向，积极实施“智力扶贫”；以建档立卡为基础，优化就业服务；以部门联动为抓手，确保培训实效。

依托基层就业服务平台，林周县建档立卡贫困户转移就业涉及1398户1542人。建档立卡贫困户转移就业需通过技能培训的人数为589人，其中2016年培训人数为294人（220人为就业技能培训、59人为技能提升培训、15人为创业培训），2017年培训人数为295人。林周县开发就业岗位6759个。其中，生态补偿开发就业岗位5937个（包括草监员、护林员、水利协管员、环境监督员、乡镇保洁员、地质灾害群测员、交通管护员等岗位，已安排3466名精准扶贫对象就业），企业和合作社提供就业岗位656个，公益性岗位新开发101个，基层服务平台提供就业岗位20个，村级协理员45个。有1542名建档立卡转移就业贫困人员实现就业，完成建档立卡转移就业人数的100%。

（扎西次旺）

【领导名录】

局　长　巴　　珠（藏族，11月免）

副局长　阿旺次仁（藏族）

　　　　米　　玛（女，藏族）

林周县卫生局

【概况】 2016年，林周县卫生局认真按照县委、县政府的总体部署和要求，全面贯彻落实上级的方针政策，以“两学一做”专题教育活动为契机，以巩固完善国家基本药物制度和基层运行新机制为重点，全面深化医药卫生体制改革，进一步抓好新型农牧区医疗工作，加强重大疾病防控，增强医疗卫生服务能力，开展卫生综合执法监督，推进县级公立医院改革，使林周县的卫生工作得到了深入有效开展。林周县总国土面积4512平方公里，下辖9乡1镇，45个行政村，431个自然村，总人口6万余人，全县各级各类医疗机构54个，其中县级医疗机构2个，乡卫生院9所，村卫生室35个，村组综合活动场所（卫生室）8个。全县卫生专业技术人员349人，其中：正式职工215人，公益性36人，聘用98人；博士及研究生7人，本科118人，大专80人，中专及以下112人，剩余32人均为本地培养；临床助理及执业医师29人，藏医助理及执业医师49人，公卫助理及执业医师29人，执业护士23人，副高5人，中级19人，初级76人。

【农牧区合作医疗】 年内，林周县农牧民登记人数58765人，农牧民参加筹资人数58765人，登记户数11810户，其中五保户人数73人，筹资率达100%，农牧区合作医疗个人缴费由20元提高到了30元，筹资金额为1762950元。全县参合农牧民共发生医疗总费用3081.6万元，报销医疗费用2342.24万元，享受人数2965人。其中普通病：在乡镇卫生院住院治疗11人，实际报销1.9万元；在县级医院住院治疗1208人，实际报销682.68万元；在市级以上定点医院住院治疗795人，实际报销819.11万元。孕产妇：产妇住院治疗939人次，实际报销金额833.45万元；特殊门诊人数12人，实际报销金额5.1万元。全县门诊核销总人数34696人，门诊核销总金额319.25万，其中：县级以上的医疗机构人数7351人，实际核销157万元；乡级医疗机构人数24967人，实际核销127.13万元；村级医院机构人数2378人，实际核销35.12万元。县政府共计投入860万元用于缓解大病统筹资金超支情况，其中60万元为全县农牧民购买10元/人·年的超大额补充医疗商业保险，最高赔付限额为15万元/人，针对在合作医疗费用超过13万元以上的费用进行赔付。

【计划生育】 林周县15—49周岁育龄妇女18736人，其中已婚妇女15873人；出生1110人、出生率17.32‰、死亡244人、死亡率3.81‰、自然增长人数866人、自增率13.51‰；综合节育数12921人、综合节育率81.59%；截至年底，选用放置宫内节育器1922人、口服及注射避孕药2859人、皮下埋置3604人、绝育数2795人（女性输卵管结扎）、避孕套1524人、外用药217人。

紧紧围绕林周县经济社会可持续发展的战略目标，按照坚持宣传教育、优质服务、自愿选择的方针，把稳定低生育水平、提高人口素质与提高群众生殖健康水平统一起来，宣传“一法三规”，即《中华人民共和国人口与计划生育法》《计划生育技术服务管理条例》《避孕节育 优生优育 生殖健康科普常识实用手册》计生各项惠民政策、免费孕前优生优育、出生缺陷以及干预等内容。向育龄群众、流动人口发放印有新婚夫妇小贴士、健康宝宝 幸福家庭、宝宝是怎样形成的、致新拉萨人、避孕节育、优生优育、生殖健康科普常识实用手册和林周一本通等资料，同时接受群众的咨询。2016年，共计宣传35次，发放宣传资料15000余份、宣传横幅30条、安全套3000余只、受益人群达到7000余人次。

【落实“两项扶助制度”】 年初，为林周县115名独生子女伤残死亡扶助对象建立个人农行卡，2015年扶助资金26.208万元分别按标准兑现。同时，林周县2015年“一孩双女”户困难家庭720人的扶助资金69.12万元由县农行转到各乡农行营业所，以每人960元的标准兑现。年内，林周县符合“一孩双女”户困难家庭的新增人数为64人，退出（死亡）人数为35人，“独生子女伤残死亡”的新增人数为21人，退出（死亡）人数为10人。截至年底，林周县符合“一孩双女”户困难家庭的扶助对象累计为749人，扶助资金为71.904万元，符合“独生子女伤残死亡”的对象累计为126人，扶助资金为50.4万。根据拉萨市人口计生委的通知要求为林周县89户特殊家庭每户发放慰问金140元共计12460元。羊毛绒被1个、三件套1个。并由林周县藏医院开展义诊，免费发放藏医药品20余种，折合人民币3500余元。2015年10月至

2016年11月中旬林周县人口计生委共受理生育证87件，办结87件，受理独生子女证50件，办结50件，咨询达200余人次。完成农牧民免费孕前优生健康检查560对，出生缺陷一级预防干预检查266对。为65名流动人口开展健康体检，并建立林周县流动人口健康档案。

【开展全民体检并建立健康档案】 年内，林周县全民应体检人数60727人，已体检60715人次，体检率99.9%；僧尼体检774人，体检率100%；0—18岁儿童先天心脏病筛查14356人，筛查出疑似先心病患儿23人，请成都军区总医院专家赴藏确诊3例，有手术适应征2例；先天性髋关节脱位4例，唇腭裂2例，已安排到自治区人民医院进行手术治疗；白内障应筛查人数60727人，已筛查60727人次，筛查率100%，筛查出疑似白内障患者164人；妇女病（两癌）应检查15294人，已体检15294人，体检率100%，筛查出的疑似两癌患者7人，已进一步安排检查确诊。

【对口援藏工作取得新进展】 为做好组团式援藏对接工作，县委、县政府与卫生局高度重视，经申请住建局批复了10套周转房，并拨付371740元解决了援藏专家食、住、行问题。年内，苏州共投入援助资金1375万元，分别为400万元的县医院综合服务中心、205万元的高原移动医院项目、150万元的苏拉远程会诊项目，以及300万元用于购买救护车，苏州市卫计委捐助县医院两台价值120万元的便携式彩超机。苏州市援藏工作组捐款200万元设立了林周县“微笑天使”医疗救助基金，专项用于资助林周县农牧民家庭先天性唇腭裂、先天性髋关节脱位、先天性脊柱侧凸畸形，这三类疾病的治疗救助经费。

7月，成都军区总医院对县医院进行了医院管理、医疗业务指导，并启动了医疗“组团式”援藏，派3名骨干人员对县医院护理、儿童先天性心脏病、B超、检验等工作进行指导。苏州卫生系统“组团式”援藏，2016年已派到县医院4名援藏专家在县医院内科、外科、妇产科及行政指导工作。10月13日，成都军区总医院援藏专家为全民体检中发现的23名疑似先心病患儿进行筛查，最后确诊3例，有手术指征2例，已在成都军区总医院进行免费手术治疗。

【权责清单整理】 按照职权法定、简政放权、便民高效、权责一致、公开透明的原则，卫生局已完成职权清理工作。共计265项，初步确认行政许可12项，行政处罚186项，行政强制8项，行政给付6项，行政检查22项，行政确认6项，行政奖励13项，行政仲裁1项，其他权力10项。

【开展帮扶活动】 年内，县卫生局、疾控中心、县医院代表到阿朗乡布岗村开展结对帮扶工作，慰问结对帮扶对象及困难党员共140人，义诊活动2800余人次，发放慰问金、慰问物品、药品价值共计35192元。

【加强人才培养】 强化培训，积极培养技术骨干和学科带头人。通过开展基层技术人员适宜技术培训、乡镇卫生院管理人员培训，选派县、乡卫生技术骨干到上级医院进修深造等多层次、多形式的培训方式，切实加大对医疗卫生技术人员的培训力度，年内，共组织各类培训50次，共计936人次。

（赵　亮）

【领导名录】

局　长　叶晓梅（女）

副局长　次仁拉多（女，藏族）

林周县食品药品监督管理局

【概况】 2016年，林周县食品药品监督管理局共有行政编制2名，现有干部职工4名。截至年底，辖区涉及餐饮食品、药品监管对象包括：餐饮服务单位394家、食品流通户274家、中小学食堂11家、机关企事业食堂单位8家；药品经营单位2家、医疗机构10家；化妆品经营单位9家。

【食品流通环节整治】 2016年，食药监局加大农牧区食品市场的检查力度，严厉打击销售假劣食品的违法行为严把农牧区食品市场经营主体准入。全面清理农牧区食品批发、零售者的经营主体资格，严厉依法查处无照经营食品的违法行为。严格落实食品经营主体责任，监督食品批发商、零售商，督促其在购进食品原辅料时认真查看供货商的各类资质证明，做好进货查验和查验记录，确保食品原辅料质量安全。集中执法力量开展农牧区食品市场排查。在检查中对销售过期、假冒伪劣食品的依法进行没收，对情节严重的商户依法查处。突出监管重点。以农贸市场、超市、中小学及托幼机构及“东孜山”周边食品经营者为重点场所，采取随机抽查等突击检查方式、深入排查、严肃查处“三无食品”和假冒伪劣食品、过期食品等违法行为。强化日常巡查。将监管重心下移严格落实日常巡查制度，加大了对农牧区食品安全市场的巡查力度。2016年，共开展专项整治5次，共检查出动执法人员65人次，执法车辆18辆次，检查各类食品经营户403户次，没收过期、变质食品36个品种，价值3000余元。

【餐饮服务环节整治】 强化农牧区餐饮食品安全监管，督促餐饮服务单位，特别是乡镇小餐饮店，控制好食物制作的基本卫生条件，严禁使用非食用物质加工制作食品，规范使用食品添加剂。督促部分农牧区食品经营者设置食品储存区域、对直接入口的散装食品加装防虫、防蝇、防尘设施，代加工食品与直接入口食品、原料与成品分离，销售有温度控制要求的食品，按要求配备与经营品种、数量相适应的冷藏、冷冻设备。在“春节”“五一”“端午”等小长假前和“萨嘎达瓦节”期间，按照县食品安全委员会的统一安排，联合相关职能部门开展食品安全专项整治检查；严厉查处餐饮场所环境脏乱差；严厉查处食品过期、变质等影响群众身体健康的违法违规行为。2016年，共开展专项整治9次，出动执法人员168人次，出动执法车辆53辆次，检查各类食品经营户465户次。

【狠抓学校监督】 为确保学生饮食安全，由县食安委组织相关职能部门负责人召开了学校食品安全工作会议。对学校食品安全工作进行再安排再部署。全年按相关要求分别完成了全县“春、秋季学校、托幼机构食堂”食品安全专项督导检查、“小考、中考”期间食品安全监管和日常学校食堂及周边餐饮、食品经营单位的检查整治工作。依法责令校园周边无食品经营许可的商户停业整顿、补办相关证件，对存在销售过期食品、“三无”食品及标签标示不清的食品进行没收，对餐饮服务经营场所环境污浊、未配备与食品经营相适应的设备设施、所用容器、工具和设备未保持清洁的下发监督意见书限期整改。2016年，共开展专项整治3次，出动执法人员78人次，执法车辆17辆次，检查各类食品经营户106户次，学生食堂38家次。

【完成食品安全保障任务】 年内，食药局通过制定方案，落实责任，事前指导，全程监督等措施，确保了“三会”“中小考”“萨嘎达瓦”等为主的重要活动期间餐饮服务食品安全。确保了在各类重大活动期间的餐饮食品零安全事故。

【稳步推进明厨亮灶】 引导新开办的餐饮服务单位优化场所布局，达到“明厨亮灶”要求换证的餐饮服务单位，根据业态、经济实力、厨房位置及布局等，利用换证改造时机进行“明厨亮灶”建设。2016年，完成“明厨亮灶”试点单位33家。

【做好“两证换一证”】 根据区、市食品药品监督管理局要求和统一安排，通过学习与实践相结合，于8月29日，正式启用新版食品经营许可证。

【突出重点抓好食品监督抽检】 根据拉萨市工作方案，全面开展食品监督抽样任务工作。2016年，完成了食品监督抽检品种数24个批次的抽检，抽检涉及流通环节单位7家，餐饮环节单位17家，抽检样品含食用农产品、水果（橘子、香蕉）、蔬菜（豇豆、土豆、大葱）、畜肉、大米、餐饮具酱等，抽检合格率为97%。

【民俗宗教活动顺利开展】 为扎实做好林周县东孜山“猴年转山”民俗宗教活动期间的食品安全监管工作。根据县委、县政法、县食品安全委员会的安排部署，由食安办起草印发了《林周县东孜山“猴年转山”民俗宗教活动食品安全监管保障工作方案》，成立了食品安全监管保障工作领导小组，明确了相关责任单位的主体责任。并组织相关部门，深入到东孜山区域内各餐饮服务店、副食店、流动摊贩进行监管。各部门对检查中发现的问题及时协调沟通有效地进行解决，切实保障了东孜山“猴年转山”民俗宗教活动期间的食品安全。

【夯实药械质量安全监管基础】 年内，坚持以整顿和规范药品、医疗器械市场秩序为目的，强化市场监督管理，坚决查处各类违法违规行为。认真履职，加强日常监督检查。年初，按照工作计划，扎实有效地进行了辖区内各药品经营使用单位的监督检查。开展专项整治行动，进一步净化林周县药械市场。开展“高原氧气”“疫苗检查”“无菌和植入性医疗器械”等专项行动。通过开展专项整治行动，严厉的打击了各类违法销售行为，规范了林周县药械市场秩序。

【提高群众法制意识】 2016年，积极参加结合“6·5”世界环境日、“安全生产月”“食品安全宣传周”等一系列宣传活动。在“食品安全宣传周”期间印制各类宣传画报、制作环保手提袋和宣传展板，围绕“尚德守法 共治共享食品安全”主题组织食安委相关成员单位及各乡镇分别在县城及各乡（镇）辖区开展了宣传。通过发放藏汉双语宣传册、环保手提袋和与群众面对面交流、实例讲解、展示宣传栏等方式，大力宣传《中华人民共和国食品安全法》《中华人民共和国药品安全法》、食品卫生常识和用药常识。不断强化了群众的饮食用药安全意识。2016年，共参加集中宣传活动4次，共发放宣传册1700余份、环保手提袋460个、《中华人民共和国食品安全法》300余本。

（卢建春）

【领导名录】

局　长　强巴索朗（藏族）

副局长　次仁德吉（女，藏族，5月任）

林周县人民医院

【概况】 2016年，林周县人民医院在上级业务部门和内地对口援藏省市的大力支持下，以中共十八大和习近平总书记重要讲话精神为指导，把全院思想统一到自治区、拉萨市及林周县党委重大决策部署上来，坚持以为人民服务为宗旨，积极开展医院支部党建工作，引导支部党员开展“两学一做”教育，提升党员思想素质、提升支部堡垒战斗力。2016年，全院职工团结一心，贯彻执行国家医改政策，实施国家、区市县委惠民政策，主要实施了“全民免费健康体检”和“先诊疗后结算”制度、“药品零差价”制度、探索分级诊疗制度，积极配合县委县政府开展精准扶贫工作。同时，坚持努力提高医疗质量、保证医疗安全、改善医疗服务态度、努力提高突发公共卫生事件应急处置能力，推进医院工作健康发展。

【医疗业务工作开展情况】 门急诊量49272人次，其中急诊3741人次，健康体检4081人次（不包括全民体检人数）；住院病人2206人次，出院病人2035人次，治愈率42.46%，好转率31.75%，病床使用率85.94%（按实际开放床位92张计算），出院患者平均住院6.3日，妇产科：孕产妇死亡1例，死胎死产9例。各类手术309人次，其中阑尾切除术145人次，剖宫产术40人次、腹式绝育术10人次，胆囊切除术28人次，骨折内固定7例，髋关节脱位固定1例，脂肪瘤切除1例，肛肠科手术5例，阑尾炎合并胃穿孔修补术2例，骨科手术3例，其他手术67人次。产前检查3461人次，接生618人次，藏医药浴110人次，藏医理疗2978

人次。藏医科住院196人次，藏医科门诊15437人次。心电图3305人次，B超8520人次，彩超70人次；肝功3517人次，两对半3835人次，三大常规11493人次，表抗699人次，肾功2937人次，电解质3083人次，血型1337人次，血脂2978人次，血糖3068人次，淀粉酶1110人次；心肌三项132人次，凝血四项1263人次，HIV检测689人次，TP检测648人次，拍片5353人次，透视1513人次，静脉输液31682人次，静脉注射1378人次，肌肉注射6508人次，皮试4851人次，导尿186人次，灌肠66人次，会阴护理6298人次，脐部护理6368人次，心电监护408人次，镶牙73人次，拔牙816人次，雾化，4115人次，耳内镜检查92人次。

【维稳安全生产工作】 医院始终把安全生产和维护社会稳定工作、医院健康促进工作、环境安全工作紧抓不放，坚持自治区提出的“三条底线”，即安全生产的底线、维护社会稳定的底线、维护环境安全的底线。

医院把这三条底线医院工作重要任务之一，精心部署，紧抓不懈。年初，医院管理委员会制定了平安医院工作方案、安全生产工作计划、维稳领导带班制度、环境保护改善计划、健康促进医院工作方案等。医院每季度召开1次安全生产工作会议，将安全生产责任分解落实到每一个人，并签订了安全生产责任书、医德医风责任书，及时化解安全生产隐患。每季度进行一次安全生产大检查、消防安全隐患排查。11月，医院邀请县消防中队与各学校联合组织了消防应急疏散演练。

6月1日，县医院请电梯维保公司进行电梯安全知识培训，培训内容电梯困人、伤人时的应急措施、急救、自救措施等，通过此次培训，提高医院电梯管理员的应急能力，确保医院人员安全使用电梯。

【精准扶贫工作】 7月11日，医院开展了精准扶贫工作启动仪式；7月15日，精准扶贫活动小组下乡调研，开展义诊活动，送药约2000元；7月27日，精准扶贫小组走村入户91户，236人，最后确认69户305人为因病致贫因病返贫的贫困户，给予免费体检，分析治病原因病因和健康需求报告，递交县扶贫办，为林周县精准脱贫获得第一手资料；8月12日至8月15日，医院对全县69户因病致贫因病返贫人员进行筛查，此次医院派出成都军区总医院三名援藏专家及医院医务工作者7人共同进行筛查；8月18日，按林周县委精准扶贫“千名干部帮千户”相关文件要求，由医院次仁达瓦副院长带队，到阿朗乡布岗村、阿布村、嘎列村进行白内障筛查，共筛查出40多名白内障患者，其中19名已成熟，于9月25日邀请成都军区总医院眼科专家来进藏给予免费手术治疗；10月11—12日，精准扶贫小组一行5人，对北部三乡因病致贫因病返贫家庭中21人，进行免费检查；医院共计下乡16次进行调查、义诊。

【党建工作】 为认真贯彻区、市、县委深入开展“两学一做”专题教育动员大会精神，传达学习习近平总书记的重要讲话精神，医院支部于2016年5月19日召开了“两学一做”专题教育动员大会，同时支部书记巴桑旺堆传达西藏自治区党委书记陈全国关于“两学一做”学习教育的重要批示指示精神，制订县医院支部县医院“两学一做”学习教育实施方案。支部副书记董启宏总结发言，并要求医院党员、职工认真学习“两学一做”专题教育，认真做好笔记，从工作、学习中查找存在问题、查找原因并结合本职工作认真改正，使“两学一做”专题教育落实在行动上、落实在工作中，共组织医院支部党员集中学习41次，专题讨论6次。7月11日，发展1名预备党员和2名积极分子。8月25日至9月22日，学习习近平总书记的重要讲话精神、《建党95周年大会上的讲话》，就学习内容结合自己本职工作开展讨论并写心得体会。9月21日全院职工传达学习了《关于三起违反中央八项规定精神的通报》，要求每个职工吸取教训，引以为戒，严格自律，加强意识。支部委员会周密部署医院支部落实“三会一课”等党的制度，加强全体党员的理论学习力度，提高党员政治觉悟，践行党员责任，切实加强党支部的战斗堡垒作用。

【社会公益事业】 1月18日—27日，县卫生局组织县医院、县疾控、各乡镇各派出2—3名技术骨干，组成“五下乡”卫生服务对，参加由县宣传部组织的2016年，文化科技卫生法律爱国爱教“五下乡”活动，活动期间免费诊疗约200人次，发放资料3000余份。1月26日，医院职工为因经济贫困在医院住院的次仁旺姆老人捐款3200元。在春节藏历年前夕，院领导慰问退休老干部职工，发放慰问金800元。2月3日，医院认真开展对口帮扶工作及送温暖活动，县卫生局、疾控中心、县医院代表到阿朗乡布岗村开展结对帮扶工作，本次活动为阿朗乡布岗村，卫生系统结对帮扶的44户贫困户发放面粉、大米、砖茶、白糖等，共计金额12232元。同时，医院次仁达瓦副院长对结对帮扶户进行义诊，义诊人数93人，共发放各类藏药价值3500元。5月12日护士节，在县卫生局及县医院领导大力支持下，医院为敬老院老人64人免费健康体检、发现高血压18例、高血糖1例、重症患者1例，并为后续治疗做了安排。县人民医院护士不仅为老人们体检，还送了米、油、菜等，党员个人为病重患者捐款200元。

【应对突发公共卫生事件】 5月7日，县卫生局叶小梅、县医院院长巴桑旺堆、副院长董启宏等一行到东孜山督导卫生系统3个医疗点工作情况，同时现场指导心肺复苏的演练，提高医疗点急救人员的急救技能水平，确保东孜山医疗安全。9月15日中秋节，医院与县卫生局开展了“我们的节日·中秋”主题活动，医院为敬老院老人免费体检，并发放药品价值2000余元。

【人员培训及继续教育】 9月21日，成都军区总医院援藏专家田维为医院全体医护人员培训关于心脏电除颤等一些急救内容。年内，派2名医务人员到苏州市进修（内科、妇产科）3个月，派4医生到自治区人民医院进修（内科、儿科、外科）1个月，派2名医生到自治区藏医院进修1个月，区内各种短期培训15多人次；接纳藏大医学院30名实习生为期2个月的实习及20名新分配医学专科临床医生在县医院岗前培训3个月。为提高卫生专技人员的医疗水平及服务能力，按照医院年度继续教育学习计划，完成共计96学时，主要请上级医院专家及援藏专家授课。所安排的学习内容计入在职职工的继续教育学分。

【民生健康工程】 为实施党和政府对全民及宗教界人士办实事、关爱他们的健康的政策和措施，并对患有先心病儿童免费医疗救治的惠民政策，县医院积极有效地开展体检工作，年内，全民应体检人数60727人，已体检60667人次，体检率99.9%；僧尼体检771人，体检率100%；0—18岁儿童先天心脏病筛查14356人，筛查率100%，筛查出疑似先心病患儿23人，请成都军区总医院专家赴藏确诊3例，有手术适应征2例已赴成都军区总医院进行免费手术治疗；先天性髋关节脱位4例，唇腭裂2例，已安排自治区人民医院进行手术治疗；白内障应筛查人数60727人，已筛查60667人次，筛查率99.9%，筛查出疑似白内障患者164人，其中有手术指征的18名贫困户已邀请成都军区总医院专家在西藏军区总医院进行免费手术治疗。妇女病（两癌）应检查15294人，已体检15294人，体检率100%，筛查出的疑似两癌患者7人。

【充分利用援藏资源】 2016年，在援藏专家指导下完成各种手术室内手术195例，苏州市立医院援藏专家韩迎利，2016年8月24日在医院首次开展骨髓穿刺1例。2016年5月27日，江苏省苏州市援藏工作组将苏州市各界人士捐款200万元设立为林周县“微笑天使”医疗救助基金，专项用于资助林周县农牧民家庭三类疾病的治疗救助经费（先天性唇腭裂、先天性髋关节脱位、先天性脊柱裂侧凸畸形）。2016年9月25日，西藏军区总医院、解放军成都总医院、林周县卫生局及医院为林周县18名白内障患者进行免费手术。

【“组团式”援藏工作】2016年2月，国家卫计委、国务院扶贫办、中央军委后勤保障部等五部委联合下发了《关于印发三级医院对口帮扶贫困地区县医院的通知》的文件，开启了医疗“组团式”援藏的序幕。7月19日，成都军区总医院党委常委、副院长曾忠和医务部对外联络部主任张虎军等一行6人，对医院进行了医院管理、医疗业务指导等工作，并启动了医疗“组团式”援藏，派来了3名骨干人员对医院护理、心电图、B超、检验等工作进行指导；苏州卫生系统“组团式”援藏，2016年已派4名援藏专家到医院对内科、外科、妇产科及行政工作进行指导。9月19日，江苏省苏州市吴中区人民医院与医院签订超声帮扶协议。苏州市卫计委捐助医院两台价值120万元的便携式彩超机。

【特色专科建设】为认真落实党的民族医药政策，发挥藏医专业特色，在藏医药管理局及各级领导的大力支持和帮助下，医院大力推进藏医院及藏医药人才队伍的建设，配置了电子药浴熏箱（局部、全身），设置了传统药浴和水浴，进一步提高了住院药浴业务，近几年林周县藏医院发展迅速，在七县一区处于领先地位。并建设了藏医药文化室、制剂室、煎药室。在治疗骨关节疾病、慢性疾病、高血压等疾病方面有独特优势，深受广大患者的信赖。医院藏医副主任医师索朗次仁被推选为“自治区名老藏医”，自治区藏医药管理局特拨款30万元，为索朗次仁医生建设“名老专家传承工作室”，截至年底，开始了专家门诊的开放、藏医师承的传承教学、藏医药的研究等工作。

【医院业务新进展】因诊疗需要，检验科5月开展了HIV检测、TP检测、肿瘤五项、甲肝、丙肝检测、甲功增加两项（FT3、FT4）、肝功增加两项（磷性磷酸酶、总胆汁酸），血脂增加到六项、RH血型、C反应蛋白等共增加21项检测；6月藏医科主任罗布顿珠在北京学习平衡针灸，学成归来后将所学无私的传授给科室同人，已有1000余人受益；内科在援藏专家韩迎利老师的指导下开展骨髓穿刺技术。

【医改工作】认真学习贯彻党中央国务院对卫生工作的总体部署和要求，加快落实深化医药卫生体制改革意见和2015年各级卫生工作会议精神，突出抓好医改各项任务。继续实行“先诊疗后结算”，方便广大农牧民住院就医；继续开展“药品零差价”，实现全院所有药品零差价，2016年药品零差价共让利118.1万元；实施国家基本药物制度，在看病上，要求临床医生开药以《国家基本药物目录》上的基本药物为主，基本药物以外的药品以“知情同意”的原则，少开或适当开，减轻了全县农牧区合作医疗基金的压力；实施“分级诊疗制度”，从2016年4月开始，林周县开始制定县、乡、村三级的分级诊疗疾病普，即根据村卫生室、乡卫生院、县医院的实际医疗业务能力，制定各级医疗机构能够治疗的疾病，各级医疗机构能够治疗的疾病，必须在本级医疗机构治疗；并且实行“双向转诊”制度，村卫生室、乡卫生院、县医院实施了严格的转诊制度和相关的报销比例制度，严格控制越级转诊越级治疗。

筹备工作自2015年4月开始，将《国家卫计委二级综合医院评审标准》（2012版），下发各科室职工，科室认真组织安排学习；同时向政府打报告，申请编制及床位；2016年3月再次给政府打报告，申请编制及床位；2016年4月创建“创二甲”领导小组；制订实施方案征求意见稿；2016年5月5日，由卫生局局长叶晓梅、县医院院长巴桑旺堆一行15人到墨竹工卡县人民医院，考察学习创建“二级综合医院”评审先进经验，交流学习了医院管理、制度建设等方面内容，县医院在创建过程中随时向兄弟县请教交流，使医院“二级综合医院”评审顺利进行。

（巴桑旺堆）

【领导名录】

院　长　巴桑旺堆（藏族）
副院长　次仁达瓦（藏族）
　　　　董启宏

林周县疾病预防控制中心

【概况】 2016年，林周县疾病预防控制中心在职职工有21人，设职能科室7个。能独立履行卫生与健康相关产品、公共场所、学校等的卫生监督和技术管理工作，对全县流行病与地方病、免疫规划、重点传染病、慢性非传染性疾病等政府防控疾病策略的实施和技术服务工作，能及时地对突发公共卫生事件做出应急反应和有效处置。2016年，林周县共发生法定传染病10种，共250例，总发病率为446.57/十万。法定传染病报告中：乙类传染病5种201例，发病率为359.04/十万；丙类传染病5种49例，发病率为87.53/十万。每天按时向市疾控中心报当天的疫情，坚持“0”报告制度，每天完成网络直报制度，如有疫情能及时向上级领导报告有关情况并对传染病疫情进行流行病学调查，及时采取相关措施。

【计划免疫工作】 疾控中心始终坚持做好发放常规疫苗出入库记账工作，并要求各乡在保障周岁儿童在安全、有效、全程的基础上进行免疫接种。冷藏室内一、二类生物制品温度控制在2—8℃运转正常，坚持每天温度记录，能够及时开展门诊预防接种工作及时完成月计免网络直报。

2016年2、3月在全县范围内开展两轮脊灰疫苗强化免疫活动。为了做好此次接种工作，疾控中心在9乡卫生院、县疾控中心预防接种门诊点悬挂宣传横幅，以便儿童就近接种疫苗。第一轮脊髓灰质炎疫苗，常住儿童应投服2690，实投服儿童2579，投服率95.9%；流动儿童应投服儿童65，实投服儿童65，投服率100%。第二轮常住儿童应投服2690，实投服儿童2579，投服率95.9%；流动儿童应投服儿童65，实投服儿童65，投服率100%。计划免疫建卡建证率为100%，9苗接种率达到了98%以上。林周县于5月3日—4日全面开展了各乡镇脊髓灰质炎减毒活疫苗回收工作。回收的疫苗共计10381粒，其中乡卫生院回收了2710粒、县疾控中心回收7671粒，已全部上交市疾控中心计免科。

各类疫苗接种情况

表3

疫苗种类 / 接种人数		应种人数	实种人数	接种率（%）
卡介苗		837	837	100
脊灰	1	803	803	100
	2	817	817	100
	3	783	783	100
	4	237	237	100
百白破	1	842	842	100
	2	868	868	100
	3	831	831	100
	4	782	782	100

续表3

接种人数＼疫苗种类	应种人数		实种人数	接种率（%）
乙肝	小计	819	819	100
	及时	819	742	90.6
	2	826	826	100
	3	808	808	100
麻风		877	877	100
麻风腮		876	876	100
A群流脑	1	794	794	100
	2	779	779	100
甲肝减毒活疫苗		851	851	100
A＋C	1	668	659	98.7
	2	31	31	100

【鼠防工作】 林周县成立了林周县重大地方病防控工作领导小组及鼠疫防控工作领导小组，同时县人大会议室召开全县鼠防专题会议，参会单位有各乡镇政府、相关成员单位、各乡镇卫生院、各行政村村长共参加500余人。并签订了鼠防联防联控责任书，共签订15份责任书。自毙旱獭共24份，其中阳性4份，死亡马、鹿8份，采集狗血清46份，其中阳性0份，探洞65洞，布夹数50个，检蚤4条。发放宣传册4000册、宣传画80张，受益达17950人、对新老疫区监测面积达2850公顷，见獭数12只，平均密度0.0043只/公顷。药物性堵洞1895，非药物性堵洞856。

【碘缺乏病防治】 建立了碘盐专门实验室并已投入使用，完成了2016年林周县碘盐质量控制考核工作。共采样300份碘盐进行定量检测，其中定量检测合格的298份，合格率98%。

【大骨节病】 林周县大骨节病病区分布于3个乡6个自然村，3个病区乡人口数14850人。共检出患者数192人，对成人大骨节病人对症药物治疗人数75人，其中临床诊断Ⅱ度35人，Ⅲ度40人。对调查范围内7—12岁儿童进行大骨节病临床检查和左右手正位X线拍片，对162名儿童临床检查，正常162人。

【慢性病防治】 以高血压等11种疾病为对象，进行目标35岁以上人群的疾病检测和管理以及预防为重点开展2016年的工作，以初步筛检登记，逐步建档管理，增强预防干预的总体规划和思路，要求各乡镇卫生院工作人员必须下村（必要时入户）开展日常诊疗和随访、健康指导、组织集中宣传。2016年，林周县筛查前十位慢性病14974人次，确诊慢性病患者5897例，新增1861例，患病率为9.1%，其中高血压患者聚首，共有2079例，较2015年增加241例；确诊精神病患者有25例，截至年底，未发现有肇事肇祸倾向的重型患者；胆囊炎1338例、关节炎782例、贫血237例、脂肪肝356例、高血脂182例、慢性肾炎194例、胆结石311例、女性附件炎327例、糖尿病24例。为高血压、糖尿病、精神病建档管理的患者随访4727次。

【结核病、麻风病防治】 年内，结核病防治门诊接待初诊病人为205人，登记免费治疗结核病人登记数74例。其中肺结核65例（初治涂阳16例、复治涂阳3例，涂阴46例），结核性胸膜炎2例、其他肺外结核7例。2016年林周县可疑结核患者检查指标是170例，截至9月30日，共进行可疑结核患者检查205例，完成率为120.6%；结核病患者治疗指标数为70例，2016年登记治疗人数为74例，完成率为105.7%。

【病人治疗转归情况】 2015年10月—2016年9月，发现新涂阳肺结核患者16例，其中结案的有8例，治愈6例，初治失败1例，其他1例；发现涂阴患者46例，结案22例（完成疗程18例，失败1例，不良反应1例，单耐药1例）；发现结核性胸膜炎2例，完成疗程1例，在治1例。其他肺外结核7例，其中正在治疗6例，结案1例。

【追踪随访情况】 2015年10月—2016年9月，非结防医疗机构报告肺结核患者和疑似肺结核患者67例，总体到位39例，未到位27例（查无此人1例，拒绝就诊17例，死亡1例，其他原因未到位9例）总体到位率58.21%（39/67）。

【痰检工作】 认真开展免费痰检工作，对发现的结核病人及疑似结核病人和随访病人进行痰检工作。2015年10月—2016年9月，痰检人数共计264人次，玻片总数为6463张。阳性玻片数为47张。

【麻风病工作】 疾控中心积极开展麻风病防治工作，分别于1月8日、7月1日、9月10日、11月10日对麻风病患者开展家庭访视4次，同时对林周县存活的麻风病患者进行存活情况调查，并对麻风病密切接触者进行筛查，详细了解林周县麻风病患者的身体、生活现状，为每位患者送上防护鞋1双，共5双，为其中需要进行清创换药的2名患者每人发放1000元补贴。

【学校卫生监督检查】 以学校传染病防控措施、教学生活环境卫生、饮用水等为重点内容，派遣4名执法人员，对全县11所中、小学在开学前后开展学校卫生监督检查，出动执法人员44人次，出动车辆4次。

【医疗机构监督检查】 林周县2名执法人员对全县10所疫苗使用单位进行检查，及全县11家医疗机构进行检查。出动执法人员33人次，出动车辆4次。于2016年6—8月期间，对林周县人民医院、乡镇卫生院共21个紫外线消毒灯管进行检测，并建立医疗机构管理档案，检测结果均备入档案，出动执法人员10人次，车辆5次。

【公共场所监督检查】 全县公共场所21家，量化分级覆盖达95%，并统一悬挂量化分级公示栏。公共场所单位监督检查覆盖率100%，建档率100%，体检培训率达100%以上；“五病”调离率100%。

【食品安全风险监测】 组织2名工作人员按照文件任务分配表内容、采样环节场所、采样要求采集。从林周县农贸市场，共采样15份生鲜牛肉，满足每份1公斤采样、0.5公斤留样要求，并认真填写采样信息单。采集的15份生鲜牛肉于当天送往拉萨市疾控中心实验室及市卫生监督所，顺利完成采样任务，制定林周县2016年食源性疾病监测工作方案。

【饮用水卫生监督检查】 林周县2016年枯水期城市供水采样17份、农村饮用水水质采样31份，共48份样品已完成采样任务。生活饮用水基本情况调查表、生活饮用水水源类型及供水方式调查已完成录入工作。

【职业病防治】 根据拉萨市卫生局《关于开展拉萨市2016年〈职业病防治法〉宣传活动周的通知》要求，组织3名执法人员在县辖区内开展主题为“健康中国，职业健康先行”宣传活动。据统计，此次宣传共散发宣传资料200余份，制定林周县职业病防治法律法规落实情况监督检查工作方案。

【卫生监督信息工作】 按照卫生监督网络直报日常监督要求，及时上报有关工作信息及工作动态。

【农村环境卫生】 依据《2016年西藏农村环境卫生监测工作技术方案》的要求，对林周县5所中小学、5个农村环境监测点，进行了环境监测点情况调查，采集信息100份、开展农村环境监测土壤采集工作，共采集20份样品。于2016年5月30日下午，将采集的样品及各调查表送至，自治区地方病防治所公共卫生科。

【妇幼保健】 完善妇幼月报、儿童营养包月报、学生营养监测月报及季报制度及网络直报制度。每月月初收集各乡妇幼专干上报的妇幼数据，填写、统计、汇总、并按时上报到上级业务主管部门（向区卫生厅妇幼处、市妇幼保健院、市卫生局基妇科），做到无迟报现象。

2016年年初、年中邀请市、县级产科专家和儿科专家对林周县孕产妇死亡和婴幼儿死亡进行了4次评审。卫生系统共计91人参加了会议。积极对0—24月龄儿童发放营养包同时向家长宣传营养包相关知识。2016年1—9月，共服用5690人次，发放营养包170700包。围产期保健工作是妇幼保健的重要内容，1—9月林周县孕产妇总数1286人、已发现孕妇总数624人、产妇总数662人 、分娩总数669人、活产数 663人、孕产妇建卡数1285人、建卡率99%，早检人数993人、早检率77.2%，系统管理数659人 、系统管理率99.5%。孕产妇死亡1例。0—5岁儿童死亡7例。儿童四病筛选：肺炎发病数349人、其中死亡1例；腹泻发病数289人，其中死亡1例；佝偻病1例；0—7岁儿童体检8543人，其中0—5岁儿童体检36506人；0—3岁儿童体检数4585人。早孕妇女服用叶酸人数共计577人，早孕妇女服用叶酸率87.1%。

（赵　亮）

【领导名录】

负责人　达娃顿珠（藏族，主持工作）

林周县文化广播电影电视（新闻出版、文物）局

【概况】 2016年，林周县文化、广电、文物系统各部门始终高举中国特色社会主义伟大旗帜，以邓小平理论和“三个代表”重要思想为指导，深入贯彻落实科学发展观，全面贯彻落实中央第六次西藏工作座谈会和中共十八大系列会议精神，积极践行“三严三实和忠诚干净担当”，认真贯彻区市宣传思想工作会议、文化（文物）工作会议、广播影视工作会议，以“打牢思想基础、建设先进文化”为主题，以改革创新为动力，全县呈现出文化事业蓬勃发展，文化产业建设稳步推进，文化阵地进一步巩固，文化市场管理更加规范，文化艺术活动丰富多彩，群众文艺队伍不断壮大，不可移动文物和非物质文化遗产得到有效保护，广播电视事业稳步推进，人口综合覆盖率逐步增加，农村电影放映工作深入开展的良好局面。

【文化艺术】 配合各驻村工作队，积极利用元旦、春节、藏历新年、西藏百万农奴解放纪念日等节日深入开展文艺下乡活动，以服务广大农牧民群众和寺庙僧尼为根本，积极改进工作作风，密切联系人民群众，充分体察民情，积极践行“三严三实、忠诚干净担当”，有力促进活动的开展。组织黑颈鹤民间艺术团共演出文艺节目52场，观众约10万余人次；为更好传承民间舞蹈，发扬和继承民族文化，1月23日在江夏乡连巴村委会大院内举行了迎“春节藏历”新年首届传统果谐比赛，并得到了文化工作者及农牧民群众的大力支持；3月28日晚，举办西藏百万农奴解放57周

年主题为“齐奔小康歌盛世 饮水思源颂党恩”文艺晚会，吸引了全县500多名干部群众前来观看，晚会展现了50多年来西藏在中国共产党的领导下发生的翻天覆地的变化，彰显了林周人民积极向上的精神风貌和多姿多彩的幸福生活；8月1日，与墨竹工卡县之间开展了内容为组织优秀文化资源和群众文艺精品深入基层一线的公共文化联动活动；农家书屋、寺庙书屋、新华书店各项工作有条不紊地进行，新华书店全年实现销售收入1.5万余元，销售的图书大部分为教材教辅资料和藏文图书资料；投资50万元的5个乡镇文化站附属工程项目和投资35.51万元的江热夏乡综合文化站附属工程项目已完成。

【加大文物保护】 年内，教育和引导施工方和农牧民群众严禁在文物保护点保护范围内进行取土、挖砂、采石等作业，不能使国家文物遭到破坏；加强文物保护点管理员队伍建设，加大对文物的宣传力度，努力提高群众文物保护的意识，8月25日，林周县文广局向自治区级非物质文化遗产热振“曲卓”传承人阿旺顿珠、自治区级文物保护单位江多“仲尼雄古墓”2名野外看管人员和春堆乡卡东村藏戏队、达龙藏戏、旁多藏刀的传承人发放补助经费共计28800元，使上级部门下拨的补助经费得到了及时兑现，提高文物保护人员和各级非遗传承人的生活待遇，努力解决后顾之忧，为民间藏戏队提供扶持资金，促进了文物和非遗保护事业的健康发展，激发了他们干事创业的决心和信心；为做好文物安全工作与各寺管会签订了文物保护工作安全责任书；组织文物工作人员定期不定期深入各寺庙对寺庙内部的照明线路、消防设施和文物保护防盗设备的配备等情况进行检查，对存在的安全隐患提出整改意见；加强《中华人民共和国文物法》的宣传，增强寺管会成员和广大僧尼的安全意识，确保国家文物万无一失。针对林周县部分寺庙在文物保护工作方面存在的困难和问题，先后几次组织人员实地进行调研及时上报了文物维修申请，并完成部分文物保护维修工程建设项目。投资15万元的杰堆寺吉拉康雨水处理及壁画保护项目已完成（雨水处理5万元、壁画保护10万元）；投资8万元的热振寺千盏灯房修建项目已完成；投资3万元的那兰扎寺安装防盗监控设备已完成，县政府投资50万元的部分寺庙文物保护维修工程已完成。

【非物质文化遗产保护】 加大文化遗产保护力度，积极打造艺术性、观赏性为一体的精神文化产品，积极提升林周县热振曲卓，拓展林周文化旅游市场。2016年，文广局向西藏自治区申报了文化产业发展专项资金800万元，主要用于新建一栋二层楼的林周热振曲卓民俗文化旅游体验馆，总建筑面积2400平方米，项目包括：热振曲卓文化展示馆、民间特色饮食馆、热振曲卓艺术表演中心、民族手工艺品展销中心。通过项目，将全面体现林周县热振曲卓传统文化独特魅力，展示林周县风土人情、更好的宣传民族特色文化、提高林周县的知名度，让更多的内地群众了解藏民族的独特文化。2016年4月18日至5月18日期间，文广局派两名参展人员携带林周县非物质文化遗产实物及林周县净土健康产品参加由江苏省政府主办，省住建厅、省农委和苏州市政府共同承办的第九届江苏省园艺博览会，受到了主办方的一致好评。进一步规范整理了林周县非物质文化遗产档案，切实将林周县非物质文化遗产保护工作引入全面规范的轨道，使林周县民族特色文化得到有效的保护、良好传承和合理开发，并全面启动全县第三批县级非物质文化遗产申报工作。

【文化市场】 加大对文化市场的执法力度，确保全县文化市场的发展和稳定。按照拉萨市“扫黄打非”工作领导小组办公室的相关文件要求，县“扫黄打非”办公室负责人、公安、工商、文化执法队在全县范围内开展“扫黄打非·护苗2016”“清源·固边”专项行动。执法人员对4家网吧、6家音像零售店及县城内游摊进行检查，对文化经营户是否存在经营政治性非法出版物，是否存在经营非法宗教类出版物和淫秽色情图书、期刊、音像制品、侵犯知识产权等低俗非法出版物等方面进行了全面检查。在检查中未发现经营非法宗教类出版物和淫秽色情图书、期刊、音像制品等。进一步加大文化市场检查工作，为全县社会稳定、经济发展营造了文明、和谐、健康的文化环境，确保了全县文化市场安全。

【广播电视】 积极开展广播电视“户户通”直播接收设备新增户统计及清流机更换工作。广播电视“户户通”项目建设是各级党委、政府一直高度重视和十分关心的一项政治任务，是宣传党的路线方针政策、学习科教知识、丰富群众精神文化生活的一项重要工具，是惠及民生、造福民众的重要工程。2016年1月开始，文广局对全县2016年广播电视直播接收设备新增户进行了调查统计，截至年底，新增1980户（其中包括农牧民、驻寺干部、无电户、养路工人）。2016年5月中旬至7月底期间，文广局下属广播电视收转站对全县9个乡1个镇9425户卫星接收解码器进行了更换，卫星接收解码器以单价280元计算，更换户数9425户、固定资产投资完成263.9万元；投资11.32万元的中央藏语广播节目调频覆盖采购安装已完成；投资10万元的1千瓦10频道全固态电视发射机（10CH发射机输出接口L27）设备采购项目已完成；投资50万元的部分寺庙线路改造工程由县委统战部牵头、县民宗局、县文广局组织实施，12月底完成；投资30万元的落巴堆村级广播站项目设备采购2017年实施；总投资194万元的广播电视高山台站建设项目，已开工建设当中，2017年实施完成；投资141.6万元的中央广播电视无线数字化覆盖建设项目，由自治区新闻出版广电局采购设备，拉萨市广电局负责分配设备和指导安装，2017年实施完成。

【抓好农村电影放映】 年内，组织局属6个农村电影放映流动队，在全县45个行政村、38座寺庙开展了爱国主义影片巡回放映活动。并对全县的农村公益电影放映工作进行了统筹的安排，放映的主要内容是故事片、科教片、爱国主义传统教育等。2016年，农村电影放映和爱国主义影片共放映1300场次，观众人数达到16万人次。积极深入开展电影进村、寺庙、学校、军队、养老院巡回放映活动，进一步展现了林周县经济、社会在新中国成立后发生翻天覆地的变化，唱响了共产党好、社会主义好、改革开放好、人民军队好、各族群众好、伟大祖国好的主旋律，让各族干部群众切实享受到文化发展的成果。为让电影放映从室外走向室内，在各方面的共同努力下，全县已建成10个乡（镇）电影放映室，14个村级电影放映室，3个学校爱国主义影片放映点，配备了桌椅等硬件设施，实现了电影放映数字化，促进农村电影事业的发展步伐，极大地丰富了干部职工、广大青少年和农牧民群众的精神文化生活。建设林周县数字影院项目：该项目总投资130万元，已完成装修工作，设备采购、安装、调试工作于2017年实施。

（徐梦媛）

【领导名录】

局　长　巴桑云旦（藏族）

副局长　巴桑措姆（女，藏族）

林周县农牧（科技）局

【概况】 2016年，林周县农牧局始终高举中国特色社会主义伟大旗帜，以邓小平理论和“三个代表”重要思想和科学发展观为指导，全面贯彻落实中央第五次西藏工作座谈会以及第六次座谈会和中共十八一系列会议精神，认真贯彻落实区市部门工作会议要求，以“为民服务、增产增收、提升经济”为宗旨，大力发展农牧经济，取得了较好的成绩。2016年，全县总耕地面积24.17万亩，其中饲草面积6.17万亩，农作物播种面积18万亩，粮油播种面积16.89万亩，单产824.13斤，总产13923.8万斤。其中粮食作物播种面积为16万亩，单产849.92斤，总产13600.16万斤主要有青稞12万亩、单产824.9斤，总产9905.23万斤，春小麦2.7万亩，单产922.1斤，总产2503.81万斤。冬小麦1.27万亩，单产931.4斤，总产1191.12万斤。经济作物播种面积2万亩，主要有油菜0.89万亩、单产362.2斤，总产323.64万斤，蔬菜1.1万亩，总产9752万斤。2016年，被评为“全区粮食生产先进县”。同时，良种推广工作逐年扩大，良种覆盖率已达到95%，为农业增产增收做好了推广服务。农牧局在确保粮食安全生产下，种植结构不断优化调整。2016年，农牧局从外县调运喜拉22号良种2万斤（日喀则），县内调运藏青“320”28万斤（南部向北部），较好地确保了林周县良种推广种植工作扎实开展；调运化肥2765吨（其中尿素600吨，二铵420吨，复混肥1520吨，氯化钾225吨），较上年减少100吨；调运农药26.5吨（其中杀虫剂2.5吨，杀菌剂7吨，除草剂17吨），较2015年增加0.5吨。去冬今春完成农家肥积造31万吨，完成低产田改造1.7万亩，新修水利设施12公里，维修清理水渠等渠道18公里，2016年开展落实良种繁育基地4000亩（藏青2000强嘎乡），良种推广12万亩，测土配方9.5万亩（冬小麦1.5万亩、油菜0.89万亩、春青稞7.11万亩，分别在南部各乡镇），高产创建10.5万亩（冬小麦1.5万亩、油菜0.89万亩、春青稞8.11万亩，分别在南部各乡镇）。2016年，人工种草种植面积为6.17万亩，其中新开垦地3万亩，实现人工饲草连片种植4.64万亩；青饲玉米1.61万亩，箭舍豌豆及燕麦草混播1.94万亩，紫花苜蓿1.1万亩，农户分散种植（箭舌豌豆）1.52亩，截至年底，全县连片种植参与户数1105户，参与人数51805（人次），投入劳务费共计757.39万元，运费：182.44万元，土地流转费618.8万元。截至年底，全县牲畜存栏达23.61万头只匹，牲畜出栏8.58万头（只、匹），出栏率为35.2%，全县肉产量为0.78万吨，奶产量为0.73万吨，彭波半细毛羊存栏共50644只，改良绵羊43081只，牦牛选育、育肥580头，向全区推广良种彭波半细毛羊种养3000只；牲畜良种覆盖率已达41.2%；建成了以斯曲亚玛现代奶牛养殖场为中心，6个养殖小区为辐射点的高产奶牛现代化牧场，斯曲亚玛奶牛养殖场奶牛存栏312头，6个养殖小区带动周边240户农户在养殖小区集中养殖年牛大1200余头。全县积极开展牲畜重大疫病防疫工作2016年共免疫注射各类动物488556头（只），其中口蹄疫牛O、I、A型170529头，羊63466只，猪4695头，禽流感10014羽。在9—10月农牧局顺利完成了全县秋季重大动物疫病预防工作，预防注射牦牛三价疫苗127431头，黄牛三价疫苗57584头，绵羊双价疫苗52782只，山羊双价疫苗24144只，猪0型口蹄疫7271头，防疫密度达100%，出色完成了2015年林周县重大动物疫病防控工作。全年没有发生重大动物疫情，为全县畜牧业安全生产提供了有力保障。

【惠农政策补贴】 年内，农牧局兑现各项强农惠农政策性补贴包括：粮食作物良种推广补贴、牲畜良种推广补贴、农机购置补贴、能繁母猪补贴、科技特派员补贴、草原生态保护补助奖励等，约计3049万元，其中能繁母猪补贴和草原生态补贴因跨年度兑现，截至年底，还未到账兑现。各项补贴及支农惠民政策项目的落实实施，对林周县农牧业的发展起到了积极的推进作用。

【农牧民劳动技能培训及劳务输出】 为提高农牧民创收能力，农牧局千方百计拓宽农牧民增收渠道，截至年底，农牧局共组织开展农牧民实用技术培训、动物防疫培训、田间管理培训、农机培训、青稞标准化生产培训等各类培训30余场次，培训农牧民3000多人次。

【农牧民增收】 2016年，林周县农牧民人均纯收入10910.3元。

【牦牛扩繁基地项目】 根据自治区及拉萨市安排部署，按照农牧业基本建设项目管理要求，切实做到了招标制、法人制、监理制、合同制，2016年完成总投资为1000万元的牦牛扩繁基地项目、完成总投资为1400万元的第一批现代农业青稞基地项目和3400万元的第二批现代农业青稞基地项目，完成投资700万元的农机购置补贴项目，完成1320万元的草原生态补助奖励机制项目，完成投资175万元的5个乡镇的人工影响天气标准化作业点。现代农业青稞生产基地项目投资1400万元的第一批现代农业青稞基地项目和投资3400万元的第二批现代农业青稞基地项目，根据项目实施前后的对比，项目区农作物年平均单产从原先的每亩200公斤—250公斤提高到现在的325公斤，年每亩提高75—125公斤，年增产粮食约270万公斤，年增效675余万公元。

【牦牛扩繁小区项目】 项目计划总投资为1000万元，全部由国家投资，由林周县农牧局承担实施。通过项目建设，户均收入达到25208.3元，按受益人口1290人计算，人均增加收入4494.5元。选育场和扩繁区年推广种公牛1642头，生产优良后代12236头，同时带来显著的经济和社会效益。

【科技工作】 2016年，在市科技局、科协的大力支持下，县科技局突出工作重点，加大工作力度，同环保、卫生、教育等部门形成合力，积极参与现代农业科技园区、环境保护、教育文化、净土健康产业等方面的科技工作，科技工作发展实现了新的突破。在拉萨市科技局和自治区科技厅的大力支持下，完成了绿林公司《林周县紫色马铃薯育种及系列产品关键技术研究与产业化示范》项目总投资100万元，根据公司结合实际情况种植了513亩紫色马铃薯，共培训农牧民100人（次），带动示范户5名；结合林周县优势产业在斯曲亚马人工种草基地实施了800亩《林周县优质牧草集成与引进项目》共投资40万元，共培训牧民群众和基层技术员80人次，从参训的牧民群众中培养科技明白人和科技致富带头人；《林周县优质牧草栽培与示范项目》共投资100万元，本项目在林周县连片种植2500亩，其中江夏乡卡日草场1500亩，卡孜乡卡布草场1000亩，进行2个基地建设。明确了优质牧草种植规范的内容，并且将优质牧草种植的内容进行推广。由20户贫困农户进行牧草种植。对20户贫困户提供设备、材料等相关方面的支持，20户贫困户与合作社、基地建设协议关系，明确自身的责任和义务，实现如期脱贫。培养牧草种植能手10人，共培训农牧民400人次。

【合作社经济组织发展情况】 2008—2016年，全县已注册登记的合作社达100家，已得到扶持过合作社40家，已得到扶持资金930万元，合作社主要涉及种植7家，养殖43家，农畜产品加工12家，民族手工艺7家，旅游度假2家，运输1家，采石采砂1家，农机3家，建筑19家，水协2家，畜牧1家，其他2家等行业。2016年，林周县合作社共实现营业额970.8万元，注册资金4781.08万元，成员人数18450人。有力带动了林周县养殖、种植、施工等多方面的发展，带动了广大群众经济收入，推动了林周县经济的发展。

【田间管理】 2016年，林周县田间管理工作不断取得进步，农作物产量稳步增长，农牧民经济收入不断提高。近年来不断获得区、市级领导部门的好评与肯定，得以农牧科技现场会连续在林周县召开，在给予林周县农牧工作高度肯定的同时也极大地带动了农牧民群众的种植积极性，群众种植模式、种植观念不断得以转变，田间管理工作逐步取得新成效。

（巴桑措姆）

【领导名录】

局　长　郭　果（藏族，6月免）
　　　　边　巴（女，藏族，6月任）
副局长　索　朗（藏族，6月任）

林周县农牧开发建设办公室

【概况】 2016年，林周县农开办各项工作紧紧围绕建档立卡贫困群众增收脱贫这一中心目标，以强化农牧业基础设施建设和精准扶贫工作为重点，精心组织、创新扶贫开发工作，较好的实施和完成各项精准扶贫、农业综合开发工作任务。按照脱贫攻坚工作步骤实施脱贫，2016年，已脱贫1781户、7953人，脱贫率达到95.5%，超额完成了拉萨市年初脱贫目标2909人。全县10个乡镇，其中边林乡94户334人、强嘎乡139户633人、甘曲镇123户565人、江夏乡175户666人全部实现脱贫。全县45个行政村，全面脱贫行政村18个，脱贫人口共计2484人，占全县行政村人口的40%。经核查，2016年，脱贫人口平均收入达到3900元，脱贫人口收入增长37.5%。林周县2016年产业项目共有16个，总投资7203万元，政策性资金3610万元，金融信贷资金3593万元，已完成投资306.144万元。截至年底，已经完工项目7个，完成批复手续、用地许可证和意见书16个，完成环评、社会风险评估等前置手续5个，完成可研报告、实施方案（初步设计报告、初步设计图纸）8个。集中搬迁安置点共配套项目1个，其中1个项目已开工，1个项目已完工，共投入244.14705万元，已带动324名建档立卡搬迁贫困群众脱贫。项目具体建设过程由项目所在乡镇实施，县以业脱贫组负责监督项目建设情况，项目实施过程中建档立卡贫困户占80%以上。项目实施土地为贫困户土地或村集体土地，项目建设完工后再由所在乡镇政府负责建档立卡贫困户的增收分红，其中5个种植项目已完成饲草收割，饲草出售给城关区高标准奶牛养殖基地，出售资金尚未拨付，需基建建设项目因进入冬季，无法动工实施。

【易地扶贫搬迁完成情况】 2016年，新建县内3个集中异地搬迁点，卡孜乡、江夏乡、唐古乡搬迁点项目建设已完成，工程完工率达100%，截至年底，卡孜乡、江夏乡搬迁点搬迁群众已完成搬迁入住，唐古乡搬迁点预计于2017年4月搬迁入住。2016年，城关区搬迁户214户房屋建设已完成，拉萨搬迁户已全部搬迁入住。按照县政府搬迁工作任务要求及县域内企业帮扶捐助下，全县2016年投资700万元，在搬迁点房屋内配置514套家具及家电。2017年，县内新建5个集中搬迁点，截至年底乡镇完成自行选定建设点，分别为甘曲镇久荣村、强嘎乡曲嘎强村、松盘乡岗巴村、春堆乡卡东村、边林乡当杰村。2017年，搬迁至拉萨城关区涉及林周县旁多乡、阿朗乡、卡孜乡三个乡镇，项目二期建设已动工。

【岗位对接及就业培训完成情况】 按照市财政局《关于对2016年以补岗位资金下达通知》文件要求，全县以补岗位名额共5937名，按照人均3000元每年的标准，需拨付岗位资金共计1781.1万元，拉萨市拨付林周县以补岗位资金共1639.435万元，未拨付141.665万元。截至年底，县以补专项推进组已完成以补岗位就业人员分配，全部兑现了以补岗工作证和岗位工资，其中上级未拨付的141.665万元由县级财政预先垫资。

其次，由县扶贫办牵头，协同县人社局、教育局、工商联等部门举办各类技能培训班，培训内容涵盖驾驶、保安、装挖机、烹饪、村医技能、厨师、种植、养殖等职业技能和农村实用技术。2016年，全县共计479人参加技能培训，67人实现就业；县工商联对接312个就业岗位，主要为南部乡镇的贫困户在非公企业提供就业岗位。

【惠民政策落实情况】 以教扶贫。林周县已完成贫困户新进大学生人数统计工作，并拟定了《林周县非义务教育阶段大学生资助政策（暂行）》，计划对全县在校大学生学费、交通费、住宿费进行补助，将缓解贫困户大学生经济压力。

医疗救助扶贫。林周县严格按照2016年大病保险的比例，对大病最高可报销28万元。同时，针对建档立卡的贫困户大病保险报销比例由75%提高到80%，最大力度解决因病致贫的贫困户。2016年，全县建档立卡贫困户健康体检人数共计8325人，诊断核查过程中46名因病致贫的贫困户已脱贫，帮助69名建档立卡贫困户彻底解决“因病致贫、因病返贫”的问题。

民政兜底。按照拉萨市《关于提高低保户标准的建议》精神，林周县民政低保线和扶贫标准线正在逐步提标，不断完善社会保障制度，建立健全县乡社会保障体系，对完全丧失劳力的低保户744人实施社保兜底，对低保户对象严格落实应报尽保、应退尽退管理制度。2016年，林周县“五保户”脱贫14户15人，老年人孤残儿童集中供养和五保户老人意愿集中供养率达到100%。

【扶贫数据完善情况】 拉萨市委组织部分配的

乡镇扶贫专干，专门负责拉萨市大数据录入建档立卡的详细信息，截至年底基础信息录入率达到95%，六大数据的以补脱数据还在进一步完善。其次，根据林周县结对帮扶工作方案，帮扶户深入贫困户家中，采集结对帮扶的影像或图片资料上传至大数据平台。

【农业综合开发项目开展情况】 2016年，农开办已争取到农发项目1个，为林周县甘曲镇江角村农业综合开发（存量）土地治理项目，项目总投资1669万元，其中中央财政资金1193万元，自治区配套资金357万元，群众投劳1.19万元工日折资119万元。项目区新增灌溉面积0.05万亩，改善灌溉面积0.62万亩，增加农田林网保护面积0.01万亩，新增机耕面积0.15万亩，扩大良种种植面积0.62万亩；年新增粮食29.75万公斤，油料2.5万公斤；项目区新增种植业总产值155万元；项目区农民收入增加总额108.5万元。

（次旺贡布）

【领导名录】

主　任　雷伟国

副主任　央金卓嘎（女，藏族，12月任）

林周县林业绿化局

【概况】 2016年，林周县林业绿化局将精准扶贫工作与生态保护建设相结合，求真务实，扎实工作，加快造林绿化工程建设的同时，加大生态扶贫项目的实施，积极促进林业工作稳步发展。2016年，林周县完成工程项目造林18351.4亩，其中拉萨周边造林6539.4亩（人工造林539.4亩，封山育林6000亩）、防沙治沙11812亩。拉萨周边人工造林539.4亩，项目位于甘曲镇、旁多乡，共用苗木约4万株，主要树种有新疆杨、细叶红柳、沙棘；防沙治沙项目位于江夏乡拉定村。2016年春季造林，群众参与人数223人次，修水渠153米，抽水机15台次，水车60台次，围栏1000米，水泥柱近100根。

【生态扶贫工作】 全县1882户，8325贫困人口纳入生态扶贫，实施以补脱贫项目。按照市委、市政府“两年脱贫、三年巩固”的工作要求，选拔护林员将优先考虑建档立卡贫困人口。林周县生态效益补偿基金工程，实施面积172.4355万亩，共有护林员950名，其中已从贫困户中选拔了761护林员，项目实施范围覆盖九乡一镇，共有97个责任区、776个小班。生态效益补偿基金工程总投资849元，在新选拔的950名护林员中，建档立卡贫困户占80%，平均每个护林员年工资3000至5400余元，以“以补脱贫”，加快贫困户人口脱贫步伐，实行有进有出的动态管理方式（贫困户脱贫后，其他贫困户聘请为林业管护员），确保贫困群众脱贫。

按照生态扶贫要求，林周县新增管护人员2359人，其中：重点公益林管护1754人、自然保护区管护人员191人、疫源疫病监测员95人、湿地生态保护监督员29人、沙化土地封禁保护290人。该人员均是建档立卡贫困户，年工资3000元。林周县实施退耕还林面积18833.09亩，其中退耕地还林9328.76亩，宜林荒山、荒地、荒滩造林9504.33亩，林周县退耕还林主要实施在南部的六乡一镇，涉及49个自然村，72个退耕点，直接受益群众2138户，总投资116.5万元。该项目中有290户贫困户共计1373人，贫困户将从该项目中领到每亩125元的钱粮补助。

【野生动植物保护】 林周县黑颈鹤自然保护区是雅江中游河谷黑颈鹤自然保护区的一部分，于2003年获国家批准成立，总面积1010.499平方公里，其中核心区面积197.966平方公里。该保护区内的保护对象是国家一级野生动物黑颈鹤，保护级别为国家级。林周县黑颈鹤自然保护区主要分布在南部六乡一镇，该区域也是粮食生产区域，群众主要以农业生产为主，每年10月底、11月初迁飞到林周越冬栖息的黑颈鹤数量在1700只左右，是雅江中游河谷地区黑颈鹤分布数量最为集中的保护区。

为加强黑颈鹤这一珍稀、濒危物种的保护，

县林业绿化局聘用9名黑颈鹤自然保护区巡护人员，其中疫源疫病监测人员2名，巡护区域在强嘎乡和春堆乡。其他7名人员为黑颈鹤巡护员，巡护区域分布于边林乡、甘曲镇、卡孜乡、春堆乡。同时，还聘用3名野生动物监测员到卡孜管理站工作，对卡孜乡的黑颈鹤、斑头雁、赤麻鸭等野生动物进行监测和巡逻。全县950名护林员都是野生动物巡护员，对辖区内的野生动物进行巡护。通过扎实有效的宣传与保护管理工作，加大对《中华人民共和国野生动物保护法》和《中华人民共和国自然保护区管理条例》等相关法律、法规、政策的宣传力度，完善规章制度，提高执法力度。使黑颈鹤的种群及夜宿、觅食场所有了明显的改善，得到了更好的保护。迄今，未发现一例非法捕杀、出售黑颈鹤等行为，对加强保护珍稀、濒危物种的意识达到了家喻户晓，人人皆知，形成了林周县林业绿化局主要管理和保护区周围群众参与式保护的良好共同管理氛围。

【森林防火】 森林防火是林业的重点工作之一，林周县森林防火工作坚持“以人为本、预防为主、重兵扑救”的方针，把森林防火工作放在首要位置，抓预防、打基础。2016年1月，县林业绿化局专门召集各乡（镇）负责人召开会议强调森林防火工作的重要性，并与各乡（镇）签订森林防火责任状，落实责任，齐抓共管，形成了森林防火的强大合力。同时，县林业绿化局结合全县森林防火工作实际，深入各乡（镇）向广大农牧民群众宣讲森林防火条例，开展防火宣传活动，讲解防火常识。进一步增强全民森林防火意识，营造浓厚的森林防火氛围，提高全民安全防火意识和安全防患意识，从源头上消除火灾隐患。

【林政资源管理】 年内，加大林业执法力度，严厉打击乱砍滥伐林木，乱垦滥占林地，乱捕滥猎野生动物等违法犯罪行为，对树木枝条、野生植被的需求实行林业局、乡（镇）、村审批制度，护林员监督砍伐，实施属地责任制原则。加强护林员的管理，建立健全森林管护体系，实行森林资源管护合同制，与护林员签订一年的管护合同，明确管护范围、任务，报酬和奖惩兑现的办法，每年一考核，确保管护队伍人员素质和森林管护成效，确保管护区内每一块森林资源都有人管。建立巡山护林工作制度，要求记载巡山日记，以便于护林员巡山护林工作的监督和检查，确保从根本上遏止生态恶化，保护生物多样性，促进林业的可持续发展，确保林周国土生态安全。

【惠民项目带动群众增收】 2016年，县林业绿化局加强各项林业项目建设，扎实开展重点林业工程，在建设林业工程的同时，采取有效措施，积极鼓励农牧民群众参与到林业工程建设中，农牧民通过参与林业建设，增加了现金收入，带动了更多群众的就业机会。森林生态效益补偿基金工程、退耕还林工程、重点区域造林工程、拉萨周边造林的实施，给群众带来的现金收入达1365万元。

（罗　琴）

【领导名录】

局　长　西热坚参（藏族，5月免）

　　　　桑　杰（藏族，5月任，12月免）

副局长　张高峰

林周县水利局

【概况】 2016年，林周县水利局水利工程项目共开工建设52个，其中重点县项目35个，澎波灌区子灌区工程4个，民生项目10个，购买防汛物资、强降雨洪水灾害雇佣机械及小型农田水利修复项目，总投资为1.415亿元。截至年底，共完成28个项目，剩余24个项目到12底完成了80%，由于天气寒冷及确保工程的质量，未完成24个项目处于停工现状，待2017年开春后复工续建。2016年共完成投资1.1842亿元，通过项目的建成有效解决了6248人的吃水困难，改善了项目区1.45万亩耕地灌溉用水问题，同时有效改善了险工险段处的安全隐患问题。

【澎波灌区工程开展情况】 以拉萨市水利局为项目法人的澎波灌区工程共有4个，批复总投资为9042.28万元，分别为：虎头山一片区、虎头山二片区、切玛片区、平措片区工程。为确保工程的顺利开展，水利局积极协助上级水利部门做好灌区工程各项配合工作，于8月中旬协助完成了4个工程的复核工作，于9月初各施工单位陆续进场开展建设工作。至2016年12月底，累计完成总工程量的80%，累计完成投资7233.82万元。为确保工程质量，未完成的工程量已全部停工，待2017年开春后进行续建。

【小型农田水利重点县建设项目】 2015年，小型农田水利重点县建设项目总投资为2373.59万元，其中中央财政投资为2013.59万元，群众投劳折资360万元，涉及新建、维修渠道9处，共23.582公里，新建、改造水塘6处；渠系护坡工程2处，共1.578公里；溢洪道整治2处，共1.779公里；草场灌溉提灌工程1处。该项目于2016年7月初开工建设，于2016年10月完工，2016年11月通过了市级验收，通过项目的建成将有效改善项目区灌溉面积1.2825万亩。

林周县2016年小型农田水利重点县项目批复总投资为2500万元。主要建设任务：新建、维修渠道6处，总长21485米；新建、改造水塘4座、水塘清淤1处；农田护岸工程7处，总长5852米；工程新建设渠系建筑物715座。项目于2016年10月13日完成了邀标，2016年10月21日完成技术交底工作，10月底开工建设，至2016年12月底已完成了80%，为确保项目质量，未完成的项目建设内容已全部停工，待2017年开春后进行续建，项目建成后将有效改善项目区8.4947万亩的灌溉用水问题。

【民生水利项目】 年内，实施完成了10个民生水利项目的建设任务，投资为235万元，其中县级财政投入100万元，完成了6个人饮工程和640米渠道的维修任务；市级财政投入135万元，新建防洪堤2.5千米，维修2.8千米，新建抗旱机井1座。通过项目的建成有效解决了6248人的吃水困难，同时有效改善了险工险段处的安全隐患问题。

【水利基础设施修复项目】 年内，根据各乡镇上报的水毁水利基础设施情况，水利局结合实际本着重点区域优先修复的原则，利用县级财政投资的20万元，安排解决了全县范围内重点区域水毁修复建设任务。

【防汛抗旱】 2016年，防汛形势严峻，为确保安全度汛，汛前认真开展山洪灾害非工程措施防灾减灾体系的监测和预警能力隐患排查工作，将工程与非工程措施相辅相成，更好发挥林周县乡村非工程措施的防洪减灾能力；认真落实防汛抗旱工作责任制，修订完善县级防汛抗旱应急预案，加强各险工险段处的隐患检查、严格防汛值班，做好防汛物资储备。2016年，县级财政安排了66.32万元，其中购买防汛物资31.32万元，强降雨洪水灾害雇佣机械费35万元。在汛前，购买了编织袋155000条、铅丝笼10400平方米、铁丝130圈。在抗洪抢险工作中向各受灾区动用机械133小时，发放编织袋150000条，铅丝笼148卷、铁丝69圈。

【开展专题教育活动】 围绕县委县府的中心工作，以抓好水利设施建设工作为先导，以加强“两学一做”和党风廉政建设为重点，大力推进水利工程建设，改善水利基础设施。

按照要求认真学习党章及系列重要讲话和会议精神，并结合工作认真贯彻落实；坚持求真务实，努力形成开拓进取，奋发有为的领导集体，水利局班子能够坚持正确的权力观，政绩观；加强机关作风建设，积极参加县委县政府开展的机关干部作风效能建设年活动，不断完善各项工作制度，增强了干部职工的责任感和紧迫感，坚持打考勤制，请销假制和报告工作制，每个月定期不定期召开全体干部职工会议；严格按照中央整治“四风”和“八项禁令”的要求规范全局人员的一言一行，管住自己的手，拒收不义之物。在组织全局人认真开展党风廉政建设的同时，严格按照中央各有关重要文件精神，不请客送礼，不接受任何有关工作之便的请吃行为，不铺张浪费；严格控制单位三公经费支出和公车使用规定，从领导身做起，廉洁自律，洁身自好，积极配合巡视组和督查组的工作检查，结对帮扶工作做到位，深入结对户家中了解基本情况并送去了慰问金。

（索 拉）

【领导名录】

局 长 普布旺堆（藏族，11月免）

副局长 边巴次仁（藏族）

林周县教育（体育）局

【概况】 2016年，林周县现有各类学校42所，其中，县中学1所，县完小1所，乡中心小学9所，县职教中心1所，县中心幼儿园1所，乡中心小学附设幼儿园9所，村级幼儿园20所。全县在园幼儿1806人，在校小学生4196人，在校初中生2169人。全县在职教职工641人，其中幼儿教师86人，小学338人，中学195人，局属事业22人。

【各项工作指标任务完成情况】 学前儿童受教育率：全县在园人数1806人，学前三年入园率达72.71%，与2015年相比增长0.68%；学前两年入园率达87.81%，与2015年相比增长1.37%；学前一年入园率达97.18%，与2015年相比增长0.21%。小学儿童入学率99.90%，与2015年持平。初中入学率99.59%，与2015年相比增长0.05%。中小学巩固率100%，与2015年持平，青壮年文盲率0.2%以内。

【严格落实“党建统教”】 保障党建经费，先后为各党支部安排16万元活动经费，为学校党建工作建设提供经费保障，促进党建工作多样化。在2016年度教育工作会议上与各学校签订《教育系统基层党建工作目标管理责任书》，在日常检查中严格按照责任书督导落实，切实推进基层党建工作发展。结合“两学一做”专题教育，教育局党总支组织“两学一做”集中学习12次（含专题研讨3次）、党风廉政建设专题学习10次，提升党员干部理论水平、政治素养。极组织参加各项党建活动，组织70余名教师专题学习习总书记“七一”讲话，开展宣传党的惠民政策、重温入党誓词、评比党员等活动，2名教师在全县“做合格党员”主题演讲比赛中获一等奖、三等奖，3所学校获得全县先进基层党组织。

【圆满完成义务教育均衡发展评估验收】 建立推进教育均衡发展的督导评估机制。积极组织开展前期的摸底排查工作，查漏补缺；不断加大对全县教育均衡发展的督导力度，印发《林周县教育局义务教育均衡发展迎检工作任务分解方案》，明确责任、细化分工，先后组织均衡办全县范围的轮回蹲点指导6次，组织各科室巡查3次。完善学校设施设备配置。投入100余万元为全县中小学购置音体美设备；投入969万元实施了校安二期、三期工程，实现中小学校园监控全覆盖；投入48.4万元为县中学安装太阳能路灯；投入65万元对全县各校宽带进行升级，建设城域网点13个；投入近20万元为各校增添安保设备、安装窗帘。设立教师南北部交流机制。研究制定《关于开展小学教师南北部交流的实施方案（试行）》，并选派24名教师参加南北部交流，今后各小学新分配或新调入的教师都需参加交流工作，促使林周县南北部各乡（镇）小学教师队伍均衡、协调发展。做好迎检宣传工作，成立了均衡教育宣传小组，专门安排5人，利用近四周时间，粉刷标语30余处、放宣传资料2000余份，投资48.3万元建设标准化户外宣传牌9个，营造了良好迎检氛围。树立示范学校，以点带面。通过多次的检查对比，选出4所优秀的学校作为示范点，完成其校园美化设计方案，建设完成后在全县推广，形成以点带面的有效机制。在全县各单位、各部门的积极配合、团结协作下，林周县以92.3分（满分100分）的成绩顺利通过义务教育均衡发展国家级评估验收。

【提升教育教学质量】 为进一步提高全县的教育教学质量，顺利完成“振兴教育教学质量三年行动计划”任务目标，2016年以来教育局不断完善制度建设。组织11所中小学结合实际，制定切合实际、操作性强的《年度教育教学计划》《林周县教育教学质量奖惩办法（试行）》等，强化制度保障。加大督导力度，每月组织各科室工作人员入校督导计划、方案落实情况和教学教研工作开展情况，督促各学校按照既定发展规划稳步开展工作。定期深入各校开展推门听课、评课和教研常规检查等活动，2016年先后组织集体备课、上示范课、电子白板使用培训等近30次。创新评价体系，提高奖励力度。在全县小学、幼儿园实行绩效奖励，绩效奖按月包干到校，各校结合实际制定考评办法，校委会负责组织对教职员工的绩效考评工作和奖金的分配工作，调动教职工的积极性、主动性。本年度共落实奖金78.6万元。通过教育信息化助推教育教学质量提升。先后举办"一师一优课，一课一名师"的网络培训、网络赛课、现场评课、评优推选等活动；深入推进校园网络工程，实现全覆盖，从而提高教师的现代信息技术应用水平和改革创新能力。

2016年林周县中小考再创佳绩，小考内地西藏初中班录取31人；中考500分以上84人，600分以上15个，拉中、北高、内地西藏班上线66人。

【抓好项目建设】 县教育局安排专人负责与市县发改、财政、环保等相关部门协调，狠抓项目落实，集中力量推进基础设施建设工作。2016年，续建项目9个，总投资1967万元，现已全部完工待验收。2016年，新实施总投资845万元的县中心幼儿园改扩建项目，现已完成工程总体的60%，以上项目的实施将大大改善林周县学前教育、小学教育的办学条件。

县委、县政府高度重视教育工作，不断加大教育投入力度，每年对教育投入占县本级地方性财政收入20%以上，2016年总投入2187.4万元，已到位1274万元。对口援助省市也把促进教育事业发展作为智力援藏的重要抓手，2016年通过建设教育现代化工程、注入吴江人民奖学金、组织"六一"儿童节捐赠等累计投入130万元，并组织、协调40名师生到苏州参加中小学生夏令营、骨干教师培训。

【师资队伍建设】 优化师资配置，充分考虑偏远学校生源分散、教学实力较弱等特点，坚持优秀师资向偏远乡村、偏远学校倾斜，2016年向北部三乡分配教师9人，占新分配教师总数的41%，保证各类课程开设需要。加强教师队伍培训，进一步扩大教师培训覆盖面，注重加强偏远学校短缺学科教师培训，并鼓励支持教师在职学习深造，不断提高学历层次和教学水平，2016年累计选派200余名教师参加各类培训（含网上国培），年培训率达30%以上，中小学专任教师学历合格率达到100%。扎实开展教师业务水平考试和校级、县级赛课，以考促教、以赛促培，引导广大教师不断提高自身业务能力。持续开展师徒结队，为每名新入职教师安排一名老教师作为教学师傅，进行"传、帮、带"，帮助其迅速融入角色，提高教学能力。不断提高教师地位待遇，保障教师工资按时足额发放，健全教师岗位绩效激励约束机制，每月严格落实绩效奖、乡村教师生活补贴、伙食补贴、交通补贴。完善教师表彰奖励制度，层层选拔，2016年教师节表彰一批县级"升学奖""优秀教育工作者""优秀园丁"等先进集体及优秀个人，发放奖金95万元，提高教师的从业积极性。关心教职工实际困难，对困难教职工、退休教职工、大病救助对象、保育员、临时工等群体开展集中慰问。

【圆满完成中、小考等考务工作】 根据教育厅、市教育局学籍管理的相关规定，县教育局制定了《林周县中小学学籍管理办法》，学生转学严格按照规定执行，有效遏制大班额、低龄儿童入学现象。在各部门、各学校的密切配合下，教育局圆满完成了2016年680人参加的中考、346人参加的小考等重要、大型考试工作。县教育局主要通过四项措施推动考务工作：健全机构，成立考试、测试领导小组，召开专题会议，安排部署相关工作；认真准备测试器材、场地，增强安全防范措施，配备医务人员、安保人员，做好对意外伤害事故的救治准备；严明考试纪律，做到无替考、不做假，落实相关人员责任，对考试场地实行全封闭式管理，安排工作人员在场地四周值守维持秩序，并设置了警戒线，禁止任何与考试无关的人员进入考场。

【德育规范化建设】 组织专门力量编写了德育教材《爱国主义教育读本》，充分发掘本土德育资源，增强爱国主义教育的说服力、感染力。经常组织开展“深入揭批十四世达赖集团反动本质”“新旧西藏历史对比”“法律进校园”宣讲活动和各类主题演讲比赛，强化思想政治教育，增强学生的反分裂意识、法律意识和感恩意识。加强行为习惯养成教育，从日常生活细节入手，规范学生就餐习惯、就寝习惯和卫生习惯，让学生从小养成良好的行为习惯、受益终生。把爱国主义教育列入中小学教学计划，利用课前5分钟开展德育教育，形成了“教学计划有安排、备课本上有体现、课堂教育有落实、思想政治教育有效果”的德育教育模式。拓宽德育教育空间，定期发放《家长告知书》并召开家长会，选派教师作为联络员与各行政村建立“一对一”联系，及时与家长互通学生信息、沟通孩子教育问题，建立了“社会—学校—家庭”三位一体的德育教育体系。建立完善德育工作经费保障机制、德育成果监督检查机制，形成了“平时检查有记录、教研活动有交流、期末考试有内容”的德育教育评价体系，按照每生每年50元的标准落实德育经费，切实提供经费保障。

2016年，教育局先后组织开展“传承中华传统美德”“学习雷锋精神”“加强民族团结·珍惜幸福生活”“缅怀革命烈士·发扬革命传统”等主题教育活动和“少年向上，真善美伴我行”演讲比赛、“童心向党”歌咏比赛，取得了良好的成效。

【狠抓安全卫生】 组织召开年度维稳综治和安全卫生工作会议，实施教育系统“大排查、大调处、大化解专项活动”，开展全县学校集中隐患排查4次。邀请县卫生局、工商局等部门组成的联合检查组到县完小、县中学校开展了校园及周边环境联合大检查。严格领导带班制度、校园巡逻制度、零报告制度、信息上报制度，对违反制度的学校和个人及时通报、严肃处理。联合县卫生局对全县各校传染病防控工作进行了督导检查，为林周县教育系统进一步做好传染病防控工作奠定了基础。

【严格落实“三包”惠民政策】 县教育局严格落实“三包”惠民政策，为规范“三包”经费管理，发挥经费的最大效益，确保每所学校、每位学生公平享受“三包”，县教育局实行“预算到校、校财局管”的集中核算制度，各校资金统筹安排、结余合理调整。实行资金“双向管控”监督制度，保证了局与校之间的相互监督，实行“学校会计审核票据——校长审批——教育局会计复核——主管会计复核——单位主管审批”的报销制度，经费独立核算，专户存储。在充分调研的基础上，统一规范“三包”伙食日消耗标准和“三包”科目支出范围明细，提高“三包”资金的利用率和效益。每年由县政府牵头，组织财政、教育、监察、食安等职能部门，协同各校校长一起进行“三包”物资采购市场调研，调查物资的市场价格、商家的资质、产品质量以及服务保障能力，对商家进行综合评判，商议后定出供应商家，实行定点采购。2016年，共落实三包及营养改善经费1621.64万元。

为保证县城与乡村偏远学校伙食统一，做到了城乡之间学生的伙食基本无差异，公平享受三包，林周县学生粮油、蔬菜、水果、牛奶等物资全县范围内统一、定时配送，降低了偏远学校物资运输成本，统一城乡伙食标准，能够保障最偏远的唐古乡中心小学与县完小在蔬菜、水果等供应上无差异，获得师生、家长、群众的一致好评。

（于凤军）

【领导名录】

局　长　巴桑朗杰（藏族）

副局长　普　　桑（藏族）

　　　　肖 莎 莎（女，5月任）

林周县中学

【概况】 林周县中学创建于1986年，是一所农牧区寄宿制学校，占地面积224.5亩，建筑面积40000余平方米。现有46个教学班级，在校人数2169人，学校肩负着整个县城七至九年级的义务教育重任。现有教职工192人，其中专任教师192人（中教高级9人，中教一级75人，硕士学历2人，本科学历179人，专科11人），职工56人，组成了一支作风踏实、教书育人、勇于进取、乐于奉献的师资队伍。

【落实“三包”管理制度】 林周县中学秉承“构建和谐校园，培育合格人才”的办学理念和“习惯、责任、公正”的管理理念，结合实际，提出了“以德育为中心，一手抓教育教学质量，一手抓规范管理”的工作目标，大力推进“大部制”改革，继续加强“六支队伍”的领导和建设，营造“关怀、民主、信任、博爱”的人文氛围，全面引入竞争机制和激励机制，形成了“事事考评有成绩，人人干事有责任”的管理体系。逐步建立了一支思想高、作风正、业务强的教师队伍。在2016年中考中，学校共有68名学生达到内地西藏班及拉中、北高分数线，中考取得了平均分达到七县第二，高分段七县第一的好成绩。

百年大计，教育为本；教育大计，德育为先。林周中学从农牧区学生的行为习惯养成教育入手，开创了“课前三件事”和德育“四化”工作体制。努力将学校打造成为县级农牧区寄宿制示范中学。

“让学生成才，让家长放心，让社会满意”的办学宗旨，注重学生的全面发展，不断创新校园文化活动，严格落实“三包”管理制度，确保学生“进得来，留得住，学得好，生活得愉快”。在校学生的流失逐年减少，学生巩固率达到100%，实现了国家教育均衡发展的目标要求。

【开展德育工作】 德育是一个学校工作顺利和正常开展的有力保障，也是学生健康成长的重要前提。学校的德育工作始终坚持“一个中心，两个重点”（以爱国主义教育为中心，重点加强教师的言传身教和学生的行为习惯养成教育）来开展，形成了德育工作的信息化、课堂化、生活化和社会化。使学生进一步增长知识，开阔视野；真正在课堂上形成爱国主义意识；在生活中学会感恩，懂得回报，能讲文明、爱集体、爱生活；使自己能在走出学校后更好地融入社会、适应社会、服务社会。

【加强学校组织领导】 年内，学校提出加强“六支队伍建设”即干部队伍、党员队伍、教师队伍、职工队伍、班主任队伍和学生队伍建设的管理理念，成立了以校长为中心的领导集体，统一管理学校的各项工作。把学生的学习、安全等放在最首要的位置，为他们的健康成长提供最贴心的服务和最可靠的组织保障。

为进一步提高管理水平和教育教学质量，学校实行年级组管理制度，由学校三个副校长担任年级组长。在三位年级组长的领导下，学校教育教学工作得到了更好地开展。同时，学校成立了以校长为组长的德育教育工作领导小组，统一管理所校的学生德育工作。成立了专门管理和服务学生的政教处、服务中心、青少年活动中心。三个科室密切配合，全心全意为学生的健康和全面成长服务。他们下设的医务室、学生宿舍管理委员会、学生会、文明督导队、补助品发放中心、学生食堂、青少年俱乐部、课余兴趣班等，都把学生的饮食、安全、健康等放在最首要的位置，为他们的成长提供最贴心的服务。

【提高教育教学质量】 为进一步加强教师队伍管理，促进教师理论学习和教学研究，积极提高教师队伍整体素质。2016年，学校举行了两次教师业务考试，以新课程理念为指导，以促进教师专业化成长为宗旨。坚持面向全体、突出重点，以考促学、以考促研、以考促改和以考促教的原则，全面提升学校教师专业素质，努力提高教育教学质量。

2016年全校教师多次参加电子白板培训，使电子化的设备在教学中得到防范应用。2016年7

月，学校教师中级职称评审工作再次由学校公平、公正地圆满完成了教师中级职称评审工作。以优化教师队伍结构、提高教师整体素质为目标，坚持能力优先，业绩优先的原则，坚持严格程序，规范操作，公平公正公开的原则。

2016年8月，学校在县教体局的指导下顺利完成人才引进工作，从内地招录10名应届大学毕业生到学校任教。2016年9月、10月，分别迎来拉萨市教育局的教员蹲校和教育厅的教育督学，到学校检查、指导、规范教学工作。

【建章立制，关注于心，关爱于行】 年内，学校始终把安全纳入到每项工作的范畴中，高度重视，抓细抓实，丝毫不敢马虎。为此，学校专门成立了由校长任组长的安全工作领导小组，下设安全监督检查办公室。制定《林周县中学学生疾病防疫应急预案》《林周县中学消防避震应急预案》《林周县中学接送北部学生押车教师职责》《林周县中学宿舍、浴室管理人员职责》《林周县中学交通安全管理制度》《林周县中学消防安全管理制度》《林周县中学维稳工作应急预案》《林周县中学学生食堂食品卫生管理规定》《林周县中学后勤管理监督制度》《林周县中学社会实践活动安全制度》《林周县中学医务室管理制度》等36种与安全相关的预案和制度。

【安全工作，责任到人】 学校要求，师生集体外出时，要和组织负责人签订《活动安全合同》；将安全工作纳入到每位教职工的年终考评，并实行一票决。

【安全宣传教育】 年内，学校组织老师编写了《林周县中学学生安全须知》发给学生和学生家长学习；通过开展主题班会、专题讲座等活动来提高学生的安全意识；通过定期举办消防和避震演练来提高学生的应急能力；凡周末放假，学生要将《家长信》和《安全告知》带回家，强化家长对在家孩子的安全监护中的责任，做到安全工作不留“死角”。

【加强各类安全检查】 年内，全校实行了由教职工为主的24小时值班制度，学校安全监督办公室经常开展检查和自查工作，对发现和存在的安全隐患及时提出整改意见和建议，向责任科室发放《整改通知单》限期要求整改，并反馈整改结果，向领导小组汇报。若属于学校无力解决的，及时向县教体局和相关部门提交书面申请。

2016年5月、11月，在全校范围内开展消防避震演练。在县消防大队的指导下，顺利开展两次消防演练。对学生食堂和教工食堂的职工进行应急灭火训练及消防设备的正确使用。2016年上半年，“校园视频安防监控系统”投入使用，基本实现了安防监控全覆盖。

【学生卫生习惯养成教育】 年内，学校规定每周一、三、五各班级统一晒被子；安排班级轮流到浴室洗澡；每周三下午进行全校卫生大扫除，清理卫生死角；每周日学生返校前进行全校消毒；学生就餐前必须排队用洗涤剂洗碗；定期熬制汤药，让学生饮用，预防传染性疾病；对全校学生统一发放卫生纸、香皂、牙膏牙刷，并教学生学会使用。对女生单独发放卫生巾，举办生理卫生讲座。设立由学生会成员构成的卫生督导队，带领全校卫生委员参与学校卫生监管工作并使之成为中坚力量。面向全校师生开展“废纸回收，绿色环保”活动，并建立长效机制。

【加强医务工作，确保健康永驻】 设立医务办公室和隔离室，确保一般性学生疾病能在校内及时得到医治，科学地开展传染性疾病的防、控、治工作。截至年底，学校无重特大安全卫生事故发生，多次被上级部门评为区、市、县“平安学校”。

【规范“三包”流程管理】 年内，为确保“三包”资金的合理使用和“三包”物品特别是“三包”食品的质量，学校专门成立了“三包工作领导小组”“三包工作监督小组”，制定了与“三包”相关的6种制度。领导小组由校长兼任，下设服务中心和财务室，负责学校“三包”经费和“三包”

物资的管理，监督小组负责物资价格的调查、使用和校内物资的质量检查和伙房、人员的管理。

【奉献型班主任队伍】 班主任是与学生接触最多也是关系最亲密的人，班主任对学生的关爱，最能让学生体会到家的温暖。学校班主任在完成班级常规管理的同时，还要关注学生的各种衣、食、住、行；进行不定期的学生家访；完成晚间21：00—22：00的学生宿舍查房任务；教会和监督学生使用各种洗漱用品，清洗衣物床单等；做到全天24小时将患病学生及时送到医院并进行细微的照料；找回并教育好辍学或逃学的学生；义务帮扶家庭困难、品行困难和学习困难的“三困生”等等。

【践行“三个代表”重要思想党员队伍】 作为教师中的先锋力量，党员教师要在平时的教学和工作中做得更多，付出更多，时时处处要体现党员的先锋模范带头作用。学校注重榜样的培养和宣传，学校党员教师在认真完成自己的本职教学工作的同时，还要参与各种理论文章、方针政策的学习并自觉践行学习的内容；自从开展党员“三亮三比”和“承诺践诺”活动以来，学校每一名党员教师都要在经济、生活、学习、心理和健康等各个方面帮扶一名家庭困难、品学兼优的在校学生。让无私与细心的关爱使学生感受到点点滴滴爱的力量。

2016年，学校党总支办公室在党总支的指导下，对学校38名特殊学生成立“励志班”，开展了多次丰富多彩的关爱活动，同时，对家庭困难的6名学生进行了家访。在2016年度学校开展了《道德模范》《最美格桑花》的推评及宣传表彰活动。

【丰富文化生活】 年内，学校都十分重视学生的业余文化生活，培养学生高雅的生活情趣，促进学生全面健康成长。学校长期利用周末给回不了家的北部学生播放爱国主义影片；给在校北部学生提供各种体育用品；认真组织举办大型的师生田径运动会；青少年活动中心开办书法、绘画、电脑、美工、篮球、足球、音乐、舞蹈等各类兴趣班；音体美组教师每天组织学生开展好课间操、眼保健操、体育课等“两操一课”和冬季长跑活动，保证学生“每天锻炼一小时，健康生活一辈子”；学校活动中心组织开展好全校性的学生足球、篮球联赛，既增强了学生体质，又树立了学生竞争意识和集体意识；政教处和党团办定期开展学生有意义的社会实践活动：打扫县城街道卫生，到敬老院帮助和慰问老人，到职教基地进行义务劳动，慰问警务站民警，植树节参加植树活动等等。

【健全学生宿舍管理体制】 宿舍，是学生学校生活的一个重要区域。良好的宿舍管理体制是学生学习好、休息好、生活好的重要保证。学校在长期的摸索和实践中逐渐形成了一套有自己特色的学生宿舍管理体制。每栋宿舍配备一名责任心强的宿舍管理员，负责学生宿舍的卫生、安全、纪律，督促学生按时就寝，按时起床；每栋宿舍加设一名由学生担任的楼道长，配合宿舍管理员的工作，由学生来管理学生；每栋宿舍成立由宿管员带头的宿舍管理委员会，管理宿舍的一切常规工作；制定了一套翔实有效的学生宿舍管理制度，使宿舍的一切管理工作做到有制可依；组织学生定期进行床单被套等的清洗、晾晒及宿舍消毒；班主任每天晚上9点到10点必须到学生宿舍对学生进行点名和教育，督促学生进行内务整理和按时就寝；值班教师晚上9点到11点要在学生宿舍进行巡视，维持学生宿舍的正常秩序；学校医务人员必须24小时轮流待岗，以保证生病学生能得到及时医治；学校开水房必须保证24小时给学生供应开水。2016年，学校继续实行学生午睡制度，以进一步提高学生的休息和学习质量。

【学习和休息形成规律性】 不管是宿舍还是教室，都是学生学习生活的乐园。学校为了学生能更好地学习和休息，24小时开放学生宿舍楼和教学楼，让学生的学习和休息形成规律性，养成良好的学习习惯和作息习惯。

【真正实现由学生管理学生】 学校在长期的实践中，逐渐摸索出一条由学生管理学生的管理模式，学校现在培养出了学生会、文明督导队、卫生督导队、宿舍楼道长、宿舍管理委员会、少先督导队、团员督导队等。让学生管理学生，既有利于培养学生的管理能力和人际交往能力，又有利于让学生管理学生，让学生走近学生，让学生了解学生，从而为学校的管理增添了新的动力和活力。

（德吉卓玛）

【领导名录】

党总支书记 贵桑多吉（藏族，6月任）
校　　长 牟维军
副 校 长 次珍措姆（女，藏族）
　　　　　公保才旦（藏族，6月任）
　　　　　王银超（6月任）

中国人民财产保险股份有限公司西藏分公司林周县公司

【概况】 中国人民财产保险股份有限公司林周县支公司位于林周县苏州中路，是中国人民保险公司县域综合性的一家服务机构。自成立以来始终秉承“团结、奋进、忠诚、奉献”的核心价值观。逐步形成以“县城为中心、乡镇为纽带、农牧区域为腹地”的保险销售格局。为林周县党政机关、驻地部队、社会团体、矿山企业、农牧民群众提供保险咨询、承保、理赔、查勘等服务，并始终牢记“扎根农村、服务百姓”的经营理念和职能。

【业务范围】 主要包括企业财产险、家庭财产险、机动车辆保险、货物运输保险、意外险、责任险、农业保险，超大额补充医疗保险等同时负责区域内的事故现场查勘，也是唯一一家服务于林周县所辖9个乡1个镇的保险机构。

【扎根基层、服务三农】 在林周县委、县政府、县财政局、农牧局等各相关职能部门和各乡（镇）农业保险协管员的大力支持下全面完成了林周县2016年度的农业保险、商业险承保工作。2016年林周县保费收入350万余元，其中种、养殖、能繁母猪以及农房保费159万元，商业险保费191万元；除了政策性农业保险之外2016年县政府还投保了“林周县农牧民超大额补充医疗保险”“林周县干部职工人身意外伤害保险”以及“林周县教育系统人身意外伤害保险”。

2016年，林周县受到洪涝等自然灾害导致大面积老百姓庄稼和住房受到了不同程度损失，同时还遭受各种疫情导致牲畜死亡较多。在接到报案的第一时间，西藏分公司领导高度重视，迅速成立查勘小组统计受损情况。并尽最大的努力，在最短的时间内完成灾情查勘定损和处理赔款案件。2016年，林周县农业保险赔款共计31889663.84元，其中种植业赔款3246663.84元、养殖业赔款28179000.00元、农房赔款327000.00元、能繁母猪赔款137000.00元、农牧民超大额补充医疗保险10万元及其他商业保险赔款。

【服务承诺】 公司将以雄厚的实力和优质的服务，竭诚提供高质量、充分可靠的保险保障。切实做到为政府分忧，为群众解难，充分体现“人民保险造福于民”的服务宗旨。发生保险事故后，请立即拨打24小时开通的“95518”人保服务专线电话或联系公司指定的客户经理，公司将在30分钟内赶到现场查勘、及时定损。对属于责任范围内的保险事故，待达成赔偿协议后，理赔时手续齐全，五日内予以赔付；属于保险责任内的重大赔款，若金额一时难以确定，可在估损金额的30%以内单独先行预付赔款，以帮助您及时恢复生产。损失金额最终确定、达成赔偿协议后，将在10日内支付其余赔款。

（李明焕）

【领导名录】

总 经 理 李明焕
总经理助理 达娃次仁（藏族）

林周县鹏博健康产业园（拉萨市林周城镇化建设投资发展有限公司）

【概况】 2016年，林周县鹏博健康产业园已完成征地2846.98亩，兑现征地资金5664.32万元；已投资8880万元，建设完成了林周县苏州北路市政工程、苏州北路东延线项目，开展了甘曲路市政工程建设项目以及北环路、西环路、干渠路工程建设；投资260万新建完成了林周县污水提升泵站一座，园区内各项基础设施不断配套完善中。拉萨市林周城镇化建设投资发展有限公司现已拥有林周县鹏博物业管理有限公司1家子公司，已累计向县财政上交约12350.88万元，产生税收1845.85万元。

【招商引资】 林周县鹏博健康产业园按照全市招商引资活动“从严从实”原则和“走出去 请进来”的要求，以及自治区党委常委、拉萨市委书记齐扎拉在林周调研时的指示精神，在第八批援藏干部和调藏干部的大力支持下，牵头组织相关成员单位负责人，利用12天时间到江苏省涟水县、泰州市、苏州市工业园区、高新区、姑苏区、吴江区等地开展考察学习活动，详细了解江苏各大园区在规划建设、招商政策、服务企业、众创空间等方面的成功经验和有效做法。

截至年底，已有84家企业注册在园区内，累计产生税收666.4万余元，2017年预计可纳税2亿元。园区已有5家实体企业落户，将分别在园区开展建设天然饮用水项目、油菜籽深加工项目、全自动彩印包装纸项目、民族手工艺项目、牛羊肉深加工项目，预计总投资约36182.83万元，项目正式投入生产2018年产值预计可达59146万元，可解决当地农牧民群众就业，切实起到调整县域经济结构，增加经济总量的作用。

【推动项目建设】 9月，拉萨市林周城镇化投资发展有限公司承接了林周县村级组织活动场所标准化建设的项目，项目计划总投资1.3亿元，在所辖45个行政村新建村级组织活动场所36个，改扩建8个，维修改造1个，项目实施管理过程中，公司严格按照项目领导责任制、法人制、招标制、监理制、质量监督制、合同管理制的要求分布进行，确保各项工作顺利开展。

【发挥资产管理职能】 拉萨市林周城镇化投资发展有限公司资产管理部按照县政府的具体要求，联合县财政局，开展了县辖区门面房清理、接收和出租工作。截至年底，已与99个商户续签了153间门面房的租赁合同，每月可收取租金约138220元。

【以产业带动就业】 拉萨市林周城镇化投资发展有限公司和所属子公司认真贯彻落实“精准扶贫、精准脱贫”工作，在项目实施过程中，积极按照县委书记次仁顿珠在《林周县精准扶贫精准脱贫“双百攻坚战”动员部署大会上的讲话》精神，充分利用好拉萨市“两个50%，即拉萨的企业拿出50%的岗位，安置拉萨籍群众就业，拉萨籍就业群众中至少要安置50%的贫困人口”的指标任务，在工程建设务工人员中安排了50%的农村建档立卡户人员，优先雇用当地工程机械设备。据统计，在实施村级组织活动场所标准化建设工程时，雇用本地务工人员81000人次，为群众增收891万元。为本地贫困农牧民群众和建档立卡户提供了保洁、保安和水电工等就业岗位68个，每人每年可实现增收约2万余元。物业公司还为全县中直各单位公务用车以及出入各小区的私家车办理了车辆出入通行证，规范了出入各小区人员的管理工作，确保了全县干部职工的人身财产安全。

（徐　刚）

林周县供电有限公司

【概况】 根据《关于西藏自治区国家电网覆盖区域农电代管框架协议》，林周县供电有限公司于2014年11月20日正式由国网西藏电力有限公司拉萨供电公司全面实施代管。公司管辖的35千伏变电站3座，总变电容量15750千伏安，35千伏输电线路5

条，长度41公里，10千伏配电线路17条，长度680公里，公司合计供电营业户数1656户，电网覆盖农牧民15199户，供电人口63800人，供电面积4000多平方公里，2016年售电量2353.98万千瓦时。

【经营范围与职责】 公司位于林周县林周大道北路7号，具体负责林周县域内的输、配、变、售电及九乡一镇的供电任务，为林周县社会经济发展提供安全、可靠的供电保障。

【认真践行安全保电职责】 为保障2016年林周县"赤龙次曲大法会"的安全保电工作做到万无一失，针对现场供电设施存在的隐患，7月12—18日，林周县供电有限公司投入大量的人力物力，安排专项资金提前组织实施新架10千伏线路及220/380伏低压线路合计1.3公里，新装一台100千伏安变压器。在法会活动期间安排10名专业人员留守在现场完成实施保电任务，确保了"赤龙次曲大法会"顺利开展提供了可靠的电力保障，做到了不间断供电；根据林周县委、县政府的统一部署，为确保县政府"两会"工作的顺利开展，公司领导提前深入现场，参与落实保电方案，同时利用7.2千瓦发电机接入会议现场的主要灯光及音响设备，并在现场反复试验，实现了会议期间双电压供电目标，按时完成了会议期间供电任务。

【严格履行供电部门职责】 根据"十二五"农网改造规划内容，2016年由国家电网公司投资9700多万元，对林周电网全面实施了农网升级改造，改扩建林周县35千伏变电站，新建110千伏边角林变电站及虎头山变电站，新建35千伏输电线路3条，共计32公里，新建10千伏配网线路4条，计63公里，新装台变50台，容量达到3260千伏安，新建0.4千伏线路约120公里。通过开展农网升级改造，全面改善了林周电网供电结构，最大限度地保障了林周电网安全、稳定运行，为今后林周县社会经济发展提供了坚强的电力保障。

【"十三五"规划发展思路】 为全面加强农网改造建设，进一步提高农网安全运行水平及可靠供电，在"十三五"期间，新建35千伏唐古变电站、容量8000千伏安，新架35千伏线路1条、长度47公里，新建10千伏线路3条、长度29公里，新装配电12台、总容量9800千伏安，新架0.4千伏低压线路36公里，低压户表改造700户。通过开展农网改造，实现电网供电覆盖率达到100%、户通电率99.99%、配电智能化率达到50%、农网供电可靠率达到99.12%、综合电压合格率达到98.8%。

当前林周电力工作正处于农电体制改革和按照国网公司要求，全面进入转变管理理念、规范管理工作的重要阶段，面临着加快推进县公司制度、流程、标准的建设与完善，全面提升农电管理水平。林周县供电有限公司全体干部员工以饱满的热情和旺盛的干劲，攻坚克难、锐意进取，努力实现"十三五"规划目标。为林周县经济社会发展提供坚强的电力支撑和保障，服务林周县长治久安做出更大的贡献。

（白玛加措）

【领导名录】

经　理　何远德（5月免）
　　　　白玛加措（藏族，5月任）
副经理　扎　顿（藏族，6月任）

城市建设·环保

林周县住房与城乡建设局

【概况】 林周县住房与城乡建设局成立于2010年10月，单位设局办公室、小康安居办公室、质量强县办公室，下辖林周县自来水厂1个事业单位。此外，住建局同时负责质量监督管理局、市容市貌管理局职责。全局共有全责清单417项。住建局本级核定行政编制4名，其中科级领导职数2名，科员2名；现有领导2名，科员2名。下辖事业单位水厂核定事业编制15名，实有事业编制1名、工人1名、公益性岗位人员5名。

【推进保障性住房建设】 2016年，县住房与城乡建设局在县委、县政府的正确领导下，以建筑市场管理和安全质量监督为重点，统筹兼顾，多措并举，积极开展城乡建设工作，主要推进保障性住房建设和易地搬迁等项目建设工作。

【城乡建设】 新建完成保障性周转房384套。2016年，共建设周转房384套，总建筑面积为19200平方米，总投资5768.39万元，2016年已全部竣工安排入住，极大缓解了林周县干部职工住房困难问题；新建完成保障性公共租赁住房68套。2016年投资816万元建设公共租赁住房68套，建筑总面积为2720平方。2016年，已完成全部分配入住，完成甘曲村棚户区改造118户。2015年棚户区改造项目涉及甘曲村118户，总投资528.76万元。该项目自2015年10月开工，2016年11月竣工，项目完成有效解决了甘曲村118户的脏乱差问题；完善旁多乡新集镇市政基础设施。投资719.41万元，新建旁多乡市政道路840.994米，以及给排水、绿化、路灯等附属设施；新建公共厕所1座、垃圾池1座。投资691.42万元，新建护墙1066米，步梯8座。确保了旁多新集镇的安全。项目于2016年10月竣工验收并交付使用；提升部分小区居住环境。投资419.9万元，对林周县苏州新村周转房小区、县医院住宅小区及2014公租房各建设点进行绿化、给排水改造、道路硬化。项目完成极大改善了各小区的居住环境。

【易地搬迁】 2016年，林周县完成本县集中搬迁300户1255人，搬迁至拉萨蔡公堂乡蔡村214户856人。林周县2016年集中搬迁300户变迁点分别在唐古乡唐古村玉热组、卡孜乡白朗村当果组、江夏乡江热夏村，每个点各100户；300户集中搬迁安置房总规划用地面积为521295平方米（其中：江夏乡占地面积192981平方米、卡孜乡占地面积146550平方米、唐古乡占地面积181764平方米），120平方米户型110户、150平方米户型161户、180平方米户型29户；总建筑面积61868.4平方米，其中居住建筑面积42851平方米；总概算投资17580.63万元，现已全部竣工并分配至各农牧民手中。

【小康安居】 根据市委、市政府关于实施小康安居工程的指示精神，住建局计划2016年实施林周县小康安居试点工程，选址为松盘乡岗巴村萨纳岗，户数为37户。该项目可于2017年3月开工建设。

【公房管理】 年内，根据自治区统一安排部署，为切实掌握林周县公有房数据，住建局组织人力物力，对林周县2015年，新增、拆除和改扩建公有房屋进行了认真统计，现已完成统计上报工作。2015年共新建完成公有房11栋337间，建筑面积23523.98平方米。分别为保障性住房8栋171套，建筑面积7561.78平方米；业务用房2栋151间，建筑面积11951.15平方米，经营性用房1栋15间，建筑面积4011.05平方米；实施保障住房维修。投资130余万元，对县城各保障房进行维修，主要维修内容为：清理化粪池、污水井、排污管道清理；对损坏的给排水管网进行更换；对损坏的屋面防水进行修补重做；对部分受损严重的周转房进行全方位的维修，包含墙体粉刷、室内地面防水、厨房和卫生间给排水、地面重做等。

【住房保障】 2016年，共新增周转房384套、公租房68套，已全部安排入住投入使用。全年共提供公租房（廉租房）472套，有效解决了共计472个家庭的住房困难问题，涉及新就业大学生、外来务工人员、当地住房困难家庭、部分干部职工等住房困难家庭。货币补贴。2016年，城镇低收入家庭租赁住房补贴实际享受人为122户139人，兑现资金425340元。

【农房确权】 为深入贯彻落实国家有关于深化农村产权制度改革的工作部署，按照区、市有关开展农房确权工作的统一安排部署，加快推进林周县农村产权制度改革，认真做好农村房屋所有权确权登记颁证，住建局于10月正式启动农房确权颁证测量工作，总投资为430万元。该项目已完成全部测量工作，部分数据已移交县不动产登记局，由不动产登记局发放不动产登记证。

【施工管理】 林周县严格执行施工许可制度。2016年10月，开通施工许可在线审批平台，强化施工许可管理，方便群众办事。2016年，住建局共办理施工许可证17件，涉总投资1.24亿元。

【安全监督】 为切实加强建筑施工安全生产工作，降低建筑工程安全事故的发生概率，实现全年建设领域安全事故零发生的目标，住建局上半年组织开展了“建设领域开复工前安全生产大检查”“工程质量治理两年行动专项排查”“建筑领‘严打’行动”“安全生产大检查、大排查、大整治专项行动”等一系列活动。自全县建设项目开工起，住建局每周至少组织一次建设工程安全检查，加强了项目建设安全监管，减少建筑施工安全隐患，有效预防了安全事故的发生。2016年实现全县建筑施工未发生一起安全事故，重大事故为“0”、伤亡人数为“0”的目标；建筑领域工程质量事故“0”发生的目标。

【乡村规划】 林周县江热夏乡连巴村在住建局的积极申请下，已被列入国家第三批次传统村落名录，为做好传统村落保护工作，2016年住建局申请自治区保护资金20万元，县级配套10万元，用于传统村落保护与发展规划的编制，保护发展规划已通过审核。

【水厂管理】 本着服务人民的原则，林周县自来水厂共预算供水设施维修费20万元，确保县城的正常供水。2016年，水厂共出动供水应急抢修68次，居民供水上门维修562次，极大保障了县城的正常供水。

（徐　嘎）

【领导名录】

局　长　曲　扎（藏族）

副局长　索朗次仁（藏族）

林周县环境保护局

【概况】 林周县环保局成立于2010年10月，主要负责县域环境污染防治的监督管理，承担落实减排目标及从源头上预防、控制环境污染和环境破坏的责任，负责环境监测和辐射安全的监督管理，指导、协调、监督生态保护，开展环境保护科技工作，协调全县环境保护宣传教育。环保局行政编制4名，其中科级领导职数2名，科员2名，截至年底，实有干部职工6人，其中驻村1名，名均为共产党员。2016年，林周县环保局紧紧围绕县委、县政府的中心工作，以环境优化经济发展、加强防治污染和生态保护、强化环境监管、深入开展环境宣传教育及加强队伍建设为抓手，为改善和提高林周县环境质量做出相应的努力。

【创建生态村】 为进一步推进林周县创建自治区级生态村创建工作步伐，改善农村生态环境质量，根据上级相关文件精神和要求，林周县成立了县、乡、村三级负责人组成的“创建”领导小组，积极开展自治区级生态村创建工作。争取各种资金渠道，硬化村级道路、修建村级路灯和健身场所，硬化道路及太阳能路灯，全县45个行政村基本上已全部覆盖。

为保证林周县申报工作更上一个台阶，县级财政部门增加了创建自治区级生态村环境质量监测经费93606.00元。在生态村创建中，一方面坚持因地制宜、量力而行，集中财力解决基层水、电、路、广播电视等现实问题，另一方面在拓宽群众增收渠道上下功夫，在创建生态村过程中实现保护生态、利用生态、发展经济、促进增收，真正让群众吃上“生态饭”“旅游饭”，努力建设美丽生态林周。2016年，林周县申报了4个生态村，4个均通过了自治区环保厅审核。截至年底，林周县共有6行政村被正式命名为自治区级生态村。

【依法征收排污费】 根据《中华人民环境保护法》和《排污收费管理条例》相关规定，2016年10月，林周县环保局对县域所有的餐饮、诊所、洗车场等服务行业均下达了排污费缴纳通知书，要求各排污单位务必于12月30日前缴纳完毕。同时，在排污费收支两条上严格把关、严格规范，排污单位根据林周县环保局下发的排污缴纳通知单，到林周县财政局直接缴纳排污费，并将县财政开具的排污缴纳收据在县环保局备份。截至年底，共缴纳了排污费4410元。

【生态保护宣传】 2016年，林周县以创建自治区级生态村、环境综合整治、“美丽乡村”“禁白”等各项活动为载体，深入各乡镇、村委会，开展了20余次环境宣传教育，组织城管大队、联户代表等1200人次清扫省道沿路、村居周边、湿地区域，共清运垃圾45车，大大提高了林周县城镇、农村、道路沿线的环境卫生质量。

进一步推进“禁白”专项治理及巩固工作。年初，制定并向各乡镇、县直各相关部门下发了《关于印发〈林周县2016年度巩固治理“禁白”成果方案〉的通知》。5月，在全县范围内开展了“禁白”专项整治活动，依法没收各类经营场所的塑料袋，同时发放了环保袋4000个。

【严格执行环境影响评价】 2016年，林周县环保执法人员对辖区内建筑工地进行现场监督检查5次，全面掌握了建筑工地的基本情况，要求施工单位合理安排施工作业时间和工序，严格按照要求做好夜间施工公示，同时指导建筑工地落实隔声降噪措施，减少施工噪声污染，并对施工人员进行建筑环保法律法规的宣传教育，提高环保意识，使施工单位自觉执行国家环保法律法规的相关规定，有效保障了城乡居民正常生活、工作和学习的声环境质量。

严格执行“三同时”规定，积极落实建设项目的环保专项验收，协助配合区、市环保部门做好相关工作。按政策实施环评。2016年，林周县实施的项目无一项越权审批，按照审批权限，林周县共有100个审批项目，出具100份审批意见；严格实施项目“三同时”管理，林周县实施的各类项目严格按照“三同时”制度执行，配套设施不落实的责令停止，截至年底，无任何环保设施不落实项目；另外，未出现监管不力，没有造成建设项目环境污染事故。

【完成区、市环境保护考核】 根据区、市人民政府《西藏自治区环境保护考核办法实施细则》《2016年全区环境保护考核方案》《2016年拉萨市迎接全区环境保护考核现场复核工作方案》等文件相关要求，县委、县政府高度重视，多次召开专题会议安排部署，扎实推进林周县迎接区、市两级环保考核各项准备工作，形成自评报告，顺利完成了考核工作。

【开展饮用水源点安全隐患排查】 林周县集中式饮用水源点仅一处，为县城集中式饮用水源点即自来水厂，水厂主要由林周县住建局进行管理，由市环保局进行规范建设，为有效保护水源点安全，水厂制定了《林周县自来水厂饮用水及地下水源保护管理办法》、应急预案、值班制度等各项规章制度，水源地保护区一级保护区内无违法违规排污口及建设项目，不存在威胁饮用水水源的污染隐患。同时为加大农村饮用水水源保护，林周县以乡镇为单位编制制定辖区内水源地保护的应急预案。根据2015年全区环境考核中林周县甘曲水源地（林周县县城集中式饮用水水源地）存在的环境问题，林周县政府高度重视，并召开2次专题会议，由甘曲镇政府、县国土局、县住建局、县环保局联合开展了土地征地工作，召集了5个村委会代表，3个联户代表，18名群众代表，讨论征地补偿和征地相关事宜，对反对者进行思想教育。现已完成租赁水源地内200亩土地，在上年修建的水源地围栏基础上进一步加固和维修。

【重点企业（项目）环境安全隐患排查】 加强矿山监管工作，对存在问题的企业认真开展现场检查、督促工作，并对现场检查中发现的突出问题进行分析、及时下达整改意见。2016年，共深入各企业污染源进行检查13次，填写现场记录16次，下达整改通知书8份；针对全县范围内非法采石、采砂的行为，县政府组织下环保局牵头9个职能部门组成专项整治领导小组，深入九乡一镇，对97家采石场、采砂场及预制砖厂开展了为期9天的现场检查执法工作。此次行动，共依法取缔关闭了94家未办理环评手续的采石场、采砂场及预制砖厂。

【生态保护区保护工作】 在林周县有3个市级湿地生态功能保护区（甘曲湿地、江热夏湿地、帕热湿地）和黑颈鹤自然保护区设置12个标志牌，提升保护区地位，严格审批禁止保护区附近的土地开发，并联合林业局组织管护人员的培训，提高管护人员的环境管理意识。2016年，根据拉萨市委督查室《关于督办拉萨河流域环境综合整治有关事项的通知》精神，成立了环保、水利、安监、国土等联合工作组对林周县境内32公里的拉萨河段进行了一次全面检查，对各类环境问题做到了查处到位、整改到位。经常对保护区地域进行执法检查，坚决杜绝在自然保护区内发生乱建、乱排、乱砍等现象，使保护区得到有效保护。

【污染物总量控制和排放】 年内，严把建设项目环评批准入关，加强日常监督管理，严格检查相关企业污染物总量控制减排执行情况，淘汰落后工艺。按照《关于报送2016年环境监测方案的通知》（藏环办〔2016〕1号）文件要求，林周县委托拉萨市环境保护局环境监测站对林周县域1个空气质量监测点位（林周县政府北纬29°53′52.43″，东经91°15′35.60″）每季度进行一次监测，全年共监测了4次。监测项目为4项，即：二氧化硫、二氧化氮、可吸入颗粒物、总悬浮颗粒物，各项监测指标均达到或优于《环境空气质量标准》一级标准，达到了县（区）经济社会科学发展指标要求。

【加大城镇环保基础设施投入力度】 通过开展专项行动，2016年林周县对各乡镇内、外垃圾，特别是各乡镇进出口两侧堆积的白色垃圾和建筑施工渣土、垃圾进行清理。清查了乱搭乱建、肆意排放污水等违法问题。专项治理了城镇饮食油烟污染、噪声污染及扬尘污染。截至年底，县环保局联合城管大队对林周县城进行5次环境整治检查工作，对各商贩乱搭乱建现象进行管理，有效整治了县城40多处环境卫生死角和盲点；同时推进湿地污水处理工程有序开展。

2016年，林周县财政投入40万元垃圾填埋场运行经费，加强县城垃圾收集、转运及无害化处理能力；林周县人工湿地污水处理站由自治区环保厅已交接给县环保局，林周县已聘用1名公益性岗位人员，对人工湿地污水处理站进行日常管理和维护；县政府安排145.5万元环保设备采购资金，购买了2辆钩臂车、2辆扫地车、3辆电动四轮垃圾车、1辆吸污车、20个垃圾箱、20个电动三轮垃圾车，环保设备的更新，大大提高了环卫工作的效率，进一步改善了县城环境卫生质量，彻底扭转了“脏乱差”的局面。

（周　杰）

【领导名录】

局　长　强巴旦增（藏族）

副局长　格桑次仁（藏族）

邮政·通讯

林周县邮政分公司

【概况】 2016年，林周县邮政分公司现有在册干部职工11人，正科级1人，职工8人。乡邮投递人员3人。县辖邮政服务网点9个，投递服务段道7条。经营范围：邮政金融、邮政汇兑、国内国际包裹、国内国际EMS、报刊业务、函件、集邮、代理机票和代收移动话费等业务。年内，林周县邮政分公司认真贯彻落实区公司及市局工作会议精神，以市局工作会议精神为经营指导思想，按照增强“四个能力”的建设目标，紧紧围绕“调结构、促发展、增效益”的战略目标，以科学发展观为主线，着力抓好函件、包裹，速递、集邮、代理信息等业务的发展，有效促进企业效益的稳步增长。通过全局干部职工的共同努力，克服各种困难和不利因素，圆满地完成上年的的各项目标任务。并取得了一定的成效，经营效益得以稳步增长，各项目标圆满完成。年内，累计完成业务收入120万元，同比增长30.75%，完成年度预算的1003%，全面完成全年的经营目标任务和各项工作任务。各项邮政通信服务质量指标达到了上级部门的考核标准。

【业务发展】 在加大窗口宣传力度的同时，市场营销工作逐步成了业务发展的主体，“青藏铁路通车十周年”的纪念册销售在2016年的业务发展中显得尤为突出，并取得一定的成效，共计销售23万元，为全面完成全年的经营目标任务奠定了坚实的基础。

【完善各项规章制度】 年内，落实各项基础管理工作标准，不断完善各项规章制度和基础管理工作。为将各项制度落实到实处，根据市局《企业管理制度汇编》和市局《考核办法》内容，结合本部门的实际，完善本部门的制度内容。为进一步深化和完善劳动力分配制度，加强和规范企业管理，充分调动员工积极性、主动性、创造性、开拓性，建立有效的绩效激励机制，有效提升企业经营管理水平和改革发展的意识和能力，推动林周县邮政友好又快发展。本着“按劳分配、兼顾公平、效益优先”的原则，制定《2017年绩效考核》；与此同时于年初与相关人员签订《基础管理目标责任书》。同时加强制度的监督和执行力度，员工的基础管理意识和责任感得以增强。将强营投和内部处理的规范化服务工作，把窗口服务和各环节的现场规范化管理纳入了日常管理工作。使基础管理工作得到进一步的夯实和规范。形成有章可循、按章办事、规范有效的管理体制。

【农牧区网点建设】 切实做好普遍服务工作时党和政府赋予邮政的政治使命，是关乎党和政府形象，社会稳定的政治工程。除承担县城区域的投递服务工作外，还承担林周县各乡镇、各完小、寺庙、企事业单位等机构的投递服务工作。全县乡邮政投递工作辐射9乡、1镇、46个行政村、服务面积达4千多平方公里，年服务行程达4.7万公里。乡镇通邮率达90%以上，最大限度地满足偏远山区邮政通信需求，以林周县经济发展和农牧区文化建设做出贡献。进一步加大了乡邮工作力度，不断提高管理水平和服务质量，以高度的政治责任感，把延伸服务深度、认真做好普遍服务工作为己任，投入到乡邮管理工作中，认真落实实施，在巩固乡邮成果的同时，不断提高乡邮通信的覆盖率，确保乡邮工作的畅通，始终在“讲政治、讲大局”的高度上，以对党和国家高度负责的精神，着眼于“服务三农”忠实履行普遍服务，全力以赴做好党报党刊的投递工作，全年共投递党报党刊198万分。确保邮政普遍服务不降低，水平不缩水。其次就是结合部门实际拓展农牧区邮政业务，每周四定期到旁多中心乡网点进行流动服务，全面实现中心乡邮政网点业务新突破，实现收入4.6万元；加大乡邮政通信安全工作的正常运转。正因为乡邮政投递队伍这种乐于奉献，始终把搞好普遍服务工作作为己任的精神，赢得当地政府、企事业单位和广大农牧民的赞誉，同时对乡邮服务工作给予肯定好评。

【青年文明号】 以“青年文明号”创建活动为主要方式，不断改善服务支撑。较好地满足日益增长的多层次、多元化、个性化需要。

【创先争优强基础惠民生】 在文化发展大背景下，把“创先争优强基惠民生”作为农牧区乡邮工作的重点之一，为做好“创先争优强基惠民生”工作队的邮政服务工作，为此召开专题会议，会上希望各辖区投递服务人员要站在讲政治的高度，切实强化投递服务质量，全力满足驻村工作队的用邮需求，树立良好的邮政形象。并做到监督检查必须到位、投递服务标准必须到位、宣传力度必须到位。通过走访，基本掌握了各驻村工作队的基本信息；大力宣传邮政服务内容和服务标准。其次通过深入了解和宣传党报党刊征订工作和用邮需求。狠抓安全生产年初签订《安全工作目标管理责任书》《消防安全责任书》，制定《车辆管理办法》，与乡邮员签订《乡邮汽车及摩托车安全管理责任书》等与安全生产息息相关的管理办法和制度，将安全生产指标考核纳入部门绩效考核中。每月实行定期组织安全生产检查，使安全生产工作制度化、规范化。确保邮政通信生产安全，维护了社会稳定秩序。

（普布扎西）

【领导名录】

经　理　普布扎西（藏族）

林周县电信局

【概况】 林周县电信局（中国电信集团公司林周县电信局）正科级建制，下设林周县电信自有营业厅，9个乡和1镇新建了便民服务营业厅。林周县电信局核定人数7名，其中合同制员工6名，劳务派遣制员工1名，乡镇划小承包员36名。县域卖场2家，截至年底，全县共计建设52个基站，覆盖全县9乡1镇45个行政村，现已全县网络覆盖100%。

【实施“乡乡通视频、村村通宽带”】 2016年，林周县电信局全面深化改革，坚持履行维稳保通政治责任，持续推动体制机制创新，加大力度实施好划小承包改革工作，努力实现全业务有效益规模发展，全县改造成100%光网宽带（FTTH）改善林周县农牧区通信条件，加快农牧区全面建设小康社会步伐，通过上级部门的大力支持下实施了“乡乡通视频、村村通宽带”等工程。

【服务工作】 林周县电信局通过县域卖场和各乡镇营业场所、10000号、网上营业厅等服务窗口为重点，简化服务流程，改进服务短板，实现服务标准化，努力争创自治区级精神文明单位。2016年林周县电信局全业务服务标准达标率达到98%，越级投诉、群体性投诉、重大投诉、媒体曝光等保持了零的记录。全年全面启动和开展了“为名服务创优争先”主题活动，为农牧民提供最优惠、最便利的服务。2016年，先后三次去看望、慰问两家扶贫户。

【应急响应工作】 2016年，为确保及时高效应对突发事件的指挥能力和应急处置能力，满足在突发情况的通信保障和通信恢复的需要，在第一时间接应和服从林周县委、县政府和应急指挥中心的统一领导指挥，确保林周全县通信畅通，林周县根据区公司统一安排成立了林周县电信局应急通信战备办公室。林周县电信局积极配合林周县公安局完成了73个点位的数字监控平台搭建以及监控点位的建设。实现林周县重点区域重点环境下的管控，大力提升了公安技防能力，同时也全面提升公安应急响应能力。

【惠农政策】 西藏电信公司按照农牧区经济条件，专门制定了“天翼惠农”“双联户幸福家园”“校园网”“警务易通”等业务特殊优惠政策，同时对“天翼惠民”定制了最低档的惠农政策，2016年全体员工走村入户讲解惠民政策办理移动业务6000多部，手机优惠补贴金额达100多万元，赢得了广大农牧民的信赖，提升了中国电信的感知。

（旦巴扎西）

【领导名录】

局　长　索朗罗布（藏族）

副局长　旦巴扎西（藏族）

中国移动通信集团西藏有限公司林周县分公司

【概况】 2016年，林周县移动公司现有在岗员工10人，含驾驶员1人，乡镇区域经理10人，服务于甘旦曲果镇、江热夏乡、边交林乡、卡孜乡、春堆乡、松盘乡、唐古乡、阿朗乡、旁多乡9个乡1个镇，管理自办厅1家，县主城区合作厅3家，乡镇服务站8家，各级渠道代理店30余家。2016年，林周县共计完成下账收入2000万元，同比2015年上升10.19%，完成全年指标的86.25%，无线上网收入完成600.98万元，完成全年指标的92.34%，累计新增6024户，同比2015年新增客户数上升27.76%，月存量用户ARPU值在90元左右，较2015年同比上升5.66%，月活动客户数达16933，较2015年同比上升7.78%，全年发展家宽用户1032户。

【资源建设】 以未建其他资源区域为重点，深度了解用户需求拓展用户规模。及时与各新建小区、单位、商场等洽谈资源进场事宜，提升家宽资源渗透率。

【各渠道点管控】 明确渠道准入、审核、退出机制，优胜劣汰；明确片区层面的考核机制。对于优质的网点，加大扶持力度；对于合作价值低下、严重违规的网点，予以取缔，严格执行各项服务与业务管理规范。

【全面深化员工关爱】 深化“关爱文化”建设，逐步建立员工关爱的长效机制。树立“健康、幸福、高效的员工是企业最大的财富”的理念，坚持“以人为本”的管理思路，从帮助员工成长、关注员工心理、关爱员工生活、关心员工健康四个角度，通过制度完善、流程理顺、团队建设等措施，全方位深化“员工关爱工程”“EAP”工程，引导员工健康成长、快乐生活、激情工作。

【员工自身学习】 年内，林周县移动为进一步加大县公司员工自身学习，每周开展“我要上讲台、周周有心得”活动，通过各自在工作岗位上遇到的困难及服务中存在的问题进行交流分享，使员工压力得到释放，激发员工对业务学习的积极性和主动性，让每位员工力争在平凡的岗位上做出不平凡的业绩。

【建立移动基站】 林周县移动公司在各类业务

的同时，始终不忘自身肩负的社会责任，将满足当地农牧民群众通信需求、促进偏远乡镇经济发展、帮助当地农牧民跨越通信鸿沟作为实践“三个代表”重要思想的具体体现。积极收集网络覆盖情况，并及时为无信号的偏远乡镇建立移动基站，优化弱覆盖乡镇的网络，有效地促进了民族团结和社会进步，获得了林周县“2016年民族团结进步模范集体奖”。

（德　吉）

【领导名录】

经　理　旦增罗布（藏族）

联通林周县营业部

【概况】 2016年，联通林周县营业部现有在岗员工5名，县城营业厅2个，边交林乡营业厅1个，2016年，共建49个基站林周县移网覆盖率达到80%，县城光纤覆盖80%。林周县联通全体员工在渠道建设、队伍建设、网络建设及文化建设等方面都取得成绩，公司各项业务实现有效发展，全年通信服务收入同比增长率40%。

【业务实现快速有效发展】 年内，林周县联通分公司主动开拓市场资源，不断提高营销水平，通过佣金模式的调整，强化话务量营销与维系体系建设，2G业务发展有效性不断提升。在3G业务创新发展方面，在执行总部“六统一”原则及省公司3G业务管理规范的基础上，创新体验营销、文化营销、异业合作模式，通过3G渠道建设、价值链合作，促进3G业务的快速发展和3G品牌的传播。在服务方面，根据用户价值和服务需求，实行分级服务，打造高素质3G专属服务团队，建立一对一的服务体系，3G品牌得到客户的认可。

【服务和维系持续提升】 为进一步提升联通各渠道的工作主动性和积极性，提高客和员工的满意度，以用户感知为中心，不断提升服务水平。努力建立统一支撑公司全业务和3G业务、服务营销一体化、具备差异化服务竞争优势的客户服务工作体系。充分借助融合优势，大力发挥协同效应，夯实基础管理，提升网络质量，加快有效发展，增强综合实力，努力为广大用户提供更加高效优质的信息化服务.紧紧依靠自治区党委政府的关怀支持，紧紧依靠广大用户的深情厚爱，紧紧围绕中国联通的发展战略，深入贯彻落实科学发展观，坚定信心，抢抓机遇，集中精力加快业务发展和网络建设，提升服务水平，树立企业新形象，增强综合竞争力和可持续发展能力，适应不断变化的多元化市场需求，向用户提供专业化和全方位的宽带通信与信息服务。

重点推进落实转型、分级服务，通过改进服务短板，降低投诉，基本实现提升客户满意度、降低客户投诉率和高端客户离网率的工作目标。特别是在客户维系方面，通过制定统一回访口径，完善回访模板，调整考核机制，维系成效明显。在3G用户方面，细化落实工作要求，针对营业厅发展环节、新入网回访环节、服务经理维系环节设计标准化的流程及脚本。

【网络质量更为完善】 网络信号是运营商的核心服务，网络质量是优秀服务的基础。2016年，林周联通致力于网络的建设与优化，让所有客户都能体验到连通四海、沟通在世界的每个角落皆触手可及的便利。2016年，为进一步提高网络覆盖率和服务能力，提升客户满意度，林周联通集中对以往信息较弱但人口密集的乡村进行了网络机站的补充新建3G基站20多余。全面实现高接通率、低掉线率、通话清晰的通信服务。

【全力打造高绩效团队】 公司通过进一步完善末位淘汰制，稳定优化员工队伍。同时，调动离退老员工热情，发挥离退员工经验丰富激励老员工巡视团队工作，为公司发展出谋划策，提高团队凝聚力。

在队伍建设方面，坚持以员工成长为魄，重点落实推进员工“职位体系、激励体系、晋升体系、培训体系”四个体系的建设工作，强化各级管理团队和员工队伍建设。具体要围绕“员工成长”和“提高人均效能”的核心目标，做好员工职业生涯发展规划和人员结构性优化配置，尽快建设一支适应新形势、新环境的员工队伍，提高工作效能；打造学习型组织，营造良好的学习氛围，把员工学习制度化、体系化，让员工在学习中成长。在管理干部队伍建设方面，树立起“有为才能有位，有位必须有为”的意识，一切靠业绩说话，靠发展赢得尊重和地位。

【践行社会责任，推进社会信息化】 联通林周县营业部自成立之日起，即秉承“做优秀企业公民”的理念，发挥通信行业信息优势，致力于消除数字鸿沟，构建公平和谐信息社会，参与政府信息化、企业信息化、农村信息化、应急通信建设，推进信息化和工业化融合，推进高新技术与传统工业改造结合，通过向信息服务商的转型，推动整个社会的信息化进程。2016年，通过直销的模式将更多的通信服务送至各乡各村，为构建小康西藏、平安西藏、和谐西藏做出新的贡献。

【管理创新出成果】 按照规范及各类流程要求，不断加强内部管理和标准化建设，理顺工作关系、夯实工作责任，加大检查、考核、奖奖罚力度；细化工作，完善激励措施，有效提高工作效率。以风险防范作为增强内部管理的重要手段，以创新管理作为提高经营效益的重要保证。通过宣传、培训及制度建设，强化项目管理，注重企业文化建设及党风廉政建设，营造良好工作氛围。

（边巴扎西）

【领导名录】

经　理　边巴扎西（藏族）

金 融

中国农业银行股份有限公司林周县支行

【概况】 中国农业银行股份有限公司林周县支行位于西藏拉萨市林周县甘旦曲果镇甘曲路2号，成立于1995年7月1日，于2009年10月成功股改后改名为中国农业银行股份有限公司林周县支行，是一家服务于林周县县城及所辖九乡一镇的金融机构。截至年底，有4个营业网点，分别为县支行营业室、强嘎营业所、江热夏营业所及旁多营业所。全辖在职职工39人，其中正科级1人（任行长一职）、副科级2人（任副行长一职）。支行内设一个党支部，全行共16名党员，根据业务性质分别设有会计、出纳、信贷及代理国库等岗位，主要办理人民币存取款、贷款、结算业务；办理票据贴现；代理收付款项、代理保险、代理国库业务；从事银行卡、网上银行、黄金销售业务；代理销售开放式基金、国债承销和其他理财业务；办理政策性金融业务以及经国务院银行业监督管理机构批准的其他业务。

【企业文化建设】 农行林周县支行推进内部机制改革，增强风险控制能力，加强员工队伍建设，加大企业文化建设，各项工作得到健康发展，并取得了飞跃性的进步。依照年底数据，林周县支行再次超额完成了各项考核计划，取得了较好的成绩。截至年底，支行各项存款达到172012万元，其中储蓄存款27855万元，对公存款144157万元，各项存款较2015年增长了4421万元；各项贷款余额为75595万元，其中涉农贷款45846万元，公司贷款14505万元，个人贷款15244万元，各项贷款较2015年增长6788万元，截至年底，各项贷款累放28485万元，其中农牧民贷款累放19104万元，个人贷款累放9381万元，各项贷款累收17486万元，中间业务收入85万元。

【深入落实、情系基层】 为加强对农牧民进行信贷扶持，林周县支行对县域中有经商头脑，能带动致富的农牧民，进行了重点信贷扶持。截至年底，林周县共计评定信用乡（镇）9个，信用村42个，“金穗惠农通工程”稳步实施推进。截至年底，支行累计颁发贷款证12404张，贷款45150万元，其中钻石卡383张，贷款4971万元，金卡7091张，贷款31409万元，银卡3047张，贷款6583万元，铜卡1883张，贷款2187万元；“四卡”贷款证颁证率达97.63%，使用率达98%。协助全县范围内开展精准扶贫建档立卡户的数据采集、核对、统计、汇总上报工作。

2016年，在县委的统一部署下，林周县支行除了继续做好县内9个乡1个镇新农保开户工作外，也对城镇低保、城镇养老保险及寺庙养老（医疗）保险进行了开户工作，自开展农村新农保工作以来已经开办了58745户存折。此外，支行积极配合财政局及社保局工作，做好代收代付业务，全年累计代付28273万元（工资27148万元，农保及其他1125万元），代收304万元。截至年底，现金已投入120536万元，回笼残破币604万元。

【牢记使命、服务“三农”】 中国农业银行股份有限公司林周县支行的各项业务，尤其是小额信贷业务之所以发展到今天，是当地党委政府和有关部门关心支持的成果，是全行干部员工情系“三农”，端正经营理念，勇于开拓创新，克服种种困难，乐于奉献的结果。

农业银行林周县支行作为林周县直接为农牧民服务的金融机构，始终以服务好“三农”，建设好林周作为自己的精神使命，不断拓展小额信贷领域，加大有效信贷投入，扶持农牧民增产增收，为林周的经济更好、更快发展做出应有的贡献。

（刘　莎）

【领导名录】

行　长　何　钦

副行长　索朗罗布（藏族）

　　　　扎西卓嘎（女，藏族）

乡（镇）概况

甘旦曲果镇

【概况】 甘旦曲果镇下辖甘曲村、久荣村、江角村、朱加村、朗当村、党布村6个行政村，22个村民小组，耕地面积26452.8亩；农牧民2247户，其中农业户2235户，纯牧业户12户；农牧民总人口9584人，劳动力6747人，妇女劳动力3129人；牲畜22872头（只、匹）。辖区内有朗当、甘曲、加口3座寺庙，甘旦曲果镇现有在编干部职工49人（包括8人借调），其中现有行政编制34人、事业编制13人，工人2人，社保协理员2人，公益性岗位2人；下沉干部共14人；共有正式党员620名，预备党员51名；退休干部58人，退休工人106人；三老人员25人，其中老党员19人，老干部6人。

【干部队伍建设】 重视党员发展质量。加强对入党积极分子的教育培养，坚持党员发展标准，认真履行入党手续，全镇共有10个党支部，其中有6个行政村党支部，1个派出所党支部，1个机关党支部，1个退休党支部，1个城管党支部。2016年新发展党员28人，全镇现有党员620人，其中农牧民党员545人，现有预备党员28人。

利用走访群众等方法对村干部进行了德、能、勤、绩、廉5个方面的考核。将奖惩与考核结果挂钩，有效调动了村干部的工作主动性和积极性。

【加强对基层党建工作支持力度】 年内，为了各行政村第一书记能够顺利地开展基层党建工作和各项组织活动，甘旦曲果镇按时兑现了第一书记爱心基金6万元，平均每个行政村1万元。同时，为了确保经费落到实处，镇党委年初对各村第一书记、支部书记、会计进行了财务培训，年末对各村第一书记爱心基金进行检查，要求各村做好账目明细，使每一笔资金支出公开、透明、有记录。

【精准扶贫】 精准扶贫脱贫开展以来甘旦曲果镇领导高度重视，及时召开“双百攻坚战”部署动员大会，并成立脱贫工作领导小组、制定工作方案、明确工作职责，形成了一级抓一级、层层抓落实的工作格局。特别是新一届领导班子到位后，将精准办人员由原有的2人充实到现在的7人，形成了强有力的扶贫脱贫力量。

全镇共有建档立卡贫困户123户565人，贫困发生率为5.5%。经过大力实施脱贫攻坚，全镇贫困户123户565人已实现全部脱贫摘帽。

【“两学一做”学习教育】 年内，镇党委严格按照区、市、县委部署的相关要求，及时传达会议精神，认真安排部署“两学一做”学习教育活动，切实做到“四个到位”宣传到位、组织到位、落实到位、督导检查到位，并要求镇村两级有计划、有措施、有内容。甘旦曲果镇全年共开展书记讲党课活动2次，开展学习活动30余次，撰写心得体会100余篇，督导检查8次。切实结合“两学一做”活动，深入查找薄弱环节和差距不足，扎扎实实抓好整改提升，真正把各项工作、每个环节做细致、做扎实、做到位，确保取得满意成效。

同时通过多种形式甘旦曲果镇班子共征求意见建议15条，经归纳梳理为8条。甘旦曲果镇班子成员共征求到意见建议80条，经归纳梳理为57条。并且召开了一次高质量的专题民主生活会，一次专题组织生活会，通过整改甘旦曲果镇干部职工工作作风等方面都得到很大改观。

【“三个全覆盖”方面】 “三个全覆盖”工作开展以来，甘旦曲果镇立足镇村实际，创新工作思路，强化工作措施，扎实推进“三个全覆盖”工作，取得了明显成效。村级活动场所建设项目方面，截至年底，甘旦曲果镇除甘曲村还未动工，其余村已全部开工。甘旦曲果镇不定期深入各村，实地查看活动场所建设情况，监督检查工程建设各个环节，确保村级组织活动场所顺利推进、质量过硬；村集体经济方面，甘旦曲果镇的集体经济发展已逐渐步入正轨，其中以较为突出的江角村集体经济收入10万元左右，及朗当村集体经济收入7万元左右；村干部学历提升方面，甘旦曲果镇已完成所辖6个行政村的村干部学习提升培训；通过参加此次培训，着力打造一支政治素质好的队伍。

【团建工作】 年内，甘旦曲果镇团委着重从团员队伍建设方面，重视发展团员工作，重视团员意识教育，将团的工作制度化、经常化、规范化。结合“两学一做”认真开展团委的工作，镇团委下辖团支部有7个，全镇现有团员138人，全镇2016年高考应届毕业生有101人。2016年，新发展了10名团员，全镇“推优入党”人数4人。

【党风廉政建设】 决贯彻党的路线方针政策，坚持把廉政纪律作为各项工作的“高压线”，甘旦曲果镇每周定期组织全镇干部职工进行警示教育学习，传达县纪委转发或下发的相关通报及相关文件精神，专题学习《中国共产党党章》《中国共产党纪律处分条例》《中国共产党廉洁自律准则》等会议精神及观看《镜鉴》《永远在路上》等影片，共撰写心得体会60余篇。

加强对“三资”和固定资产的管理力度，规范和整顿固定资产的管理秩序，严格落实党委主体责任、落实纪委监督责任。于2016年4月至11月，镇纪委分别两次对镇、村两级的“三资”和固定资产进行清查，坚持做到依法清查、规范管理、有效监督，切实预防镇、村两级腐败现象发生，对保障人民群众的利益，起到了决定性的作用。

各项惠民资金的发放关系到农牧民群众的切身利益，甘旦曲果镇将此项工作作为重中之重。针对当前资金种类多，来源广的情况，镇纪委对相关部门和各户进行随机抽查，了解各部门专项资金的种类、来源和数额，发放的程序及时间，并要求相关部门及时将资金发放情况公示，确保各项支农强农惠农政策资金的分配、发放工作置于镇纪委的监督之下，切实做到公开、公平、公正。

【机关干部作风建设】 年内，为切实落实好“三转”工作，甘旦曲果镇狠抓落实，以治“慵懒散”“蛮横硬”为抓手，以制度牵人为机制，以“两学一做”教育为契机，通过开展各种形式的学习教育活动，教育全镇干部职工牢固树立政治意识、大局意识、核心意识、看齐意识，主动查找自身的差距，改进不足，增强紧迫感、责任感、使命感，提高工作的积极性、主动性、创造性。

【维稳工作】 树立主动维稳观念，健全应急处置机制，积极预防并妥善处置群体性事件。强化社会治安综合治理，大力开展打击整治专项行动，打牢维稳工作基础，并与各村各户签订综治责任书，切实创造良好的社会治安环境。2016年，甘旦曲果镇积极对各村进行信息采集录入工作，甘旦曲果镇6个行政村信息录入已完成，商铺信息及机关单位住房人员信息已采集，微信平台建设微信认证6个村委会完成，联户代表每日报平安制度已开始运行。

思想认识到位。甘旦曲果镇牢固树立“稳定

压倒一切”的思想，牢记“发展是第一要务，是硬道理；稳定是第一责任，是硬任务”，把信访维稳工作作为头等大事来抓。

做好敏感时期、重点时段维稳工作。在敏感时段，严格执行24小时领导带班和零报告制度，做到了节假日和周末期间镇领导班子主要领导在岗带班，一半以上干部职工在岗值班，发现不稳定隐患、苗头或事件在第一时间迅速上报，及时进行工作部署，及时采取有效措施，确保情况早知道、工作早到位、问题早解决、事态早控制、并完善了行政村值班制度，敏感时段定期对特殊人群进行回访。同时，组织镇干部民兵、各村民兵对县城、各村进行巡逻。

【经济发展】 2016年，甘旦曲果镇进一步加大产业结构调整步伐，集中力量打造特色农牧业，主导产业在经济增长中的作用明显增强。全镇全年完成农村经济总收入15799.73元，同比增长18%；农牧民人均可支配收入11858.19元。

【农牧业】 甘旦曲果镇共有耕地面积26452.8亩，播种面积28177.85亩，产量达到22213063.97公斤；共有牲畜25298头；农用机械共有5464台。2016年完成2017年度政策性涉农保险统计工作，其中牲畜20476头，种植业24928.686亩，房屋1715户，农用机械1466台。发放春季各类疫苗共计525瓶，发放化肥共计8751袋，发放2016年秋季禽流感疫苗共2427只。

【水利工作】 为改善江角村江角小组人畜饮水问题，为江角村解决200米塑料管道；甘曲村江多组修建农田灌溉水渠，2016年年底开始实施，明年完工；甘曲村维修水渠100米，维修水闸2个，清淤200米；修建久荣村提灌站，机房一间28.56平方米，扬程34.76米，输水管径300毫米、长843米，共投资45万。

【草补工作】 2016年10月，兑现2015年2名草场监督员的补助共计10800元，并准备着手开展对甘旦曲果镇、村1：5万基本草原类型划定。

【特色项目建设】 2016年，甘旦曲果镇共有13个村集体项目，共投资284万元，收入达到591800元，较为突出的为江角村青饲玉米种植投资32万元，收入38万元。各村预计在2017年将结合本村实际情况，利用精准扶贫脱贫平台，加大项目争取力度，壮大村集体经济。

【城市环境综合整治】 2016年，维修垃圾填埋场和对垃圾填埋场的道路维修共花销16000元。2016年，县环保局发放了扫地车、洒水车、垃圾车等车辆，开展整治卫生6余次，对林周县城区的卫生有了进一步改善。

【教育工作】 2016年，甘旦曲果镇对教育支出0.23万；完成林周县“十件民生实事”非义务教育阶段贫困学生资助工作，共计83人；甘旦曲果镇在校大学生共有433人；甘旦曲果镇辖区小学适龄儿童1011人，小学至中学残疾儿童26人。

【卫生工作】 城镇医疗保险方面，甘旦曲果镇应参保人数为238人，实际参保人数238人。新型农村合作医疗保险方面，筹资总人数9322人，筹资金额为27.966万元。2016年，合作医疗筹资9524人，1955户，筹资金额为285720元；门诊报销1524人次，1293049元。

【民政工作】 2016年，甘旦曲果镇共有低保户142户，470人；共有80岁以上老人122人，其中90岁以上老人有16人，兑现高龄健康补贴资金59700元，县级配套补贴资金32580元；共有已办证残疾人0-16岁重残儿童有11人290人已兑现康复补贴资金26400元。2016年9月，对救灾对象24户、131人发放救灾物资216件。11月，甘旦曲果镇以政府采购形式从县粮食局购买价值173020元的粮食并当天现场发放给各村缺粮户共95户、422人。

【住建工作】 甘旦曲果镇对229户，722人的小康安居工程结合精准扶贫脱贫工作于11月统计是否有自愿到市里或县里集中安置的人员，统计共有搬迁户229户，试点入户228户。

【普法工作】 年内，利用每周学习，组织全体干部职工集中学习《中华人民共和国民法通则》等与机关工作相关的行政法规，通过学习不断强化干部职工依法行政的理念。同时，利用每年的法制宣传月和法制宣传日向广大干部职工群众宣传《中华人民共和国宪法》等法律法规为宣讲教育内容。

【妇联工作】 2016年4月，组织各村妇女主任参与了健康知识培训，通过培训，进一步提高了妇女干部的综合素质。并利用“春节”“藏历新年”“三八”等重大节日的有利时机，组织各村妇女主任开展了一系列内容丰富多彩、健康向上、意义深刻的活动。

【援藏工作】 为进一步加强与对口援藏单位之间的交流，增进对口单位间的情谊，学习内地先进工作理念，促进甘旦曲果镇各项工作的顺利开展，11月15日，由甘旦曲果镇党委副书记、镇长次仁桑珠牵头带领甘旦曲果镇干部代表到苏州市吴中区高新区管委会及苏州市吴中区木渎镇进行交流学习经验，并争取到援藏资金35万元。

【国土工作】 2016年上半年，甘旦曲果镇积极配合县政府完成了产业园区的征地工作，共计征地1347.1116亩；开展机场前期测量工作，并完成产业园区第二期征地工作1200多亩。

（白玛央金）

【领导名录】

党委书记　郑　杰（5月任）
党委副书记、镇长
　次仁桑珠（藏族，5月任）
党委副书记、人大主席
　普　珍（女，藏族）
党建副书记　土多格列（藏族，5月任）
纪检书记　卞君普（5月任）
人武部长　段金城（藏族）
党委委员、副镇长
　张梦娜（女，藏族）
党委委员、组织委员
　陈　建（5月任）
党委委员、宣传委员
　卓　嘎（女，藏族，5月任）
副镇长　边巴玉珍（女，藏族，5月任）

边交林乡

【概况】 边交林乡是林周县的东大门，桥头堡，地处拉萨东部拉林公路中段，距离拉萨42公里，距县城24公里，海拔3700米，区域面积136.7平方公里。全乡下辖当杰、卡优、色康3个行政村19个村民小组，农村总人口1306户5372人（男2601人、女2771人，农业人口1281户5235人，牧业人口25户137人），较2015年增加17户63人。

全乡耕地总面积20053.27亩，主要沿彭波河两岸呈带状分布，人均拥有耕地面积4.2亩，水资源和可利用荒地资源丰富，农业主要靠彭波河引水，耕地大部分为自流保灌地，约70%的耕地为一等地。草场面积146950.82亩，林地面积16500亩。是典型的农区畜牧业乡，具有较好的现代农业发展基础。

【从严治党】 落实从严治党主体责任，切实增强责任意识。明确乡党委主体责任、乡党委书记第一责任人职责，年初乡党委与各村党支部签订《边交林乡基层党建工作责任书》《2016年度边交林乡党风廉政建设责任书》。并不断完善责任体系，成立基层党建工作领导小组，按照集体领导与个人分工负责相结合及“谁主管、谁负责”的原则，将主体责任层层分解，进一步明确责任，层层传导压力，形成了横向到边、纵向到底的长效工作机制；健全管党治党长效机制。在严肃党内生活中净化党风政风。乡党委研究制定一系列管党治党制度，开展双重组织生活会、民主评议党员、民主集中制等。严格按照书记抓、抓书记的要求，建立基层党组织书记抓党建工作责任清单和述职述评考核机制，加强落实党建工作责任体系建设。以党的群众路线教育实践活动、“三严三实”和“忠诚干净担当”专题教育为基础，在全乡范围内继续深入开展正风肃纪专项整治，坚持思想教育与制度约束相结合、惩戒问责与激励保障相结合，形成作风建设永远在路上的长效工作机制。

【党风廉政建设】 年内，深入贯彻落实党风廉政建设责任制。始终坚持“党委统一领导、党政齐抓共管、依靠干部职工支持参与，一把手总负责”的反腐倡廉工作体制。落实好党委主体责任和纪委监督责任。深入开展正风肃纪和反腐倡廉工作。以“两学一做”学习教育为抓手，不断加强党员干部管理工作，纠正干部工作中存在的慵懒散现象。以观看《永远在路上》《打铁还需自身硬》教育片为契机，加强对党员干部理想信念信和廉洁从政教育。充分发挥纪检职能。2016年，对边交林乡财务、项目建设、惠民政策、干部作风建设、车辆使用、医疗核销等严格监督管理。

【基层党组织建设】 深入开展党员发展工作，不断壮大党员队伍。截至年底，乡党委辖属9个党支部（当杰村党支部、卡优村党支部、色康村党支部、乡机关党支部、乡派出所党支部、乡完小党支部、卫生院党支部、色康寺管会党支部、刚琼合作社党支部），党员397名，其中，农牧民党员326名，妇女党员121名。2016年，共发展17名党员，新增妇女党员6名。不断加强党员管理。建立健全党员机制，严格下沉干部、乡干部日常管理。乡党委主要负责人定期与干部职工进行谈心谈话，并对各下沉干部进行定期不定期的督促检查，共检查18余次。不断加强党员教育培训。紧紧围绕“两学一做”专题教育，积极开展乡干部、村干部、农牧民党员素质提升工程，通过每周四学习会、夜校、下村宣讲、走村入户，党员干部培训取得明显成效。不断加强对党员的关心与关怀。各大节庆日期间，积极组织农牧民党员开展各类活动，认真落实党内激励帮扶资金，2016年共兑现三老人员补贴110400元。

【党建七项重点任务落实情况】 按照县委组织部《关于党员组织关系排查和党费收缴工作检查的通知》文件要求，抓好党员组织关系集中排查工作和党费收缴使用管理专项检查工作；按照区党委组织部《关于开展县（区）领导班子换届工作“回头看”的通知》，对乡辖三个行政村领导班子换届政策、工作程序、换届风气、新班子运行、群众反映等方面进行“回头看”，深入分析检查，全面查漏补缺；以支部为单位扎实开展党代表和党员违纪违法未给予相应处理情况排查、非公企业和社会组织党的组织覆盖和工作覆盖、党建促脱贫攻坚、党员干部学习教育等工作，乡党委定期进行检查。

【村集体经济】 3个村“两委”一村一品。卡优村：农机合作社固定资产400余万元，其中大型拖拉机20辆、收割机10辆、相关配套设备36台。合作社年纯收入在10万元左右，主要由卡优村党支部书记负责，现有成员401人，并配备3名村委会成员，14名农机手。当杰村：有商品房13间，每间租金350元/月，年收入5万元左右；此外，当杰村购买了2台收割机，2台大型拖拉机，农机使用收入纳入集体经济。色康村：主要依托矿产开发，现有一辆矿车（企业赞助），年收入6万元左右；小型奶牛养殖基地租金6000元/年，色康村现有商品房6间，年租金收入为15600元。

【密切党群关系】 年内，深入开展“在职党员到村报道服务”“党员干部进村入户、结对认亲交朋友”活动。通过结对帮扶，做到亲民、敬民、爱民。密切了农牧民群众和党员干部关系，树立了良好党员干部形象，进一步强化了民族团结意识。在各大节庆日积极组织党员干部、农牧民干部开展志愿服务活动。

【“两学一做”学习教育】 2016年，边交林乡积极开展“学党章党规、学系列讲话、做合格党员”专题学习教育工作，巩固拓展边交林乡党的群众路线教育实践活动和“三严三实”专题教育成果，进一步提高辖区党员思想、组织、作风、纪律意识。并定于每周四召开“两学一做”学习教育专题会议，由乡党委书记带头讲党课，学习党的最新理论成果。鼓励各基层党组织利用空余时间进行学习，强调学习和实践相结合。乡副科级以上领导及普通干部均认真撰写了学习笔记及心得体会，“两学一做”专题教育取得显著效果。

【人大工作】 精心组织，周密安排，依法开好乡人代会。经过认真筹备，2016年，边交林乡于5月29日成功召开边交林乡第十三届第一次人民代表大会，大会选举产生乡人大主席、乡长和副乡长；加强代表学习培训、调研、参观、交流等，提高代表履职能力。边交林乡以“六有”的标准全面开展相关代表学习活动，提高了代表的政治素养、履职能力，打造了“学习型”代表队伍；加大监督力度，推动政府工作开展。本年度乡人大充分发挥人大职能作用，依据人代会上提出的工作目标和任务，督促乡政府及时将相关目标任务具体落实到责任单位、责任领导、责任人，有力推动了乡政府各项中心工作开展。

【团建工作】 2016年，全乡有团支部4个（乡机关团支部、当杰村团支部、当杰村团支部、色康村团支部），团员162人。团委委员4人，推优入党5人。以“两学一做”学习教育为契机，组织团员认真学习党的路线、方针、政策，学习习近平总书记系列重要讲话精神。积极开展重点青年、单亲家庭儿童排查及关爱教育工作。弘扬雷锋精神开展志愿活动，积极组织全乡干部职工及各村委会，为色康村铁工组格丹筹款8000余元。

【流动人口管理】 年内，严格落实流动人口登记、办证制度。联合乡派出所对流动人口实行登记分类管理、建档，确保做到“四知”（流动人员的基本情况及社会关系、经济状况、政治表现、遵纪守法的情况）。在村建立流动人口登记册和实行一人一卡，真正做到了“人来有登记，人走有注销”。

【出租房管理】 年内，切实加强对出租房屋的管理力度，完善和规范出租房屋登记、安全检查等管理措施，做到对出租房屋底数清、情况明。

【矛盾纠纷排查】 2016年，共排查调解各类民间矛盾纠纷27起，调解率达到100%。涉及项目建设纠纷6起，调解成功6起，结案率达到了100%。全乡没有因矛盾纠纷调处不及时或不适当引发的民转刑案件、群体性上访事件的发生。

【法制宣传】 利用综治宣传月、宣传周、“9·16”平安西藏日平台，广泛宣传法律法规。做到“法律6进”（法律进机关、法律进学校、法律进寺庙、法律进卫生院、法律进企业、法律进村），增强了广大群众对法律的正确运用意识。

【“双联户”工作】 利用网格化“双联户”工作服务平台，对网格单位、联户单位广泛宣传爱民惠民政策。向各村下发“双联户”工作实施方案，并在各村成立“双联户”工作领导小组，保证“双联户”各项工作有序开展。经考核，评选出县级先进“双联户”2户、乡级5户、村级26户，兑现“双联户”奖励资金共计54000元。

【签订目标责任书】 2016年，乡领导班子协同综治办与边交林乡147名联户长签订了2016年《联户平安、联户增收》目标责任书。促进了联户代表履职尽责，有力带动成员勤劳致富。

【农村经济健康持续稳步增长】 2016年，全乡完成农村经济总收入10703.96万元，农牧民人均纯收入10906.53元，其中人均现金收入7984.23元。农村多种经济收入2469.50万元。

【农业】 2016年，全乡完成农作物总播种面积为20053.27亩，当杰村6755.47亩，卡优村8318.47亩，色康村4979.33亩。青稞播种面积7044.11亩，单产434.7公斤，总产3062074.617公斤；春小麦播种面积：3125.3亩，单产474.15公斤，总产1481860.995公斤；冬小麦播种面积：7718.16亩，单产486.6公斤，总产3755656.656公斤；马铃薯播种面积：606.36亩，单产1750公斤，总产1061130公斤；油菜播种面积：815.4亩，单产190.75公斤，总产155537.55公斤；蔬菜播种面积：713.94亩，单产6514.55公斤，总产4846434.3255公斤。

【牧业】 2016年，边交林乡畜、禽存栏数为16020头（只、匹），其中大畜9626头（只、匹）（牦牛2546头、黄牛7016头、马61匹、驴3头）。小畜4192头（只、匹）（绵羊3105只、山羊614只、猪473头）。禽存栏数2202只（鸡2202只）。牧业主要工作为春秋季重大动物疫病强制免疫注射，其中春季畜类总共注射13962头（只、匹），防疫面均达到100%。秋季畜类注射14032（只、匹）防疫注射率达到99.4%，禽类共注射1886只，防疫注射率达100%。

【林业】 积极开展林业资源保护、退耕还田工作将植树造林工作落到实处，2016年边交林乡树苗面积总计3550亩；加强护林员管理力度，充分发挥护林员职能，严格控制乱砍滥伐；兑现2015年7—12月护林员工资及2016年1—6月护林员工资227484元；兑现2016年生态补偿脱贫以补资金960000元。

【现代农业示范园区】 乡现代农业示范园占地1126.41亩，分为A区、B区、C区，有标准温室大棚、阳光智能棚和玫瑰联动棚。2016年度，带动当地群众现金收入100多万元。现为进一步规范边交林乡现代农业园区管理秩序，切实发挥园区带动辖区经济发展作用。乡党委、政府通过一系列决策部署，联合相关部门正在全面开展园区整治工作。

【精准扶贫工作】 边交林乡建档立卡贫困户94户344人（扶贫低保户42户116人、五保户3户4人）。主要致贫原因是贫困人口普遍接受教育程度低，观念陈旧，科技意识不强，缺乏致富能力和发展门路。截至年底，边交林乡成立乡级脱贫攻坚指挥机构，按照“县负主体责任、乡镇负直接责任、工作到组到户、责任到人”的工作机制，乡、村层层传导压实脱贫责任，先后制定出台了“六脱”工作方案，全力开展35名干部职工帮助贫困户的“千名干部帮千户”活动，认真部署“双百攻坚战”动员会，开展扶贫攻坚的密集调研，并强化督促检查精准扶贫工作。通过严格落实以业脱贫、以补脱贫、以保脱贫、以教脱贫、以迁脱贫、以助脱贫等工作，边交林乡2016年实现了贫困户全部脱贫。现正在积极开展巩固工作，确保脱贫户不返贫。

【民政工作】 截至年底，边交林乡农村低保户44户149人，其中A类44人，C类105人，2016年度发放残疾儿童康复补贴款、寿星老人生活补助等各项惠民资金共计261000元。极推进农村五保供养工作。按时足额发放供养资金。对送往养老敬老中心的老人集中供养，提高在院老人生沽水平。

【社保工作】 2016年，完成边交林乡城乡居民养老保险信息系统数据清理工作。2016年，边交林乡城乡居民参保总人数为2818人，参保率为99%。其中农牧民登记参保（16—59岁）2764人，新参保登记43人，村“两委”21人，重残18人，共缴302900元；城镇居民54人参保，共缴5500元；城镇居民医疗保险参保人数70人，共收缴2910元保险费。并加强基层服务平台建设，积极实施就业帮扶。截至年底，全乡参加驾驶培训、保安培训、人寿保险培训等各类培训共计75人。

【医疗卫生】 2016年，乡新型农村合作医疗参保户数1290户，5358人，较上年增加16户，72人，个人缴费30元，筹资总额为160740元。按照市、县、乡各级医院住院报销比例，乡农牧民合作医疗账户本每月核销一次。全年共计核销478户，兑现资金304293.17元。其中，市级82982.62元，县级210036.55元，乡级11274元。

【教育工作】 2016年，边交林乡现有幼儿园3所137人，乡中心完小1所346人，全乡适龄儿童入学率和小学在校生巩固率均达到100%，初中在校生入学率96.52%，巩固率达99%。2016年，64人考上大中专院校，青壮年文盲率控制在0.1%以内。

【妇联工作】 提高妇女参政议政能力。借换届选举之机，乡妇联选配有能力、责任心强的妇女参选，充分发挥其在各项工作中的作用；全面提升妇女综合素质。通过学习政策、宣传法律等方式，切实增强农牧民妇女自我保护意识，提升其自身能动性；引导妇女积极参与经济建设，利用边交林乡现代农业园区，大力支持和宣传鼓励女科技致富带头人，带头致富抓示范，带动更多的妇女投入致富道路中。

【计生工作】 面对新的形势、机遇和挑战，乡党委、政府始终把计划生育工作作为头等大事来抓。截至年底，边交林乡共有育龄妇女1623人，其中已婚1409人，本年怀孕的19人，产妇50人，无生育女性人数17人。

【基础设施不断完善】 2016年，边交林乡完成园区电路改造工程，进一步完善园区基础设施配备；新建建彭波灌区平措林干渠已完成工程总量的70%到80%；乡政府、乡卫生院、派出所干部职工周转房和当杰村委会办公楼如期完工，卡优、色康两个村委会办公楼按照计划如期建设；新修色康组至成巴组道路，乡辖区交通不断改善。

【环境整治】 2016年，党委、政府多次组织乡机关、乡派出所、乡卫生院、乡完小干部职工、各村“两委”班子成员和联户代表就边交林乡存在的环境卫生问题进行集中整治。据统计，累计出动人员1024余人次，出动车辆60余次，通过对辖区重点区域和村内环境进行彻底整治，边交林乡环境卫生状况明显改善，营造了干净卫生、整洁有序、优美文明的生活环境，达到了绿化、美化、亮化的环境综合治理目的，为全乡创造了一个优美舒适的人居环境。

（殷志坤）

【领导名录】

党委书记　次仁罗布（藏族，5月免）
　　　　　次旦罗布（藏族，5月任）
乡　　长　罗　军
人大主席、党建副书记
　　　　　旦　增（藏族，5月免乡党建副书记）
党建副书记　姚　娜（女，藏族，5月任）
纪检书记　扎　西（藏族）
人武部部长　次仁觉旦（藏族，5月免）
　　　　　达娃次仁（藏族，5月任）
党委委员、组织委员
　　　　　曾书巧（5月任）
副乡长　旦增多吉（藏族）
　　　　　姚　娜（女，藏族，5月免）
　　　　　巴桑拉朵（女，藏族，5月任）
　　　　　格桑德吉（女，藏族，5月任）
　　　　　冯　靖（5月任）
农牧综合服务中心主任
　　　　　次　央（女，藏族）

春堆乡

【概况】 春堆乡位于林周县上南部，距县城30公里，距拉萨市区95公里，东与强嘎乡接壤，南与卡孜乡相连，交通便利。乡域面积297平方公里，境内平均海拔在4000米左右。全乡辖有3个行政村、14个村小组、47个自然村。农牧户1124户，农牧民总人数6093人。全乡耕地总面积17067.41亩。

乡机关干部职工43人，其中行政编制24人，事业编制17人，聘用人员2人，公益性岗位1人。全乡下设6个党支部，1个党总支，其中机关党支部3个、村党支部3个、寺庙总党支部1个，共471

名党员（正式党员450人，预备党员21人）。中心小学1座，教学点1座，教职33工人，在校学生590人。卫生院1所，共有医护人员13人（其中医生11人，护士2人）；派出所1座，民警8人，辅警1人，公益性岗位1人。

【经济收入】 全乡农村经济总收入为12101.00万元，与2015年（10352.44万元）相比，同比增长14.4%；农牧民人均纯收入达到19860.5元，与2015年（10059.7元）相比，同比增长49.3%。人均现金收入5925.1元，同比增长14.4%。农业经济总收入1092.1万元，牧业总收入628.5万元，林业总收入23.5万元，农村多种经营收益276.7万元，其他总收入10080.2万元。

【项目争取】 年内，向上级部门争取的项目资金共计339.07万元。其中，扶贫项目1个，共投资46.27万元，包括洛巴堆村饲草种植项目46.27万元。宣传项目1个，包括洛巴堆村农村广播信息项目资金30万元。水利项目1个，包括洛巴堆村人畜饮水工程项目资金6.8万元。住建项目1个，包括春堆乡政府干部职工周转房项目资金180万元。发改项目2个，包括洛巴堆村幼儿园项目资金180万元，春堆村巴杂小组桥梁建设项目资金共投资76万元，包括10米长和20米长两座桥梁。

【援藏资金争取】 春堆乡党委、政府及时与对口援建单位苏州市相城区元和街道办事处积极联系沟通，争取到援藏资金30万元。

【农牧林业】 通过宣传教育，提高农牧民群众勤劳致富的意识，积极教育引导广大农牧民群众做好施肥，田间管理等工作，并经过精耕细作，提高粮油产量，同时依托牦牛养殖、黑白花奶牛养殖等项目的实施，促进养殖业由单一型向多元型调整，拓宽群众的增收渠道。

2016年，春堆乡粮油播种面积为15490亩，总产为6405399.975公斤。其中青稞播种面积为10600亩，单产419.485公斤，总产4446550公斤；春小麦播种面积为3900亩，单产454.69公斤，总产1773299.975公斤；油菜播种面积为990亩，单产187.425公斤，总产185550公斤。2016年，牲畜总头数21993（头、匹、只），牲畜出栏率20.5%，子畜成活率94.2%，成畜死亡率3.2%，总增率17.6%；牦牛出栏数为804头，黑白花奶牛存栏数为184头；藏香猪、藏香鸡养殖初见成效。2016年，春堆乡按照年初计划在春堆村试种秸秆玉米，试种地经济收入同比2015年增长35%左右，2017年春堆乡将在全乡范围内采取自愿种植、合理整合、统一销售的方式提高农牧民收入。

【科教文卫】 通过狠抓管理、狠抓教学，2016年，春堆乡实现了学校师生安全无事故，学生成绩不断迈上新台阶。2016年，春堆乡学生中，由小学考入内地西藏班的有1人，由高中考入全国各地高校的有25人。

2016年，全乡参加合作医疗筹资的人数为6027人，共筹资180090元，筹资率达到100%。从2015年12月至今，春堆乡共进行市、县、乡、村门诊报销1391人次，报销金额共计140000元。其中，县级以上医疗机构报销36469.2元，县级医疗机构报销32877.8元，乡级医疗机构报销17028.1元，村级医疗机构报销53624.9元。乡卫生院直接门诊核销2004人次，核销金额共计366692.2元，其中1977人次来自村卫生室，核销金额为185607.9元。住院报销27人次，报销金额为181084.3元。

【民生保障】 认真做好医疗、教育、养老、民政等民生基础工作，确保群众基本生活有所改善。通过走村入户、大力宣传，春堆乡2016年新型农村养老保险60岁以下参保3050人，缴费金额共计309000元，参保率达98%；城镇参保17人，缴费金额共计1700元。截至年底，全乡参保人员信息已核实完毕并全部录入新系统。截至年底，全乡已完成兑现寿星老人生活补贴80000元，残疾人燃油补贴4360元，村务监督委员补贴22800元，城镇低保补贴4140元，2016年度洪灾救助款40000元，分散五保户生活补贴5370元，残疾人康复补贴19200元的等工作。同时，发放乡级洪灾救助款1000元。

及时兑现农、牧、林业强农惠农政策资金，夯实发展基础。农业方面：兑现了2015—2016年中央粮食救助补助218940元；牧业方面：兑现了2016年度涉农保险1462322元；林业方面：兑现了2016年护林员工资211284元。

【环境卫生整治】 定期组织人员开展辖区道路、河流、乡、村级单位驻地以及群众房屋周边垃圾集中清理工作，及时将生活垃圾集中填埋处置，确保乡容村貌、村容村貌保持整洁，2016年清扫白色垃圾2余次。加强矿企环境保护执行情况监督，确保作业废水废渣严格行进无害化处理，确保矿企周边群众人畜饮水及农作物生长安全。截至年底，春堆乡共有23处水源点，已围绕是否划分保护区、是否有防护措施，是否有监测措施、是否存在安全隐患等问题进行了排查。

【道路交通整治】 年内，动员农牧民群众开展道路交通整治8次。年内，雨季开展多次养路、护路活动。截至年底，春堆乡3个行政村都已通柏油路，14个村小组道路全面贯通，其中比如、拉康、巴杂、楚杰小组已通柏油路。

【社会治安综合治理】 2016年，春堆乡综治工作人员利用3月综治宣传月、6月综治宣传周和“9·16”平安宣传日等契机，通过设立宣传点、悬挂横幅、发放宣传资料及宣传图册、开展现场宣讲、接受现场咨询等多种形式，广泛深入开展了普法宣传教育活动。

2016年，春堆乡普法宣传工作主要涵盖三个方面内容：宣讲与群众生活密切相关基础性法律，如：《中华人民共和国宪法》《中华人民共和国刑法》《中华人民共和国民法通则》《中华人民共和国劳动合同法》《中华人民共和国道路交通法》《中华人民共和国未成年人保护法》《中华人民共和国婚姻法》《中华人民共和国妇女权益保护法》等；宣讲与广大农牧民群众切身利益相关的法律法规，如：《西藏自治区社会治安综合治理条例》《西藏自治区流动人口服务管理条例》《中华人民共和国人民调解法》《农牧民日常法律知识》《法律援助条例学习材料》；宣讲与经济发展、社会稳定相关的中央、自治区和拉萨市的大政方针政策，如：中共十八大相关文件精神、中央第六次西藏工作座谈会精神和区、市、县党委关于维护西藏稳定、促进发展的方针政策。2016年，已累计派出工作人员30余人，悬挂横幅15条、展出展板10块，接待群众咨询100余人次，宣传活动在群众中引起了良好反响。2016年夏季期间，春堆乡党委、政府多次联合乡派出所派专人与村“两委”班子成员一道，通过实地考察，对乡辖区内的采矿、交通、消防等情况进行逐一安全隐患大排查。对于排查出的安全隐患，乡党委、政府通过认真研究，提出了切实可行的改进意见并上报县直相关单位协助解决。共排查出3座危桥以及多处受灾道路、农田和房屋。及时上报受灾情况，积极争取灾害补偿，实现受灾损失最小化。

年内，经综合评定，初步评选出2016年度“村级先进双联户”20名，在各村进行了7天的公示，已上报县委政法委审批，每户可获得奖金100元，奖金共计2万余元；评选6个“乡级先进双联户”和1个“村级工作先进集体”“乡级先进双联户”每户可获得奖金500元，奖金共计3万余元；“村级工作先进集体”可获得奖金5000元。洛巴堆村获得2016年度区、市、县三级“双联户工作先进村”称号。

【村级集体经济】 2014年，春堆乡村级集体经济脱掉了“零”的帽子。2015年，在乡党委、政府的领导下，乡集体经济快速发展。2016年，乡党委、政府继往开来，在各村的密切配合下，截至年底，实现集体经济收入33.2万元，其中春堆村集体经济收入10万元、卡东村集体经济收入11.2万元、洛巴堆村集体收入12万元。

【精准扶贫】 精准识别工作是“打赢脱贫攻坚

战”的基础，“基础不牢、地动山摇”，乡党委、政府高度重视精准识别工作，专门成立了以乡党委书记为组长的工作领导小组，并结合实际制定实施方案，全乡机关干部、各村“两委”干部、驻村工作队队员和下沉干部利用节假日先后3次深入各村统计核实扶贫户信息，保证确定建档立卡户，不漏一户、不多一户，真正做到精准识别。

结合实际、施行政策。根据精准识别结果，结合上级政策，乡党委、政府因人制宜确定了六大脱贫方针（发展产业脱贫、异地搬迁脱贫、生态补偿脱贫、发展教育脱贫、社会保障兜底脱贫、医疗救助帮扶脱贫）。截至年底，全乡158户建档立卡户704人，已脱贫154户684人。

【基层党组织建设】 发挥党建统领作用推动各项工作上水平。党总揽全局、协调各方的领导核心作用的充分发挥，不仅关系党领导经济社会发展能力的提高，而且关系党的执政地位的巩固和增强。为充分发挥党建统领作用年初乡党委专门成立了以党委书记为组长的领导小组。通过“五位一体”扎实推进党建统领落实，党建带团建、带妇建、带工建工作扎实开展。

春堆乡党委严格按照《中国共产党章程》和《基层党组织选举工作暂行条例》规定，严格执行换届工作流程，坚持做到早安排、早部署、早落实，以选出忠诚干净担当的好干部，配出结构优功能强的好班子为目标。换届期间共开展各类会议30余次，召开工作报告征求意见会5次，保证了春堆乡领导班子换届工作顺利完成。

自提出建设服务型党组织以来，春堆乡严格按照“三个服务”（服务基层、服务群众、服务发展）为创建主题，不断完善党组织结构和人员配置，通过全乡干部党员缴纳特殊党费和向上级党组织申请特殊资金等方式先后共为群众办实事、好事7件，解决群众合理诉求2起。“书记”作为党建工作“第一责任人”其工作表现往往决定其党建工作取得的成绩，严格落实书记抓党建工作述职评议考核显得尤为重要，春堆乡采取“1＋2”的模式对书记抓党建工作进行考核评议，“1”就是看述职报告和台账是否相对应，“2”就是党员评议与群众评议相结合，从近三年来的述职评议情况看春堆乡书记抓党建工作整体情况良好。

2016年，春堆乡党委严格贯彻落实党建促脱贫工作，并根据县委、县政府具体要求将全乡机关党员（含乡派出所、学校党员）按职级分配结对户数，全乡机关党员共结对贫困户58户。截至年底，党员干部共走访结对扶3次，为贫困扶送去扶贫资金3万余元。2016年，市、县、乡三级党委、政府先后共集中组织村干部培训5次，主要对工作职责、新时期党建工作如何开展、如何处理矛盾纠纷等与其日常相关工作进行培训，重点对汉语口语进行了培训，通过培训95%以上的村“两委”干部都能严格按照各项规程开展工作，如，以往在党员管理方面，找不到方法、打不开思路，如今对什么是党员管理、为什么要加强党员日常教育管理、党员管理的基本任务是什么都能进行简要阐述。

在全面落实好中央和区市基层党建经费的基础上，及时足额发放县级财政配套补贴资金，实施村干部误工补贴提升工程，2016年村“两委”干部误工补贴达到正职每人每年2万元以上、委员1万元以上；实施村党支部“第一书记”工作经费保障工程，设立了各村党支部“第一书记”1万元工作经费；实施村级组织运行经费提升工程，设立了2万元村级党组织保障经费和宣传文化建设专项经费。截至年底，全乡各行政村每年工作保障经费达3万元以上，主要用于村党支部（村委会）正常运转、为民办实事等，做到了专款专用，同时3个行政村均实行三务公开，做到公开内容全面完整、真实可靠。

截至年底，春堆乡在农牧民党员教育培训方面，除了坚持好“三会一课”制度和定期召开党员民主生活会外，在农闲时间还采取召开座谈会、开展谈心活动等方式对农牧民党员进行思想教育培训，在农忙期间，利用县“四业”办资源采取“田间地头”培训，既让农牧专家在现场给农牧民解惑，同时在藏历新年人员相对集中时期利用县“四业”办资源采取“点采式”培训，既农牧民需要什么，就组织什么培训的方式，受到了群众的广泛好评。经为期13天自查整改，各党支部累计整改问题11项，排查出流动党员60名，失联党员2名，正在帮助108名党员补齐档案，规范各类组织程序10余项，补收党费417.7元，组织两个逾期未换届党支部开展换届工作。为全乡党建工作健康稳定推进打下坚实基础。

【“两学一做”专题教育活动】 年内，乡党委高度重视学习教育，在县委“两学一做”协调小组的有力指导下，在各支部支委成员的共同努力下，各支部扎实开展了各项学教活动。强化学习教育，坚定了理想信念。全乡各支部共组织集中学习100余次，学习笔记记录90余篇，撰写心得体会80余篇；观看《永远在路上》《榜样》等一系列影片6部，撰写观后感100余篇；围绕“党章党规”等组织召开专题座谈会5次；广泛征求意见，切实找准问题。乡各支部坚持把“敞开大门搞活动”贯彻到专题教育全过程，采取个别走访、召开座谈会、设置意见箱等方式，各支部共征求到意见建议15条；扎实开展书记讲党课活动，进一步提升党员素质。活动开展以来，乡党委委员和各支部书记共开展讲党课活动10余次，涉及党建、经济、廉政、法制四大方面内容。

【妇联计生工作】 组织各村妇女主任、妇女代表、卫生院女职工、乡中心小学女教师学习《妇女儿童权益保障法》；组织乡妇女干部、卫生院女职工、各村妇女代表在“五一”“五四”节日期间开展环境卫生整治活动；“六一”期间为5名贫困学生送去帮扶资金1000元；积极与县妇联协调，在国家法定节假日，特别是在妇女节和儿童节当天深入各村开展妇女、儿童健康和法律知识宣传，切实维护妇女、儿童身心健康和合法权益不受侵犯，努力推动妇女、儿童事业的健康发展；2016年，成功申报36户“最美家庭”。

【团委工作】 组织全乡团员在植树节前后进行植树绿化活动，建设生态春堆。在“五一”“五四”“十一”等节日前夕，组织全乡团员青年开展白色垃圾集中整治活动，美化春堆环境；严格按照要求做好团员发展工作，坚持党建带团建工作，不断为党组织输送新鲜血液。2016年推介2名优秀团员入党。积极与县检察院协调，由县检察院牵头定期开展“法律进校园”活动，广泛宣传《中华人民共和国预防青少年违法犯罪法》《中华人民共和国未成年人保护法》等法律、法规，有效地预防和减少青少年违法犯罪，为青少年的成长创造良好的环境。充分利用各种有效手段对团员青年进行爱国主义教育、法制教育、团知识教育等。圆满完成团县委交付的各项工作。

【工会工作】 积极开展工会工作，及时缴纳会费，并完成县工会交办的工作。截至年底，全乡共有49人加入工会。

【作风建设】 年内，乡党委高度重视党风廉洁建设工作，把他作为全乡一项重要工作来抓，经过认真研究，结合乡镇领导班子换届，重新调整了春堆乡党风廉政建设领导小组，以乡党委书记为组长，以乡党委副书记、纪委书记为副组长，明确党委主体责任，党委“一把手”全面负责抓好党风廉洁建设工作，确保了党风廉洁工作责任到人，并建立健全各项规章制度，狠抓制度落实，2016年，春堆乡先后建立和完善《干部联系群众制度》《财务管理制度》等8项规章制度，与各行政村、乡中心小学、卫生院及派出所，层层签订《党风廉政建设责任书》，做到了责任明确。

【加强干部管理，规范干部行为】 抓学习教育，筑牢防腐意识，学习教育是干部筑牢拒腐防变思想的有力武器，乡党委充分利用“两学一做”学习教育契机，组织全乡干部职工和村“两委”干部认真学习习近平总书记关于党风廉政建设系列讲话和十八届中央纪委六次全会精神等一系列关于党风廉政建设的内容，截至年底，共集中学习7次，撰写心得体会60余篇，观看警示教育片3次，撰写观后感40余篇。抓正风肃纪，整改“四风”问题。进一步提高干部的宗旨意识、服务意识、大局意识、团结意识。2016年，主要集中对工作不积极、上班时心不在焉在办公室玩手机；不能及时更新工作台账、不认真领会上级下发文件精神；不能及时上报材料、工作效率低等8个突出问题。同时，严格上下班考勤管理。

根据上级要求，认真开展村集体“三资”自查自纠，整改完善，对3个行政村各清查1次；组织对村干部诫勉谈话2次，进一步提高工作责任心；2016年乡纪委全程参与监督惠民资金兑现；定期不定期对下沉干部、驻村工作队、寺管会和村“两委”值班带班情况进行检查；不定期对乡机关干部下班情况进行抽查，截至年底，共发现15人次存在早退现象，以根据相关规定给予处理。

【举报信息收集】 年内，春堆乡纪委坚持每周星期二到下辖3个行政村及政府驻地对4个举报信箱进行开箱，收集、统计信息，截至年底，尚未发现举报信件。

【宣传思想】 2016年，乡党委以创建学习型党组织活动为契机，狠抓干部职工的理论学习，全年共开展党章、中共十八大、十八届五中和六中全会及习近平总书记系列讲话精神等集中学习13次，撰写心得体会80余篇，观看影片6部，撰写观后感60余篇。

通过乡宣讲团和驻村工作队，大力开展宣传中共十八大、十八届五中和六中全会及习近平总书记系列重要讲话精神，宣讲党的各项惠民政策和区、市党委各项决策部署，树立正确的舆论导向，大力开展社会主义核心价值观教育，深化中国梦宣传教育，深入开展“八看、一算账、一揭批、四增强”主题教育活动，扎实开展民族团结教育活动，深入揭批十四世达赖集团的反动本质，2016年，在“3·28”百万农奴解放纪念日等重点节日前夕，采取走村入户的宣讲方式，旗帜鲜明、扎实有效深入揭批十四世达赖集团政治上的反动性、宗教上的虚伪性和手法上的欺骗性。先后开展宣讲3次，受教育群众达2000余人，进一步引导广大农牧民群众认清西方势力利用达赖集团对我国进行牵制遏制的险恶用心。

【开展精神文明创建活动】 年内，认真开展了文明村、文明户评选工作；大力开展村容村貌和环境卫生整治工作，为美化春堆环境，全乡共开展村容村貌整治2次，开展环境卫生整治8次；利用3月5日学雷锋活动日开展学雷锋活动，向模范学习、向英雄学习；利用春节、藏历新年、端午节、中秋节等节日，深入开展我们的节日主题教育活动，共开展活动9次，扎实开展网上祭英烈、童心向党、向国旗敬礼等网上签名活动；积极开展文明交通、文明餐桌、网络文明等活动，养成良好的文明习惯。

【展示春堆良好形象】 2016年，共报送外宣信息8条，接访各类媒体5批、12人次。认真开展互联网信息工作，根据人员变动情况，及时调整、充实网评员队伍，积极完成县网信办安排的工作；注重运用农牧区文化阵地，积极开展农牧区文化文化建设工作。加强村文化活动室的管理，切实发挥农家书屋的作用。加大文物保护和非物质文化遗产保护工作。圆满完成十八届六中全会和西藏自治区第九次党代会精神宣讲工作，先后开展宣讲7次，受教育群众1500余人，2016年，共上报宣传信息192期。

（万映沁）

【领导名录】

党委书记、人大主席
　　洛桑元旦（藏族，5月免）
党委书记　刘　勇（5月任）
党委副书记、乡长
　　刘　勇（5月免）
　　西热坚参（藏族，5月任）
党委副书记、人大主席
　　巴　珠（藏族，5月任）
党建副书记、党委委员
　　强巴格桑（藏族）

党委委员、纪委书记
边巴卓玛（女，藏族）
党委委员、组织委员
白 银 娜（女，5月任）
党委委员、人武部部长
王 正 楼（5月免）
肖　 铮（5月任）
副 乡 长 边巴玉珍（女，藏族，5月免）
巴桑卓嘎（女，藏族）
平措卓玛（女，藏族，5月任）
次　 珍（女，藏族，5月任）
农牧综合服务中心主任
巴　 桑（藏族）

江热夏乡

【概况】 江热夏乡位于拉萨河上游，澎波河沿岸，拉林公路贯穿全境，乡政府驻地距拉萨55公里，距县政府10公里，为半农半牧区。全乡面积234.4平方千米，耕地面积23437.15亩，牲畜37548（头、匹）。全乡共5个行政村，14个村小组，1407户，5813人，其中纯牧业户64户，牧业人口347人。江热夏村：江热夏组、杰冲组、农牧处组；联巴村：联巴组、吉龙组；加荣村：加荣组；卡日村：永唐组、卡日组、马行组、加热组；拉定村：拉定组、古吉组、顶雪组、牧业组。全乡辖区内有2座寺庙，曲定寺和康龙寺。共有僧人13名，其中曲定寺僧人11名、康龙寺僧人2名。

乡机关共有干部职工62人，其中科级干部10名。行政编制37名、事业编制16名、工人3名，另有公益性岗位2名、社保协理员2人、临时工2人。此外，江热夏乡辖区内还设有学校、卫生院、派出所、农行等公共服务设施。

根据实际情况，江热夏乡内设了党群综合办公室、社会治安综合治理办公室、政务综合办公室（下设便民服务大厅）、经济发展和社会事务办公室、财务办公室、农牧综合服务中心、纪律监察办公室、精准扶贫精准脱贫指挥部，分别由5名副科级干部负责各办公室工作。党群综合办公室主要负责基层党建、文化宣传、组织以及党办、政办的具体工作；社会治安综合治理办公室主要负责维护社会稳定、社会治安综合治理及公检法司的具体工作并负责加强和创新社会服务管理办公室各方面具体工作；政务综合办公室主要负责起草、修改以乡政府、乡政府办公室名义上报下发的各种文件及核实、核对工作、以乡政府名义及乡政府领导同志召开会议的组织安排工作，负责落实领导批示件的落实督查，负责市、县、乡人大代表建议件办理的落实及催办工作，负责乡政府领导及县政府文件的签收、传阅、管理、借阅、清退、立卷、归档工作，负责印章、介绍信的管理及户籍迁入证明的办理工作及卫生及工青妇等方面的具体工作；经济发展和社会事务办公室主要负责经济发展、民政、扶贫、教等方面的具体工作；财务室主要负责乡政府的会计、出纳等方面的具体工作；农牧综合服务中心主要负责农牧林水等方面的具体工作；纪律监察办公室主要负责监督检查基层党支部、党员干部贯彻执行国家的法律法规、党的方针政策、乡党委、政府各种规章制度的情况，并受理基层党支部、党员和领导干部违反党纪政纪的信访和举报；精准扶贫精准脱贫指挥部主要负责贯彻执行中央和区市的扶贫工作方针、政策并组织实施等工作。

江热夏乡因其特殊的地理位置，自然资源极为丰富，农副产品主要有冬小麦、春小麦、青稞、油菜、土豆、萝卜、白菜等；动物资源主要有牦牛、黄牛、绵羊、山羊等；野生动植物资源主要有黑颈鹤、雪鸡、灰鸭、野山羊、斑头雁等；药材资源主要有贝母、红景天、雪灵芝等；矿产资源有铅、锌、石灰石等。除自然保护区外，江热夏乡至今存在古文化遗址、自然泉水以及非物质文化遗产，如：联巴村的古代庄园、拉定村的自然泉水等，其中25处古文化遗址已于2016年立碑保护。

【党建工作】 2016年，江热夏乡党的建设全面加强。党的执政能力和先进性建设继续推进：细化目标，制定了《党建目标责任书》，完善了基层党建例会和协调会制度，建立了领导包村制度并下派党建指导员。干部队伍建设取得重要进展：胜利完成乡党委换届工作，新当选7名党委委员，党委班子结构进一步优化；按照“强党、固基、扶村”工作要求，继续选派15名综合素质过硬的干部下沉驻村，为推进基层组织建设提供了人才保证；思想理论学习成效明显。全年，全乡共组织党委理论中心组学习12次，全体干部职工集中学习24次，做到了学习教育经常化、常态化。加强日常教育管理：各支部严格按照“三会一课”加强学习，乡党委采取集中培训、辅导讲座、专题研讨等多种形式，组织广大党员认真学习掌握党的创新理论成果，提高党员能力素质，为发挥党员作用打好基础，认真开展党建七项重点工作任务：通过开展对党员组织关系的排查，共有37名流动党员、2名经查找取得联系党员、无口袋党员；通过党代表和党员违纪违法处理情况的排查，无党代表和党员违纪违法情况；通过基层党组织按期换届的检查，8个党支部均能按期换届；通过党费收缴专项检查，所有党员均能按时足额缴纳党费，并将每月2号定为党费收缴日；集中推进非公企业和社会组织“两个覆盖”；通过抓党建促脱贫，19名党员干部与28户建档立卡贫困户结对，制定帮扶措施，帮助他们脱贫；结合“两学一做”学习教育，抓严抓实党员干部学习教育工作，做到学习教育制度化、常态化。

【党员情况】 全乡共设1个党委、8个党支部，共有党员467人，其中预备党员27人。农牧民党员395人，其中女党员119人，占30%；小学及以下学历359人，占91%；初中学历34人，占8.5%；高中学历2人，占0.5%。45岁以下党员259名，占65.6%；46—60岁党员96名，占24.3%；60岁以上党员40名，占10.1%。2016年新发展党员27名。

【学习教育活动】 年内，按照县委、县政府要求，江热夏乡积极开展“两学一做”学习教育活动，通过“自学为主、集体学习、交流研讨”等方式相结合，组织党员干部认真学习中国特色社会主义理论体系、党章、中共十八大和十八届三中、四中、五中、六中全会精神及习近平总书记系列重要讲话精神等，自专题教育开展以来，共组织开展集中学习活动36场次，其中党委理论中心组学习12场次，全体干部职工集中学习24场次，形成学习笔记540篇，专题教育简报36期。此外还开展了“书记讲党课”活动，把教育与实践有机结合起来，积极推动理论成果“实践化”，教育实践活动取得良好效果。

【党风廉政建设】 乡党委高度重视党风廉政建设和反腐败工作，年初制定了《江热夏乡贯彻落实党风廉政建设责任制和反腐败工作实施方案》，成立了由乡党委书记任组长，乡党委副书记、乡长和纪检书记任副组长的“党风廉政建设和反腐败工作领导小组”，形成了人人有分工、事事有人管、层层有落实的良好局面。此外，严格干部上下班考勤制度及请销假审批制度，乡下沉干部外勤时要填写干部去向表，每月将干部的出勤情况进行公示；严格公车使用管理制度，干部使用公车需乡纪委书记审批，并填写公车使用登记表。同时，还深入开展法纪法规学习教育活动，全年，共开展党风廉政常规教育15场次，受益党员、干部1300余人次。

【宣传工作】 2016年，江热夏乡牢牢把握传递中国好声音，讲述西藏好故事的正确舆论导向，在全乡党员干部和农牧民群众中扎实开展宣传思想工作，为全乡经济发展和社会局势长治久安提供了强有力的思想保障、舆论力量和理论支持。对外，充分利用“林周之窗”、林周县电视台、西藏日报、拉萨晚报等多家媒体和平台，加强对党风廉政建设、惠民政策、经济建设、维护稳定等系列宣传工作；对内，组织宣传骨干进村入户，通过发放宣传资料、现场集中宣讲、举办文艺会演等，全面深入宣传党的各项惠民政策、法律法规等。全年共撰写、报送各类简报172期，其中有

11期被县委相关部门采用、转发，开展进村入户宣传活动共计23次。

【人大工作】 3月10日至5月27日，经过认真筹备，江热夏乡依法顺利完成人大换届选举工作。截至年底，全乡配有1名人大主席、乡级人大代表42名、县级人大代表12名。6月25日，针对乡第十三届人民代表大会一次会议期间代表提出的35件议案、建议和意见，乡人大召开了交办会。截至年底，已办理15件议案、建议和意见。乡人大主席团紧紧围绕乡党委中心工作，依法履职，严格执行党的各项规章制度，为全面推进依法治国，推动江热夏乡法治建设，构建良好法治环境，奠定了基础，在全乡经济发展、社会稳定各项工作中发挥了应有的作用。

【维稳工作】 针对维稳工作的复杂性、艰巨性、长期性，江热夏乡成立以乡党委书记、乡长为组长，乡人武部长、派出所所长为副组长，各村、各单位负责人为成员的维稳工作领导小组，各村、各单位也成立了相应的领导小组，形成了横向到边、纵向到底的维稳工作领导格局。同时，乡党委与各村、各单位签订了《维稳工作责任书》，为开展好维稳工作明确了目标。江热夏乡维稳工作主要从以下四个方面进行开展。构建防控体系：江热夏乡结合维稳工作实际，与各村、学校、卫生院、个体商户签订《社会治安综合治理目标责任书》，建立了网状综治服务体系。全力调解矛盾纠纷：2016年，全乡排查矛盾纠纷16起，调解矛盾纠纷16起（包括3起土地纠纷），全年无信访上访、群体性上访、越级上访事件发生。扎实做好反分裂和维稳工作：做好对敏感时期和重大节日期间的值班督导工作；充分发挥群防群治队伍力量，定期组织民兵开展治安巡逻、安全检查等工作。通过全方位加强各行业各领域的安全监管，江热夏乡全年无任何安全事故发生。

【经济发展】 江热夏乡始终以经济建设为中心，不断创新思路、为民创收，经济发展取得较好成绩。2016年，全乡农村经济总收入10268.95万元，同比增长12%；农牧民人均收入9838元，同比增长11%。其中，农业收入4558万元；牧业收入1294万元；农村多种经营收入3995万元；其他收入421.95万元。此外，全乡全年争取了6个重点项目，共计投资3.3亿元，分别为藏电二期项目，投资2.6亿元；江热夏乡集中安置点项目，投资5300余万元；村级组织活动场所标准化建设项目，投资1542.72万元；拉定村封山育林防沙治沙项目，投资249.27万元；河道整治项目，投资172万元。

【农牧林生产】 2016年，江热夏乡农牧林生产迈出新步伐。农业：大力推广良种种植，全乡种植青稞13338亩（其中1000亩的喜马拉雅22号、300亩的青稞320、其余为藏青2000）、小麦8300.57亩、油菜1205.25亩，粮食总产量522吨，农业收入4558万元。牧业：截至年底，牲畜年末存栏40279头（只、匹），出栏率达22%；能繁母猪参保头数359头；大畜死亡共计400头，小畜死亡共计445只，总赔款金185.8万元整；全年牧业收入1294万元。林业：截至年底，全乡乡低质低效林、稀林地为855亩，经县林业局和市林业局实地勘察测量，四块地质低效林地纳入为2017年补种计划。在护林人员的严加管理下，2016年江热夏乡未发生乱砍滥伐事件。

【教育工作】 乡党委、政府高度重视教育工作，认真落实教育工作领导责任制，把教育工作列入乡政府重要议事日程，积极推进平安校园、文明校园、卫生校园、和谐校园创建工作，全年，校园未发生任何安全事故。江热夏乡中心小学共有学生513人，其中小学生432人、幼儿园81人，教师41人。全乡适龄儿童入学率为100%，初中生入学率达98%。所有学生均享受免费教育，小学生享有“三包”政策、幼儿园享有营养餐补贴。2016年江热夏乡中心小学通过了国家均衡教育验收。

【工青妇工作】 乡党委十分重视、关心工会、共青团和妇联工作，不断强化领导责任意识、党建意识，切实把工青妇工作纳入全乡党建工作的总体格局。组建了村级工会组织：2016年4月，全乡5个行政村经县总工会批准，各村成立工会小组，各村新加入工会人员210人。通过组织培训、开展维权、监督等工作，不断规范工会工作。依托“金秋助学”活动，为4户困难家庭提供了帮助。狠抓团组织建设：依托“五四”青年节、植树节、关爱青少年活动等，开展青少年工作。并积极开展“国酒茅台助学”活动，为3名学生提供了资助。加强基层妇女组织建设：各村均讲妇代会主任纳入村“两委”班子，通过开展“三八妇女节”“最美格桑花”等活动及贫困妇女小额贴息贷款和慰问贫困妇女工作，不断增强妇联组织在群众中的影响力。

【民政工作】 2016年，江热夏乡开展了低保户清理工作，全乡农村低保户96户332人，其A类低保户有159人，B类有11人，C类162人。低保标准A类170元/人，B类133元/人，C类90元/人，发放第一季度养老金177036元，第二季低保金及提标补差资金202740.50元，第三、四季度低保金及两线合一线补助共829597元。江热夏乡还积极推进农村五保供养工作，对散居7户（农村户口）五保供养人员按时足额发放了供养资金；积极做好四大基础工程的入户宣传，及时协调开展民政工作时遇到的矛盾纠纷，努力将问题化解在基层，实现了民政工作零上访。

【社保、医疗工作】 社保：2016年，全乡城乡居民养老保险征收人数为2737人，征缴资金30.55万元。其中新参保32人，中断年限补交8人。2016年，有31名60岁以上老人领取了养老金。2016年，乡养老金征缴工作排全县第一。医疗：加强对农牧区医疗制度基金监管，完善制度，简化手续，实施农牧区医疗费用即时结报，为农牧民群众提供更多实惠。截至年底，全乡农村居民医疗保险征缴人数5568人，个人缴纳金额为30元/人，共计167040元。城镇居民医疗保险征缴人数98人，征缴资金2820元。

【“四业”工作】 2016年，全乡有富余劳动力有1722人。全年劳务输出680人，转移就业180人，通过劳务输出、转移就业，增加农牧民群众收入1000余万元。同时，依托精准扶贫，有针对性地开展实用技术培训、转移就业培训、创业培训，全年共组织104名农牧民群众参加培训，其中建档立卡63人，其他户41人。

【便民服务大厅】 按照建设规范化服务型政府的要求，以依法行政、规范服务、廉洁高效为主线，促进乡政府工作由“抓事务、抓管理”向“抓产业、抓服务”转移，通过职能整合，组建便民服务大厅，集中受理办理关系人民群众的行政审批事项和公共服务事项。服务大厅共设四个服务窗口，分别为：民政岗，主要负责教育、妇联等各方面事项；合作医疗岗，主要负责医疗报销；农保岗，主要负责村民参保事项；证明岗，主要负责开具各项证明。

【网格化、“双联户”服务管理】 2016年，江热夏乡全网格信息化建设持续有效开展。截至年底，全乡已录入户籍人口5779人、流动人口53人、“双联户”117户、安全生产重点2处、治安重点2处、消防安全重点4处、公共场所1处、特殊人群共25人、校园及周边安全等基本信息，每日上报乡“双联户”工作情况和联户代表报平安情况。微信平台使用情况宣传培训共10次，联户代表微信认证率90%，实行每日有事报事，无事报平安制度。

【精准扶贫工作】 2016年，江热夏乡精准扶贫工作在县委、县政府的正确领导下，在县精准扶贫办的指导下，按照“两年脱贫，三年巩固”的要求，强化措施，精准发力，落实责任，精准扶贫各项工作扎实有序推进。通过再入户再识别，全乡最终确定了建档立卡贫困户175户666人；全面完善了贫困户一户一档资料和大数据平台录入工作；依托六脱措施，全乡建档立卡贫困户175户全部成功脱贫。其中以迁脱贫426人，以业脱贫200人，以保脱贫120人，以助脱贫18人，以补脱贫71人，以教脱贫177人。

【以迁脱贫】 江热夏乡2016年建档立卡贫困户易地搬迁集中安置点于2016年9月完工，88户266人于11月18日搬迁入住，家具和被褥全部发放到位。根据自治区党委副书记、拉萨市委书记齐扎拉的指示，将斯曲亚玛的奶牛发放给搬迁户，共计发放奶牛175头，同时为他们提供牧草约87吨，此外4户搬迁至拉萨的贫困户也已入住新房。

【以业脱贫】 全乡申报了13个扶贫项目，现有三个项目已立项，分别是连巴村温室大棚项目（温室大棚共35栋，带动29户112人脱贫）、卡日村藏香猪养殖基地项目（购置藏香猪500头，带动19户92人脱贫）、连巴村藏鸡养殖基地项目（修建规模化养殖场，带动贫困户29户112人脱贫）。

【以补脱贫】 年内，全乡共计214人纳入以补脱贫，为他们提供了351个岗位。以补脱贫的上岗工作已全部完成，上岗证及以补脱贫岗位补助均已下发完毕，共发放资金105.3万元。

【以教脱贫】 年内，全乡在校大学生共计16名，截至年底，已实名将大学生名单上报至县以教脱贫组。有效解决贫困户因学致贫、因学返贫的情况，进一步加大贫困户因学致贫帮扶力度。

【以保脱贫】 江热夏乡积极着力编织好低保五保、社会救助、新农合、新农保等基本生活安全网，切实做好以保脱贫工作。

【以助脱贫】 根据《关于印发〈林周县农牧区医疗管理办法〉的通知》和《关于印发〈林周县城乡医疗救助办法〉的通知》的精神，全面推进“以助脱贫”工作，解决了群众“看病难、看病贵、看不好病”的实际困难，截至年底，已消除“因病致贫、因病返贫”现象。

（邵苗苗）

【领导名录】

党委书记　肖鸿彪

党委副书记、乡长

　扎西普拉（藏族，3月免）

　旦增顿旦（藏族，3月任）

人大主席　伍江河（1月免）

党委副书记、人大主席

　陈国纲（1月任）

党建副书记　王金燕（女）

党委委员、纪委书记

　仁青卓玛（女，藏族）

党委委员、人武部部长

　旦曲（藏族）

党委委员、组织委员

　加略（女，藏族）

副乡长　明玛卓嘎（女，藏族，5月免）

　卓玛次仁（女，藏族）

　扎西央金（女，藏族）

农牧综合服务中心主任

　洛丹（藏族）

卡孜乡

【概况】 卡孜乡地处林周县南部的彭波河谷流域，县政府西南部，距县城10公里，平均海拔3822米，属于高原半干旱农牧区，全乡面积为499平方公里，其中耕地面积为18455.55亩；卡孜乡下辖6个行政村，23个村小组62个自然村，据2016年年末数据显示，卡孜乡共有1296户，6091人，男2986人，女3105人，农业户数1202户，5471人，牧业户数94户，620人。全乡劳动力为3149人，其中男性劳动力1422人，女性劳动力1727人。

截至年底，卡孜乡在编干部职工42人（在岗14人，在市直、县直单位共借调、抽调10人，下沉18人）。全乡共有党支部14个（6个行政村各为1个，乡机关、乡完小、派出所、纳连扎、森库寺、边旦孜寺、强瑞矿业、夕瑞德矿业各1个。（强瑞与夕瑞德党支部因未开工，现在为临时党支部矿区，党员12名）。据最新统计，全乡共有农牧民共产党员504名，其中正式党员472名，预备党员32名，农牧民群众入党比例达到7.1%。其中2016年预备转正式28人，妇女12人。机关党员31名，派出所6人，学校党员15名。各村共有“两委”干部38名，现村“两委”交叉任职干部26人，其中，“一肩挑”3人。卡孜乡建档立卡贫困户178户803人，其中扶贫户108户522人，扶贫低保户69户280人，五保户1户1人。按照“六脱”作法，卡孜乡按照贫困户个人意愿，结合实际，将全乡建档立卡贫困户划分为以业脱贫384人，以迁脱贫452人，以补脱贫72人，以教脱贫228人，以保脱贫159人，以助脱贫8人。

【基层党建】 卡孜乡党委坚定不移地贯彻执行党的方针政策，抓好基层党组织建设，推行效能建设，实行政务公开、村务公开制度。

乡党委坚持和完善“三会一课”制度，要求各基层党组织定期召开支部党员大会、支部委员会、党小组会和按时上好党课，进一步健全党的组织生活，加强党员教育管理；乡党委充分发挥村党支部的领导核心作用，健全村“两委”工作机制，使“四议两公开”工作法在农牧民党员中宣传开来。并进一步提高村第一书记、村第一主任、大学生村干部、下沉干部在本村开展工作的能力，使其发挥重要的带头作用；乡党委建立健全党建基础台账，并适时更新，实行了党务、村务、财务公开制度、村干部业绩考核机制，建立了村级后备干部人才库，现有22名村级后备干部，使村级后备干部队伍建设强劲有力。“三个全覆盖”工作开展情况。村级组织活动场所标准化建设；卡孜乡党委、政府及时对辖区内各村委会进行系统的摸底调查，除卡孜村2015年，经县级审核批准修建卡孜村村委会，县财政拨付350万元援藏资金支持卡孜村村委会建设外，辖区内其他五个行政村均已完成地基修建工作。按照县委下发的《拉萨市推进村级组织活动场所标准化建设工作实施方案（征求意见稿）》文件要求，卡孜乡新建5个活动场所共需资金1076万元。按照市委《实施方案（征求意见稿）》文件内容，卡孜乡村级组织活动场所新建资金由市县两级财政按照7：3比例承担；按照县委、县政府要求卡孜乡村级组织活动场所新建工作已于2016年2月底启动，建设工作分为筹备阶段、实施阶段、总结阶段，三个阶段有步骤、有计划地抓好工作落实，确保工作取得实效并按照县工作总体要求，积极树立工作典型，争取先进集体和个人。村级集体经济发展壮大情况；卡孜乡统筹全乡资源，积极探索经济新模式，根据自身发展特点，立足乡情，从卡孜乡的地理位置、资源状况等实际出发，集中全乡人力、财力办大办强集体经济，与对口援藏单位海虞镇积极争取援藏资金，援藏资金得以增加，与驻村工作队积极合作，已成立了卡孜乡托门村现代绿色循环种养殖合作社及白朗村白旦残疾人手工合作，得到了县领导及有关部门的好评，截至年底，合作社已开始运转经营。基层党员干部教育培训；卡孜乡党委高度重视党员教育培训工作，将党员教育工作作为党建述职评议考核的重要内容，并于10月20日举办了全乡党员党务工作者培训班；积极依托海虞镇对口援建，不断拓宽干部培训渠道，逐步提升干部整体素质；邀请理论功底扎实、实践经验丰富的优秀党政领导干部、先进模范人物等，为党员干部授课，积极开展送教下基层活动；党委及纪委将特殊案例以会议形式，及时传达给乡干部，让干部充分认识到加强党风廉政建设和反腐败斗争的重大意义。“两学一做”专题教育活动开展情况；深入贯彻落实《关于在全市深入开展“一树两抓三比四提高”活动的通知》（拉组发〔2016〕63号）文件精神，覆盖全乡各党支部500余人，机关集体学习共计14次，撰写心得体会共20余篇。其余党支部每个星期至少安排一次集中学习。另一方面，坚持领导干部带头，并适时举办专题研讨班，乡党委主要负责人带头讲党课，及时组织乡干部与村干部观看负有正能量的影片，每人都积极撰写心得体会，用专题简报的形式及时印发，便于大家学习交流。乡党委坚持每周开展“两学一做”专题学习会，每月开一次党员活动，坚持每半年召开一次支部党员大会。为深入贯彻落实民主集中制的原则，密切联系群众的原则，责任到人的原则，制订了40余项制度。这些制度进一步转变了乡机关工作作风，并提高了乡政府服务质量和工作效能。

【党风廉政建设与反腐败工作】 年内，卡孜乡党委，以《林周县目标绩效考核体系》为依据，根据全乡实际情况，认真制定了《卡孜乡目标绩效考核体系》，严格落实考勤制度，定期不定期在乡级、村级范围内进行督查卡孜乡长期以来形成的一些“习惯病”“顽固病”为重点，着力开展了7个方面的整治，实行月报制。截至年底，累计开展专项检查3次，整治无所作为问题12余人次、玩心重玩风重问题8人次、纪律涣散的问题12人次、其他问题26人次，在全乡形成了人人抓作风、月月有成效的良好氛围。通过走下村入户的形式宣讲中共十八大、中央第六次西藏工作座谈会、区纪委八届六次全会和市纪委八届四次全会精神，共计宣讲12次，使广大农牧民群众充分认识到加强党风廉政建设和反腐败斗争的重大意义。在2016年第一季度的基础上开展正风肃纪专项活动，将卡孜乡长期以来形成的一些“习惯病”“顽固病”为重点，着力开展了4个方面的整治，实行月报制。截至年底，累计开展专项检查2次，推脱扯皮问题19人次、玩心重玩风重问题9人次、纪律涣散的问题12人次、其他问题26人次，在全乡形成了人人抓作风、月月有成效的良好氛围。“节假”期间，乡党委、纪委坚持不懈改进作风，纠正“四风”，建立健全促进党员干部坚持为民务实清廉的长效机制。乡党委班子成员、辖区内各村、各单位党员干部严格履行廉洁自律有关规定，以身作则、率先垂范、自我约束、自我规范、自觉履行责任和义务，维稳值班在岗率达100%。卡孜乡党委把开展廉政风险隐患排查工作列入重要议事日程，并对廉政风险隐患进行排查。

【精准扶贫】 2016年，全乡建档立卡贫困户178户、80乡党委、政府根据建档立卡贫困户具体情况，运用多种方式扶贫，其中以教脱贫228人，包括大学生28人、高中生16人、“两后生”28人，初中生、小学生、幼儿园学生156人；医疗救助脱贫8人，其中肺癌等大病4人，慢性病4人，医疗费用实行全额报销；以保脱贫66户，159人，主要通过低保各项政策支持脱贫；以业脱贫转移就业226人，主要培训水电工、摩托车维修、餐饮业、面点制作等方面并实现就业；以补脱贫446人，分别是从建档立卡户中安排护林员、管护员、监管员等，10月生态补偿脱贫转移就业资金已全部发放到位。与县直单位联合乡机关单位干部、小学、乡政府、寺管会驻寺干部结对帮扶86户贫困户408人，2—3人具体帮扶到户人，时刻跟进扶贫工作任务。实施燕麦草箭舍豌豆种植项目。共种植6867.35亩，涉及4个行政村，8各村小组，种植、管理人员都从贫困户中选用，拟脱贫建档立卡户72户，324人。178户中，有100户为卡孜乡集中搬迁户，2016年11月16日通过抽签分配方式，搬迁户96户436人已全部抽签分到房屋，其中120平方米户型26套，150平方米户型57套，180平方米户型13套，剩余4户均为2人一户，正在进一步协调分配中，搬迁点住房配套设施将陆续完善，确保贫困户搬得进去、住得下来。精准扶贫工作在获得了全市“2016年度脱贫攻坚成效”先进乡的荣誉称号。

【团建工作】 卡孜乡团委积极开展各项群团工作，寒暑假期间的青春自护活动和重点青少年群体教育和预防犯罪工作充分体现卡孜乡团委对青少年工作的用心，在团县委组织的青年创业大赛中，卡孜乡团委带队的青年创业者取得一等奖和三等奖的佳绩。体现出在乡党委政府指导下卡孜乡群团工作取得长足进步。

【项目带动农牧增收情况】 卡孜乡以争取项目带动当地农牧民群众增收致富为己任，2016年实施的项目包括牧草种植。牧草种植共6867.35亩，涉及卡孜村、托门村、白朗村、田嘎村4个行政村，

8个村民小组，在运送化肥、种植过程中主要雇佣贫困户，促使其增收脱贫；托门村托门组、索朗岗组、白耐组4个水塘清淤项目，由乡政府统一组织实施，投入资金5万元，现已完成；卡孜村15栋温室大棚建设。由县民宗局投资共75万，现已完工；托门村奶牛养殖扶贫项目，拟脱贫44户建档立卡户，由县扶贫办统一拨付资金，启动资金49.25万元，正在实施；乡政府院内路面硬化项目。由县住建局发包，投资30万元已完成；修建克布村防洪堤项目。由县水利局发包，修建长为630.2米防洪堤，总投资25.5万元，6月底已竣工，除预留5%预留金外，其余资金已拨付到位；田嘎村爬雪组防洪堤建设。由县水利局发包，投资50万，修建长为1050.42米防洪堤，甘曲镇桑旦农牧民施工队具体实施，现已完工；卡孜村毛严组组内小桥建设项目。由发改委投资47万，卡孜村农牧民施工队具体实施，8月中旬完工；托门村恰西组至岗嘎组1.8公里砂石路，由市统计局驻托门村工作队争取项目资金129万，已完工；其他项目有懂村新嘎水渠工程、懂组水渠工程、懂村水渠水塘工程、白朗村亏嘎水塘水渠工程、托门村岗嘎水塘水渠工程、卡孜乡农田渠系护坡工程已相继完工。

【“四业工程”】 2016年，全乡共输出劳动力3000人次，其中转移就业劳动力1200人次，主要在拉萨务工及自主创业，长期性务工人员456人次，季节性务工744人次。劳务输出1800人次，主要在县、乡辖区内务工，长期性务工人员634人次，季节性务工人员1166人次；组织各类培训188人次，主要是奶牛养殖、车辆驾驶、水电工、手工编织及民族手工业培训；参与重点项目建设劳动力输出489人次，劳务经济总收入512万元。

【“双联户”工作】 乡党委、政府结合实际将全乡共划分为23个网格，配备23名格长，设立“双联户”单元121个，“双联户”代表121名，2016年初，兑现2015年村、乡、县、市级先进“双联户”奖金11.33万元、“双联户”先进集体10000元、“双联户”代表补助资金23.98万元，以奖励工作优秀，为创新社会管理做出积极贡献的“双联户”代表及先进集体，鼓励他们再接再厉，做出更好的成绩，同时以“联户平安、联户增收”为目标，2016年，依托社会治安综合治理信心系统微信平台，上报各类维稳动态信息31528余条，其中报事件6076条，报平安25452条，有效地促进了维稳工作的开展。

【林业工作】 林业工作在2015年的基础上有序开展，乡财政将严格按照相关程于2016年7月中旬发放81名管护人员2016年上半年工资23.56万元，有利于激发护林人员的工作积极性和责任感。

【农业】 2016年，农作物播种面积18455.55亩，总产量为694.375万公斤。其中青稞、春小麦、冬小麦播种面积分别9278.54亩3253.51亩3330亩，总产量分别达389.555万公斤、149.89万公斤、154.925万公斤。经济作物为油菜和土豆，播种面积分别为1073.2亩和1520.3亩，产量分别为20.15万公斤和342.065万公斤。田间除草和发放化肥；根据各村农牧民耕地亩数及2015年田间除草完成情况发放奖励化肥1346袋，鼓励农牧民积极除草，科学管理农田，不断提高粮食产量。病虫防治，为防止农田病虫灾害，乡党委、政府成立专门的病虫害防治小组，对已发生各种病虫害的农作物耕种区进行跟踪监测，进行有效防治，对未发生病虫害的农作物耕种区进行早期预防，定期向县农牧局汇报情况。自然灾害预防及救助；2016年7月2日上午10：00，卡孜乡托门村白耐组一沙石堆积处因连续几天降雨积水较多，出现严重下陷，存在安全隐患。乡党委副书记、乡长与乡政府工作人员在第一时间赶到现场查看，立即安排1台小型挖掘机进行现场填土及疏散水流作业，并积极联系县水利局做好后续工作，在第一时间整治了安全隐患。

【牧业】 截至年底，牲畜存栏数为21532只（头、匹），其中大小畜分别为11368只（头、匹）10154只（头、匹）。2016年，卡孜乡完成对8215

头牦牛和6794头黄牛注射牦牛三价疫苗、黄牛三价疫苗；完成对6146只绵羊和1849只山羊注射绵羊双价、山羊双价疫苗；完成对176头猪注射猪O型口蹄疫灭活疫苗；截至年底，全乡大畜有15009头（匹、只），小畜7995头（匹、只），共23004头（匹、只）。疫情防疫，建立健全鼠防组织领导机构，明确分工，加大宣传力度做到辖区内农牧民和外来流动人口的鼠防知识知晓率达100%；建立健全乡村两级鼠疫疫情报告制度，及时上报县疾病预防控制中心。高度重视人感染猪流感疫情防控工作，要求各村兽医，摸清本村猪的存栏底数和猪的生理状况，如有异常情况，及时上报乡政府。同时，加强对外来人员的登记管理，严防疫情输入，并实行疫情监测日报制度，由村干部或包村干部报乡政府。

【草补工作】 全乡共有32块草场（2块禁牧），卡孜乡草场等级为四等五级，按照目标责任书，2016年实施草畜平衡面积56.862498万亩，实施禁牧面积为0.978361万亩，2016年11月兑现2015年草原生态奖励机制禁牧补贴5.87万元。

【民政工作】 2016年，卡孜乡民政干事、乡人大代表进村入户审批兑现民政资金。兑现2015年民政医疗救助资金101人，37.12万元；兑现16名0—16岁残疾儿童康复补贴3.84万元；兑现2016年58名高龄老人补贴2.83万元；兑现2014年至2015年1人残疾人无障碍改造资金3500元；为2015年至2016年冬春缺粮户121户，507人发放大米、面粉、菜籽油，折合资金20.787万元；兑现2016年54名高龄老人县级配套健康补贴资金1.45万元；兑现2016年18名村务监督委员会委员工资4.56万元；截至10月底，卡孜乡低保对象全面核查清退后，现有低保82户，330人。乡现有农牧民1276户5997人，乡辖区农村五保户15人，城镇五保户1人，残疾人员有199人，城镇低保户27户，低保资金由县民政局直接打入其账户，寿星老人58人。

【开展计生宣讲活动】 2016年，全乡妇女人数达到3011人，育龄妇女1509人，已婚育龄妇女872人。乡计生专干下村开展“妇幼保健”“艾滋病”“结核病”“两癌筛查”“农村儿童营养改善项目”“健康教育”等宣传活动共11次；2016年4月中旬开始，乡政府联合乡卫生院组织乡机关干部、农牧民群众、寺庙僧尼、学生进行全民体检，以村小组为单位，一周完成一个行政村群众的体检，不漏一人，7月初，已全面完成全民体检工作，在乡卫生院参加体检人数共计5229人。

【食品安全监管】 年内，对食品安全进行专项整治，卡孜乡成立食品安全工作小组，并在年初与各行政村层层签订《食品安全监管责任书》，主查学校周边小卖部、茶馆，确保学生食用安全食品。加大碘盐推广力度，统一购买发放碘盐，覆盖人群达100%。

【农村新型合作医疗】 2016年，全乡参加农村新型合作医疗5975人，个人筹资金额179250元，参保率达到100%。1—6月，卫生院核销6次，金额总计201715.92元，其中在卡孜乡卫生院核销180667.72元，在强嘎乡卫生院核销21048.2元。

【新型农村养老保险工作】 2016年，卡孜乡新型农村养老保险续交养老保险人数为3173人，总资金32.3万元，其中正常续保人数3153人，32.03万元，中断补缴18人，1800元，一次性缴费1人，1000元；城镇居民养老保险续保人数35人，3500元，此项工作按照上级要求已按时完成。

【文教工作】 露天电影惠及百姓文化生活。卡孜乡电影放映队深入各村放映电影。截至年底，电影放映队已经播放了《建党伟业》《暖秋》等各类影片10余场，为全乡百姓送去了丰富的文化大餐。在庆祝“3·28”西藏百万农奴解放纪念日这天，乡中心小学、乡派出所、各行政村准备精彩的节目在县文广局参加了庆祝“3·28”文艺活动，农牧民群众身着盛装，手捧洁白的哈达，跳起欢乐的舞蹈，充分表达了他们奋发向上的精神风貌。

【教育教学】 做好教育均衡发展迎国检工作。2016年，在乡党委、政府与乡中心小学的不懈努力下，卡孜乡教育均衡发展顺利通过自治区教育厅验收，并获得“2015—2016学年教育管理”先进乡的荣誉称号，为今后的教育事业发展奠定了坚实基础。加强学校安全生产监管工作，关心少年儿童的身体健康。卡孜乡联合乡派出所每月对学校校园安全进行一次大检查，确保各项公共设施的安全性能；专门成立营养普查监督小组，暗访卡孜完小食堂餐饮质量，保障学生餐饮质量与安全；在校园内设立警务室，并选派教导员担任指导员，全权负责校园内外师生安全。在“六一”儿童节时来临之际，乡党委、政府出资2500元，慰问卡孜乡中心小学和克布村幼儿园，大力支持学校师生举办“六一”活动，并与师生欢聚一堂度过欢乐的“六一”国际儿童节。

【综治工作】 2016年，全乡严格落实24小时值班制度。尤其加强对敏感日和重大节日期间的值班力度，确保机关党员干部24小时待命，及时处理突发事件；加强东孜山“猴年转山”宗教活动管理。在乡辖区4.7公里转山路段合理设立两个便民服务及医疗站点，全心全意为转山群众提供指引路线、提供茶水、驻足休息、健康检查等服务，得到了群众的一致好评。由乡政府联合派出所、田嘎村民兵、联户代表组成4人一组的3个巡逻小组在转山路段全面开展安全巡逻工作，安全隐患控制在零出现，重点敏感节点由上级部门安排警力增援，全力做好转山维稳工作。坚决落实东孜“猴年转山”一线维稳指挥部值班安排，每周按上级部门要求，安排一名值班主任和值班人员在强嘎乡东孜转山一线维稳指挥部值班，全面掌握转山维稳工作信息，为乡党委、政府科学决策提供依据，2016年，途经卡孜乡转山的群众达18万余人次，转山活动顺利开展。

【矛盾纠纷排查】 针对2016年东孜山“猴年转山”宗教活动人流量大及外来务工人员较多的实情，乡党委、政府联合乡派出所加强对流动人口的管理，确保做到“底数清、情况明”。同时，坚持每月对重点地区矛盾纠纷定期不定期进行排查，对日常生产经营活动中的矛盾纠纷随时排查，对重大活动、重大节日、重要时期进行有针对性的排查，2016年，共排查矛盾纠纷125次，成功调处化解矛盾纠纷11起，主要为婚姻家庭矛盾、邻里纠纷、劳资纠纷等；全乡共有七家矿业公司，流动人口众多，容易引发多种矛盾，为此，乡综治办立足实际制定了《年度安全目标管理责任书》《卡孜乡矿产资源管理暂行条例》，使各矿点树立了消除隐患，维护稳定的大局意识，乡党委、政府严格把关林卡丹矿企运矿相关程序，杜绝安全隐患及茅盾隐患，2016年卡孜乡其他6个矿企均未运矿或开工，存在安全隐患较小。

（扎西旺姆）

【领导名录】

党委书记　洛桑德吉（女，藏族，5月免）
　　　　　拉　穷（藏族，5月任）
党委副书记、乡长
　　　　　何振华
人大主席　巴　珠（藏族，5月免）
　　　　　米玛次仁（藏族，5月任）
党建专职副书记
　　　　　巴　珠（藏族，5月免）
　　　　　郭　勇（5月任）
纪检书记　次旦拉姆（女，藏族）
党委委员、组织委员
　　　　　白玛央（女，藏族，5月任）
副乡长　普布央金（女，藏族，5月任）
　　　　　尼玛欧珠（藏族，5月任）
　　　　　桑珠次旦（藏族）
农牧综合服务中心主任
　　　　　扎西德吉（女，藏族）
派出所所长　次仁旦增（藏族，11月免）

阿朗乡

【概况】 阿朗乡位于林周县北部，是自治区级白唇鹿自然保护区，乡境内以拉萨河为纽带，东牵墨竹工卡，南靠达孜县，西连旁多乡，北结唐古乡，平均海拔4200米，乡政府距离县城95公里，国土面积为750平方公里，乡政府机关办公用房面积1685平方米，乡村道路136公里，是林周县北部三乡之一。全乡共辖4个行政村，19个自然村，21个村小组，4座寺庙，共有994户5046人，其中男性2528人，女性2518人，劳动力2192人（其中妇女劳动力981人），僧尼106人，农牧民中拥有大专以上文凭101人，中专1人，高中94人，初中160人，小学359人。

乡党委下辖派出所党支部、中心小学党支部等7个党支部，共有党员387名，其中农牧民党员339名（预备党员20名），干部党员48名（预备党员2名）。乡机关现有干部职工共53人，其中行政干部27人，事业干部20人（含专招生2人），社保协管员2人，工勤人员2人，公益性岗位2人。乡派出所现有干警11名（3名辅警），中心小学教职工27名，卫生院医生10名。

结合全乡工作实际，成立了党群综合办、维护稳定和综合整治办公室、人社办公室、农业普查办公室、司法所办公室、妇联办公室、团委办公室、纪委办公室、人大办公室、人武部办公室、财务办公室、便民大厅等12个办公室，分别由4名副科级干部分管。阿朗乡因其特殊的地理位置，全乡经济结构较为单一，主要以农业为主，牧业为辅。出产农作物有青稞、油菜、豌豆等；牧业以饲养牦牛、黄牛、绵羊、山羊为主。总耕地面积11266.82亩，人均耕地2.27亩，粮食播种总面积10251.46亩，可灌溉面积3915.97亩。

【基层党组织建设】 在基层党组织建设中，乡党委始终坚定不移地贯彻党的路线方针政策，坚持立足于提高乡村班子学习力、执行力和公信力，加强村级的队伍建设。以贯彻落实《基层党建目标责任书》为先导，加强机关为民、务实、廉政建设，推进党务、政务和村务公开制度，完善基层党组织建设。

【党员发展】 以农牧民为党员重点发展对象。严格落实中共十八大精神要求加强党员队伍建设，建立健全了发展党员机制，认真按照“坚持标准，保证质量，改善结构，慎重发展”的方针，严格制度，规范程序，严把党员队伍“入口”关；建立健全了党员教育机制，加强党员的思想理论教育，通过集中对党员进行政治理论教育，加强党员理论基础学习，提高自身素质；建立健全党员作用发挥机制，着力完善党员联系群众机制，找准发挥作用的需求点，总结推广学习型党组织教育活动中行之有效的做法，找准发挥作用的带动点，拓宽党员发挥作用的渠道，找准发挥作用的结合。在党员发展方面，为确保党员质量，乡党委组织村第一书记、支部书记和组织委员开展了4次党务培训活动，明确了党员发展工作流程和相关规定。并由乡党委书记亲自严把入党政审关，确保了发展党员工作上的规范性和严肃性。2016年，阿朗乡共发展党员22名（农牧民党员20名），其中妇女党员8名。

【党风廉政建设和反腐败工作】 进一步加大纪检干部队伍建设，配套完善纪检工作设施设备，不断提高乡纪检干部队伍素质。乡班子成员以身作则，落实执行《党风廉政建设目标责任书》，带头深入基层、深入群众，大兴调查研究之风，努力提高决策和执政水平，强化监督检查，狠抓工作落实；在工作中，无论是大的发展思路，还是具体的工作安排，都坚持民主集中制原则，坚持调查研究、实事求是、依靠群众，相信科学的原则，在充分调查研究和论证的基础上，做到集思广益，科学决策；认真分析班子成员、财务人员存在的岗位潜在风险，并根据存在的风险，为每名领导干部建立翔实的廉洁自律档案。

【机关效能建设】 乡纪委书记组织机关全体干部每周定期不定期的召开例会，根据个人工作分工，轮流发言，总结上一周工作，提出存在的不足或困难，以批评和自我批评的形式，推进全乡整体工作顺利有序开展；严格落实《林周县目标绩效管理考核办法（试行）》，规范干部职工上下班制度和奖惩制度，进一步转变了全乡干部职工的工作作风。

【开展专题教育】 全体班子成员带头学习党章党规，学习习近平总书记系列讲话精神，学习党的治藏方略，带头践行宗旨、做合格共产党员。结合“三会一课”制度，阿朗乡全年开展乡党委书记“讲党课”活动3场次，各村第一书记“讲党课”6场次，受教育党员达729人次。全乡干部职工、下沉干部、驻村工作队、各党支部负责人参加活动。通过党课形式不断向全乡干部灌输“共产党员要有觉悟关键要做到坚定理想信念、不断提升自己的精神境界、自觉接受党的教育和纪律约束；共产党员要有本领，要政治上靠得住、工作上有本事、作风上过得硬、能在各方面发挥先锋模范作用”的思想。

【后备干部队伍建设】 以1：2的比例建立了村后备干部信息库，截至年底，共有村后备干部54名，并以村干部帮带、乡党委指导、邀请列席老干部、村干部座谈会等形式，帮助村级后备干部提高理论水平、组织领导能力，丰富工作经验。

【干部下沉工作】 阿朗乡4个村委会，按照下沉人数比例要求，共安排下沉干部16名，其中乡机关副科级干部3名，一般干部9名，公安干警4名。

【“三老”人员工作】 阿朗乡现有“三老”人员36名，其中老干部18名，老党员18名。乡党委始终将其作为本乡经济发展和社会稳定中的“参谋”人，在“3·28”等重大节庆日组织离退休干部、老党员召开座谈会，请他们为本乡的发展和稳定建言献策，同时，在关心离退休干部生活的基础上，号召和发动他们在所在村的各项工作中发挥带头作用。2016年，共发放“三老”人员补贴227700元，发放年前18名困难“三老”人员慰问金14400元。

【村集体经济发展】 在县委的高度重视下，在驻村工作队的大力支持下，阿朗乡4个行政村村级集体经济实现了从无到有、从有到进，一步步壮大的良好局面，在2016年底均实现了2万余元的经济创收。

【农业】 在乡党委政府的统一部署和各村“两委”的有力组织下，树立开展了春播秋收，未发生任何矛盾纠纷和安全生产事故。2016年，全乡实有耕地面积11266.82亩，实现粮食总产7945042.37斤。

【牧业】 2015年年底，牲畜存栏量为22983头（只、匹），2016年增加8037头（只、匹），减少8152头（只、匹），年末存栏共22868头（只、匹），其中大畜16854头（只、匹），小畜6007头（只、匹），现有役畜6771头，奶牛4069头。2016年，全乡实现农村经济总收入1.27亿元，人均收入9597.99元，人均现金收入7678元。

【“四业”工程】 2016年，阿朗乡共劳务输出36人，转移就业134人，主要到拉萨务工。阿朗乡多渠道争取专业技能培训机会，增加就业。阿布村组织藏毯编织25人，在一定程度上增加了阿朗乡农牧民群众就业，解决了本村部分贫困人口就业问题。

【草补】 全乡草原总面积52.52万亩，可利用面积51.04万亩，禁牧面积15.59万亩，草畜平衡面积35.45万亩，人工种草面积1.44万亩，4个行政村自愿承包草场的农户为896户。2016年，兑现草补资金284.24万元。

【重点项目建设】 按照《关于明确林周县2016年固定资产投资项目责任的通知》精神，阿朗乡全年固定资产投资任务为2000万元，截至年底，已完成固定资产投资2412.8万元，超额超前完成了固定资产投资任务。

协调驻村工作队争取的嘎列村加热麦1号水渠建设项目，总投资110万元，正在紧张施工中；协调县水利局争取的嘎列村加热麦2号水渠建设项目，总投资150万元，正在紧张施工中；通过市交通局争取的牛达大桥建设项目，总投资1500万元，已开工建设，但是，因为2016年雨水多、河水量大，项目施工进度较为缓慢；协调县发改委争取的拉康村道路硬化项目，总投资549.8万元，已基本完成建设；投资100万元的阿布村巴杂水渠建设项目已完成施工并投入运营；为进一步改进办公条件、提高办公效率，2016年乡机关添置各类办公用品总价值3万元。截至年底，因为项目入库工作提出了新的具体要求，阿朗乡正在积极协调县发改委、县统计局开展项目入库基础工作，做到应统尽统，争取所有项目入库，超额超前完成固定资产投资任务。

【教育工作】 阿朗乡党委政府高度重视教育教学工作，主要领导定期到乡完小，看望慰问学校师生，2016年，阿朗乡党委政府在“科学发展观”重要思想的引领下，在县委、县政府的正确领导和大力支持下，在县教育局的具体指导下，把“办好人民满意的教育”作为全乡工作的重中之重，坚持做到把教育工作放在优先发展的位置，全乡小学适龄儿童入学率为100%，中心小学在校学生432名，初中生入学率为100%。在校生巩固率小学为99.8%，初中达100%。全乡在校大学生95人。

【卫生工作】 2016年，在乡领导干部高度重视和大力宣传下，新农合群众筹资919户4885人，按照每人30元缴费标准，共筹集资金146600元，筹资率100%。同时，阿朗乡加强牲畜疾病预防和宣传工作，2016年上半年春季牲畜疫苗接种率达到了100%，极大提高了人畜安全，确保了农牧民的根本利益。

【新型农村养老保险】 2016年，阿朗乡新农保缴费2200人，共缴纳参保金218900元；城镇户口参保9人，缴纳保金900元；城镇医疗参保17人，缴纳参保金660元，新型农村养老保险让人民群众得到切实的社会保障，解决了人民群众生活的后顾之忧。

【民政工作】 年内，阿朗乡始终坚持“以民为本、为民解困”的工作宗旨，充分发挥民政工作“调压减震”的作用，解决弱势群体的生活困难。截至年底，阿朗乡共有134名寿星老人，144户农村低保户527人、优抚对象13人、22户五保户（其中21个城镇户口）、6名孤儿。

【计生工作】 组织妇女学习计划生育知识，提倡优生优育，做好计划生育宣传服务工作。同时在全乡的范围内做了关于妇女在计划生育综合防治方面的问卷调查。根据问卷调查结果，全乡妇女有较强的优生优育的观念。

【新型农村合作医疗工作】 通过全乡工作人员的努力，阿朗乡新农合工作实现了四个提升：参合人数、参合率持续提升；国家补贴资金的大幅度提升；群众受益程度持续提升；管理水平持续提升。服务体系的不断完善给参合农牧民带来了更多实惠。2016年，阿朗乡新农合群众筹资919户4885人共筹集资金146600元，筹资率100%；卫生院核销人次10505人，核销金额670300元；门诊报销57人次，报销金额23200元。

【财务工作】 在县财政局统一安排部署下，阿朗乡财务管理全面实现电算化，有效提高了阿朗乡财务管理水平。严格规范财务管理制度，在乡人大、纪委的统一监督下，及时兑现了各项惠农资金。2016年，阿朗乡共兑现村干部工资802000元，护林员工资823300元，涉农保险金2837200元，双联户补助260400元。

【“双联户”工作】 阿朗乡现有4个村级工作站，11个网格，83名双联户代表，并通过“以会代训”的形式对全体网格长、双联户代表开展日常业务培训，切实发挥网格化、双联户管理应有的作用。2016年，全乡共有17户联户代表被评为优秀，其中县级1户，乡级4户，村级12户。

【扶贫工作】 阿朗乡严格按照六个精准的总要

求，精准实施“六脱”措施，结合实际，强化措施，狠抓落实，扎实开展了精准扶贫各项工作，为打赢“双百”攻坚战奠定了良好基础，以“一人一策、一户多策、多户联策”的原则，参照“六脱”措施，精准识别，精准举措：以业脱贫132户156人，以迁脱贫154户706人，以教脱贫154户186人，以补脱贫196户691人，以保脱贫31户129人，以助脱贫55户58人。针对贫困户实际，信贷脱贫28户。

2016年，234户1131人实现脱贫，脱贫率达87%，人均可支配收入达4300余元。现有贫困户36户113人，贫困户和贫困人口分别占全乡总户数和总人数的3.4%和2.2%。进一步缩小了贫困面，显著减少了贫困人口，初步实现了减贫增收的目标。

（李斌奇）

【领导名录】

党委书记　郑　杰（5月免）
　　　　　宋宜青（女，5月任）
党委副书记、乡长
　　　　　尼玛次仁（藏族）
党委副书记、人大主席
　　　　　普布次仁（藏族，5月任）
党建副书记　嘎旺伦珠（藏族）
纪检书记　旦增罗布（藏族）
人武部部长　仁青多吉（藏族）
党委委员、组织委员
　　　　　次仁顿珠（藏族，5月任）
副乡长　德吉央宗（女，藏族，5月免）
　　　　　土旦卓嘎（女，藏族）
　　　　　刘晓开（5月任）
　　　　　刘权锐（5月任）
　　　　　尼玛多吉（藏族，5月任）

旁多乡

【概况】 旁多乡下辖5个行政村，21个村小组，截至年底，全乡共865户4326人，其中劳动力2018人；共有耕地5450.9亩，牲畜35802头（只、匹）；旁多乡农牧民人均收入达10073元，现金收入达3593.5元；精准扶贫建档立卡贫困户309户1284人，“五保户”15人；“双联户”共86个村级联户单位，10个机关联户单位；下辖9个党支部，其中1个机关党支部、5个村党支部、1个学校党支部、1个派出所党支部、1个卫生院党支部，党员（含预备党员）365名；乡机关工作人员42名，村干部33名，学校1所，教职工44人，在校生324人；4座噶举教派寺庙（达龙寺、斯林寺、赤龙寺、色瓦龙寺），僧人104名，政府认定活佛2名；2个寺管会，工作人员21人（其中干警10人）。

【“两学一做”学习教育】 2016年，旁多乡党委以“两学一做”专题教育活动为契机，充分发挥班子带头作用，组织开展中心理论学习26次，其中，集中学习讨论22次，专题研讨会1次，自学3次，发放学习笔记本30余本，共印发学习资料156份，撰写学习心得42篇，观看教育影片5部。9个党支部组织所有党员干部参加学习162次，确保参与覆盖率达100%。为贯彻落实书记讲党课制度，旁多乡党委书记组织讲党课2次，各支部书记组织讲党课13次，做到了每次党课有方案、有讲义、有签到、有记录、有简报。旁多乡党委及时组织召开中央十八届六中全会、区第九次党代会、市委九届二次会议精神学习动员大会，要求各党支部积极组织深入学习。

【落实区市巡视组驻林周县反馈整改意见】 根据自治区巡视组整改反馈意见，对照整改意见任务分解表，逐一查找自身存在的问题，制定了具体的整改计划及措施。在党建工作力度方面，旁多乡利用1个月时间将近几年党建台账进行全面梳理，对不全或者缺失的台账及相关资料进行补充和完善，使党建工作台账有账可查；在学习贯彻区、市、县重要会议精神及决策部署方面，旁多乡存在学习、会议等笔记不全、没有及时检查督导学习贯彻等问题，由党群办牵头利用2个星期的时间进行了整改，完善了相关台账；在乡镇干部工作力量方面，旁多乡党委根据各村实际情况，对3个没有第一书记的行政村下派工作能力强、业务素质优、责任心强的年轻干部担任精准扶贫指导员，管理全村工作，并上报县委组织部拟任第一书记，切实落实好“强党、固基、扶村”精神，充实基层工作力量，确保基层工作顺利开展。

【党建七项重点任务】 在党员组织关系集中排查工作方面，旁多乡党委按照应查尽查、全员覆盖的要求，对未能按时参加组织活动的党员严格排查，区分不同情形，采取有针对性的措施。经排查，旁多乡共有31名流动党员，已全部发放党员流动证，另有28名党员由于工作、退休、调动等原因，连续超过3个月未参加党组织活动，根据相关要求进行了党组织关系转出，其相关手续已全部完成；在党员档案管理工作方面，旁多乡对辖区398名党员档案逐一进行排查，发现存在档案不齐全党员41名，经过补充和完善，所有档案已全部补充齐备；在党代会代表和党员违纪违法未给予相应处理情况排查清理方面，经排查发现，辖区1名农牧民党员因于2013年猎杀保护动物，正在监狱服刑，该同志连续超过6个月未参加党组织生活，已按自动退党处理，党代会代表、人大代表、政协委员无被终止代表、委员资格情况以及违纪违法行为；在基层党组织按期换届检查工作方面，按照党支部换届各项工作总体要求，旁多乡党委对辖区9个党支部进行组织排查，发现5个行政村党支部和卫生院党支部任期未满，派出所党支部由于支部书记工作调动原因，已于2016年5月完成换届工作，乡机关党支部、学校党支部已分别于2016年11月28日和29日完成换届工作；在党费收缴情况专项工作方面，为进一步加强党费收缴工作执行力度，旁多乡党委健全和完善了党费收缴制度，杜绝了拖欠党费现象发生，并严格按照党费收缴新标准制定党费使用和管理制度，有效的推进了旁多乡党费收缴工作和管理使用工作；在抓党建促脱贫攻坚工作方面，旁多乡党委高度重视各村脱贫攻坚工作，按照科级以上结对帮扶2名贫困户，科级以下帮扶1名贫困户的要求，共帮扶贫困户31户，并制定了具有能针对性的脱贫措施，完善了各村党内激励帮扶机制，认真做好党员转为致富带头人工作，经组织考察培养，已有5名党员致富带头人；在抓严抓实领导机关党员干部学习教育方面，辖区各党支部严格落实“两学一做”学习教育制度，组织党员立足岗位、履职尽责，做好党员先锋模范带头作用，各支部通过“三会一课”工作，极大丰富了党员知识和生活。

【“三个全覆盖”工作】 2016年，旁多乡按照上级相关部门要求，完成5个行政村村级活动场所改扩建选址等相关筹备工作（其中3个新建，2个改扩建），预计2017年将完成全乡5个行政村的村级活动场所改扩建工作。旁多乡村集体经济主要有：宁布村商品房7间，年收入约9万元；加格村粮油加工厂，年收入约8000元，藏香加工厂处于验收阶段，无收入；达龙村便民超市，年收入约2000元，牦牛养殖项目还在筹备阶段，无收入；帮多村便民茶馆和粮油加工厂年收入约6500元；日布村商品房以及砖厂，年收入约6.5万元；村集体经济的全覆盖有力地推动了旁多乡以党建促发展促脱贫目标的实现。为加强党员干部队伍建设，提高旁多乡党员的政治理论水平和业务素质，旁多乡组织农牧民党员教育培训38次，组织党务工作者培训2次。各村组织开展村“三委”上夜校，保证每周开课不少于3次，并于2016年11月2日，在县委组织部的帮助下，成功邀请到党校老师来旁多乡授课，共计76名党员参加学习。

【基础性工作】 年内，旁多乡辖区各党支部严格落实“三会一课”工作制度，每季度至少召开一次党员大会，每月至少召开一次支部委员会，根据工作需要，经常性地开展党小组会议，每两个月至少上一次党课，学习习近平总书记系列重要讲话精神、党章党规、党的基本路线、方针、政策、以及中央、区、市、县重要会议精神等。

【维稳工作】 旁多乡成立了一线维稳指挥部，涉稳情报信息领导小组，建立旁多乡应急维稳机制，完善处突方案，配备处突设备，与各村、各联户签订综治目标责任书。严格坚持“春节”“藏历新年”“三月敏感月”“雪顿”维稳节点和重大节日的值班带班制度、请示汇报制度、“零”报告制度，做到重要节点期间主要负责人和干部职工全员在岗，其余时间始终保持每周至少一半人员和一名主要负责同志在岗。建立健全敏感期维稳应急处置预案、重大活动风险评估机制，始终提高全民警惕意识，克服全民麻痹、松懈、厌战的情绪，加大对各个点、线、面的排查力度，严格执行维稳值班带班制度。

【宗教领域管理】 年内，坚持“两手并重、讲究策略”，突出做好旁多乡辖区寺庙的教育稳控工作，严格佛事活动审批，严格僧尼请销假制度，加强法制宣传、寺规戒律教育，密切关注僧尼动向，加强对各类游僧和寺庙清退人员、学经清退人员的教育管控，严防串联滋事；严控宗教活动规模，遇有重大佛事活动，乡政府结合实际情况制定切实有效的方案，并完善预案和风险评估，组织乡干部、派出所民警、民兵加强现场治安维护，防止发生群体性事件。在寺庙教育管理上，乡政府和辖区寺管会积极配合，定期开展“爱国主义”教育，法制宣传教育等工作，对请销假制度的执行情况、请假手续是否齐全、请假离寺的僧人是否返寺等进行及时检查，并进一步建立健全寺庙管理的各项规章制度，完善各类台账。截至年底，已圆满完成“达龙准曲”佛事活动、斯林寺“扎喇古嗦”、赤龙寺“赤龙次久”“128”佛事活动期间的安保工作，确保了佛事活动圆满顺利进行。

【矛盾纠纷排查】 年内，旁多乡党委、政府及时组织人力深入开展矛盾纠纷“大排查、大调处、大化解”，了解和掌控各村草场纠纷、民事纠纷和安全生产、社会治安等各方面的隐患问题，组织人员力量及时解决和调处各项矛盾纠纷，努力把问题解决在基层、化解在萌芽状态。截至年底，已排查出矛盾纠纷16起，成功调处16起，调处率100%。

【精准扶贫】 2016年，旁多乡党委、政府紧紧围绕区、市、县党委、政府关于精准扶贫工作的总体要求，高度重视，精心布局，狠抓落实，将精准扶贫列为旁多乡2016年重点工作，按照林周县“两年脱贫、三年巩固”的总目标稳步推进。为切实做好精准扶贫各项工作，成立了由乡党政主要领导任正副组长，分管领导任副组长的精准扶贫领导小组，下设精准扶贫领导小组办公室，指定专人负责统计、核查、上传下达、文档等工作，做到了党政领导主抓，分管领导具体抓，各村明确专人负责，层层分解任务、落实责任。先后组织召开6次旁多乡扶贫两项衔接建档立卡工作部署会，全面安排部署精准扶贫相关工作，统一了思想认识、明确了目标任务。通过召开动员会、走村入户、印发宣传资料等形式，累计走村入户100余次，发放宣传资料500余份，督导检查30余次。国家扶贫系统内已确认旁多乡贫困户309户1284人，贫困率为35.7%。其中，以业脱贫140人（意愿参与各类就业培训人员），以助脱贫2户2人，以迁脱贫184户730人（其中2016年11月搬迁51户168人），以教脱贫308人，以补脱贫704人（其中草监员303人，护林员303人，土地沙化员45人、野生动物保护员15人，地质灾害群测员1人，寺庙旅游公厕保洁员8人，环境监督员1人，水利协管员6人，乡镇保洁员2人，交通管护员20人），社会保障兜底127人，经过2016年全年的不懈努力，旁多乡脱贫比例达87.3%。

【固定资产完成情况】 2016年，旁多乡固定资产共计完成2138.272万元。其中旁多乡已完成整体搬迁护墙工程，总投资691.92万元；已完成新集镇市政基础设施工程，总投资719.41万元；已完工加格村饮水工程，总投资93万元；已完成林周县牦牛造育扩繁小区草棚建设（100户），总投资105万元；已完成2014年退牧还草暖棚建设（127

户），总投资112.522万元；已完成2013年、2014年退牧还草牲畜暖棚项目（470户），总投资416.42万元。

【新农保、新农合工作】 旁多乡农村户口续缴养老保险2225人，城镇户口续缴养老保险13人，征收养老保险费共22.25万元，参保率达到100%。全乡农村合作医疗参保人数4373人，共筹资13.119万元，参保率达到100%。

【落实强农惠农政策】 2016年，在旁多乡人大、纪检的监督检查下，旁多乡强农惠农政策做到了"三个到位"，即政策宣传到位、监督管理到位和资金及时足额发放到位，促进了农牧民的增收和农村社会的和谐。2015年—2016年，强农惠农资金发放情况如下："三农保险"养殖业赔款资金258.73万元（2015年1—8月牦牛、羊和2015年9—10月羊）；2015年，村干部误工补贴76.6944万元；2015年下半年和2016年上半年，护林员工资86.514万元；2013—2014年，野生动物肇事补偿款86.48365万元；2014年，草监员工资55.08万元；"三老人员"三大节日慰问1.44万元；发放2015年草蓄平衡资金、2015年草原生态补助、2015年草监员补助共计232.14593万元。

【换届工作】 旁多乡党委按照县委统一分配的名额及代表比例的要求，成立了代表资格审查小组，对75名党员代表和41名人大代表候选人的代表资格进行了2次严格审查，选举出乡党委委员9名。经党委委员选举产生党委书记1名，副书记2名。选举产生纪律委员会委员4名，其中书记1名，副书记1名。人大会选举产生乡长1名、副乡长2名，并选出了出席中国共产党林周县第九次党员代表大会代表和出席林周县第十二届人民代表大会代表各11名。发放《严肃换届纪律知晓卡》《市县乡换届纪律明白卡》共计400余份，签订《党员干部严肃换届纪律承诺书》《严守换届纪律责任书》共计300余份，组织换届纪律集中学习3次，严肃换届纪律知识测试2次。

【教育工作】 2016年，全乡教职工44人，学生324人。小学适龄儿童入学率100%，小学适龄儿童巩固率100%。7月，顺利完成初一新生"整班移交"51人。全力做好扶困助学工作，申报市县非义务教育阶段资助学生26人；改善幼儿园建设、中心小学道路建设、帮扶困难大学生共投入资金2.03万元。

【"四业工程"工作】 2016年，旁多乡劳动力人数为2018人，约占总人口的46.6%。妇女劳动力916人，约占劳动力总数的45.4%。驾驶技能培训14人次。完成劳动力输出720人，实现转移就业298人。

【民政工作】 2016年，旁多乡农村低保共86户381人，农村"五保"户14人、城镇2人，寿星老人112人，残疾人78人，孤儿1人，烈属家庭2户，退伍军人22人。2016年，旁多乡民政资金发放情况如下：2015年五保户3人慰问金共2700元；2015年–2016年0—16岁健康补贴1.2万元；2016年农牧民低保户三个季度生活补贴48.88万元；2015年度2名"烈属"人员抚恤补助资金共计2.042万元；2015年城镇分散"五保"户1月至6月资金共计9000元；2015—2016年冬春口粮救助共计14.432万元；村务监督委员会工资4.62万元；"三老"人员补贴15.212万元；2016年农村五保户资金2.685万元；2016年老年人两项补贴2.04万元；2016年城镇三无人员7710元；及时兑现2015年城乡医疗救助资金21.93万元；对2015年度考入区内、外高校的城乡低保户学生发放2016年度城乡低保高校特困生一次性教育资助资金共计6000元。按照上级标准严格发放，考入区外普通本科的每人发放4000元、考入区内高校的每人发放1000元。

【人大工作】 2016年，旁多乡县乡两级人大换届选举工作在县委和县人大的精心指导下，以宪法、选举法、地方组织法和代表法为依据，认真贯彻落实中共十八大和十八届三中、四中、五中全会精神，坚持党的领导，充分发扬民主，严格依法办事，切实保障选民和代表的民主权利。经过乡选举委员会的精心组织和各选区的共同努力，顺利选举产生了代表人民利益、模范遵守宪法和法律、有较强执行代表职务能力的人大代表，产生了新一届乡人大主席、政府乡长和副乡长，圆满完成了人大换届选举的各项工作任务。选举产生了林周县第十二届人民代表大会代表11名和旁多乡第十三届人民代表大会代表41名。选举产生乡人大主席1名、政府乡长1名、副乡长2名。全乡应参加投票选举的选民为3237人，实际参加投票选举的选民3139人，参选率达96.97%。其中，工人、农民、专业技术人员代表比例有所上升，当选的41名人大代表中，工人、农民、专业技术人员共36名，占代表总数的87.8%。妇女代表比例与上届相比有所上升，当选的妇女代表12名，占代表总数的29.26%。当选的党政干部代表5名，占代表总数的12.19%。当选的所有代表均是小学及以上文化程度，其中高中以上学历代表6人，占代表总数的14.63%。35岁以下的代表5名，占代表总数的12.11%，36—55岁的代表27名，占代表总数的65.85%，56岁以上的代表9名，占代表总数的21.95%。

【党风廉政建设】 为强化政治担当，常态推动主体责任落实，旁多乡成立了党风廉洁建设领导小组，明确领导小组成员职责，并与5个行政村签订了《党风廉洁建设目标责任书》，乡党委、政府主要负责人认真履行第一责任人的职责，其他班子同志认真履行“一岗双责”，自觉接受干部群众监督，严格落实党风廉洁责任制；集中开展反腐倡廉宣传教育，组织机关党员干部和农牧民党员125余人观看警示教育系列影片《忠诚与背叛》《廉政中国》《焦裕禄》《镜鉴》共4部，筑牢党员干部“不愿腐”“不能腐”“不敢腐”的思想防线；充分发扬党内民主，科学有效配置权力运行，推行“三重一大”决策、重要情况报告、主要领导末位表态制度，实行决策终身负责制，完善议事规则和决策程序，确保党政班子决策的依据公开、过程公开、执行公开；落实村级“三务公开”，深入推进村务廉洁建设，研究制定《旁多乡廉洁风险防控工作实施方案》，建立廉洁风险防控机制，促进干部廉洁从政；支持纪委工作，确保依法履行监督执纪问责职能，加强干部队伍管理，开展党员干部作风和机关效能建设以及重大事项和重点工作的监督检查。截至年底，全乡党员干部庸懒散、推诿扯皮、办事效率低下、工作质量不高等作风问题得到了有效整治。同时，加强对乡党委、政府重大决策部署执行、强农惠农政策落实和乡村级重大事项实施等情况的监督检查，重点抓民生工程实施、涉农资金发放、信访维稳、安全生产等工作情况的检查督促，推进效能问责，保证政令畅通，推动工作落实，畅通民意举报渠道、保障群众监督权利；谈心谈话农牧民群众34人，检查“县纪委举报箱”32次，坚决纠正损害群众利益的不正之风，着力解决发生在群众身边的微腐败问题。

【共青团工作】 2016年，旁多乡共青团员共150名，主要以团员队伍建设，团员思想教育等方面为重心开展了“青少年寒假安全自护教育活动”“学习雷锋活动”和纪念“五四”运动97周年活动等，为群团建设增添了新的活力。

【妇联工作】 旁多乡为积极带领广大妇女参与精神文明建设活动，做好妇女儿童维权工作，开展“三八”妇女节座谈会，向各村妇女主任、妇女党员和贫困妇女发放慰问金；定期开展妇女之家帮扶活动，激励妇女自强自立，不断进取；为依法维护妇女儿童的合法权益，通过各种形式开展宣传，主要包括《中华人民共和国婚姻法》《中华人民共和国妇女儿童权益保护法》等相关法律法规；2016年，旁多乡妇联为一名贫困女大学生争取了5000元助学金。

【工会工作】 旁多乡认真贯彻落实乡镇工会“八有”目标建设工作，积极发展新会员入会，2016年，吸收农牧民工会会员108名，干部职工会员7名。开展各项教育宣传活动和培训工作，认真做好维权维稳工作，促进社会劳动关系和谐，发挥基层工会工作职能，配合各部门做好相关工作。

（张　宏）

【领导名录】

党委书记　阿　　旦（藏族，6月免）
　　　　　扎西普拉（藏族，6月任）
党委副书记、乡长
　　　　　赵 光 超（3月免）
　　　　　张 天 平（3月任）
党委副书记、人大主席
　　　　　米　　玛（藏族，3月任党委副书记）
党建副书记
　　　　　仓　　啦（女，藏族，5月免）
　　　　　伦　　珠（藏族，5月任）
党委委员、纪委书记
　　　　　米　　玛（藏族，5月免）
　　　　　普布次仁（藏族，5月任）
党委委员、人武部部长
　　　　　尼玛欧珠（藏族）
党委委员、组织委员
　　　　　王　　超（5月任）
副 乡 长　普布次仁（藏族，5月免）
　　　　　贡秋卓玛（女，藏族，5月任）
　　　　　万 德 加（藏族，5月任）
农牧综合服务中心主任
　　　　　格桑占堆（藏族）

强嘎乡

【概况】 强嘎乡位于林周县城西北方向，地理位置北纬29° 56 '，东经91° 08 '，距县城15公里，距拉萨83公里。强嘎乡西连春堆乡、东接松盘乡、南与卡孜乡相连、北接旁多乡，平均海拔3860米。强嘎乡人民政府所在地：拉萨市林周县一零四乡道（邮编851612）。属高原季风气候，最高气温28℃、最低气温-17℃，昼夜温差大，气温低。全乡区域总面积为373.74平方公里，其中耕地面积27249.4亩，主要沿彭波河以北呈带状分布，人均拥有耕地面积4.3亩，水资源和可利用荒地资源丰富，农业灌溉主要依靠虎头山水库，耕地大部分为自留保灌地，约80%的耕地为一等地，是典型的农区畜牧业乡。

截至年底，强嘎乡下辖5个行政村，20个村民小组。强嘎乡下辖5个行政村，20个村小组。其中，曲嘎强村委会3个村小组：热苏岗组、拓玉岗组、贡热组；典冲村委会5个村小组：热萨组、典冲组、郭吉组、仁青岗组、江玛组；强嘎村委会3个村小组：强嘎组、林周顶组、拉龙岗组；连布村委会3个村小组：连布组、冲嘎组、西加组；切玛村委会6个村小组：切玛组、古如组、东牧组、西牧组、拉热组、普夏组。全乡总户数1170户、总人口6834人，其中劳动力3841人，其中妇女劳动力2058人。全乡下辖8个党支部（不含3个寺管会党组织和2个非公企业党组织），其中正式党员555人、预备党员21人，入党积极分子95人。乡机关编制人数58人（含卫生院10人），在编干部60人（含驻村、下沉、上级借调），其中科级领导职数10人。

【物产资源】 强嘎乡因其特殊的地理位置，资源极为丰富，农副产品主要有冬小麦、春小麦、青稞、油菜、土豆、萝卜等；动物资源主要有牦牛、黄牛、绵羊、山羊等；野生动植物资源主要有獐子、白唇鹿、狐狸、水獭、猞猁、黑颈鹤、雪鸡、黄鸭、灰鸭、野山羊、斑头雁等；药材资源主要有虫草、贝母、雪莲花、红景天、雪灵芝等；矿产资源有铅、锌、石膏、自然泉水、矿泉水等。

除自然保护区外，强嘎乡至今存在古文化遗址等丰富的历史人文资源。例如：位于强嘎乡强嘎村，乡派出所驻地旁的红色遗址；现卫生院所在地的林周农场旧址；强嘎乡切玛村仍留存有两处古庄园遗址（普夏庄园和定结庄园）；强嘎乡辖区内共分布着9座古墓遗址；切玛村东牧组距离村委会5公里处有一处天然矿泉水，切玛组距离村委会三公里处有一处野生温泉—切玛温泉；强嘎乡强嘎村境内有一座神山—东孜山，每12年人们都会集聚在此举行隆重的东孜猴年转山活动。

【经济概况】 全年农村经济总收入15757.61万元，同比增长17.07%；农牧民人均可支配收入11188.79元，同比增长16.21%。全乡农村经济总收入达到11614.6万元，同比增长19%，农牧民人均纯收入达到9128.88元，其中现金收入4720.87元，同比增长为18%。

【农牧林生产】 年内，强嘎乡耕地面积30135亩，其中种植青稞22249.95亩、小麦5131.15亩，其他农作物2754.85亩，全年粮食总产1183.735万公斤。年底牲畜存栏数为16758头，全年牲畜出栏5909头，牲畜疫苗注射率达100%，幼畜成活率95%，牧业总收入2932.08万元。年内，全乡成片造林471.42亩，共计植树51078株，林业总收入38.8万余元。

【农业】 年内，强嘎乡以粮食保产、增产为目标，组织各村进行种子购买，分发和包衣等工作，并向群众宣传各项惠农政策，动员群众搞好农业生产。依托资源优势，做好土地流转，全乡共流转土地近8000亩种植饲草，直接带动了农牧民增收。根据天气气候、农作物长势及时组织群众查苗补苗、施肥灌溉、翻地除草和打药除虫等田间管理工作。通过加强田间管理，在全县组织的农业现场观摩会中，强嘎乡田间管理工作得到县委、县政府的高度肯定，并且获得了全县第一的好成绩。年内，强嘎乡依托近年来高标准农田建设的先决条件，积极与自治区农科所沟通协调，在曲嘎强村引进了一批小麦和豌豆新品种进行了集中示范种植，分别为300亩的“藏春11号”、100亩的“藏碗一号”和“豌豆WD-2003-04”，为2017年粮食增产，农牧民增收打下良好基础。

【牧业】 年内，强嘎乡始终坚持稳中求进的发展理念，狠抓重大动物疫情防控工作的落实，动物疫病防治覆盖率达到100%；加大科学养殖培训力度，抓好牲畜品种改良、鼓励村组和家庭建立示范养殖基地并在强嘎乡切玛村建设牦牛短期育肥基地，通过农牧民集资，申请扶贫资金，向青海省玉树州引进优质牦牛200余头，为农牧民及贫困户提供年终分红。年底牲畜存栏数为16758头，全年牲畜出栏5909头。

【水利工作】 抓好防汛抗旱工作，针对雨季强降雨和冰雹灾害多发的情况，强嘎乡成立防汛抗旱指挥部，与各村签订防汛抗旱责任书。在防汛期间实行24小时值班备勤制度，建立乡村两级灾情防控应急机制，在灾情发生后，及时做好灾情调查处理和向上汇报工作。在防汛工作中，强嘎乡多次组织人员对事故隐患进行排查，对易发生进水的房屋发放编织袋搭建简易挡墙，对群众宣传防控灾情的常识，在易发生泥石流的地段对生产放牧的群众进行疏散，并及时抢修被洪水冲毁的道路5处共计2000余米，修建防洪堤2处共计1200米，加固桥梁2处及清淤水渠1000余米。新修农田水利设施，提高农田灌溉效率，新建了16公里的农田灌溉水渠。

【项目实施概况】 年内，强嘎乡共有6个计划项目，分别为曲嘎强村青饲玉米项目、切玛村牦牛短期育肥项目、连布村奶牛养殖场项目、强嘎村藏香猪养殖项目、典冲村奶牛养殖场项目、典冲村藏鸡养殖项目。其中，曲嘎强村青饲玉米种植项目达到1250亩，资金投入为2460.78万元。建设内容为：土地平整、修建机耕道、灌溉水渠及人工种草等配套的措施。除以上项目外，另争取以下项目及资金：苏州对口援藏资金30万元。

【精准扶贫】 年内，通过入户摸底，层层筛选，精准识别，了解强嘎乡建档立卡户基本信息，确定了强嘎乡精准扶贫精准脱贫“五个一批”。分别是发展生产一批共计108户288人、易地搬迁脱贫一批有75户383人、生态补偿脱贫一批共265人、发展教育脱贫一批共25人、社会保障兜底一批共29户83人。年内，已经兑现327个岗位，共计资金人民币981000元。依托资源优势，做好土地流转，全乡共流转土地近8000亩种植饲草，直接带动了贫困户增收强嘎乡严格按照“一公开三公示”的制度，实现精准扶贫资金兑现。根据贫困户脱贫要求，因人因地施策，因致贫原因施策，因贫困类型施策，产业发展扶持到村到户、生产生活条件改善到村到户、致富能力提升到户到人，按照《强嘎乡农牧民生活支出指导核算办法》，经过入户核算后，2016年全乡脱贫户人均纯收入已超过3345元的指标线，实现全乡脱贫目标。

【项目促脱贫攻坚】 强嘎乡曲嘎强村青饲玉米项目，为强嘎乡139户建档立卡户分红，分红标准为1200元/户，共计资金人民币166800元；强嘎乡典冲村郭吉组犏牛养殖项目为强嘎乡30户建档立卡户进行分红，每户分红标准为1500元，共计人民币45000元；强嘎村仁青服装合作社，按照每户1400元的标准，为12户建档立卡户发放藏历新年生活用品和物资，物资总价值达16800余元；切玛采石场为强嘎乡104户建档立卡户，按照每户500元的标准进行分红，分红资金共计人民币52000元；木质家具农民合作社，帮扶15户建档立卡贫困户，年底分红500元/每户。本土合作社为贫困户提供工作岗位31个；神珠宝藏香农民合作社，每户按照500元的标准，为贫困户发放生活物资。

【合作医疗】 2016年，农牧民新型合作医疗参保筹资7067人，筹资金212010元，参保率达到100%，第一季度门诊报销人次为2616人，报销金额为120766.元，第二季度门诊报销人次2502人，报销金为105361.6元，第三季度门诊报销人次1196人，报销金额为65237.4元，第四季度门诊报销人次3253人，报销金额133290.75元。2016年7月开始，住院报销进行乡政府统一收集票据上交给县卫生局，再进行审核后拨款给乡镇统一报销，强嘎乡总共76人次住院，共计报销金额为549019.7元。

【民政工作】 2016年，第一、二季度强嘎乡拥有农村低保户74户，276人。7月核查后，有48户194人。低保金均由银行代发。五保户14人，每人每年5370元，共计751800元。低保户中60岁以上失能老人每人600元，40人，共计24000元。寿星老人85人，区市级补贴43050元，县级补贴23330元。残疾儿童0—16岁9人，每人2400元，共计21600元。

【教育工作】 年内，乡中心小学现有在职教师51人，学生864名，全部享受“三包”政策。适龄儿童入学率为100%，在校生巩固率为100%；初中入学率达98.17%以上；幼儿园3所，分别在强嘎中心小学、曲嘎强村和切玛村，共有学生298人。

【新农保工作】 年内，全乡农村实际参保3434人，新增参保人数73人，续保3361人，参保率为99%；城镇适龄参保人数51人。农村医保缴费360200元，城镇医保缴费5000元。

【基础设施建设】 年内，乡党委、政府投入5万元用于乡政府大院的路面硬化。为改善乡干部职工的工作条件，投入213970元用于购置新办公大楼的办公设施设备（LED显示屏、桌椅板凳、打印机、电脑等）。新建乡政府公共卫生间一处，新建干部之家，新建篮球场一处。

【文体广电工作】 乡机关及各村村委会均有广播站点，农家书屋正常开放。“3·28”百万农奴解放纪念日、“七一”建党节、雪顿节各村组织群体活动18次。组织观看教育宣传片23次，乡村电影年播放场次十余次。

【党团建基本情况】 2016年，强嘎乡下辖5个行政村、20个村小组。10个党支部，现有党员555人、预备党员19人，积极分子94人。其中农牧民党员462名，农牧民男党员359名，占农牧民党员数的78%，女党员103名，占农牧民党员数的22%。其中35岁以下的党员196名，约占农牧民党员总数的43%；35–50岁之间的党员163名，站农牧民党员数的35%；50岁以上的党员103名，约占农牧民党员总数的22%；文盲16人，约占农牧民党员总数的3%，小学文化程度的党员410名，约占农牧民党员总数的89%，初中文化党员36名，约占农牧民党员总数的8%。

强嘎乡有1个团总支、6个团支部，共有团员191名，其中男团员87人、女团员104人，团员平均年龄22岁，强嘎乡团员文化程度：初中以下100人，占总人数的52.4%，初中及以上91人，占总人数的47.6%。

【基层党组织建设】 年内，在党员发展工作中，始终坚持“推优”入党的原则，共吸收21名同志入党，其中女党员4名，占新发展人数的25%；发展积极分子95人。

【党委班子自身建设】 年内，认真做好思想政治教育工作，提高干部职工的整体素质。乡党委始终把加强理论学习放在各项工作的首位，抓好干部职工的政治理论学习。采取集中学习、个人自学、召开讨论会等形式，认真组织学习，强化了干部职工的党性观念和纪律意识，增强了清正廉洁、遵纪守法的自觉性，规范了从政行为。周密部署，全面落实基层党建各项工作任务。乡党委对党建工作高度重视，年初及时召开党委会，专题研究党建工作，并召开各支部负责人大会，安排部署全年目标任务，落实具体的工作要求和措施，在全乡形成了上下齐抓共管、全力创建的良好氛围。加强党员教育管理工作。主要从强化党性意识，创新教育理念；改进方式方法，创新活动载体方面着手，强化教育管理工作。同时认真开展民主评议党员工作，严格民主生活会制度。

【建立健全基层党组织运行机制】 年内，继续推进民主政治建设，探索建立各项制度，引导群众参与村事务管理，使村“两委”管理、协调和监督机制逐步得到健全。通过走村入户、征求意见、结对帮扶等形式，不断健全服务群众机制。建立监督保障机制，积极配合县人大开展党务、政务监督工作，加强和完善民主监督、群众监督和舆论监督。

【党建工作】 年内，乡党委、政府积极联合各工作队，为群众办实事、好事；同时加强对群众的宣传教育工作。民族团结先锋活动取得良好效果。截至年底，全乡共结对94对，每人平均帮扶500元。扎实开展“三亮三比三评”活动。结合强嘎乡实际，在全乡干部中开展“五个一”活动，要求全体干部对待来访群众服务要热情，在服务过程中要比质量、比效率，最后由分管领导点评。通过“三亮三比三评”活动，大家的服务意识明显增强，党员干部作风面貌明显提升。

【村级集体经济】 年内，全乡村集体经济纯收入达到116.72万元，村级集经济纯收入最高到达64万元。

【民生工作】 年内，社会事业稳步开展，新农保、新农合筹资率100%，参保率基本达到100%；野生动物肇事补偿、以补脱贫、涉农保险等普惠性政策及时兑付发放；义务教育得到持续均衡发展，教育政策全面落实。

【“两学一做”学习教育】 自县委“学党章党规、学系列讲话、做合格党员”学习教育实施方案印发后，乡党委迅速行动，学习领会精神和要求，并认真组织实施。坚持以党支部为基本单位，以“三会一课”为载体，以落实党员教育管理制度为依托，针对全乡各村“两委”、领导班子和党员干部、普通党员的不同情况做出安排，提出不同要求，确保学习教育取得实效。并在年底召开学习党的十八届六中全会精神和区市县第九次党代会精神的民主生活会和组织生活会，全乡范围内组织所有党员开展民主评议党员活动。

【党风廉政建设和反腐败工作】 年内，强嘎乡党委以落实党风廉政建设及反腐败工作建设为抓手，健全“一把手负总责，分管领导各负其责，班子成员齐抓共管、纪委协调督查”的领导体制和工作机制，强化主体责任和监督责任的落实，深入推进党风廉政建设和反腐败工作，较好地完成了各项任务。认真组织学习新《中国共产党章程》、新的《中国共产党问责条例》及习近平系列重要讲话精神，积极参加集中学习研讨活动和讲党课活动，不断增强落实党委主体责任和纪委监督责任的重要性。组织全乡党员干部集中观看警示教育片，全年共计观看警示教育片8次，开展书记讲党课5次。引导广大党员干部筑牢拒腐防变思想道德防线，努力营造风清气正的良好环境。切实彻落实中央“八项规定”、区党委“约法十章”、及市委“九项要求”精神，解决“四风”“两问题”“一薄弱”“三不够”等问题，切实转变作风；以制约农牧区干部权力为重点，实现干部监督规范化；做好农牧区集体“三资”清理工作；抓好作风效能建设；充分发挥村务监督委员会的职能作用，完善了相关工作制度，监督村里各项工作的开展。在工作中，不断建立健全党内民主监督制度，坚持以制度促规范、以制度促完善，明确村党支部、村委会工作职责，健全党员干部承诺、四议两公开制度。全乡5个村都设立了党务、村务公开栏，坚持经常性工作定期公开，阶段性工作逐段公开，临时性工作随时公开，完善公开监督制度，强化群众监督。

【综治维稳工作】 2016年，强嘎乡综治工作紧紧围绕长治久安的工作任务，深入扎实开展维稳、“双联户”“六五”普法、矛盾纠纷调处等工作，圆满完成了各项工作任务。各行政村分别设有综治工作站1个、综治专干2人；辖区共划分22个网格，均已配齐22个网格长、107联户代表；加强敏感节点、重大节假日值班备勤制度的落实，确保了“三不出”，保证各类活动的有序开展；严格油料证明出具工作，减少了安全隐患的发生；全年共排查各类矛盾纠纷32次，查出7起矛盾纠纷，成功调解7起矛盾纠纷，调解成功率100%；本年度强嘎乡“双联户”工作得到有序推进，基本达到“联户平安、联户增收”目标，2016年强嘎乡共评选出村级先进“双联户”19户，乡级先进“双联户”5名，县级先进“双联户”1名，县级先进“双联户”集体1名，共计奖励资金5万余元；人民武装工作扎实开展，顺利完成全年任务。

严格按照工作要求，结合强嘎乡实际情况，利用“3月综治宣传月”“6月综治宣传周”“9·16”平安西藏宣传日等活动，扎实在群众中开展民族团结宣传教育活动。全面推进领导干部接访下访、“零上访”活动，通过走访排查等方式，了解掌握群众的合理诉求，并逐一进行调处，确保了民心稳定、社会和谐。乡领导通过主动走访调研，第一时间掌握各类矛盾纠纷，及时进行排查调处，有效化解了矛盾纠纷。

全方位开展安全生产大检查，在重大节日期间，组织开展地毯式安全生产大检查；多层次加强重点时段安全监管，如在重大假期日期间加强安全监管、监督检查和应急值守，做到全方位、全覆盖；全方位加强各行业各领域的安全监管，确保了广大人民群众安全。

【环境综合整治】 年内，依照国家环保法律法规，认真制定“三废”治理、建设项目管理等实施细则，并以政府文件形式下发各村、各企业，既保证了国家环保法律法规的贯彻落实，又符合乡情民意，具有可操作性。定岗分工，明确责任。建立完善了环保岗位职责、工作制度、工作标准、办事程序、服务承诺等，促使乡级环保机构步入标准化良性运作状态。按照县政府的统一安排部署，乡政府及各村定于每周四下午组织专人落实，强化农村垃圾管理，抓好街道河道整治，保持河道清洁，环境面貌进一步得到改善。

（邓晓梅）

【领导名录】

党委书记　李　辉（3月免）
　　　　　赵光超（3月任）
党委副书记、乡长
　　　　　多吉次仁（藏族）
党委副书记、人大主席
　　　　　边巴次仁（藏族）
副书记　扎西卓玛（女，藏族）
组织委员　扎　桑（女，藏族）
纪委书记　小尼玛（女，藏族，5月免）
　　　　　赵学善（5月任）

人武部部长 边巴次仁（藏族，5月免）
赵　　睿（5月任）
副 乡 长 央金卓嘎（女，藏族，11月免）
次仁卓嘎（女，藏族）
小 尼 玛（女，藏族）

松盘乡

【概况】 林周县松盘乡位于县城西北部，国道561沿线，交通较为便利。乡政府驻地距县城14公里，北与阿朗乡、旁多乡相连，西与强嘎乡接壤，南与甘曲镇为邻，平均海拔高度在3900米。

2016年，全乡共有1109户，其中农业户1025户，牧业户84户，总人口为4863人，农业人口4435人，牧业人口428人，僧尼76人，其中劳动力3074人，妇女劳动力1405人。松盘乡乡机关共有干部职工41名（其中借调6名、下沉9名、大学生村干部1名），党员423名，其中农牧民党员368名、“三老”人员27名。下辖7个党支部、4个村委会、15个村民小组、一所中心小学、一个卫生院、一个派出所、6座寺庙、87名双联户代表。

【经济发展】 2016年，农村经济总收入达7252.02万元，其中第一产业收入达3337.49万元、第二产业收入达1402.69万元、第三产业达2309.01万元、其他收入202.83万元，人均纯收入9217.53元，比2015年度增加16%，人均现金纯收入6074.99元，比2015年度增加19%。牲畜年末存栏量为19455头，牲畜疫苗注射率达100%，幼畜存活率达95%以上，牧业总收入1266.63万元。

【项目实施】 2016年，在全乡范围内实施和开工了包括住建、农牧、交通、水利在内的各种项目6个，完成固定资产投资2020多万元。其中，完成了松盘乡岗巴村至白定村村容村貌整治工程、乡镇改水改厕示范工程等工程，松盘乡村级组织活动场所标准化建设项目已开工建设中。项目的开工建设极大地改善了当地农牧民群众的生产生活和交通出行条件，同时，也极大地转移劳动力就业，为当地农牧民增收创造了有利的条件，增加了农牧民群众的现金收入。

【“两学一做”专题教育】 年内，松盘乡以“两学一做”专题教育为载体，选准课题，先后举办学习培训会24余次，坚持领导带头学，重点学习党章、党规，学习中共十八届四中、五中、六中全会精神和中央第六次西藏工作座谈会精神以及习近平总书记的重要系列讲话精神，始终教育干部职工牢固树立为人民服务的宗旨意识，争做一名合格的党员干部，同时开展讲党课活动，并要求做好笔记和撰写心得体会。注重在日常工作生活中予以锻炼升华，不断强化全乡党员干部的宗旨意识和服务意识，增强工作的主动性和创造性，努力营造“人人讲效能、人人争做效能标兵”的良好氛围。结合全乡“强党、固基、扶村”工作，推动机关干部在实践中增长处事才干，选派部分干部深入到村级一线学习锻炼，加强与群众的沟通联系，掌握思想、解决问题、对干部压担子，立足本职干一行、爱一行、成一行，努力在平凡的岗位上干出不平凡的成绩，最终做一名合格党员、合格基层干部。

【党建工作】 年内，落实基层党建工作责任制，健全规章制度。松盘乡党委年初与各党支部签订《松盘乡2016年度基层党建工作目标责任书》，明确党建工作主体责任，研究部署基层党建重要工作、重要活动，领导班子成员结合各自分工建立基层党建工作联系点，每年至少深入联系点2次了解党建工作情况，乡党委定期到各基层党组织开展督促检查工作，年底要求各基层党组织第一责任人进行述职。结合精准扶贫的结对帮扶情况建立党建工作党员干部包村制度，要求党建包村干部定期下村，联合下沉干部帮助各村理清工作思路，制定党建工作计划，协调解决具体困难和问题。

松盘乡及时将开展基层党建七项重点工作的通知下发辖区7个党支部，经过多方排查清理，发现1名失联党员和1名“口袋”党员，均已责成2人限期改正。全乡较多农牧民党员的档案不齐全，党表填写不规范，针对此项问题，乡党委已先后三次对农牧民党员的档案进行整改，并与各村签订《中共党员档案审核责任书》。针对流动党员的管理，已发放《流动党员证》，长期在外务工的将督促其将组织关系转至务工地点就近党组织，方便其缴纳党费和参加组织生活。

全乡党代表、人大代表和党员违纪违法未给予相应处理情况的有1人，基于其连续6个月未缴纳党费的情况，经拉木村党支部党员大会研究报请乡党委批准，决定认定该同志为自行退党。3个未按期换届的机关支部均已按照程序进行了换届，选举出了新一届支部委员会。全乡每一名党员对自己2008—2016年的党费收缴进行了自查，对没有主动、足额缴纳党费的党员给予提醒，对没有缴纳党费的党员要求其补交。按照科级干部两户、一般干部一户的结对帮扶要求，对全乡建档立卡贫困户进行长期的结对帮扶，将帮扶责任分配到每个党员干部头上。

【党风廉政建设】 年内，松盘乡严格按照党风廉政建设责任制的要求，把党风廉政建设与全乡整体工作布局相结合，统筹兼顾、共同推进，乡党委、政府安排部署召开党风廉政建设工作专题会议，制定出台《2016年党风廉政建设工作目标责任制分解表》。层层签订《党风廉政建设责任书》，与全乡干部职工、村干部签订《松盘乡八小时以外行为规范责任书》。坚持用制度管人、管物、管事，充分发挥民主制度，真正做到了民主集中；全乡各项资金的发放均在乡纪检部门的监督下完成，切实加强对各项强农惠农政策落实情况的检查，坚决杜绝涉农资金被贪污、私分、截留、挤占、挪用等违法违规现象的发生。

为了更好地履行纪委监督责任，2016年松盘乡纪委加大监督检查力度，在全乡范围内共开展督查50余次。从检查中发现了一些问题，要求责任人撰写检讨书，并及时整改，整改中发现的问题已杜绝。

【精准扶贫工作】 截至年底，全乡建档立卡贫困户202户930人，贫困人口占全乡人口的19.12%（为南部七乡镇贫困发生率最高的乡），4个行政村均为贫困村。“十三五”期间，全乡计划以业脱贫457人、以迁脱贫570人、以教脱贫240人、以补脱贫508人、以保脱贫1人、以助脱贫6人。松盘乡按照“两年脱贫、三年巩固”的目标要求，在县委、县政府的坚强领导下，在县脱贫攻坚指挥部的正确指导下，团结带领全乡干部群众万众一心、齐心协力、攻坚克难，严格落实中央“六个精准”“五个一批”和自治区“八个到位”的工作要求，大力实施“六脱”措施，脱贫攻坚取得良好成效。通过一年多扎实努力的工作，截至2016年底4个行政村贫困发生率均下降到了3%以下，全乡贫困人口人均纯收入由上年度的2653.6元增长到现在的3790.4元，增长42.84%，基本实现了贫困群众“三不愁”（不愁吃、不愁穿、不愁住）、“三有”（有技能、有就业、有钱花）、“三保障”（义务教育、基本医疗、社会保障）要求，基本达到了贫困户、贫困村退出条件。同时，结合《林周县精准扶贫精准脱贫考核验收工作方案》，按照“一申请、一评议、二审核、三公示、县审定”的程序，最终确定全乡192户894人建档立卡贫困户已达到脱贫标准（明年还剩10户36人，脱贫率达到了96.13%，使贫困发生率从之前的19.12%降到了0.74%），现正在上报县级审核过程当中。

【文教工作】 保障有力，文教工作优先发展。全面落实“三包”政策。2016年松盘乡拿出1万元用于支持乡中心小学的教育教学工作，乡中心小学顺利通过了国家均衡教育工作组的验收，全乡2016年新考上大学生56名（其中低保户学生17名，建档立卡贫困户学生11名），教育事业取得了长足的发展。

【农村合作医疗保障体系】 年内，不断加大社会保障体系建设力度，全面推行并完善农牧区合作医疗制度。全乡续保农村合作医疗人数4738人，城镇医保参保人数81人，农村合作医疗筹资总额共计14.2万元，城镇医保资金总额共计2550元，筹资率和参保率均达到100%。2016年，门诊报销（含医院直接报销）共计3717人次，核销金额31.95万元；全乡农村续保居民养老保险2406人，城镇续保居民养老保险50人，征收农村续保资金28.88万元，征收城镇续保资金4800元，其中新参保14人，中断年限补缴人数11人。

【社会治安综合治理】 年内，深入开展各项安全隐患排查和专项整治。着力解决治安管理的突出问题，坚持“严打”方针不动摇，保持“严打”高压态势不减弱；开展社会不稳定因素大排查活动和学校周边治安环境综合整治，特别是对治安混乱地区和突出治安问题进行整治，及时发现问题、及时消除问题，刑事案件发案得到有效遏制。2016年，全乡共发生纠纷3起，均为婚姻纠纷，成功调解2起，1起提请县法院调解处理；开展安全生产大检查活动，及时排查、消除各种安全隐患，确保人民群众的生命财产安全。2016年共排查消除了各类安全隐患68次（其中维修存在安全隐患的道路32次，排查消除火灾隐患18次，维修水渠18次）；严格落实寺庙属地管理责任，建立健全领导干部联系寺庙僧尼制度，加强与寺庙管委会的联系沟通，先后多次深入寺庙，了解僧尼的思想动态，帮助协调解决其实际困难。

【人大工作】 5月31日，松盘乡十三届人大一次会议胜利召开。此次会议，依法选举产生了以荣聚金为乡长的新一届政府领导班子和以达桑为主席的乡人大班子。共收到人大代表建议和意见95件，其中89件已办复，代表建议所提问题已经解决或基本解决的37件，正在解决或列入计划逐步解决的49件，因政策不允许、财力不足、条件不具备等原因，暂时不能解决的3件。

（谭正权）

【领导名录】

党委书记 边　巴（女，藏族，5月免）
　　晋美多吉（藏族，5月任）
党委副书记、乡长
　　荣聚金
党委副书记、人大主席
　　达　桑（藏族）
党建副书记 刘兆静（女，5月任）
组织委员 罗布卓玛（女，藏族，5月任）
纪检书记 向巴永青（女，藏族，5月免）
　　石可永（5月任）
人武部部长 蒲小龙（藏族）
副乡长 索　朗（藏族，5月免）
　　石可永（5月免）
　　次仁卓玛（女，藏族）
　　达娃卓嘎（女，藏族，5月任）
农牧综合服务中心主任
　　白　桑（藏族）

唐古乡

【概况】 唐古乡位于林周县西北95公里处，距离拉萨165公里，与那曲地区嘉黎县、拉萨市当雄县和拉萨市墨竹工卡县接壤，国土面积为1258.48平方公里，平均海拔4300米；全乡耕地面积7664.77亩，草场面积110.22万亩。唐古乡1960年置旁多乡，1970年改公社，1984年恢复置乡，1987年雄堆乡、恰扎乡并入，1999年拆区并乡，江多乡、藏雄乡和唐古乡合并为如今的唐古乡。唐古乡人民政府位于热振寺东侧400米，热振河边上。“唐古”系藏语译音，意为“平坝”；相传，在现在的唐古村村委会西侧有一个“帕邦塘”，每逢藏历羊年（藏历生肖与农历相似）7月15日，十万天女下凡，并在“帕邦塘”设坛超度众生；这天，各地善男信女云集于此，敬献供品，念经诵咒，祈祷平安昌盛，此活动原为纯宗教转经活动，但进过百年变迁，已发展成为农牧民进行商品交换、开展文娱活动的综合性节日。于是每逢藏历羊年，该活动举行一次，历时十余天；在节日中，除诵经、法会、跳神等宗教活动外，还有群众自发的商品交易、赛马、棋社、抱石头等体育活动，到夜间还有人们自发的在篝火下唱歌跳舞，万众聚集、盛况空前，这便是热振著名的“帕邦廓果”节的由来。而唐古乡在地图上位于“帕巴塘”上方，“古”在藏语中的意思是“头”，这就是唐古乡名称的由来。

唐古乡是一个典型的以牧业为主农业为辅的乡，经济收入主要依靠牧业，第三产业基本处于空白状态，经济结构十分单一，所辖4个行政村，51个自然村，共996户，5550人，劳动力2634人，其中妇女劳动力1130人。乡机关干部职工45人，其中行政编制26、事业编制16人、公益性岗位2人、电影放映员1名、村干部27人，村小组长18人，妇女主任4人，全乡7个党支部，党员387人。

【党建工作】 年内，唐古乡把加强领导班子建设放在全乡工作的大局来考虑，不断优化班子结构，提高领导班子整体水平。抓思想政治建设。健全和完善班子成员学习制度，认真学习领会中共十八届三中、四中、五中、六中全会精神，不断提高党政班子成员思想政治素质和业务水平，进一步提高执政能力和执政水平。坚持民主集中原则。凡涉及全乡经济社会发展的重大问题的决策，严格按照程序办事，由乡党委集体讨论决定，从而充分调动了班子成员的能动性和积极性，突出了班子的集体领导地位，营造了和谐的氛围。加强党委议事和决策程序的规范。制定相关细则，围绕决策、执行、监督三个重点环节，对议事范围、议事原则、议事形式以及执行、监督、纪律等进行更加具体的规范，使党委议事和决策严格按法定程序规范运行，确保党委议事和决策的科学化、民主化、合理化。维护好班子团结，班子成员多谈心、多交流，彼此信任，协商公事，和谐相处，形成人齐、心齐、气顺、风正、劲足的局面。

【干部队伍建设】 建立健全坚守工作岗位制度、建立健全请示报告制度、完善干部管理工作制度等，进一步提高机关干部的服务意识和工作效率；对全年党委政府目标任务进行逐项分解细化，明确相应责任人；集中利用一个月时间对机关进行作风整顿活动，提高机关干部工作作风；扎实开展“为了谁、依靠谁、我是谁”大讨论活动；要求机关干部深入群众了解掌握社情民意，了解掌握村干部和党员、群众的思想动态，以及各类苗头性问题，做到矛盾及时化解。落实领导干部与部门工作人员经常性谈话谈心制度。

【“两学一做”学习教育】 自“两学一做”专题学习教育活动以来，根据《中共中央办公厅印发〈关于在全体党员中开展“学党章党规、学系列讲话，做合格党员”学习教育方案〉的通知》（中办发〔2016〕14号）、《中共中央组织部印发〈关于“两学一做”学习安排的具体方案〉的通知》（中组发〔2016〕10号）和中央、区、市、县“学党章党规、学系列讲话、做合格党员”学习教育（以下简称“两学一做”学习教育）工作座谈会精神，以基础在学、关键在做为主线，以坚持党要管党从严治党、落实党章关于加强党员教育管理要求、面向全体党员深化党内教育的重要实践，推动党内教育从“关键少数”向广大党员拓展、从集中性教育向经常性教育延伸为重要举措，拓展党的群众路线教育实践活动、“三严三实”和“忠诚干净担当”专题教育成果。乡党委成立了“两学一做”专题学习教育实践活动领导小组，领导小组下设办公室，负责教育实践活动的具体工作，对教育实践活动进行科学、合理安排。共召开座谈会6场，走村入户谈心谈话165户，发放征求意见建议表380份，收回345份，共收集意见建议19条，归纳整理为7条。并认真撰写对照检查材料，使召开的组织生活会、民主生活会达到了“红红脸、出出汗”的要求。同时唐古乡党委始终以严的纪律、严的标准、严的措施贯穿整个活动，使“两学一做”学习教育实践活动取得了良好的效果。

【“精准扶贫”工作】 唐古乡建档立卡贫困户共计234户1152人，2016年已脱贫228户，1137人，已达到整乡脱贫，其中恰扎村和江多村实现全村脱贫。2017年预脱贫6户，搬迁至拉萨89户479人

（2016年已有25户125人搬迁至拉萨城关区），剩余64户354人预计2017年中旬搬迁完毕，本乡集中搬迁100户470人，工程现已全部竣工，近期进行抽签分房仪式，预计藏历新年前，搬迁完毕。

工作开展情况：建档立卡。严格按照规模分解、初选对象、公示公告、结对帮扶、制定计划、数据录入、数据更新等7个步骤，稳步推进，完成了全乡234户1152人建档立卡贫困户的“一户一档”建立和国家及拉萨市系统录入工作；产业扶持到村到户。投资117万元，实施唐古村扶贫牦牛养殖项目，现已有50户参与。下一步，唐古乡将在现有基础上（339户），将项目范围扩大、户数增加，力求惠及更多群众。截至年底，唐古乡已申报18个产业项目。通过“以补脱贫”措施，解决政策性就业安置岗位701个，涉及以补资金210.3万元。其中，交通管护员20人，草监员282人，重点公益林护林员265人，自治区级以上保护区野生动物疫病检测员15人，沙化土地封禁保护管护员50人，环境监督员1人、水利协管员2人、乡镇保洁员2人、地质灾害监测员1人。非建档立卡115个岗位，现已发放18.6万元，62个岗位，余下的资金在藏历新年之前发放完毕；吸纳47名建档立卡贫困群众参与玉热组集中搬迁安置点工程建设项目和乡政府至藏雄村柏油路建设项目，累计实现47名群众人均增收10000元以上（人均工资130元/天）；完成江多、唐古、恰扎3个村的通村水泥路工程（18.4公里），申报进行人畜饮水工程水池修建、管道铺设以及太阳能路灯安装等项目，力争辖区基础设施不断完善。

【党建带群团建设】 按照上级党建带团建指导思想，积极探索党建带群团组织建设的新形式、新路子，促进党建和群团建设工作的深入开展。高度重视，统筹部署。把群团组织工作纳入党建的重要内容来抓紧抓好抓落实，并把此项工作为村党支部年终考核主要内容之一，与评选先进和奖惩挂钩。健全制度，强化落实。结合共青团、妇联和工会工作实际，完善各项工作制度，建立健全长效机制，成立了督查组，负责对村级党建工作及共青团、妇联工作进行督促检查，进一步促进了党建带群团组织建设工作落到实处。创新载体，构建平台。结合党建活动的开展，构建了女性创业和活动平台，妇联通过开展“双学双比”等创建活动，共青团通过评选优秀团干事等活动，实现党建和群团组织建设的联动性发展。

【后备干部培养】 村党支部书记是村党组织管方向、带队伍的“领头雁”，是村级工作的主要领导者和决策者，是党和国家各项方针政策在农牧区的宣传者和落实者，是团结带领农牧民群众发展致富、反对分裂、维护稳定、促进和谐的组织者和管理者开展“领头雁”工程，着力选优配强村居党支部书记，是基层组织建设年的有效载体，是加强农牧区基层党组织建设的有力抓手，是社会主义新农村建设的重要保证，直接关系唐古乡跨越式发展和长治久安、全面建成小康社会的成败。为建立一支素质优良、数量充足的村级后备干部队伍，确保党在推进农村各项事业中后继有人。唐古乡按照1：2的比例，建立完善了村党支部书记后备干部队伍。加强后备干部的政治理论学习。每月至少组织集中学习一次。学习内容为习近平总书记系列重要讲话精神及中共十八大，十八届三中、四中、五中、六中全会精神。做到政治上严要求，业务上多培养，培养年轻干部的党性修养和纪律观念；加强后备干部的综合素质提高。引导和培养后备干部广泛学习各种知识，学习先进的管理理念，加强学习和锻炼，不断提高自身综合素质，更好地适应信息时代农村各项工作的需要；注重培训和锻炼。做到“重点后备干部重点培养，优秀人才优先培养”，把有发展潜力的年轻干部放在一定岗位上，压担子、多锻炼，在实践中提高素质，增强技能，增长才干；加强日常教育管理。乡机关干部不定期找后备干部谈心，了解他们的思想、工作情况，肯定成绩、指出不足，帮助后备干部认识工作中的不足，提高综合素质，不断提高解决各种问题的能力。

【党员教育培训】 认真贯彻落实党员教育培训工作规划和各级实施意见，制定全年教育培训计划，使党员教育培训扎实有序开展。强化乡党校、党员轮训课堂的阵地建设。2016年，共宣传中共十八届五中、六中全会精神9次，27名村干部和387多名党员参加了学习。努力培养造就一支素质较好、作风较扎实、努力做事、能干事的党员队伍。

【经济发展】 2016年，唐古乡牲畜存栏达到了34800头（只、匹）；新生子畜4463头；共出栏12298头（匹、只），出栏率达到了35.3%。2016年，唐古乡人均年收入为12151.8元，现金收入5105.03元，全乡国民生产总值为129097112.6元。

富余劳动力输出是农牧民群众增收、创收的有效途径之一，乡党委政府为进一步增加农牧民群众收入，依托“四业工程”，加大对农牧民群众的技能培训和劳务输出指导：对于赋闲在家的富余劳动力进行思想动员，鼓励其外出务工；加大对外出务工人员的技能培训和跟踪调查，保障外出务工人员的收入水平和合法权益。2016年，组织劳务输出926人，实现经济收入1324882元；自发劳务输出417人，实现经济收入208360元；组织劳力转移就业186人，实现经济收入1122684元；自发劳力转移就业105人，实现经济收入179854元。

【风景旅游】 唐古乡生活着世代居住的藏族同胞，大部分以畜牧为生。在这里民族民俗文化艺术底蕴深厚，热振文化远近驰名，热振卓舞因其历史悠久、流传广泛、内容丰富、深受农牧民群众喜爱而享誉四方，从而源远流长。唐古乡拥有著名的热振牦牛肉、羊肉，虫草、贝母、藏红花、雪莲花等特产。

唐古乡境内坐落着热振寺和桑旦林寺两座历史悠久的寺庙，其中，有着近千年历史的藏传黄教寺庙——热振寺，坐落在美丽的热振国家森林公园内，公园内有着树龄均在千年以上的参天巨柏林，生存着各种珍稀野生动物，沿着热振河流域绵延近30公里，形成独特秀美的河谷风光，该寺的热振呼图克图是清代以来西藏四大呼图克图之一，曾两度出任西藏政府摄政王，在广大信教群众中，有着极高的声望；由中央批准并报经西藏自治区人民政府任命的七世热振活佛。随着旅游业的不断发展以及交通状况的不断改善，前来唐古乡的游客不断增加，据不完全统计，仅在2016年的“恰达曲巴”“库由曲巴”节日期间，前来旅游、朝佛的人数就接近20000人。

另一座寺庙——桑旦林寺，坐落于热振国家森林公园腹地，松柏群山之中，有一条清幽小路通往该寺庙；寺庙周围环境优美，空气清新，小路两边野兔、野鸡成群结队，在小路上就能听见隐约的诵经之声，给人一种洗涤心灵、融入自然的感觉。寺庙依山而建，层层叠叠，煞为宏伟壮观，著名的“阿热巴扎”矿泉水从寺中蜿蜒而过，仿佛在向游人们诉说着这座寺庙的古老和神奇。

【城镇建设】 从林周县县城出发15公里柏油路，在行使140公里二级沙石路和柏油路就到了唐古乡人民政府。唐古乡人民政府到江多村村委会是乡村柏油路，距离为11公里；到恰扎村村委会为乡村柏油路，距离为5公里；到藏雄村村委会为乡村柏油路，距离为23公里；到唐古村村委会为乡村柏油路，距离为0.5公里。唐古乡各村人畜饮水设施均已完善，其中较远个别自然村未能实现集中供水。另唐古乡全乡境内通电率已达到100%。

【教育工作】 年内，通过唐古乡党委、政府积极的宣传和扎实的工作，加大“控辍保学”力度，切实抓好小学、初中的入学率和巩固率。通过奖励学习优秀的学生等措施，鼓励、促进唐古乡适龄儿童上学，截至年底，唐古乡适龄儿童入学率和巩固率分别达到100%和100%；初中学生巩固率和升学率分别达到100%和98.8%。

【医疗卫生】 进一步推广农牧区新型合作医疗。通过唐古乡党委政府组织人员进行了大量、深入、细致的宣传，唐古乡农牧民群众对新型合作医疗达到了家喻户晓的程度，经过乡党委政府的积极动员，唐古乡共有5378人参加了农牧区新型合作医疗，参保率达到100%。为进一步加强了对人与动物间鼠疫的防控工作，乡卫生院认真开展了乙肝、糖丸等计划免疫工作和育龄妇女的统计工作。同时，乡党委政府协同卫生院，进一步加强了对妇女卫生保健知识的宣传，免费发放药品和计生用品。

唐古乡2016年孕妇入院率达到100%。辖区内也未发放一起关于食品、药品的事故。在“三险”方面，经过乡党委政府的积极动员，农牧民群众对新型医疗合作达到了家喻户晓的程度。

【最低生活保障】 截至年底，唐古乡共有低保户70户、共315人，资金有县财政直接打入低保户卡中，资金发放率达到100%；五保户10人，资金发放率达到100%，为唐古乡低保户和五保户提供了生活保障。

【社会治安综合治理】 年内，加强“和谐寺庙”和“平安村”的创建工作，在寺管会和驻寺工作组的积极配合下，认真开展寺庙法制宣传教育工作，进一步建立健全寺庙管理的各项规章制度，完善了各类台账，组织寺庙僧尼进行了防火防盗演练，切实加强寺庙僧尼的防火防盗意识，加强了文物的保护力度。全面梳理辖区社会稳定问题。2016年，各联户代表共排查矛盾纠纷56次，调解矛盾纠纷6起，排查各类安全隐患53次，整治安全隐患1次，卫生整治71次，开展治安巡逻57次，组织民兵开展维稳值勤600余人次，收集情报信息23条，登记流动人口460人；深入开展“双联户”工作，实现联户代表主动帮扶困难家庭85人次，投入资金22500元；深入开展安全生产隐患大排查工作，共排查出15间倒塌民房、29座危桥以及多处受灾道路、农田（219.4亩），扎实开展人民武装工作。

（刘　伟）

【领导名录】

党委书记　王正勇（4月免）
　　　　　赵继荣（5月任）
党委副书记、乡长
　　　　　洛桑桑旦（藏族）
人大主席　王正勇（4月免）
　　　　　杨高斌（藏族，5月任）
党委副书记　秦晓华（女）
纪委书记　巴　桑（藏族，4月免）
　　　　　晋美朗杰（藏族，5月任）
党委组织委员
　　　　　阿旺仁增（藏族，5月任）
副乡长　尼玛旦达（藏族，5月任）
　　　　仁　青（藏族）
　　　　拉　珍（女，藏族，5月免）

附 录

受区（县）级以上表彰的先进集体名录

表4

获奖单位	获奖名称	表彰时间	授予单位
春堆乡洛巴堆村	双联户工作先进村	2016年	自治区党委、自治区政府
林周县农牧局	2016年度全区粮食生产先进县	2017年	自治区党委、自治区政府
松盘乡	2016年度“先进双联户”创建活动先进乡	2017年	自治区党委、自治区政府
林周县纪委	2016年度西藏自治区纪检监察信息县区排名第二	2016年	自治区纪委办公厅
林周县推广站	2016年度全区区域农作物试验“先进单位”	2016年	自治区农业推广中心
林周县电信局	全区县局移动过网用户份额提升奖	2016年	自治区电信公司
林周县供电公司	“安康杯”安规知识竞赛优秀奖	2016年	国网西藏电力有限公司拉萨供电公司
林周县政府办	拉萨市净土产业先进单位	2016年	拉萨市委、市政府
阿朗乡人民政府	2016年度拉萨市“先进双联户”创建活动先进乡	2016年	拉萨市委、市政府
阿朗乡人民政府	2016年度拉萨市脱贫攻坚成效先进乡（镇）	2016年	拉萨市委、市政府
阿朗乡人民政府	2016年度拉萨市扶贫“双百攻坚战”先进集体	2016年	拉萨市委、市政府
春堆乡洛巴堆村	双联户工作先进村	2016年	拉萨市委、市政府
林周县工商业联合会	拉萨市2016年度民族团结进步模范集体	2016年	拉萨市委、市政府
林周县公安局	拉萨市创新争优强基础惠民生活动优秀组织单位	2016年	拉萨市委、市政府
林周县教育局	“第三届拉萨篮球联赛优秀组织奖”	2016年	拉萨市委、市政府
卡孜乡人民政府	2016年度脱贫攻坚成效先进乡	2016年	拉萨市委、市政府
强嘎乡人民政府	拉萨市2016年度民族团结进步模范集体	2016年	拉萨市委、市政府

续表4

获奖单位	获奖名称	表彰时间	授予单位
强嘎乡曲嘎强村	全市先进基层党组织	2016年	拉萨市委、市政府
强嘎乡切玛村	2016年度“先进双联户”创建活动先进村	2016年	拉萨市委、市政府
松盘乡	2016年度“先进双联户”创建活动先进乡	2016年	拉萨市委、市政府
松盘乡	2016年度脱贫攻坚成效先进乡（镇）	2016年	拉萨市委、市政府
松盘乡	拉萨市2015年度神话全国文明城市工作先进单位	2016年	拉萨市委、市政府
唐古乡人民政府	2016年度脱贫攻坚成效先进乡（镇）	2016年	拉萨市委、市政府
唐古乡人民政府	2016年度脱贫攻坚成效先进党政领导班子	2016年	拉萨市委、市政府
林周县工商业联合会	拉萨市2016年度民族团结进步模范集体	2016年	拉萨市委、市政府
当杰村	全市先进基层党组织	2016年	拉萨市委
林周县公安局	全市优秀基层党组织	2016年	拉萨市委
卡孜乡人民政府	全市先进基层党组织	2016年	拉萨市委
林周县政协办党支部	全市先进基层党组织	2016年	拉萨市委
林周县安监局	拉萨市安全生产先进单位	2017年	拉萨市政府
乡基层服务平台	优秀基层劳动就业社会保障公共服务平台	2017年	拉萨市政府
江热夏乡人民政府	2015年拉萨市政府服务工作示范乡（镇）	2016年	拉萨市政府
林周县农牧局	2016年度全市粮食生产先进县	2017年	拉萨市政府
林周县人社局	先进集体	2017年	拉萨市政府
林周县统计局	2016年度全市统计调查工作先进集体	2017年	拉萨市人民政府
林周县委组织部	荣获2015年度全市组织编制信息工作先进集体	2016年	拉萨市委组织部
林周县委宣传部	2015年度全市文化市场管理工作先进集体	2016年	拉萨市委宣传部
林周县公安局	五一劳动奖	2016年	拉萨市总工会
林周县人民医院	工人先锋号	2016年	拉萨市总工会
林周县中学	拉萨市“民族团结闪光行动”先进集体	2016年	共青团拉萨市委员会
林周县妇联	荣获2016年度全市妇女儿童工作目标管理考核二等奖	2017年	拉萨市妇女联合会、拉萨市妇儿工委办
林周县卫生局	拉萨市巾帼文明岗	2016年	拉萨市妇联
林周县公安局	2015年度拉萨市优秀县（区）公安局	2016年	拉萨市公安局

续表4

获奖单位	获奖名称	表彰时间	授予单位
林周县公安局	全市公安机关“两学一做”学习教育、全面深化改革、四项建设知识竞赛优秀奖	2016年	拉萨市公安局
林周县人民法院	2016年度上半年全市法院办案先进集体	2016年	拉萨市中级人民法院党组
林周县人民法院办公室	拉萨法院2016年度民族团结进步先进集体	2016年	拉萨市中级人民法院党组
强嘎乡强嘎村	2016年度全市人民调解组织先进集体	2016年	拉萨市司法局
林周县中学	拉萨市教育系统优秀基层党组织	2016年	拉萨市教工委
林周县教育局	拉萨市振兴教育教学质量三年行动计划2015年度初中教学质量三等奖	2016年	拉萨市教体局
林周县中学	拉萨市2015年度初中教学质量三等奖	2016年	拉萨市教体局
林周县教育局	拉萨市振兴教育教学质量三年行动计划2015年度小学教学质量二等奖	2016年	拉萨市教体局
林周县安监局	拉萨市“守护生命、平安拉萨”安全生产知识竞赛三等奖	2016年	拉萨市安全生产委员会
共青团林周县委员会	2015年度社会治安综合治理先进集体	2016年	林周县委、县政府
共青团林周县委员会	平安单位	2016年	林周县委、县政府
共青团林周县委员会	2016年度县直机关目标绩效争先进位考核三等奖	2017年	林周县委、县政府
阿朗乡人民政府	林周县2016年度“先进双联户”创建活动先进乡	2016年	林周县委、县政府
阿朗乡人民政府	林周县2016年度乡镇目标绩效争先进位考核一等奖	2017年	林周县委、县政府
阿朗乡人民政府	2016年度林周县综治工作先进集体	2017年	林周县委、县政府
阿朗乡人民政府	2016年林周县阿朗乡12315基层维权联络站二等奖	2017年	林周县委、县政府
边交林乡人民政府	林周县2016年度“先进双联户”创建活动先进乡	2016年	林周县委、县政府
边交林乡人民政府	林周县2016年度乡镇目标绩效争先进位考核进位奖	2017年	林周县委、县政府
林周县财政局	民族团结模范集体	2016年	林周县委、县政府
春堆乡洛巴堆村	双联户工作先进村	2016年	林周县委、县政府
林周县发改委	林周县2016年度民族团结进步模范奖	2016年	林周县委、县政府
林周县发改委	林周县2015年度县直机关目标绩效争先进位考核进位奖	2016年	林周县委、县政府
林周县工信局	林周县2016年度县直机关目标绩效争先进位考核	2017年	林周县委、县政府

续表4

获奖单位	获奖名称	表彰时间	授予单位
林周县公安局	林周县2016年度民族团结进步模范集体	2016年	林周县委、县政府
林周县公安局	林周县2015年度县直机关目标绩效争先进位考核第二等奖	2016年	林周县委、县政府
林周县环保局	平安单位	2016年	林周县委、县政府
江热夏乡拉定村	林周县2016年度“先进双联户”创建活动先进村	2016年	林周县委、县政府
林周县教育局	2015年度县直机关目标绩效争先进位考核三等奖	2016年	林周县委、县政府
林周县教育局	林周县“平安单位”	2016年	林周县委、县政府
卡孜乡人民政府	林周县2016年度乡镇目标绩效争先进优考核二等奖	2017年	林周县委、县政府
卡孜乡人民政府	林周县2016年度“先进双联户”创建活动先进乡	2016年	林周县委、县政府
林周县农牧局	2016年度县直机关目标绩效争先进位考核进位奖	2017年	林周县委、县政府
旁多乡人民政府	2015-2016学年教育管理先进乡（镇）	2016年	林周县委、县政府
旁多乡人民政府	全区乡镇（街道）工会规范化建设“八有”达标单位	2016年	林周县委、县政府
拉萨市林周城镇化建设投资发展有限公司	平安企业	2016年	林周县委、县政府
强嘎乡人民政府	林周县2016年度民族团结进步模范集体	2016年	林周县委、县政府
强嘎乡人民政府	2015—2016学年教育管理先进乡	2016年	林周县委、县政府
强嘎乡人民政府	2016年乡镇目标绩效考核进位奖	2017年	林周县委、县政府
强嘎乡切玛村	2016年度“先进双联户”创建活动先进村	2016年	林周县委、县政府
强嘎乡强嘎村	先进基层党组织	2016年	林周县委、县政府
林周县人民法院	2015年度社会治安综合治理工作先进集体	2016年	林周县委、县政府
林周县人民法院	林周县创先争优强基础惠民生活动优秀组织单位	2016年	林周县委、县政府
林周县食品药品监督管理局	林周县2016年度县直机关目标绩效争先进位考核三等奖	2017年	林周县委、县政府
松盘乡	2016年度“先进双联户”创建活动先进乡	2016年	林周县委、县政府
松盘乡	林周县2016年度乡镇目标绩效争先进位考核进位奖	2017年	林周县委、县政府
松盘乡	2015年度社会治安综合治理工作先进集体	2016年	林周县委、县政府
林周县中学	2015—2016学年目标管理争先进位一等奖	2016年	林周县委、县政府
林周县中学	2015年林周县教育教学质量提升奖	2016年	林周县委、县政府

续表4

获奖单位	获奖名称	表彰时间	授予单位
林周县中学	2016年林周县初中升学奖	2016年	林周县委、县政府
林周县中学	林周县优秀基层党组织	2016年	林周县委、县政府
林周县纪委	2016年度林周县综合治理工作先进集体	2017年	林周县委、县政府
林周县纪委	2016年度平安单位	2016年	林周县委、县政府
林周县委宣传部	林周县2015年度县直机关目标绩效争先进位考核二等奖	2016年	林周县委、县政府
林周县委宣传部	2015年度社会治安综合治理工作先进集体	2016年	林周县委、县政府
林周县委宣传部	林周县2016年县直机关目标绩效争先优先进位考核一等奖	2017年	林周县委、县政府
林周县政协办	创先争优强基础惠民生活动优秀组织单位	2016年	林周县委、县政府
林周县政协办	2016年度民主团结进步模范集体	2016年	林周县委、县政府
林周县政协办	平安单位	2016年	林周县委、县政府
林周县政协办	2016年度县直机关目标绩效争先进位考核二等奖	2017年	林周县委、县政府
林周县移动公司	林周县2016年度民族团结进步模范集体	2016年	林周县委、县政府
林周县人民检察院	林周县2016年度民族团结进步模范集体	2016年	林周县委、县政府
林周县人民检察院	先进基层党组织	2016年	林周县委
阿朗乡人民政府	林周县先进基层团组织	2016年	林周县委
边交林乡机关党支部	先进基层党组织	2016年	林周县委
林周县工商业联合会	先进基层党组织	2016年	林周县委
林周县公安局	林周县优秀基层团组织	2016年	林周县委
江热夏乡中心小学党支部	优秀基层党支部	2016年	林周县委
林周县工商业联合会	先进基层党组织	2016年	林周县委
林周县委组织部	林周县2016年度民族团结进步模范集体	2016年	林周县委
林周县公安局	2015年度社会治安综合整治工作先进集体	2016年	林周县政府
林周县人社局	进位奖	2017年	林周县政府

说明：由于各单位资料提供不全，可能有遗漏

受区（县）级以上表彰的先进个人名录

表5

姓名	性别	民族	工作单位	获奖名称	表彰时间	授予单位
陈昭伟	男	汉	林周县委宣传部	在“两学一做”学习教育主题征文活动中荣获二等奖	2016年	中办秘书局《秘书工作》杂志社
贡秋卓玛	女	藏	林周县强基办	自治区创先争优强基惠民生活动先进工作者	2016年	自治区党委、自治区政府
赤来旺姆	女	藏	强嘎乡人民政府	自治区先进第五批驻村工作队队员	2016年	自治区党委、自治区政府
贺姗姗	女	汉	林周县司法局	自治区创先争优强基础惠民生活动先进驻村（居）工作队员	2016年	自治区党委、自治区政府
拉旺	男	藏	岗巴村宗雪组	西藏自治区“先进双联户”	2017年	自治区党委、自治区政府
周益	男	汉	林周县政协办	全区优秀驻村工作队员	2016年	自治区党委、自治区政府
索朗旺堆	男	藏	强嘎乡人民政府	自治区先进第五批驻村工作队队员	2016年	自治区党委、自治区政府
扎西朗杰	男	藏	阿朗乡人民政府	全区优秀党务工作者	2016年	自治区党委
赵学善	男	汉	强嘎乡人民政府	全区优秀第一书记	2016年	自治区党委
朱文政	男	汉	林周县民族宗教事务局	优秀涉宗干部	2016年	自治区政府
顿珠卓嘎	女	藏	共青团林周县委员会	自治区创先争优强基惠民活动“先进个人”	2016年	自治区政府
次仁卓嘎	女	藏	林周县疾控中心	西藏五一劳动奖章	2016年	自治区总工会
马立	男	汉	阿朗乡人民政府	2015—2016年度西藏自治区“优秀大学生志愿服务西部计划西藏专项志愿者”	2016年	共青团西藏自治区委员会、西藏自治区青年志愿者协会
何海贝	女	汉	林周县人民法院	全区法院民事审判工作办案能手	2016年	自治区高级人民法院
张帅龙	男	汉	林周县纪委	2016年度西藏自治区“优秀社区消防宣传大使”	2016年	自治区公安消防总队
索朗玉珍（小）	女	藏	林周县网信办	全区互联网系统优秀党务工作者	2016年	自治区网信办
贡嘎	男	藏	林周县中学	“一师一优课”	2016年	自治区教育厅
杨文	男	汉	林周县中学	全国赛课二等奖	2016年	自治区教育厅
达珍	女	藏	林周县供电有限公司	国网拉萨供电公司2016年度先进工作者	2016年	国网西藏电力有限公司拉萨供电公司

续表5

姓名	性别	民族	工作单位	获奖名称	表彰时间	授予单位
刘　莎	女	汉	农行林周县支行	农行西藏自治区分行营业部2016年业务技能比赛导师组第一名	2016年	农行西藏自治区分行营业部
耿腾飞	男	汉	农行林周县支行	农行西藏自治区分行营业部2016年业务技能比赛学员组第三名	2016年	农行西藏自治区分行营业部
仁青多吉	男	藏	阿朗乡人民政府	拉萨市优秀驻寺干部	2016年	拉萨市委、市政府
土旦卓嘎	女	藏	阿朗乡人民政府	2016年扶贫双百攻坚先进个人	2016年	拉萨市委、市政府
尼玛多吉	男	藏	阿朗乡人民政府	2016年市级优秀驻村工作队员	2016年	拉萨市委、市政府
卓嘎央宗	女	藏	林周县教育局	拉萨市2016年度民族团结进步模范个人	2016年	拉萨市委、市政府
洛桑桑吉	男	藏	卡孜乡人民政府	2016年度拉萨市脱贫攻坚工作中被评为“先进个人”	2016年	拉萨市委、市政府
赵学善	男	汉	强嘎乡人民政府	全市优秀第一书记	2016年	拉萨市委、市政府
杨先亮	男	汉	强嘎乡人民政府	2016年拉萨市脱贫攻坚工作先进个人	2016年	拉萨市委、市政府
拉　旺	男	藏	岗巴村宗雪组	拉萨市“先进双联户”	2016年	拉萨市委、市政府
米玛仓决	女	藏	林周县人民检察院	先进工作队员	2016年	拉萨市委、市政府
骆春兰	女	汉	林周县农开办	先进个人	2016年	拉萨市委、市政府
张海龙	男	汉	阿朗乡人民政府	全市优秀共产党员	2016年	拉萨市委
扎西朗杰	男	藏	阿朗乡人民政府	全市优秀党务工作者	2016年	拉萨市委
格桑德吉	女	藏	边交林乡人民政府	拉萨市优秀村（社区）党组织第一书记	2016年	拉萨市委
张梦娜	女	藏	甘旦曲果镇人民政府	拉萨市优秀村党组织第一书记	2016年	拉萨市委
四郎卓嘎	女	藏	林周县安监局	拉萨市安全生产先进个人	2016年	拉萨市政府
措　吉	女	藏	边交林乡人民政府	优秀基层劳动就业社会保障公共服务平台先进个人	2017年	拉萨市政府
桑卓拉姆	女	藏	甘旦曲果镇人民政府	拉萨市2016年度基层劳动就业社会保障公共服务平台先进工作者	2017年	拉萨市政府
达娃旦增	男	藏	林周县工商联	优秀驻村工作干部	2016年	拉萨市政府
阿旺次仁	男	藏	林周县人社局	2016年市人社系统先进工作者	2016年	拉萨市政府
扎西次旺	男	藏	林周县人社局	2016年拉萨市优秀驻村工作队员	2016年	拉萨市政府
扎西巴珠	男	藏	林周县中学	园丁奖金奖	2016年	拉萨市政府

续表5

姓名	性别	民族	工作单位	获奖名称	表彰时间	授予单位
贡嘎次旦	男	藏	林周县中学	李氏教育奖	2016年	拉萨市政府
次仁顿珠	男	藏	阿朗乡人民政府	拉萨市委优秀村（居）第一书记	2016年	拉萨市委组织部
段小红	男	汉	中共林周县委组织部	2015年度组织编制老干部统计工作先进个人	2016年	拉萨市委组织部
高琼芳	女	汉	林周县委宣传部	2015年度全市宣传思想工作先进个人	2016年	拉萨市委宣传部
扎西央金	女	藏	林周县江热夏乡人民政府	拉萨市创先争优 强基惠民先进个人	2016年	拉萨市强基办
张林保	男	汉	林周县政协	“两学一做”学习教育知识竞赛二等奖	2016年	拉萨市直机关工委
偓白都	男	藏	林周县政府办	共青团拉萨市委员会“民族闪光行动”先进个人	2016年	共青团拉萨市委员会
马立	男	汉	阿朗乡人民政府	拉萨市2016年度共青团员“民族团结闪光行动”优秀个人	2016年	共青团拉萨市委员会
次仁卓嘎	女	藏	边交林乡人民政府	优秀共青团干部	2016年	共青团拉萨市委员会
次仁卓嘎	女	藏	边交林乡人民政府	拉萨市“民族团结闪光行动”优秀个人	2016年	共青团拉萨市委员会
谷子博	女	汉	林周县委宣传部	拉萨市2016年度共青团“民族团结闪光行动”优秀个人	2016年	共青团拉萨市委员会
尼玛	男	藏	林周县公安局	拉萨市公安局三等功	2016年	拉萨市公安局
边巴	男	藏	林周县公安局	拉萨市公安局嘉奖	2016年	拉萨市公安局
尹罗强	男	汉	林周县公安局	拉萨市公安局嘉奖	2016年	拉萨市公安局
旦增久美	男	藏	林周县公安局	拉萨市公安局嘉奖	2016年	拉萨市公安局
次仁旺堆	男	藏	林周县公安局	拉萨市公安局嘉奖	2016年	拉萨市公安局
岑诚	男	汉	林周县公安局	拉萨市公安局嘉奖	2016年	拉萨市公安局
朱洁	女	汉	林周县公安局	拉萨市公安局嘉奖	2016年	拉萨市公安局
拉巴次仁	男	藏	林周县公安局	拉萨市公安局嘉奖	2016年	拉萨市公安局
马宝财	男	藏	林周县公安局	拉萨市公安局嘉奖	2016年	拉萨市公安局
马永龙	男	回	林周县人民法院	2016年度上半年全市法院个人三等功	2016年	拉萨市中级人民法院党组
杨志艳	女	汉	林周县人民法院	2016年度上半年全市法院优秀共产党员	2016年	拉萨市中级人民法院党组

续表5

姓名	性别	民族	工作单位	获奖名称	表彰时间	授予单位
胡　姝	女	汉	林周县人民法院	2016年度上半年全市法院服务大局先锋	2016年	拉萨市中级人民法院党组
曲宗旺姆	女	藏	林周县人民法院	2016年全市法院民族团结进步先进个人	2016年	拉萨市中级人民法院党组
谷子博	女	汉	林周县委宣传部	2015年度深化全国文明城市创建先进个人	2016年	拉萨市文明办
巴　珠	女	藏	阿朗乡人民政府	2016年度个人先进工作人员	2017年	拉萨市人社局
大白珍	女	藏	林周县中学	阅卷工作先进个人	2016年	拉萨市教体局
贵桑多吉	男	藏	林周县中学	德育工作先进个人	2016年	拉萨市教体局
伦珠次拉	男	藏	旁多乡人民政府	市级优秀第一书记	2016年	拉萨市扶贫办
次旦拉姆	女	藏	卡孜乡人民政府	全国纪检监察系统干部培训被评为优秀学员	2016年	杭州纪检监察培训中心
倔白都	男	藏	林周县政府办	林周县公务员优秀个人	2016年	林周县委、县政府
仁青多吉	男	藏	阿朗乡人民政府	林周县优秀驻寺干部	2016年	林周县委、县政府
洛桑旦增	男	藏	阿朗乡人民政府	2016年县级优秀驻村工作队队员	2016年	林周县委、县政府
土登欧珠	男	藏	林周县安监局	2016年度民族团结“模范个人”荣誉称号	2016年	林周县委、县政府
普　布	男	藏	甘旦曲果镇人民政府	林周县先进驻村工作队队员	2016年	林周县委、县政府
何鹏勇	男	汉	甘旦曲果镇人民政府	林周县先进驻村工作队队员	2016年	林周县委、县政府
吕　洋	男	汉	甘旦曲果镇人民政府	林周县2016年度社会治安综合治理工作“先进个人”	2017年	林周县委、县政府
胡泽旭	男	汉	林周县工信局	民族团结模范个人	2016年	林周县委、县政府
胡泽旭	男	汉	林周县工信局	2016年度社会治安综合治理先进个人	2017年	林周县委、县政府
肖鸿彪	男	汉	林周县江热夏乡人民政府	优秀党务工作者	2016年	林周县委、县政府
仓　啦	女	藏	林周县江热夏乡人民政府	林周县创先争优强基层惠民生活动第五批驻村工作先进工作队队员	2016年	林周县委、县政府
扎西德吉	女	藏	卡孜乡人民政府	2016年度民族团结“模范家庭”荣誉称号	2016年	林周县委、县政府
游　锐	男	汉	强嘎乡人民政府	2016年度优秀公务员	2016年	林周县委、县政府

姓名	性别	民族	工作单位	获奖名称	表彰时间	授予单位
小边珍	女	藏	强嘎乡人民政府	2016年度优秀公务员	2016年	林周县委、县政府
阿旺平措	男	藏	强嘎乡人民政府	2016年度优秀驻村工作队员	2016年	林周县委、县政府
卓 嘎	女	藏	强嘎乡人民政府	2016年度优秀驻村工作队员	2016年	林周县委、县政府
扎西卓玛	女	藏	强嘎乡人民政府	2016年优秀党务工作者	2016年	林周县委、县政府
李 鑫	男	汉	强嘎乡人民政府	2016年社会治安综合治理工作先进个人	2017年	林周县委、县政府
普布卓玛	女	藏	林周县人民法院	2016年民族团结模范个人	2016年	林周县委、县政府
拉 旺	男	藏	岗巴村宗雪组	林周县“先进双联户”	2016年	林周县委、县政府
米 玛	男	藏	白定村伟色组	林周县“先进双联户”	2016年	林周县委、县政府
王阳冰	女	汉	林周县纪委	林周县2016年度民族团结进步评选表彰活动模范个人	2016年	林周县委、县政府
张帅龙	男	汉	林周县纪委	2016年林周县创先争优强基础惠民生活动先进驻村工作队员	2016年	林周县委、县政府
其 美	男	藏	林周县委宣传部	2016年度民族团结“模范个人”荣誉称号	2016年	林周县委、县政府
索朗玉珍（大）	女	藏	林周县委宣传部	2016年林周县创先争优强基础惠民生活动先进驻村工作队员	2016年	林周县委、县政府
次仁普赤	女	藏	阿朗乡人民政府	2016年林周县“优秀共产党员”	2016年	林周县委
土多格列	男	藏	甘旦曲果镇人民政府	林周县优秀共产党员	2016年	林周县委
于凤军	男	汉	林周县教育局	县级优秀党员	2016年	林周县委
次旦拉姆	女	藏	卡孜乡人民政府	林周县优秀党务工作者	2016年	林周县委
朱海莲	女	汉	卡孜乡人民政府	林周县优秀共产党员	2016年	林周县委
伊斯玛	男	回	林周县农业技术推广站	先进个人	2016年	林周县委
次仁卓嘎	女	藏	林周县科技局	第五批驻村工作队“先进个人”	2016年	林周县委
卓 嘎	女	藏	强嘎乡人民政府	2016年优秀党务工作者	2016年	林周县委
珠 扎	男	藏	林周县人民检察院	优秀共产党员	2016年	林周县委
冯 靖	女	汉	边交林乡人民政府	林周县乡镇教育管理工作先进个人	2016年	林周县政府
尼玛旦增	男	藏	林周县教育局	县级优秀教师	2016年	林周县政府
昂 姆	女	藏	林周县教育局	县级优秀教育工作者	2016年	林周县政府

姓名	性别	民族	工作单位	获奖名称	表彰时间	授予单位
韩福跃	男	满	林周县教育局	县级师德先进个人	2016年	林周县政府
韩福跃	男	满	林周县教育局	县级民族团结模范个人	2016年	林周县政府
汪　力	男	汉	林周县民族宗教事务局	优秀驻村工作队员	2016年	林周县政府

说明：由于各单位资料提供不全，可能有遗漏

索 引

说 明

一、本索引采用主题分析法编制。索引范围包括篇目、类目、部(门)目、条目等。
二、本索引按主题词首字汉语拼音音序(同音按音调)排列,若首字拼音相同则按第二字音序排列,以此类推。
三、索引款目后的数字表示内容所在的页码,数字后的拉丁字母(a、b)表示栏别(从左至右)。
四、篇目、类目、部(门)目用黑体字。

D

E

F

H

J

K

L

M

N

T

Y

Z

中共林周县委员会

2016年9月22日，自治区党委常委、纪委书记王拥军（右三）到林周县调研

2016年5月11日，自治区副主席房灵敏（前排左二）到林周县调研

2016年7月12日，自治区副主席多吉次珠（前排右一）考察“五保”户集中供养中心

2016年3月14日，自治区副主席其美仁增（前排右二）到林周县北部调研

2016年7月30日，苏州科协副主席张亿锋（左一）到林周县考察

2016年3月15日，拉萨市委副书记、市长张延清（右一）调研东孜山“猴年转山”民俗宗教活动

2016年2月7日，县委书记次仁顿珠到边交林乡结对户走访慰问

2016年5月23日，县委副书记、人大常委会主任格旦次仁，县委副书记、县长高军，县委副书记、组织部部长何震到强嘎乡检查指导党代会筹备情况

2016年2月18日，县委书记次仁顿珠，县委副书记、县长高军到旁多水利枢纽工程调研

2016年3月3日，县委副书记、县长高军到唐古乡调研精准扶贫精准脱贫易地搬迁点建设情况

2016年11月17日，县委常务副书记潘志嘉到松盘乡调研

2016年3月28日，林周县举行纪念西藏百万农奴解放57周年升国旗仪式

2016年1月4日，召开林周县第八届委员会第五次全体会议

2016年2月21日，召开林周县第八届委员会第六次全体会议

2016年2月22日，召开全县经济工作会议

2016年12月30日，召开林周县2016年度乡镇党委书记、有关行业系统党工委书记抓基层党建工作述职评议会

2016年7月14日，林周县第七、八批苏州援藏干部交接

2016年7月18日，苏州市党政代表团一行考察林周县“五保”户集中供养中心

林周县人民代表大会常务委员会

2016年5月19日，拉萨市人大常委会副主任欧阳莉萍（左二）到林周县检查换届督导工作

2016年8月2日，县委副书记、人大常委会主任格旦次仁到旁多乡慰问结对帮扶对象

2016年10月25日，县委副书记、人大常委会主任格旦次仁组织市级人大代表集中考察

2016年10月27日，人大常委会副主任洛桑元旦考察调研新农合资金管理使用情况

2016年3月24日，召开林周县十一届人民代表大会第五次会议

2016年5月18日，人大常委会副主任边巴次仁主持召开县乡人大换届选举委员会审查正式人大代表候选人会议

2016年6月6日，县委副书记、人大常委会主任格旦次仁主持召开林周县乡镇人大主席工作会议

2016年6月2日，县委副书记、人大常委会主任格旦次仁主持召开林周县2016年“十件民生实事”督办会

2016年2月26日，召开林周县十一届人大常委会第二十次会议

2016年3月15日，召开林周县十一届人大常委会第二十一次会议

2016年4月29日，召开林周县十一届人大常委会第二十二次会议

林周县人民政府

2016年2月22日，县委书记次仁顿珠，县委副书记、县长高军在人大一楼会议室召开全县经济工作会议

2016年5月23日，县委副书记、县长高军检查指导各乡镇党代会筹备工作

2016年2月8日，县委副书记、县长高军慰问公安干警

2016年2月25日，县委副书记、县长高军到卡孜乡易地搬迁点指导工作

2016年9月12日，县委副书记、常务副县长田嘉勇到包干乡指导工作

2016年10月26日，县委常委、副县长方文伟带队开展全县精准扶贫观摩活动

2016年10月24日，副县长陈实考察净土公司生产基地

2016年7月13日，副县长米玛带队到曲水县学习调研易地搬迁工作

2016年7月27日，拉萨市副市长林生（前排右二）到夕瑞德矿业检查工作，副县长李辉陪同

2016年5月3日，副县长郭果到强嘎乡曲嘎强村检查指导青饲玉米种植情况

2016年7月14日，自治区推广中心副主任陈志群（右一）考察林周县青饲玉米播种情况，副县长边巴陪同

2016年10月12日，国家安监总局人才库专家及自治区安监局监管一处副处长许军（左一）一行到烨鑫、夕瑞德尾矿库检查工作，副县长洛桑德吉陪同

2016年12月7日，副县长张凯调解夕瑞德矿业和潘鞠榕民工劳资纠纷

2016年2月1日，林周县人民政府在政府二楼会议室召开“十件民生实事”座谈会

中国人民政治协商会议林周县委员会

2016年12月1日，自治区政协副主席阿旺（右四）到林周县开展调研慰问活动

2016年5月31日，拉萨市政协副主席顿珠多吉（右一）到林周县督导政协换届工作

2016年9月20日，县委书记次仁顿珠应邀出席第一组委员讨论会

2016年9月20日，县委副书记、县长高军应邀出席第二组委员讨论会

2016年9月21日，新当选政协二届委员会主席格桑次仁作闭幕讲话

2016年3月22日，政协副主席张林保向大会作常委会工作报告

2016年12月2日，林周县委开展“两学一做”学习教育政协党组书记讲党课活动

2016年3月22日，政协林周县一届五次会议开幕

2016年4月14日，政协提案移交各承办单位办理

2016年11月29日，政协召开党建工作专题研究会

2016年9月19日，政协林周县委员会二届一次会议合影留念

中共林周县纪律检查委员会（监察局）

2016年9月22日，自治区党委常委、纪委书记王拥军为林周县干部作指导讲话

2016年8月4日，自治区纪委副书记王瑞田（后排左三）听取林周县纪委“三转”工作汇报

2016年9月21日，拉萨市纪委副书记苏新勇到林周县为全县纪检监察干部上业务课

2016年11月9日，县委常委、纪委书记宋平发一行到苏州市纪委对接对口帮扶交流工作

2016年8月26日，县委常委、纪委书记宋平发督导检查“猴年东孜转山”工作

2016年8月4日，自治区纪委调研组一行到林周县乡镇调研纪委“三转”工作

2016年8月26日，林周县纪委干部开展“两学一做”学习教育

2016年9月14日，召开九届纪委一次全会

2016年11月3日，林周县纪委举办纪检监察干部业务培训班

2016年8月6日，县纪委干部入户了解帮扶对象精准扶贫精准脱贫具体举措

2016年8月6日，县纪委干部下村了解帮扶对象基础数据

2016年11月4日，林周县纪检监察干部召开交流座谈会

中共林周县委办公室

2016年9月29日，县委常委、县委办公室主任侯飞到春堆乡卡东村慰问驻村工作队

2016年12月22日，县委常委、县委办公室主任侯飞主持召开例会

2016年12月14日，县委常委、县委办公室主任侯飞走访慰问卡东村贫困户

2016年8月2日，县委办公室副主任、政研室副主任刘智仁到春堆乡慰问贫困户

2016年3月5日，县委办公室工作人员参加植树志愿服务活动

工作人员起草文字材料

工作人员借阅文件

2016年11月28日，县委办公室党支部改选

工作人员处理党政信息网信息

工作人员催办领导批示落实情况

工作人员做好改革文件整理归档

林周县人民代表大会常务委员会办公室

2016年6月16日，拉萨市人大常委会副主任平措朗杰（左七）到林周县苏州中学调研

2016年5月6日，县委副书记、人大常委会主任格旦次仁主持召开第十二届县乡换届培训会

2016年7月9日，县委副书记、人大常委会主任格旦次仁主持召开林周县十一届人大第四次会议代表意见建议督办座谈会

2016年7月9日，县委副书记、人大常委会主任格旦次仁督办十一届四次会议代表提出意见建议

2016年8月25日，县委副书记、人大常委会主任格旦次仁组织县乡两级人大代表考察调研

2016年1月7日，林周县人大办公室主任顿珠到北部三乡慰问

2016年7月6日，人大政协群团党支部组织“两学一做”教育学习

2016年7月13日，林周县人大办公室组织召开2016年县级人大代表培训班

2016年5月16日，林周县人大举行乡镇人大主席培训班

2016年8月19日，组织林周县人大退休老干部考察

2016年7月18日，林周县人大开展执法检查和村医疗队伍建设调研

林周县人民政府办公室

2016年6月3日，拉萨市编译局书记久阿拉姆（右一）、政府办公室副主任拉巴次仁、编译室主任科员扎西罗宗检查林周县社会用字情况

2016年6月15日，政府办公室副主任拉巴次仁办理拉萨市政协十届五次委员伦珠的提案

2016年6月16日，政府办公室副主任拉巴次仁办理拉萨市十届人大六次会议人大代表格格的提案

2016年11月4日，政府办公室副主任拉巴次仁指导办公室工作

2016年8月15日，政府办公室副主任拉巴次仁带领工作人员慰问松盘乡拉木村贫困户

2016年12月5日，政府办公室党支部在政府三楼会议室召开支部改选会议

2016年5月23日，政府办公室副主任拉巴次仁在政府二楼会议室主持召开县人大政协建议提案交办会

2016年4月16日，林周县编译室工作人员到东孜山检查社会用字

2016年5月7日，政府办公室工作人员发放换届选票

2016年12月21日，政府编译室翻译骨干翻译材料

2016年12月29日，林周县地方志办公室工作人员整理县志资料

2016年12月25日，政府办公室组织干部职工观看习近平总书记讲话

2016年12月25日，政府办公室工作人员迎接江苏省苏州市常熟代表团

中国人民政治协商会议林周县委员会办公室

2016年8月4日，政协办公室主任央宗、副主任周益到卡孜乡看望慰问结对帮扶户

2016年9月30日，政协副主席张林保、政协办公室主任央宗看望慰问政协办派江角村驻村工作队

2016年6月6日，政协副主席张林保主持召开换届工作阶段部署会

2016年7月25日，人大政协群团党支部开展“两学一做”专题学习会

2016年3月25日，政协全体干部职工参加义务植树造林活动

2016年6月17日，政协召开换届工作推进部署会

2016年8月17日，召开精准扶贫精准脱贫务虚会

2016年10月12日，政协办公室开展理论学习

2016年3月20日，工作人员装袋一届五次会议材料

2016年4月14日，政协办提案移交提案承办单位

2016年9月18日，政协第二届林周县委员会第一次会议委员报到现场

中共林周县委组织部（编办）

2016年9月12日，中国共产党林周县第九次代表大会开幕

2016年7月18日，市委组织部副部长张允永（左四）到卡孜乡卡孜村综合服务中心调研

2016年11月7日，县委副书记、组织部部长何震到江热夏乡调研指导基层党建工作

2016年11月12日，县委副书记、组织部部长何震到卡孜乡检查指导“三个全覆盖”工作

2016年11月27日，县委副书记、组织部部长何震到唐古乡调研村集体经济发展壮大工作开展情况

2016年12月29日，县委副书记、组织部部长何震到卡孜乡懂村慰问结对户

2016年12月2日，县委组织部党支部开展主题“党日+”活动，全体党员重温入党誓词

2016年5月8日，唐古乡恰扎村党支部书记巴珠在县委党校开展“党建促脱贫”培训会上交流工作经验

2016年4月30日，林周县召开优秀青年干部赴江苏培训动员大会

2016年11月21日，林周县召开第五批创先争优强基惠民表彰大会暨第六批动员大会

2016年10月20日，林周县邀请15名驻拉萨市退休党支部老干部到林周县参观考察

2016年9月21日，中国共产党林周县第九次党代会闭幕，图为代表人员合影

中共林周县委宣传部

2016年10月25日，自治区网信办网络评论工作处处长胡峥嵘（左三）到林周县开展网络评论调研工作

2016年10月20日，自治区文化市场综合执法总队副队长曲绍东（左一）到林周县调研指导文化市场综合执法工作

2016年12月8日，县委常委、宣传部部长朱宝忠走访结对帮扶贫困户

2016年5月21日，林周县委宣传部在强嘎乡中心小学开展以“手拉手传递温暖 心连心共促成长”为主题关爱留守儿童志愿服务活动

2016年3月28日，林周县举行西藏百万农奴解放57周年文艺晚会

2016年5月19日，林周县开展“两学一做”主题教育党课

2016年11月24日，林周县举办学习贯彻中共十八届六中全会和自治区第九次党代会精神宣讲报告会

2016年1月18日，林周县举办2016年“五下乡”宣传服务活动

2016年6月30日，林周县举办以“践行先锋标准、岗位建功立业”为主题“两学一做”主题演讲比赛

2016年6月5日，林周县委宣传部组织在县太湖路开展环境日宣传活动

2016年1月31日，林周县开展“藏汉双语春联进藏家”活动

2016年12月20日，“冬行西藏”全国网络媒体参观林周县易地扶贫搬迁点

中共林周县委统战部（民族宗教事务局）

2016年11月14日，拉萨市副市长贡扎曲旺（右二）一行到林周县调研民宗工作

2016年12月23日，拉萨市政协副主席、民宗局党组书记拉巴顿珠（右二）一行到林周县检查指导寺庙工作

2016年9月20日，县委副书记、县长高军看望僧人

2016年10月29日，县委常委、统战部部长次仁占堆看望慰问结对贫困户

2016年11月18日，县委常委、统战部部长次仁占堆检查寺庙工作

2016年12月8日，县委常委、统战部部长次仁占堆调研乡镇工作

2016年6月12日，县委常委、统战部部长次仁占堆组织统战民宗干部学习文件精神

2016年10月18日，林周县召开2016年度民族团结表彰大会

2016年12月28日，召开2016年度统战民宗工作会议

2016年10月12日，统战民宗系统召开集体约谈专题会

2016年9月6日，统战民宗干部与党外人士亲切交谈

2016年10月6日，统战民宗干部督导检查寺管会工作

2016年10月20日，统战部、县工商联联合民营企业向建档立卡贫困群众发放生活物品

中共林周县委政法委员会

2016年3月15日，市委副书记、市长张延清（中排左四）调研指导林周县东孜山“猴年转山”服务管理工作

2016年10月24日，县委书记次仁顿珠向拉萨市综治考核验收组汇报林周县2016年度综治工作开展情况

2016年3月5日，县委副书记、人大常委会主任格旦次仁检查东孜山“猴年转山”维稳安保工作落实情况

2016年7月29日，县委常委、政法委书记、公安局局长塔清到县武警中队慰问官兵

2016年12月30日，县委政法委副书记、综治办主任谢彦芳主持召开矛盾纠纷联席会

2016年12月7日，县综治办副主任益西加措到松盘乡慰问结对帮扶困难群众

2016年11月18日，林周县召开2016年度县级先进“双联户”创建评选活动表彰大会

2016年1月6日，林周县综治办组织召开综治例会

2016年4月6日，卡孜乡医疗服务点为转山群众服务

2016年3月23日，东孜山“猴年转山”2号服务点为群众提供服务

2016年3月25日，县委政法委干部职工参加植树造林活动

2016年6月17日，林周县综治办组织开展“6月综治宣传周”综治宣传活动

林周县人民法院

2016年6月8日，自治区高级人民法院党组书记、院长索达（左一）到林周县人民法院调研

2016年8月9日，党组书记、院长赵红玉带领干警到松盘乡松盘村精准扶贫入户调查

2016年7月28日，党组书记、院长赵红玉组织全院干警召开学习习近平总书记系列重要讲话精神专题研讨会

2016年8月4日，党组书记、院长赵红玉主持法院党支部换届选举会议

2016年4月27日，党组成员、副院长杨志艳到卡日村开展村级集体经济情况调查摸底工作

2016年7月1日，党组成员、副院长杨志艳带领全体党员重温入党誓词

2016年12月15日，林周县人民法院举办人民陪审员培训班

2016年5月5日，法院干警观看警示教育片《镜鉴——湖南衡阳、四川南充“两案”警示录》

2016年8月5日，法院干警向申请执行人发放执行款

2016年10月21日，法院干警参加纪念红军长征胜利80周年图片展

2016年7月26日，法院法官到松盘乡中心小学开展暑期法制宣传活动

2016年4月26日，法院法官开设青少年维权法制讲座

林周县人民检察院

2016年3月31日，自治区检察院专职检委会委员、副检察长雷书亮（右三）在市检察院政治部主任李卫（左三）的陪同下一行7人到林周县检察院开展案件管理、调研检委会相关工作

2016年6月3日，拉萨市人民检察院检察长田建设（前排右一）到林周县人民检察院检查指导工作

2016年3月8日，党组书记、检察长刘玉梅，副检察长尼玛旺姆到春堆乡洛巴堆村慰问驻村工作队

2016年8月4日，副检察长尼玛旺姆到北部三乡派出所开展立案监督工作

2016年9月10日，苏州市检察院党组成员、纪检组长商惠荣（中排左三）一行8人到林周县人民检察院检查指导工作

2016年4月11日，检察院召开“两学一做”专题教育活动动员大会

2016年5月25日，党组书记、检察长刘玉梅带领干警到东孜山开展义务捡垃圾活动

2016年9月30日，党组书记、检察长刘玉梅，副检察长珠扎慰问驻村工作队

2016年6月23日，检察院干警开展法制宣传活动

2016年12月4日，检察院组织开展“国家宪法宣传日”活动

2016年10月26日，干警到甘旦曲果镇党不村开展法制宣传活动

2016年3月25日，检察院干警参加植树活动

林周县总工会

2016年2月5日，拉萨市人大常委会副主任、拉萨市总工会主席平措朗杰（左一）到松盘乡乃苏寺管委会慰问

2016年1月25日，工会主席吴金措姆到甘旦曲果镇居荣村进行组建村级基层工会宣传

2016年8月21日，苏州市总工会向林周县总工会捐赠援藏资金25万元

2016年4月7日，林周县总工会组织县非公企业代表到苏州学习考察

2016年4月22日，林周县总工会举办村委会成员驾驶员开班仪式

2016年6月23日，林周县总工会协助拉萨市总工会开展农民工集中入会暨“五送”活动

2016年7月22日，林周县总工会开展非公企业“安康杯”技能竞赛

林周县妇女联合会

2016年6月11日，县委常委、宣传部部长倪蓉带队组织10名农牧民妇女致富带头人到苏州市考察学习

2016年3月7日，林周县妇联组织农牧民妇女党员上党课

2016年9月28日，林周县妇联工作人员到松盘乡开展关爱留守儿童活动

2016年3月8日，林周县妇女致富带头人经验交流座谈会

2016年5月10日，林周县妇联举行“恒爱行动”爱心毛衣发放仪式

2016年6月1日，林周县妇联联合团县委开展“庆六一关爱贫困儿童圆梦活动”

2016年10月21日，林周县四个便民警务站挂牌成立“妇女儿童维权服务岗”

共青团林周县委员会

2016年10月20日，团区委办公室主任马建国（右排左二）一行到林周县开展“走进青年、转变作风、改进工作”大宣传大调研

2016年11月4日，县委常务副书记潘志嘉为林周县首届青年创业大赛获奖选手颁奖

2016年8月1日，县委常务副书记潘志嘉，县委常委、政法委书记、公安局局长塔清，县委常委、宣传部部长朱宝忠参加“八一”军民联谊会

2016年5月9日，县委常委、宣传部部长倪蓉出席2016年返乡毕业大学生、农牧民青年到江苏学习交流动员会

2016年7月21日，团县委组织各乡镇召开“两学一做”学习会

2016年4月1日，召开共青团林周县第七次代表大会

林周县工商业联合会

2016年6月23日，县委常委、统战部部长次仁占堆参加林周县“百企帮百村”座谈会

2016年11月28日，林周县工商联组织非公党建培训

2016年12月18日，林周县工商联与苏州市工商联结对签约

2016年8月10日，工商联协同县扶贫办、民营企业家与建档立卡贫困群众签订用工协议

2016年10月15日，林周县雪村糌粑专业合社经理宗吉向建档立卡贫困大学生家庭捐款

2016年11月20日，县工商联利用光彩事业基金为长期患病建档立卡贫困群众发放现金

2016年10月28日，林周县工商联举办民营企业家献爱心捐赠仪式

林周县发展和改革委员会

2017年12月14日，拉萨市交通局局长扎西平措（右排右三）到林周县调研

2016年8月19日，县委常务副书记潘志嘉，县委副书记、常务副县长田嘉勇就新一批援藏项目选址事项，与县发改委援藏项目组到边交林乡进行实地考察

2016年4月29日，县委副书记、常务副县长王卫国到强嘎乡检查援藏项目

2016年7月28日，县委常务副书记潘志嘉，县委副书记、常务副县长田嘉勇考察援藏项目

2016年2月23日，副县长、发改委主任李辉到阿朗乡慰问驻村工作队

2016年8月2日，林周县召开固定资产投资推进会

2016年3月17日，发改委工作人员组织开展“三月综治维稳宣传活动”

林周县财政局

2016年3月3日，拉萨市财政局副局长杨力（右排右二）到林周县财政局检查指导工作

2016年11月8日，财政局组织召开2017年部门预算编制大会

2016年3月14日，财政局组织召开“乡财县管”工作座谈会

2016年4月7日，财政局组织全县财务人员培训

2016年8月15日，财政局工作人员结对帮扶“探亲”

2016年9月14日，财政局工作人员为老百姓宣读惠民政策明白卡

林周县统计局

2016年8月24日，国家统计局数据管理中心副主任夏雨春（前排右二）一行到林周县开展基层统计信息化建设情况调研

2016年11月19日，自治区调查总队总队长胡国亮（前排右一）到林周县调研农村住户调查工作

2016年12月17日，县委副书记、常务副县长田嘉勇安排布置党风廉政建设工作

2016年11月14日，林周县召开全国第三次农业普查方案布置暨培训会

2016年8月9日，统计局、农牧局联合开展主要粮油作物测产

2016年9月5日，林周县统计局开展统计法宣传活动

2016年12月20日，林周县统计局开展扶贫结对帮扶活动

林周县教育（体育）局

2016年9月25日，国家督学、厦门市人民政府教育督导室原主任陈江汉（中）参加林周县义务教育均衡发展国家认定评估报告会

2016年6月24日，自治区教育厅副厅长朱赟（左三）到林周县检查义务教育均衡发展推进工作

2016年6月4日，拉萨市教育局局长中楚成（前排右二）率调研组到林周县春堆乡中心小学调研教学工作

2016年6月16日，拉萨市人大常委会副主任平措朗杰（左二）到强嘎乡幼儿园调研

2016年4月14日，县委书记次仁顿珠到林周县中学调研

2016年3月18日，林周县教育局发放拉萨市和林周县非义务教育阶段贫困家庭学生资助金

林周县公安局

2016年7月17日，县委副书记、人大常委会主任格旦次仁，县委副书记、县长高军，县委常委、政法委书记、公安局局长塔清到“赤龙次曲”佛事活动现场检查指导工作

2016年7月30日，县委常委、政法委书记、公安局局长塔清到旁多乡扶贫对象家中开展“精准扶贫”对接工作

2016年7月18日，县委常委、政法委书记、公安局局长塔清到松盘乡派出所慰问民警

2016年12月21日，县委常委、政法委书记、公安局局长塔清到旁多乡帮多村慰问驻村工作队员

2016年8月19日，召开“两学一做”第19次集中学习会

2016年10月28日，组织民警到当巴派出所参观学习

2016年7月4日，民警到帮扶对象家中开展摸底排查工作

2016年10月21日，觉德岗路便民警务站举行妇女儿童维权服务岗揭牌仪式

2016年10月26日，民警在中石化检查站检查过往车辆

2016年5月16日，特警大队“萨嘎达瓦”期间对县城进行维稳巡逻

2016年7月19日，执勤民警在“赤龙次曲”佛事活动现场帮助老人

林周县司法局

2016年11月22日，拉萨市司法局副局长大边巴次仁（右排右二）对林周县司法局司法行政工作进行年底验收

2016年8月15日，司法局局长赵跃民与乡镇负责人商讨司法所建设事宜

2016年5月7日，司法局局长赵跃民与乡镇负责人签订目标责任书

2016年2月4日，县委常委、政法委书记、公安局局长强巴扎西到县司法局慰问干部职工

2016年10月28日，司法局副局长索朗次仁带队到甘旦曲果镇觉布村开展法律宣讲

2016年4月26日，强嘎乡切玛村村委会向司法局赠送锦旗

2016年7月26日，县司法局联合公检法部门下乡开展普法宣传活动

林周县民政局

2016年5月11日，自治区副主席房灵敏（中）一行到林周县“五保”供养中心调研

2016年10月19日，拉萨市民政局党组书记何镛（右三）到林周县民政局调研

2016年5月11日，拉萨市民政局局长白玛玉珍（右二）到林周县“五保”集中供养中心检查指导工作

2016年9月20日，拉萨市民政局副局长宋传强（左四）对林周县低保核查情况进行抽查

2016年8月15日，召开林周县民政工作推进会

2016年11月27日，林周县残疾人参加首届残运会获得团体三等奖

2016年5月16日，林周县残联康复人员为残疾儿童做日常康复

林周县人力资源和社会保障局

2016年5月8日，林周县人社局副局长阿旺次仁组织召开社保专职人员业务培训

2016年9月13日，人社局局长巴珠带队在县太湖路开展“五大保险”政策宣传活动

2016年5月15日，副局长阿旺次仁到郎当村主持召开农牧民引导性培训

2016年11月20日，林周县人社局副局长米玛检查指导基层服务平台业务工作

2016年6月4日，人社局组织开展“春风行动”宣传活动

2016年5月9日，林周县人社局举行“四业工程”精准扶贫招聘会

林周县工业和信息化局

2016年3月14日，县委副书记王益冰带领县（直）部门负责人与西藏四川商会董事长王勇（左三）洽谈松盘乡聂日库水资源开发事宜

2016年8月20日，县委常务副书记潘志嘉，县委副书记、常务副县长田嘉勇，县委常委、副县长卢智杰，副县长陈实等受邀参加当雄赛马节

2016年1月28日，工信局局长洛桑罗布一行慰问驻强嘎乡切玛村工作队

2016年7月1日，工信局局长洛桑罗布组织全局人员观看建党95周年庆祝大会

2016年9月22日，工信局组织“两学一做”学习活动

2016年6月5日，工信局组织工作人员在县城宣传“世界环境保护日”活动

林周县国土资源规划局

2016年12月26日，拉萨市国土局副局长徐安海（右二）到林周县政务服务大厅考察不动产登记业务

2016年4月29日，拉萨市国土局副局长朱万江（右一）带领专家组到甘旦曲果镇久荣村对林周县2015年土地开发项目市级验收

2016年4月19日，副县长葛红柱在县国土局会议室组织县（直）各部门召开县城控规征求意见会

2016年8月4日，副县长李辉在甘旦曲果镇主持召开拉萨新机场实物调查动员会

2016年5月26日，县委常务副书记王益冰在党政大楼5楼常委会议室主持召开县城控制性规划县级评审会

2016年3月9日，国土局局长琼达到甘旦曲果镇久荣村委会参加失地群众思想宣讲活动

2016年7月4日，国土局副局长张百锁陪同地质灾害防治工程设计单位到松盘乡岗巴村查看地质灾害情况

林周县环境保护局

2016年1月8日，西藏自治区环境保护考核领导小组副组长杨东升（左一）一行对林周县垃圾填埋场进行考核验收

2016年9月27日，拉萨市政协“禁白办”副主任旺杰（左三）到林周县检查指导“禁白”工作

2016年6月21日，拉萨市监察支队工作人员、林周县副县长李辉、环保局局长强巴旦增一行到唐古乡乡村公路进行实地检查

2016年8月8日，副县长李辉、环保局局长强巴旦增一行到林卡丹矿业有限公司采矿区检查工作

2016年11月16日，拉萨市环保局副局长王宣同（左四）到县人民医院污水处理厂运行情况进行现场检查指导，副县长李辉陪同

林周县住房与城乡建设局

2016年11月2日，西藏自治区住建厅副厅长李进忠（左二）到林周县考察保障房建设情况

2016年7月6日，西藏自治区质监局局长刘家杰（中），拉萨市质监局党组书记、局长次仁卓嘎（右一）到林周县考察

2016年6月1日，县人大常委会主任格旦次仁，县委副书记、县长高军考察江夏乡易地搬迁点

2016年8月26日，副县长米玛到松盘乡向农牧民宣讲小康安居政策

2016年4月5日，副县长米玛在江夏乡易地搬迁点接受记者采访

2016年4月5日，住建局副局长索朗次仁在江夏乡易地搬迁点接受记者采访

2016年5月6日，副县长米玛到旁多乡新集镇建设项目施工现场检查，住建局局长曲扎陪同

林周县水利局

2016年11月17日，拉萨市水利局副局长周根富（右排右二）到林周县春堆乡洛巴堆村彭波灌区甲沟区子灌区检查工程质量

2016年11月21日，拉萨市水利局副局长党旦到林周县验收2015年小型农田水利重点县项目

2016年4月25日，水利局局长普布旺堆、副局长边巴次仁汛前检查水库运行情况

2016年4月25日，水利局副局长边巴次仁对市级投资防汛特大补助资金项目即卡孜乡爬雪大桥至拉龙岗村防洪堤工程进行监督检查

2015年小型农田水利重点县项目松盘乡松盘村古如水塘工程完成后运行情况，投资45.13万元

2015年小型农田水利重点县项目强嘎乡虎头山水库溢洪道整治工程，工程投资为205.72万元

林周县农牧（科技）局

2016年11月15日，西藏自治区农牧厅副厅长江才（左三）到林周县旁多乡达龙村调研畜牧业工作开展情况

2016年8月18日，拉萨市农牧局党组书记其美旺姆（前排左一）到林周县边交林乡指导农业工作

2016年8月18日，拉萨市农牧局党组书记其美旺姆（右四）到林周县边交林乡考察农牧工作开展情况

2016年7月11日，农牧局局长边巴到甘旦曲果镇久荣村检查水渠建设情况

2016年5月10日，林周县甘旦曲果镇江角村村民使用所发放农机具播种青饲玉米

2016年8月22日，农业推广站向农机合作社发放大型农机具

2016年8月24日，林周县农牧技术人员到唐古乡测产

林周县文化广播电影电视（新闻出版、文物）局

2016年6月22日，文广局局长巴桑云旦考察江热夏乡文化站基础设施建设

2016年9月24日，文广局局长巴桑云旦到旁多乡斯林寺进行文物普查

2016年11月24日，文广局成立中共林周县文广局党支部选举大会

2016年9月25日，林周县参加第三次藏博会部分展品

2016年7月26日，文广局与墨竹工卡县文广局在唐加乡综合文化活动站开展公共文化联动活动

林周县卫生局

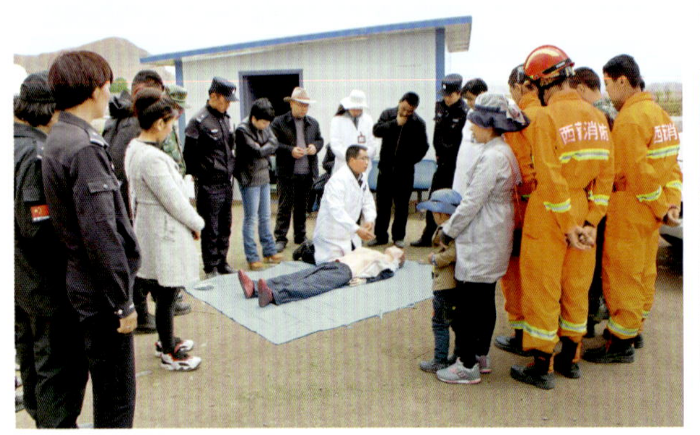

2016年5月7日，卫生局局长叶晓梅、县医院院长巴桑旺堆等一行到东孜山督导卫生系统3个医疗点工作情况

2016年5月4日，卫生局局长叶晓梅带队一行15人到墨竹工卡县考察学习创建“二级乙等”医院评审先进经验

2016年4月13日，召开林周县2016年卫生计生工作会议暨全民体检启动会

2016年5月9日，县卫生系统开展第十二届人民代表大会候选人选举

2016年1月18日，组织卫生下乡活动

2016年7月11日，千名干部帮千户入户调查

林周县食品药品监督管理局

2016年3月25日，拉萨市食品药品监督管理局局长申豫东（左二）、副局长刘明（左三）到林周县检查东孜山“猴年转山”民俗宗教活动食品安全工作

2016年6月13日，召开林周县食品药品安全工作联席会议

2016年11月16日，林周县召开创建国家食品安全城市动员大会

2016年6月23日，拉萨市食品药品监督管理局执法人员对林周县“旅游市场周边餐饮服务场所食品安全”督导检查

2016年10月17日，林周县食品药品执法人员对药品零售企业进行日常监督检查

2016年12月29日，林周县食安办组织食安委成员单位开展“三大节日”节前食品安全专项检查

林周县安全生产监督管理局

2016年10月12日，西藏自治区安监局联同国家安监总局人才库专家到林周县烨鑫、夕瑞德尾矿库检查

2016年8月10日，西藏自治区安监局执法总队负责人张成邦（左四）一行到林周县夕瑞德和烨鑫尾矿库检查

2016年8月12日，副县长李辉、副县长洛桑德吉联同县安监局、环保局到北部开展巡回检查工作

2016年3月2日，安监局副局长土登欧珠下乡检查“五级五覆盖”完善情况

2016年1月25日，林周县召开安全生产部署会

2016年6月16日，安监局组织开展安全生产咨询日宣传

林周县林业绿化局

2016年3月11日，西藏自治区林业厅保护处处长扎多（右三）到林周县检查指导野生动物保护工作开展情况

2016年3月25日，拉萨市林业局调研员严芳（左三）检查指导唐古乡热振森林公园管护站工作开展情况

2016年1月23日，林业局组织发改委、环保局、水利局、财政局、国土局等相关单位召开热振森林公园保护与利用项目意见征求会

2016年6月20日，政府第四党支部开展“两学一做”学习会

2016年8月23日，林业局副局长张高峰一行走访慰问结对贫困帮扶户

2016年4月5日，林业局组织群众开展植树造林活动现场

林周县信访局

2016年10月8日，拉萨市信访局党组书记达娃（左三）到林周县信访局调研

2016年12月15日，拉萨市政府副秘书长、信访局局长罗桑（左三）到林周县信访局检查指导工作

2016年10月26日，信访局、人社局联合协调民工工资纠纷事项

2016年12月2日，副县长米玛及相关单位领导在拉萨协调民工工资纠纷

2016年6月23日，在县信访局发放民工工资

2016年6月22日，在林周县信访局成功协调并发放江热夏乡务工农民工工资

林周县农牧开发建设办公室

2016年7月12日，西藏自治区副主席多吉次珠（中排左一）到林周县考查“百企帮百村”工作

2016年10月26日，拉萨市发改委党组书记达瓦（右一）督导考核林周县精准扶贫江夏乡易地搬迁点

2016年10月1日，县委书记次仁顿珠主持召开全县“双百攻坚战”动员部署会议

2016年3月28日，拉萨市扶贫办党组书记普布顿珠（右二）到林周县卡孜乡检查精准扶贫工作

2016年11月14日，县委副书记、县长、脱贫攻坚指挥部指挥长高军到春堆乡洛巴堆村检查验收精准扶贫工作

2016年9月30日，县委常委、副县长方文伟带队林周县精准扶贫学习组到云南考察学习精准扶贫经验

2016年12月8日，县脱贫攻坚指挥部办公室副主任、扶贫办主任雷伟国到春堆乡洛巴堆村督导检查精准扶贫工作

林周县鹏博健康产业园（拉萨市林周城镇化建设投资发展有限公司）

2016年10月7日，西藏自治区党委常委、拉萨市委书记齐扎拉（前排右二）到林周县鹏博健康产业园检查指导工作

2016年12月26日，林周县鹏博健康产业园管委会副主任普布热旦到江苏省苏州创科峰会参观学习

2016年12月21日，林周县鹏博健康产业园管委会副主任普布热旦到江苏省苏州工业园区参观学习

2016年11月10日，宝时得科技有限公司和东吴证券股份有限公司投资银行总部一行9人到林周县鹏博健康产业园开展商务考察

2016年10月26日，林周县城投公司董事长普布热旦到唐古乡唐古村现场解决工程实施过程中遇到的问题

2016年11月1日，林周县城投公司董事长普布热旦到江热夏乡连巴村级组织标准化建设现场检查工程建设进度

2016年11月1日，林周县城投公司承建江热夏乡江热夏村级组织活动场所标准化建设项目施工现场

2016年10月26日，林周县城投公司董事长普布热旦到旁多乡日布村安排项目带动建档立卡户就业工作

林周县鹏博健康产业园道路建设不断完善

林周县创先争优强基础惠民生活动领导小组办公室

2016年1月18日，西藏自治区党委组织部副部长边巴扎西（右一）到拉木村调研

拉萨市纪委常委、监察局副局长李荣锋（左二），市委组织部组织科科长吴小兵 （左三）、市委第四督导组副组长杜颖胜（右三）出席2016年度林周县委常委班子民主生活会

2016年6月15日，拉萨市第四督导组副组长王颖督导检查林周县“两学一做”工作

2016年7月12日，中共拉萨市委党校陈乐到林周县“两学一做”学习教育宣讲报告会

2016年11月30日，县委书记次仁顿珠讲党课

2016年11月8日，召开林周县第五批创先争优强基惠民活动总结表彰暨第六批驻村工作动员大会

2016年2月6日，县统计局组织林周县驻村工作队进行入户调查培训

2016年5月19日，林周县“两学一做”主题教育党课

2016年12月25日，召开林周县第六批驻村工作队培训会

2016年4月8日，林周县委“两学一做”学习教育第二次集中学习研讨会

2016年4月22日，林周县召开“学党章党规、学系列讲话、做合格党员”学习教育工作座谈会

2016年7月7日，“两学一做”第三次集中学习会

林周县供电有限公司

2016年6月12日，国网拉萨公司总经理龚东昌（右二）到林周县变电站检查指导新一轮农网改造

2016年4月12日，国网西藏自治区电力有限公司副总经理高应云（前排左二）到林周县强嘎乡虎头山新建35千伏变电站安排部署工作

2016年11月4日，林周县供电公司抢修人员在维护35KVPT保险

2016年6月27日，工作人员在林周县阿朗乡拉根村境内进行抗洪排险

2016年8月15日，国网拉萨公司基建部领导检查林周县变电站农网工作情况

林周县人民医院

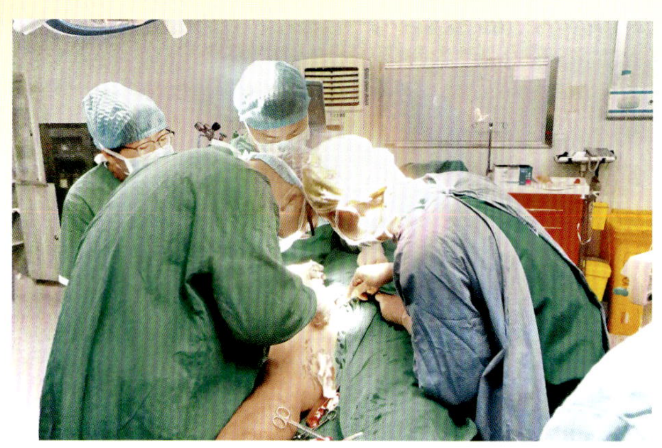

2016年5月8日，苏州援藏专家韩松在林周县人民医院进行大隐静脉剥脱手术

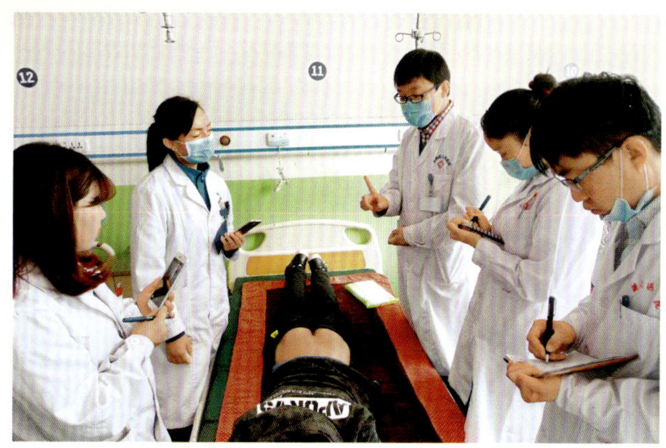

2016年9月11日，苏州援藏专家韩迎利（右三）在林周县人民医院内科病房查房

2016年8月10日，成都军区总医院“组团式”帮扶林周县医院启动仪式

林周县人民医院2016年度工作总结暨表彰大会

2016年5月12日，医院医护人员到县敬老院为老人进行免费义诊

2016年12月23日，林周县人民医院对口帮扶慰问阿朗乡布岗村贫困户

林周县边交林乡

2016年12月6日，拉萨市委组织部副部长周倍佳（右二）到边交林乡检查指导党建七项重点任务工作

2016年11月18日，乡纪委书记扎西到色康村督导检查党风廉政建设和“两学一做”落实情况

2016年8月4日，边交林乡组织干部职工学习“两学一做”学习教育专刊

2016年5月24日，中国共产党边交林乡第一次党员代表大会胜利召开

2016年5月30日，边交林乡第十三届人民代表大会代表合影

2016年10月8日，边交林乡组织以“不忘初心跟党走、恪尽职守报党恩”为主题学习交流研讨会

2016年12月5日，重温入党誓词

2016年2月1日，边交林乡兑现农牧民务工工资

2016年3月25日，边交林乡妇联联合乡综治办开展妇女法治宣传活动

2016年8月2日，边交林乡当杰村举行“望果节”活动

2016年9月20日，边交林乡全面开展青饲玉米收割工作

林周县江热夏乡

2016年10月7日，西藏自治区党委常委、拉萨市委书记齐扎拉（前排左三）到江热夏乡集中搬迁点调研

2016年11月22日，拉萨市委巡察办主任仁增卓玛（右二）一行到江热夏乡召开市委巡察六组反馈会

2016年11月30日，县政协党组书记、主席格桑次仁到江热夏乡检查精准扶贫工作

2016年5月12日，县委常委、组织部部长何震到江热夏乡指导换届工作

2016年9月29日，江热夏乡党委书记肖鸿彪组织乡机关党员干部开展“两学一做”专题研讨会

2016年12月20日，中央电视台记者一行到江热夏乡集中搬迁点采访农牧民群众脱贫新生活

2016年5月24日，江热夏乡委员会第一次党员代表大会代表合影

2016年6月30日，江热夏乡组织开展庆祝建党95周年“七一”主题活动

2016年11月18日，江热夏乡扶贫集中搬迁点房屋分配抽签仪式

2016年12月28日，江热夏乡开展年底考核工作

2016年9月26日，江热夏乡完小组织开展慈善一百爱心捐款活动

林周县甘旦曲果镇

2016年12月28日，县委副书记、人大常委会主任格旦次仁在甘旦曲果镇主持召开发放征地补偿款会议

2016年7月4日，副县长郭果到甘旦曲果镇江角村出席田间除草奖励大会

2016年11月22日，党委副书记、镇长次仁桑珠看望扶贫帮扶户家庭情况

2016年5月5日，镇人大主席普珍下村查看村干部工作开展情况

2016年12月23日，镇人大主席普珍主持开展全镇干部“两学一做”学习会

2016年7月1日，甘旦曲果镇开展庆祝中国共产党成立95周年活动

2016年5月30日，甘旦曲果镇召开第一次党员代表大会

2016年7月1日，甘旦曲果镇开展老党员重温誓词活动

2016年6月1日，甘旦曲果镇人大召开十三届第一次人大代表大会

2016年10月9日，镇宣传委员卓嘎下村与村干部交流工作

2016年5月30日，甘旦曲果镇党委委员换届选举

林周县卡孜乡

2016年10月19日，拉萨市党改办主任赵有鹏，县委副书记、组织部部长何震到卡孜乡卡孜村检查指导工作

2016年11月2日，县委常委、副县长卢智杰，副县长陈实，副县长郭果考察卡孜乡万亩油菜旅游休闲观光农田示范区

2016年11月2日，副县长陈实到卡孜乡克布村慰问贫困户

2016年10月9日，苏州市海虞镇镇长朱惠明（前排右二）一行到卡孜乡交流工作

2016年11月4日，卡孜乡党委书记拉穷、组织委员白玛央下村督查村委会建设情况

2016年9月14日，党委副书记、乡长何振华，组织委员白玛央、副乡长普布央金考察克布村光伏电站

2016年11月6日，卡孜乡民政大厅工作人员发放补贴金

2016年10月9日，苏州市海虞镇领导一行慰问卡孜村

卡孜乡召开2016年度民主生活会

2016年12月11日，卡孜乡干部职工参加自治区第三批驻村工作队动员视频会

2016年2月16日，卡孜乡举办年度先进个人及先进集体表彰大会

2016年12月28日，卡孜乡考核组下村检查台账

2016年11月29日，卡孜乡组织“三老”人员免费体检

林周县强嘎乡

2016年10月7日，西藏自治区党委常委、市委书记齐扎拉（右三）到强嘎乡指导强嘎村村容村貌改造工作

2016年11月26日，县委副书记、县长高军到强嘎乡强嘎村检查指导工作

2016年1月24日，县委副书记、人大常委会主任格旦次仁到强嘎乡开展慰问活动

2016年12月19日，县委常委、副县长方文伟到强嘎乡指导产业脱贫工作

2016年10月26日，县委常委、副县长方文伟到强嘎乡调研红色遗址项目

2016年10月19日，副乡长央金卓嘎部署秋防工作

2016年12月23日，强嘎乡举行2016年度目标绩效考核汇报会

2016年12月15日，强嘎乡精准扶贫办公室人员走村入户了解情况

2016年12月26日，强嘎乡强嘎村召开党支部组织生活会暨党员民主评议会

2016年10月31日，西藏台州商会与强嘎乡领导班子合影

林周县春堆乡

2016年3月15日，市委副书记、市长张延清（中）考察“东孜转山”活动现场安保情况

2016年11月16日，拉萨市人大常委会副秘书长王刚（左排左一）与结对户签署结对帮扶承诺书

2016年11月16日，拉萨市人大常委会副主任、办公厅秘书长张慧（左一）与结对贫困户进行交谈

2016年8月23日，县委常委、副县长方文伟到春堆乡检查精准扶贫工作开展情况

2016年3月15日，林周县人大常委会副主任、春堆乡党委书记、人大主席洛桑元旦检查东孜山维稳值班活动

2016年12月28日，春堆乡党委书记刘勇慰问困难党员

2016年12月28日，春堆乡开展十八届六中全会和自治区第九次党代会精神宣讲会

春堆乡召开2016年度民主生活会

2016年3月8日，开展优秀村妇女主任表彰大会

2016年7月1日，春堆乡开展建党95周年庆祝活动

2016年3月29日，春堆乡组织文艺表演庆祝“西藏百万农奴解放纪念日”

2016年12月15日，在乡农牧大厅给农牧民兑现“家电下乡”补贴

林周县松盘乡

2016年7月28日，县委常务副书记潘志嘉，县委副书记、常委副县长田嘉勇到松盘乡检查援藏项目进展情况

2016年11月17日，县委常务副书记潘志嘉到松盘乡调研

2016年8月11日，副县长朱宝忠到松盘乡白定村结对帮扶贫困户家中了解基本情况

2016年12月25日，乡党委书记晋美多吉带领扶贫专干到各行政村进行扶贫政策宣讲

2016年7月29日，响应“千名干部帮千户”结对帮扶活动，全乡干部职工到贫困户家中了解基本情况

2016年1月14日，松盘乡组织对“三老”人员及贫困户慰问

2016年10月21日，兑现以补脱贫资金

2016年5月25日，松盘乡第一次党员代表大会胜利召开

2016年12月22日，县委党校老师在松盘乡进行中共十八届六中全会和自治区第九次党代会精神宣讲报告会

2016年5月30日，松盘乡第十三届人民代表大会第一次会议胜利召开

2016年6月23日，林周县松盘乡农牧民工集中入会暨送医送药送文化活动顺利开展

林周县旁多乡

2016年3月16日，拉萨市人大常务副主任欧阳莉萍到旁多乡调研指导维稳工作及宣布人事任命

2016年8月26日，县委常委、副县长方文伟到旁多乡检查指导精准扶贫和产业发展工作开展情况

2016年1月7日，县人大办公室主任顿珠、副主任次仁曲珍到旁多乡调研指导精准扶贫工作

2016年1月28日，县委书记赵涛到旁多乡开展慰问活动

旁多乡党委书记扎西普拉组织召开2016年度旁多乡党建述职评议会

2016年10月9日，旁多乡组织召开“两学一做”专题教育学习活动

旁多乡召开2016年度专题民主生活会

2016年6月21日，自治区督导组一行到旁多乡检查换届材料

2016年10月9日，旁多乡组织召开“两学一做”专题教育学习活动

2016年5月25日，旁多乡第一次党员代表大会

2016年1月4日，旁多乡组织勘察草原

2016年12月21日，林周县目标绩效争先进位考核组到旁多乡考核验收工作

林周县阿朗乡

2016年10月27日，县委副书记、常务副县长田嘉勇到阿朗乡检查指导工作

2016年8月14日，县委书记次仁顿珠到阿朗乡了解贫困户情况

2016年11月17日，县委副书记、组织部部长何震到阿朗乡检查指导工作

2016年12月8日，阿朗乡开展书记讲党课活动

2016年8月26日，苏州工业园区娄葑街道携手阿朗乡座谈会

2016年10月27日，县委副书记、常务副县长田嘉勇到阿朗乡检查指导工作

2016年5月25日，阿朗乡召开第一次党员代表大会预备会议

2016年5月29日，阿朗乡召开第十三届人民代表大会第一次会议

2016年5月26日，阿朗乡第一次党员代表大会开幕式

2016年5月27日，阿朗乡开展县乡两级人大代表选举

2016年5月26日，阿朗乡召开第一次党员代表大会主席团第二次会议

2016年7月1日，阿朗乡开展庆“七一”升国旗活动

林周县唐古乡

2016年1月28日，县委书记赵涛在“三大节日”期间到唐古乡慰问困难群众

2016年6月25日，西藏自治区电教馆书记格桑扎西（右三）到唐古乡中心小学验收“均衡教育”

2016年3月2日，县委副书记、县长高军到唐古乡开展“精准扶贫”搬迁点调研

2016年8月2日，拉萨市人大常委会副主任达娃（右三）到唐古乡督导“精准扶贫”工作

2016年9月27日，县委副书记、组织部部长何震到唐古乡调研基层党建工作

2016年8月18日，乡党委书记赵继荣看望慰问困难群众

2016年6月13日，党委副书记、乡长洛桑桑旦组织召开工作例会

2016年1月21日，唐古乡举行“人大代表”之家揭牌仪式

2016年5月21日，中国共产党唐古乡召开第一次党员代表大会

2016年2月3日，唐古乡党委在“三大节日”期间慰问困难群众

2016年6月30日，唐古乡召开“七一”表彰大会

2016年8月，热振寺

林周县疾病预防控制中心

2016年9月14日，江苏省苏州市疾控中心党总书记刘芳（前排左五）一行与林周县疾控能力建设对口帮扶协议签订仪式

2016年8月26日，春堆乡、阿朗乡、卡孜乡开展包虫病流调B超检查

2016年11月1日，对县中、小学及托幼机构传染病防治培训

2016年11月30日，工作人员到旁多乡健康教育与健康促进宣传教育现场

2016年9月14日，卡东村包虫病流调现场

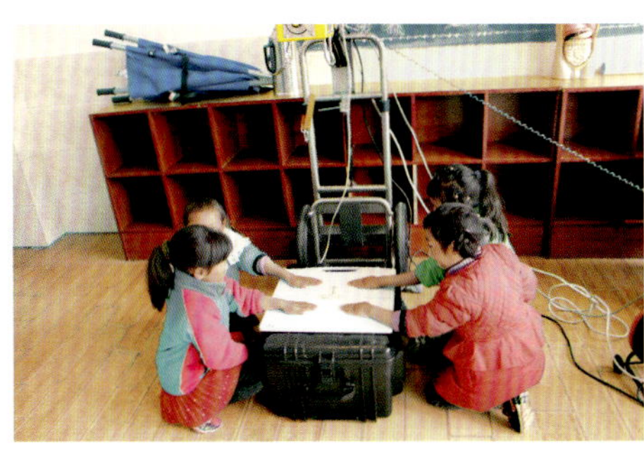

2016年9月22日，疾控中心在全县范围内开展7—12岁儿童手部拍X线光筛查大骨节病

2016年3月21日，东孜山“猴年转山”期间旱厕进行石灰消毒

林周县中学

2016年6月25日，西藏自治区教育厅副厅长朱赟（中）到林周县中学检查义务教育均衡发展推进工作

2016年9月10日，西藏自治区电教馆党总支书记格桑扎西（右二）到林周县中学检查指导义务教育均衡发展推进工作

2016年9月12日，林周县中学第32个教师节优秀教职工合影

2016年11月9日，林周县中学开展消防避震应急疏散演练

落实“三包”惠民政策

2016年5月24日，林周县中学教师参加“群团杯”足球联赛

林周县人民武装部

2016年8月1日，武装部部长次仁多吉组织县国动委成员军事日实弹射击

2016年8月10日，武装部科长边巴组织应急民兵参加墨竹工卡县直孔梯寺“颇瓦大法会”执勤现场

2016年1月30日，武装部组织民兵进行实弹射击

2016年1月1日，武装部军事科组织官兵进行防爆科目训练

2016年6月30日，组织官兵到林周县敬老院义务劳动

2016年1月19日，武装部组织应急民兵分队进行防爆科目训练

林周县公安消防大队

2016年7月15日，组织官兵对重点单位开展实战灭火演练

2016年3月5日，“微型”消防站人员培训会

2016年东孜山“猴年转山”活动期间官兵现场巡逻执勤

2016年11月8日，消防大队官兵组织学生疏散演练

2016年10月30日，向辖区文物古建筑僧尼代表开展扑救初期火灾知识

武警林周县中队

2016年春节，县委书记次仁顿珠慰问中队官兵

2016年8月1日，县委书记次仁顿珠，县委副书记、县长高军到县中队慰问官兵

2016年10月12日，武警拉萨支队副支队长罗雪松（右三）对中队“三化建设”进行督导

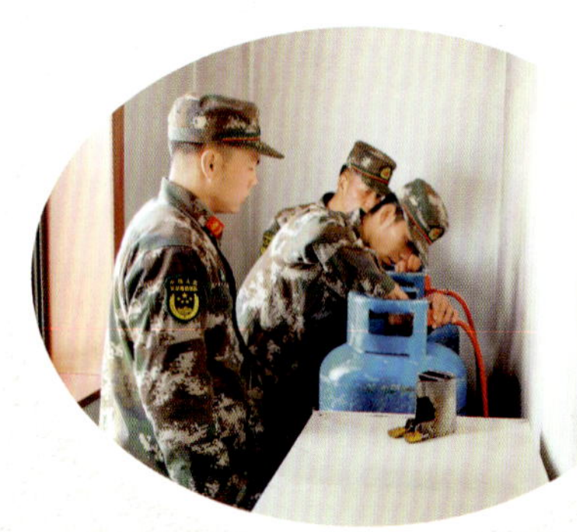

2016年4月30日，中队进行安全大检查，排除安全隐患

2016年12月26日，中队为林周县西部志愿者进行军事化训练

林周县国家税务局

2016年9月11日，拉萨市国税局党组书记、副局长孙清明（后排左一）到林周县国税局检查指导工作

2016年12月18日，县委常委、副县长方文伟到国税局指导工作

2016年4月13日，副局长西洛边巴在县政府人大会议室为纳税人进行“营改增”培训

2016年11月20日，在县电信局已成功实现网报林周县江热夏乡财胜矿业有限公司会计对后面推行40多家企业会计进行网报培训

2016年4月16日，林周县国家税务局党员在党员活动室重温誓词

2016年12月10日，国税局工作人员在林周县太湖路向纳税人宣传税法

2016年9月28日，林周县国家税务局干部在办税大厅为纳税人服务

林周县工商行政管理局

2016年4月16日，拉萨市工商局党组书记姜有胜（右二）到林周县检查工商局周转房进度

2016年8月7日，拉萨市工商局局长扎西旺堆（右排右二）到林周县工商局检查指导工作

2016年6月1日，林周县工商局局长尼玛次仁带领工作人员对超市进行检查

2016年12月1日，林周县工商局工作人员与林周县国税局副局长西洛边巴给个体工商户发放首张两证整合营业执照

2016年3月15日，林周县工商局工作人员检查文化市场

林周县邮政分公司

2016年7月12日，拉萨市邮政分公司党组书记陈可新（左一）与林周县邮政分公司签订安全责任书

2016年4月26日，经理普布扎西组织员工学习“两学一做”教育活动

2016年12月9日，荣获拉萨市2016年度先进集体

2016年2月14日，营业部主任巴桑组织开展金融宣传活动

林周县邮政储蓄银行营业点

储蓄银行每日晨会

中国移动通信集团西藏有限公司林周县分公司

2016年5月27日，拉萨移动分公司总经理罗松群培（右三）到唐古乡调研

2016年12月28日，拉萨移动分公司副总经理张爽红（左三）到林周县慰问员工

2016年4月28日，组织员工开展“周周上讲台活”动

2016年6月23日，春堆乡移动服务站开业活动

2016年8月19日，“旺果节”地推活动

2016年10月29日，组织员工到县消防大队进行驻点服务

联通林周县营业部

2016年3月18日，宣传新业务活动

2016年8月8日，营业厅业务培训

2016年6月1日，工作人员开展宽带业务

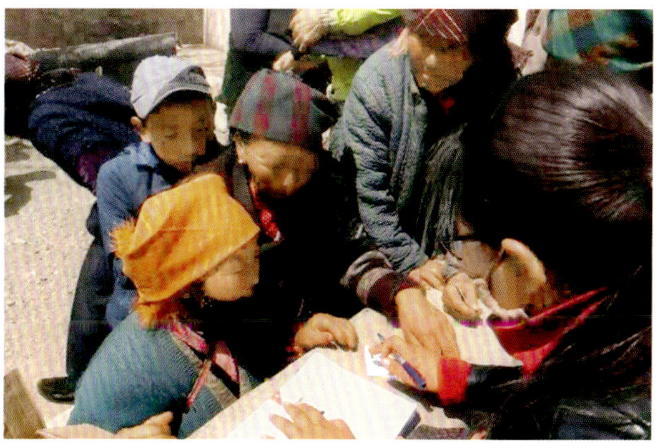
2016年6月23日，工作人员为村民办理手机卡业务

2016年7月23日，工作人员到工地宣传推广业务

2016年8月26日，工作人员到强嘎乡切玛村送衣物

林周县电信局

2016年11月23日，拉萨电信分公司总经理土登穷穷（中）到林周县电信局考察工作

2016年12月20日，拉萨电信分公司副总经理江红梅（右二）、副总经理格桑旦增（左二）到林周县电信局慰问员工

2016年12月2日，局长索朗罗布慰问卡孜乡扶贫户

2016年10月18日，副局长旦巴扎西慰问卡孜乡扶贫户

2016年11月17日，电信营业客户维系活动现场

2016年12月31日，林周电信员工参加拉萨电信成立20周年文艺晚会

中国农业银行股份有限公司林周县支行

2016年7月1日，农行林周县支行行长何钦带领工作人员到娘连查寺进行上门清收残破币

2016年3月8日，农行林周县支行副行长扎西卓嘎携支行员工到林周县敬老院进行慰问

2016年4月15日，农行林周县支行党支部组织学习“两学一做”教育活动

2016年3月5日，人民银行清算中心党支部与农行林周县支行共同举办金融知识下乡宣传活动

2016年4月1日，农行林周县支行副行长扎西卓嘎组织员工业务技能培训

2016年9月18日，农行林周县支行举办金融知识进万家宣传活动

中国人民财产保险股份有限公司西藏分公司林周县公司

2016年7月15日，拉萨市财保总公司营业部总经理扎西仁青（前排左二）向老百姓发放赔款

2016年11月7日，政策性涉农保险赔付会现场向人保总经理扎西仁青赠送锦旗

2016年12月1日，林周县三农保险服务站总经理向乡负责人交接转账支票

2016年8月29日，政策性涉农保险赔款发放现场核对赔款名单

2016年12月5日，农牧民阅读政策性涉农宣传册

2016年12月18日，政策性涉农保险（种植业、养殖业、农房、大棚、能繁母猪）赔付会现场